现代排球运动专项理论与综合训练实践研究

主　编　安晓红　姚冰洲　吕　丹
副主编　郝霖霖　李大同　仲为君
　　　　张　萌

吉林科学技术出版社

图书在版编目（CIP）数据

现代排球运动专项理论与综合训练实践研究／安晓红，姚冰洲，吕丹主编．— 长春：吉林科学技术出版社，2023.7

ISBN 978 - 7 - 5744 - 0795 - 4

Ⅰ.①现… Ⅱ.①安… ②姚… ③吕… Ⅲ.①排球运动－运动技术－研究②排球运动－运动训练－研究 Ⅳ.①G842

中国国家版本馆 CIP 数据核字（2023）第 167064 号

现代排球运动专项理论与综合训练实践研究

主　　编	安晓红　姚冰洲　吕　丹
出 版 人	宛　霞
责任编辑	鲁　梦
封面设计	木　子
制　　版	北京星月纬图文化传播有限责任公司
幅面尺寸	185mm×260mm
开　　本	16
字　　数	630 千字
印　　张	25.25
印　　数	1–1500 册
版　　次	2023年7月第1版
印　　次	2024年2月第1次印刷

出　　版	吉林科学技术出版社
发　　行	吉林科学技术出版社
地　　址	长春市福祉大路5788号
邮　　编	130118
发行部电话/传真	0431-81629529 81629530 81629531
	81629532 81629533 81629534
储运部电话	0431-86059116
编辑部电话	0431-81629518
印　　刷	三河市嵩川印刷有限公司

书　　号	ISBN 978-7-5744-0795-4
定　　价	153.00元

前　言

体育专项训练的发展既离不开一线的实践经验的积累，又离不开训练理论的支撑。排球运动在经历了百年发展历程后，其理论与实践体系日益成熟，已成为一项风靡世界的运动项目。排球运动是体育科学体系中的一个专项技术学科。回首排球运动发展的整个历程，可以发现促进排球运动持续蓬勃向上发展的原因有很多，其中尤为重要的原因之一就是排球运动技战术理论能够一直随着运动发展的实际情况而不断完善。

受科学技术飞速发展和大体育观的影响，现代排球运动正朝着多学科综合应用和全面型，以及在观念上破旧立新的方向发展。传统的排球运动技战术理论已不适应现代排球运动发展的需要，其片面和封闭，阻碍了排球运动专项理论发展的道路。现代排球运动专项理论强调思维的科学性、系统性和多向性。它既丰富了排球运动的理论知识，又有利于促进排球技战术的发展，还能对排球科研工作的选题思路起到良好的引导作用。

本书共分十二章，首先对排球运动技战术的演变及其相关基本理论、训练理论进行详细阐述与分析，其次分别阐述了排球运动技战术的相关训练实践，以及战术意识与运动素质的训练研究与实践运用，最后对排球运动的竞赛规则及其与技战术发展的共生关系进行分析，从进攻技术与防守技术两大方面来探讨竞赛规则演变对排球运动技术发展的影响，试图在专家、学者的基础上对排球竞赛规则及其技战术发展之间的关联进行系统全面的研究，旨在掌握现代排球运动技战术发展变化的联系和规律，一方面可以为以后排球运动专项理论研究者提供清晰明了的文献参考和有效借鉴，为将来排球运动的发展提供一些有意义的参考。另一方面对未来排球专项理论演进的方向进行大胆预测，为我国排球运动发展继续走在世界前列提供一些参考性的建议。为我国排球运动以后更好地适应技战术的变化，继续引领国际排球运动发展潮流提供相关理论储备。

本书由安晓红、姚冰洲、吕丹任主编，郝霖霖、李大同、仲为君、张萌任副主编，具体编写分工如下：

安晓红（伊犁师范大学）第二章第二节、第九章、第十章、第十一章；

姚冰洲（呼和浩特职业学院）第三章第一二四节、第五章、第七章；

吕丹（内蒙古大学）第四章、第十二章；

郝霖霖（复旦大学）第三章第三节、第八章；

李大同（哈尔滨医科大学）第一章第二节、第六章；

仲为君（中央军委训练管理部军事体育训练中心）第一章第一三节；

张萌（北京市海淀区第二实验小学）第二章第一节；

最后由安晓红、姚冰洲、吕丹进行串编、统稿与定稿。

本书在编写的过程中，参考了许多同行专家、学者的相关著作，论文，吸取了许多有益的成果，谨致诚挚的谢意，限于作者水平，书中难免有不妥之处，敬请同行专家、学者和广大读者批评指正。

编　者
2022 年 12 月

目　　录

第一章 现代排球运动技战术的演变

第一节 现代排球技术的演变

排球运动是由两支人数相等的球队，在被球网隔开的两个均等的场区内，根据规则，以身体任何部位将球从网上击入对方场区，而不使其在本方场区内落地的、集体的、攻防对抗的体育项目。排球运动从诞生之初以娱乐性为主到如今集大众与竞技的特点于一身的过程中又不断分化并繁衍出多种多样的形式，例如：沙滩排球、软式排球、气排球等。

排球技术是指运动员在比赛规则允许的条件下采用的各种合理击球动作和配合动作的总称。排球技术是在不断发展和完善的。从初现到如今，排球技术在这 100 多年的进程中经历了数次修改。现代排球的每一个技术都是从最初的模糊化发展到现代的成熟化。在这过程中，有新技术的产生，也有某些技术的逐渐消失，还有只适用于个别运动员的独特技术。但这些技术发展的历史随着时间的流逝被人们逐渐地忽略、淡忘，而且我国对于这部分的文献资料记载较少，所以认为有必要对其重新整理，为排球技术发展史提供参考价值。通过对众多书本教材中关于排球技术的查阅，发现对排球技术的分类有两种：一种是依据动作是否有球的配合，可分为有球技术和无球技术。无球技术包括准备姿势与移动技术，有球技术包括发球、垫球、传球、扣球和拦网等技术；另一种是依据比赛的环节，可分为发球技术、一传与防守技术、传球技术、进攻技术和拦网技术。前者多在体育院校通用教材中有表述，如《排球运动教程》《新编排球运动教程》；相对来说，后者较为多见，除了专业的体育教材，一般的排球科普书籍也是如此分类的，如《国家级精品课程教材排球》《球类运动—排球》《阳光体育运动排球》等。因此，本文在研究排球技术时会依据排球技术动作的分类，分别对准备姿势和移动、传球、垫球、扣球、发球、拦网技术进行梳理和分析。

本研究文献多来源于从民国时期至今的排球书籍和资料。在各项技术梳理过程中介绍的技术动作都有一定的参考价值，但不一定十分精准。另外，本文均按照著作出版的时间来整理，由于书籍出现的时间晚于技术出现的时间，尤其是翻译而来的外国书籍资料，所以会存在一些时间误差。有些技术可能已出现并被少数人运用，但出现在书籍中会稍晚，这也是可能会出现的正常误差。

一、准备姿势和移动技术的演变过程

准备姿势与移动技术是完成好发球、一传与防守、二传、进攻和拦网等各项技术的前提。准备姿势和移动的关系密切，不可分割。准备姿势和移动是在比赛中用得最多、影响技术效果最大的技术。准备姿势的目的是为了快速移动，而要快速移动，又必须先做好准备姿势。它使身体和心理都处于临战状态，有利于掌握各项排球技术。移动的目的是保持好人与球的位置关

系，以便于击球。

(一) 准备姿势和移动技术的演变

从目前查阅到的资料和对老一辈排球工作者的访谈看，准备姿势根据身体重心位置的高低，分为稍蹲、半蹲、深蹲三种。演变过程如下所述：

从 1918 年的排球比赛中可以看到，参赛者是很随意地站立，还没有现在意义上的准备姿势。1953 年，我国马启伟编著的《六人排球基本练习法》中，首次提出"准备姿势"，称为站立姿势。两脚左右并前后分开站立，身体重心放在两脚中间，两膝微屈，这样随时可以迅速地向各方向移动或跳出。同时两臂弯曲，两肘向外，两手放在胸前。此时的双手是放在胸前，而不是现在所说的腹前。因为当时垫球还没有出现，接发球和接扣球时主要运用传球技术，把手放在胸前传球比较方便。

1955 年，戈洛玛佐夫编著、叶长良译《排球练习法》一书中把排球技术分为基本技术和比赛技术，基本技术里包括基本姿势和移动等。这是首次出现三种准备姿势和移动步法。站立姿势根据队员身体重心位置的高低分为稍蹲（膝微屈），半蹲（膝半屈）和全蹲（膝深屈）。

1979 年出版的由体育院系教材编审委员会排球编写组编写的《排球》一书中，首次把准备姿势和移动单独列为一节并作为一项基本技术进行分析，目的是引起大家对于准备姿势和移动技术的重视。

此时出现的另一种分类是根据准备姿势的应用把其分为一般准备姿势、后排防守的准备姿势和保护扣球的准备姿势。并且在一般准备姿势中提出了动作规格来详细规范动作的细节。

90 年代，《排球》中首次出现了技术口诀，简洁而突出要领，使人较容易理解和掌握。在《球类运动—排球》中准备姿势分为：稍蹲准备姿势、半蹲准备姿势和低蹲准备姿势。低蹲准备姿势中解释两手臂置于胸腹前，比之前的腹前位置向上些。低蹲即全蹲，同时也被称为深蹲。至此，准备姿势的基本知识和现代的基本知识基本接近。

1955 年，戈洛玛佐夫编著的《排球练习法》首次出现移动步法。移动步法有普通步法、并步法、两步法、滑跳步法、跑步、移步步法和跨跳步法。普通步法指的是在发球前，为了进行暂时的休息而采用的普通走步和随意站立的姿势。但在现在的移动中已不存在。并步法基本类似于现在的滑步并步。而两步法更类似于现在的向前的交叉步。还有现在基本见不到的滑跳步法，书中的解释很复杂，很难理解。两步法适用于向前或向后移动，由于两腿交叉，向两侧会不稳定。跨跳步法是在球距离较远时，往往在助跑之后做并步或两步法向前跳的动作。移步步法仅仅被提及，并没有具体的动作描述，未在其他的排球书籍和资料中出现过。1956 年，出现了一步移动步法，但这种步法仅在由苏联排球专家弗·戈洛玛佐夫在我国排球指导员训练班授课时提到过，同移步步法一样，并未在其他排球书籍和资料中见到过。

1979 年出版的由体育院、系教材编审委员会排球编写组编写的《排球》一书中，首次把准备姿势和移动单独列为一节并作为一项基本技术进行分析，目的是提醒大家对于准备姿势和移动技术的重视。准备姿势和移动技术在各项技术中都要用到，也是各项技术的一个重要组成部分。在介绍各项技术时，实际用到哪种姿势，就只需提到哪种姿势，具体的动作方法就不详细介绍了，使其更清晰、简洁。移动步法最初有并步、跨步、滑步、交叉步、后退等。虽然对移动技术的分类更进一步细化了，但具体的动作方法比较混乱。尤其是后退步法，在现代的排球书籍中已消失了。

90年代，《排球》中首次出现了技术口诀，也对现代排球技术影响较大。在《球类运动—排球》中移动技术分为并步、滑步、交叉步、跨步、跑步和综合步。此时，移动技术的基本知识与现在无异。

20世纪末，各教材中又逐渐涌现出了准备姿势和移动技术的关系部分，并强调准备姿势和移动技术的重要性。准备姿势和移动技术也是排球的基本技术之一，归类于无球技术，是完成各项有球技术的前提和基础。

（二）准备姿势和移动技术的演变分析

在排球运动的早期发展中研究者并没有对准备姿势和移动进行明确的定义，没有把准备姿势和移动作为一项技术来对待。该技术只是伴随其他技术出现的。随着排球技术的发展，对准备姿势和移动技术要求越来越高，最早出现的移动步法中普通步法、滑跳步法和一步移动步法过于简单随意，不能较好地与其他项技术动作配合，这是它们被淘汰掉的原因。当准备姿势和移动单独作为一项正式技术被划分出来时，各种移动步法更加细化了。做准备姿势时，双手由放于胸前演变到胸腹前再到腹前，这是因为当时垫球还没有出现，接发球和接扣球时主要运用传球动作，把手放在胸前有利于传球。垫球出现后，垫球主要用于接力量大、速度快的球，准备时将手置于腹前，更有利于垫球。很显然，传球和垫球的分离和发展对准备姿势也有一定的影响。在不同的技术动作之前，做好相应的准备姿势，或稍蹲、或半蹲、或深蹲，并结合适宜的移动步法，为处理好球做好充分的准备。

综上所述，准备姿势和移动技术的演变是在其他项排球技术演变的促进下变化的。以上的演变分析，如图1-1所示。

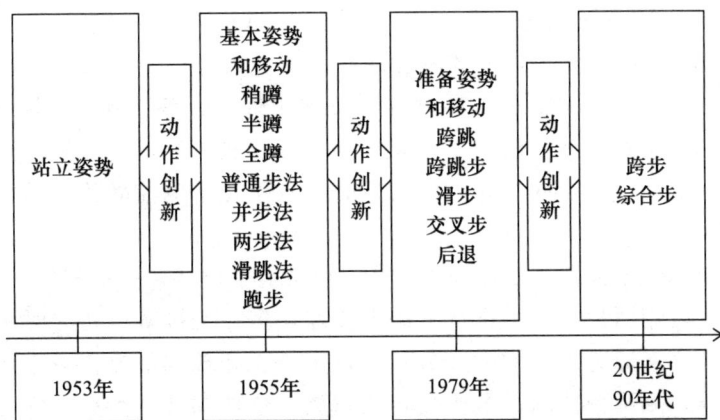

图1-1

二、传球技术的演变过程

传球是排球比赛中最基本的一项技术，也是较重要的技术之一。传球是指利用手指和手腕的弹击动作将球传至一定目标的击球动作。传球技术主要用于二传，以衔接防守和进攻，为进攻创造条件，起着组织进攻的作用，是进攻的桥梁。二传队员被称为是整个队里的"灵魂"，可见一个好的二传手在比赛场上的重要性。

（一）传球技术的演变

传球技术随着排球运动的发展，曾经出现了"举球""托球""供球""上手传球""传球"等叫法。最早的传球被称为"举球"。1933 年，据萧百新的《排球》一书中记载，举球在排球竞技之术语上谓之（setup），原系安置于上方之意，但为何而欲举球于上方，乃为预备猛攻之方便计。意思是要将球处于运动员的上空，以便于扣球，这是最早关于传球的描述。在 20 世纪 40 年代，传球又被称为"托球"。1946 年，当时是采用九人制排球，《球类运动教材》中对其描述通常为二排或三排传给一排，一排将球托起到距网约四五尺，高约十尺的位置。很显然，这是当时对二传过程的解释。

在 50 年代初，传球又被称为"举球"或"供球"。1951 年，《六人排球基本练习法》中指出大多是第二次击球，它的目的是将球举在最适宜的位置，供本队杀球的队员能充分地发挥杀球的威力。此时，六人制排球开始出现，与九人制排球并存，因为九人制排球头、二、三排分工明确，有专托、专扣、专救之分，而在六人排球中则需要全面的技术，分工的要求也不同，所以也就没有必要这样分工了。另一方面把救球列入传球中在观念上也比较明确。因为我们击球的目的不单是把球接起，还要尽可能地把球传到最有利的地方来进攻，因此，接与传是分不开的。但由于当时垫球技术还未出现，所以当时把以前常用的传球、举球、救球等技术都称为传球。本研究将依据现代传球和垫球的动作方法，将曾经接近于传球动作的技术视为传球技术发展与演变中的一种。

1951 年，巴塔斯尼克编著、方璜等译《六人排球》中首次提到一（单）膝屈下的接低球和接困难的球。接困难球时多伴随倒地动作，即后倒传球。1953 年，库庆斯基编著、周百雄译《最新六人排球》中提出托球和把球传给同伴，这是一组联合动作，并首次正式出现上手传球和下手托球。如果托起高度齐下颚的，或者还要高些的球，则为"托高球"（就是上手传球）；该研究将下手托球归类于垫球技术部分。1955 年，戈洛玛佐夫编著、万起等译《排球》中，将倒地传球分为滚动传球和鱼跃传球。滚动传球又分为后滚、侧滚和前滚。虽然这几种击球方法都是伴随倒地的动作，类似于现在的垫球，但击球时是双手置于胸前做传球的手型，这一动作与现代的滚动传球不同。

总之，当时的传球技术大致有三种手型：第一种是上手传球，基本和现在的传球技术一样；第二种是下手传球，是用两只手的手指从下向上捧球，多在三排队员防守时采用；第三种是前排队员在传低球或者入网球时采用的特殊方法，是用一手托球的下方，一手扶住球的一侧，两手同时用力往上托球。后两种传球，本研究将其归类于垫球部分。当然，情况紧急时也采用单手进行接球的方式。

到 60 年代，六人制排球已被广泛采用。与九人制排球相比，六人制排球更加要求每位队员对各项排球技术的全面掌握，每位队员的分工也更加明确。受苏联的影响，根据比赛的环节，开始出现第一传和第二传的叫法，第一传类似于现在一传垫球的作用，第二传也接近现在的二传，主要负责第二传的队员称为"二传队员"。传球主要有双手上手传球、下手传球、倒地传球和鱼跃传球。1964 年，前田丰编著、金龙哲等整理《日本的排球技术和战术》中被首次提到当时日本队员较善于运用的跳起二传，也就是晃传球。一般双手传球的击球点在脸前，倒地传球击球点在胸前。传球的准备姿势取决于来球的飞行高度，即球飞得越高，相应的准备姿势越高，球飞得越低，准备姿势也越低；一般会采用稍蹲、半蹲、全蹲、跨步和倒地准备姿势。

到了 70 年代初期，"垫球"一词初现，统称为"传、垫球"。此时前臂垫球刚出现，理论界对其认识还处于比较混乱的阶段，所以含糊一点，称为传、垫球。1973 年，沈阳体育学院编印的《排球讲义》表明在排球比赛中，传垫球是由防守转为进攻的开始，是组织进攻的基础，没有传、垫球便无法组织进攻，因此，传、垫球是一项重要的基本技术。这是最早关于传垫球的正式提出，并且"背传"技术也在该书中首次提出。移动后，使球保持在额的前上方，触球时，上体和手腕后仰，两臂向来球后上方用力，将球传出。另外，该书还首次根据传球在比赛中的具体运用，将传球分为了一般二传、快球二传、调整二传和吊空挡球。1979 年，由体育院系教材编审委员会编写的《排球》中根据不同的分类方法又新出现了传集中球、传拉开高球、传近体快球、传远网调整球、传短平快球、传平拉开球、背传平快球（背溜）、侧传和二传吊球。侧传只有在能熟练地控制球的基础上才可以传好。侧传的手型与正面一样，只是传球时用力的方向是某一侧，两手的用力大小也不一样。不难看出，在 70 年代末，排球传球技术的分类方法在多样化发展。根据不同的分类标准，传球技术由原来单一的以动作划分，朝着根据比赛中的具体运用探索更多的开发潜能方向发展。

虽然相对垫球正式出现以前来说，传球的运用范围减少了，但它在比赛中仍占据重要地位。传球的击球点逐渐发展为大多在额前的前上方。当时还流传些关于动作要领的口诀。1984 年版体育系通用教材《排球》中首次出现了传球技术口诀：额前击球较适当，触球手型半球状，蹬地伸臂指腕弹，指腕缓冲控方向；至此，排球的传球技术越发成熟，再无大的发展和变化。

（二）传球技术的演变分析

由于没有统一的规范，根据接球时的不同动作就诞生出了不同的叫法。垫球技术正式诞生后，传球技术的动作规格和运用愈加清晰明了。上手托球时，手与球的接触面积和接触时间都较长，1956 年，规则对"持球"做出了清晰的解释和规定，所以，托起球的传球方式已不再适用。规则对传球的动作提出了严格的要求。但至今从动作规格总体来看没有大的变化，根据传球的方向新出现了侧传、背传和跳传。在运用上，随着时间的变化，出现了传快球、调整传球等。

比赛中，水平不高的队员不宜侧传，因为看不到对方，传球动作难度大。但侧传球的隐蔽性好，可使对手不易识破进攻战术。所以，侧传的诞生与进攻战术的需要息息相关。

背传有背传高球、传背快球、传背平快球即背溜和传背飞球，利用背传的隐蔽性，可组织多种变化形式的进攻战术。所以，背传也是在战术需要的刺激下诞生的。

跳传有跳起双手二传、跳起单手二传和晃传。跳传也可以正传、背传、侧传。跳传球是在快攻战术的需求刺激下诞生的。跳传的击球点稍高，可减少传球与扣球之间的时间，以达到加快进攻节奏从而快速进攻的目的。

20 世纪 60 年代扣快球出现了，为了满足扣快球的需要，传快球自然应运而生。由此可见，传快球技术是由于扣球技术出现应运而生的。传快球包括传低快球、传平快球和传半高球。传近体快球、后排快球、传短平快球、传平拉开球、传交叉半高球、传梯次球、传夹塞球、传时间差球、传位置差球和传空间差球都是结合扣球，根据不同的战术需要而诞生的。

调整传球一般调整高球、调整快球。调整传球是因为一传不到位而出现的，一传的不到位又是因为接发球的压力变大即发球的威力增大。70 年代勾手飘球已盛行，而垫球技术刚刚诞生，还不够成熟，所以接一传的困难增大，给二传的球出现了较多的不到位的情况，需要二传做出调整，以便给扣球队员供球。由此说明，调整传球是在其他技术发展的刺激下而诞生的。

这两种传球技术都是根据比赛场上的具体情况，突然将球调入对方的弱势区域，让对方措手不及。所以这也是在战术发展的需要下而诞生的。

综上所述，传球技术演变的原因有：规则的修改；各项技术之间的影响；战术发展的需要。以上的演变分析如图 1-2 所示。

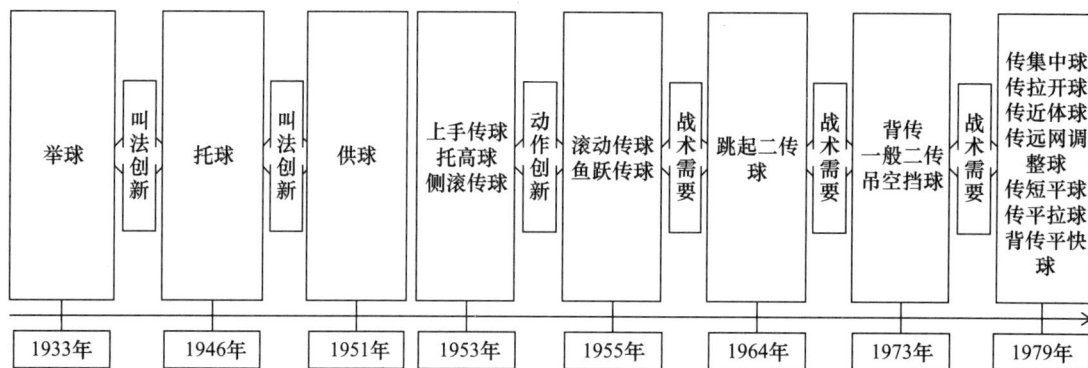

图 1-2

三、垫球技术的演变过程

垫球是指通过手臂或身体其他部位的迎击动作，使来球从垫击面上反弹出去的击球动作。它是排球的基本技术之一，是多用于接发球、接扣球、保护等防守的重要方法。

（一）垫球技术的演变

从垫球动作的演变看，出现过传球、接应、举球、救球和托球，最后明确为垫球技术。本研究将依据现代传球和垫球的动作方法，将曾经接近于垫球动作的技术视为垫球技术演变中的一种。在可查到的最早排球资料中，出现的"传球"并非是现在意义的传球，而是相当于现在意义的一传——垫球。垫球相较于发球传球等技术出现的时间较晚，是从传球中逐渐分离发展而来的。1933 年，在最早对其描述的《排球》中，凡属排球队员，无论其为前卫或中卫后卫，每于接受敌方击来之球，均宜传递准确，而使本队队员便于反攻，作猛烈之射击。这是描述一传的意思，当时是九人制排球，所以不论是在第一排、第二排还是第三排，只要将球接起就行，对动作没什么要求，当时统称为"传球"。1946 年，《球类运动教材》中首次分有正面来球传球、低来球传球、向侧方传球。1951 年，巴塔斯尼克编著、方瑛等译的《六人排球》中提到球员为了不使球落到地上面所做的动作称为球的接应。接应和正确传球给同伴是不可分离的。由此可知，接应就是指一传的意思。该书首次提到了两种接低球方法：一膝屈下的接低球和接困难的球（后倒传球），因为接球的触球部位更接近于传球，所以本研究将其归类于传球，还由于其作用更接近于垫球，所以也在此提及。另外，该书首次提到了接入网球，这也是根据作用而得来的。

1953 年，库庆斯基编著、周百雄译《最新六人排球》中提出托球和把球传给同伴，这是一组联合动作，并首次正式出现上下手托球。如果是两臂下伸，两手低于肩轴而进行的托球，被叫做"低托球"（就是下手传球）。在托球时，手指张开，形成一个漏斗，从传球的相反方向去托球。在球飞得极低或来不及做好上手传球的预备姿势时，则采用下手托球，并伴随有向前或向后侧扑倒的动作。向前扑倒又称鱼跃式救球，这些技术在本质上来说，和上手托低球法的侧滚和后倒是没有什么区别的。下手托球法也可以用两只手进行。进行的时候，或者把两只手掌叠起托球，或者把两手掌并行地伸出托球。这里开始提到类似于垫球的叠掌式手型，但触球部位是在手上。

在传球部分还提及过另一种传球，即用两只手的手指从下向上捧球，多在三排队员防守时采用。

马启伟编著的《六人排球基本练习法》中将托球分为传球、举球和救球。救球主要是直接击起对方所杀或吊杀过来的球，但同队队员有时因为传球不够准确，也会造成救球的动作。并且该书将救球分为后倒救球、双手低手救球、上步救球、鱼跃救球、摔救、侧倒救球、侧滚救球。1954 年，《怎样提高排球技术》提出将传球分为上手传球、下手传球和倒地传球。下手传球时，可以用单手的手掌或两手手掌上下重叠的方法将球传起，击球的重心用掌根。并且指出当来球过急过硬而不得已时，也可用手背或小臂将球传出。这说明此时已经出现了用前臂垫球的动作，这是最早的垫球的雏形。卧倒传球分后倒、侧倒和鱼跃传球三种，此时的鱼跃与现在的鱼跃动作已基本相同。

1954 年，排球专家戈洛玛佐夫编著、万起等译《排球》中，在单手下手传球时，可根据比赛条件用手心和手背击球或将球垫起。这里也提到球是垫起的，但叫法仍然是传球。1958 年，由戈洛玛佐夫授课资料整理而成的《排球》中双手下手传球是采用垫击的方法，垫击时，双手必须合一，以免连击。该动作主要以掌根或虎口处击球。单手下手传球时可用拳（内侧和虎口都可以）或手掌（掌根）击球，还有手背、半握拳等方法。一般在鱼跃传球时多采用单手来垫击。此时出现的垫球名称和击球部位等与现在不同。

20 世纪 60 年代，日本大松博文教练创新了前臂垫球。1962 年，苏联功勋运动（教练）员 A. H. 爱因格尔编著、许长流等译《500 个排球练习》的防守部分中指出，防守的主要技术是单手或双手垫球，并且尽管队员通过倒地也能用上手传难球，但是在防守中垫球比上手传球优点多。这里是谈在困难条件下接传难球和远球的防守，已经明确它的运用时机，但仍没有真正的名称。

一直到 70 年代，在理论上，垫球逐渐从传球中分离开来，并有了垫球自身的分类。在传球部分已提到过，1973 年，沈阳体育学院编著的《排球讲义》中最早正式提出关于传垫球的说法，虽然归类在同一部分，但在具体介绍时是分为传球和垫球两部分分别介绍的。它也首次正式分有双手垫球、单手垫球、滚动垫球、前扑垫球和鱼跃垫球几类。在介绍单手垫球时：如来球在右侧时，就向右侧跨一大步，用右臂前部或手掌、虎口垫击球的后下方。即描述的是早期的前臂垫球。1979 年，体育院系通用教材《排球》中首次将垫球作为一项独立的排球技术进行介绍，并将垫球分为正面双手垫球、体侧垫球、跨步垫球、正面低姿垫球、背垫球以及前扑、鱼跃等动作垫球。垫球的手型有叠掌式和包拳式，包拳式基本等同于现在的抱拳式。如来球弧度低而且速度快，落点在体前时可采用半跪垫动作。背垫一般为了接应同伴打飞的球或第三次处理过网的球时采用。这是首次出现半跪垫球、全跪垫球和背垫球。另外还初现了侧卧垫球、滚翻垫球、挡球和救入网球，但半跪垫球、全跪垫球和侧卧垫球随着时间的检验，应用越来越少，如今已被淘汰。

80 年代，垫球技术已被广泛采用，但在书籍、著作中才被列为一项正式技术。在 1984 年版体育系通用教材《排球》中首次出现了正面双手垫球的手型有互靠式，并明确击球点是在腹前，同时，该书首次出现关于动作要领的口诀：两臂夹紧插球下，提高送臂腕下压；蹬地跟腰前臂垫，轻球重球有变化；撤臂缓冲接重球，轻球主动抬臂击。口诀的内容简单、明了、易记。在前扑垫球时，首次见到"虎跃"垫球技术。为了在前扑双手垫球后能迅速向前移动做下一个接应动作，也可以采用身体不扑倒在地上的方式。而用双手扶地，收腹屈膝，双脚着地，使身体起立的方法，像老虎扑食的动作，也称"虎跃"垫球技术。但这种动作方法在实际应用中要求运动员腹肌力量较强，不适于接两侧的来球。与鱼跃垫球相比，控制范围较小，遂逐渐被淘汰了。另外，根据在比赛中的具体应用又归类出挡球、接发球技术、接扣球技术、接拦回球技术和接其他球技术。在接其他球技术中首次提到垫二传。这说明垫球技术的应用领域越来越广阔。

90 年代，国际排联对排球比赛规则进行修改后，允许队员的身体任何部位击球，这就大大给予了垫球的发展空间，垫球不再局限于手、臂、头、肩等部位，必要时腿、脚等部位也可以用来击球。1992 年，体育学院专修通用教材《排球》的垫球技术中首次出现"让垫"。当来球弧度平、速度快、前冲而追凶时，可采用让垫，并将其分为侧跨让垫和侧后跨让垫。另外，在垫球手型变化方面，该书首次提到还有一种翘腕式，在来球较低较急时采用。即两手的大拇指外侧互靠并翘腕，用虎口处击球。翘腕式垫球应该是虎口垫球，但应该是拇指内侧互靠。

另外，挡球手型有抱拳式和并掌式。1999 年，体育学院通用教材《排球运动》中首次出现"铲球"和"脚垫球"，遇到来球低而急来不及用双手垫球或其他形式的单手垫球时，可采用铲球。铲球用单手手背垫球。动作时，手掌贴地犹如一把铲子向前运动使球击在手背反弹而起。但在 2002 年的体育院校函授教材《排球》中，"单臂滑行铲球"已改称为"单臂滑行垫球"。脚垫球是在当来球用手无法触及时可采用，但同时指出，脚垫球此时处于探索阶段，尚未形成完整的技术动作。一般是用脚面较为平整的部位，以适当的力量和角度触击球，使球弹起。现在在比赛中看到脚垫球多是在紧急救球的情况下。因这种接球技术的准确性不高，所以一般不是在万不得已时不会采用。

现在，垫球的手型有三种：叠掌式、抱拳式和互靠式。叠掌式是应用最普遍的。抱拳式以前叫"包拳式"，动作方法没有变化，按照约定俗成的原则，称为抱拳式还是合适的。伴随各项技术的不断发展，垫球技术也在创新和提高。

（二）垫球技术的演变分析

在垫球从传球中分离之前，下手托球、救球等都是其雏形。在"传球"时有时会用手臂或掌根将球垫起，但直到勾手发飘球技术的问世，大家才更加重视垫球的作用。随着前臂垫球出现，垫球技术才得以从传球技术中独立开来。

抱拳式的前身是"包拳式"，动作方法基本相似，但因受挡球手法中"抱拳式"手型叫法的影响，垫球手型也被称为抱拳式。

翘腕式垫球和虎口垫球是同一垫球动作的不同叫法，但翘腕式垫球更形象，更易被人们理解和接受，所以虎口垫球逐渐被遗忘。

虎跃垫球要求运动员腹肌力量较强，而且不适合接两侧的来球，与鱼跃垫球相比，该动作控制范围较小，遂逐渐被淘汰了。

1941 年排球比赛规则规定了胸部以上的身体各部位都可以击球。1992 年规则允许膝关节以上任何部位触球。1994 年，国际排联对排球比赛规则进行修改后，允许队员的身体任何部位击球，这就大大给予了垫球的发展空间，垫球不再局限于手、臂、头、肩等部位，必要时腿、脚等部位也可以用来击球。所以，铲球、脚垫球都是排球规则修改后的产物。

挡球的出现是因为发飘球的广泛应用。为了接起胸部以上力量大、速度快、不便于传或垫起的球，挡球就发挥了这个作用。

综上所述，垫球技术演变的原因有：规则的修改；各项技术之间的影响。以上的演变分析如图 1-3 所示。

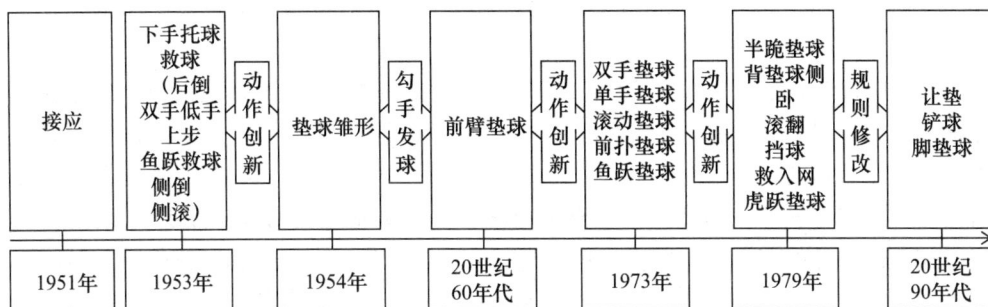

图 1-3

四、扣球技术的演变过程

扣球是队员跳起在空中，将高于球网上沿的球有力地击入对方场区的一种击球方法。它在排球比赛中占据重要位置，是得分、得发球权的主要手段，是完成进攻的最后、最关键的环节。同时也是转被动为主动的主要途径。它代表着一个队攻击力的强弱战术的质量和成效。扣球也是排球本身最有趣的看点。我国体育院校通用教材将快球等归为战术部分，但它也是扣球技术在比赛的运用。所以，本书也将我国体育院校通用教材中战术部分有关扣球的内容作为研究内容。

（一）扣球技术的演变

扣球从发展历程上看，出现过急压、劈击、杀球、扣杀这些叫法。1933 年，扣球在《排球》术语中称为 smashing，原系猛烈打击之意，实为排球竞技中最重要之工作，亦属分别技能优劣与判断胜败之要点。1946 年，扣球在《球类运动教材》中称为"急压"或"劈击"，三排或二排将球传与前排近网，高约一公尺，前排球员相机高跳，用手掌击球之上侧前排之球员互相联络，一行速托，一行急压，其动作方法相近于现在的扣前快球。通常为二排或三排传给一排，一排托起距网约四五尺，高约十尺，然后二排球员跳起劈击。当时是九人制排球，一般是二排或三排接一传，将球托向前排，前排队员迅速托起后由队友劈击或急压。不难看出，根据扣球时节奏的快慢或称为急压或称为劈击，有时或统称为"压击"。1951 年，《六人排球》中称它为"杀球"。排球中的所谓劈击，就是向对方用压球，使对方很难或者简直不可能去接应，所以有时大家把它称为杀球。1953 年，由马启伟编著的《六人排球基本练习法》中则称为"扣杀"，扣杀是进攻时的杀球动作。

扣球技术由助跑起跳、空中击球、落地三个环节组成。由于落地环节多年来没有变化，所以将扣球技术动作的发展从助跑起跳和空中击球两个方面来梳理。

1953 年，《最新六人排球》中首次将扣球分为三个部分：起跳、扣球和着地。并提出跳跃最好用助跑的说法，助跑的跳跃比原地跳跃要跳得高，于是扣球就愈有力，对方就觉得愈危险。扣球所做的助跑，速度应当均匀地加快，而且要和球网大约成 30～45 度的角度。跳跃要跳得高、适时准确，这是很重要的。蹬地前的最后一步，要跨得大一些，并且一只脚伸到身体前面，脚跟着地，然后移转到脚尖。这种制止继续前进的动作，一面利用了助跑的速度，增加了跳起的高度，同时也能防止跳起时碰网和落地时踏到中线。很显然，这种高效的动作在扣球技术中是重要的组成部分，所以仍适用至今。

由马启伟编著的《六人排球基本练习法》中，提出将起跳分为单脚起跳和双脚起跳。1955 年《怎样提高排球技术》首次明确提出，扣球起跳时，可以原地起跳或增加一段助跑。

由此可见，助跑起跳在 50 年代就已经发展到成熟阶段。

1953 年，《最新六人排球》文中首次出现了正面扣球、钩子式扣球、磕击上升的球和假扣球的叫法。正面扣球算是最容易的扣球法；钩子式扣球可以获得充分的力量，可是在击球的时候，要改变扣球的方向是很困难的；磕击上升的球助跑要跑得快些，跳起也稍微早些（大约在开始传球时），务使球升到球网上时，扣球者已经处在跳起的最高点。很显然，这种磕击上升的球很类似于扣快球，姑且看作是扣快球的雏形。假扣球也首次被归类为以下几类：一是现在的吊球，扣球的手臂用力向后挥去，但是扣球不用力，却安静地把球击到拦网者的手中或击到他的旁边。扣球手臂的动作是在半途中突然缓慢了速度，用柔和的手腕动作把球拨到所选定的地点：一是挥右臂，但却用左手扣球；一是如果对方前排球员有组织地很好地进行拦网，而且其余的球员为了防止假扣球而接近了球网，扣球者在用力挥臂以后，用使劲伸直的手指尖端或拳头击球的下面，使球越过拦网者的两手，向对区不防守的远远的场端飞进。这也是现在所讲的吊远距离球。

1953 年，由马启伟编著的《六人排球基本练习法》中，根据扣杀的动作，出现了屈臂和钩臂扣球。远网杀球时在起跳后须利用上体后屈或钩臂的动作，用手掌（五指并拢）将球击出，击出的球成弧线落入对区。在击球时，主要是利用手腕前屈的动作来控制球，使它沿抛物线达到目的地，否则击出的球便会在空中成直线落出界外。1954 年，戈洛玛佐夫编著、万起等译《排球》中首次将侧面勾手扣球分为了小抡臂扣球和大抡臂扣球。从动作，上看，钩子扣球、钩臂扣球和大抡臂扣球是同一种，正面扣球和屈臂扣球是同一种，只是因为叫法不同而已。

在 50、60 年代，扣球主要分为正面直体、屈体扣球；侧面勾手小抡臂、大抡臂扣球。在 1965 年，我国男排创造了平拉开扣球，为扣球技术的发展注入了新鲜的力量。但扣球技术的发展总体来说较为稳定。

70 年代，扣球技术的发展进入了新的篇章。勾手扣球已经绝迹，小抡臂扣球技术较流行。小抡臂扣球也被称为掏臂扣球。不断创新的平拉开、短平快、背溜、时间差、前飞、背飞等扣球技术使人眼花缭乱。另外，扣球在应用技巧上也有很大发展，如转腕扣球、打手出界扣球、超手扣球、轻打和吊球等。1973 年，《排球讲义》中首次出现单脚起跳扣球、转腕扣球、打手出界扣球和超手扣球。1972 年，日本队男排在平拉开的基础上，创新出了短平快。中国男排运动员汪嘉伟创造了"前飞"和"背飞"。1977 年，波兰男排首次有意识地运用后排进攻。1979 年，中国创造了单脚起跳的前快、背快、短平快、前飞、背飞等技术。

80 年代，中国女排首先运用单脚起跳扣背飞球，更加丰富了进攻技术和方法，使扣球技术向点多、面宽的方向发展。

90 年代至今，扣球点高、力量大，前排掩护、后排进攻扣球的立体进攻成为重要的得分手段。

（二）扣球技术的演变分析

在助跑起跳被作为一个完整扣球技术的一部分被提出之前，扣球前的准备动作较为随意，尤其是在九人制排球时期，运动员多采用原地起跳扣球。在六人制排球盛行后，助跑起跳作为扣球技术的准备部分越来越受到重视。

磕击上升的球很类似于扣快球，可看作是扣快球的雏形，但这种球的力量和速度都较差，易被对方防起。所以也逐渐被淘汰。

假扣球包括吊球和突然换手扣球。吊球的出现使得比赛中的防守形势更加严峻、压力更大，所以，吊球技术一直应用至今。换手扣球是指挥右臂却用左手扣球，对运动员的协调性要求较高，扣出的球力量较小。所以，换手扣球技术被逐渐淘汰。

钩子式扣球、钩臂扣球和大抡臂扣球的动作方法无异，只是叫法不同而已。运用这种扣球技术的代表人物是李策大先生。在扣球时虽然有利于发力，但很难改变扣球的方向，局限性较大，所以被逐渐淘汰。但是，结合对老一辈排球教练员的访谈了解到，抡臂扣球在 60 年代左右应用较多，根据个人的特点，有的队员善于运用小抡臂，有的队员善于运用大抡臂。随着扣球技术与战术的结合发展，抡臂扣球的弊端愈见明显，完成该动作的时间较长，在盛行的快攻、立体进攻等战术中遂被逐渐淘汰。但抡臂扣球在福建一带仍会见到，这与当地的排球运动的发展有很大关系，因为排球最早是传入我国福建、海南一带，经过这一百多年的快速发展，排球运动已成为人们日常生活的不可或缺的一部分。所以有些在排球运动发展水平一般的地方很少接触的某些排球技术，在福建、海南一带却能见到。

在排球战术的需要刺激下，平拉开、短平快、背溜、时间差、前飞、背飞、拉三、拉四等也应运而生。前中国男排运动员汪嘉伟，由于个人跳跃能力出众，跳起后能在空中飞行 2 米左右，在训练中，教练员和运动员共同研究，创造了背飞扣球这一空间差战术。随着汪嘉伟的退役，这种真正意义上的空间差也随之消失了。扣球技术在应用技巧上也有所创新：转腕扣球、打手出界扣球、超手扣球、轻打和吊球等。

综上所述，扣球技术演变的原因有：运动员的个人特点；排球战术发展需求的刺激。以上的演变分析如图 1-4 所示。

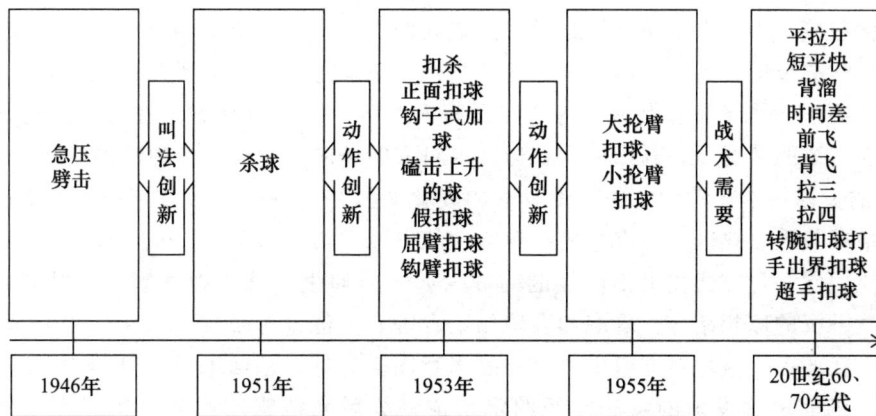

图 1-4

五、发球技术的演变过程

发球是1号位队员在发球区内自己抛球后，用一只手将球直接击入对方场区的一种击球方法。它是排球运动的基本技术之一，也是唯一一项由个人单独完成的进攻技术。

（一）发球技术的演变

萧百新的《排球》对发球的解释是排球竞技之初步工作，当以发球为竞技之基本，术语称为service或serve，原属工作之意义。林国章在《排球训练图解》中这样评价过发球：在六人制排球运动中，没有发球权就没有得分的条件；此外如果所发出的强劲的球能直接取分的话，就算其他五位队友的技术平平或在打盹，也能取得球赛的胜利（因为只有一人在发球中获得十五分就行了）。虽然这或许是不可能的事，但我们从中可领悟到，发球在排球技术中是很重要的。从另一角度看，所发出的球虽然不能直接取分，但由于有威胁性，所以能破坏对方的速攻意图或组合性的攻击，以减轻己队防守上的压力。

发球是伴随排球发明之初就有的。1951年，方瑛等译的《六人排球》中称之为"开球"，是游戏的开始。根据技术动作将其分为低发球（在下面发的球）和高发球（在上面的发球），低发球技术较简单，又可分为正中发球和侧面发球；高发球的技术动作基本类似于现在的正面上手大力发球，侧面高发球又被称为鱼钩式发球或钩子式发球，类似于勾手大力发球。1953年，在《最新六人排球》中首次提出在发球时有两种站立法：直站法（发球员面对球网站立）和横站法（发球员体侧对球网站立）。另外，不论是上手发球还是下手发球，击球时的手型都是五指并拢，这一点和现在的五指自然张开有区别。所以在50年代，排球比赛中采用正面上手发球和勾手大力发球较多，这两种方法发出的球力量大、速度快、弧度低并带有旋转。当时我国广东男排的勾手大力发球是一道亮丽的风景。

在60年代出现了飘球技术。顾名思义，飘球就是发出的球在空中飞行时会产生飘晃，使对方不易判断球的飞行轨迹，从而破坏对方的首次防守来得分。这也因此促进了前臂垫球技术的出现。1961年，在《球类运动（中等体育学校讲义）》中首次提到了飘球技术。1962年，日本女排发明了勾手飘球。日本女排的勾手飘球和中国女排的上手飘球，使发球的攻击力大大加强，并被广泛运用。据说当时因为日本队的飘球技术而深受打击的苏联队，针对飘球技术为什么会发生落点变化和接球为什么不易接好这两个主要问题，动员体育界的科学人员进行实验和研究，最终得出了科学的结论。另外，还有一种发高吊球，《球类运动（中册）》中高吊球主要是从球的后下部往上抽击，使球向前旋转飞向高空再落入对区。高吊球是多半在对方正对太阳光的情况下，或者在有风的情况下，利用风力将球吹入对方的场内，造成对方的错误判断。

70年代的发球技术在动作方法上没有大的变化，但在比赛的战术应用中有所提高。如根据对方的具体情况找人、找区等，进行更有针对性的发球。1976年，《排球技术、战术训练法》中提到：如果能用同一种方式发出不同性能的球（如大力勾手发球和勾手飘球相结合，或上手平快飘晃和突然下沉的球相结合，重飘和轻飘相结合等）更能发挥发球的效果，更好地实现找位、找空、找人、找弱点、破坏对方组织进攻的战术意图。另外，正面上手发球是在飘球前出现的。飘球出现时，正面上手发球的叫法已经约定俗成，故后来把飘球称为"正面上手发飘球"和"勾手发飘球"。中国"老女排"梁艳是勾手飘球技术的代表人物。

1978年，香港的林国章在《排球训练图解》中提到了几种特别的发球技术：拍球式发球（网球式发球）、上手发强劲球（扣杀发球）、上手发变化球（在空中将球推出）和逆转发球。拍球式发球的方式好像打网球一样，在身体的正面，将球托至右肩的前面（惯用右手者），利用手腕较硬的部分将球打出。这种发球法适宜肩部和腹部肌肉强劲的选手，如果身材较大则更为理想，欧洲的球员最善于运用这种形式发球。上手发强劲球是各种发球中最厉害的一种，但缺点是容易被对方判断出球的下垂轨迹，且在扣球时易犯错误。发球时要把球托得高，手腕向后挥动的角度要大，同时腰部要配合右手向后扭。上手发变化球的打球点较高，使用手腕较硬的部位从侧面推向球的重心，这样可令球不旋转。如果好像推球一样把球打出，球就能打得较远。如果缩短球与手之间的距离（即右手不挥动得那么大），就能打出近网的球，同时球的下降速度亦会较快。逆转发球是使用像扎球一样的手势在后面打球。这种发球法不常用。80年代，在创新中出现了远距离发飘球、平砍式发球、高点平冲飘球，最重要的是跳发球技术的问世。显然，跳发球技术给接发球带来了更大的压力。尤其是90年代以来，跳发球技术经过不断的发展和创新，由原来简单的跳发大力球，逐渐诞生出跳发飘球、跳发各种变化的旋转球，并结合比赛中对方的具体情况有针对性地选择发球区。虽然跳发球的破功率和得分率会高些，但也存在不足之处，它的准确性较低于一般的发球技术。稳定的抛球是确保跳发球成功的关键环节，端线外9米的发球区给助跑提供了更大的发挥空间。跳发球在带来强大威力的同时也使得接发球队员必须在更短的时间里快速地做出接发球准备。

水平较高的队员运用发飘球、跳发球技术多些，一般水平队员采用正面上手发大力球的方法较多些。当然，针对不同发球技术动作的要领，也有不同的口诀，这些口诀简单易懂，精辟到位。

（二）发球技术的演变分析

排球比赛是从发球开始的，所以最初将发球也称为"开球"。在提到发球方法时，总是以发球来命名，所以发球这个说法更被认可，一直沿用至今。

60年代，日本女排发飘球技术的创新打破了原有的攻守平衡状态。勾手飘球、上手飘球和跳发飘球使得发球技术更具威慑力，攻击性得到进一步发展和提高。中国女排在勾手飘球的基础上创新了上手飘球，在80年代，又创新出现了远距离发飘球、平砍式发球、高点平冲和下沉飘球。发高吊球由于发出球的弧度很高，在室外场地打球，接一传队员在接球时容易"晃眼睛"，给接一传的队员造成了较大的难度。但随着经济的逐渐发展、排球场地条件的不断改善、室内场地不断增多，高吊球的优势就势必被减弱，比赛中的运用越来越少。另外，在学校的普修排球课中，排球教师也不一定会提及或者教授该发球方法。久而久之，掌握这种发球技术的人日益减少。

1994年国际排联对比赛规则进行修改，发球区改为9米，即在端线后的任何位置都可以发球。所以发球队员可以根据自身的特点和需要，利用不同取位找点、找人发球，控制发球落点。

跳发球技术由单一地跳发大力球，很快发展为跳发飘球和跳发各种变化的旋转球，队员还能根据对方接发球布局，选择发球区的不同位置针对性的跳发，来提高发球的得分率和破功率。

下沉飘球是指在击球动作上与正面上手发飘球无异，只是在击球手法上，在突停的同时伴有下拉手法，发出的球在飘晃的同时还有下沉的效果。这种技术难度较大，在跳发球普遍运用的背景下，逐渐被人们淡忘了。

逆转发球是使用像扎球一样的手势在后面打球。这种发球法不常用。在露天球场有阳光照耀或有风时，这种发球法有极佳的效果。现在的排球比赛一般在室内进行，因此已失去上述的条件。但用来扰乱对方的心理，则还有一定的效果。这种发球常会使对方判断错误，以为会出界的球结果仍留在场内，以为会打到球场端线的球却刚过网就坠下来。这种球虽然很有威胁性，但是由于不容易控制，运用不好会弄巧成拙，因此不常为人所用。即使结合对老一辈排球教练员的访谈，平砍式发球也已无迹可寻。

综上所述，发球技术演变的原因有：加强发球攻击性，抑制对方进攻；场地。以上的演变分析如图 1-5 所示。

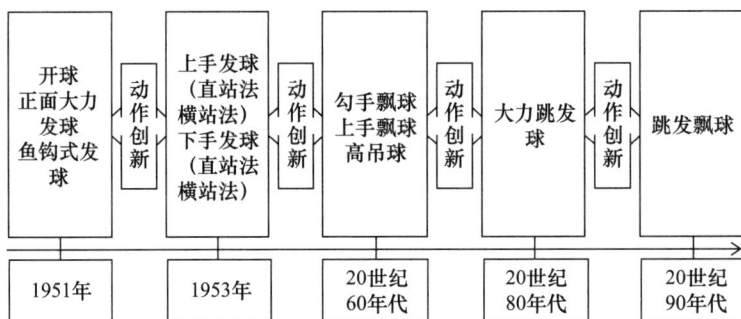

图 1-5

六、拦网技术的演变过程

拦网是队员靠近球网，将手伸向高于球网处阻挡对方来球的行动。拦网是比赛中的第一道防线，同时也算是第一道进攻线，是得分和得球权的重要手段。扣球和拦网的矛盾是比赛中最大的矛盾，也是最精彩激烈、扣人心弦的对抗。比赛中，如果前排没有拦网或拦网能力太弱，就会给后排的防守加大了压力。拦网时不仅可以将扣球拦回、拦起，还可以直接拦死以得分。此外，有力的拦网可以破坏对方的战术组织，挫减对手的信心和锐气。拦网水平的高低也代表着一个队实力的强弱。

(一) 拦网技术的演变

1933 年，在《排球》术语中称为 "stop volley"，意为防止对队猛烈扣球之方法。拦网技术在发展历程中曾被称为截球、封网。《球类运动教材》中叫做 "截球"，当对方球员发球时，或压击时，前排球员应随即跳起拦阻截球。《六人排球》则称之为 "封网"，封网这一术语，即指在网上面的来球，用二手或四只手像一座墙的挡住。封网是比赛中有效的防御。"单式封网"由一个球员去执行。"复式封网"由二个或者三个球员同时来执行。

拦网一词最早出现在 1946 年《球类运动教材》防守时前排拦网中，但当时只是在表述防守时出现，还未作为正式的拦网技术。进入 50 年代以后，"拦网"这一术语出现并沿用至今。1953 年，库庆斯基编著、周百雄译《最新六人排球》中首次使用 "拦网" 这一排球技术概念，就是在球网附近反抗对方扣球的一种重要方法。同年，马启伟编著的《六人排球基本练习法》

中也是使用"拦网"这一词，并提出两种有不同目的的拦网法：一是以直接挡回对方扣杀球为目标的阻挡拦网法；二是以通过阻挡来降低球的力量和速度为目标的应急拦网法。1954年，《怎样提高排球技术》中拦网是重要的防守动作。这里已从逻辑上提出，拦网是属于防守的一种动作。拦网技术在攻防对抗中一直扮演着重要角色，也在不断地发展和创新。在发展的不同阶段中，各有其不同的特点和优势，但这些拦网技术不是按阶段完全分开的，而是同时并存的。1955年，戈洛玛佐夫编著、叶长良译《排球练习法》中首次根据拦网的人数将其分为单人拦网和集体拦网。1958年，由戈洛玛佐夫讲课而整理的《排球》中又进一步将集体拦网分为双人拦网和三人拦网。这种对拦网技术的分类方法也是沿用至今。

50年代是以"后仰拦网"为主流。当时的比赛规则不允许拦网时手过网，所以只好将手腕后仰，并以把球拦起、保证调整反击作为拦网的指导思想。1955年，万起等翻译戈洛玛佐夫的《排球》中跳起后，拦网者马上将两手举于网的上方，手掌向着对方的场地，同时尽量使手同球网平行。手指要后上仰起，以便使手指根和手掌着球。如果球触手指尖上时，那么手指即可随球后仰。拦网被称为是第一道防线，主要是防御的性质。此时期的拦死、拦回比率不高，拦网得分率有时甚至少于发球得分。

60年代是以"盖帽拦网"为主流。1965年规则修改后，允许拦网时手过网。其初衷原是针对快速战术蓬勃发展的亚洲队。但我国运动员大胆创新运用了"盖帽"式拦网。拦网时伸手过网先罩住球，待对方扣球击球后，主动屈腕用力盖帽捂球，使拦回的球反弹角度小、速度快。这种盖帽式拦网促使了由原来单纯的被动防守转变为攻防兼备的技术。

70年代是以"屋檐式拦网"为主流。由于运动员身高和弹跳力的发展，促使了拦网高度和实力的明显增加。运动员能够将双臂向网口斜上方伸出，肘臂都过网，两手尽可能贴近球、罩住球，给扣球人以极大的威胁。任何掩蔽性不够的近网快攻或高度不足的近网强攻，都易遭到一下子被捂死之虞，直接失分将随时会发生。1973年，《排球讲义》中当对方扣球一瞬间，迅速向前压腕，把球拦到对方场区。拦网后，手臂上抬收回。屋檐式拦网常迫使进攻一方不得不改变进攻战术或从远网发动进攻。1977年，规则规定拦网触球不算一次击球，大大促进了拦网技术的发展，使拦网逐渐也演成为一项攻击性很强的技术。在阵容配备上，把身材高大的队员放在2、3号位共同拦网。此时是以拦死、拦回为主。

80年代以"直臂拦网"为主流。1977年排球新规则采用后，明显地有利于发球和拦网的一方，这大大刺激扣拦矛盾对抗的开展。在世界各强队都加速"大型化"的发展，大批身体素质好，弹跳力强的高大队员进入排球的对抗。网上斗争更趋激烈，"盖帽拦网"与"屋檐式拦网"都已成为拦网的拿手技术而被广泛应用。在拦网时，为了对付各种远网强攻、高压吊球、高点平冲扣球和各个位置的后排立体进攻，直臂拦网又被提到重要位置上来。两臂高高向上伸直的直臂拦网，无疑大大加高了拦网高度与加宽了拦网的宽度而形成更严密的手墙；这样拦网一方不仅拦死拦回的机会增加，更主要是蹭手以后的反击次数大大增多。因此，直臂拦网被作为新时期的一个新武器应用起来。直臂拦网的应用并不替代或排斥"屋檐式拦网"与"盖帽拦网"，相反，它作为80年代的一个拦网特色，大大增强了原有拦网的威力。

现在这几种拦网技术依然在比赛中被广泛运用，是最重要的防守方式之一。拦网现已由防守技术逐渐演变成一种积极的攻击性较强的进攻技术。单纯以手臂、手腕的动作，已不能阻拦速度快、力量大的扣球，还必须以腰、背、肩的协同用力阻击扣球，才能卓见成效。拦网时应尽力把手臂伸过网接近球，以凶狠的捂、盖动作，力求拦死。第一跳不全力起跳，如果被骗，可做第二次补跳。

（二）拦网技术的演变分析

1965 年，规则允许拦网队员双手伸过球网触球，当时运动员的拦网高度也得到了较大的提高。中国男排利用规则的修改，创造"盖帽"式拦网新技术。"盖帽"式拦网由于拦网队员可以将手伸过球网触球，使拦网的成功率大大提高。基于这样的背景，"盖帽"拦网技术逐渐取代了后仰拦网技术，但后仰拦网技术依然适用于身高不高的队员。由此可见，规则的修改是盖帽式拦网技术出现的原因。

屋檐式拦网由于运动员身高和弹跳力的发展，能够将双臂向网口斜上方伸出，肘臂都过网，两手尽可能贴近球并罩住球，给扣球人以极大的威胁。1977 年，规则规定拦网触球不算一次击球，1984 年规则又规定拦网后可再击球 3 次。这大大促进了拦网技术的发展，使拦网被称为攻击性很强的进攻技术。

综上所述，拦网技术演变的原因有：排球规则的修改；运动员身体素质的变化。以上的演变分析如图 1-6 所示。

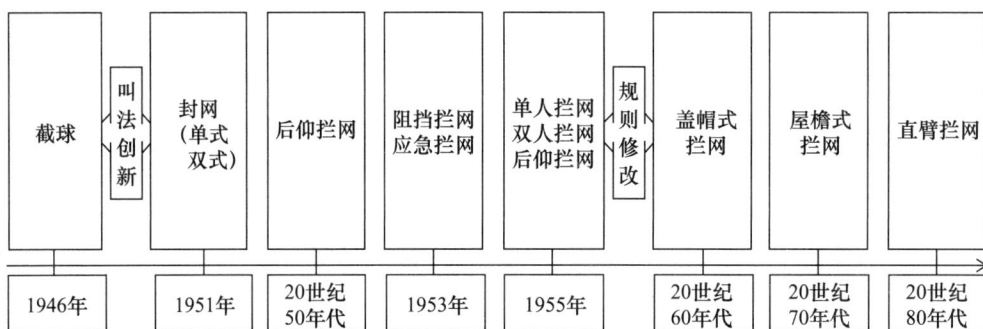

图 1-6

第二节 现代排球战术的演变

战术是战斗的原则和方法。排球战术是队员在比赛中，根据排球规则要求、排球运动规律和比赛双方情况，合理运用技术所采取的有意识、有目的、有组织的个人和集体配合行动。

一、排球进攻战术演变过程

自 1949 年国际排联举办第一届世界男子排球锦标赛起，世界排坛才有了正式的大赛。当时使用的战术很简单，进攻打"中一二"。二传手站在网前的中央，向两边传出高球，高点重扣是突破拦网的主要方法。这种打法一直盛行到 20 世纪 50 年代中期。

20 世纪 50 年代中期，在世界锦标赛上，捷克男排首先采用了"边一二"进攻战术。同期，苏联男排也率先运用了"两次球转移"进攻战术。赛场上出现了 3、4 号位的"前交差"进攻配合，当时的交叉进攻速度较慢，属于高举高打的换位进攻。

1956 年中国的"快板球"在世界大赛中运用，冲击了"高举高打"的传统打法。继而许多国家开始效仿亚洲打法，出现了注重战术变化的趋势，朝着"强攻加快攻"的方向发展。当时的快球还是"半高球"，俗称"二点五"球。

20 世纪 60 年代，随着"快球"技术的提高与普遍运用，出现了诸如"梯次"进攻，"后交叉"进攻，"背交叉"进攻等打法。这使"边一二"和"插上"进攻战术朝着快速多变的方向发展，比赛中开始出现五彩缤纷的场面。

20 世纪 70 年代初，在借鉴我国"平拉开"扣球的基础上，日本男排创造出"短平快"扣球，他们把"近体快"和"短平快"灵活交替运用，在 1972 年慕尼黑奥运会一举夺冠。同时，我国运动员的"时间差""位置差"快攻打法也有所发展。并在"短平快"的基础上，开始创新出一系列"空中移位"进攻打法。20 世纪 70 年代中后期，中国运动员的"前飞""背飞""夹塞""双平快"以及朝鲜运动员创新运用的"双快一跑动"等进攻打法成为亚洲运动员对付欧美球队的有利武器。这些进攻打法后来也逐渐为欧美运动员所汲取。

20 世纪 80 年代，中国女排和美国男排先后连续夺得多次世界冠军。他们一系列攻防战术和打法几乎成为一种模式而风靡世界。中国女排的"高快结合""攻防兼备"和美国男排的"高度加全面""全攻全守"的特点，受到国际排球界的好评。中国女排快速跑动进攻和 2、3 号位多变的进攻配合，美国男排的后排进攻战术至今仍有着生命力。

20 世纪 90 年代，世界各强队都注重培养攻守全面、熟练掌握二传技术、能支配和把握全队高点进攻及变化的优秀二传手。高度加快变打法，前后排紧密结合，各种"冲飞"扣球技术已成为各队进攻战术的重要组成部分。世界排球战术已开始向着高、快、变以及攻防全面的方向发展。

国际排联自 1999 年 1 月开始正式实行每球得分制。世界各队对发球、进攻和拦网这三项主要得分技术十分重视。其最突出的特点是提高发球的攻击性，以跳发球和跳飘球为主流，加大力量，提高速度，结合性能与落点的变化，使发球成为进攻战术体系的一部分。进攻战术融合不同风格，集高度、力量、快速、多变为一体，个人专位技战术特点更加突出。

二、排球防守战术演变过程

在国际排联组织国际排球比赛的初期，防守战术主要采用"心跟进"形式。到了 20 世纪 50 年代，防守战术继"心跟进"之后，出现了"马蹄形边跟进"防守。但多数队仍采用"心跟进"防守，也有的队把两种防守战术交替使用。直至 20 世纪 60 年代世界各队才普遍采用"边跟进"防守战术。

随着进攻战术的发展，防守战术也发生了很大的变化。在原有双人拦网"边跟进"防守的基础上，出现了"活跟""死跟""内撤""双卡"等"边跟进"防守阵形的变化。在现代每球得分制的比赛中，防反体系仍是最后制胜的关键。而防反体系中提高拦网以及后排防守与其的配合又是重要环节。前排拦网在充分发挥个人技术与能力的基础上，注重集体 2～3 人的配合；后排防守根据对方进攻形式及进攻区域灵活变化取位与阵形，出现了密集防守战术，即由 2～3 人集体拦网，封堵对方的主要扣球线路或区域，放开另一条线，由后排集中兵力蹲守。

随着运动员体能及反应速度的提高以及上手击球动作的大量运用，防守队员在预判时向前场压缩，以小角度封堵扣球路线，形成压缩防守战术，使防守落点靠后的长线球成为可能。"自由防守队员"在"一攻"和"防反"中的使用更加充分与合理。将"自由人"安排在对方主要的进攻落点处。在防守布局上还把防守反击中的后排进攻充分地考虑进去，使防守更具有进攻意义。

第三节　现代排球技战术的发展趋势

随着世界经济和现代化社会的发展，与社会经济息息相关的体育领域，也在发生着变化。排球运动亦不例外，进入 21 世纪后，现代排球运动呈现出多元化的发展趋势。

一、现代排球的技战术发展规律

（一）进攻与防守之间的对立和统一是技战术发展创新的动力

排球比赛是在进攻与防守的交替转换中进行的，进攻和防守是排球比赛的两个对立面，两者之间是相互依存、相互制约的辩证关系。进攻和防守这对矛盾贯穿于排球运动始终。排球运动自身的这种特征和规律决定了技战术的发展创新是在进攻与防守相对"平衡"或"不平衡"状态的转化过程中发展的。在运动实践中，进攻与防守处于"不平衡"时，人们为了在比赛中赢得主动权，取得更好的运动成绩，会积极去探索、发展新的攻防技战术，改进、完善原有的攻防技战术，以实现其攻防之间的相对"平衡"。当进攻与防守处于"平衡"状态时，又会激发人们去努力研究、创新攻防技战术，在攻防相对适应的基础上发展其新的"不平衡"。正是排球运动自身这种攻防"不平衡"——"平衡"——新的"不平衡"如此循环往复的规律，推动着排球攻防技战术不断地发展创新。

（二）排球竞赛规则的修改是技战术发展创新的条件

随着排球运动的不断发展，新的技战术打法不断出现。排球竞赛规则必然会作相应的修改，以适应和促进排球运动的发展。竞赛规则的变化势必会对比赛产生影响，使比赛出现新的特征和规则，引发出新的问题。为了尽快地适应规则修改后比赛中出现的新规律，人们会及时研究其对比赛影响的规律，认清发展的必然趋势，并利用它发展设计新的攻防技战术，来适应这种新规律的发展。

二、现代排球技战术发展走向

技战术的不断发展变化成为一种趋势，对这种发展趋向进行预测是非常重要和有意义的。通过对趋势的预测，及时掌握这种发展趋向，并在运动实践中对这一趋向进行积极研究，发展创造新的攻防技战术来适应这种趋向的发展。今后排球技战术主要发展趋势将体现在以下几方面。

（一）技术的发展趋向于全面化、实效化

排球比赛中每个队员都必须进行位轮转。各项技术既能得分也能失分的特点决定了全面化、实效化是排球技术发展的必然方向。全面化主要体现在两方面：一是队员娴熟精湛地掌握本专位的各项技术，并在此基础上形成自己的特点和绝招外，还应熟悉掌握其他专位的技术。前排能扣和能拦、能高能快；后排能防能调，能攻善守，每个位都能打。二是全队要保持攻守平衡，能攻能守，攻守全面。实效化其表现形式为技术攻击性更为突出，实用性强，运用效果好，成功率高。

近年来，随着世界各队身体条件和素质的不断改善和提高，训练方法和手段的科学化、系统化，技术掌握日臻完善，排球技术已向着全面化、实效化方向发展，全面化、实效化已形成一种趋势。从当今世界排球技术整体发展现状看，这种趋势已初见端倪。像 90 年代末俄罗斯、古巴、中国女排技术全面，攻守兼备，全面化的模式代表着当今排球技术发展的方向。近些年为世界各队普遍采用的跳发球、后排进攻以及各种形式的接扣球防守新技术动作等都具有鲜明的实效性。

（二）后排进攻趋向于快速化、多样化

快速、多变是进攻技战术发展的方向，前排进攻由于受发展水平和组攻条件要求等因素制约，在速度和变化两方向再有突破和创新难度较大，后排进攻作为一种新的进攻形式，因其组攻条件要求较前排低，在比赛中运用效果好，已为世界各队普遍采用，成为当今排球运动的重要发展趋势。作为一种新生事物，后排进攻在速度和变化方面发展创新有着广阔的前景，发展潜力极大，它可同前排进攻一样，运用双脚或单脚起跳前冲技术，发展创新出后排"近体快""短平快"等各种快球技术，亦可同前排进攻战术体系相结合，通过在时间和空间方面各种因素的不同组合，组成前后互相掩护的各种新的快速多变进攻打法和配合。在这方面法国和巴西男排已开创了后排快速进攻的先例，这种前后排有机结合的快变立体进攻战术体系扩展了组攻的时间和空间，减轻了一传的压力，增加了快速反击的机会，丰富了进攻战术变化，增多了进攻点，牵制了对方拦网队员，降低了对方拦网威胁。它代表了当今进攻技战术发展的方向，为当代排球进攻技战术发展开创了新的途径，必将成为后排进攻技战术未来发展的方向。

三、排球运动全面职业化的发展走向

（一）国际排球运动的职业化发展

1984 年，墨西哥人阿科斯塔当选为国际排联主席。为实现把排球运动发展成世界上最受欢迎的运动项目之一的目标，他领导国际排联对机构本身和排球运动进行了一系列的改革和调整。通过改革赛制、修订规则、配合并利用现代化传播媒介、创办世界男排联赛和女排大奖赛等，将排球运动推向了市场，推到了竞技体坛的高端，取得了巨大的社会效益和经济效益。市场经济的主要特点就是一切遵循价值规律，排球运动进入市场就意味着再也不能保持原有的业余性质，而必须向着职业化方向发展。

意大利在国际排联的倡导下率先走上了职业化道路，大力推行排球运动员职业化和俱乐部制度。意大利的各俱乐部都有不同的工商巨头资助，高薪招募世界各国的优秀教练员、运动员为各自的俱乐部效力，由于俱乐部集聚各国的明星选手和优秀教练员，所以意大利的排球运动水平飞速提高。科学的理念和运营机制带来了巨大的成功，意大利排球水平在职业化后显著提高，原先战绩平平、连进入前 8 名都困难的男排甚至获得了 4 次世界冠军和 4 次世界亚军。随后，法国、德国、荷兰等西欧国家的排球运动职业化也获得了巨大发展，中国、韩国、日本、美国及拉美国家也都先后建立了各国的排球职业联赛。

排球运动的社会化和商业化在很大程度上要借助电视传播等媒介。传播媒体的介入，促使排球运动商业化趋势日益加强。同时，随着排球运动的竞赛形式越来越多样化，大众化趋势日益明显。国际排联主席阿科斯塔指出：职业化代表着排球界的发展方向，巨额奖金促使比赛更

精彩，而紧张激烈的比赛既能吸引广大观众，又能创造出更大的经济效益。为了成功地把排球运动推向市场，国际排联几次修改竞赛规则，从而把排球运动彻底推向市场。排球运动商业化，带来运动员的高薪。明星运动员就是排球社会化、职业化和商业化的必然产物。

（二）我国排球运动的职业化发展走向

为了适应国际排球改革潮流以及适应市场化、职业化发展的需求，1996年在全国排球工作会议上，确定了以赛制改革为突破口的基本方针，继而带动中国排球赛事全面改革。同年，全国排球甲A联赛实行主客场制，新举措的实施使冷落了多年的排球赛场又重新拥有了观众，运动员在场上又找回了拼搏奋进的感觉，因此各队技战术水平都有明显提高。1997年国家排球管理中心的成立意味着排球运动的改革又向前迈进了一步。1998年中国排球协会先后下发了《中国排球协会俱乐部运动员转会暂行规定》《中国排球协会关于发展排球俱乐部的意见》《中国排球协会关于排球俱乐部管理暂行规定》等文件，提出排球俱乐部的性质为公益性的社会团体，可以是赞助式、体委与企业联办或股份制形式。

为了适应市场，2000年中国排球协会召开全国排球俱乐部研讨会，下发了《2001年步步高无绳电话杯全国女排赛和2001年步步高DVD杯全国男排赛方案（草案）》，全面修改了比赛方法，一改以往排球联赛由组委会大包大揽的做法，明确规定各俱乐部为承办单位，承办权属于各参赛俱乐部，俱乐部承办主场各项组织工作并支付全额比赛费用。这进一步明确各俱乐部的市场主体地位，促使俱乐部开始开展经营活动，推动排球职业化进程和俱乐部建设。2001年的全面排球联赛出现了少有的火爆球市，许多主场的观众上座率达100%，中央电视台的部分现场直播超过了甲A足球和篮球，这表现出强劲的发展势头。2002年，高水平外援引进的出现，说明了我国职业排球运动员的国际流动进入一个新阶段。

为了吸引观众，从2001年开始，中国排协采取了一系列积极措施，如创作联赛会歌、会徽，推出形象代言人，进一步规范和统一联赛整体形象等。同时加大改革力度，给各参赛俱乐部更大的自主经营权，拓宽经营范围，实行俱乐部办赛的方案。联赛市场在整体形象、办赛质量、开发意识、管理水平等方面取得了很大进步。目前，全国排球联赛已经形成比较稳定的竞赛市场和相对固定的消费群体，并具备了一定规模的球市。

然而，中国排球联赛作为中国最高级别的排球职业联赛，同足球和篮球联赛相比，其职业化进程缓慢因此一直被舆论批评。中国排球联赛自1996年创立以来已经举办过19届，除了因为第2届香港精英集团撕毁协议退出全国排球联赛的推广活动外，中国排球联赛经历了"金施尔康""维达""步步高""安踏"和"361°"五个冠名赞助商的赞助过程。最近的两个赞助商安踏和361°在冠名联赛的同时还提供联赛装备。然而，随着这两大体育用品公司的成长，电视直播日渐缩水的全国排球联赛已经无法满足他们在提升人气和增加企业曝光度方面的需求。2015～2016赛季排球联赛在与原冠名赞助商合同到期之后，未能找到新赞助商，感受了没有冠名赞助商的尴尬。直至2016年7月，经过将近半年的招标谈判，中国排球联赛商务运营伙伴才尘埃落定，体育之窗从2016～2017赛季起将负责联赛的商务运营推广工作，但2016年联赛的主赞助商依然难产。2016～2017赛季启动仪式上，中国排协和运营公司体育之窗对联赛未来发展提出的目标：趁着中国女排重回巅峰的热度，试图打造一个英超之于世界足球、NBA之于国际篮坛地位的世界级排球联赛。事实上，以水平而论，中国的女排联赛绝对能排进世界前三，然而，目前中国排球运动的职业化进程却并不顺畅。

2016 年，联赛高调推出了多项改革措施。除了比赛场地普及"鹰眼"裁判挑战系统、LED 电子广告屏、试点裁判电子记录系统等硬件举措之外，恢复举行全明星赛活动、球员转会制度、奖金体系和商业开发模式等改革最引人关注。在新的球员转会制度下，排球联赛将取消一个运动员在一个赛季只能代表一个俱乐部参赛的规定，新赛季设置了三个转会期。另外，新赛季联赛将设立总额不少于 1500 万元的总奖金，除了针对运动员、教练员及优秀赛区的各种奖励，还增设最佳外援奖。商业方面，新赛季的排球联赛将不再采用冠名赞助的模式，而是借鉴奥运会合作伙伴的分级系统，分为官方联合创始合作伙伴、官方赞助商和官方供应商三个等级，不同的等级享有不同的商业权益。从赛制变化到球员转会制度改革，再到奖项和商业开发的改进，显示出联赛试图以全新的面目在新赛季亮相，即将开始的排球联赛新赛季充满诸多亮点，也标志着中国排球联赛的职业化改革迈出了第一步。

然而高水平球员的自由转会市场的封闭性一直是排球联赛职业化受到制约的关键因素，其症结在于以全运会为核心的金牌与成绩评价体系。国内排球联赛的参赛队伍常年以地方队为班底，球员完全归属于省队，这导致的后果就是优秀选手"有价无市"，直接影响了国内球员的收入。2016～2017 中国排球联赛，虽说转会制度放宽，但从目前联赛各参赛队的构成来看，没有一家是摆脱政府体制的纯职业俱乐部，球员转会市场的核心症结丝毫没被触碰。国内转会的诸多分歧和障碍，也成为里约奥运会 MVP 得主朱婷远走土耳其联赛的重要因素。2016 年 5 月，朱婷正式转会瓦基弗银行俱乐部，年薪为 110 万欧元，在世界女子排坛年薪榜单上仅次于韩国名将金延璟。

其实对于联赛本身的品牌来说，冠名赞助并不是很好的形式，失去冠名赞助商的排球联赛应该更好地规划未来的商业愿景，效仿 CBA 和国外成熟排球联赛的运营和市场开发之路。借着中国女排世界杯和里约奥运会夺冠的东风，中国排球迎来了极佳的发展机遇，中国排球联赛也不要再错过这样的职业化改革良机。

四、高新科技成果在排球运动中全方位运用的发展走向

现代科学技术的迅猛发展，使现代体育运动各方面都发生了巨大的变化，传统的主观性因素逐渐减少，而高新科技含量日益增加。特别是计算机和信息处理技术等高科技成功地运用到排球运动的教学、训练、竞赛和管理中，极大地提高了排球运动的发展水平，成为该项目取得优异运动成绩的保证。

20 世纪 80 年代初，美国女排教练与艾里尔博士合作，采用生物力学和电脑分析系统对各种情报、资料和信息进行处理，然后将结果用于指导美国女排的训练，从而使美国女排一跃进入世界先进行列，开创了排球运动领域的电子时代。

在对排球技术动作分析方面，科研人员研制了计算机技术动作分析系统，该系统运用计算机技术、计算机图像处理技术、计算机数据库软件、图形学和录像技术与运动生物力学分析方法结合起来，用现代科学方法描述运动的过程，把运动特征数量化、规格化，然后精确完整地进行分析和比较。其具体过程是用高速录像系统，首先摄入运动员的排球技术动作，然后将技术动作图像送入计算机图像处理系统，在计算机图形工作站将原始图像、三维生物力学的人体立体动作分析结果和文字说明的混合画面送入录像带，在屏幕上同时显示。教练和运动员可在训练场所设置的现场查询终端并查看运动员的技术动作分析结果。如中国科学院计算机所研制

的"数字化三维人体运动计算机仿真系统（CAS软件）"，通过先进的数字视频采集与传播技术，将模拟结果与运动员训练视频对比分析，帮助运动员认识到自身技术动作与教练心中"理想"动作的差异，然后从系统中获取正确的模拟动作，使教练在指导运动员的过程中有的放矢。在排球训练比赛技术统计方面，现场通过计算机的统计数据处理，可短时间内反映出场上每位队员的技术状态和发挥情况并将这些信息及时传达到主教练手中，有助于主教练更好地协调队员和掌控大局。

国际排联从 2012 年世俱杯开始引进"鹰眼挑战系统""耳机对讲系统""电子记录系统"等一系列高科技到裁判员执裁中，此后在世界杯、世锦赛、奥运会等高水平赛事中陆续启用。

这些技术能够协助裁判员判断，提高判罚的准确性，使比赛更加公平公正，极大地推动了排球比赛的科技化进程。中国排球协会也于 2016 年 1 月 18 日面向社会公开征集共同研发"鹰眼挑战裁判辅助系统"的行业服务商，准备将高科技引入中国排球赛事。3 月 21 日，北京瑞盖科技有限公司、南京再胜电子科技有限公司成为中国排协商务洽谈的单位。"鹰眼挑战裁判辅助系统"也在"2016～2017 中国排球联赛"中投入使用。

计算机多媒体技术在排球技战术教学中已经被广泛运用。CAI 课件可实现问与答分步骤演示、灵活的查询和仿真教学、模拟实验等功能，从而改变以课堂传授为主的传统教学方式，可以动态地模拟排球技战术的时空状态和连续变化过程，提高直观教学效果。目前，计算机网络技术也在排球运动中被广泛运用，极大地促进了排球运动水平的普及、提高与发展。

五、排球运动的科研成果与实践应用日益紧密结合的发展走向

科研直接为排球教学训练和比赛实践服务，是排球运动科学研究活动的一个显著特点和发展方向，也是促进排球运动科学研究发展的过程。从方法论来看，科研人员越来越多地从文献研究、思辨研究，走向实证研究，在从不同层面上去关注学校、课堂和运动训练实践，提高研究的实际应用价值。从科研的功用来看，越来越多的排球科研人员不再满足于排球教学训练的一般抽象理论的论述，开始更多地追求排球运动研究成果的推广应用，促进排球教学训练的改革与发展。同时，排球运动科研方法和手段不断丰富和发展也推动了排球运动科研的发展和水平的不断提高。随着相关学科科研成果向排球科研领域的不断渗透和现代科技的应用，排球运动科研的方法和技术将会得到长足的发展。

六、排球运动的"大排球"观念的发展走向

如今，国际排联已拥有 200 多个会员，是世界上最大的单项体育协会之一。高水平的竞技排球已在全球范围被广泛关注，但国际排联的目标并不是将排球变成只有少数人"表演"，多数人"观赏"的"一条腿"运动项目，排球运动需要全面地普及和推广。

为了更好地在全世界范围内扩大排球运动的影响，国际排联已开始有计划、有目的地开展和推广各种形式的排球运动，如沙滩排球、软式排球、气排球、迷你排球、雪地排球、地排球等形式。现代排球将朝着竞技排球与娱乐排球并存，高水平职业排球与群众排球共举的"大排球"方向发展。目前，沙滩排球的发展已经具有相当的规模，从 1996 年亚特兰大奥运会沙滩排球成为奥运会正式比赛项目后，不仅拥有自己的管理机构——国际排联沙滩排球委员会，还创办了规范的世界沙滩排球锦标赛和职业巡回赛。

第二章　现代排球运动技战术的理论解析

第一节　现代排球运动技术的基本理论

排球运动技术的本质原理就是有关排球运动技术本身所固有的根本属性的理论，即是有关排球运动技术的概念、分类、特点等属性的理论。它是我们研究排球运动技术发展规律的根本与基石。

一、排球运动技术的概念与分类

运动技术概念是人们对运动技术客观存在的认识结果的理论概括。如果排球技术概念的界定出现错误，势必会导致人们对技术规律理解上出现偏差，同时也直接影响技术的分类结果。排球技术分类是排球教材知识体系的重要组成部分，分类的作用有三点：一是分类本身是构成排球教材的重要内容；二是分类使整个排球运动技术系统呈现清楚的逻辑层次关系，从而形成不同层次上的技术种类、概念和名称；三是分类的结果为人们提供了由浅入深、循序渐进地认识排球运动的路径。按照分类学的要求，根据分类的目的来确定分类的依据，是科学分类的重要步骤。分类的目的和依据如果不准确，分类的结果势必会导致教学效益不高等问题。

我国现行的排球教材有两个系统，分别是虞重干主编的体育院校通用教材和黄汉升主编的普通高等学校体育教育专业主干课教材。两个系统中排球教材的技术概念都将技术界定在动作层面，但技术和动作是既有联系又有区别的两个概念。动作是身体的活动或行动，技术是操作方面的技巧。所以，两个教材系统将技术界定在动作层面是不准确的。受排球技术概念的影响，现行排球技术是以动作为依据来进行分类的，这导致教师在有限的学时中教动作、练动作、考动作。以沈阳体育学院排球普修课传球技术考试为例，考试内容是由技评和达标两部分组成的。考生站在 3 号位，将本区 5 号位抛来的球传到矗立在 4 号位的球筐内，即为达标得分。这种考试方法考察的是一传到位条件下，学生的动作规范和技术效能能否达标。但在比赛中，一传经常是不到位的，在一传不到位的情况下，二传要运用移动传球和垫二传技术，但由于这些技术不是考试内容，在教学中没有得到教师和学生的重视，进而导致学生考试分数较高，却不会打比赛的结果。这种情况在学时较少的教学课中表现得尤为明显，专业训练由于训练时间较长，在这方面的表现不明显。由此可见，这种分类方法在教学实践中越来越暴露出不利于提高效率的问题。

概念片面必然造成思维混乱，而思维的惯性使人们往往不能深究某些概念的真正含义。在这种情况下，每一次怀疑倒是孕育着突破的可能。而当某些有限的修补不能解决问题的时候，就必然要从基本概念着手进行研究了。以有利于教学训练为目的的排球技术分类，对教学训练起着十分重要的作用，科学合理的分类可提高教学训练效率，反之则事倍功半。为此，有必要对现行的排球教材分类进行审视和重新构建。经查阅资料，国内外有关排球技术概念和分类的思想是多元的，而我国排球主流教材有关技术概念和分类的思想还是一枝独秀。基于此，我们对 1933 年至今的四十余册中外排球著作中有关排球技术概念和分类的思想进行审视，在此基础上力图构建更加科学合理的排球技术概念和分类系统。以期丰富排球技术基础理论体系，提高排球教学和训练效率。

（一）排球技术概念的审视与重新定义

1. 排球技术概念的审视

从目前查阅到的资料看，从 1933 年开始，资料中就有对排球技术概念的论述，至今已经 83 年了。在这漫长的历史过程中，有关排球技术概念的观点也经历了不同的表述和变化，可将这些观点分为动作解剖学结构、技巧和动作技巧"三元说"。"动作解剖学结构说"在本研究中简称"动作说"。"动作说"关于排球技术概念的定义是：排球技术是在比赛规则允许的条件下所采用的各种合理击球动作和配合动作的总称；"技巧说"关于排球技术概念的定义是：各种球技大都利用其击法之巧妙，以图获得胜利，故于规矩准绳之范围以内，寓有熟能生巧之功，非独排球为然也；"动作技巧说"关于排球技术概念的定义是：基本动作是技术的基础。

（1）"动作说"形成的历史和科学观背景以及存在的问题

"动作说"是我国现行排球技术概念的主流观点。自 1958 年从苏联引进排球教材至今，动作是我国所有排球教科书中技术概念的核心要素。但是，动作是身体的活动或行动，技术是操作方面的技巧。由此可见，将技术等同于动作的做法是不准确的。同时，经历了多年的发展，排球技术概念并没有发生变化，造成这种现象的原因是什么呢？我们还是要先从我国排球教科书中技术概念形成的历史和哲学世界观背景来分析，从而找到答案。

20 世纪 50 年代，中华人民共和国成立初期，百废待兴。当时我国与苏联同属社会主义阵营，国家关系亲密。在这样的历史背景下，我国各行各业均向苏联学习，体育也不例外。我国现行的排球技术理论体系就是在这个时期学习苏联的。近代科学经历了以牛顿经典科学机械还原论为主导的历史阶段，这个阶段思维方法的特点是采用拆分还原的方法来认识事物，苏联就是在以机械还原论为主导的历史背景下形成其排球技术理论体系的。由于动作是可以拆分的，于是，苏联的排球技术理论就将排球技术按照一定的原则进行分解与还原，通过层层拆分到技术的最基本单位——动作。这个理论体系一直影响了我国排球技术理论多年。这就是现行排球技术概念形成的历史和科学观背景。

综上所述，自 1958 年从苏联引进排球教材至今，我国排球教科书中始终把排球技术的概念等同于排球动作。苏联的排球技术理论体系是在以牛顿经典科学机械还原论为主导的历史阶段背景下形成的，因而明显带有拆分的烙印，有其一定的历史局限性。我国的排球技术理论体系是学习苏联的，在学习的过程中有照搬现象。"动作说"使排球技术成了动作环节的简单相加，忽略了技术的整体性、复杂性、技巧性、应用性、流畅性和对抗性等特点，导致在对技术规律理解上出现偏差，同时也直接影响技术的分类结果。受苏联排球技术概念的影响，我国现行排球技术是以动作为依据来进行分类的，导致在有限的学时中教动作、练动作、考动作，进而导致学生学习积极性不高、考试分数较高、技术效能却较差的结果。

（2）"技巧说"和"动作技巧说"分析

"技巧说"是将排球技术定义在运用技巧层面，"动作技巧说"是动作和运用技巧兼有。持

"技巧说"观点的有萧百新和戈洛玛佐夫。持"动作技巧说"观点的有马启伟、中国青年排球代表队和雅里扬茨。

"技巧说"观点体现了排球技术的整体性、复杂性、技巧性、应用性、流畅性和对抗性等特点，符合排球训练比赛实际。萧百新在1933年提出"技巧说"观点，该观点没有受到苏联排球技术理论体系的影响。马启伟曾任中国女排教练员，有排球专业训练经历，对排球技术分类的理解更加符合排球训练比赛实际。

（3）排球技术概念形成的时间特征分析

从查阅的排球著作中有关排球技术概念形成的时间看，我们可以划分出两个阶段。第一阶段是1933年至1957年，排球技术概念主要有"技巧说"和"动作技巧说"两种观点。代表人物是萧百新、马启伟、中国青年排球代表队和苏联戈洛玛佐夫。第二阶段是1958年至今，排球技术概念是以"动作说"为主的。代表人物是苏联戈洛玛佐夫、阿依里扬茨、黄汉升和虞重干等。在这个阶段，苏联戈洛玛佐夫和阿依里扬茨最先提出"动作说"的观点。随后，我国学者进一步完善其理论，但概念的核心未变，技术概念的"动作说"占据了主导地位。由此可见，中华人民共和国成立后，我国排球技术概念受苏联影响很大，这与"动作说"形成的历史和科学观背景的分析结果是吻合的。

2. 对排球技术概念的重新定义

（1）新概念的理论基础

随着科学技术的迅猛发展，20世纪60年代以来，人类社会迎来了复杂系统整体论科学观的新时代。复杂系统整体论以耗散结构论、协同学和突变理论为基础，其特点是一改机械还原论的传统做法，把事物看作复杂的、整体化的、内部要素之间及其与外部存在非线性相互作用的系统。排球技术是在与队友和对手的相互作用中完成的。所以，以复杂系统论作为排球技术概念界定的理论基础是科学合理的，这能够体现排球技术的整体性、复杂性、技巧性、应用性、流畅性和对抗性等特点。

（2）排球技术概念新定义

在百度汉语中，动作是指身体的活动或行动。技术是指在劳动生产方面的经验、知识和技巧，也泛指其他操作方面的技巧。技术效能一词在百度汉语中的定义是：指掌握并能运用专门技术的效果和能力。由此可见，动作仅仅是技术这个复杂系统中的一个基本要素，技术是完成动作过程中与关乎目的实现的所有要素的有机整体，是通过运用技巧来体现技术效能的。因此技术必须用效能来评价，而动作则可以用规格和规范来评价。

综上分析，我们可以得到排球技术概念的新定义：排球技术是运动员在比赛规则允许的条件下，在完成动作过程中与关乎目的实现的所有要素的有机整体。动作、技术和技术效能三者的关系：动作是基础，技术是中介，技术效能是目标。

（二）排球技术分类的审视与重构

从1933年开始，有关排球技术分类的观点也经历了不同的表述和变化，可将这些观点分为动作解剖学结构（在本书中简称"动作说"）、比赛击球顺序、动作顺序、主动被动和进攻防守等学说。因此，本书对这些分类观点进行审视，并在此基础上，依据复杂系统整体论科学观对排球技术分类进行重构。

1. 排球技术分类的审视

（1）"动作说"分析

首先，"动作说"形成的历史和科学观背景分析。"动作说"是我国现行排球技术分类的主流观点。是以苏联和我国的体育院校通用教材和普通高校教材为主的。苏联的代表人物分别是巴塔斯尼克、库庆斯基、戈洛玛佐夫和阿依里扬茨，时间是 1951 年至 1960 年。我国最早的排球教材是始于 1954 年人民体育出版社出版的中国青年排球代表队编著的《怎样提高排球技术》。体育院校通用教材是始于 1961 年人民体育出版社出版的《球类运动》，普通高校通用教材是始于 1982 年人民体育出版社出版的《排球》。

由此可见，我国现行排球教材中的排球技术的分类思想与苏联是一脉相承的，其形成的历史和科学观背景在排球技术概念部分已经有所论述，以今天的复杂系统整体论科学观来看，这样的分类思想明显具有其历史局限性。

其次，教材技术分类层级混乱。"动作说"分类思想在 20 世纪 60 年代以前，没有体现出技术在比赛中的运用。20 世纪 50 至 60 年代，排球运动迅猛发展，出现了如盖帽拦网、平拉开扣球、短平快扣球、勾手飘球、前臂垫球、滚翻垫球等新的技术。原有的技术分类体系已经不能适应排球技术的发展。于是从 20 世纪 70 年代至今，技术的分类都是按照动作规格和在比赛中运用的体例来写的。排球技术经过一百多年的发展，从动作规格上看，现行的准备姿势与移动、发球、垫球、扣球、拦网、传球已经不能涵盖所有动作了。如挡球，在动作规格上与正面双手垫球相差很大，但是在教材中却将挡球在垫球技术在比赛中运用的部分进行介绍，不是教材的主要部分，造成这项重要技术在教学中没有得到重视，出现教学效益不高的现象。

综上所述，"动作说"是我国现行排球技术分类的主流观点，分类思想与苏联是一脉相承的，其形成的历史和科学观背景在排球技术概念部分已经有所论述，以今天的复杂系统整体论科学观来看，这样的分类思想明显具有其历史局限性。"动作说"存在分类层级混乱等问题。技术分类是为目的服务的，采用何种分类方法则是分类者所持有的哲学世界观使然。技术分类的目的是便于教学，教学是为了教会学生打球。按照"动作说"分类，我们没有很好地教会学生打球，这样分类的最大问题是没有效率，原因在于机械还原论的割裂，从而忽视了整体应用这个新的技术概念与分类的对应。

（2）比赛击球顺序、动作顺序、主动被动和进攻防守等学说分析

有别于"动作"说的其他分类思想主要有比赛击球顺序、动作顺序、主动被动和进攻防守等学说。

"比赛击球顺序"说分析。"比赛击球顺序说"是以比赛击球顺序为依据，将排球技术分为发球、一传、二传、进攻、拦网、防守。基于对排球比赛的观察，以比赛中击球的先后顺序为依据的分类思想比较符合排球训练和比赛实际情况，有利于用理论指导实践。在排球比赛中，运动员完成技战术的目的是得分。运动员就是通过发球→一传→二传→进攻→拦网→防守等环节，通过精准的配合组成有效的进攻，来达到得分的目的。二次球进攻和低水平的垫来垫去是个别情况，不具有普遍性。所以，将比赛击球顺序改为比赛击球环节更为准确。

"动作顺序"说分析。"动作顺序"说是以动作为依据进行分类，但是里面按比赛击球顺序的思想。20 世纪 60 年代初人民体育出版社出版的球类运动按照动作方法，将排球技术分为发球、传球、扣球和拦网。但传球在动作方法的基础上，有在第一传、第二传中的运用。教材中

也明确出现了进攻技术和防守技术的叫法；1953 年中国青年出版社出版的马启伟编著的六人排球基本练习法将排球技术分为准备姿势、托球、扣杀、发球、拦网 4 种，托球又分为传球、举球和救球。传球、举球和救球分别是现在的一传、二传和防守。这种分类思想，表面上是以动作为依据进行分类，实质上是以比赛击球环节为依据进行分类的。

"主动被动"说分析。"主动被动"说是以主动和被动击球为依据，将排球技术分为具有主动因素的发球和进攻，具有被动因素的接球（防守）和拦网以及处在其中间的垫球（一传）和二传。这种分类思想，表面上是以主动和被动击球为依据，实质上，它是以比赛击球环节为依据进行分类的。随着竞赛规则的修改，拦网已经是与进攻和发球一样，是主动击球技术，并且是得分的重要手段。由此可见，以主动和被动击球为依据的分类思想已经不能适应当今排球运动发展的需要了。

"进攻防守"说分析。"进攻防守"说是以进攻和防守为依据，将排球技术分为进攻技术和防守技术。进攻技术分为无球技术（准备姿势、移动）和有球技术（发球、传球和扣球）。防守技术分为无球技术（准备姿势、移动）和有球技术（接球、拦网）。这种分类思想有两个问题。问题一是将传球划为进攻技术，将接球（垫球）划为防守技术。但接球（垫球）也可用于二传，传球也可用于防守。问题二是随着竞赛规则的修改，拦网已经是与进攻和发球一样，是主动击球技术，并且是得分的重要手段。所以，该学说将拦网技术划为防守技术是不正确的做法。由此可见，以进攻和防守为依据的分类思想已经不能适应当今排球运动发展的需要了。

（3）排球技术分类观点形成的时间特征分析

从目前能查阅到的资料看，最早见到的有关排球技术分类观点是以萧百新和吴文忠为代表的以比赛击球顺序为分类依据的分类观点，时间是 1933 年至 1946 年。从 1951 年至今，分类思想是多元的，其中，"动作说"是占有主导地位的，其次是"比赛击球顺序"说，持这种观点的国外学者是日本等国家的学者，持这种观点的国内学者则以马启伟和李安格为代表。马启伟曾任中国女排教练员，李安格历任中国男排主二传手、中国女排教练员。他们有排球专业训练经历，对排球技术分类的理解更加能够符合排球训练比赛实际。

2. 排球技术分类的重构

（1）分类依据

排球技术是运动员在比赛规则允许的条件下，在完成动作过程中与关乎目的实现的所有要素的有机整体。完成技术的目标是实现技术效能。按照复杂系统整体论科学观，我们把排球技术看作复杂的、整体化的、内部要素之间及其与外部存在非线性相互作用的系统，以此来体现排球技术的整体性、复杂性、技巧性、应用性、流畅性和对抗性等特点。所以，以复杂系统论作为排球技术分类的理论基础是科学合理的，该理论能够实现教会学生打球的目标。

基于对排球比赛的观察，排球比赛是从发球开始的，然后依次通过一传→二传→进攻→拦网→防守→二传→进攻这些比赛环节的精准配合，实现技术效能，达到得分的目的。二次球进攻和低水平的垫来垫去是个别情况，不具有普遍性。

综上所述，以复杂系统论作为排球技术分类的理论基础，以比赛环节作为排球技术的分类依据，是科学合理的，能够实现教会学生打球的目标。同时，这样也避免了挡球、吊球等重要技术从属于垫球和扣球这一问题。

（2）技术分类的构建

以比赛环节作为排球技术的分类依据，将排球技术分为发球技术、一传技术、二传技术、进攻技术、拦网技术和防守技术。由于一传和防守技术所运用的动作是一致的，所以将二者合一。准备姿势与移动技术是完成好各项技术的基础和前提，故将此项技术作为基础技术。动作是完成技术的载体和基础，技术是在完成动作过程中运用技巧来实现技术效能。所以将每项技术按照动作方法和运用技巧来构建。

基础技术：准备姿势与移动技术。准备姿势包括稍蹲、半蹲和深蹲准备姿势；移动包括并步、滑步、交叉步、跨步和跑步等步法；每一种步法都包括起动、移动和制动三个环节。在动作方法的基础上，基础技术有运用和技巧。

发球技术。发球技术是比赛开始时将球击到对区的技术。发球技术动作方法包括正面上手发旋转球、正面上手发飘球、勾手发飘球、跳发旋转球、跳发飘球和下手发球等。在动作方法的基础上，发球技术有运用和技巧。

一传和防守技术。一传技术是将对方的发球输送到二传手中的技术。防守技术是将对方进攻的球输送到二传手中的技术。一传和防守技术动作方法包括垫球、挡球和传球，垫球又分为正面垫球、体侧垫球、背垫球、单手垫球、滚翻垫球、前扑垫球和鱼跃垫球等。一传和防守技术运用和技巧包括一传和防守。一传包括判断、接不同发球的技巧和接一传应注意的问题。防守包括接扣球和接拦回球的判断与技巧、防守应注意的问题。

二传技术。二传技术是将球输送给进攻队员，以便进攻队员进攻的技术。二传技术动作方法包括传球和垫球，传球又分为正面传球、背传、侧传、跳传和单手传球等。二传技术运用包括顺网传球、传半高球、调整传球、传快球等。技巧包括二传假动作等。

进攻技术。进攻技术是将球攻到对区的技术。进攻技术动作方法包括扣球、吊球和传垫球。进攻技术运用包括扣近网球、扣远网球、调整扣球、后排扣球、扣半快球和扣各种快球等。技巧包括打手出界、轻扣球、超手扣球等。

拦网技术。拦网技术是在球网前阻截对方进攻的技术。拦网技术动作方法包括原地拦网和移动拦网。从参与拦网的人数上可将拦网分为单人拦网和集体拦网，集体拦网又可分为双人拦网和三人拦网。拦网技术运用与技巧包括拦网的判断、拦网手型和手臂的变化、二次拦网和集体拦网应注意的问题等。

二、排球运动技术的基本特点

针对排球技术发展特点的分析，主要包括四方面。第一方面是新技术的诞生，第二方面是新技术的创新，第三方面是攻、防技术，第四方面是新型比赛规则。针对现代排球技术发展的不同特点，我们针对这四方面进行了以下的分析。

（一）新技术的诞生

排球竞技赛事的不断改变，引起我国各领域的高度关注，相关部门加大对排球技术的研发与创新力度，随之也诞生了诸多的排球新技术，并使这些技术合理应用在我国排球领域的发展中。例如，新型的低抛低弧技术，起初在日本排球运动中比较常用，我国相关部门对其进行研究与分析，逐渐应用到我国排球运动中，既是对我国传统排球技术的革新与创新，又对我国排球技术水平的提升与发展奠定了良好基础。

（二）新技术的创新

排球技术的创新，绝不是短时间内就可以实现的，而是经过长期的探究与实践，对经验的不断积累而形成的。这需要结合排球运动的实践操作，可在实践的过程中、偶然情况下产生。新技术在起初排球运动实践的过程中，无法顺利地应用与实施，需要通过实践不断规范。除此之外，新技术的出现还对排球运动员提出更高的要求。对新技术的应用，运动员要熟练掌握其技术特点，想要提升排球新技术水平，最重要的前提是实践应用，运动员要在实践中对其探索，制定完善的实践方案与技术，以此为基础，最终可达到熟练自如的状态。

（三）攻、防技术

攻、防技术是排球比赛中的关键所在，而现如今的防守技术却落后于进攻技术。但是防守技术的不断发展和进步也使得进攻技术的发展迈向了新的台阶，两者相辅相成。例如：在进行排球比赛的过程中由于有扣球技术的产生，而后衍生了拦网技术；当拦网技术经历不断的完善以后，为了能够突破这一技术又产生了立体进攻战术形式。所以说，新技术的发展需要对原有技术进行不断的修改和完善，这样才能够为新的技术奠定良好的基础。

（四）新型比赛规则的深入发展

排球运动项目，在各国家的体育领域中都是重要的组成部分，并得到各国的高度重视，各国针对排球技术的创新与发展都加大研究力度。无论是排球运动项目的发展，还是比赛规则的完善等，都发生了相应的变化。如果只是对排球运动的赛事规则进行相应的完善，不可避免地会对排球运动项目的开展与实施造成制约性。而从排球运动项目的角度分析，对其不断发展与创新，再对相应比赛规则的修改与完善，才能确保排球运动项目的发展。所以就要求排球竞技的规则具有一定的准确性和实效性，保证了这两项问题才能够使得排球技术迈向了新的成功。

三、排球技术发展的前景走向

近些年来，排球各项规则的改变，排球技术也出现了新的发展方向；并且新的排球技术也在体育竞技比赛当中得到了广泛的应用。排球技术新的发展也使得我们国家的排球事业发展迈向新的纪元。以下就排球技术的发展走向做出了全面的介绍。

（一）新技术的发展趋势

随着我国排球技术水平的提升，我国体育领域对排球新技术越来越重视，能够考虑到排球特点，对相关制度进行制定与完善，并且判罚尺度、防守技术难度等发生了相应的变化，目前就是全面提升我国排球技术水平，帮助运动员更好地掌握排球技术，例如：垫击二传技术、脚踢球技术、高姿位防守等。其新技术的发展，是以冲跳扣球的技术为发展基础，能够为排球的空中扣球适应能力、扣球空间等进行有效的扩展。排球技术以二传球落点为中心，逐渐发展出"中二传、心二传、边二传"等新技术，使运动员的阵型可守可攻。

（二）技术类相关动作的发展走向

现如今，对于排球技术各项动作的分类也变得不像以前那样清晰。目前排球竞技技术以及防守技术的节奏在加速变换着，其相应的理念也在随着改变。排球发球技术不再只是比赛开场的技术，其更具有一定的强进攻形式。好的发球技术时速可以达到 100 km/h，高于扣球速度。

（三）后排扣球技术发展

在以往的排球运动中，其后快球的位置需要在离网 2 m 左右远处进行的，随着对排球技术的不断探究，以此为基础，探究出后近体快球，它与传统的后快球存在差异，后近体快球位置是离网 1 m 左右处进行的。那么运动员的实际操作，是先对后近体快球进行发出，采用单脚冲跳扣球的方式，能够使小网球与后排扣球的距离适当缩短。如果在实战中，排球运动整体的节奏比较慢，那么对快球的处理，可逐渐削弱后排的第二起球，使强攻的弧度缩小到一定的范围，又进一步地提升了排球运动整体的节奏。运动员会根据实战情况，及时调整作战方案，如果排球运动的整体节奏比较快，那么就需要采用快进攻的方式，全面掌控实战节奏，就可以占有一定的优势与主导地位。

（四）动作模式的发展走向

随着排球技术的不断发展，相应的动作模式也在更新。在相对于排球赛事水平较高的竞技当中，其战术的不断变化和球的速度增加情况是无法预计的。传统排球竞技比赛当中，防守动作的要领就是以预备姿势体现的，在此期间需要对排球所要进行的方位以及形式进行判断，并及时做出相应的对策。同时也要运用身体的优势来对球进行拦截工作，这也就要求排球运动员的各项身体机能积极并且协调地进行配合，保证排球在接触身体部位以后能够更好地掌握其反弹的力量以及反弹的方向。与此同时也需要运用防守技术的各项要求来完成最后的击球工作。排球规则的不断演变，击球以及防守技术也随之有了新的变革，在这样的形式之下，运动员在竞技赛场上就需要准确地进行取位，同时做出相应的击球动作，由守转换为攻。

（五）单手拦网技术

在排球运动过程中，对单手拦网技术的探究与发展走势的分析，最主要的前提是了解单手拦网的技巧，主要是利用单手曲腕动作，就可对排球进行拦网操作。单手拦网技术使球网距离、拦击高度等都有所提高，在实战中的防守性与攻击性不断增强，那么在排球领域的发展中，单手拦网技术的发展对其具有重大的影响意义。我国排球技术的不断发展，使其发生相应的变化，但是无论其技术发生怎样的变化，最终还是要归结于其本质，通过其技术的创新与变化，使我国排球技术水平有高层次的提升。当然，排球技术的创新与发展，都能够突出排球运动的特点，始终都遵循着排球规则创新发展，正确选择训练方式，帮助运动员们更好地掌握排球技术，从而才能在实战中取得更好的成绩。

（六）跳发球技术与单身拦网术的发展走向

发球技术包含跳发球技术，其呈现出的趋势也更加的多样化。在传统技术中主要采用的方法是跳起后并大力进行发球，然而这样的发球模式已经落后了。现如今较为成熟的发球技术也有了一定的进展。

单身拦网术主要是运用腕部动作来完成的，新型技术使得防守型以及攻击性都得到了很大程度的提升，其具有一定的推动意义。若是想要让排球技术向着更高层次的提升，就需要了解以及掌握其发展的走向和特点，只有这样才能够以理论与实践相结合的方式进行全面的训练，使得运动员能够在比赛中更好地发挥。

四、我国排球运动技术的指导思想

技战术指导思想，或称训练指导思想，是一个队在训练和比赛中的理论原则与行动指南，是高水平队伍必不可少的取胜因素。正确的指导思想来源于运动训练与比赛实践，又反过来指导训练与比赛实践，并在实践中不断丰富与发展。随着排球运动规则的不断创新与实施，人们在研究和探讨其对排球技战术影响的同时，更关注直接关系到技战术训练的指导思想先进的指导思想，这些指导思想应该符合排球运动发展的规律，适应其发展趋势，并反映本民族的特点。当前，世界排坛劲旅都有自己的一套技术战术指导思想，并在此基础上形成各自不同的打法。我国排球运动技术的指导思想概括为八个字：全面、熟练、准确、实用。

全面：就是要求每个队员全面地掌握各种技术，做到能攻能守，能扣能拦，能高能快，能垫能传，在各个位置上都能胜任，各种技术动作都掌握；并在全面的基础上有特点、有特长，从全队整体上来说就要掌握各种战术变化。

熟练：是指完成技术动作娴熟，达到自动化程度，动作轻松省力，基本功扎实，成功率高，在紧张，激烈的比赛中能稳定地发挥出自己的水平。

准确：是指技术合理，动作规范，控制球的能力强，准确性高，并符合战术要求。

实用：指运动员的比赛意识强，技术动作简练，适应球的能力强，运用效果好，讲求质量和实效。

五、排球运动技术的力学原理

排球运动各种技术动作中都包含着力学问题。认真研究排球技术中影响人体运动的起动、制动、起跳、挥臂等技术动作的力学原理及影响球飞行的影响因素，有利于找出排球运动技术动作的关键和难点，有利于学习者正确领会动作要领，提高掌握、运用技术的能力。

（一）起动和制动技术动作中的力学因素

1. 稳定角

人体重心与地面的垂线和人体重心与支撑面边缘连线所形成的角称之稳定角。稳定角越大，越平衡稳定；反之，平衡性和稳定性越差。排球运动员在场上的平衡、稳定与支撑面大小、重心高低、稳定角大小三个因素有密切关系。运动员在场上不是静止不动的，而是随着场上的变化，随时采用各种形式做出快速的起动，然后变动步法及制动起跳等动作。例如，后排防守准备姿势多用于接发球、拦网和各种传球。因此要求运动员在场上保持基本的站立姿势："两脚左右开立，稍比肩宽，两膝微屈，上体稍前倾，两臂放松，自然弯曲，双手置于腹前。"

2. 蹬地角

人体蹬地作用力与地面的夹角称为蹬地角。在支撑反作用力一定的条件下，蹬地角越小，支撑反作用力的水平分力越大，即起动时的速度越快，初速度越大。例如，防守时为了提高向前的速度，除增加蹬地的作用力外，适当缩小蹬地角，有利于获得最快的速度。

3. 起动

起动是队员在球场上由静止状态变为运动状态的一种脚步动作。起动是移动的开始，起动的快慢是移动的关键。在进攻中，突然快速的起动是加快进攻节奏，增强进攻效果的有效手段；

防守时，迅速的起动是保持或抢占有利位置、防止对手进攻的首要环节。据统计，在防守中，向前和向侧前方的移动最多。因此，身体重心的投影点应落在两脚支撑面的前部或适当超出支撑面，这样更有利于加快向前移动的起动速度。排球比赛中要求运动员要起动快、移动快。要完成这项技术动作必须符合以下几个原理：

（1）起动的力学原理是破坏原有的身体平衡

人体向前抬腿使身体失去平衡而向前倾，达到移动的目的，加之收腹，上体前倾，有利于身体重心前移，从而使后蹬角减小，增大了后蹬的水平分力，达到加速起动的目的。

（2）在起动方向上的稳定角要小

如向前启动时，上体迅速向前倾斜，或提起一只脚，使身体重心垂线远离支撑点。运动员做起动准备姿势时，前稳定角要接近于零度。稳定角的大小，与支撑面成正比，与重心的高低成反比。

（3）支撑反作用力要大

支撑作用力是队员蹬地的反作用力，运动员的蹬地力量越大，静止惯性的动力也就越大。启动时的主要用力在于蹬地腿的肌肉爆发式的收缩的速度和力量。蹬地腿预先拉长的肌肉爆发力越大，起动速度就越快。

（4）蹬地角要小

在支撑反作用力一定的情况下，蹬地角的大小，决定这个水平分力的大小。重心前移，蹬地角减小，蹬地的水平分力增加。所以，运动员启动时应采用较小的蹬地角，以获得较大的支撑反作用力的水平分力。为了使身体重心迅速前移，有时还可以在抬腿之前，后腿适当向后垫一步，起到减小蹬地角，增大水平分力的作用，如向左移动，则抬左腿，身体向左移动并倾斜，右脚蹬地起动。

蹬地角的支撑反作用力是互为影响的。当蹬地角发生变化时，人体的发力条件也发生改变。如果蹬地角过小，蹬地力也会减小，支撑作用力也随之减小，其水平分力也会减小。此时起动的加速度会受到影响，因此应选择适合的蹬地角。一般腿部力量强的队员，其蹬地角可小一些；腿部力量弱的队员，其蹬地角可适当大一些，以使身体在短时间内获得最大的加速度，但其前提是掌握好适宜的重心倾斜角度，爆发力才能具备有效的水平分力。

4. 制动

人体从运动到静止的过程叫制动。制动与起动是完全相反的过程。制动时，最后跨出一大步，跨出脚蹬地，从而获得一个地面对人体支撑反作用力，其与重力形成合力的方向与人体运动方向相反，从而使身体移动速度减慢，直到停止。影响制动快慢的因素有两个：

（1）支撑反作用力的大小。支撑反作用力越大，制动越快。

（2）支撑反作用力与地面夹角的大小。夹角越小，制动越快。

（二）传球技术动作的力学分析

传球技术动作的作用力顺序是蹬地、伸膝、伸腰、伸臂、伸肘、抖腕、弹指的屈伸以及触及来球的反弹力等，将球传出。最重要的是伸臂和手腕、手指的紧张用力，球压在手指上产生的反弹力将球传出。传球时要根据来球的速度、弧度、力量，而适当控制手臂、手指和手腕的紧张程度，加强或缓冲出球速度，控制好传球的弧度和距离，提高准确性。研究表明，击球瞬间，手触球到离手时间一般为 0.075 秒左右，但在传球的过程中，手型的拇指形状不同，其时间也会略有差异，"一字"型为 0.0734 秒，"朝前"型为 0.0775 秒。在传球瞬间怎样控制球速和力量及准确性方面，除上述要求外，手臂、手腕、手指对球的本体感觉和进行精确而巧妙的微调，也是传好球的关键。

根据传出球的弧度、距离的不同，全身协调用力击球的技术规格，也有所差别，如传远距离和调整传球时，主要由踝关节和膝关节的伸展蹬地所产生的作用力来增加传球力量，即下肢用力较多。从生理学的角度分析，肌肉收缩时产生的力量与收缩前的初长度有关。若在收缩时，肌肉适当被拉长，其收缩时产生的力量更大，因而获得一个加速度。传平拉开、背传、变向传球时，依靠腰腹力量展体送髋，转体动作使用较多。

从运动学角度分析，传球出手是一个匀速运动。它应遵循牛顿第二定律的运动规律，物体在力的作用下，产生加速度。球的质量是个常数，因而加速度的大小取决于作用力的大小。因此，传球手法和全身的协调用力是传球中不可忽视的重要环节，它关系到出球的速度，可增加出球点，扩大出球面，提高传球的灵活性，从而提高传球的质量。

传球主要是依靠蹬地、展体、伸臂的全身协调动作所形成的推力和手指、手腕的击球力量，构成一个合力作用于球体，而缓冲技术的关键是手指、手腕控制球的能力，它是衡量优秀二传手技术水平的高级技巧的重要标志。

（三）垫球技术动作的力学分析

1. 手臂角度对垫击球的影响

手臂垫击平面与地面夹角的大小直接影响着击球的效果。夹角大，垫击球弧度低；夹角小，垫击球弧度高。若来球不旋转，可利用入射角与反向角的原理击球；来球弧度高、球体由上向下落时，手臂与地面所形成的夹角应小；来球弧度平低，则手臂角度应大，使来球以适当弧度反弹飞向目标。若来球旋转、碰击手臂时，除球给手臂一个作用力和手臂给球一个反作用力外，球的旋转力也作用于手臂，而手臂也要给球的旋转一个大小相等、方向相反的反作用力，这样球触手后反弹方向为反弹力和旋转反作用力的合力方向。因此，垫球时手臂垫击平面与地面夹角的大小有关。手臂与地面夹角大，垫球时弧度平；手臂与地面夹角小，垫球弧度较高。总之，手臂角度对控制垫球的方向、弧度和落点的影响较大。

2. 垫球技术中对反弹力的控制

在比赛中，人们常常可以看到虽然手臂垫击的角度很好，但由于没有控制好球的反弹力量而垫不到位或垫过网。其主要原因是没能根据来球力量，掌握和调整好手臂垫击球的力量和垫球时的缓冲动作。一般情况下，球体在与固定的垫击面碰撞后，反弹的速度将小于碰撞前的速度。但当来球的力量大、垫球的距离短时，则必须采用相应的缓冲动作，避免因反弹力过大而使球飞越过网的现象。反之，如果来球力量小，要求垫球的距离又远时，则应加大抬臂迎击球的力量，才能将球送到位。这是因为来球力量相等的条件下，当球碰撞手臂时，球体形变的大小和形变速度的快慢与手臂主动迎击球的力量成正比。如果手臂迎击球的动作速度快，撞击球的力量大，则缩短球与手臂的接触时间，球体的形变大、速度快，反弹力也就大；若手臂迎击球的动作慢、速度均匀、力量小，并伴随着一定的缓冲动作时，则将能延长球与手臂的接触时间，球体的形变小、速度慢，反弹力就小。因此，垫球中要想得到理想的反弹速度和控制好垫出球的落点，必须根据来球的力量，运用适当的缓冲动作和掌握好击球的力量，才能将球准确地垫向目标。

（四）发球技术的力学分析

1. 影响球体飞行的诸因素分析

（1）加速与缓冲

排球运动中的各种击球动作按用力特点来分，有加速和缓冲两种。扣球、发球，拦网、垫球、传轻球等基本上属于加速动作；垫重球、传重球等基本属于缓冲动作。

无论是加速动作，还是缓冲动作，都是根据运动员的具体情况进行调整作用力的大小及其作用力时间的长短。根据动量定理，$F \triangle t = mv_2 - mv_1$，物体动量改变的大小是内力和外力作用时间的乘积决定的。由于规则的限制，击球时，力的作用时间的变化不明显，而主要通过作用力的变化来使球体获得不同程度的动量变化。在完成发球动作时，手（或手臂）的运动方向与球体原来运动的方向相反，二者呈相向运动。球体受到很大的作用力，使冲量的值大大增加，从而使球体的动量变化很大，球出手的速度加快。

（2）角度

球的飞行轨迹受开始飞行时的角度影响，如发球时，假设用同等力量击球，作用力与水平线所形成的仰角大小不同，球飞行的抛物线和落点也不相同。当球飞行的始点和落点在同一水平线时，仰角为 45°时，球的落点最远；大于或小于 45°时，球的落点都较近。当球的初速度方向一定时，初速度越大，球的落点也就越远。

（3）作用力

在击球角度固定的情况下，球飞行抛物线受击球时作用力大小的影响。作用力大，球的落点远；作用力小，球的落点近，如发球时仰角固定，击球用力越大，球飞得越远。

（4）旋转

旋转球是由于球体表面并非绝对光滑，击球动作产生的作用力在作用到球体时，未通过球的重心，使球在飞行过程中发生偏离。球旋转时，受空气粘滞性和摩擦力的作用的影响，球体外部一定区域内可产生与球体旋转方向一致的空气环流，越靠近球体表面，空气环流的旋转速度与球体的旋转速度相差越小。球如此旋转向前运动，在球体环流与空气流线相互作用的影响下，球体将以曲线的远行轨迹向前飞行，即马格努斯效应。它的力学依据是流体力学的柏努利定律。当旋转着的球体向前运行时，空气流与球流相互作用，使流线分布产生变化，与球体环流方向一致的空气流线速度快，球体一侧的压力降低，形成低压区；球体另一侧的空气流线力向与球体环流方向相反，流线速度慢，这侧压力升高，形成高压区。在球体向前运行中，球体两边压力差的结果是球体受到合力作用，使球逐渐偏离直线运动路线，变成为曲线飞行。假如用同样的角度、同等力量击球，球飞行的路线还受到球体本身旋转的影响。旋转有上旋、下旋、左侧旋和右侧旋，各种旋转都会影响球的飞行轨迹。在排球运动比赛中，运用旋转的原理指导具体实践，对提高排球运动技术有很大的促进作用。例如，发球时，使作用力通过球体的上半部，利用手和球皮的摩擦，加之手腕的推压作用，可发出上旋球。同理，作用力通过球体的下半部就可以发出下旋球，作用力通过球体的左半部，就可以发出左侧旋球，作用力通过球体的右半部，就可以发出右侧旋球。其原因是球体表面与周围空气的相互作用导致球的飞行轨迹发生变化，从而产生各种偏离原来方向的曲线运动。

2. 飘球

关于飘球成因，目前尚无定论，还有待进一步深入研究、探索。国内外进行了大量的理论分析，介绍如下。

（1）当作用力通过球体重心，球将不旋转地向前飞行。由于没有旋转轴，其物体的飞行轨迹是不稳定的，因此球体会摇摇晃晃地前进。

（2）球体的振动，可以使球体变形。球体的变形与击球时球体所受到的单位面积的压力有关。球体振动时一侧凸起，一侧凹陷，并不断地振动变形。凸起的一侧和凹陷的一侧，空气的流速不同，球体两侧空气流速又不断发生变化，这样球体两侧不断地产生不同的压强差，使球的飞行路线随着球体振动的变形而随时改变，从而产生飘晃。

（3）不旋转的球，因受空气阻力影响，速度逐渐减慢，到飞行 5～10m/s 时，球就会遇到近两倍的强大压力。因此，球会突然失速，改变飞行路线。

（4）当不旋转的球飞行时，球体后面的空气稀薄，压力迅速降低。因此，压力大的气流就向压力小的地方压缩，在球的后面形成许多旋涡，旋涡越大，对球产生的阻力就越大。它能阻止和干扰球的飞行，造成球体在空中飞行时出现摇晃的现象。

（5）球体表面黏合线与空气的流动方向顺逆不一，引起空气对流速的变化，而造成阻力差，改变了球的正常轨迹。

（6）经过试验，在确保球在飞行中不转动的情况下，击球的同一部位，给同样的力，向同一方向发出球，球嘴向上，过网点高，球易出界；球嘴向下，过网点低，球不易过网；球嘴向左，球过网后向左偏；球嘴向右，球过网后向右偏。

此外，影响飘晃的因素还有球体自身的质量、球的形状、球内的气压和球的外皮质量等。从现象上看，飘球的运动轨迹类似周期摆动，或是以突然失速下掉的方式运动，而不是沿抛物线轨迹运动；从发球技术上分析，发飘球时，要使作用力通过球体的中部，使球不发生旋转。击球时手和球接触面要小，发力要突然、短促，手腕击球的时间要短。因此，关于飘球的原理分析，随着现代科学技术的理论与方法应用到排球科研领域中来，必将会揭开长期以来的对该原理研究的"奥秘"。

（五）扣球技术动作的力学分析

扣球技术包括准备姿势、助跑、起跳、空中击球和落地，其中空中击球动作是扣球技术动作结构中的关键环节，它直接影响着扣球的质量和效果。以下着重讨论起跳和空中击球的技术动作的生物力学原理。

1. 制动和起跳

制约人体从运动状态恢复到静止状态的整个过程称为制动。制动与起动是完全相反的过程。制动时是最后跨出一大步，跨出脚支撑地面，地面对人体产生支撑反作用力，这时支撑反作用水平分力与原重心移动的力向相反，从而使重心移动速度减慢，直至停下。制动时，支撑反作用力越大，即人体向前的蹬地力越大，减速越快。在支撑反作用力相同的情况下，身体重心越低，蹬地角越小，越容易制动。重心下降、蹬地角减小、上体后倾等都可起到制动作用。在现代排球比赛中，若要控制球的方向、路线和落点，就必须在快速移动之后，击球之前做制动动作，才能顺利地完成击球动作。

起跳是指排球技术中的各种跳跃动作，跳跃动作是利用下肢猛烈的蹬地而产生地面对人体的支撑作用力以及上体和手臂向上做加速动作而引起的向下的惯性力，通过支点作用于地面而产生的支撑反作用力。这些支撑反作用力和重力的合力产生了使人体向上的加速度，推动人体跳离地面。下肢各关节肌群的蹬地爆发力越大，地面产生的反作用力也越大，身体重心离开地面的加速度也越大，跳离地面就越高。上体和手臂的加速度越快，地面的支撑反作用力也越大，跳离地面的速度也越快。

原地起跳时，蹬地速度越快，起跳越高，使人体跳离地面的合力 F 是支撑反作用力 R 和重力 w 的差，即 $F=R-w$。

助跑起跳时，主要借助身体重心向前移动的速度，发挥上体和手臂向上的加速作用，通过制动增加踏跳时给地面的作用力，从而增加了支撑反作用力。因此，在助跑起跳的发力中，双腿给地面以向前下方的作用力，从而获得向上方的支撑反作用力。支撑反作用力的水平分力，使人体获得向后的加速度，以减小向前的冲力（即助跑速度）。而垂直分力和重力的合力，使人体获得向上的弹跳力。另外，许多体育科学家们的研究结果表明，一般认为下蹲时，髋关节角度为 $90°\sim100°$、膝关节角度为 $100°\sim110°$、踝关节角度为 $80°\sim90°$，才能获得更高的弹跳高度。从力学角度讲，这样的角度容易发挥各肌肉群的最大力量。因此，助跑起跳要特别强调下蹲的角度。影响助跑起跳的原因有：

（1）助跑速度过大，来不及制动。

（2）支撑反作用力太小，造成支撑反作用力的水平分力小，向后的加速度也小，故不能迅速降低向前的速度。

（3）蹬地角过大，造成支撑反作用力的水平分力小。因此，在教学训练中应注意制动速度加强：减小助跑速度，加大下肢的蹬地力；加速上体和上肢的上摆；减小蹬地角，并使重心下降，上体后倾。

2. 挥臂击球中的鞭打动作

鞭打是指队员手臂挥动击球时，以上臂带前臂、前臂带手腕的抽打动作。从力学观点看，一个链状物体，其质量大的一端先微加速运动，在制动过程中，其动量向游离端传递，使其末梢部分产生极大的运动速度，这就是鞭打动作的力学原理。

人体运动链在鞭打动作中动量的传递，也同样是这个原理。但人体上肢并不是一个简单的鞭子或是一个机械的链状物，而是有许多块灵活而有力的肌肉附着在上肢上，动量传递仅仅是上肢鞭打动作快速有力的一个原因。另一个主要原因是上肢各个环节的依次发力，斜方肌上部、下部在前锯肌接近固定下肢收缩做克制工作，使肩胛骨上回旋，实现上臂上举，随后胸大肌和三角肌前部猛然牵引上臂内收和向前下方运动。与此同时，肱三头肌和肘部肌肉在近端固定下快速收缩，以做克制工作完成伸前臂动作。同时前臂屈肌群的屈腕、屈指肌群爆发式收缩，做克制动作，使手及手指在腕、掌指、指关节处屈曲，这样使上肢各环节的动量逐步积累。而末梢环节（手、掌及指）的运动速度就是由其各近侧环节的运动速度的依次叠加而成。

从力学角度分析，在挥臂初期，手臂在肘关节的弯曲是必要的，这样能缩短半径，增加大臂转动的角速度。然后大臂制动，肱三头肌及时收缩引起小臂在肘关节处迅速伸直，以增加线速度，向前上方猛烈摆动，最后小臂突然制动，小臂的力量经手腕传递给手掌，以满掌击球，以最后力量击中球体，整个挥臂动作就像一根鞭子。"鞭打"的各环节依次连续摆动可使手获得最大运动速度，即符合多环节摆动速度叠加原理。古巴队的路易斯，扣球的平掌击球瞬时速度为 15.0 m/s，美国女排克罗克特为 17.50m/s，她们扣球时肩、肘、腕三个关节的最高速度分别为 4～6m/s，8～12m/s，16～19m/s，扣出的球速均值为 30m/s 左右，具有挥臂击球点高，下手快的特点。

扣球技术中的空中击球动作，人体的展体屈臂后振或拉臂动作，依据转动惯量和转动定律，以及 $vx=or$ 的力学原理，先是屈臂减小转动半径 r，从而增加角速度 a。在转动角速度保持较大值的条件下，加大半径 r，从而增大上肢末端手掌的线速度 v，获得最大的转动惯量，即快速的屈体挥臂，击球动作，要求动作连贯，以期获得最大的击球力量。

同时前臂肌群的屈腕，屈指肌群爆发式收缩，做克制工作，使手及手指在腕、掌指、指关节处屈曲，这样使上肢各环节的动量逐步积累。而末梢环节（手及掌、指）的运动速度就是由其各近侧环节的运动速度的依次叠加而成。

值得指出的是，非击球臂在"鞭打"过程中的作用也不可忽视。非击球臂在"鞭打"前，在"背弓"形成过程中同时上摆，在躯干摆振前应先前摆非击球臂，使得击球臂肌群进一步被动拉长，在加大击球挥臂力量的同时，加长挥臂肌群的工作距离，从而加大躯干、击球臂前摆角动量、非击球臂的前摆，减少非击球臂对腰轴的转动惯量，加大击球臂的角速度。

上肢鞭打的特点是大关节带小关节，大小关节依次活动。每一环节的最大活动速度，都是在前一环节达到最高速度之后获得的。因此，手臂挥动击球时，上臂带动前臂，前臂带动手腕的抽打动作（即鞭打动作的末端环节）是快速有力的。在做上肢鞭打前，各环节的肌肉放松才能加快挥动臂的速率，只有加速挥动，才能有较大的爆发力。

（六）拦网技术动作的力学分析

拦网起跳前，要充分利用手臂的摆动协助起跳。若来不及，可在体侧前方划小弧用力上摆，以带动身体垂直向上起跳。要充分利用身体前倾姿势处理好人、球、网三者之间的关系。腰的角度为 90°，膝的角度为 100～110°，踝的角度为 80°～90°，一般腿部力量强的队员下蹲可深一点。

国外学者曾对拦网起跳动作的生物力学特征进行研究，结果发现在拦网纵跳时的预备阶段，即下蹲阶段，指向地面的加速度值是越大越好。因此，要获得其加速度最大值，要求肌肉应尽量放松，使下蹲阶段近似于自由落下，拦网起跳时，下蹲阶段加快速度，有利于起跳蹬地腾空时，能更好地利用拉长着的肌肉的收缩力。

第二节　现代排球运动战术的基本理论

一、排球运动战术的概念界定

排球运动战术是指运动员在比赛中，根据排球竞赛规则和排球运动的规律、比赛双方的具体情况和临场竞赛的变化，合理运用个人技术及集体配合所采取的有意识、有预见、有组织的行动方法的总称。

一名队员根据临场情况有目的地运用技术的过程，为个人战术。如扣球时利用转体、转动作扣出球的变线、轻扣、吊球、打手出界等。两名或两名以上队员之间有组织、有目的的集体协同配合，为集体战术。两者相互促进，相互补充。

一个队在选择战术时，首先应该从本队的实际情况出发，根据队员的技术水平、技术点、身体条件和体能等，选择与之相适应的战术。在运用战术时，还要根据对方的技战术特点以及临场变化情况，采取灵活的行动，打乱对方的战术意图，以掌握比赛的主动权。

二、排球运动战术的类型

（一）按战术的人数分类

排球运动战术分类，就是基于排球运动的特点，把排球战术的主要内容分为若干类和若干层次，又将许多类综合构成几个攻防系统，并表明它们之间的关系，以便对排球战术有一个全面的了解。排球战术有多种分类方法，无论进攻和防守，都包含着个人战术和集体战术两大部分这一客观现实。按照参与战术的人数，将战术划分为个人战术和集体战术两大类。其中，个人战术又包括接发球、一传、二传、扣球、拦网与防守战术；集体战术包括接发球及其进攻、接扣球及其进攻、接拦回球及其进攻以及接传垫球及其进攻战术。

（二）按战术的组织形式分类

按照战术的组织形式，可以将排球运动战术分为进攻战术和防守战术两大类，其中，进攻战术包括进攻阵型与进攻打法。进攻阵型又包括中二三进攻、边二三进攻、插三二进攻，进攻打法又包括强攻打法、快攻打法、两次球及转移进攻以及立体进攻；防守战术包括接发球防守阵型、接扣球防守阵型、接拦回球防守阵型与接传垫球防守阵型。

（三）按战术运用分类

按照战术运用分类，可以将排球运动战术分为接发球及其进攻（一攻）、接扣球及其进攻（防反），接拦回球及其进攻（保攻）和接传、垫球及其进攻（推攻）。

三、排球运动战术风格的演变

排球运动从最初简单的娱乐功能，到现在以竞赛的形式呈现出来，在这一发展过程中，比赛战术逐渐浮出水面。最开始的战术只是简单的两三人之间的传导调整，仅仅是为了本方能以更舒服的姿态将球击入对方场地。然而随着排球运动的迅猛发展，排球技战术也得以快速发展。战术目的已经不仅仅是确保本方队员的进攻流畅，更是意图打乱对方的防守阵形，降低本方进攻的难度，确保进攻的成功率。在排球战术发展的过程中，因为地区不同，人的身体素质以及对战术的认识不同，所以针对不同的人群特点出现了多种多样的战术形态，但其意图只有一个，那就是确保本队成员能更好地发挥自身素质和技术优势，发挥出更高的竞技水平。

（一）排球运动战术打法的分化

自1947年国际排联成立以来，由于世界每个地区的社会经济、科学技术、方针政策、人民身体素质和思想观念等差异，排球运动发展的成熟度千差万别。每个地区根据自身的状况和特点，结合自身对排球运动的认识，形成了适合自己的一套独特的技战术打法，这也造就了一时间世界排球技术和战术打法百家争鸣的盛况。

苏联、波兰以及保加利亚等国家，由于这些地区人的生理特点以及种族信仰等的影响，他们内心更崇尚力量。所以在对排球运动的认识和发展过程中，他们更注重通过直接的进攻来解决比赛，再加上本身身材高大、弹跳出色，各项身体素质均衡，凶狠的进攻往往令对手毫无招架之力。这在世界排坛形成了一股独特的战术体系——"力量排球"。

以捷克斯洛伐克为典型的一些国家排球运动发展的特点，充分体现出他们的民族智慧。他们并没有向苏联等国家一样追求极致的力量，而是在比赛过程中以自己的智慧，通过场上队员之间的密切配合，充分地调动对方的防守阵型寻找防守漏洞，以强击弱达到取胜的目的。这一通过智慧和技巧取胜的战术打法，也被世界排球人士形象地称为"技巧排球"。

自 1949 年第一届排球世锦赛开始到 1962 年的世界大赛，由于当时世界上没有一个国家研究出行之有效的战术，来破解高度派犀利的进攻和凶狠的扣杀以及技巧派高超的技巧性和明确的战术追求所带来的诡诈，力量派与技巧派的战术打法就成为了当时世界上最炙手可热的战术打法，在世界大赛中一时风光无限。

"高度排球"，作为前民主德国男排的典型战术打法，二传手将球用力传出离地 7~8 米高，扣球队员充分准备确保足够的起跳高度，以充分的起跳高度作为保险将球扣入对方场地。1964年以后，由于国际排联对排球比赛规则的不断修改，使排球网上竞争越来越白热化，扣球和拦网之间的矛盾被无限放大，仅依靠充足的力量或高度的技巧性来完成扣球进攻的战术打法，已经不能起到明显的战术效果。在 1969—1970 两年之间的世界大型比赛中，民主德国依靠身高和弹跳优势，以充分的高度保证来完成拦网和扣球，连续获得世界大赛的冠军。

"配合排球"，可以说是亚洲排球抗衡欧美的最根本法宝，其中日本、中国男排最为典型，他们主要依靠团队之间的默契配合，充分发挥集体的智慧，再加以快速多变的打法来完成获取比赛胜利的战术目标。1972 年在第 20 届奥运会男排决赛中，日本男排利用完美的团队配合击败了当时炙手可热的德国队，获得奥运冠军，这也是亚洲男排首次在世界性的比赛中获得冠军。日本队将中国队创造的配合排球进一步发展和完善，并在比赛中完美地向世界进行了展示。配合排球正式在世界性的舞台上绽放光芒。

自 1972 年开始，世界各国排球队伍开始不断研究不同的打法，在坚持自身传统优势打法的前提下，学习快速配合打法的优点，摒弃原来重攻轻防、技术单一、只有技巧或力量的打法，把配合、力量、速度、高度、技巧系统的结合在一起。各种技术打法不断交流，逐渐开始相互融合，相互之间已经没有了完全明确的界线。技术革新的道路中，波兰男排率先获得成功，他们的战术打法均衡兼顾进攻和防守，再加以各类技术的不断变化，成功获得 1974 年男排世锦赛和两年后的奥运会双料冠军。之后荷兰、意大利、美国、巴西等国家的排球队伍，依靠扎实的基本技术、灵活的战术、均衡的攻防在排球运动的世界性竞技舞台上交相辉映。20 世纪 80 年代末，队员技术娴熟、战术打法多变、攻守均衡已经成为建设高水准队伍所必备的条件。

20 世纪 90 年代初期，巴西男排和法国男排在对各个技术流派进行充分研究的基础上，率先开创了后排进攻的先河。它的出现丰富了快攻战术，使快攻战术得到了质的飞跃。把后排快速进攻与快攻战术进行有机结合，形成了当时独树一帜的通过前排与后排之间的交叉掩护来完成的"立体进攻"战术体系。这一战术的实施充分增加了组织进攻的时间和空间，使一传得到相应的释放，使可供选择的进攻点增多，快速反击的机会增加，降低了对方拦网的质量，从而使排球的战术体系又发展到一个全新的阶段。

在进入 21 世纪以后，各国强队在融合技巧、力量、速度和配合的战术基础上再一次对战术进行升级演变，加强后排进攻的攻击性。这使得进攻可以从场上任何一点发起，两边拉开强攻和中间寻找空档，开展灵活进攻，后排也成为进攻的参与者和终结者，这种立体进攻已经变成未来排球运动发展的主流。同时双自由人的设立也使得防守变得更有力，提高了防反的成功率。在对战术改革创新的道路上，对亚洲快变和欧洲力量高度两种不同打法进行充分融合，在取长补短的基础上，以巴西和美国为代表的多面进攻打法，在世界排坛刮起了一阵变革的旋风，这种独树一帜的战术打法成为排球战术打法演进的大趋势。美国和巴西在战术上拥有进攻手段多变、强攻技术优越、防守体系完善等一系列突出点，再加上队员娴熟的技术和欧美队员强横的身体素质，而且这两支球队中都存在超白金级球员，这一系列优势使得两支球队战术水平远远高于其他球队，奥运会分获金银牌就是最好的证明。这样对亚洲快变和欧洲强攻两种打法进行研究，取两者之长的打法，具体而言就是中间施压，两边拉开，同时结合后排立体进攻的战术打法，这一战术打法是目前排坛的主流战术打法。最近几年排球技战术并没有革命性的改变，主要还是在高点强攻、前后排快攻结合同时注重后排进攻再配合以娴熟的技术和多样的变化，其中最典型的代表就是巴西男排和美国女排。战术安排虽然讲求多变和诡诈，但并不是越复杂越好。多变是强调多点开花不局限于单一的得分点，诡诈是通过充分的掩护和传导球调动对方的防守阵形，寻找弱点给予打击。当然，有句俗话说"一招鲜吃遍天"，这话在排球运动中也不过时，俄罗斯男排在 2012 年伦敦奥运会上在落后巴西男排两局的情形下，教练做出大胆决定让接应改打主攻，副攻做接应，改变战术换回自己原有的传统二、四号位拉开强攻战术。这一改变彻底激活了俄罗斯男排，最终凭借这一古典打法连下三局击败巴西赢得奥运会冠军。虽然俄罗斯凭借着高点强攻战术获得奥运冠军，但是其在战术组织中也是配备多种不同的打法，前后排结合紧密。所以现代的排球技战术已经不再单单是某一个战术就能满足的，要想取得好成绩，必须在坚定强攻、快攻同时兼顾前后排进攻的变化较多的战术打法基础上，加强球员技术训练，使全队攻守均衡，确保全场位置无弱区。

在世界女子排坛，20 世纪 50 年代，以前苏联为首的注重球队整体进攻能力，通过高超的进攻来打击对手的"进攻型"体系打法，成为那个年代最为强有力的打法，前苏联也包揽了那个年代的世界冠军。20 世纪 60 年代开始，日本女排通过拼命式的防守以及高超的发球技术，在 1962 年击败了女排霸主—前苏联女排，赢得世界冠军，这也开启了一个全新的战术打法——"防守型"打法，世界排坛从此进入进攻和防守这两个矛和盾的角力态势。这之后很长一段时间，世界女排都是日本和苏联相互对抗的局面，这一对矛和盾的对抗互有胜负。然而从 20 世纪80 年代开始，中国女排全攻全守配合快速反击的战术打法登上世界排球的舞台，这一全新的变化均衡了进攻和防守的战术打法的运用，使得原有的"进攻型"和"防守型"打法不再适应强队之间激烈竞争的战术要求。依靠这一全攻全守的均衡打法，中国队在 20 世纪 80 年代夺得了五次世界冠军。在中国女排的全攻全守、快速反击打法迅速取得了成功的背景下，俄罗斯、古巴、巴西等女排也开始效仿中国女排的改革路线，同样开始朝着攻守兼备、高快结合的道路发展，原有的那种单一的进攻或防守型打法已经逐渐被各国所摒弃。之后世界各队伍都开始学习这一技术打法，攻守均衡的打法开始在世界排坛开展起来。这一战术打法的成功也体现了世界女排男子化打法的大趋势。世界排球开始向着注重整体配合，要求进攻和防守的整体参与性方向发展。

（二）排球运动战术的发展趋势

世界排球运动经过 100 多年的发展与改革，在内容、形式、规则等方面日益革新，并随社会的进步和传播手段的现代化而广泛普及和大众化。排球比赛的战术形式和战术内容也随着人们的运动实践和体育科学研究的深入而产生了根本性的变化。排球战术的不断发展是使排球运动充满活力、展示高水平的重要动力。根据当今排球运动的发展现状，排球战术的发展呈现如下趋势：

1. "全面型"和"立体化"成为进攻战术的主体

排球战术经历了"高→快→高"和"点→线→面→立体"的演变过程。目前，世界排球界均注重"全面型"战术系统的构建和发展，在"全面型"的基础上，突出了"立体化"进攻战的运用。"立体化"进攻，是指进攻战术既有前排各进攻点的多层次配合，又有后排进攻面的多方位变化，还有发球及调整球的线路的全场区延伸和扩展。这是一种占据全方位空间的进攻战术形式，它使"面向纵深、方向扩大、前后一体"的立体化排球战术系统日益充实和完善。可以这样认为，在未来的排球比赛中，谁占有的空间越多，谁就能更好地发挥自己队伍的特长。因此，"立体化"进攻战术将在很长的时间内成为进攻战术的主体。

2. 提倡"前高位"和"后低位"相结合的整体化防守战术

规则的不断变化，使排球比赛攻防力量趋于平衡。防守已成为掌握场上主动或得分的重要方面，防守战术被各队加以充分的重视。目前，"前高位"防守成为防守战术发展的新趋向。"前高位"防守战术是指防守中加强网上、网前的高防，在前排网上争防第一点，并和后排防守一起，加快拦防反击的速度。"后低位"是指在后排防守和前排保护时，身体重心主动降低，赢得防守时间。同时"自由防守队员"这种防守形式的出现，给防守战术提供了更为灵活的条件，使前排、后排共同形成有效的防守网络，获得积极的防守效果。

3. "快"是排球战术的核心

只有快速的进攻，快速的调整，快速的配合，快速的防守，才能掌握比赛场上的主动权，占尽进攻与防守的先机。"快速化"已日益成为世界各支队伍的主导思想。在排球比赛中，"快速化"战术的决定因素有以下几个方面：个体的反应，队员间配合的默契性和熟练性，身体力量等。在"快速化"的排球战术思想中，所强调的应是建立在整体配合基础上的快，具有强大力量的快，队员行动随场上情况的变化而变化的快。

4. 采用"多变型"的战术行动

在全面、快速的基础上，多变的战术行动是排球比赛中最具有活力的表现形式。一两种战术组合的比赛特色，早已不适应现代排球运动的发展要求，而多种战术方式的有效组合、创新及临场发挥，使排球运动充满了无限生机和无穷魅力。其具体表现为：发球战术的多变，有力量大的跳发球，也有吊网前的轻飘球；进攻战术的多变，有点高力大的强攻突破，也有快速变化的跑动进攻；防守战术的多变，有高大的移动拦网，也有稳健的后排防守。多变的战术行动要求队员有良好的排球战术意识和整体的协调配合，能够根据比赛的进展情况，做出正确的判断和快速的反应，既能完成预定的战术构想，又能随机应变，巧妙地运用各种战术手段。

5. 战术运用趋向合理、简练和实效

排球战术组合和运用的最终目的是获取胜利。在排球运动新规则的导向下，排球比赛的竞

争性日趋激烈，各种战术组合和运用都在寻求着更为合理的途径，在全面型、立体化、快节奏、多变化的整体战术体系中，简练、实效的战术运用成为制胜的重要手段。简练是战术配合的节省化和快捷化；实效是临场比赛战术运用的强烈制胜目的性的实现。简练、实效的战术运用是现代排球战术发展的趋势之一。

（三）排球运动战术的创新发展

1. 创新的原则

根据学者陈小蓉提出的观点，排球战术创新应遵循以下三个原则。

（1）超前性原则

超前性体现在超前思维、超前设计、超前试验以及超前运用几个方面，以实现先发制人的应用目的。排球战术创新在构思、设计、试验、运用等各个环节上，必须做到先人一步，只有这样才能达到战术创新的预期效果。

（2）针对性原则

针对性表现在三个方面，一是针对某一确定的比赛对手而设计；二是针对本队某一队员的特点而设计；三是针对某一实际问题而设计。在进行排球战术创新时应主要针对运动员的身体素质、形态、技术特长、战术意识、智力水平等特点；针对本队总体风格打法；针对不同对手在风格打法、关键队员以及发展方向上的特点；针对排球技战术发展趋势、规则修改动向等方面进行创新，只有这样排球战术的创新才更有实效。

（3）可行性原则

可行性是指排球战术创新设计必须符合科学原理、队员条件和比赛实践要求。由于竞技体育的特性，任何一项技战术的创新都必须符合运动员的生理结构特点，适应实践的需要，适合集体配合，并能够为运动员所掌握，这样才能实现其创新价值。

2. 创新的方法

学者陈小蓉在调查研究了大量排球战术创新案例后，提出排球战术创新的方法包括递进法、组合法、列举法、移植法、非常规动作利用法、联想法、逆向法。

（1）递进创新法

在不改变原技战术性质原理的基础上对其内容与形式进行改进并导出新型技战术的方法。

（2）组合创新法

为实现一定的目的，将若干独立的事物或其结构部分进行符合体育运动原理及特点的结合或重组，从而获得具有整体功能的新事物的创新技法总称。

（3）列举创新法

通过对现有事物的原理、结构、功能、优缺点等属性因素的逐一列举，从而形成多种构思方案的创新方法。

（4）移植创新法

将某一领域的事物或其原理、方法、结构部分或全部地引入另一领域中，并通过一定的改造、进行新目的下的再创造的一种方法。

（5）非常规动作利用创新法

对体育运动技战术实践中偶然暴露出的不符合现在技战术动作规范要求，但客观上又存在一定的创新效应的缺陷动作和应急动作进行利用，从而导出新的技战术的方法。

（6）联想创新法

根据一定的创新想法，通过由此及彼的思维方式对不同的对象之间进行联系与想象，从而开拓思路并实现创新的方法。

（7）逆向创新法

从现有事物的组成原理、功能特性、结构形态等方面的相反方向提出问题，展开思考的创新方法。

四、排球运动战术间的辩证关系

（一）排球运动战术指导思想

1. 排球运动战术指导思想的概念

战术指导思想是一个球队在训练和比赛中，指导战术行动的主导思想和所遵循的基本原则。排球运动战术指导思想是指排球运动队在训练和比赛中，指导战术行动的主导思想和所遵循的基本原则。

正确的指导思想来源于运动训练与比赛的实践经验总结，又反过来指导训练与比赛实践，并在实践中不断丰富和发展。排球运动的技战术指导思想决定了排球运动的发展方向。因此，先进的、正确的技战术指导思想对排球运动的发展起到积极的推进作用；反之，如果技战术指导思想出现偏差，必定会影响排球运动的竞技水平。制定排球运动的技战术指导思想，首先，要掌握排球运动自身的发展规律，并适应其发展规律；其次，要符合排球运动规律的特点和本队的实际，还要考虑客观条件和所处时代的政治经济发展状况。因此，排球运动技战术指导思想不是一成不变和千篇一律的，它具有阶段性的特征。

2. 我国排球运动战术指导思想的内涵

我国排球运动战术指导思想体现了排球运动需要遵循技术全面、准确的基本规律，排球运动向高度、快速、多变和全攻全守方向发展的趋势，也体现了排球比赛中网上争夺日趋激烈和发扬我国排球运动快速特点，以及要想在国际排坛上占据领先地位就必须不断创新的思想。这一指导思想符合当今排球运动发展的规律，但随着新规则的实施，其内涵需要进一步完善和发展，以适应排球运动的发展需要。

（二）排球运动战术之间的辩证关系

1. 技术与战术的辩证关系

技术与战术两者是互相联系、互相依存、互相促进、互相制约的辩证关系。技术是组织与运用战术的基础，没有全面、熟练的技术作为基础，战术就无从谈起，有什么样的技术才能打出什么样的战术。战术是技术的合理组织与有效运用。例如，发飘球的出现，改变了接发球站位形式，由过去的密集站位改为疏散站位；有了后排扣球技术，才有可能发展立体进攻战术等。

技术决定战术，战术可以反作用于技术，战术又促进技术的创新、发展和提高。因此，在技术训练中，要根据战术的设想和阵容配备，有计划、有目的地把技术训练巧妙地结合到战术训练中，才能巩固和提高所掌握的基本技术，提高技术运用能力，并通过战术训练不断对技术提出新的、更高的要求。

2. 战术的数量与质量的辩证关系

数量是指战术的多样性，质量是指战术的组织和攻击的熟练程度，二者的关系是辩证统一的。任何战术的质量都表现为一定的数量，任何战术的数量都包含一定的质量。队员只有掌握了战术的多样性，才有可能变换和运用战术，才有利于充分发挥每个队员的技术特长。随着战术数量的增加，必然会带来质的飞跃。如果只追求战术数量而忽视战术质量，多而不精，华而不实，就会使战术流于形式而失去了多样性的意义和作用。因此，在训练中既要注意增加战术数量，又要强调提高战术质量。

3. 个人战术与集体战术的辩证关系

个人战术是队员在比赛中根据临场情况的变化，有目的、有针对性地运用个人技术动作。

集体战术是指两个或两个以上队员之间有组织、有目的的集体协同配合。个人战术是集体战术的组成部分，集体战术是个人战术的综合体现，二者之间的关系是局部和全局的关系。个人战术要促成集体战术的实现，集体战术要有利于发挥个人战术的特长和作用，二者相辅相成，互相促进，互相弥补。队员在比赛中的技术和个人战术首先必须服从集体战术的需要，并以集体战术为依据，密切与全队配合，在保证实现集体战术的前提下，充分发挥和运用个人战术，丰富全队的打法，弥补集体战术的不足。一个队个人战术与集体战术水平的高低，一般取决于以下几个因素：

（1）基本技术的全面性、准确性、熟练性、实用性的程度。

（2）阵容的配合是否合理，能否发挥每个人特长，调动全队积极性。

（3）对对方情况预测的准确性、真实性，了解的深度和广度。

（4）对千变万化的临场情况的应变能力和实战经验。

（5）技战术指导思想是否先进、明确。

（6）是否具有集体主义、团结协作和顽强拼搏的精神。

4. 进攻战术与防守战术的辩证关系

在排球比赛中为了使球在对方场区落地或造成对方失误而采取的一切合法手段，都称之为进攻。反之，为了不使球落在本方场区的一切合法手段，均属防守。

现代排球进攻技战术手段，由点到线、由线到面、由面到立体，充分利用时空的变化，形成了各种快慢、掩护、跑动的技战术。进攻是争取得分、取得胜利的主要手段。防守不仅是减少失分的一个重要方面，也是得分的基础。除发球外，每发动一次进攻都是在防守的基础上进行的。例如，接发球进攻是在防起对方发球之后，才能完成；接扣球进攻是在防起对方扣球之后，才有可能完成。因此，可以说，没有防守，就没有进攻。

进攻和防守是排球比赛的两个对立面，攻守交替发展是排球运动自身的规律。进攻水平提高；必然会促进防守水平随之提高，而防守水平的提高，反过来又刺激进攻战术的发展。例如，发飘球与手臂垫击；扣球打手出界与盖帽式拦网；跑动进攻与重叠拦网的对抗发展等。攻守这对矛盾贯穿于排球运动的始终，攻中有防，防中有攻。随着人们对排球比赛规律认识的深化，防守的地位逐渐提高。攻防关系应该是紧密相连和相互依存的，进攻必须以防守为基础，而防守的目的是为了保证与实现进攻，片面地强调进攻或防守都是不正确的。因此，在训练和比赛中，必须贯彻攻防兼备，全攻全守的指导思想。

5. 快攻战术与强攻战术的辩证关系

快攻与强攻都是进攻的重要手段。快攻战术是运用各种快球和以快球为掩护的各种战术变化，目的是出其不意，攻其不备，以突破对方防御。强攻战术是凭队员的身体高度和弹跳高度优势，利用扣球的力量和技巧，以个人强攻来突破对方防御的战术变化。快攻与强攻是相辅相成的两种战术打法。纵观国内外排球比赛成绩，一个队必须具有快攻和强攻两套战术，才能进入世界强队行列。多变的快攻战术是我国排球运动的特长。

6. "四攻"战术系统之间的辩证关系

我国学者李安格教授根据排球运动的规律和战术训练需要，把战术系统分为接发球及其进攻、接扣球及其进攻、接拦回球及其进攻和接传垫球及其进攻。

（1）接发球及其进攻系统，简称"一攻"。这个系统主要包括一传、二传、扣球等环节。

（2）接扣球及其进攻系统，简称"防反"。这个系统主要包括拦网、后排防守、二传、扣球等环节。

（3）接拦回球及其进攻系统，简称"保攻"。保攻系统包括保护、二传、扣球等环节

（4）接传、垫球及其进攻系统，简称"推攻"。推攻即对对方没有组成扣球进攻而推过来的球组织进攻，这个系统包括接对方垫过来的球、二传、扣球等环节。

根据每球得分制的新规则，在训练和比赛中，重新认识与处理好上述四者的关系，特别是抓好"一攻"与"防反"这两个主要系统，是一个优秀球队的重要标志。

"一攻"的好坏不仅能直接得分或失分，还影响防反能力的发挥，"一攻"质量的好坏与比赛胜负的关系很大。"一攻"水平高，给对方的压力大，抑制对方的防反能力，也就有利于发挥自己的防反水平；"一攻"水平高，突破拦网的能力强，可减少自己"保攻"的次数，因为组成"保攻"较困难，减少"保攻"是有利的；"一攻"水平高，快变战术变化多，配合熟练，可促进"防反"和"推攻"战术的质量和变化。"一攻"水平高，可争取更多的"推攻"机会，反之则给对方更少的"推攻"机会；"每球得分制"新规则的实施，把"一攻"从过去只能得发球权的位置提升到了直接得分的地位，"一攻"的地位和作用比以往更重要，因而必须重视"一攻"的训练和提高。

随着人们对"防反"在排球制胜规律中重要性认识的提高，也会更加重视防守反击。"防反"水平高则容易巩固发球权，从而减少"一攻"的次数，也可弥补"一攻"系统中的薄弱环节；反之，"防反"水平低，易失发球权，导致"一攻"次数增加；实行"每球得分制"后，"防反"失误亦失分。"防反"水平高可创造有利的"推攻"机会，减少"保攻"的次数；"防反"水平提高可更好地促进和带动"一攻"及"推攻"战术质量的提高；"保攻"水平高可增强"一攻"和"防反"，更好地发挥进攻威力。

第三章 现代排球运动技战术的训练理论

第一节 现代排球运动技战术的训练理念

现代排球运动训练是一个长期的系统的教育过程，它的目标不仅是提高运动技术水平和运动成绩，同时要求我们在训练过程中培养全面发展的人，从多方面进行培养和教育，使运动员形成多方面完善的个性。要提高排球运动训练的科学化水平，最大限度地发挥排球运动训练的效果与作用，在构建排球运动训练理念时必须有系统的、全面的科学思想，并使它贯穿着训练过程的始终。作者依据哲学对理念及训练理念的定义，从社会学、教育学、人文学等角度出发，遵循运动的基本规律，并通过专家调查，将训练理念分为：教育性训练理念、青少年战略性训练理念、人文操作性训练理念和技术实践性训练理念。

一、教育性训练理念

（一）内涵

教育性训练理念就是在进行排球运动训练的同时要重视和强调对运动员的文化的教育和素质的教育，使训练与教育相互结合、相互协调、相互促进，最终达到训练和教育相融合的目的，以促进竞技运动的发展提高。

从社会学和教育学的立场出发，任何事物都没有纯粹的或唯一的目标。就排球运动训练过程而言，它既包括训练过程又包括运动员的培养过程。马特维耶夫认为，"在竞技运动训练中，一般的培养目标是根据竞技活动的特点具体化的，因此目标与运动成绩定向，建立了直接联系。在达到这些目标的道路上总是应当追求更重要、更深层的目标，也就是通过达到优异的运动成绩来发展运动员的精神能力和身体能力，促进自我证实和形成多方面完善的个性。"现代排球运动训练倡导在培养运动员竞技能力的过程中，同步向他们进行"文化"及"做人"的教育。

（二）理论基础

首先，运动员的文化教育直接关系到运动员的健康成长。排球运动训练是一种由教练员、运动员、管理人员和科技人员等共同参与、密切配合的社会活动，这一活动伴随着世界文明的巨大发展而迈入了知识信息时代。在这种情况下，作为排球运动训练主体的教练员和运动员的知识水准便成了制约竞技运动发展的重要因素。以往排球运动训练等竞技人才培养依靠单一的训练过程，过多强调的是身体素质、技战术修养、心理素质等，却轻视了对运动员文化和人文素质的培养，使得大部分运动员在激烈竞争的训练和比赛中显得力不从心。造成这种现象的主要原因是在排球运动训练过程中缺乏运动员主体性的发挥以及对运动员文化素质的培养，这是制约竞技运动发展的瓶颈，导致竞技运动出现滞缓的现象。

其次，文化素质教育是促进运动水平提高的智力保证。现代的竞技运动不单单是体能和技能的较量，同时也是心智能力的较量。随着运动员年龄的增长，技术水平的不断提高，文化素养对运动员成绩的提高显得越来越重要。具有较高运动智能的竞技选手，对运动的特点和规律有着较为深刻的把握，对排球运动训练理论和方法也有更准确的认识，更能正确地理解教练员的训练意图，更好地配合教练员高质量地完成预定的训练计划，从而提高运动员总体竞技能力。另外，具有较高运动智能的竞技选手，能够更为准确地把握运动战术的精髓和实质，在比赛中善于灵活、机动地运用战术；善于动员和控制自己的心理活动，从而保证在竞技中更为出色地发挥已有的竞技水平，表现出更高的总体竞技能力。

最后，文化教育是培养运动员退役后的社会"通用尺度"。运动员的文化教育是体育事业健康持续发展的人才基础。由于竞技运动必然存在运动员进行二次职业选择的问题，体育事业健康持续发展要求保证运动员"进、出"的渠道畅通。如果"出"的渠道不畅，"进"的渠道就会受影响。从长远来看，运动员的文化教育是至关重要的。如果运动员的文化教育和社会能力的问题解决不好，也会使运动员长期处于不稳定状态，退役运动员没有出路，这一现象就会形成巨大的社会心理效应，使家长不愿把孩子送来训练，后继乏人，致使竞技体育的根基产生动摇。

因此，竞技运动在其目标设计中如果不增加文化教育这一似乎与夺取金牌不大相关的非中心因素，文化教育作为一种素质标志就会反过来严重制约中心因素的发展。所以，运动员的文化教育直接影响排球运动训练质量和效果，提高运动员的文化素质是竞技体育发展的现实需要，具有重大的现实意义。在培养高水平运动员的过程中，把排球运动训练与育人与教育有机结合已成为共识，强调训练与教育相融合，促进运动员身心的全面发展是时代赋予我们的历史使命。

二、青少年战略性训练理念

（一）内涵

青少年战略性训练理念是指在排球运动训练发展过程中，在青少年训练中对项目运动的本质、规律性的把握及长远发展所持的全面性、指导性方向性和创新性的看法与判断。也就是要根据实际情况及青少年的身心发展规律制定确切的目标，要顺应排球运动训练的发展趋势，要遵循竞技体育人才的培养发展规律，其最终目的是满足世代竞技运动人才的需求。

（二）理论基础

首先，青少年是运动可持续发展的根基。战略是指发展的策略和思路，运动发展的根基来源于青少年，青少年是运动项目发展的核心和基础。而可持续发展的最终目的是建立社会发展和运动技术水平发展相适应的体制，满足社会不断增长的需求，不断提高排球运动训练水平，其核心和基础是青少年发展战略。因为只有青少年训练的理念正确了，训练的手段和方法才会正确。我们提倡的理念是：青少年运动员的提高与发展必须与教育、文化、经济和社会生活的发展相适应。因此，排球运动训练应从青少年发展的战略性角度出发，在人才的培养过程中从长计议、打好基础、摒弃急功近利，且遵循运动规律及青少年身心发展规律等全局性的理念，使排球运动训练能全面、协调、持续地发展。

其次，青少年时期是世界观和人生观形成的重要时期。良好训练环境的营造和团队文化氛围的构建在青少年思想品德教育中具有重要的现实意义。运动及训练对青少年有着很强的教育功能，参与者在训练、比赛、生活中要与其他队员、对手和教练员进行各种形式的交流，这样在群体的相互影响下产生了相近的世界观、价值观和道德观。通过群体之间复杂关系的处理，形成了个人的思想道德标准、行为规范、社交策略和积极向上的世界观。

最后，良好意识的形成是一个长期的过程。建立运动员的自信心、自我控制能力、注意力的稳定性、良好的沟通能力、角色的定位和责任感等这些重要的心理目标是要经过长期的运动训练和磨砺才能获得，才能形成这种稳定的心理能力。优秀运动员的这种稳定的心理能力与竞技能力要从小培养，并密切结合在一起，脱离运动训练的心理训练很难在比赛中取得实际效果。青少年的训练要有长久的目标和系统全面的培养，使他们得到身心的全面发展。

三、人文操作性训练理念

（一）内涵

人文操纵性训练理念，是在整个训练过程，强调对运动员的尊严与独立的关注；对运动员的思想与道德关注；对运动员的权利的关注；对运动员生存状况与前途命运的关注等。

现代竞技运动应是通过训练的"修炼"达到人生的"启蒙"，由训练升华到人格、人性，乃至人生"悟性"修炼，使排球运动训练成为一种教育的工具。因此，在排球运动训练中体现人文特征、运用人文操作性训练理念是达到全面培养人的目标的重要手段之一。

（二）理论基础

首先，人的行为来于一个人的感知或信念体系。人文主义、感知—经验主义的观点主张，人的行为原因来于一个人的感知或信念体系。即人们的行为并非是对施加于自己身上的强力直接做出反应，而是依据他们对自己的看法、他们所面对的形式以及他们要实现的目的。从人本主义的观点看，人文操纵之法就是教练员或领导者必须按照他们的信念体系和他们想要领导的运动员或人员的信念体系来认识领导工作。我国在长期的运动训练过程中，缺乏人文特征的训练理念以及手段和方法。教练员在管理和训练中大多采用"强力操纵"的手段，以对付物质性事物的有效办法和运动员打交道。一位成功的领导者或教练员应既了解强力操纵之法，也了解以人为本的人文操纵之法，并且知道何时使用何种方法更为适宜。

其次，竞技运动是自然规律和价值规律的双重存在。现代排球运动训练不仅要讲科学性，既要符合项目运动客观规律，也要受到善的理念的控制。换言之，排球运动训练不仅要提高运动员的竞技能力，同时更要提升运动员的生命价值。在重视竞技运动本身研究的同时，强调对竞技运动主体——人的探索，避免主体迷失和人性失落。因此，排球运动训练既要符合科学规律，又要在目标追求与实现的过程中符合人的价值规律，要体现人文特征，要将科学性与人文特征相结合、相统一。只有这样才能实现真与善的统一，进而达到理想的目的。

再者，人文凸显了技术的灵动，同时也摆脱了"技术"对"人"的控制。排球运动训练是教育过程，教育就要触及人的灵魂深处，要尊重意愿、满足需要、培养兴趣，凸显自主、自信的主体精神，发展内在的动力。如在体育教学中，教育者不仅注重一个动作怎么学，身体某一部位怎么练，而且关注学生能否得到自由、全面、和谐、可持续的发展。在竞技运动方面也是一样，奥林匹克运动不仅继续保留"更快、更高、更强"的格言，还提出"更干净、更人性、更团结"的新口号，昭示着当代奥林匹克运动将克服自身的顽疾，向更加纯洁、友善、具有人文色彩的方向发展。为了摆脱"技术"对"人"的控制，摆脱金钱对竞技运动的束缚，倡导公平竞争，弘扬体育道德，培养人性，挖掘人的潜能，就要在排球运动训练中强调人文操作，在竞技运动领域内构建其特有的"精神家园"，即情感、责任感、态度、信念等，其对运动员的体能、技能、成绩等物化的成分起决定性的作用。

四、技术实践性训练理念

（一）内涵

技术实践性训练理念就是在排球运动训练中必须符合运动的一般规律和竞技项目的本质特征及规律。在运动中，运动员本身既具有技术的客观物质手段和主观的精神因素这两个方面，既是技术的主体又是技术的客体，具有双重性。作为技术的物质手段客体与主观的精神因素—主体是统一的。本文也是从客观物质手段的技术性的实践方面和主观的精神因素的人文操作性方面进行，如前面所述。但本节所描述的技术实践性训练理念主要是在运动本身的客观规律的物质性的认识基础上进行分析。

（二）理论基础

首先，技术实践性乃是求"真"。竞技运动的技术实践性的训练要符合事物的客观规律，即符合运动项目的本质特征及规律。在排球运动训练中要根据运动的本质特点和规律指导训练，力争做到实用、朴实和结合实际，符合事物的客观规律就是求真。训练符合比赛要求，训练的一切工作，包括训练的形式内容、方法、手段和负荷等都要符合实战的要求。

其次，技术实践训练是从实战出发的基础。在排球运动训练中，符合实战应是第一位的，运动的技战术训练最有效的方法是从实际出发和结合实战。对运动员来说，比赛练习的运用可以使运动员的实战能力提高更快，使运动员在比赛中出现更加放松地表现。要达到积极训练的目的，训练必须尽可能地与比赛的情况一致，最大限度地包括比赛过程中出现的所有因素，越接近越好。同时，技术实践性训练决定技术风格。比赛的风格取决于训练的方式，不同流派的技术风格源自不同的技术性训练理念和方法。

五、训练理念之间的关系

根据医学的有关研究成果分析，运动员竞技能力的提高与培养过程应是一个完整的人的操作过程。过去人们偏重于从生物学的角度研究和培养运动员的竞技能力，这是不全面的。完整的竞技能力应以生物学、心理学和社会学为基础，并在此基础上从项目的客观运动规律、人文学和社会学的角度出发着手培养和提高运动员的竞技能力和运动成绩。

运动训练是体育教育的一部分，通过运动训练培养全面发展的运动员。运动训练从技术层面切入，发展到身体层面，最终要在精神层面上发挥积极的作用与影响，是一个由低级到高级、由外层到内核的完整的结构。若只重视科学规律的训练就不能达到运动教育的深层次，进而制约运动技术水平的进一步提高，同时也使运动训练的教育作用得不到完整的体现。在运动中，运动员良好的竞技状态的是物力、心力与外力相互作用的结果。心力是外力对物力产生作用的中介，外力只有通过心力才能对物力产生作用。因此，在运动训练的整个过程中，首先要对运动员进行系统文化教育与培养，对运动员进行系统文化教育与培养是竞技能力提高及育人达标的基础，其对青少年训练理念和人文操作性理念起决定作用；青少年的训练理念也要以教育为基础，并结合青少年的身心发展规律；人文操作性理念对技术实践性理念的有效性起着关键性的作用。以上各训练理念相互联系、相互依从，相互促进，在整个运动训练中是不可缺少的。

第二节　现代排球运动技战术的训练原则

一、导向激励与健康保障训练原则

（一）导向激励与健康保障训练原则释义

导向激励与健康保障训练原则是指，以实现预设目标为导向，激励运动员积极参与，并在为运动员身心健康提供有力保障的条件下组织排球运动训练活动的训练原则。

导向激励可来自被激励者内部，也可来自于其外部。动机是推动人们从事某种行为的内部驱动力。人类从事任何活动，其动机都起着重要的作用。积极的动机会激发斗志、振奋精神；消极的动机则使人意志松懈、不思进取。运动员的训练过程是艰苦的，需要克服许多困难，才有可能获得成功。因此，参加排球运动训练，需要建立正确的积极的动机；坚持排球运动训练，更需要不断地完善正确的积极的动机；用正确的积极的动机激励运动员，自觉地投入到艰苦的排球运动训练活动中去，为实现训练目标而不断努力。社会激励表现为精神激励与物质激励两个方面。对于运动员竞技表现的社会认同和事业荣誉感会使运动员的高层次人生需求得到满足，运动员由于创造竞技成就而获得的物质奖励则会使运动员享有相应的生活改善带来的变化。

在积极的导向激励下，运动员会主动投入训练。他们常常放弃人们正常生活中的许多快乐和享受，承受艰苦的训练负荷；不少运动员试图挑战训练负荷的极限，以求得比他人更快更大的提高，这种尝试会使运动员冒着过度训练的巨大风险；为了实现预定的训练目标，甚至在患有运动创伤和疾病时，仍要坚持训练和参加比赛。而这常常会导致运动员伤病加剧，甚至严重影响健康，这就违背了从事体育运动的根本宗旨。所以，与此同时，体育训练要认真贯彻健康保障训练原则。

竞技体育的发展需要充分挖掘运动员的竞技潜力，这对运动员的机体提出了很高的要求，同时也给运动员的健康带来风险。这里，必须明确地把保护运动员的健康放在重要的位置，认真地贯彻健康保障训练原则。为运动员的健康提供有力的保障，这既是对运动员基本健康权的尊重与保护，也是使运动员能够坚持多年系统训练，创造优异运动成绩的必要条件。

国内外许多教练员和运动员在其训练实践中深切地感受到健康训练的重要性。中国女子体操队总教练陆善真在备战和参赛 2008 年奥运会过程中提出将"保护性训练"列为一条重要的训练原则；美国 NBA 球员受伤后停训停赛接受治疗，只有在医生确认恢复后，才允许重新参加比赛；德国人迪·马丁教授等在 1991 年出版的《训练练学手册》一书，也提出了"维护健康的原则"，认为"所有训练安排均应不给运动员的健康带来危害，并尽可能地为确保运动员的健康服务"。

导向激励与健康保障是排球运动训练活动中应该遵循的重要原则。辩证地认识二者之间的内在联系及可能发生的矛盾，不断地激励运动员主动训练、刻苦训练，同时密切关注、切实保障运动员的身心健康，更好地发挥二者的协同效应，才能使训练工作取得成功。

（二）导向激励与健康保障训练原则的科学基础

1. 长期艰苦的训练需要不断的动机激励

现代高水平竞技训练要求它的参加者多年坚持系统的刻苦训练，承受巨大的心理与生理负荷。而且，在多年训练过程中，运动员还会不断地受到内外环境多种因素的干扰，包括伤病的产生，竞技水平发展的暂时的停滞，对成就的自满，不良人际关系的牵制以及其他各种社会的、心理的和生物的问题的出现，都会使运动员感到困惑，降低信心，失去对运动的兴趣。因此，就需要从运动员自身和外部不断地激励运动员保持良好的动机，始终对训练的前景充满信心，不断地感受到阶段性成就的喜悦，并继续树立新的训练目标。只有这样才能够让运动员自觉地进行年复一年艰苦单调的训练，并从中获得乐趣和满足，一步步走向竞技生涯的高峰。

世界著名选手中有许多在积极的动机激励下获得成功的案例，我国优秀女子羽毛球选手张宁即是其中的一例。她在 1996 年世界杯赛、2003 年世锦赛、2004 年雅典奥运会上先后获得女单冠军，在 29 岁时完成了世界三大赛冠军的大满贯胜绩，为祖国争得了荣誉，也书写了辉煌的人生。但是肩负着为中国体育事业做出更多贡献的崇高责任和怀着对北京奥运会的美好憧憬，她克服了许多困难，坚持着科学的刻苦的训练。终于在 2008 年奥运会上，33 岁的张宁蝉联了奥运会女子单打冠军，得到了业内外人士的好评和尊重。

2. 健康的身体是保持系统训练并取得优异成绩的重要基础

当代竞技体坛众多的案例表明，选拔具有巨大竞技潜力的青少年运动员，进行系统的多年训练，才有可能培养出优秀的竞技选手。在多年持续进行的艰苦训练过程中，运动员保持健康的身体至关重要，有了健康的身体，运动员才能坚持严密计划的系统训练，才能承受高质量的训练负荷，才能一步步地提高自己的竞技能力水平，才能在各种条件的比赛中表现出自己具有的竞技水平。而如果运动员患病或者长期受着运动创伤的困扰，那么，再好的训练计划也无法实施，再大的竞技潜力也无从发挥，再美好的奋斗目标也无法实现。

当然，在多年训练过程中，在不断追求突破的道路上，运动员常常难以完全避免运动伤病的发生。问题在于，当运动伤病出现时，应该如何正确对待。有些教练此时还是一味蛮干，脱离实际地片面强调"苦练"，要求"轻伤不下火线"，导致运动员伤病日益加重，结果使训练的系统性遭到严重的破坏，许多这样惨痛的教训值得我们牢牢记住。正确的做法是，认真对待，抓紧治疗，与医师密切配合，在科学诊断的基础上，确定治疗方案；能够局部保持训练的，应及时调整训练计划，在确保身体伤病能够尽快治愈的前提下，适当地组织进行不会导致伤病加重的内容的训练。

3. 健康的体魄是创造美满人生的重要条件

竞技体育是青春的事业，适应现代社会生活的需要，运动员要为社会生活、为广大民众奉献精彩的竞技表演，同时要把对社会的奉献与个人美满生活的追求统一起来。对于投身于竞技体育的运动选手来说，从事训练和参赛，只是他们完整人生中的一个区段。这个区段里的艰苦训练和高强度竞技培养了运动员奋斗的精神、坚强的意志和高超的技艺，也应该铸造健康的体魄，为成功地造就平安、美满的完整人生奠定重要的基础，使他们在结束专职竞技生涯之后，能够顺利地去从事自身训练比赛之外的其他生活内容。因此，在以训练和参赛为主要内容的生活区段里，要努力避免有损于运动员健康的行为。要坚持科学训练、适度负荷、有效恢复，积极治疗运动性伤病，坚定地拒绝和反对服用违禁药品。排球运动训练团队的每一个成员都应该把保护运动员的健康作为训练工作的一项基本原则。

(三) 导向激励与健康保障训练原则的训练要点

1. 树立正确的参训动机，协调兼顾国家与个人的利益

运动员从事竞技体育是有目的的行为，参训目的的定位对于运动员参训的积极性与自觉性程度有着重要的影响。教练员需通过多种途径和方法，加强训练的目的性教育和正确的人生观、价值观教育，使运动员认识到参加竞技排球运动训练、获得优秀运动成绩对国家、民族、家庭及个人的重要性及其巨大的社会价值，从中得到鼓舞和激励，逐步树立起积极自觉的训练态度。同时，要注意协调兼顾国家与个人的利益，使运动员把为国家、为集体争光的责任感和荣誉感与体现个人人生价值、创建高质量的家庭与个人生活紧密地结合起来，从而激发强烈的目标动机，勇于克服困难，坚持实现训练目标。

随着运动员竞技经历的演变，运动员的参赛目标也需要及时地调整，才能对运动员起到更好的激励作用。如我国男子体操选手李小鹏，出生于 1981 年，1997 年 16 岁时起，到 2003 年 22 岁时止，共 14 次站在了世界大赛的冠军领奖台上，其中包括了在悉尼举行的第 27 届奥运会上的男子体操团体和双杠两枚金牌。2004 年雅典奥运会上，李小鹏因踝伤在双杠比赛中只获得了铜牌，赛后长时间治疗恢复。对于李小鹏来说，似乎已经不再有新的目标可以吸引他了。但是，在中国百年梦圆的北京奥运会上为国争光的责任感强烈地鼓舞着他的同时，李小鹏还有一个愿望，那就是超越另一位优秀体操选手李宁保持的 14 项次世界冠军的"纪录"。经过长达 3 年的治疗和康复，李小鹏终于坚强地出现在北京奥运会的赛场上，获得了他第 15、第 16 项次的世界冠军——奥运会团体冠军队成员及双杠冠军。

2. 以人为本，加强医务保障

关注运动员身体健康是以人为本的现代管理理念在训练工作中的重要体现。同时，作为排球运动训练活动的主体，运动员的健康状况对于训练活动的组织进行以及训练成果的好坏有着重要的影响，应得到高度的重视。因此，需要建立完整的健康保障体系，包括日常的医务监督、定期的健康体检、及时的医药治疗和发生意外伤病时的应急处理机制。运动员发生运动创伤后，须及时诊断。需要停训停赛治疗的，应坚决停训停赛。不要因为追求一时一事的竞技利益而使运动员的身体健康受到不应有的损害。男子 110 米跨栏跑雅典奥运会冠军刘翔左脚跟腱负伤，在 2008 年 8 月的北京奥运会上明智地选择了退赛，经过 398 天的治疗、康复与适应性训练，于 2009 年 9 月 18 日在上海国际田径大奖赛上复出，第一次比赛就跑出了 13.15 秒的高水平成绩，是一个正确决断、成功复出的经典范例。

3. 做好目标控制、信息反馈、及时调节

对排球运动员运动训练过程实施目标控制、加强信息反馈、及时进行调节是顺利贯彻导向激励与健康保障原则的重要前提。运动员一切训练活动都是为了训练目标的实现而设计、而组织的，训练周期的安排、训练内容的确定、训练方法的选择、训练负荷的把握都应服务于这一目标，而不应盲目地去硬性地完成某一负荷量度的要求，不应强制性地去参加干扰运动员完成主要训练任务的商业性比赛活动。要对运动训练过程进行科学有效的监控，准确把握运动员体能发展状况与负荷后的机体反应，准确把握运动员技术战术掌握的质量与存在的问题，准确把

握运动员心理活动的状态与变化，准确了解运动员的专项认知水平与专业知识水平，并及时地反馈给教练员和运动员，对运动训练计划、对训练的实施与要求做出科学的合理的调节。以求做到既不断地激励运动员刻苦训练，又切实关心并保障运动员的身心健康。

二、竞技需要与区别对待训练原则

（一）竞技需要与区别对待训练原则释义

竞技需要与区别对待训练原则是指，根据项目比赛的特点和运动员在比赛中获取期待运动成绩的需要，从实战出发，科学安排训练过程的周期、阶段划分及训练的内容、方法、手段和负荷等要素的训练原则。

比赛是竞技运动的核心组成部分，排球运动训练的目的是提高运动员的竞技能力，以求成功地参加比赛。显然，比赛的需要是训练的依据。训练的结果是否符合比赛的需要，是评价训练效果最重要的标准。一切训练活动都应该从比赛的需要出发而设计规划和组织实施。

竞技运动项目是多种多样的。有些项目主要比技术，另一些项目则主要比体能；有些项目主要比力量，另一些项目则主要比耐力；有些项目只是个人与个人比赛，另一些项目则是两队之间比赛。不同项目竞技的需要自然也有所不同。因此，研究和把握运动项目的竞技需要，一定要科学认识运动项目的竞技特点，一定要准确了解运动项目的训练要求。

每个运动项目都有着自己相对稳定的竞技特点和训练要求，从事该项训练的运动员应该努力去熟悉和掌握这些竞技特点，实施和完成这些训练要求。但是，这些竞技特点和训练要求又不是一成不变的，当竞赛规则发生重大改变，或者该项目的竞技水平明显提高时，其竞技特点和训练要求也可能会发生局部的甚至是重要的变化；由于运动员个体的诸多差异，同一个运动项目的运动员的竞技能力的结构特点和训练要求也都有着明显的差别；而同一名运动员在训练的不同阶段，其竞技能力的结构特点和训练要求也在不断地发生变化。这就要求我们在进行排球运动训练的过程中，随时根据运动项目、训练阶段和运动员个体特点等多个要素的变化，注意有区别地组织好排球运动训练活动。

运动项目的竞技需要与特定时间和空间条件下运动员的个体特征是既矛盾又紧密联系的两个方面，科学地认识它们之间的辩证关系，并充分发挥二者之间的协同效应，是我们应该遵循的重要训练原则。

（二）竞技需要与区别对待训练原则的科学基础

1. 竞技比赛对于训练活动的导向性目标

目标是人们行为的终点，对于人们的行为起着重要的导向作用。人们的一切行为都应该服务于既定目标的实现，训练活动也是一样。排球运动训练的最终目标是成功地参加比赛，获得预期的比赛结果。因此，一切训练的内容、方法和手段的选择及训练负荷与节奏的安排都应该围绕着成功参赛的需要而组织实施。

人们根据所设定的排球运动训练目标去选择运动训练的内容，训练的内容都是服务于特定的任务和目标的。选择安排不同的训练内容，就会发展不同的运动能力，只有按照专项竞技的需要去选择训练的内容，才有可能使得运动员的专项竞技能力得到迅速的提高，才能为成功参赛做好准备。

2. 运动专项竞技的特异性

不同的运动项目有着不同的竞技特点，要求运动员具有不同的竞技能力结构。构成运动员竞技能力的体能、技能、战术能力、心理能力和知识能力，在不同项目竞技能力结构中的重要程度又有所不同，这就要求我们全面、准确地认识和了解自己所从事的运动项目竞技能力结构的特点，进而选择与专项竞技需要相符合的训练内容、手段及制定相对应的运动负荷方案，有效地组织排球运动训练活动。现代排球运动竞赛中的竞争性和对抗性日益激烈，促使人们把提高专项比赛能力的任务和为提高这一能力的专项训练放在首要位置，排球运动训练的内容、方法、手段及负荷都表现出鲜明的专项化趋向。儿童、少年的早期基础阶段的训练也应以未来高水平专项竞技的需要为导向，为专项高水平竞技阶段的训练和参赛打下良好的基础，将早期基础阶段的训练与优秀运动员的专项训练有机地衔接起来。

运动专项竞技的需要对于训练活动具有鲜明的导向性。针对专项竞技的需要组织训练，会明显地提高训练工作的效果，使教练员和运动员付出的辛勤劳动和成果在专项比赛中得到充分的展现；而如果对专项竞技的需要考虑得不够准确或者不够充分，将会给训练工作带来很大的盲目性，往往会事倍功半，花费巨大的精力却难以取得理想的训练效果。

3. 运动员竞技能力结构的个体性与变异性

排球运动训练实践具有鲜明的多样化的特点，而且，训练实践又处于不断的变化之中。不同项目、不同运动员以及在不同状态下所表现出的特点，包括决定竞技能力的各个因素，教练员的业务水平，对训练的战略部署和战术安排，训练所处的阶段和具体要求，以及气候、场地、器材等外界环境等都各有不同，又无时无刻不处于不断的运动和变化之中。同一名运动员的训练状态在不同阶段、不同时刻的表现以及不同训练环境和训练条件，也都对训练的内容和组织实施提出明显的不同要求。这些因素的不断运动及变化，都要求教练员及时根据训练对象的具体情况有区别地组织训练。

（三）贯彻竞技需要与区别对待训练原则的训练学要点

1. 认真研究项目特点与专项竞技的需要

不同竞技项目有着不同的竞技特点和不同的训练要求。贯彻竞技需要原则首先要明确专项的竞技需要是什么，也就是说，要明白怎样能够在这个专项的比赛中获胜。

运动员的比赛结果取决于自己具备的竞技能力及其在比赛中的表现、对手具备的竞技能力及其在比赛中的表现和比赛结果的评定行为共三个要素。运动员要想在比赛中获胜，就应该提高自己的竞技能力并在比赛中充分发挥和表现出来，要在规则允许的范围内抑制对手竞技能力的发挥和表现，还要在规则允许的范围内力求得到有利于自己的评定和裁决。因此，我们就要研究自己专项的竞技中需要什么样的竞技能力、比赛中怎样能够发挥得更好、怎样获得有利的评分以及在规则允许的范围内怎样去抑制对手的竞技表现。

每个运动项目专项竞技的不同特点，决定了其竞技能力构成因素的差异性。例如，举重选手必须有巨大的力量；射击选手应保持稳定的情绪；乒乓球选手需要快速的反应与机动灵活的战术意识和战术能力；篮球选手则需要与同伴默契配合的合作精神。因此，只有对所从事的运动项目的竞技特点做出正确的分析，才能够确定相应的训练要求，选择适宜的训练内容、训练方法和训练负荷。训练负荷的强度和数量的安排都要考虑到专项比赛的特点和需要。马拉松跑、铁人三项运动员的训练课上必须保证运动员有足够的负荷量、足够的负荷时间，大负荷专项训练的课时应不短于比赛持续时间的两倍；而跳远、投掷等比赛中一次试跳、试掷用时很短的项目，运动员的专项训练课时就不必一定要求很长的时间，在训练中应更加关注练习的强度。体操、跳水、花样滑冰等项目，在专项训练中则特别要注意不断发展和提高动作技术的难度和质量。

2. 科学诊断运动员个人特点，针对性地组织训练

排球运动训练中的区别对待，应该体现在整个训练活动的全过程和全方位之中。面对运动员不同的个人特点和不同训练阶段的时相特点，都需要认真贯彻区别对待的训练原则。竞技运动的组织与操作，是通过一个个运动员的训练和比赛而组合起来的。每一个运动员都是一个独立的个体，都有只属于他的形态、机能、素质、个性心理特征以及技术和战术特征；每个人既有各自的优势，也有各自的短板，各有不同的需要和不同的训练任务。因此，每个运动员的训练中应安排不同的内容。同一个教练组内的女子体操选手，有的安排多练高低杠，有的则安排多练跳马；有的需要着力发展腿部力量，有的则需要多发展腰腹肌群。这就要求我们在训练中，特别注意共性内容与个别安排的结合。因此，对每一个运动员都应该实施针对性的训练。

在贯彻区别对待原则的训练中，要注意与运动员的个性发展相结合。高水平竞技体育的运动训练在某种意义上说，就是一项发现天才、张扬个性和打造极品的事业。优秀的竞技选手大都具备超凡的先天条件，只有充分地发扬其个性特征，才有可能培养出国际级的顶尖高手。高水平优秀选手个性化训练的趋势明显加强，同一项目、同一水平的优秀运动选手的训练负荷也会有明显的区别。

同一名运动员在其生长发育与训练的不同阶段，也有着不同即时状态，有着不同的发展目标和不同的训练要求，应该密切关注运动员竞技能力状态的变化，及时调整修订训练计划。

三、系统持续与周期安排训练原则

（一）系统持续与周期安排训练原则的释义

系统持续与周期安排训练原则是指运动员应该系统持续地从事排球运动训练，并应分阶段做出周期性安排的训练原则。

为了在排球运动训练活动中实现人体的适应性改造，运动员需要多次承受运动负荷，渐进地提高自己的竞技水平。持续的排球运动训练可使训练效应不断累加，而训练活动的间断则会降低训练效果。培养一名国际水平的竞技选手，通常需要经过 6～10 年的系统训练，世界优秀选手都是在多年系统的训练过程中培养出来的。同样，在一个年度、一个阶段的训练中，也要求保持良好的连续性。

物质运动普遍存在的周期性特征也清晰地存在于排球运动训练过程之中。人体运动能力的周期性提高、竞技状态的周期性变化、重大赛事的周期性举办都提示我们，周期性地安排好排球运动训练过程，处理好负荷与恢复、分解与综合、训练与竞赛的有机联系，是设计、组织运动训练过程的重要原则。

（二）系统持续与周期安排训练原则的科学基础

1. 人体运动生物适应的长期性

系统的持续训练是取得理想训练效果的必要条件，人体对训练负荷的生物适应必须通过有机体自身的各个系统、各个器官、各块肌肉乃至各个细胞的变化，一点点去实现。运动员的竞技能力是多种能力的综合表现，它不仅涉及生理、心理等各个方面的因素，同时又受先天、后天因素的影响。因此人体机能的适应性改造（包括中枢神经系统功能的改造），不是在短期内所能奏效的。而训练对提高运动员竞技能力的影响，必须通过人体内部的适应性改造才能实现。耐力性项目运动员的有氧代谢能力，其肌肉组织内高度的毛细血管化，不是一朝一夕所能形成的；集体球队几名选手之间配合完成某些特定的战术行动，也必须经过长时间的多次练习，使运动员彼此之间建立起相互协调和默契的关系，完成高度协调的战术配合。因此，从人体生物适应的角度来看，运动员应持续地承受负荷，进行系统的训练。

2. 运动训练效应的不稳定性

运动员在负荷作用下所提高的竞技能力，无论是体能、技能、战术能力、知识能力，还是心理能力的变化，都具有不稳定的特点。当训练的系统性和持续性遭到破坏而出现间断或停顿的时候，已获得的训练效应也会消退以至完全丧失。例如，体能的变化主要表现为力量、速度及耐力等素质的改变，训练一旦停止，运动素质消退得很快，特别是通过强化的力量训练手段所取得的训练效应消退得更快。又如运动员在训练中技能得到提高，表明在运动员神经系统的有关中枢之间建立起了良好的暂时性联系，这种神经联系可支配运动器官、骨骼和肌肉完成相应的动作。只有经常地反复强化这种暂时联系，才能够保持动作中各个环节的协调配合。如果中断训练，中枢神经系统对肢体精细运动的支配能力便会受到影响，反应迟钝，最终使动力定型遭到破坏。为了避免技能、体能的消退，克服训练效应的不稳定性，必须在训练效应产生并保持一定时间的基础上重复给予负荷，使得训练负荷的积极效应得到强化和累积，使得运动能力得到不断改进和完善。因此，要想获得理想的训练效应，有效地发展运动员的体能、技能、战术能力、知识能力及心理能力，就必须注意保持训练过程的持续性，让运动员系统地、不间断地参加训练。

3. 人体生物适应过程的周期性

人体在训练负荷下的生物适应过程，不仅是长期的，同时也是分阶段实现的。机体对一次适宜训练负荷的反应，可分为工作、适应、恢复和训练效应消失等几个阶段。在更长一些时间的跨度内，如几个月至一年的训练过程中，运动员机体能力的变化同样经历着不同的阶段，即竞技状态的提高、保持和下降三个阶段。

为了在重要比赛中创造优异的成绩，运动员总是力求通过科学的训练与安排，使自己从心理上和生理上做好充分的准备，在比赛中最大限度地动员机体的潜力，把自己在训练中获得的竞技能力最充分地发挥出来，创造优异的成绩。运动员参赛的准备状态叫做竞技状态。运动员良好的竞技状态有着明显的时限性，不可能始终处于最佳的竞技状态。机体在高度的紧张动员之后，必然要进入一个调整阶段，以便在生理上和心理上得到充分的恢复，然后重新动员起来进入新的训练阶段。运动员必须多次经历这一过程，才能够逐步走向竞技运动的高峰。因此，不同时段的训练安排，通常都表现着周期性的特征。

（三）贯彻系统持续与周期安排训练原则的训练学要点

1. 健全多级训练体制，为运动员实现多年系统训练提供有力保证

运动员系统的多年训练活动，必须以健全的多年训练体制作为保证。尽管不同国家的训练体制各有自己的特点，但都着眼于保证运动员多年系统训练的实施。我国目前现行的是三级训练体制，包括中小学课外训练、业余体校和竞技运动学校的训练以及优秀运动队的训练三个层次，各自担负着多年训练过程中不同阶段的训练任务。

为了保证不同层次的训练组织完成各自的任务，使运动员得以保持多年训练的系统性，在最佳竞技年龄区间表现出最高的竞技水平，各层次必须紧密衔接，防止各级训练各行其是。相应的对策如下：

——制定各项目运动员在不同年龄阶段系列的训练大纲。

——建立与多年训练各阶段基本任务相适应的竞赛制度。

——建立相应的奖励制度，鼓励中小学、业余体校及运动学校的教练员认真完成基础训练和初级专项训练的任务。美国等许多国家的俱乐部制、德国的体育寄宿学校、古巴的青年体校，都对保持少年时期和成年时期训练的良好衔接起着重要的作用。

2. 分段组织系统训练过程的实施

排球运动训练过程的组织实施，必须遵循其阶段性的特点，有步骤、有秩序地进行。而这一步骤则是按固有的程序排列的。如全程性多年训练依次分为基础训练阶段、专项提高阶段、最佳竞技阶段及高水平保持阶段。一个持续 2～6 个月的训练大周期，依次分为准备时期、比赛时期及恢复时期；一次训练课也依次分为准备部分、基本部分和结束部分。

训练过程的程序性表现在训练的各个方面。如发展周期性耐力项目运动员的专项能力，应以一般耐力和最大速度为基础；体操运动员学习旋空翻，则必须首先掌握后空翻两周及后空翻转体 360°的技术；一支足球队要想熟练运用发高角球战术，就必须有队员能从角旗旁向球门前踢出适宜高度、远度、弧度的球，又要有一名或数名队员能在适宜的瞬间冲到门前适宜的位置，跃起争顶，头球破门。这些环节若缺少任何一个，都不可能组织起成功的发高角球战术。练习内容的程序性在许多情况下都是不可逆的，必须按照固有的程序进行，这样才能取得理想的训练效果。忽视训练活动的程序性，会造成许多不良后果。

要注意两个周期之间的衔接工作，协调各个周期之间的关系。在结束一个周期的训练与竞赛、实施下一周期的训练工作前，进行科学测评，针对前一周期在身体、技术、战术、心理等方面所产生的变化及存在的问题，认真总结经验和教训，作为制订和实施下一周期训练计划的依据，以便使各周期的训练工作有机地衔接起来。

3. 处理好训练安排的固定因素与变异因素的组合

周期安排原则的依据是人体竞技能力变化的周期性特征和适宜比赛条件出现的周期性特征，其中，后者是决定训练周期时间的固定因素，而前者则是变异因素。因为重要比赛日程的安排通常与某个项目最适宜的比赛条件的出现是一致的，而且一般在上一年度既已确定。在竞技体育界，人们普遍认为奥运会冠军的荣誉远比世界纪录保持者要高，因为创造世界纪录不受时间、地点的限制，大多数项目的优秀运动员在任何时间都有可能创造新的世界纪录；而四年一度的奥运会，则要求运动员必须在特定的日期和地点表现出最佳的竞技水平，在与世界各国优秀选手的同场竞技中取胜，显然这一要求的难度大大高于前者。这就要求教练员不仅能使运动员具有所需要的竞技能力，而且能使之在预定的时间里把这种能力最充分地发挥和表现出来。因此可以说，优秀教练员的高超教练艺术更突出地表现在这一点上。尽管人体本身受着生物节律的影响，但它并非绝对不变，人们完全可以通过训练安排影响变化的节律使其在特定的时间里表现出最佳的竞技状态。竞技状态的发展过程是可以由人来控制的，教练员应努力做到有把握地调节这一变异因素，使之与特定的比赛日程安排相吻合。

四、适宜负荷与适时恢复训练原则

（一）适宜负荷与适时恢复训练原则的释义

适宜负荷与适时恢复训练原则是指，根据运动员的现实可能和人体机能的训练适应规律以及提高运动员竞技能力的需要，在训练中给予相应量度的负荷，负荷后及时消除运动员在训练中所产生的疲劳，通过机体适应过程，提高运动员竞技能力和取得理想训练效果的训练原则。

运动员在训练中承受了一定的运动负荷后，必然会产生相应的训练效应。但并非只要施加了负荷，就一定会产生良好的训练效应。训练负荷的安排对训练效应的好坏有着重要的影响。机体对适宜的负荷会产生良性的适应；但如若负荷过小，则不能引起机体必要的应激反应；而在过度负荷作用下则会出现劣变反应。在运动员疲劳达到相应程度时，应依照训练的统一计划，适时安排必要的恢复性训练，采取有效的恢复措施，使运动员的机体得到充分的恢复。适宜的运动训练负荷使得运动员机体发生相应程度的疲劳，适时地消除机体在训练负荷影响下产生的疲劳并促进机体的良性补偿使得运动员的竞技能力得到提高。负荷与调整、消耗与补充、疲劳与恢复是训练过程中无时不在的矛盾两个方面。正确认识适宜负荷与适时恢复的辩证关系，充分发挥二者的协同效应，是我们应该遵循的重要训练原则。

（二）适宜负荷与适时恢复训练原则的科学基础

1. 人体机能对外加适宜负荷的适应性机制

在负荷保持在一定程度的条件下，机体的应激以及随之产生的一系列变化，都会保持在一个适度的范围内。这时负荷的量度越大，对机体的刺激越深，所引起的应激也越强烈，机体产生的相应变化也就越明显，人体竞技能力提高得也就越快。自19世纪末期现代奥林匹克运动兴起以来，运动员的负荷量已大大地增加了。20世纪20年代，著名的芬兰中长跑运动员努尔米，一年只训练6个月，每周训练3~4次；三四十年代，瑞典的海格将一年训练的时间增加到9个月，他的成绩远远超过了努尔米；一个世纪以来，耐力性项目世界优秀运动员年训练负荷量的明显增加，对竞技水平的提高起着重要的作用。多年来在国际赛场屡创佳绩的中国男子举重队在自20世纪50年代以来的半个多世纪中训练负荷的渐次增大，也为增加训练负荷提高竞技水平这一观点提供了有力的论证。

2. 机体在过度负荷影响下的劣变性

运动员机体承受训练负荷时，会产生应激性的反应。当负荷过大，超过运动员机体所能承受的阈值时，运动员机体则会出现劣变反应。

在训练实践中，对机体的负荷通常都是连续施予的，几次负荷之间不同的间隔与联系，会产生不同的效应。如果在前次负荷后机体的超量恢复阶段再施予负荷，会使机体水平不断提高；

而如果在前次负荷后运动员的机体还没有得到必要的恢复的情况下便再次施予负荷，则会导致机能水平的下降。

过度负荷有时表现在生理方面，有时也表现在心理方面。过度负荷的直接结果，首先是机体出现不适应的症候。这种不适应的症候包括如下内容：慢性体重下降；非受伤引起的关节及肌肉疼痛；慢性肠功能紊乱；扁桃体及腹股沟淋巴结肿大；鼻塞和发冷；出现皮疹和肤色改变；周身性肌肉紧张；疲惫不堪、失眠不安等症候。

上述不适应症候出现后，如果仍不采取措施，使运动员机体得到必要的恢复，那么就会进一步发展成为过度疲劳。过度疲劳会对运动员机体带来很大的破坏，会导致运动员健康状况和体能的明显下降，使运动创伤增加，甚至造成灾难性的后果。有些运动员甚至因此过早地结束了自己的运动寿命。运动员高负荷训练后、重大比赛后或者遇到某些特殊的经历后，会出现不同程度的心理疲劳。心理疲劳对运动员训练和比赛的状态有着不可忽视的影响，其影响的深度有时会明显超过生理疲劳，给运动员保持系统持续的训练和比赛带来巨大的阻碍，必须予以高度重视。

（三）适宜负荷与适时恢复训练原则的训练学要点

1. 准确把握训练负荷的适宜量度

适宜训练负荷应该能够完成下列任务：在运动员机体能够承受的前提下，有助于达到高水平的专项运动成绩，能够完成预定的训练任务，能够促使运动员各种能力产生定向变化；负荷强度与负荷量有适宜的组合；负荷安排的节奏要保证课与课之间的衔接，能产生良性的后续效应，保证运动员有机体的生物学改造能够顺利进行。

负荷的适宜度主要通过施加负荷产生的后果来予以评价，其中包括：机体疲劳的程度及恢复与超量恢复所需的时间、技战术训练的效果、是否引发运动性伤病、是否引发心理疾病和心理障碍等方面。

通过生理生化指标的监测可以比较客观地诊断运动员机体的生理疲劳程度。如血色素、尿蛋白、血睾酮等都是常用的监测指标。建立义务监督制度，定期与不定期地进行健康检查，可以及时地发现运动性伤病。总结在不同阶段、不同情境下学习、掌握、熟练以及运用技战术时对训练负荷的要求，借以把握好技战术训练时的负荷。做好对运动员情绪、训练积极性等方面的心理学观察，结合训练计划的安排与负荷的实施，诊断负荷内容与负荷量度对运动员心理状态的影响。

2. 科学地探求负荷量度的临界值

多年以来，人们已经清楚地认识到，负荷量度的增加会带来更好的训练效果，而且越接近运动员承受能力的极限，效果就越明显。于是许多教练员和科学家都在致力于寻找这一负荷量度的极限。著名的日本排球教练员大松博文在充分挖掘运动员机体潜力方面进行了大胆的尝试，他的女排选手常常每天训练六七个小时，练出了顽强的毅力和熟练的攻防技巧，使日本女排多次登上世界冠军的领奖台。中国长跑教练员马俊仁，为他训练的女选手设计了"每天一个马拉松"的负荷计划，也造就了田径史上辉煌的一页。

运动员负荷量度临界值的大小既随其发育程度、竞技水平等较为稳定的状态的变化而变化，又受着运动员健康状况、日常休息、心理状态因素的影响，因此对它的测定和评价必须要有充分的科学依据，要用科学的诊断方法力求准确地掌握负荷量度的临界值。在当前，人们对负荷极限的认识还不具备完全把握的能力时，通常应注意留有余地，以避免过度训练的出现。

3. 积极采取加速机体恢复的适宜措施

（1）训练学恢复手段

该手段主要包括变换训练内容和训练环境，交替安排负荷，调整训练间歇的时间与方式，在训练课中穿插和采用一些轻松愉快、富于节奏性的练习等训练手段；也包括在恢复过程中以轻微的肌肉活动，帮助肌肉和血液中的乳酸更快消除；还可以根据人体的"生物钟"节律，安排好每天的训练时间，成为一种习惯性的定型，节省神经能量，也有利于机体的恢复。

（2）医学、生物学恢复手段

该手段主要包括理疗恢复手段，如水浴、蒸气浴、漩涡浴、氮水浴、苏打碳酸浴、盐浴、珍珠浴、含氧浴、腐植酸浴等，其他手段还有按摩、电兴奋、电睡眠、紫外线照射、红外线照射等。

（3）营养学恢复手段

由于运动时运动员的能量消耗大，运动后的能量补充除了考虑补充物的数量，还应注意各种营养素的适宜搭配。例如运动后吃不同的糖，对身体不同部位糖贮存的恢复就有不同的影响。维生素及多种微量元素更是运动员营养中不可缺少的重要组成部分，它与运动能力的恢复有着密切的关系。维生素及多种微量元素在体内不能合成或合成不足，必须从食物中摄取，所以要注意食品的种类和配比。

（4）心理学恢复手段

一般可利用自我暗示、放松训练、转换训练、气功调节、生物反馈等手段促进恢复。针对每个运动员特殊的心理问题，要对症下药，进行专门的心理调节或心理辅导。

第三节　现代排球运动技战术的训练方法

一、排球运动训练方法概述

（一）排球运动训练方法释义及作用

1. 排球运动训练方法释义

排球运动训练方法是在训练过程中，提高竞技运动水平、完成训练任务的途径和办法。排球运动训练方法在教练员的"训"和运动员的"练"的过程中被应用，是教练员和运动员在双边教学活动中共同完成训练任务的方法。排球运动训练方法是对排球运动训练过程中各种训练方式和办法的概括，是对各种具体训练方法的集中表述。

2. 排球运动训练方法的作用

在排球运动训练过程中，排球运动训练方法是教练员进行训练工作、完成训练任务、提高运动员竞技能力的应用工具。现代竞技运动发展历史表明：排球运动训练方法的不断创新和科学运用对推动各项竞技运动整体发展水平的作用是十分巨大的。一种科学训练方法的诞生既是科学训练原理的具体体现，也是科学训练实践的高度总结。因此，正确地认识和掌握不同训练方法的功能和特点，有助于顺利地完成排球运动训练过程不同时期的训练任务；有助于有效地控制各种竞技能力的发展进程；有助于科学地提高运动员的整体竞技能力。

（二）排球运动训练方法体系

1. 排球运动训练方法的基本结构

构成排球运动训练方法的主要因素是练习动作及其组合方式、运动负荷及其变化方式、过程安排及其变化方式、信息媒体及其传递方式和外部条件及其变化方式等要素。其中，练习动作及其组合方式主要是指运动员为完成具体训练任务而进行的身体练习以及各个练习之间的固定或变异组合方式；运动负荷及其变化方式主要是指在进行各种身体练习时对有机体所施加的刺激及其在强度、量度以及负荷性质方面的变化形式；过程安排及其变化方式主要是指对训练过程的时间、人员的组织、器材的分布、内容的选择、练习的步骤等因素的安排及其变化形式；信息媒体及其传递方式主要是指教练员指导训练工作时，所采用的诸如语言、挂图、影视等信息手段和诸如讲解、图视、观摩等信息传递方式；外部条件及其变化方式主要是指训练气氛、训练场地、训练设备、训练器材、训练工具等因素的影响及其变化方式。排球运动训练中的许多方法正是由这五种因素所组成。这些因素的不同组合及其变化，可以形成具有不同功能的多种训练方法。

2. 排球运动训练方法的基本分类

排球运动训练方法是多种多样的，有些方法具有广泛的适用性，对各种主要竞技能力的发展具有不同的作用，如重复训练法、比赛训练法等；有些方法的适用领域则较为专门化，对某一竞技能力的子因素具有特殊的发展作用，如等动力量训练方法；有些方法属于过程控制性的，即在排球运动训练的某一阶段对运动员训练内容的掌握或竞技能力因素的提高具有控制作用，如模式训练法、程序训练法等；有些方法属于现场操作性的，即在训练课中用于发展竞技能力的方法，如间歇训练法、循环训练法等。因此，对排球运动训练方法进行科学分类，建立科学的方法体系是十分必要的。

对任何事物进行类别划分与体系建立，均需首先确定分类标准，依不同分类标准可建立若干不同的分类体系。例如，依发展竞技能力的目的，可将训练方法分为体能训练方法、技能训练方法和战术能力训练方法，再进而区分，可分出力量训练方法、速度训练方法和耐力训练方法等；依训练内容的组合特点，训练方法可分为分解训练法、完整训练法、变换训练法和循环训练法等；依训练负荷与间歇的关系，训练方法可分为持续训练法、重复训练法和间歇训练法等；依训练负荷时氧代谢的特点，训练方法可分为无氧训练法、有氧训练法及无氧/有氧混合训练法等；依训练时不同的外部条件，训练方法可分为语言训练法、示范训练法、助力训练法和加难训练法等。

此外，还可以列出许多种不同的关于排球运动训练方法的分类标准和体系。考虑到理论上的相对完整和实践应用的方便，我们依不同训练方法的基本作用和适用范围，将它们分为整体控制方法和具体操作方法两大类。前者包括模式训练法和程序训练法两种具有整体思维特征的训练方法；后者则包括完整训练法、分解训练法、持续训练法、间歇训练法、重复训练法、变换训练法、循环训练法以及比赛训练法八种可直接操作的训练方法。

二、排球运动训练的整体控制方法

排球运动训练过程是一个复杂的系统工程。为了提高训练的科学化水平，教练员不仅需要掌握进行某一训练内容方面的具体"工艺"方法，还必须掌握科学控制排球运动训练进程的"工程"方法。现代运动训练控制理论的产生，不仅为现代排球运动训练的理论宝库提供了具有时代意义的科学指导思想，同时也为现代排球运动训练实践提供了具有重大意义的科学控制方法。模式训练法和程序训练法即是其中具有代表性的两种控制方法。

（一）模式训练法

1. 模式训练法释义

释义模式训练法是一种按具有高度代表性的规范式目标模型的要求组织和把握排球运动训练过程的控制性方法。其操作程序为：

（1）解析影响运动竞技水平的各种因素。

（2）获取各影响因素的指标参数。

（3）建立影响运动员竞技水平的因素结构模型。

（4）以因素结构模型的评价标准数值为评定标准，对运动员竞技水平变化的结构状态进行阶段性检查评定。

（5）将检查评定的结果反馈于排球运动训练过程的各个环节，以找出产生偏离状态的原因。

（6）对排球运动训练过程相应环节的组织实施发出调节指令。

（7）改进训练工作，使训练的阶段结果不断逼近模式目标。

2. 模式训练法的结构与特点

（1）模式训练法的基本结构

模式训练法由训练的目标模型、检查手段、评定标准和训练方法组成。训练的目标模型给出了未来排球运动训练过程目标发展的指标体系；检查手段是采集排球运动训练现实状态的信息工具；评定标准是甄别现实状态与训练模式间差异性质和程度的鉴别体系；训练手段是根据训练模式所提出的发展目标以及评定结果的反馈信息所提出的练习方法。

建立目标模型首先必须明确训练目标，即期望训练出达到何等水平，具有什么特征的运动员。进而，需确定训练目标竞技能力结构的影响因素，并对反映这些影响因素状况的指标参数进行数学处理，建立起尽可能定量化的目标模型。

检查手段由检查项目、检查方式和检查工具三个要素组成。其中检查项目按训练内容分类，可分为机能、技能、素质、技术、战术、心理和智能等项目；检查方式涉及群体、个体、环境等诸多因素；检查工具按物理性质分类，可分为电测、机测、光测、磁测及化测等工具。三者合成了检查评定的信息采集手段，为教练员提供运动训练现实状态的具体信息。

评定标准为教练员提供识别运动训练过程状态的依据。

训练方法根据评定结果选用实施模式训练、解决具体训练问题。

（2）模式训练法的特点

①模式训练法具有信息化特点。模式训练法实施的整个过程是以训练模型的指标体系为控制的依据，以评定标准的指标体系为监督、检查工具。整个训练过程的发展与变化均置于信息

控制之下，有助于及时纠正训练过程中出现的偏态。

②模式训练法具有定量化特点。模式训练法所依据的训练模型与评定标准均具有定量特点。实践中，训练模型的指标体系可为未来训练过程提供明确的训练目标，评定标准的鉴别体系可为现实状态的训练状况提供明确的反馈信息，有助于定量控制运动训练的过程。

3. 模式训练法的应用

（1）模式训练法的应用过程

模式训练法的应用过程是一种闭环式的运行过程。教练员通过正向控制通道，运用训练模式和训练手段控制运动员竞技能力的发展方向；通过反馈调控通道，运用评定结果了解运动员现实情况，修正训练计划的相应环节或教练员的指导方案，经过多次闭环式的控制过程，使运动员的训练结果科学地逼近训练模型指示的预定目标。

（2）模式训练法的应用范例

模式训练法的应用至少需经三个步骤：首先，按照检测项目的要求测验，并对照评分标准找出与检测成绩对应的标准分数，同时按照"综合性、均衡性、适应性"的计算方法评出等级，以确定运动员现实的基本状况；其次，根据训练模型确定出下一阶段训练过程的发展目标，并根据差距，确定训练重点，选择训练手段，实施严格的模式训练；最后，在预定的时间按照检测项目的要求测验，以检查模式训练的结果，并对照评分标准找出问题，继而又进入新的一轮应用过程。

（二）程序训练法

1. 程序训练法释义

程序训练法是按照训练过程的时序性和训练内容的系统性特点，将多种训练内容有序且有逻辑性地编制成训练程序，按照预定程序组织训练活动，对训练过程实施科学控制的方法。

程序训练法以训练程序为控制依据。训练程序是将训练过程的时序性与训练内容的逻辑性融为一体的有序集合体。训练程序表达了训练过程不同时期、不同阶段训练内容之间的逻辑关系。一般地说，训练程序中训练内容的逻辑性和训练过程的时序性越清晰、越细致，则越有利于程序训练的组织实施。科学编制训练程序是实施程序训练法的重要前提。

2. 程序训练法的结构与基本特点

（1）程序训练法的基本结构

程序训练法由训练程序、检查手段、评定标准和训练方法组成。其中，每一构件又由不同的要素组成。从结构角度上看，程序训练法与模式训练法最大的不同之处是控制运动训练过程依据的不同。模式训练法是以训练模型为控制依据，程序训练法则以训练程序为控制依据。至于程序训练法中的检查手段、评定标准及训练手段等构件的组成特点及具体功能可参见模式训练法中相应的内容。这里集中讨论的是程序训练法结构中的训练程序。训练程序由训练内容、时间序列和联系形式三个要素组成。其各自要素的意义与特点表述如下：

编制训练程序要求将庞大、繁杂的训练内容按照系统分解成小训练内容单元（步子），并由其编制出具有相关性、逻辑性特点的训练内容体系。

时间序列通常是指训练过程训练单位时间的有机排序与衔接，要求将整个训练过程分解成有机相连的时间段落，以便将特定的小训练内容单元（步子）置于特定的时空之中，使不同的训练内容通过时间序列有机相连。

联系形式是指在特定的时间范畴内不同训练内容衔接的方式，或者不同时间范畴内不同训练内容的衔接方式。一般来讲，训练内容的联系方式主要有"直线"和"网络"两类。由这两类联系方式编制的训练程序，分别称之为直线训练程序和网络训练程序。前者，训练程序的结构简单、较易操作，但训练内容的容量较小；后者，训练程序的结构复杂、较难操作，但是训练内容的容量较大。

（2）程序训练法的基本特点

①程序训练法具有系统化特点。程序训练法实施的整个过程是以训练程序的内容体系为控制依据，以评定标准的指标体系为监督、检查工具，整个训练过程的发展与变化均置于系统控制的状态之下。

②程序训练法具有定性化特点。程序训练法所依据的训练程序具有鲜明的定性化特点。便于教练员抓住训练过程中的主要矛盾，选定明确的训练方向。

③程序训练法具有程序化特点。由于训练内容规划在训练程序的过程之中。因此，训练过程中训练内容的变更实质上是在严格检查、评定、监督之下，按照训练内容内在关系的本质联系，有步骤、有计划地进行。

3. 程序训练法的应用

程序训练法的应用过程与模拟训练法相同，都是一种闭环式的过程。在现代排球运动训练的过程中，程序训练法应用的精髓是：教练员通过正向控制通道，运用训练程序、训练手段控制运动员竞技能力的发展方向；通过反馈调控通道，运用评定标准、检测手段了解运动员的现实情况，以便修正教练员的指导方案或根据训练程序指出的内容继续实施程序训练。经过如此多次闭环式的控制过程，使运动员的训练结果科学地逼近训练程序指示的预定目标。

三、排球运动训练的具体操作方法

排球运动训练的基本操作方法主要包括：分解、完整、重复、间歇、持续、变换、循环及比赛等训练法。本节主要对这些方法的各自含义及作用、类型、特点、应用与要求进行阐述，为选用排球运动训练的基本操作方法提供科学的理论指导。

（一）分解训练法

1. 分解训练法释义

分解训练法是指将完整的技术动作或战术配合过程合理地分成若干个环节或部分，然后按环节或部分分别进行训练的方法。运用分解训练法可使运动员集中精力完成专门的训练任务，加强主要技术动作和战术配合环节的训练，从而获得更高的训练效益。当技术动作或战术配合过程较为复杂、可分解，且运用完整训练法又不易让运动员直接掌握的情况下，或者技术动作、战术配合的某些环节需要较为细致地专门训练时，常采用分解训练法。

2. 分解训练法的类型

分解训练法的基本类型主要分为四种，即单纯分解训练法、递进分解训练法、顺进分解训练法和逆进分解训练法。

3. 分解训练法的应用

（1）单纯分解训练法的应用

应用单纯分解训练法，需首先把训练内容分成若干部分，分别学习、掌握各个部分或环节的内容，再综合各部分进行整体学习。这种方法在技术和战术的学习与训练中被广泛采用，对练习的顺序并不刻意要求。

分解训练法的基本类型及其特点最后把三部分合成起来进行完整训练。如：采用此法进行排球快球掩护下的平拉开战术的训练，可将整个战术分解成四部分，即接发球、快球掩护、传平拉开球和扣球四部分。不论采用何种训练进程，教练员应先使运动员分别掌握这四部分的技术，再完整地进行快球掩护下的平拉开战术的训练。

单纯分解训练法的应用特点是：分解的技术动作和战术配合相对复杂；分解后的各个部分可以独立训练；练习的顺序不必特别要求，便于教练员安排训练。

（2）递进分解训练法的应用

应用递进分解训练法，需把训练内容分成若干部分，先训练第一部分；掌握后，再训练第二部分；掌握后，将一、二两部分合成起来训练；掌握两部分后，再训练第三部分；掌握后，将三部分合成起来训练。如此递进式地训练，直至完整地掌握技术或战术。

该方法虽然对练习内容的各个环节的练习顺序并不刻意要求，但对相邻环节的衔接部分则有专门的要求。

（3）顺进分解训练法的应用

应用顺进分解训练法，需把训练内容分成若干部分，先训练第一部分；掌握后，再训练第一部分和第二部分；掌握后，再将三个部分一起训练；如此步步前进，直至完整地掌握技术或战术。

顺进分解训练法的应用特点是：训练内容的进程与技术动作、战术配合过程的顺序大体一致；后一步骤的练习内容包括前一部分的内容。应用该方法便于建立技术动作过程和战术配合过程的完整概念，形成良好的动力定型和战术意识。

（4）逆进分解训练法的应用

逆进分解训练方法与顺进分解训练方法相反，应用时把训练内容分成若干部分，先训练最后一部分；逐次增加训练内容到最前一部分；如此进行直至掌握完整的技术或战术。

逆进分解训练法的应用特点是：训练内容的进程与技术动作、战术配合过程的顺序恰恰相反；多运用于最后一个环节为关键环节的技术和战术的训练，如投掷、扣杀、踢踹等动作。

（二）完整训练法

1. 完整训练法释义

完整训练法是指从技术动作或战术配合的开始到结束，不分部分和环节，完整地进行练习的训练方法。运用完整训练法便于运动员完整地掌握技术动作或战术配合；保持技术动作或战术配合的完整结构和各个部分之间的内在联系。

2. 完整训练法的应用

完整训练法可用于单一动作的训练，也可用于多元动作的训练；可用于个人成套动作的训练，也可用于集体配合动作的训练。

用于单一动作的训练时，要注意各个动作环节之间的紧密联系，注意逐步提高训练的负荷强度，提高完整练习的质量。用于多元动作的训练时，在完成好各单个动作的同时，要特别注意掌握多个动作之间的串联和衔接。

用于个人成套动作的训练时，可根据练习的不同目的而有不同的要求。在着重提高动作质量时，可在成套动作中途要求运动员停止练习，指出问题，加深印象，重练改进；在着重发展完成全套动作的参赛能力时，则不拘泥于个别动作细节完成质量的情况，而强调流畅地连续演示全套动作。

用于集体配合战术的训练时，应以一次配合最终的战术效果为训练质量的评价标准，更密切地结合实践要求，灵活地组织完整的战术训练。

（三）重复训练法

1. 重复训练法释义

重复训练法是指多次重复同一练习，两次（组）练习之间安排相对充分休息时间的练习方法。通过同一动作或同组动作的多次重复，经过不断强化运动条件反射的过程，有利于运动员掌握和巩固技术动作；通过相对稳定的负荷强度的多次刺激，可使机体尽快产生较高的适应性机制，有利于运动员发展和提高身体素质。构成重复训练法的主要因素有：单次（组）练习的负荷量、负荷强度及每两次（组）练习之间的休息时间。休息的方式通常采用静止、肌肉按摩或散步。

2. 重复训练法的类型

依单次练习时间的长短，可将重复训练法分为：短时间重复训练方法、中时间重复训练方法和长时间重复训练方法三种类型。

（1）短时间重复训练的负荷时间不足30秒，负荷强度最大，间歇时间相对充分，间歇方式是走步、按摩，供能形式是以磷盐酸代谢系统为主。

（2）中时间重复训练的负荷时间为30秒～2分钟，负荷强度较仅次于短时间重复训练，间歇时间相对充分，间歇方式是走、坐、按摩，功能形式是以糖酵解为主的混合代谢功能。

（3）长时间重复训练的负荷时间是2～5分钟，负荷强度较大，间歇时间相对充分，间歇方式是走、坐、卧、按摩，功能方式是以无氧有氧比例均衡的混合代谢功能。

3. 重复训练法的应用

（1）短时间重复训练方法的应用

短时间重复训练方法普遍适用于磷酸盐系统供能条件下的爆发力强、速度快的运动技术和运动素质的训练。

短时重复训练法的应用特点是：一次练习的负荷时间短（约在30秒内），负荷强度大，动作速度快，间歇时间充分，单一动作或组合动作的各个环节前后稳定。间歇过程多采用肌肉按摩放松方式，以便能尽快促使机体恢复机能。重复次数和组数相对较少。该方法可有效地提高负荷强度很高的单个技术动作或组合技术动作运用的熟练性、规范性和技巧性；可有效地提高该类运动项目运动员的磷酸盐系统的储能和供能能力；可有效地提高运动员有关肌群的收缩速度和爆发力。

（2）中时间重复训练方法的应用

中时间重复训练方法普遍适用于糖酵解供能条件下的运动技术、战术和素质的训练。如隔网性运动项群中多种技战术串联技术动作的重复练习或强度适中的单一技术动作的重复练习。

中时间重复训练法的应用特点是：一次练习的负荷时间应较长，通常为30秒～2分钟；练习时，负荷时间可略长于主项比赛时间或负荷距离可略长于主项比赛距离；负荷强度应较大（负荷心率应在 180 次/分以上）并与负荷时间呈现负相关性；单一练习动作的各个环节或组合技术的基本结构应前后稳定；能量代谢主要由糖酵解供能系统完成；间歇时间应当充分。间歇方式应采用慢跑深呼吸以及按摩放松方式，以便能尽快清除体内乳酸。可有效地提高运动员糖酵解供能系统的储能和供能能力以及糖酵解供能为主条件下的速度耐力和力量耐力、技能主导类运动项目中各种技术衔接与串联的熟练性、规范性、稳定性以及机体的耐乳酸能力。

（3）长时间重复训练方法的应用

长时间重复训练方法主要适用于无氧、有氧混合供能系统条件下的运动技术、战术、素质的训练工作。如技能主导类运动项群多种技战术的串联练习、连续攻防的对抗练习、组合技术的重复练习以及一次负荷持续时间为 2～5 分钟的各种运动素质的练习等，都可采用此法训练。该法同样适用于难度不大、负荷不高、技巧性强的单一技术动作的训练或由难度不大的组合技术动作的训练。该方法还适用于体能主导类（2～5 分钟）耐力性运动项群的技术、素质的训练。亦可辅以中时间重复训练方法或持续训练法。

长时间重复训练方法的应用特点是：一次练习过程的负荷时间更长，通常在 2～5 分钟之间；技能主导类项群技术动作的练习种类较多，同时参与技术、战术训练的人数较多，战术攻防过程转换次数较多，训练的实战环境气氛较浓，组织难度增大；负荷时间略长于主项比赛时间或负荷距离略长于主项比赛的距离；负荷强度与负荷时间呈现负相关性；无氧和有氧混合供能性质明显。一次练习完毕后，间歇时间应当十分充分，这样可有效地提高该类运动项目运动员的无氧、有氧混合代谢的能力，无氧、有氧混合代谢供能状态下的速度和力量耐力，以及各种技术应用的熟练性和耐久性。实践中，长时间重复训练方法与间歇训练法、持续训练法和变换训练法的有机结合，可以更好地提高训练效果。

（四）间歇训练法

1. 间歇训练法释义

间歇训练法是指对多次练习时的间歇时间做出严格规定，使机体处于不完全恢复状态下，反复进行练习的训练方法。通过严格的间歇训练过程，运动员的心脏功能得到明显的增强；调节运动负荷的强度，可使机体各机能产生与有关运动项目相匹配的适应性变化；不同类型的间歇训练，可使糖酵解代谢供能能力或磷酸盐与糖酵解混合代谢的供能能力或糖酵解与有氧代谢混合供能能力或有氧代谢供能能力得以有效的发展和提高；严格控制间歇时间，有利于运动员在激烈对抗和复杂困难的比赛环境中稳定、巩固技术动作；较高负荷心率的刺激，可使机体抗乳酸能力得到提高，以确保运动员在保持较高强度的情况下具有持续运动的能力。

2. 间歇训练法的类型

间歇训练法的基本类型主要分为三种，即高强性间歇训练方法、强化性间歇训练方法和发展性间歇训练方法。

（1）高强度性间歇训练的负荷时间小于 40 秒，负荷强度大，心率指标是 190 次，间歇时间很不充分，间歇方式主要是走、轻跑，每次心率是 120～140 次，供能形式以糖酵解供能为主的混合代谢供能。

（2）强化性间歇训练又分 A 型和 B 型，A 型负荷时间是 40～90 秒，负荷强度大，心率指标是 180 次，而 B 型负荷时间是 90～180 秒，负荷强度较大，心率指标是 170 次，除此之外，A 型和 B 型的间歇时间都为不充分，间歇方式均为走、轻跑，每次心率为 120～140 次，供能形式主要是以糖酵解供能为主的混合代谢供能。

（3）发展性间歇训练的负荷时间大于 5 分钟，负荷强度为中，心率指标是 140 次左右，间歇时间不充分，间歇方式为走、轻跑；每次心率是 120 次，供能形式是以有氧代谢为主的混合代谢供能。

3. 间歇训练法的应用

（1）高强性间歇训练方法的应用

高强性间歇训练方法是发展糖酵解供能系统的供能能力、磷酸盐与糖酵解供能混合代谢系统的供能能力的一种重要训练方法。

高强性间歇训练方法的应用特点是：一次练习的负荷时间较短（40 秒之内）；负荷强度大，心率多在每分 190 次左右；间歇时间极不充分，以心率降至 120 次为开始下一次练习的确定依据；练习内容多为单个技术或组合技术；练习的动作结构基本稳定；能量代谢主要启用磷酸盐系统以及糖酵解供能系统。可有效地提高运动员在该两类系统供能条件下的速度耐力和力量耐力以及糖酵解供能状态下技战术运用的规范性、稳定性和熟练性。

（2）强化性间歇训练方法的应用

强化性间歇训练方法是发展糖酵解供能代谢系统与有氧代谢系统混合供能能力以及心脏功能的一种重要训练方法。该方法适用于一切需要这种混合系统供能能力和良好心脏功能的竞技运动项目的技战术及素质的训练工作。该方法的练习动作或是单一结构的动作练习，或是各种负荷强度不同的技术动作的组合练习，或是某种战术形式的组合练习，或是多种战术混合运用的配合练习。

强化性间歇训练方法十分强调严格控制间歇时间，强调启用糖酵解供能系统或以其为主的混合代谢系统供能。每课练习的次数（组数），因人而异。可有效地提高该项群运动员的糖酵解供能系统、混合供能的能力及此种供能状态下运动员有关肌群的速度耐力和力量耐力和技术运用的稳定性，使之与体能同步、协调、高度地发展，以便适应实际比赛的需要。

（3）发展性间歇训练方法的应用

发展性间歇训练方法是发展有氧代谢系统供能能力、有氧代谢下的运动强度以及心脏功能的一种重要训练方法。发展性间歇训练方法适用于需要较高耐力素质的运动项群的训练工作。体能主导类耐力性项群运用此方法最多。在技能主导类运动项群中，该方法通常用于减少人数且比赛时间分解成阶段性的连续攻防训练的过程之中。

发展性间歇训练方法的应用特点是：一次练习的负荷时间较长，负荷时间至少应在 5 分钟以上，负荷强度控制在平均心率为 160 次/分左右，间歇时间以心率降至 120 次为开始下一次练习的确定依据，一次持续练习的动作种类可以单一，亦可多元，供能以有氧代谢系统为主。在实际训练过程中，为了提高耐力训练水平，教练员通常将发展性、强化性间歇训练方法同持续训练方法结合应用，根据负荷强度的分级标准进行训练。

（五）持续训练法

1. 持续训练法释义

持续训练法是指负荷强度较低、负荷时间较长、无间断地连续进行练习的训练方法。练习时，平均心率应在每分钟 130～170 次之间。持续训练主要用于发展一般耐力素质，并有助于完善负荷强度不高但过程细腻的技术动作，可使机体运动机能在较长时间的负荷刺激下产生稳定的适应，内脏器官产生适应性的变化；可提高有氧代谢系统供能能力以及该供能状态下有氧运动的强度；可为进一步提高无氧代谢能力及无氧工作强度奠定坚实的基础。

2. 持续训练法的类型

根据训练时持续时间的长短，持续训练法可分三种基本类型，即短时间持续训练方法、中时间持续训练方法和长时间持续训练方法。

（1）短时间持续训练的特点：负荷时间 5～10 分钟，心率强度 170 次左右，没有间歇时间，动作结构基本稳定，有氧强度最大，供能形式是无氧、有氧代谢系统混合供能。

（2）中时间持续训练的特点：负荷时间 10～30 分钟，心率强度 160 次左右，没有间歇时间，动作结构基本稳定，有氧强度最大，供能形式是有氧代谢供能。

（3）长时间持续训练的特点：负荷时间大于 30 分钟，心率强度 150 次左右，没有间歇时间，动作结构基本稳定，有氧强度为次大，供能形式是有氧代谢供能。

3. 持续训练法的应用

（1）短时间持续训练方法的应用

短时间持续训练方法广泛应用于体能主导类项目的运动素质训练之中，也适用于技能主导类运动项群中动作强度较高的素质、技术和战术的训练工作。

短时间持续训练方法的应用特点是：一次持续练习的负荷时间相对较短（约为 5～10 分钟），负荷强度相对较高，平均心率负荷指标控制在每分钟 170 次左右；练习动作可以单一亦可多元；练习动作的组合可以固定亦可变异；练习过程不中断。该方法可有效地提高运动员的无氧、有氧代谢系统混合供能的能力和该供能状态下的运动强度，该供能状态下表现出了速度耐力和力量耐力，激烈对抗的持久性、攻防技术运用的转换性、负荷强度变换的节奏性、各种攻防技术运用的衔接性、某项技术战术应用的熟练性和疲劳状态下技术效果的稳定性，以及有氧、无氧代谢下的供能能力和运动强度。

（2）中时间持续训练方法的应用

中时间持续训练方法普遍适用于技能主导类运动项群各个项目中多种技术的串联、攻防技术的局部对抗，整体配合战术或技术编排成套的技术或战术训练。实践中，中时间持续训练方法具有两种典型的练习形式，即匀速持续训练和变速持续训练。其中，匀速持续训练是一种典型的以发展有氧代谢系统供能能力为目的的训练方法。其特点是运动强度相对较低，负荷强度变化较小，运动速度相对均匀，运动过程不中断，练习动作相对稳定，负荷强度一般在心率每分钟 160 次左右，人体能量消耗较小。变速持续训练是一种强制性的以发展有氧与无氧代谢系统混合供能能力为目的的训练方法。该方法运动强度相对较高，负荷强度变化较大，运动速度变化较多，运动过程不中断，负荷强度一般在心率每分钟 150～170 次之间，人体能量消耗相对较大。

中时间持续训练方法的应用特点是：技术动作可以单一亦可多元，平均强度不大，负荷时间相对更长，以有氧代谢系统供能为主。一组练习的持续负荷时间至少应为 10 分钟以上。负荷强度心率指标平均为每分 160 次左右。体能主导类项群广泛用于发展耐力素质。在技能主导类运动项群中采用此方法时，练习的基本技术应当娴熟，组合技战术的训练应有明确的战术意图，技术动作的负荷强度搭配应当合理，并确保训练过程不中断。此种方法可有效地提高运动员以有氧代谢系统供能为主的代谢能力和该供能状态下的运动强度，可有效地提高该供能状态下所表现出来的专项耐力，有效地提高技术应用的稳定性和抵御疲劳的耐久性。

（3）长时间持续训练方法的应用

长时间持续训练方法对于体能主导类耐力性运动项群具有直接训练的价值。实践中，长时间持续训练方法具有三种典型的变化形式，即匀速持续训练、变速持续训练和法特莱克训练。其中，长时间持续训练方法中的匀速持续训练、变速持续训练形式与中时间持续训练方法的主要不同之处是：负荷强度相对更低，负荷时间相对更长，训练场所变更较多。20 世纪 30 年代源于北欧山林中的法特莱克训练是一种以发展有氧代谢系统为主，适当发展有氧与无氧代谢系统混合供能能力为己任的耐力训练方法。

长时间持续训练方法的应用特点是：训练环境不稳定，运动路线不固定。负荷时间较长，运动速度的快、慢变化不具有明显的节奏性，具有明显的随意性；运动过程始终不断，练习过程的负荷强度呈现高、低交错的特点，心率指标为每分钟 130～160 次之间。心理感受相对轻松。长时间持续训练方法在技能主导类运动项群中的应用领域相对不广，这主要是因为长时间持续训练方法的应用目的是发展一般耐力，过分地采用长时间持续训练法进行训练，不仅无助于技能类运动项群运动成绩的提高，甚至有可能引起机能的不良迁移或阻碍主要专项运动素质的发展。因此，该方法只作为技能主导类运动项群中一项辅助性的练习。

（六）变换训练法

1. 变换训练法释义

变换训练法是指变换运动负荷、练习内容、练习形式以及条件，以提高运动员积极性、趣味性、适应性及应变能力的训练方法。变换训练法是根据实际比赛过程的复杂性、对抗程度的激烈性、运动技术的变异性、运动战术的变化性、运动能力的多样性以及中枢神经系统的灵活性等一般特性而提出的。变换运动负荷，可使机体产生与有关运动项目相匹配的适应性变化，从而提高承受专项比赛时不同运动负荷的能力。变换练习内容，可使运动员不同运动素质、运动技术和运动战术得到系统训练以及协调发展，从而使之具有更接近实际比赛需要的多种运动能力和实际应用的应变能力。

2. 变换训练法的类型

依变换的内容可将变换训练法分为三种，即负荷变换训练方法、内容变换训练方法和形式变换训练方法。

（1）负荷变换训练的特点：负荷强度变化最大，动作结构相对固定，供能形式可在多种代谢形式之间变换。

（2）内容变换训练的特点：负荷强度可变可不变，动作结构可变换，供能形式以某种代谢形式功能为主。

（3）形势变换训练的特点：负荷强度可变可不变，动作结构可固定可变换，供能形式以某种代谢形式功能为主。

3. 变换训练法的实践应用

（1）负荷变换训练方法的应用

负荷变换训练方法是一种功能独特的重要训练方法，不仅适用于身体训练，也适用于技战术训练。实践中，负荷的变换主要体现在负荷强度或负荷量的变换上。由于负荷强度与负荷量的变化具有四种不同搭配形式，因此，负荷变换的训练方式是多种多样的。一般认为有：

①负荷强度与负荷量均保持恒定的搭配形式。可使机体某一机能或素质产生适应，或者是使某项运动技术形成稳定的动力定型。

②负荷强度恒定、负荷量变化的搭配形式。可通过量的提高，发展机体某一运动机能或运动素质耐力水平，或者通过量的减少，促使机体恢复。

③负荷强度变化、负荷量恒定的搭配形式。可通过提高强度，发展机体某一运动机能或运动素质工作强度，或通过降低强度，促使机体恢复，或学习、掌握某种高难技术。

④负荷强度与负荷量均有变化的搭配形式。可通过提高负荷强度、减少负荷量，发展机体某一机能或素质的工作强度或技术动作的难度和强度，或者通过降低负荷强度、提高负荷量，发展某一运动机能或素质水平，或者巩固基本技术。

负荷变换训练方法的应用特点是：降低负荷强度，可利于学习和掌握运动技术。提高负荷强度及密度，可使机体适应比赛的需要。另外，该方法可通过变换练习动作的负荷强度、练习次数、练习时间、练习质量、间歇时间、间歇方式及练习组数等变量方式，促使运动素质、能量代谢系统的发展与提高，能够满足专项运动的需要。可有效地促使机体适应实际比赛运动强度的变化特点，使运动员机体产生与实际比赛相符的生理适应；可有效地缩短学习、掌握、巩固运动技术的过程，

（2）内容变换训练方法的应用

内容变换训练方法是技能主导类运动项群中广泛应用的一种重要训练方法。一般认为，内容变换训练方法适用于技能主导类对抗性运动项群中各种技术串联的练习，或者某种单个基本技术的各种变化练习，或者基本技术组合的变换练习，或者某种战术打法中几种方案的变换练习，或者多种战术混合运用的变换练习等。该方法也适用于难美性运动项目的技术动作的组合练习。而对机能主导类运动项群，内容变换训练方法较多应用于身体训练。

内容变换训练方法的应用特点是：练习内容的动作结构可为变异组合，亦可为固定组合，练习的负荷性质符合专项特点，练习内容的变换顺序符合比赛的规律，练习动作的用力程度符合专项的要求。可使训练内容的变换节奏适应专项运动技术和战术变化的基本规律；使训练内容的变化种类适合运动技术、战术应用的要求；使练习内容之间的变换符合实际比赛变化的需要，进而提高运动员比赛的应变能力。

（3）形式变换训练方法的应用形式

变换训练方法的运用主要反映在场地、线路、落点和方位等条件或环境的变换上。例如：隔网类运动项群中的发球练习，在负荷、动作大体一致的情况下，可以发出各种不同直线、斜线、前排、后排的球；同场类运动项群中侧身带球技术的运用，在交叉换位的战术配合时，可以形成"掩护"或"反掩护"的不同战术形式。又例如训练场所的变换，在时空感觉方面往往促使技能主导类运动项群的运动员对不同空间及环境的比赛场地产生适应。因此，形式变换训练方法在竞技运动的训练过程中具有广泛的应用价值。

形式变换训练方法的应用特点是：通过变换训练环境、训练气氛、训练路径、训练时间和练习形式进行训练。该方法通过变换训练形式，使各种技术更好地串联和衔接起来；对运动员产生新的刺激，激发起较高的训练情绪，进而促使神经系统处于良好的准备状态；促使运动员

产生强烈的表现欲望，提高训练质量。

（七）循环训练法

1. 循环训练法释义

循环训练法是指根据训练的具体任务，将练习手段设置为若干个练习站，运动员按照既定顺序和路线，依次完成每站练习任务的训练方法。运用循环训练法可有效地激发训练情绪、累积负荷"痕迹"、交替刺激不同体位。循环训练法的结构因素有：每站的练习内容、每站的运动负荷、练习站的安排顺序、练习站之间的间歇、每遍循环之间的间歇、练习的站数与循环练习的组数。运用循环训练法可以有效地提高不同层次和水平的运动员的训练情绪和积极性；可以合理地增大运动训练的练习密度；可以随时根据具体情况因人制宜地加以调整，做到区别对待；可以防止局部负担过重，延缓疲劳的产生，并有利于全面身体训练。实践中，循环训练法中所说的"站"是练习点，如果一个循环内的站数中，有若干个练习点是以一种无间歇方式衔接，那么这几个练习点的集合可称之为练习"段"。因此，考虑循环练习的顺序时，有时应以练习"站"为单位，有时则应以练习"段"为单位。

2. 循环训练法的类型

依各组练习之间间歇的负荷特征，可把循环训练法的基本类型主要分为三种，即循环重复训练、循环间歇训练和循环持续训练方法。

（1）循环重复训练的特点：循环过程间歇且充分，负荷强度最大，负荷性质主要是速度和爆发力，供能形式是以磷酸原代谢系统功能为主。

（2）循环间歇训练的特点：循环过程间歇不充分，负荷强度为次大，负荷性质主要是速度耐力和力量耐力，供能形式以糖酵解代谢系统功能为主。

（3）循环持续训练的特点：循环过程基本无间歇，负荷强度较小，负荷性质主要是以耐力，供能形式以有氧代谢系统功能为主。

三种循环训练法的组织形式共有三类：即流水式、轮换式和分配式。其中，流水式循环训练的做法是：建立若干练习站（点）后，运动员按一定的顺序，一站接一站地周而复始地进行单个练习。可以有效地全面发展多种运动能力，并可使机体各个部位以及内脏器官得到训练。轮换式循环训练的做法是：将运动员分成若干组，各组运动员在同一时间内在各自的练习站中练习，然后，按规定要求，运动员依次轮换练习站。可以有效地集中发展某一运动机能和机体的某一部位，使身体局部产生深刻反映。分配式循环训练的做法是：设立较多的练习站，然后，根据运动员具体情况指定每名运动员在特定的若干练习站内训练。

3. 循环训练法的应用

（1）循环重复训练方法的应用

循环重复训练方法是指按照重复训练法的要求，对各站之间和各组循环之间的间歇时间不做特殊规定，以使机体得以基本恢复，可全力进行每站或每组循环练习的方法。该法既可用于技术训练，也可用于素质训练，是竞技运动常用的训练方法之一。例如在排球运动训练中，可将扣球、拦网及防守技术等作为练习站实施循环重复训练。或者将4号位强攻技术、3号位快攻技术、2号位背飞技术，以及2号位拦网技术、3号位拦网技术、4号位拦网技术设定为六个练习站，并两两组成练习"段"，反复实施循环重复训练。

循环重复训练方法的应用特点是：可将各种练习设置为若干个练习站，练习动作应熟练规范，练习顺序符合比赛的特点，间歇时间较为充分。持续两组练习后进行一次长间歇。该方法的应用目的是：提高高强度技术动作的规范性和熟练性；提高攻防过程中的对抗性；并将技术动作和运动素质与代谢系统的训练融为一体，使之共同提高；提高该类运动项目运动员的磷酸盐系统的储能和供能能力；提高该类运动项目运动员有关肌群的收缩速度和爆发力。

（2）循环间歇训练法的应用

循环间歇训练法是指按照间歇训练法的要求，对各站和各组之间的间歇时间做出特殊规定，以使机体处于不完全恢复的状态下进行练习的方法。该法常用于发展运动员体能，亦用于协调发展技术，战术和素质之间的有机联系。

循环间歇训练方法的应用特点是：将各种练习设置为若干个练习站，各练习站的负荷时间至少 30 秒以上，站与站之间的间歇较不充分。循环组间的间歇可以充分，亦可不充分。该方式的应用目的是：有效地提高该类项目运动员糖酵解系统及其与有氧代谢系统混合供能的能力；有效地提高该供能状态下的速度耐力及力量耐力。

（3）循环持续训练方法的应用

循环持续训练的方法是指按照持续训练法的要求，各站和各组之间不安排间歇时间，用较长时间进行连续练习的方法。该法在竞技运动训练中的应用极其广泛。如将隔网对抗性运动项目中的扣球（杀、吊）、拦（截）、传（挡、推、防）等技术练习设定成练习站并编排成组合技术（练习段），进行 5～10 分钟的较高强度的多球循环持续训练；将同场对抗性运动项目中的运球、传球、接球、投篮（射门）或跑动、接球、投篮（射门）或跑动、策应、传球、投篮（射门）等练习内容设定为练习站并编排成组合技术（练习段），进行 5～10 分钟的较高强度的循环持续训练，或在联合训练器上进行持续循环训练，这些都是循环持续训练方法的具体应用。

循环持续训练方法的应用特点是：各练习站有机联系，各个练习的平均负荷强度相对较低，各组循环内务站之间无明显中断，一次循环的持续负荷时间至少应在 8 分钟以上，甚至更长。负荷强度高低交替搭配进行。循环之间的间歇时间可有也可无，循环组数相对较多。上下肢练习、前后部练习顺序的配置或集中安排或交替进行。组织方式可采用流水式或轮换式。运用此方法可提高运动员持久的对抗能力、运动技术的稳定能力以及技术之间的衔接能力；可提高运动员攻防技术的转换能力、疲劳状态下连续作战的能力以及有氧工作强度；可提高有氧代谢系统供能的能力、有氧工作强度以及有氧代谢供能状态下的力量耐力。

（八）比赛训练法

1. 比赛训练法释义

比赛训练法是指在近似、模拟或真实、严格的比赛条件下，按比赛的规则和方式进行训练的方法。比赛训练法是根据人类先天的竞争和表现意识、竞技能力形成过程的基本规律和适应原理、现代竞技运动的比赛规则等因素而提出的一种训练法。运用比赛训练法有助于运动员全面并综合地提高专项比赛所需要的体、技、战、心、智各种竞技能力。

2. 比赛训练法的类型

依比赛的性质可将比赛训练法分为四种，即教学性比赛方法、模拟性比赛方法、检查性比赛方法和适应性比赛方法。

（1）教学型比赛特点：比赛规则为正式规则或自定规则，比赛环境相对封闭，比赛过程可人为中断，比赛对手是队友或竞争对手，比赛裁判一般都是临时制定。

（2）检查性比赛特点：比赛规则是正式规则或自定规则，比赛环境可封闭可开放，比赛过程不可中断，比赛对手就是竞争对手，比赛裁判是正式指定的裁判。

（3）模拟型比赛特点：比赛规则是正式规则，比赛环境可封闭可开放，比赛过程不可中断，比赛对手是队友或者竞争对手，比赛裁判可临时指定也可正式指定。

（4）适应性比赛特点：比赛规则是正式规则，比赛环境开放，比赛过程不可中断，比赛对手为竞争对手，比赛裁判为正式指定。

3. 比赛训练法的应用

（1）教学性比赛训练方法的应用

教学性比赛方法是指在训练条件下，根据教学的规律或原理、专项比赛的基本规则或部分规则，进行专项练习的训练方法。例如，运动队内部队员之间的对抗性教学比赛，不同运动队运动员之间的邀请性教学比赛，不同训练程度运动员之间的让先性教学比赛，部分基本技术、战术的对抗性教学比赛等都可视为是教学性比赛训练方法的应用。

教学性比赛方法的应用特点是：可采用部分比赛规则进行局部配合的训练；比赛环境相对封闭，便于集中精力训练；比赛过程可以人为中断以便指导训练；运动员的心理压力小，利于正常发挥技术水平；可激发运动员的训练激情、提高运动负荷强度；系统提高运动技术衔接和串联的熟练程度；强化局部或整体配合的密切程度；协调发展不同训练程度运动员的竞技能力；激励运动员产生强烈的竞争意识，从而更好地挖掘运动员的潜力。

（2）检查性比赛训练方法的应用

检查性比赛方法是指在模拟或真实的比赛条件下，严格按照比赛规则，对赛前训练过程的训练质量进行检验的训练方法。检查性比赛训练方法适用的范围很广，包括专项运动成绩、主要影响因素、运动负荷能力、运动技术质量及训练水平检查性比赛等。由于检查性比赛是在比赛或类似比赛的条件下进行训练质量的检查，因此较易发现问题。所以，有经验的教练员经常采用此法训练。

检查性比赛方法的应用特点是：可采用正式比赛规则的全部或部分进行比赛；比赛环境可以封闭或开放；运动员的心理压力较大；可以设置检查设备进行赛况监控。检查性比赛方法主要应用于检验运动训练的质量，寻找薄弱环节，分析失利因素，提出解决问题方案，提供改进训练工作的反馈信息。

（3）模拟性比赛训练方法的应用

模拟性比赛方法指在训练的条件下，模拟真实比赛的环境和对手，并严格按照比赛规则进行比赛的训练方法。模拟性比赛训练方法在技能主导类对抗性运动项群中被经常采用。如技术动作的模拟比赛、运动战术的模拟比赛和比赛环境的模拟比赛等，从实战出发，有针对性地培养运动员的实战能力，运用模拟比赛训练方法时，模拟比赛环境中的不良因素对于提高运动员的竞技能力是至关重要的。因为比赛环境中的不良因素，诸如比赛噪音、观众起哄、裁判偏袒、对手干扰、组织紊乱、赛程变更、气候变化等，都可能明显地影响运动员的比赛情绪，影响运动水平的正常发挥。因此，有意识地在训练过程中采用此法，可以有效地提高运动员排除不良因素干扰的能力。从而有利于运动员逐步形成心定、心静、心细的竞技心理，为重大比赛中运动技术的正常发挥奠定心理基础。另外，应当特别注意认真培养或挑选"模拟对手"，以便针对性地提高运动员面对不同对手的实战能力。我国女子对抗性运动项群各个运动项目迅速发展的一个重要原因，就是通过借助运动水平较高的男子"模拟对手"的帮助，使女子运动员提高了比赛强度，获得了实战经验，为在重大比赛中取得优异运动成绩奠定基础。

模拟性比赛方法的应用特点是：比赛环境类似真实比赛环境，按照比赛规则严格进行，模拟对手类似比赛对手。通过模拟性比赛可提高运动员科学训练的目的性；增强运动员对心理压力的承受性；检验教练员训练指导思想的正确性；加强训练的实战性和针对性；提高对真实比赛状况的预见性。

（4）适应性比赛训练方法的应用

适应性比赛训练方法是指在真实比赛条件下，力求尽快适应重大比赛环境的训练方法。适应性比赛训练方法与模拟性比赛训练方法的不同在于，前者在正式比赛的环境下进行，后者则在人为模拟比赛环境下进行。适应性比赛训练方法的应用形式较多，如重大比赛前的系列邀请赛、访问赛、对抗赛以及表演赛等都是适应性比赛训练方法的运用形式。在适应性比赛前应有一套完整的赛前准备、赛中实施及赛间调整的方案。一般地说，赛前准备方案应当促使运动员能够产生并形成与重大比赛相适应的心态；赛中实施方案应当促使运动员能够预见并防范赛中不良因素干扰的心态；赛间调整方案应当促使运动员能够善于调整不良情绪和稳定已有的良好心态。从而，使运动员通过适应性比赛过程，培养出完整的良好比赛素质。

适应性比赛方法的应用特点是：在重大比赛之前，在真实的比赛环境下，按照比赛的规则，与真实的对手或类似真实的对手进行比赛。以尽快促进各个竞技能力因素实现高质量匹配，促使运动员产生旺盛的竞争欲望，发现影响重大赛事成绩的关键问题，形成与重大比赛相适应的最佳竞技状态。

第四节　现代排球运动技战术的训练负荷

一、排球运动训练负荷的基本知识

（一）排球运动训练负荷原理

排球运动训练的最终目的是促进运动员身体素质水平、运动水平的提高，要想实现这一最终目的，就要在排球运动训练过程中使运动员不断承受和适应训练负荷，促进其机体的运动能力和对外界（排球运动训练负荷）适应能力的不断提高，这就是排球运动训练负荷原理。

排球运动训练过程中，运动员会承受一定的外部刺激，运动员机体在生理与心理方面承受的总刺激便是训练负荷，机体承受刺激时表现出来的内部应答反应程度可以反映排球运动训练负荷。

排球运动训练负荷有着自身的特点，它具有目的性和选择性，即一定的功能特点；排球运动训练负荷还具有渐进性、极限性和应激性等特点，随着排球运动训练负荷水平的提高，训练适应水平也会相应地得到提高。排球运动训练负荷与运动成绩之间密切相关，这主要从对应性和延缓传导性上体现出来。

排球运动训练负荷种类繁多，每种负荷都有自己独特的含义，因此必须准确掌握各种排球运动训练负荷的概念和特性，对排球运动训练负荷进行科学调控，调控时需注意排球运动训练负荷的综合性、实战性和动态性，并需结合具体个体，注重排球运动训练负荷的定量与等级。

（二）排球运动训练负荷刺激及机体机能的变化

排球运动训练负荷刺激主要是指排球运动训练负荷对机体的刺激，人体活动时所表现出来的力量、耐力、速度、柔韧和灵敏素质等不是根本原因（本质），而是运动的结果（表象）。在排球运动训练中，机体对训练负荷刺激所做出的反应表现在两个方面，即生理反应和心理反应，通常所说的排球运动训练负荷指的是生理负荷，就是指机体在生理方面所承受的排球运动训练刺激。排球运动训练的过程可以看作是一个不断对人体施加运动训练负荷刺激的过程，在这一过程中，人体各器官系统将发生一系列反应。这些反应特征主要表现为耐受、疲劳、恢复、超量恢复和消退等机能变化。

在排球运动训练过程中，机体的负荷刺激变化主要会经历以下几个阶段。

1. 耐受阶段

耐受是排球运动训练初级阶段机体对排球运动训练负荷的刺激反应，是机体接受排球运动训练负荷刺激后身体机能变化和反应的第一个阶段。排球运动训练负荷强度和运动员训练水平会影响这种耐受能力的强弱和保持时间的长短。这一阶段，应以体能训练为主。

2. 疲劳阶段

在承受一定时间的排球运动训练负荷刺激之后，机体机能和工作效率会逐渐降低，即出现疲劳现象。具体来说，运动员训练到何种疲劳程度以及耐受多长时间以后疲劳取决于训练课的目的。实践表明，训练过程中，运动员只有达到一定程度的疲劳，才能提高运动能力，才能在恢复期获得预期的超量恢复效果，从而促进机体机能的增强。

3. 恢复阶段

训练结束后，在补充和恢复阶段，机体主要是补充训练过程中所消耗的能源物质，修复所受到的损伤并恢复紊乱的内环境，使机体各器官系统的机能恢复到运动前水平，以完成机体结构与机能的重建。机体疲劳的程度决定了恢复所需时间的长短。

4. 超量恢复阶段

超量恢复，又称"超量代偿"，是关于运动时和运动后休息期间能量物质消耗和恢复过程的超量恢复学说，由苏联学者雅姆波斯卡娅提出。超量恢复指的是在运动结束后，运动过程中所消耗的能源物质以及降低的身体机能不仅可以得以恢复，而且会超过原有水平。通常来说，排球运动训练负荷量越大，强度越大，疲劳程度越深，超量恢复越明显，但切忌过度训练。

5. 消退阶段

一次训练结束后，如果不及时在已获得的超量恢复的基础上继续施加新的刺激，那么已经产生的训练效果在保持一段时间后就会逐渐消退，机体机能又下降到原有水平。因此，要想保持长久的排球运动训练效果，就要求运动员必须在上一次训练出现超量恢复的基础上对下次排球运动训练做出及时的安排。

二、排球运动训练负荷的科学安排与调控

(一) 排球运动训练负荷的定性与定量

1. 排球运动训练负荷的定性

（1）训练负荷的专项性

训练负荷的专项性指训练负荷要与运动员的训练水平和比赛要求相符。排球运动训练过程中，训练负荷的练习分为运动专项练习与运动非专项练习。其中，运动专项练习是提高运动员专项运动技战术水平的直接因素，只有加强运动专项训练，才能为运动员运动实战水平的提高奠定良好的基础。

（2）训练动作的复杂程度

训练动作的复杂程度是排球运动训练中客观存在的内容，是训练过程中排球运动训练负荷定性的一个重要方面。在排球运动训练实践中，动作复杂程度决定着训练负荷的大小。区分训练动作的复杂程度是控制排球运动训练负荷的依据和需要。

需要提出的是，由于排球运动训练中，运动员的许多技能动作并不能预定，必须根据场上对手的表现临时做出选择性反应，因此，目前对此要做出量化评定具有较大的难度。

（3）训练负荷的生理改善

确定运动员排球运动训练时机体工作的供能系统是为训练负荷定性的内容之一。研究表明，系统的排球运动训练中，ATP－CP和糖酵解供能约占80％，糖酵解和有氧代谢约占20％。因此，运动员应结合运动专项的训练要求和特点，选择采用无氧代谢，或是有氧代谢，或二者的协调配合来进行训练，也就是以实际情况为依据合理安排训练。

2. 排球运动训练负荷的定量

（1）内部负荷指标

内部负荷指标指由于运动员在训练过程中进行各种身体、技战术训练，训练的负荷使运动员有机体内发生一系列生理和生化变化，内部负荷的指标能比较科学、准确地反映有机体在负荷时产生的各种变化，有利于教练员根据这种变化去掌握和控制训练过程，安排训练负荷。

排球运动训练中，使用内部负荷的指标来测量负荷的方法比较广泛。血压、心率、血乳酸、尿蛋白、氧债、血红蛋白、最大吸氧量等是常用的指标。

（2）外部负荷指标

外部负荷指标又称"负荷的外部指标"或"外部负荷"，包括负荷量和负荷强度两个指标。在排球运动训练中，负荷量的各个指标测定的方法比较简单。机体对负荷强度刺激所引起的反应比较强烈，能较快地提高机体各器官系统的机能水平，所产生的适应性影响较深刻，消退较快。在排球运动训练中，测量负荷强度的各个指标比较复杂，所以难度也比较大。

目前，对运动员外部负荷指标进行测量，一般通过记录技战术训练的时间、训练次数、训练难度、训练的激烈对抗程度等方法。

(二) 不同负荷的判别

排球运动训练期间，当运动员的训练内容、训练手段的特点相当稳定时，有机体机能能力

表现出来的动态变化就能够被明显地观察到。因此，教练员可根据训练实践中运动员有机体机能活动性的动态变化来对训练负荷的大小进行判别。

排球运动训练负荷的大、中、小可以客观地按照机体恢复的时间进行判别。研究表明，训练负荷的大、中、小与有机体内环境的稳定性的变化紧密相关，并且能具体反映到恢复过程的时间上。通常，小负荷与中等负荷后，机体恢复过程的时间通常是几十分钟或几个小时；大负荷后，一般需要较长的时间才能实现机体的恢复。

在排球运动训练中，应结合实际情况来对运动员的训练负荷大小进行判定，具体可以根据生理学和生物学的指标来判别，也可以采用其他相对间接且客观的指标进行判别，不管使用哪种方法，都要保证准确地判定训练负荷。

(三) 排球运动训练负荷的特点与注意事项

1. 科学安排排球运动训练负荷的特点

科学安排与调控排球运动训练负荷就是以更科学、更合理的方法安排排球运动训练负荷，从而实现排球运动训练水平和运动成绩不断提高的目的。对训练负荷的科学安排需要遵循负荷、应激与恢复原理，竞技状态的形成与科学调控原理，周期性与节奏性原理以及竞技能力的训练适应原理等。简单来说，科学调控排球运动训练负荷就是在训练过程中，教练员根据训练的任务及运动员的个体情况，按照人体机能的训练适应规律，以大负荷为核心，坚持长期、系统和有节奏地安排排球运动的训练负荷。

2. 科学安排与调控负荷的注意事项

（1）不同训练阶段采取不同的调控方法

根据负荷因素的基本特征，在训练初期，为了使运动员尽快进入运动状态，通常以增加负荷量的方法来尽快实现运动员机体的适应。在专项训练阶段，以提高负荷强度刺激的方法来加深运动员的机体适应过程。

（2）选择合理的负荷的内容和手段

教练员应按照不同运动项目、训练内容、训练手段的负荷特征和不同训练任务选择好相对应的训练内容、手段和方法。对运动员而言，其参与的具体竞技运动项目不同、训练目的不同，所安排的训练负荷应有所区别。

（3）对负荷方案进行最佳综合设计

在排球运动训练过程中，教练员要根据各对应性负荷结构的特征及相互间的关系，进行负荷方案的最佳综合设计。特别是要注意负荷量、负荷强度与总负荷，内部负荷与外部负荷，生理、心理与智力性负荷，以及训练负荷与比赛负荷的综合设计。

（4）按照运动员个体特点确定排球运动训练负荷

教练员要通过科学的训练诊断，对运动员的个体特点加以了解，对符合他们个体特点的个体负荷模型进行科学确立。

（5）注意负荷安排的长期性、系统性

在进行排球运动训练时，要根据连续负荷中疲劳的正常积累与过度疲劳之间的关系，对多年、年度、周及每一次课的训练过程的负荷进行对应的安排，使不同训练阶段的排球运动的训练负荷能够连贯起来，促进运动员运动水平的逐步提高。

（6）重视排球运动训练负荷的节奏性

教练员要把大负荷训练与减量训练结合起来，使之形成最佳的负荷节奏，进而促使运动员取得最佳的运动成绩。

（7）合理增加排球运动训练负荷

根据训练任务和对象，逐步、有节奏地加大排球运动训练负荷，直至最大限度。但在竞走排球运动训练过程中，排球运动训练负荷的强度不宜过大，应以提高单位训练时间里最大的效益为准则。排球运动训练负荷的增加应当在运动员适应了原有负荷的基础上进行，只有这样才能取得较好的训练效果。

（8）注意处理好负荷量、负荷强度与总负荷的关系

教练员要按照运动项目特点、训练和比赛任务、个体特点等因素，以总负荷的要求为基础，确定好负荷量和负荷强度的最佳组合。突出强度是高水平竞走运动员负荷安排的重要特征。但注意应从实际情况出发，负荷强度和负荷量应合理搭配。

（9）重视恢复

训练水平的提高离不开对训练负荷的合理安排，没有恢复，也就没有新的负荷安排。在运动疲劳之后，人体的恢复时间有所不同，恢复时间过长或过短都不利于提高身体素质和技战术的水平。注意掌握运动员训练后不同恢复阶段的时间、个体负荷的极限能力、承受极限负荷后的恢复时间，各训练过程的负荷性质及适宜的间隙时间和恢复方式，并根据这些要点来对大负荷训练进行安排。训练之后，还应注重采用多种手段来帮助运动员消除疲劳。

（10）做好排球运动训练负荷监测和诊断工作

教练员应在排球运动训练过程中根据排球运动训练负荷的构成因素及排球运动训练负荷的可监控性特点，正确地确定各运动项目的各训练内容、手段和训练方法及不同运动员个体的排球运动训练负荷监控指标体系，对科学的排球运动训练负荷监控、诊断系统和诊断模型进行建立。

第四章　现代排球运动技战术训练计划的制定

第一节　周课训练计划的制定

一、周课训练计划的制订与实施

约在公元 300 年，欧洲一些国家的教会和政府开始明确规定，每 7 天之中安排 1 天为休息日，称为星期日。像人类社会的各种活动一样，作为一个基本的时间单位，"星期"也在运动训练中被广泛使用。从生物适应的角度讲，人通过长期的自然选择，逐渐形成了与环境适应的生理和心理状态，即人类机体以 7 天为一个单位形成了自身运动的节奏。例如，作为有机体内许多生化过程重要调节器的肾上腺皮质激素的分泌水平，在 7 天的节奏中就有着精准的周期性的变化。

周训练是组织训练活动极为重要的基本单位。运动训练周期安排学说中的"小周期"也基本上持续一周时间。但是，为了在不同情况下更好地准备和参加比赛，有时在赛前训练和两次比赛之间的训练中，会对小周期训练的时间跨度做出必要的调整，时间可在 4～10 天之间，或表示为 7±3 天。

在训练实践中，人们根据自己训练的需要组织小周期训练过程，并从不同的角度出发将训练的小周期分为不同的类型。鲍艾尔斯费尔特和施勒特划分为准备小周期、基础负荷小周期、提高成绩小周期和积极性休息小周期；安东诺夫和阿罗赛耶夫划分成基础小周期和调整小周期；马特维也夫划分成基础小周期和补充小周期，然后进一步把前者分为训练小周期和竞赛小周期，把后者分为竞赛准备小周期和恢复小周期。

参照上述小周期的各种分类体系，根据训练任务及内容的不同，可把周的训练分为基本训练周、赛前训练周、比赛周、赛间训练周以及恢复周 5 种基本类型（表 4-1）。为适应不同任务而制订的各种相应的周训练计划，也表现出明显不同的负荷变化特点。

表 4-1　不同训练周型及其主要任务

周型	主要训练任务
基本训练周	通过特定的程序和反复练习使运动员掌握和熟悉专项技战术，以及通过负荷的改变引起新的生物适应现象，提高运动员的多种竞技能力
赛前训练周	使运动员的机体适应比赛的要求和条件，把各种竞技能力集中到专项竞技中去
比赛周	为运动员在各方面培养理想的竞技状态做直接的准备和最后的调整，并参加比赛，力求实现预期的目标
赛间训练周	消除比赛后生理、心理上的疲劳，促进机体的恢复，进行有针对性的技战术训练，并完成后续的比赛任务
恢复周	消除运动员生理和心理的疲劳，促进超量恢复的出现，激发强烈的训练动机，准备投入新的训练

（一）基本训练周的计划与组织

1. 基本训练周计划的主要任务

基本训练周的任务，是通过特定的程序和反复练习使运动员掌握和熟练专项技战术，以及通过负荷的改变引起新的生物适应现象，以获得多种竞技能力的提高。体能主导类项目基本训练周又分为加量周和加强度周。技能主导类项目基本训练周又分为基本技术训练周和完整技战术训练周。在需要给运动员机体以强烈刺激时，还可组织实施不同特点的强化训练周。

在全年训练中，基本训练周被采用得最多。在准备时期，基本训练周是最主要的周型。

2. 基本训练周训练内容的结构特点

决定周训练计划内容结构的主要依据，是实现训练目标的需要和不同负荷后机体的反应及恢复状况。前者决定着应该把哪些内容列入训练计划之中，后者则决定着这些内容应该怎样组合在一起。

从能量恢复的角度讲，在一次负荷后的超量恢复阶段再次施予负荷，可以获得最为理想的训练效果。有关研究表明，在一次特定的负荷之后，运动员需经过48~72小时体能才能得到有效恢复。但是，在优秀运动员的训练实践中，并没有人在一次大负荷训练之后去完全休息两三天再进行下一次训练，而是每天坚持训练。大多数优秀运动员常常每日训练两次，并取得了出色的训练成果。这主要应归功于周训练过程中不同内容及不同负荷的交替安排。

（1）周训练计划中不同内容交替安排的理论基础

各种训练内容对机体不同生理系统和心理过程提出的要求不同。因此，在接受了某一内容的负荷之后，机体不同的生理系统及心理过程的反应是不同的，其所需要的恢复时间也不相同。也就是说，在一次训练后，人体有些系统会产生深度的疲劳，而另一些系统则只产生中度的或轻度的疲劳。各个系统的恢复过程也呈现出异时性的特征，因此，我们有必要，也有可能在一周中的不同训练日交替安排不同的训练内容。

人体运动时依赖无氧磷酸原供能、无氧糖酵解供能和有氧供能三个系统分别提供完成肌肉工作所需要的能量，负荷下肌肉收缩时人体三个供能系统的参与是非同步的。瑞典的奥马特森（1982)在马加里亚研究的基础上制订肌肉收缩时三个能量释放系统的水力学模型时谈道："在大多数情况下，只有一个或两个系统同时发生作用。""至于要以哪一个系统供给的能量为主来还原ATP，则取决于练习的强度及其持续时间。"研究表明，不同的训练内容要求不同的供能系统参与运动，在各种运动中，三个供能系统参与工作的水平也是不同的。例如，耐力性练习以有氧供能为主。据苏联科罗鲍夫等（1983）测定，在10000米跑中有氧供能达97.6%；速度性练习却恰恰相反，在100米跑中无氧代谢供能占95.8%。速度耐力性的练习则对无氧糖酵解供能的依赖性较大，在200米和400米跑中分别占60.1%和54.8%。

任何一种负荷，不论是什么性质的，不论其主要供能特点如何，对运动员机体的影响都是全面的。耐力训练对运动员的无氧代谢能力会造成一定的影响，典型的速度训练对运动员的有氧代谢能力同样也会产生一定的影响。

普拉托诺夫的研究表明，运动员在从事不同性质的训练中，三个供能系统都不同程度地参与工作，并出现不同程度的疲劳。运动员在完成速度性负荷时，机体的磷酸盐供能系统消耗最大，恢复最慢，无氧能力（无氧乳酸供能系统）次之，有氧能力（有氧供能系统）消耗最少，恢复也最快。而在完成无氧负荷时，无氧糖酵解供能系统消耗最大，恢复最慢；同样的，在完成有氧负荷时，则有氧供能系统的消耗最大，恢复最慢。显然，运动员与三种供能系统相对应的三种运动能力，在负荷后恢复的过程是非同步的。与负荷的主要性质相应的运动能力恢复得最慢，需要 2～3 天时间才能获得充分恢复；但其他运动能力，则可以在短得多的时间内获得充分的恢复。这就使得我们可以在一次负荷的次日，接着安排另一种性质的负荷。而 2～3 天之后，当运动员与前一次主要负荷相应的运动能力处于良好恢复状态时，则可以再次安排同一性质的负荷。可在负荷之后 6～12 小时安排有氧负荷，或在 24 小时之后安排无氧糖酵解供能负荷。

不同的训练内容，对人体各生理系统的要求也不同。如技术训练要求中枢神经系统与骨骼肌肉系统的工作高度协调，耐力训练则给予呼吸与心血管系统高度的负荷。

不同的训练内容要求不同的肌群或肌群相同，但以不同的工作方式提供运动的主要动力。如跑、跳等主要由下肢伸肌群完成，卧推、引体向上等主要由上肢肌群完成。跑跳时，伸腿肌群以远侧支撑完成收缩工作，骑自行车时则是以近侧支撑完成收缩工作。

不同的训练内容对运动员施予不同的心理负荷。如技术训练时要求运动员全神贯注、高度集中，而郊外的轻松越野跑或球类运动则可使运动员精神放松。

不同目的的训练对运动员机能状况的要求不同，以发展素质、技术及战术等不同竞技能力为目的的训练，对运动员机体状态的要求就不同。例如，运动员只有在神经系统处于适度兴奋状态、肌肉感觉良好的情况下，才能有效地学会和掌握精细、准确的运动技巧。运动员必须体力充沛，才能有效地发展最大力量和最大速度等运动素质。而对于发展耐力素质及培养运动员顽强拼搏精神和在疲劳情况下仍能较好地发挥技术水平的能力，则在运动员略感疲劳的情况下仍然可以取得理想的训练效果。篮球运动要求运动员具有较高的体能储备，以确保运动员能够在整场比赛中有效完成技术动作，因此，训练投篮的技术时往往安排在训练课的后半段，且要求每天都进行投篮练习。我们在周训练计划中合理安排不同训练内容之间的顺序时，必须考虑这些特点。

（2）周训练计划中训练内容交替安排的项群特点

不同项群的训练内容有着各自鲜明的特点，同样也反映在周训练计划中不同内容的交替安排上。

体能主导类项群运动项目训练内容的交替，主要体现在各种素质和技术训练的安排中。我国女子铁饼运动员马雪君基本训练周的训练计划中，将专项技术训练分别安排在周二、周四、周六三天；力量训练安排在周一、周二、周三三天。

在技能主导类表现性项群运动员的训练中，技术训练占有突出的地位，几乎每天要安排技术训练。这时要注意根据不同项目的特点，安排身体素质训练，在技术训练内容的安排上应根据项目的特点适当地交替安排。奥运会男子跳水冠军火亮 2010 年 1 月在周训练计划的安排中，考虑到项目的特点，选择性地安排了不同的陆上技术训练内容，同时考虑到身体素质发展的需要安排了 4 次专项力量素质训练。

在此需要引起注意的是，由多个单项组成的竞技体操的安排应考虑到各个项目的合理搭配。如应考虑以悬垂为主的项目和以支撑为主的项目的交替。通常一个训练日的训练内容，都是由两个支撑项目、一个悬垂项目和一个下肢项目组成。这样安排可使每个项目在一周内都保证 3 次以上的训练，而又避免了局部负荷过密过重的现象。田径及其他全能项目运动员的训练安排，也有类似的特点。

在技战能主导类对抗性项群的训练安排中，对运动员的体能、技能、战术能力都给予高度的重视。在一周的训练之中，几乎每天都安排体能与技战术训练，但每次课训练的内容却在不断地变化，从而使运动员在心理上和生理上都能在持续不断的紧张训练中，得到必要的调节和恢复。

3. 基本训练周负荷的结构特点

（1）基本训练周的课次安排

不同年龄的运动员周训练课次有所区别。儿童在基础训练阶段初期，每周训练 3～4 次即可。随着运动员年龄的增长及竞技水平的提高，特别是运动员承受负荷能力的提高，周训练次数与课训练时间都有所增加。

课次的增加，起初总是从增加训练的日数开始的，由每周两三个训练日增加到六七个，每天 1 次训练。以后再将一周中某些训练日的训练次数增为 2 次，使周训练课次达到 8～10 次，最后基本上做到每日两次训练，即每周训练 12～14 次。个别运动员，如耐力跑运动员，在特定阶段也可以每日训练 3 次，周的总训练次数可达 18～20 次。每次训练课的时间一般为 2～3 小时。如果每天练 1 次，可适当增加训练时间。

每日安排两次课时，通常以一次为基本课，另一次为补充课。基本课一般安排提高主导竞技能力，或以体能、技战术训练为主，而补充课则可安排比较广泛的训练内容。基本课的训练内容负荷一般为大或中，补充课的负荷相对较小。

在一周的训练中，应该怎样安排各训练课次的负荷呢？对于青少年运动员来讲，在一周训练中，安排 2～3 次高强度课，既可实施必要的训练刺激，同时也有利于运动员的生长发育。但对于高水平运动员来讲，基本周每天都应安排大强度训练内容，以促进运动员形态、机能产生良性的生物适应，并不断提高技战术水平。当然要考虑训练的内容要交替、训练刺激的身体器官系统要变换，进而保证运动员机能状态的更好恢复。在现代训练中，提高训练强度是负荷的核心，实践中，常采用分解练习，提高单个动作的强度，以提高运动员神经、肌肉系统的刺激深度。

基本周训练负荷的节奏安排与运动项目的比赛特点以及负荷后身体恢复的状态有关。由于项目的特点不同，所以训练节奏安排也有所区别。对于一天多轮次比赛项目（如跆拳道、击剑、田径等）的运动员，要着力培养在上一次大强度负荷后未完全恢复情况下，再次承受大强度负荷的能力。因此，在训练中，一般不采用连续安排大强度训练日的专项训练方式。

对于短道速滑、游泳等一名运动员要参加多日多项比赛的运动项目，周训练计划中安排调整训练日不需过多，需要运动员具有连续承受高强度训练的能力。

（2）基本训练周负荷的变化

由于大多数训练负荷后的充分恢复都需要 24～72 小时，即 1～3 天的时间。所以，在训练实践中，常常把一周的训练分为两半。上半周的训练之后，在一周的中间（即周三或周四）安排较小的负荷或其他形式的积极性休息作为调整。在下半周的训练中，从负荷的内容及程度上，常常与上半周的某些方面是相似的。这样一种结构，可以叫做周训练计划的两段结构。

在连续多个基本训练周的训练过程中，常常通过运动负荷的加大，引起机体更深刻的变化，产生新的生物适应。加大负荷的途径有以下三条。

——增加负荷量，同时负荷强度保持不变或相应地下降；

——提高负荷强度，负荷量保持不变或相应地减少；

——负荷量和负荷强度都保持不变，通过负荷的累加效应给予机体以更深的刺激。

（二）赛前训练周的计划与组织

1. 赛前训练周训练的主要任务

赛前训练是指运动员在参加重大比赛前为创造优异运动成绩所做的专门性训练。通常将赛前训练看成赛前的一个中周期（4~6周）的训练。并通过赛前训练周的安排力求使运动员的机体适应比赛的要求和条件，把长期训练过程中所获得的各个方面的竞技能力，集中到专项竞技所需要的方向上去。

要实现运动员渴望参加比赛的状态就要做到自动化完成动作。为此，赛前训练应设置有限的目标，即训练中要解决的问题要明确、集中，不要太分散、太随意。运动员对自己的训练任务要清晰、熟练；要反复练习、形成牢固的条件反射，以利于顺利地完成训练、比赛任务。

随机应变是指运动员能够根据比赛中出现的问题做出正确的决策。因此，运动员赛前训练应对比赛中可能发生的情况有充分的估计，并制定多种预案应对可能发生的各种问题。

应引起注意的是，赛前训练周主要用于比赛前的专门训练准备。准备期的比赛前不应专门准备。

2. 比赛节奏的适应

比赛的赛制很少是一次性的，大多采用系列赛制，这种系列赛制因项目的不同，其节奏也有所差异。有的项目同一运动员一天之内要参加几次比赛。有的项目每隔3~4天比赛一次，比赛期长达2~3个星期。事先准备和适应比赛节奏的方法是在赛前多次重复未来正式比赛的节奏进行训练。

3. 赛前训练内容

赛前训练阶段的竞赛是一种重要的准备手段，虽然因各个项目运动成绩的结构不同其重要性有所区别。总的讲，这一阶段的竞赛是完成训练任务的必不可少的手段，但其性质应是检查性和练习性比赛，主要用于检验影响运动成绩的因素的水平，巩固技战术能力，提高综合竞赛能力以及适应未来的竞赛节奏。具体而言，体能训练以保持已获得的体能水平为目的。技术训练的分解练习比例减少，完整练习的比例增大技术训练。应以稳定性、成功率为基本要求。一般不再学习新动作或改变运动员已形成和巩固了的技术定型。战术训练应以如何发挥自己优势为核心。个人项目应以完成个人战术为主，常规战术训练比例应减小；集体项目应以小组战术、全队战术的比例为主，而个人战术比例适当减小。赛前战术训练应针对比赛中的主要对手采用实战方式进行。

对技能主导类的项目来说，由于训练强度的变化不如体能主导类那么明显，因此训练课次的变化也不很明显。但对于体能主导类项目来说，赛前训练周的训练课次，一般略少于基本训练周。如意大利著名教练雷纳托·卡努瓦为肯尼亚马拉松选手制定的赛前训练计划（大负荷周），7天有5天每日训练两次，一周有12次训练课。根据训练课的练习内容、负荷安排及训练时间可以看出，周一、周二、周五、周日上午都是基本课，周一、周五下午为补充课，周三、周四、周六上下午均为补充课。

4. 训练课负荷的控制

赛前训练周应多安排比赛性负荷（参加热身赛，增加训练中的比赛性因素或比赛性、对抗性训练内容)。由于比赛主要是比"强度",因而越临近比赛越要突出强度,选择强度类的训练内容方法和手段,如模拟训练法、变换训练法和比赛法等训练方法。

大赛前训练课采用大负荷高强度强化训练,负荷以大负荷强度、中等负荷量为主;训练课的负荷量与负荷强度的变化虽有高低起伏的变化,但负荷量的总体水平应始终保持在较高水平上,以给予运动员机体强化应激训练的刺激,打破机体原有的平衡状态。通过对运动员的情绪表现、体力变化、动作成功率、饮食、睡眠及言语的观察等经验判断运动员承受负荷的极限能力和水平,酌情对负荷做出调整。

这一阶段应该避免参加追求好成绩的比赛。因为追求成绩的比赛会破坏运动员对主要比赛高潮的心理调适,以及干扰这一阶段训练的计划性。通常,各种训练手段负荷达到最大值的时间为:一般训练手段赛前4～6周,专项训练手段赛前3～4周,训练强度赛前1～2周。在赛前2～3周时负荷达到最大值。就是说,通过这一方式,采用不同手段进行2～4周的大负荷训练有助于运动员在预定的比赛中取得理想的运动成绩。

在大负荷强化训练之后,必须紧接着给予运动员充分的综合性的恢复时间,以求得最佳的恢复效果,为形成最佳竞技状态打下良好的基础。赛前训练必须突出负荷与恢复的节奏性,要有明显的跳跃性,要敢于上强度,也要敢于调整,这是机体恢复和培养最佳竞技状态的必要条件,也是取代传统的变动调整的有效方式。

(三) 比赛周的计划与组织

1. 比赛周训练的主要任务

比赛周的任务是为运动员在各方面培养最佳竞技状态做直接的准备和最后的调整,并参加比赛,力求创造优异成绩。

比赛周一般是以比赛日为最后一天,倒数一个星期予以计算的。有些项目一次比赛只进行一两天,如田径、游泳、举重等;也有些项目的比赛会持续三四天,甚至两三周。比赛时间的长短,对比赛前一周的训练当然有着很大的影响,但训练的基本任务都是做好最后的调整,并成功地参加比赛。

在准备期有时运动员参加一些训练性比赛,完全不要求专门准备,只是在正常的训练过程中安排比赛而已。这种情况下的训练,可不作为比赛周的训练看待。具有检查作用的比赛,特别是力求完成训练目标的比赛,要求运动员全力以赴做好准备,则需要按比赛周训练的特点予以专门的安排。

2. 比赛周训练内容和负荷结构的特点

(1) 超量恢复的集合安排

由于运动员经历不同内容、不同负荷的训练后,达到超量恢复所需的时间不同,又为了比赛中表现出高度的竞技水平而要求运动员竞技能力水平处于最佳状态。所以,就必须通过科学的设计,使各方面负荷后的超量恢复阶段都在同一时段内出现。这对于顺利地参加比赛,创造优异的成绩是非常重要的。

例如,根据不同训练负荷后完全恢复所需的时间不同,应把无氧代谢训练、速度训练、力量训练、高强度专项训练等,安排在赛前3～5天的训练中,而把恢复性的有氧代谢训练、中低强度的一般性训练安排在赛前1～3天进行。这样使运动员多种竞技能力的变化曲线的最高点交汇于比赛日，无论从生理上还是心理上都处于最佳的竞技状态，使其通过艰苦训练所获得的竞技能力，能得到充分的发挥和体现。

（2）连续比赛周安排的特点

在对抗性球类项目的重大比赛中，运动员常常要连续参加多场比赛，这就要求教练员根据比赛日程的安排制订相应的比赛周训练计划。在1986年羽毛球尤伯杯比赛中，蝉联女子世界团体冠军的中国队主力队员之一郑昱鲤的训练计划，提供了一个良好的范例。其安排的基本特点是，每逢晚上有比赛时，便在上午安排适应性的成对训练比赛，而在两场比赛中的间休日，则安排以恢复为主而又有利于保持良好体能的小负荷身体训练。在这场尤伯杯决赛中，郑昱鲤出色地完成了预定的目标，对瑞典及日本的两场比赛中的第三单打赛都取得了胜利，为中国女队卫冕做出了自己的贡献。

3. 比赛前的准备活动

准备活动的目的是使运动员从心理、生理上做好比赛的准备，有效减少伤病，确保比赛中发挥自己的训练水平。每次准备活动的时间最少应为30～50分钟，使心率控制在120～140次/分，准备活动应在比赛前15分钟开始减量，在赛前5～10分钟做一两节轻微的伸展体操。

综上所述，比赛周负荷的安排全部要围绕着使机体在比赛日处于最佳状态来进行。负荷的组合方式也是多种多样的，需根据运动项目特点、运动员个人特点及赛前的状态而定。一般来说，总的负荷水平不高。在比赛日之前，通常需降低训练强度或保持一定的训练强度。负荷量在大多数情况下亦应减少或保持，只在某些特定的条件下，如间断训练后恢复训练的过程中参加比赛时，才可适当地加量。

（四）赛间训练周的计划与组织

1. 赛间训练周训练的主要任务

赛间训练周主要是为比赛与比赛之间3～10天时间间隔而做专门准备的训练。赛间训练周的任务是消除前一次比赛后生理、心理上的疲劳，促进机体的恢复，进行针对性的技战术训练，迎接下一次比赛任务。也就是说，赛间训练周的训练是为了确保运动员参加完一次比赛后，在短时间里尽快恢复体能，进行针对性的技战术训练，为下次比赛做好准备。

2. 赛间训练周训练内容和负荷结构的特点

赛间训练周应根据比赛的特点安排训练内容、确定训练负荷。通常两次比赛间隔短于3天时，训练的内容应避免单调，负荷小、练习次数少，尤其是力量训练和供能系统训练强度与量都要小。而对间隔大于3天的训练应采用3天为一个小周期的安排模式组织训练，内容上第一天应安排积极性恢复的练习（如慢跑或球类运动等）、与下次比赛对手录像分析或其他业务学习；第二天安排中等负荷，练习次数10次左右，每种练习不超过2组的全身力量训练内容；第三天进行针对性的技战术训练。

赛季期间一般不对动作技术进行改造，以免破坏动作的自动化。如果间隔超过6天可以在比赛后的第四天安排一次高强度、中等量的力量课。另外，应将本体感受器和柔韧性训练贯穿在这个训练过程之中，这样可以最大限度地降低运动员受伤的可能性。

在此需要引起注意的是，对于像篮球、足球等赛季漫长、比赛场次多的运动项目，一定要对运动员机能水平与健康水平进行监控，同时密切关注运动员的动机状况，为训练内容的选择提供依据。

赛间训练周负荷变化的基本特点是根据赛间时间的长短而确定负荷强度中等或大、负荷量小或中等。集体项目中非主力队员或年轻选手，应将比赛作为训练的一部分来看待，以确保这部分运动员训练的系统性与竞技能力的进一步提高。

要注意避免负荷的强度和负荷量的同步增加。在大多数情况下，负荷强度与负荷量的同步增加，会导致运动器官局部的过度负荷，造成运动创伤的出现，或者导致运动员机体整体性的过度疲劳。在训练实践中，常常发生在赛间训练中由于负荷强度与负荷量过大而造成运动员过度训练的事例。

比赛活动对运动员身体的刺激较深，而赛间训练强度的提高容易造成疲劳进一步加深，这就更需要注意安排好训练负荷的节奏。恢复性的小负荷课次，从基本训练周的 1/4 增加至 1/2。同时，要注意加强恢复措施，以保证运动员能更好地完成赛前训练任务。

（五）恢复周训练的计划与组织

1. 恢复周训练的主要任务

恢复周的任务是通过降低训练负荷以及采取各种恢复措施，消除运动员生理上和心理上的疲劳，以求尽快地实现能量物质的再生，促进超量恢复的出现。

恢复周的安排也应根据专项运动及负荷的特点、运动员个人特点和训练的具体情况而定。在连续较长时间的大负荷训练之后，或大量激烈、紧张的比赛之后，应安排恢复周，以便于比较集中、比较充分地使运动员在心理上和生理上都得到恢复。

2. 恢复周训练内容及负荷结构的特点

在许多项目中，较为普遍地采用两个大负荷训练周之后，安排一个恢复周这样的负荷节奏形式。曾训练出福克斯、坎波、菲尔克等多名女子标枪世界纪录创造者的前民主德国著名标枪教练员卡尔·海尔曼，所设计的全年训练过程中周训练负荷节奏，形象地显示了这种"练二调一"式的安排。

为了实现恢复周训练的主要目标，要求其训练内容广泛而灵活。应多选择以下内容。

——一般性的身体练习。如非专项的球类活动、游泳、各种非竞技性的健身体操等；

——带有游戏性的练习等。

恢复周的负荷安排多采用降低负荷强度、减少负荷量的方式。恢复周通常大大降低负荷强度、负荷量或者适当保持一定的水平。如果比赛周负荷量很小，也可以在恢复周中适当地增加负荷量。

二、训练课的计划与组织

训练课是运动训练活动最基本的组织形式，教练员制订的任何计划都需要通过一次次训练课的组织予以贯彻实施。运动员竞技能力的提高正是一次次训练课效益积累的结果，因此，训练课的质量直接关系到训练过程的进行及运动员竞技水平的提高。

训练课的计划包括训练课内容的选择与安排、课的结构组成、训练手段与方法的实施程序、训练负荷的大小及恢复手段等方面。

（一）训练课的不同类型及要求

根据训练课的主要任务和内容，可以把训练课分为不同的类型。构成运动员总体竞技能力的体能、技能、战术能力、心理能力和知识能力都需要在具体的训练课中培养。大多数训练课都以某一种或两种能力的培养作为重点安排训练，还有一些训练课则综合发展多种竞技能力。要提高训练课的质量，必须根据每种类型的训练课自身的特点和要求去组织进行。

1. 训练课的种类和特点

（1）体能训练课

这类课中主要安排体能训练的内容。其主要特点是，通过多种多样的训练方法和手段，发展运动员的一般和专项运动素质，提高和保持体能训练水平。在大多数情况下，这类课的负荷较大。体能训练课常安排在大周期中的准备期第一阶段内。这类训练课除用做提高和巩固运动员体能训练水平外，其他训练时期内有时也将其作为调节运动员训练负荷节奏的课来安排。

（2）技战术训练课

这类课中主要进行各类技术与战术的训练，以及各种为专项技战术训练服务的辅助性练习。其主要特点是目的明确、内容训练手段与方法较为集中。训练负荷视课的目的及在训练过程中所处的位置而定。

（3）综合训练课

运动训练过程中这类课亦占有一定的比重，在这类课中，根据运动员发展多种竞技能力的需要，运用包括体能、技能、战术能力、心理能力及知识能力等等紧密结合实战需要的综合性训练方法与手段进行训练。

（4）测验、检查和比赛的课

这类课的任务是对运动员的训练效果进行检查或直接参加比赛。课的内容、测试的手段则根据计划中的要求予以安排。课的负荷量可能较小，但一般来说负荷强度较大或者很大。在某些时候，这种负荷对运动员身体的刺激相当强烈。

2. 不同任务训练课的要求

（1）体能训练课的要求

体能训练课的主要任务是发展各种运动素质，提高运动员体能。要注意安排好不同素质训练的先后顺序及训练的负荷。

一次课中常常会安排两种以上运动素质的训练。正确安排好练习顺序有助于提高训练的效果。一般来说，快速力量练习、速度练习应安排在课的前半部分进行，以保证练习的质量，保证取得理想的效果；当运动员感到有一定程度的疲劳时，可安排发展耐力素质或力量耐力素质的练习。

负荷量度的把握和训练节奏的安排对体能训练课训练的效果有着重要的影响。随着运动员体能训练水平的提高，应逐步加大训练的负荷，以给运动员机体更为深刻的刺激，引起运动员体能更为明显的适应性变化。但在训练时一定要注意训练负荷并不是越大越好，超过运动员所能承受的限度，就会导致劣变性反应。因此，要注意把握好负荷的"度"，安排好不同课次训练负荷的节奏。

（2）技战术训练课的要求

技战术训练课的基本任务是学习、掌握和熟练专项运动技术和战术，提高技战术质量，及时纠正技战术错误。二人及集体项目运动员要加强协调配合，提高集团竞技能力。要注意安排好技战术训练程序，选择有效的技战术训练手段。

大量的技战术教学与训练都将分解法与完整法结合运用。在进行分解教学与训练时，则要注意科学地安排练习的程序，以使得运动员能循序渐进地掌握比赛所需要的技术和战术。

技战术训练手段众多。教练员制订课训练计划时，应依据结合实战、效果明显、组织方便和激发兴趣等原则，选择适用于自己的运动员的训练手段。

（3）综合训练课的要求

综合训练课的任务是全面地或综合地发展运动员所需要的专项竞技能力。安排时要注意不同训练内容的合理组合。通常在一次训练课中，先进行技战术训练，后安排运动素质的训练。

还要注意负荷的合理分配，以便运动员能依次完成全部训练内容，达到预期的训练目的。

（4）测验、检查和比赛课的要求

训练过程中的测验、检查和比赛是检查训练成果的手段。要注意采用符合计划要求的测验、检查的练习、手段及方式、方法，以便准确、客观地反映运动员的训练状态。

另外，测验、检查和比赛课应根据比赛的目的进行安排，但比赛应该按照正式比赛的要求进行，以确保运动员能够排除一切干扰，全身心投入到比赛中。显而易见，利用测验、检查和比赛课检查训练的效果，为重要比赛做好准备是十分重要的。其中，在比赛课中即按照程序化参赛的要求组织实施是十分必要的。

（二）训练课的结构

训练课的结构是指训练课的各组成部分及其进行的顺序。一般训练课通常依次由准备部分、基本部分和结束部分三个部分组成。

1. 准备部分

准备部分的任务是使运动员调整心理状态、调动各种生理机能，准备承受基本部分训练负荷及完成所安排的训练内容，以获得理想的训练效益。

运动员肌肉开始活动，有机体各种调节系统、植物性系统和执行系统所固有的活动逐渐积极地动员起来，身体各系统逐步进入运动状态。不同系统动员的速度是不同的，一些指标（心率、呼吸量）达到稳定的水平较快，而另一些（每分血循环量、需氧量）则比较慢。优秀选手的准备活动可以较快地完成动员过程。

准备活动可分为一般性准备活动和专门性的准备活动两个部分。一般性准备活动的主要任务是全面调动有机体的各种器官、系统，提高这些器官、系统的活动性。此时，有机体各器官、系统从日常生活状态开始逐步活跃起来。通常，一般性准备活动以有氧性活动开始，逐步提高工作强度，可使心率达到130～140次/分。一般性准备活动所采用的练习较丰富，所用时间也因人、因基本部分内容而异，通常采用慢跑和徒手操，或其他强度不高的练习。

专门性准备活动可结合基本部分所安排的内容设计，也可采用专项基本练习。专门性准备活动的任务是直接为基本部分的内容服务，使机体适应特定的训练要求，并从技术上做好必要的准备，以保证基本部分主要内容的良好完成。虽然专门性准备活动仅仅是预备性的，但为了适应将要进行的工作并获得较好的训练效果，工作强度有时可接近于基本部分主要内容的要求。

2. 基本部分

基本部分安排训练课的主要训练内容。基本部分的结构和持续时间依项目不同而异，即使是同一项目的训练，在不同的训练时期内，这种差别有时也是很大的。造成这种现象的主要原因在于，每次训练课都必须纳入总体的训练计划，必须使每次课的训练效果能承上启下，使前次课的效果得以延续。本课的效果得到累积，课的内容、练习手段和负荷等各项指标必须符合训练过程的发展趋势，这就必须根据运动员训练水平发展的需要而决定本课基本部分的训练安排。单一内容训练课与综合内容训练课的基本部分有着各自不同的组织特点。

（1）单一内容训练课的基本部分

单一内容训练课基本部分的特点是内容单一、任务明确、时间集中，适于完成需时较多的训练任务，如基本技术训练、各种运动素质的训练等，也可施加较大的训练负荷，以促进运动员有机体产生深刻的生物学改造。

在技能主导类、技巧性项目中，如一次课中采用单一训练内容，常会出现身体局部疲劳，影响运动员神经系统的兴奋程度。因此，在安排时应采用多种形式、不同的练习密度和间歇，以适时调整运动员的体力状态，保证训练获得良好的效果。如我国优秀乒乓球运动员的技术训练课中，经常根据各个打法、不同的选手，改变练习的方式。在安排攻球练习时，先采用一对一的对攻，再用多球练习，其后再练习双人对攻等。练习形式的改变，使运动员练习的积极性得到提高，增强了练习的兴趣性，减低了神经系统的疲劳程度，也使练习更加符合比赛的要求。

（2）综合内容训练课的基本部分

由于综合内容训练课由各种内容的练习组成，基本部分的变化较为丰富。因此，这类训练课基本部分的安排较为复杂。组织这类课的基本部分时，应该考虑以下方面。

①各种内容练习之间的顺序

各种训练内容对运动员所产生的刺激会在运动员的有机体留下相应的痕迹，这种痕迹产生的后效作用对后续训练内容的影响可能是良好的，也可能不是良好的。例如，通常在基本部分开始安排速度练习，后续训练内容安排耐力训练，往往会起到较为良好的作用。反之则可能产生不良的后果。

一般来说，应将要求神经系统较为兴奋、能量供应充沛的练习安排在前面，将容易产生疲劳或需要在疲劳状态下进行的练习安排在后面；将技术性强的练习安排在前面，素质性练习安排在后面；将对其他练习产生良好影响的练习放在前面，不产生影响或有不良影响的练习放在后面。

②改变训练内容时必须做适应性的专项准备活动

若在综合内容的训练课基本部分中安排相互联系不紧密的内容，那么，在更换内容时应做一些专项性的准备活动。例如，体操运动员吊环练习结束后换跳马，那就应在跳马练习前活动一下下肢关节，做一些跑跳的练习，并活动一下腕关节，做几次推手练习，然后再进入正式的跳马练习。

③注意不同训练内容负荷的累积效应

综合内容的训练课基本部分虽然安排的训练内容不同，但有机体接受的负荷性质却可能是一样的，这时就应考虑：如练习产生的负荷作用于有机体的同一系统，有机体的这一系统可能因负荷的累积而受到较为深刻的刺激。如篮球运动员的训练课中，先安排双人沿边线快速跑动传接球×40次，再安排25米×20次冲刺练习，虽然看起来练习的形式不一样，但其实都是无氧系统参与工作，这两组练习的负荷效果重叠在一起，就使该系统承受了很大的负荷。

在对负荷性质进行判别的基础上，应考虑产生负荷的练习作用于有机体的何种机能系统，应尽量安排不同的机能系统交替进行工作。

④安排作用于同一机能系统的练习时，负荷应有波浪形的变化

如在基本部分安排作用于同一机能系统的练习时，为使该系统有适时的休整，那就应采用间歇、改变练习密度等方式，使负荷产生波浪形的变化。

综合课的负荷曲线根据内容的多少可能出现几次高峰，在换项的间隙中处于波谷。这种类型的综合课在体操、艺术体操、武术套路、举重及田径全能选手的训练中被广泛应用。

3. 结束部分

各种训练课结束部分的任务主要是解除训练课基本部分所造成的心理、生理上的紧张状态。现代运动训练把恢复作为训练的组成成分。当然，作为训练课的结束部分并不可能完全消除因紧张训练工作所带来的疲劳，训练课的结束也就意味着运动员有机体全面恢复过程的开始。因此，有组织地进行课的结束部分对恢复过程的进行有着重要的作用。

（三）训练课的负荷量

确定训练课负荷的量度是安排组织好课训练过程的重要工作，这里，首先要明确负荷的属性，进而对负荷的量度做出等级划分。

1. 明确负荷属性是度量负荷大小的重要前提

训练过程中安排一定量度的负荷并不是目的，而是为了完成某一种训练任务。因此，安排训练的负荷并不是单纯地追求负荷的数量，而是要为达到某一目的而服务。

训练负荷与客观世界中所有的事物一样，有其自身的属性。训练负荷存在着结构属性、机能属性、个体属性和专项属性。

（1）训练负荷的结构属性

训练负荷量度的确定应该服从于训练任务的完成。课的训练任务决定着应该安排何种量度的训练负荷。教练员不应追求负荷量度的高绝对值，能够保证训练任务完成的负荷量度就是适宜的负荷量度。每一堂课在不同时间跨度的训练过程结构中都占有自己适当的位置，明确了训练课及负荷安排的结构属性，合理安排负荷量度就有了明确的依据。

（2）训练负荷的机能属性

任何训练负荷都作用于不同的机能系统，而各个机能系统在一定的时间段内，对于训练负荷具有一定的承受能力，但不可能承受无限度的负荷。某一机能系统在一定时间段内所能承受的最大值，应是我们训练安排中的最大负荷。过度或极度地超越这一最大负荷的界限，必然会使机体产生非正常的生理现象，甚至导致严重的病理变化。

（3）训练负荷的个体属性

每个运动员适宜的训练负荷是各不相同的，这一个体属性是安排训练课负荷量度时必须予以考虑的重要因素。只有针对个体的特点和个体所能承受的能力安排训练课的负荷，才能使训练过程顺利进行，使运动员健康地参加训练，不断提高其竞技水平。

（4）训练负荷的专项属性

每个运动专项都有着自身独特的规律，对于本项目优秀选手所必须承受的训练负荷也都有着不同的要求，在安排运动员训练课负荷量度时必须认真考虑这些特点。

综上所述，在确定训练课的负荷量度时，必须考虑如下四个方面。

①训练课所要完成的任务的需要。

②运动员个体所能承受负荷的水平。

③完成训练课任务时，运动员有机体的主导机能系统所能承受负荷的水平。

④运动专项的特定需要。

2. 训练课负荷量度等级的划分

（1）依主要训练手段的训练量确定训练课负荷量度的大、小等级

在一次预定时间界限的训练课中，完成主要训练手段的最大训练量可作为大负荷训练课的判定标准，运动员所能承受最大负荷的 80% 以上为大负荷，50%～80% 为中等负荷，50% 以下为小负荷。

例如，假如在两小时的训练课中，运动员用极限强度跑 100 米，即保证处于磷酸肌酸供能的范围内的 100 米跑，其最大可能只能跑 20 次，那么这 20 次就是这个运动员一堂课中发展速度能力的大负荷。与其相应 10～16 次为中负荷；10 次以下为小负荷。

（2）根据训练课后恢复的状态确定训练课负荷量度的大、小等级

有机体在训练负荷刺激下产生疲劳，负荷越大，疲劳越深，需要恢复的时间也就越长。据此，可从恢复时间的长短推断出负荷的大小。恢复时间短，则负荷小；恢复时间越长，则负荷越大。

比较同一时间长度的训练课结束后，有机体疲劳后恢复时间的长短，即可判断训练课负荷的大、小等级。例如，俄国学者对周期性项目运动健将的跟踪检测表明，各种性质的大负荷课后，需要经过 2～3 天的恢复过程。由此，可以以大负荷课中完成的量作为上限标准，划分出不同等级负荷的训练课：

大负荷课——运动员达到原来水平的恢复时间为 2～3 天。

较大负荷课——恢复时间为大负荷课的 1/2，即 1～1.5 天，此时负荷量为大负荷课的 70%～85%；

中等负荷课——恢复通常在 10～12 小时以内就可完成，此时负荷量为大负荷课的 50%～80%。

小负荷课——恢复则是几十分钟或几个小时就可完成，负荷量为大负荷课量的 20%～25%。

第二节 年度训练计划的制定

年度训练计划，顾名思义就是以年度作为运动训练过程的基本时间单位而制订的训练计划，是对一个年度训练周期所作的训练设计与安排。运动训练的年度训练周期不是严格按照日历上的年度去计量的，只要整个运动训练过程的时间长短特征符合一个年度时间特征即 12 个月左右，就可以称其为一个年度训练周期。由于现代竞技体育竞赛系统带有明显的年度周期性特征，因此，人们通常以年度周期作为组织系统运动训练过程的基本单位。年度训练周期以其是否包含有重大比赛（如奥运会和世锦赛等）而区分为平常年度和重大比赛年度，也可依其年度主要任务而区分为恢复训练年度、基础训练年度、提高训练年度等。

年度训练计划是运动员进行全年度运动训练最重要的指导性文件。年度训练计划特别是重

大比赛年度训练计划制订的主要目的是在有限的年度训练时间内，最大限度地发展运动员的整体竞技能力水平，形成理想的竞技状态，力求使运动员在年度重大比赛中取得优异的运动成绩。

年度训练计划是以教练员为主，在科研人员、队医及有经验的运动员共同参与下，围绕全年比赛日程特别是重大比赛日程、运动员各种竞技能力水平及竞技状态发展所需要时间、各种训练要素间的比例等而制订的。年度训练计划的制订应在充分了解运动员训练历史及现状的基础上进行，即应根据运动员此前特别是上一年度的运动成绩、竞技能力水平发展状况和运动负荷安排情况制订。年度训练计划制订得科学、合理与否，直接反映着教练员及其团队的运动训练理论水平及实际执教经验。年度训练计划制订之后，不是一成不变的。在整个年度训练过程中，年度训练计划还应根据运动员对训练的不同实际反应及时进行合理的调整。

一、运动员年度参赛安排及年度训练计划的类型

（一）运动员年度参赛安排

运动员训练的直接目的是成功地参加比赛，预定比赛的性质、时间、地点都对运动员的训练提出特定的要求，运动员训练的内容、负荷、方法和安排都应服务于参赛目标的实现。因此，年度比赛系列的安排对于运动训练活动的组织有着重要的指导性意义。在年度训练计划中必须高度重视比赛系列的安排。

1. 比赛次数

年度训练过程中比赛次数依项目的不同和运动员水平的不同而异。在基础训练阶段，运动员比赛的次数较少，但比赛项目的范围较广，而在专项提高阶段和最佳竞技阶段，比赛次数较多而且项目渐趋于集中。

不同项目比赛的负荷之间有着很大的差异。田径运动员在奥运会上，一次成功的跳跃就可能获得跳远金牌，费时不过十几秒钟，而马拉松运动员要不停地跑两个小时以上，足球运动员为夺取奥运会金牌仅在决赛阶段就要参加 7 场 90 分钟的角逐，更不要说预赛阶段的时间了。因此，比赛时间较短、运动员生理、心理负荷消耗相对不大的运动项目，如跳远、跳高、铅球、标枪等在一年中比赛次数可以多一些，而生理、心理负荷消耗都很大的项目的比赛次数，则应保持在一定限度内，如十项全能、马拉松跑和冰球等。

近年来，随着社会生活质量的不断提高，人们对于观赏高水平竞技比赛的需求明显增加，有力地促进了竞技体育的发展和竞技水平的提高。但同时，我们也应注意，比赛次数的增加，带来现代运动训练和竞赛强度的明显提高，而运动员机体却不能承受过量的比赛。在全力以赴的比赛后，运动员必须调整休息，使他们在精力高度集中、机体潜力被充分动员之后，在生理上和心理上得到必要的恢复。因此，比赛次数绝不是越多越好，而应根据每名运动员的具体情况，确定适宜的数量。对于一些综合性的运动项目，首先是田径和游泳，运动员不仅要参加主项的比赛，而且应适当安排副项的比赛。这样做，不仅对少年运动员，而且对优秀运动员都是必要的。

2. 比赛的分类及安排

按主要目的可将比赛分为竞技性比赛、训练性比赛、检查性比赛和适应性比赛四种基本类型（表 4-2）。

表 4-2 比赛的分类及其训练学特征

类别	主要任务	安排
竞技性比赛	创造理想的成绩，实现训练目标	每个大周期 1～2 次主要比赛
训练性比赛	在比赛条件下，培养和发展运动员专项所需要的某种能力或综合能力	多用于准备时期后期比赛及比赛时期前期
检查性比赛	检查技术掌握的熟练程度与稳定性水平、专项素质发展情况、阵容安排的适宜度、战术设计的价值和配合的熟练程度	多用于重大比赛前
适应性比赛	提高运动员对重要比赛的场地、气候、对手、观众及裁判等各方面条件的适应能力	多用于重大比赛前

（1）竞技性比赛

这是全年训练最重要的比赛活动，一般全年以 24 次为宜。在一个训练的大周期内，安排主要比赛最多两次，时间相对集中为好，以便于合理设计训练计划，使运动员在预定的一段时间内处于理想的竞技状态，能连续参加一系列比赛，创造优异成绩。

（2）训练性比赛

有经验的教练员常常将某些比赛作为一种基本手段进行实战训练，以便在比赛条件下培养运动员专项所需的综合能力或提高训练强度，这些比赛通常称为训练性比赛。训练性比赛在准备时期就可适当安排。随着训练阶段的推移和训练强度逐步提高，训练性比赛的次数可以增加。比赛前期有些比赛也具有训练比赛的性质。

（3）检查性比赛

此类比赛的目的是检查运动员竞技能力的发展水平。如为了检查运动技术掌握的熟练程度和稳定水平，艺术体操选手在掌握了全套动作之后进行检查性测验；为了检查特定运动素质的发展情况，可安排 1500 米跑运动员在冬训第一阶段后参加 10 公里越野跑比赛，检查一般耐力的发展情况；为了检查阵容安排的适宜度，可安排集体球队在进行调整、组织新的阵容之后，在一些特定的比赛中，对阵容组成的各种方案进行评定和比较，以选择确定最佳主力阵容，并对各种情况下的后备阵容进行演练，检查战术设计的应用价值和战术配合的熟练程度。

（4）适应性比赛

为了能使运动员对重大比赛做好准备，常在主要的比赛之前安排一系列适应性比赛，亦称热身赛。通过这些比赛，提高运动员对未来参赛的场地、气候、对手、观众及裁判等各方面条件的适应能力。例如，在第 23 届世界杯足球赛之前，联邦德国队为了适应比赛地点——墨西哥的高原地理条件，提前去墨西哥进行适应性训练和适应性比赛；巴西队组成后，为了摸清主要对手欧洲诸强的特点，特地远征欧洲，进行适应性比赛；意大利队为了适应分在同一组的韩国队的打法，特地邀请与韩国队打法相似的中国队赴意访问比赛等等。适应性比赛安排的时间不应与主要比赛相隔过远，而且应连续进行，以求获得理想的适应效果。

3. 比赛阶段的划分

计划参加的全部比赛，不应该平均分布在整个比赛时期中，而应该在一个比赛时期中安排 2～3 个比赛阶段。每个阶段的持续时间以 3～6 周为限，各个比赛阶段之间应有一定的时间间隔。分阶段集中比赛的优点，可以概括为以下几个方面。

（1）能为运动员提供更多的比赛机会；

（2）在每一个阶段中，可使运动员持续发展自己的竞技状态，逐步引导至最佳状态；

（3）运动员可利用比赛阶段之间的间隔，组织实施必要的赛间训练。

近年来，国际体育组织纷纷举办系列大奖赛，大奖赛的日程安排同样考虑到这一特点而分成几个阶段组织实施。不同项群的奥运会冠军或项目世界排名第一的运动员（队）年度参赛日程分布也充分说明了这一点。

分析上述各项群运动员年度竞赛日程分布可知，体能主导类项群运动员竞赛日程主要分布在2～3个竞赛期内，第一竞赛期为室内竞赛期，运动员参赛次数较少，年度比赛主要集中在第二或第三个竞赛期即室外竞赛期；年度第一竞赛期与上年度最后一个竞赛期有较长的时间间隔；年度内竞赛期之间的时间间隔，速度性项群最短，其次是力量性项群，耐力性项群最长。竞赛期内每次比赛平均赛间间隔时间同样是速度性项群最短，力量性项群次之，耐力性项群最长。

这些现象提示我们，体能主导类各项群第一大周期的准备期时间较长，第一竞赛期持续时间较短。第二大周期速度性项群的准备期较短，竞赛期较长，竞赛期内比赛频度较高；其次是力量性项群；耐力性项群的准备期最长，竞赛期最短，竞赛期比赛频度最低。

技能主导类表现难美性项群与技心能主导类表现准确性项群，年度第一次竞赛与上一年度最后一次比赛间隔时间较长。年度竞赛日程虽然分布在较多的竞赛期内，但是各竞赛期持续时间较短，每个竞赛期内仅有一至几次比赛。每两个竞赛期、每两次比赛间隔时间较长，比赛频数很小。这些现象提示我们，难美性与准确性项群，年度周期采用多周期的模式是可能的。原因在于其每一大周期中竞赛期持续时间较短，有时仅有一次比赛，因此，其准备期可适当缩短，这类项群一个完整大周期的时间较体能主导类项群短。应该注意的是，这类项群第一大周期应有一个较长的准备期。

技战能主导类格斗对抗性项群与难美及准确性项群在年度竞赛日程的分布上有相似之处，所不同的是，格斗对抗性项群运动员年度参赛次数更少，竞赛期或比赛间的间隔时间更长，更适合采用准备期长、竞赛期短的年度单周期或双周期模式。

技战能主导类集体对抗性项群在所有项群中，竞赛期是最长的，竞赛期内运动员（队）的比赛频度也是最高的，年度第一次竞赛与上年度竞赛期之间有一个较长的时间间隔，但是，这一间隔的持续时间短于年度竞赛期。这说明，集体对抗性项群的年度周期模式可采用单周期模式，且准备期时间短于竞赛期，竞赛期内由于比赛频繁，宜采用2～7天的小周期安排。

技战能主导类个人隔网对抗性项群中，世界职业网球运动员全年度都处于频繁的比赛中，每两次比赛间隔很短，上年度最后一次比赛与本年度最初比赛的时间间隔很短，不过20～30天。因此，其竞赛日程的分布使得他们适合采用年度中小周期的安排模式。但是，中国羽毛球队仍然采用年度双大周期和多个大周期的年度分期模式，并且取得了很好的效果。

4. 优秀选手比赛次数的控制

必要数量的比赛，是运动员充分表现其竞技水平、创造优异成绩必不可少的重要条件，但过多的比赛也会导致运动员心理上和生理上过于疲劳。优秀选手在安排比赛时应注意有所选择、有所取舍，既保证必要的比赛次数，更要确保在重大比赛中处于最佳的竞技状态。

各项群运动员年度参赛次数虽然各不相同，但是，适宜的参赛次数能保证运动员在比赛中，特别是重大比赛中创造出最佳运动成绩这一点却是相同的。如体能主导类项群运动员在重大比赛年度参赛次数明显少于平常年度的参赛次数。这里有一点需要明确，体能主导类项目运动员年度参赛次数不是越少越好，因为优秀运动员在世界大赛前都要参加一定次数的热身比赛，才能保证在其后的重大比赛中展现最佳竞技状态。集体与个人隔网对抗性项群的运动员年度参赛次数要比体能主导类和难美性及准确性项群运动员多很多，且在竞赛期比赛频繁，特别是集体对抗性球类项目运动队参赛次数最多，而且也最频繁。年度参赛安排可参考如下建议。

（1）年度最重要比赛一般只有一次，所有其他的参赛安排都应围绕这一最重要比赛进行；

（2）年度参赛安排的顺序从参赛强度和困难程度而言，应尽可能是逐渐递增的，以便于运动员循序渐进地在年度最重要的比赛中形成最佳的竞技状态，创造最佳的运动成绩；

（3）过多的参赛次数将会影响到训练与比赛安排的平衡与协调，这样势必会导致运动员的体能水平及心理能力水平的下降。

因此，在年度训练计划的设计过程中，一定要将比赛安排作为训练计划的一部分去整体考虑，应将所有比赛按重要程度及其性质的不同纳入训练计划的考虑之中。只有整体考虑，才能合理分期，才能有效地调整，使运动员在重大比赛中形成和保持理想的竞技状态。

（二）年度训练计划的结构类型及安排特点

1. 年度训练计划的类型

训练大周期是构成年度训练过程的基本单元。训练大周期是以参加重要比赛获得满意成绩为目标，以运动员竞技状态发展过程的阶段性特征为主要依据而确定和划分的。运动员的竞技状态在一个训练大周期内经历着发展与提高、良好状态保持以及下降调节三个阶段，是运动员体能、技能、心理、战术能力与知识能力等多方面竞技子能力的有机组合。

运动员竞技状态发展过程具有时相性的特点，竞技状态的提高、保持和下降的规律性是安排训练大周期的基础。与运动员竞技状态的提高、保持和下降三个阶段相对应，分别组织准备时期（或称训练期）、比赛时期（或称竞赛期）和恢复时期（或称过渡期）的训练，并把这一循环称之为一个训练的大周期。

年度训练周期中所包含的大周期数量的多少，是反映年度训练周期结构特征的主要内容。通常有单周期（包括单周期双高峰）、双周期和多周期等不同类型。不同的年度训练计划结构类型有着不同的总体规划、不同的比赛系列和不同的训练安排，分别适用于不同训练水平和不同专项的运动员。

2. 不同类型年度训练计划的安排特点

（1）年度单周期

全年训练按一个完整的大周期组织实施，称为年度单周期安排。采用全年单周期安排主要适用于具有以下特点的运动项目。

①需要长达 4~6 个月的时间才能做好充分准备或取得显著训练效应的项目。如马拉松跑、十项全能和现代五项等。

②受气候条件的限制，每年只能在集中的几个月份内参加比赛的项目。如越野滑雪、跳台滑雪及速度滑冰等室外冬季项目。

在年度单周期训练计划中，全年只有一个比赛阶段，运动员只为一次或一组重大比赛做好准备，只实现一次竞技状态高峰。

（2）年度双周期

全年训练按两个完整的大周期组织实施，称为双周期安排，它包括两个准备时期、两个比赛时期和一或两个恢复时期。在现代运动训练中，双周期安排是一种常用的年度训练安排模式。许多项目的运动员可用两三个月的时间做准备，使总体竞技能力或竞技能力的某一个方面（某一特定的素质、技术或战术）发生明显的改变；并在一个半月至两个月的时间内，参加一系列的比赛，把所获得的竞技能力集中到专项需要的方向上去，逐步从心理、生理、技能、体能等方面培养最佳的竞技状态，在适宜的主客观条件下，把已具有的竞技能力充分地表现出来；再加上半个月至一个月的恢复时期，总共需 5～7 个月的时间完成一个大周期的训练过程。因此，一年便可安排两个训练大周期。

双周期实际上是由两个连接在一起的短一些的单周期组成，中间有一个不长的减量和准备阶段。两个单周期的安排方式可以是一样的，但较长的第一个准备期的训练量要大大多于第二个准备期。此外，第一竞赛期所形成的竞技状态水平可以稍低一些，而在第二竞赛期，竞技状态水平达到了全年的最高峰值。

3. 年度多周期

按 3 个以上大周期组织全年训练的过程，称为多周期训练安排。实施多周期安排的基本条件是，运动员能在 3～4 个月的时间内，有效地提高或保持竞技能力水平，并在比赛中充分地表现出来，把提高或保持的竞技能力转化为运动成绩。这就要求有更为科学的训练方法、更为有效的恢复手段以及更为理想的比赛条件，否则就会如同农作物的培植，在条件不足的情况下片面追求多季种植，使总产量反而低于单季或双季种植一样，得不到理想的总体效应。

年度采用三周期训练计划模式，应当有计划地力求全年最重要的比赛出现在最后一个周期。在全年三个准备期中，第一个准备期持续时间应当最长。因为，在这一阶段所打下的体能基础将一直影响到以后的两个周期。而且，在第一个准备期，训练的负荷量可以达到最高，与后两个准备期相比，第一准备期中负荷量的增加显得尤其重要。

年度三周期训练计划中，每个训练周期的训练强度曲线与年度单周期训练计划中的强度曲线相似。三次比赛前的每次减量阶段中，量和强度曲线都稍有下降。与全年最重要的比赛相对应，教练员应当将竞技状态的最高峰安排在与当年最重大比赛相对应的第三个周期中。

4. 年度训练计划周期类型的选择

在年度训练过程中，不同训练水平、不同项目的运动员应根据实际情况选择适宜的年度训练计划周期类型。

（1）不同训练水平的运动员年度训练计划周期类型的选择

①对于初学者和青少年运动员而言，选择年度单周期的训练计划模式是较为适宜的。因为，年度单周期模式中，较长的准备期能够允许教练员和运动员有足够的时间集中精力对运动员的技能和体能进行训练，从而为其成长打下坚实的体能和技能基础。

②对于处于竞技提高阶段的运动员而言，可以适当选择双周期作为年度训练计划模式，但是，在实际安排过程中，应尽量使第一个准备期有足够长的持续时间，使运动员能够有充足的时间进行专项基础训练。

③对于处于最佳竞技阶段和高水平保持阶段的运动员来说，可选择年度三周期和多周期的训练计划模式。因为他们已经具备了坚实的专项基础能力和丰富的比赛经验，这些足以使他们

在全年训练和比赛中，多次表现出良好的竞技状态。

（2）不同项群的运动员年度训练计划周期类型的选择

①技能主导类表现难美性项群、技心能主导类表现准确性项群、技战能主导类格斗对抗性项群、技战能主导类个人隔网对抗性项群运动员年度训练安排中可采用双周期或多周期模式。

②技战能主导类集体对抗性项群年度训练安排多以单周期模式为主体，同时可根据不同的参赛任务及组队需要，相应安排附加地微缩大周期或中周期。

③体能主导类各项群年度训练安排中，依不同的参赛目的，可采用单或双周期模式，亦可采用多周期模式。采用单或双周期模式的训练安排，通常有助于运动员在年度最主要的比赛中创造理想的运动成绩；采用多周期模式的训练安排，通常有助于运动员在多次比赛中有良好的竞技表现。

二、大周期训练计划的基本构成

（一）训练大周期的确定

训练大周期是以成功地参加1～2次（组）重大比赛为目标而设计的。其时间的确定通常采用体现目标控制思想的"倒数时"充填式方法，以主要比赛日期为标定点，向回程方向依次确定主要比赛阶段和比赛时期，以及完整的训练周期。这里，我们以总计14～32周的常规大周期为例，简述确定训练大周期日程的工作步骤。

1. 确定主要比赛日期

这是由竞赛日程确定的。重大国际比赛如奥运会常常在比赛前一年就确定了竞赛日程，以便于运动员有计划地组织训练过程。

2. 确定主要比赛阶段

围绕着主要比赛日确定主要比赛阶段。在常规大周期中，主要比赛阶段持续4～6周，在主要比赛日后约一周结束。将主要比赛日安排在主要比赛阶段的结尾是不正确的，这是因为训练控制稍有不慎，极易出现参加主要比赛时，运动员的最佳竞技状态已然过去的现象。

3. 确定比赛时期

在主要比赛阶段前加上一个历时4～6周的热身比赛阶段，两个阶段合起来就组成了比赛时期，总时间为8～12周，其间要注意安排必要的热身赛。

4. 确定整个训练大周期

在比赛时期前面加上6～12周的准备时期，后面加2～4周恢复时期，即构成了一个总时间为14～32周亦即3.5～7.5个月的训练大周期。

（二）大周期训练计划要点

尽管不同项目的运动员在不同训练阶段的训练计划有着鲜明的个体特点，但从训练计划的总体上看，又都具有许多共同的基本特征。这里，我们以双周期训练安排中的一个半年训练大周期为例，概括地归纳了一个完整大周期中的时期和阶段的划分、各阶段的主要任务、比赛及负荷的总体规划、采用的方法与手段、恢复及检查评定的要点等基本内容和要求（表4-3）。

表 4-3 各时期阶段的训练学特征

时期	准备期		比赛期		恢复期
阶段	一般准备	专门准备	赛前准备	集中比赛	
时间	3 个月		2～2.5 个月		0.5～1 个月
	1.5～2 个月	1～1.5 个月			
任务	增进健康，发展素质，学习或改进基本技术，掌握新战术，增强意志品质		发展专门素质，熟练完善技术，提高战术技巧，发展稳定的竞技状态、创造好成绩		积极恢复，消除生理和心理疲劳；总结经验，制订新计划
	提高一般训练水平，改进技术环节，提高个人战术能力	提高专项技术水平，逐步过渡到完整技术，改进多人或全队战术配合	发展专项素质，发展竞技状态，参加热身比赛	保持最高竞技状态，参加重要比赛，创造优异成绩	
比赛	没有或少	少	中	多	
负荷 量	中→最大或大→中→中或小→小或中				
负荷 强度	小→小或中→中或大→大或最大→最小				
方法 发展素质	以持续法、间歇法为主	以间歇法、重复法为主	以重复法、间歇法为主	以比赛法、重复法为主	以游戏法、持续法、变换法为主
方法 改进技术	以分解法为主	分解法完整法	以完整法为主	以完整法为主	—
手段	在进行专项训练的同时辅以多种多样的一般练习	以专项身体练习为主，练习手段相对集中	以专项形式相近的练习为主，仍保持一定专项身体练习	比赛，一般性积极恢复性训练	改变环境及练习形式，增加一般身体练习比重
恢复	注意负荷节奏，各种积极的、自然的恢复措施		注重复合节奏，采用各种积极的、自然的恢复措施		减少负荷，变换形式、地点与组合
检查评定	负荷及机体适应情况		负荷及机体适应情况、技战术水平		心理、生理恢复状况

1. 准备时期的训练计划

（1）训练任务和时间

与运动员竞技状态发展过程的第一阶段相对应，准备时期训练的基本任务就是要提升运动员的竞技能力水平，并逐渐提高运动员的竞技状态。

运动员的竞技能力水平能否获得有意义的提高，是准备时期训练成功与否的第一个衡量标准。通过有计划的训练，可以对运动员的技能、体能、战术能力、心理能力和知识能力的发展产生良好的影响。

由于运动员专项竞技能力的结构表现出层次性的特点，它的发展和提高必须由低到高、由一般到专项、由局部到整体逐步实现。因此，在准备时期，运动员应着重发展基础性的能力水平，以便为比赛时期创造优异成绩提供良好条件。

在体能方面，要努力增进健康水平，发展运动素质，并有效地发展身体主要生理系统的功能。如耐力性项目，在准备时期主要改善心血管系统和呼吸系统的功能，发展一般耐力和长翼项耐力。

在技能方面，单一动作结构项目的运动员，应力求改进基本技术，特别是重要的技术环节，如跳高运动员改变助跑距离、射箭运动员缩短撒放时间等。同时，也有充分的时间允许运动员打破旧的动力定型，去改进某些技术细节，如中长跑选手纠正八字脚、跨栏运动员过栏架时控制臂不过分横摆等。多元动作结构项目的运动员，在准备时期应在进一步熟练和完善基本技术的基础上力求发展新的技术，其中，体操、艺术体操、跳水和技巧等表现难美性的项目对技术创新的要求更高。因此，这些项目的教练员和运动员，在准备时期的开始常常把主要精力放在技术动作的创新上。对于格斗对抗性和隔网对抗性项目来说，技术的改进、新技术的掌握和熟练，都对比赛的胜负起着重要作用。因此，这些项目的运动员通常在准备时期非常重视发展新技术，如乒乓球的发球技术等。同场对抗性的集体球队，在准备时期的技能和战术能力的训练中，首先要着眼于熟练掌握新战术配合所需要的技术基础，然后由个人技术训练逐步过渡到二三人的配合战术训练，再逐步过渡到全队的整体战术训练。

准备时期的时间，在一个大周期中通常是最长的。为了更好地组织训练过程，人们一般把准备时期进一步划分为两个或更多的训练阶段。在单周期训练安排中，由于准备期长达五六个月，这一划分就更有必要。而在这个过程中，训练的专项化、整体化程度逐渐提高，越接近准备时期的结束，训练的专项化程度越高，训练的整体性也就越强。

准备时期训练的第二个任务，是逐渐发展和提高运动员的竞技状态。至准备时期结束时，运动员应已具备较好的竞技状态，主要表现在准备时期前期所提高的基础竞技能力开始向专项需要的方向转化和集中。此时运动员可参加少量比赛，以促进竞技状态的进一步发展。

一般来说，为了实现上述两项任务，准备时期的时间不应少于 1.5～2 个月。全年单周期的准备时期可长达 5～6 个月。双周期安排中，每个训练大周期的准备时期不同。在我国通常第一个大周期，即冬春大周期的准备期较长，可达 4～5 个月，第二个大周期，即夏秋大周期的准备期常常只有一个半月左右。

过长的准备时期，会加大运动员的心理负荷。经过长时间单调、枯燥的训练而见不到训练的成效，会减低运动员训练的兴趣；运动员在训练中所获得的基础竞技能力又不能及时转化为专项竞技能力，影响获得更高的"训练效益"。但如果准备时期的时间过短，训练负荷给予运动员有机体的刺激不足以引起有效的变化，进入比赛时期后，即使能在适宜的比赛条件下充分表现出已经具有的竞技能力，也只是保持原有的水平而已。

（2）训练方法、手段和负荷特点

准备时期的运动素质训练，以持续训练法和间歇训练法为主，这两种训练方法的特点是负荷量较大，强度相对较小。这对于重点发展耐力类运动素质、重点发展有氧代谢的能力是特别有益的（表 4-4）。

表 4-4　发展素质不同方法的基本负荷特征

方法		持续训练法	间歇训练法		重复训练法
			小强度	大强度	
描述		负荷逐渐增加然后	负荷呈波浪型增加		负荷呈波浪型稳定
负荷	量	大	中大	中小	小
	强度	中	中小	中大	大
	间歇	无	不充分休息		相对充分休息
主要发展素质		一般耐力 力量耐力	一般耐力 力量耐力	一般耐力 力量耐力 专项耐力 速度耐力	最大力量 快速力量 速度耐力 最大速度

准备时期的技战术训练，均以分解法为主。由于拥有较充裕的时间，在破坏了旧的技术动力定型之后，还有时间重新建立起新的技术动力定型。因此，教练员应允许运动员对自己的技术动作进行较大的"改造"。运动员首先着力于改进或完善技术中主要存在问题的部分，然后在这一基础上逐步向完善技术过渡。

在战术训练中也是这样。为了掌握和发展新的战术配合，运动员要安排相应的时间进行个人技术训练，以便为配合战术训练做好准备。从战术活动的整体来看，这种预先进行的个人技术训练，也是一种分解练习。这种分解练习主要安排在准备时期进行。

应该注意的是，运动项目不同，运动员的竞技能力结构存在着一定的差异，相应的准备期的主要训练内容也有所区别，表 4-5 列举了体操、赛艇、游泳 100 米、游泳 800 米、集体项目运动员准备期不同训练阶段的训练内容。

表 4-5　不同项目运动员准备期训练内容

运动项目	主要训练的子竞技能力	一般准备期	专门准备期
体操	体能	一般和最大力量	专项力量和爆发力
	技能	基本技术动作	基本、半套及全套技术动作
赛艇	体能	有氧耐力、一般和最大力量	有氧耐力、力量耐力
游泳 100 米	体能	有氧耐力、一般和最大力量	无氧和有氧耐力、最大力量和爆发力
游泳 800 米	体能	有氧耐力、一般和最大力量	无氧和有氧耐力、力量耐力
集体项目	技能	基本技术	基本技术在比赛环境下的应用
	战术能力	个人和简单地集体战术	集体战术
	体能	有氧耐力、一般和最大力量	无氧耐力、爆发力

2. 比赛时期的训练计划

（1）训练任务和时间

比赛时期的训练任务包括发展运动员的专项竞技能力和使运动员在比赛中充分表现已有的

竞技能力水平两个方面。

在准备时期训练的基础上，进入比赛时期后运动员应努力发展专项的竞技能力。各项目的运动员此时此刻都应把对自己竞技能力影响最大、表现最集中的方面置于训练的首位，把最主要的精力用于发展这些能力上去。如中长跑运动员的专项耐力、手球队的集体战术配合、乒乓球运动员在实战中发挥技术特长的能力、体操运动员完整套路练习的一次成功率等。

比赛时期训练的第二个任务，也是最重要的任务，就是做好充分准备参加比赛，最大限度地发挥自己的已有水平，创造优异的运动成绩，达到全年预定的训练目标。

为了保证训练任务的完成，比赛时期的时间一般也不应短于一个半月。运动员要在准备时期训练的基础上进一步发展专项竞技能力，特别是要在比赛中创造优异的成绩，则必须经历一定数量的比赛，才有可能抓住主客观条件都处于适宜状态的机遇，充分发挥自己的竞技水平。而主客观条件的状态受着许许多多可控的、半可控的和不可控因素的影响，因此，即使运动员的训练状况十分理想，希望在一次比赛中就提高成绩或打破纪录，成功的概率一般也是不高的。

当然，为了准备重大比赛，特别是奥运会、世界锦标赛和世界杯这三大比赛，运动员比赛的成败有着重要的社会意义和深远的影响，因此，教练员和运动员都全力以赴，尽最大的努力取得比赛的成功。从计划的安排上要注意做到以下几点。

①安排好负荷的节奏，使运动员的体能变化在比赛时处于超量恢复阶段。

②技术、战术的掌握达到高度熟练和自动化，但又不因过多的专项技战术练习导致中枢神经系统对专项技术动作的超限抑制和重复泛化。

③通过适当的热身赛和其他适应性比赛，激发运动员强烈的竞赛欲望，而又不因过多的比赛引起运动员的厌烦，甚至对比赛的恐惧。

④采用各种措施（包括训练、社会、宣传等）激励运动员的进取动机，但又不能造成过高的激活状态。应使运动员保持适宜的兴奋水平，以求既能最大限度地动员机体的潜力，高水平地参加比赛，又能保持高度的自控能力，有效地排除内外消极因素的干扰。

（2）训练方法、手段和负荷特点

为了与准备时期训练方法的特点相联系，比赛时期训练发展体能主要采用重复法，发展技能主要采用完整法，并较多地采用比赛法，以便综合地发展与竞赛密切相关的体能、技能、战术能力、知识能力和心理能力。当然，与此同时，仍要根据需要适当地运用间歇训练法及分解训练法。

在比赛时期，运动员在连续参加了大量比赛的情况下，要特别注意组织好赛间训练。体能主导类运动项目赛间训练的主要任务，在于对运动员的竞技状态进行积极的调节，使运动员从上一组比赛或上一次比赛的疲劳状态下恢复过来，重新聚集力量，以理想的体能状态投入新的比赛。同时，对上一次或上一组比赛中所发现的问题进行分析，利用短暂的赛间间歇，力求在某些短时间内能有效改善的方面，获得新的训练效应。

比赛时期负荷强度大而负荷的量较小。负荷的变化主要表现在以下方面。

①对于可客观测量的体能主导类项群（田径、游泳、举重、速滑等），训练的速度、高度、距离、负重量增加，而重复次数、训练的时间则明显减少。

②将多种动作组成固定的套路去参加比赛，并力求获得较高评分的技能主导类表现性项群（体操、武术套路、跳水、花样游泳、艺术体操、技巧、蹦床等）的训练中，成套练习的比

例增加，而单个动作的练习数量则大大减少。

③以对手身体为攻击目标的一对一格斗性项群实战练习的比例增加，而无对手的个人练习的比例减少。

④在个人能力的基础上依靠密切配合而表现出来的集团竞技能力决定胜负的集体球类项目（篮球、排球、足球、冰球、曲棍球、手球）训练中，两三人的配合训练、全队配合训练和实战训练的比重增加，个人技术练习的比重减少。

⑤心理稳定性对比赛有重要影响的技能主导类表现准备性项群（射击、射箭等）训练中，实射的比例增加，对运动员造成巨大心理负荷的训练和比赛增多，而各种空枪预习、白靶射击则大大减少。

3. 恢复时期的训练计划

（1）训练任务和时间

运动员在几个月的紧张训练和比赛中，无论心理还是生理上都长期处于高度动员状态，而这种状态是不可能无休止地持续下去的。有机体的保护性机制会提出进行休整调节的强烈要求。训练大周期的恢复时期或称过渡时期，就是为满足这一要求而组织实施的训练阶段。

恢复手段可分为自然恢复和积极恢复两类。恢复时期所要求的不是单纯的休息或睡眠式的自然恢复，而是保持一定训练活动的积极恢复。通过负荷内容、量度、组织形式及训练环境的改变，达到从心理上和生理上消除疲劳的目的。

恢复时期的另一项重要任务是认真总结全年训练的经验与教训，并制定下一年度的训练计划。

恢复时期的时间与训练大周期的长短有着密切的联系。单周期训练安排中的恢复时期，应持续1～1.5个月。双周期训练安排的每一个周期的恢复时期，应持续2～3周。

（2）训练方法、手段和负荷特点

为了达到恢复的目的，在恢复时期宜多采用游戏法、变换法进行训练。这些练习能大大提高运动员的兴趣。运动员在新的环境以新的组织形式完成新的内容和练习，中枢神经系统会得到良好的调节，同时，又能保持一定的体能水平。

恢复时期训练负荷的突出特点是要降低练习强度，可以根据运动员的具体情况保持一定的训练量。为此，在训练中多采用持续训练法，如慢速越野跑、较长时间的球类运动、自行车远行及划船等。在多周期的训练安排中，大多数情况下，第二、第三个大周期更多的是准备参加比赛的一种专门的安排，田麦久将其命名为微缩大周期。常规大周期与微缩大周期是两种不同的训练大周期。前者通常需要不短于14周的时间，要求运动员分别提高不同的竞技能力，进而综合起来，表现为高度的专项竞技能力；而后者则主要安排于准备参加重大比赛的2～3个月的训练之中，在较短的时间内，运动员集中于恢复或提高综合的竞技表现能力（表4-6）。微缩大周期包含了构成一个训练大周期的基本要素，但各个阶段的训练都不够充分，在时间不足但又具备相应条件的时候，通过一个微缩大周期的训练，运动员可以在原有基础上做好参赛准备，在重要比赛中发挥自己的竞技水平。应该指出的是，此类参赛个别时候也可能会稍微提高运动员的水平，但却难以使运动员在这么短的时间内使体能明显地提高或技术上取得重要的实质性的改进。

表 4-6　两种训练大周期结构与特点的比较

	常规大周期	微缩大周期
周数	14～32	8～12
训练比赛任务	注意提高各类竞技能力 提高综合的竞技能力 比赛中充分表现竞技能力	重点提高个别竞技能力 恢复/提高综合竞技能力 参赛表现竞技能力
训练内容	一般→专项	一般→专项
专项化程度	较高→高	
负荷量	大→中→小	中→小
负荷强度	中→小→大	中→大

　　训练安排中，若只采用常规大周期，常常与比赛不断增多的现实情况产生尖锐的矛盾；而若只采用微缩大周期，又会阻碍运动员的竞技能力得到实质性的提高。因此，正确的做法是将两种大周期有机地结合起来，根据重要比赛的时间，安排好常规大周期与微缩大周期的合理搭配。

　　这里提供了四种常规大周期和微缩大周期合理结合在一起的组合方案，供教练员制定训练计划时选用（表 4-7）如所示。

表 4-7　两种大周期的多种组合方案

方案	常规大周期		微缩大周期		总周数
	N	周数	N	周数	
A（1+2）	1	16～24	2	12，12	40～48
B（1+3）	1	16～20	3	10，10，10	46～50
C（2+1）	2	16～20，16～20	1	10	44～50
D（2+2）	2	16，16	2	10，10	52

三、赛前中短期集训的训练安排

　　赛前中短期集训包含着不同层次和不同水平的训练活动。国家级优秀选手参加世界大赛前，要组织集训；小学生代表队参加地区比赛，也要组织集训。但它们的特点不同，时间长短不一，水平高低不一，具体情况各异。因此，作为一名集训队教练员，既要掌握中短期集训的一般要点，又要根据集训队员的具体情况区别对待。

（一）中短期阶段集训计划的结构及负荷特点

　　在大多数情况下，可将中短期阶段集训看作是若干个周训练的组合。这些周训练过程，既有各自明显的特点，又存在相似之处，共同组成一个统一的阶段训练过程。各周训练负荷的组合有许多不同的形式，这里我们以持续 6 周的阶段训练计划为例，分别列举几种不同的负荷结构。

　　a 型连续 6 周安排中等负荷，负荷的调节主要在各周内部安排。b 型首先逐周增加负荷至最大，然后再下降调节，这种安排会使运动员感到较深的疲劳，需要接着安排必要的调整和过渡。c、d 型周负荷的节奏比较明显，运动员的机体可及时获得必要的恢复，因而也为许多运动员所采用。

　　各周负荷的内部结构，即负荷的量与强度变化的特点，则需视阶段训练计划的主要任务而定。在中短期阶段集训中，如果时间许可，常常为完成某一特定的训练任务，制定连续几周的专门训练计划。如加量的阶段训练计划、加强度的阶段训练计划、发展最大力量的阶段训练计划和连续比赛的阶段训练计划等。

　　不同的训练任务对负荷量和强度的变化有着不同的要求，不同类型阶段训练计划负荷变化的特点。在加量的阶段训练计划中，负荷量呈阶梯形上升，而负荷强度基本上保持不变，或略有起伏。在加强度的阶段训练计划中，负荷强度呈阶梯形上升，同时负荷量相应地呈阶梯形下降。在连续比赛的阶段训练计划中，每个周末比赛日负荷的强度都是最高的，负荷量只是根据比赛的需要而定。在一周中的其他训练日，也就是赛间训练日，则应减低负荷强度，保持必要的负荷量，这样既能使运动员的神经—肌肉系统得到休整，又能很好地保持连续比赛所需要的体能。

　　中小学及少年儿童运动员参加区市运动会或加入市队参加更高一级的比赛之前，常常要组织一个月左右的集训。在根据运动员起始状态和所拟定的目标制定这种短期集训计划时，一项重要的工作就是要安排好一个月中 4～5 周之间的合理结构，确定各周训练的主要任务。

（二）赛前中短期集训中的区别对待

　　在赛前的中短期集训中，由于临时性集训的运动员往往来自不同的训练单位，情况各异，因而在制定计划及实施过程中，都应特别注意贯彻区别对待的原则。

1. 对不同类型集训队员的区别对待

　　对在集训前一直坚持系统训练的运动员，中短期集训应被看作是系统全年训练的一个组成部分。他们在集训期间的训练计划应力求保持与原年度训练计划的一致性和连续性。对于集训教练员本人一直指导的运动员来说，这一点是不难做到的。而个人项目集训教练员在为临时由自己指导的集训队员制定计划时，则首先应认真研究运动员原有的训练计划，听取原任教练员的设想和意见，在一般情况下，特别是当集训时间很短时，应尽可能继续执行原定训练计划。当然，如果发现原定计划存在明显的不足，作为集训队教练员，为了更好地完成集训任务，在科学地分析了运动员具体情况的基础上，亦应果断修改原有计划，甚至完全重新制定。

　　在青少年集训队中，有时会碰到一些没有经过系统训练的运动员被选了进来。这是由于他们自身具有从事某一项目竞赛的较好的先天条件，年龄的增长使其遗传效应在特定的时间里集中地表现了出来。而且，他们常常在心理上善于自我激励，在需要的时候能够充分地、甚至"超限"地动员和发挥自己的能力。因此，有时他们会出人意料地在比赛中超过某些系统训练的同伴而取胜。但是，他们在比赛结束之后，机体的反应大都十分强烈，头晕、恶心，或肌肉明显酸痛，这又表明他们承受训练负荷的能力很差。因此，在组织他们参加赛前短期集训时，绝不能认为只要让他们多练就一定会使他们提高得更快。那样做的结果，十个中有九个这样的新手会被练得疲惫不堪，以致在集训后参加比赛的成绩反而不如集训前偶尔比赛一次的成绩好。因此，在为这种类型的运动员安排中短期集训计划时，应充分考虑上述特点，以中等程度的运动负荷为主。只有在能够保证有足够的时间得到必要恢复的条件下，才可以安排带有强化性质的训练负荷。

在中短期临时集训的队伍中，有时也会遇到一些长期间断训练的老运动员。他们曾亲身经历过艰苦的训练和激烈的竞赛，在退出竞技舞台之后，由于某种机遇或需要，又来参加集训和比赛。经过长时间的间断，这些老运动员的体能大多有明显的下降。一方面在竞技环境中，从他们的中枢神经系统仍然可以发出高强度的神经冲动；但另一方面，他们的肌肉、韧带等运动装置却难以承受这样大强度的刺激，因而在训练和比赛中经常会出现韧带或肌肉拉伤的现象。在这种情况下，对这样的老运动员应以适应性及诱导性的训练为主。注意负荷安排的循序渐进，使其机体首先是运动器官尽快地适应一定强度的刺激。采用诱导性的练习则能够"唤醒"运动员机体中由于过去通过系统训练和比赛所培养起来的潜能和高度的协调，又可以较好地避免运动创伤的发生，使运动员得以顺利地参加集训和比赛。

2. 对不同项目集训队员的区别对待

中短期集训时间有限，因此，教练员应抓住短期内较有把握收到成效，且对比赛成绩有较大影响的方面集中加以训练。这样，不同运动项目的中短期集训自然就有着不同的重点。

对体能主导类竞技项目如田径、游泳和举重等来说，中短期集训首先要注意训练负荷节奏的安排，以保证运动员的体能在比赛时处于最佳的状态。在强化训练之后要注意调整与恢复，在连续的热身赛之间要注意保持一定的赛间训练，而且应根据比赛的需要，在赛前一定时间内达到较高的专项强度。在技术训练方面，则应抓好主要技术环节的熟练与完善；而对于改进技术动作，则应采取慎重态度，只有那些在短期内能够有效地予以改进的技术部分，才可安排在赛前的中短期集训中进行。应避免出现破坏了运动员旧的动力定型，又来不及建立和巩固新的动力定型，反而造成运动员技术概念混乱、动作不稳定的不良结果。

对于要求在比赛中高质量地演示固定组合的技能主导类表现性的运动项目，如体操、跳水及花样滑冰等，在赛前的中短期集训中应着重熟练成套动作，提高成套练习的成功率，而不宜再去过多地抠个别技术细节。一般来说，也不要临时改变成套的组合。

对于在比赛中要求以不断变化的技术组合去战胜对手的个人对抗性项目来说，在赛前的中短期集训中，应重点抓好技术绝招的训练，以及通过各种配对练习提高实战能力。

对于集体对抗性项目，教练员则应在此时主要抓好集体的协调配合，力求用集体的综合实力来提高全队的集团战斗力，并通过集体配合去弥补单个选手在某些方面的不足，努力创造大于各单个队员个人竞技能力的简单算术和集体竞技能力。根据来自不同的原训练单位的各个队员的特点，选择、掌握和熟练一些简易而又实用的战术组合，这往往是此类项目中短期集训取得成功的重要途径之一。

第三节 多年训练计划的制定

一、运动员多年训练过程的结构

(一) 多年训练过程的层次设定与阶段划分

优秀运动员的培养工作是一项长期的系统工程。通过科学设计、组织有序的竞技运动训练活动，能够实现运动员竞技能力状态的定向转移。为了保证运动员竞技能力的持续发展，多年训练的全过程应是连续进行的，中间没有明确的时间节点。与此同时，运动员竞技能力发展的全过程又具有阶段性的特点。在运动训练过程中，紧密相连的各个训练阶段所要实现的最终目标是一致的，但由于阶段性的训练目标和训练任务不同，所选择的训练内容、训练负荷、训练方法等总是有着不同程度的差异。因此，为了实现运动训练的发展目标，组织者必须对多年训练过程进行系统规划，既重视各个阶段训练的特点，又要保证训练过程中各个阶段的训练之间的衔接，从而最大限度地保持运动员竞技能力发展的持续性。而在制订多年训练计划时，必须正确认识运动训练过程的基本组织结构，正确认识运动训练过程的组织特性，进而对运动员的竞技发展过程进行科学的阶段划分与目标设定。

1. 多年训练过程的阶段划分

运动员从开始参加运动训练到停止竞技训练活动的完整过程，是一个目标统一、联系紧密的完整组织体系，在发展过程中也具有不同时期的组织特点。从时间跨度的角度来讲，持续两年以上的训练即称之为多年训练。而运动员的多年训练又可以分为两个层次，也就是全程性的多年训练和区间性的多年训练。全程性多年训练过程是指运动员从开始参加竞技训练、经过系统的训练培养达到个人的竞技高峰、直到最终退役的整个历程；而区间性多年训练过程则是指全程性多年训练过程中具有特定任务的、阶段性的多年训练过程，一般持续 2~6 年的时间（表 4-8）。

表 4-8　多年训练过程的两个层次及基本任务

层次	时间跨度（年）	基本任务
全程性多年训练	10~20	系统培养高水平运动员
区间性多年训练	2~6	完成阶段性训练任务或准备并参加一轮大赛

由于运动训练过程具有连续性与阶段性的特点，对于长达十几年的训练过程进行合理的阶段划分，是一项非常重要的工作。多年来，运动训练工作者从一般训练、项群训练和专项训练三个层面对运动员多年训练过程进行了分析，做出的训练阶段划分虽然有所差别，但是对于运动训练过程阶段性特点的认识是基本一致的，都体现了"早期启蒙—打好基础—全面提高—实现最佳—保持水平—终止生涯"的基本组织构架。田麦久总结前人研究成果，在充分考虑不同项目竞技特点的基础上，系统地提出了以最佳竞技阶段为核心的、运动训练全过程的四阶段组织模式（表 4-9）。

表 4-9　全程性多年训练过程的阶段划分

训练阶段	主要任务	年限（年）
基础训练阶段	发展多种运动能力	3~5
专项提高阶段	提高专项竞技能力	4~6
最佳竞技阶段	创造最佳优异成绩	4~8
高水平保持阶段	保持专项竞技水平	2~5

运动员的全程性多年训练过程通常包括基础训练阶段、专项提高阶段、最佳竞技阶段以及高水平保持阶段。各个阶段有着不同的训练目标和训练任务，进而对训练内容和运动负荷安排有着不同的要求。显而易见，对于以创造优异运动成绩为目标的运动训练活动来讲，最佳竞技

阶段是整个训练过程中的核心阶段。运动员在这个阶段中所表现出来的竞技水平，是对运动员多年训练成果的集中反映；基础训练阶段和专项提高阶段的训练安排和组织要求，都服从于最佳竞技阶段的训练任务，要为最佳竞技阶段的训练奠定能力基础，而高水平保持阶段则可视为运动员最佳竞技阶段的尽可能长的延续。

2. 阶段训练目标的系统设定

运动员竞技发展全过程的终极目标是创造优异的运动成绩，全部训练活动都是围绕着运动员竞技能力的持续发展展开的。全程性多年训练过程的几个阶段围绕着这个核心目标分别承担着一定的训练任务，从基础训练阶段的全面发展、打好基础，到专项提高阶段的提高专项竞技能力，进而在最佳竞技阶段对竞技能力进行整合、达到最佳状态并获得优异的比赛成绩，乃至最后在高水平保持阶段延长竞技寿命直到最后退役（表4-10）。

表4-10　全程性多年训练过程的规划

训练阶段	主要任务	训练的重点内容及顺序		负荷特点
		体能主导类项目	技能主导类项目	
基础训练阶段	发展多种运动能力	1. 协调能力，基本运动能力 2. 多项基本技术 3. 一般心理品质 4. 基本运动素质		循序渐进 留有余地
专项提高阶段	提高专项竞技能力	1. 专项运动素质 2. 专项技战术 3. 专项心理品质 4. 训练理论知识	1. 转向技战术 2. 专项运动素质 3. 转向心理品质 4. 训练理论知识	逐年增加 逼近极限
最佳竞技阶段	创造专项优异成绩			在高水平 区间起伏
高水平保持阶段	努力保持专项竞技水平	1. 心理稳定性 2. 转向技、战术 3. 转向心理品质 4. 训练理论知识	1. 心理稳定性 2. 专项运动素质 3. 专项技、战术 4. 训练理论知识	保持强度 明显减量

在运动员的多年训练过程中，相邻的两个训练阶段总是密不可分的，前一阶段是后一阶段的发展基础，后一阶段则是前一阶段的发展延续。在系统设定的训练目标和任务体系的指引下，各个训练阶段通过训练内容、方法以及负荷安排等方面的有序安排实现彼此的协调，使得各个区间的多年训练过程共同构成了一个有效提高运动员竞技能力，获得并保持竞争优势的系统发展过程，实现各个训练阶段之间的统一与紧密衔接。

我国从1984年开始，陆续编写了游泳、田径、体操、举重、排球、乒乓球和羽毛球等项目的教学训练大纲，对各年龄组运动员的阶段任务、训练内容、负荷安排、考核方法及评价标准等进行了纲目性的说明，在实践应用中取得了良好的效果。在此基础上，结合竞技体育可持续发展的客观需要，2009年又编写了奥运项目的青少年教学训练大纲。结合各个专项的竞技特点以及我国青少年的生长发育特点，比较系统地规划了基础训练阶段运动员的训练过程。如《青少年男子体操教学训练大纲》将7～12岁的基础训练划分为7～8岁、9～10岁、11～12岁三个阶段，强调了专项基础动作的教学方法与组织步骤，设定了各个阶段的训练周数、次数、时数等，突出强调了各个年龄阶段训练安排的连贯性与整体性，为保证青少年运动员竞技能力的持续发展创造了有利条件。

在短距离场地自行车项目的比赛中，运动员的骑行速度无疑是决定运动成绩的关键因素。因此，在训练中提高运动员的专项速度能力，是提高专项运动成绩的关键，也是各个阶段主要的训练任务之一。

（二）多年训练过程的区间链接模式

1. 多年训练过程中的链接区间

在运动员历经十几年的全程性多年训练过程中，各个训练要素的变化是循序渐进、逐步演化的。各个区间性多年训练过程组成连续的整体，又都有特定的训练目标和训练任务，训练内容、方法等都有明显的阶段性特征。其中，在前一个训练阶段的后期，训练活动逐渐地开始具有后一阶段的训练特征并且越来越明显，直到在一定时间段后正式进入下一个训练阶段；而这一个过渡时期的训练，既是前一训练区间的终结，也是后一训练区间的开始。也就是说，这个时期的训练同时具有前后两个训练阶段的组织特点，并由此实现两个阶段训练之间的流畅转换。在此，我们把这个特定的训练阶段称之为"链接区间"。也就是说，运动训练过程中的"链接区间"，是指相邻两个区间性多年训练过程之间互相交叉重叠、兼具前后两个阶段特点的训练时期。它承载着实现训练目标转换、提高训练效率的任务，包括链接一区、链接二区和链接三区（表4-11）。

表4-11　运动员全程性多年训练过程中的链接区间表

转出阶段	转入阶段	链接段落
基础训练阶段	专项提高阶段	链接一区
专项提高阶段	最佳竞技阶段	链接二区
最佳竞技阶段	高水平保持阶段	链接三区

三个链接区间的训练，同时具有相邻两个阶段的训练特点，是相邻两个区间性多年训练过程之间有效沟通的桥梁和紧密联系的纽带；在给运动员施加训练刺激、发展竞技能力的基础上，链接区间的训练最关键的任务就在于实现训练的流畅转换，保持训练的连续性，提高训练的组织效益，这对于保证运动员全程训练的持续发展具有重要的意义。

2. 全程性多年训练过程的嵌套链接模式

在全程性多年训练过程中，相邻的两个区间性多年训练过程在训练特点方面具有明显的差异，在实现转换的过程中又体现出柔性的渐变特征。由于各个区间性多年训练阶段的竞技需要不同，持续的时间和组织特点各异，决定了相邻的训练阶段之间的系统发展关系具有一定的差异性，由此也就导致了两个训练阶段之间重叠的方式和表现形式有所不同。由此，四个区间性多年训练过程，通过三个链接区间紧密地联结成为一个相对均衡而又错落有致的、系统的整体，从而形成了一个两两交叉重叠的嵌套链接模式（图4-1）。

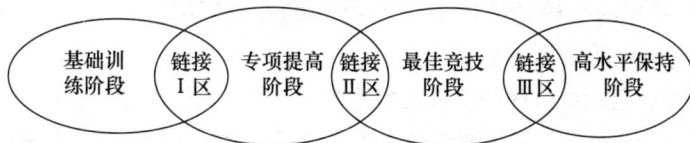

图4-1　全程性多年训练过程的嵌套链接模式图

在运动员的全程性多年训练过程中，保证训练系统性的关键，就在于全面规划各个阶段的训练目标和训练任务，并且组织好三个链接区间的训练，实现各个训练阶段之间的高效转换。因此，在对运动员的训练过程进行全程规划时，应该根据项目的竞技特征和运动员的发展特点，充分重视各个训练阶段之间的紧密联系，实现运动员竞技能力的持续、快速发展。

二、全程性多年训练计划的制订与实施

（一）制定多年训练计划的必要性

现代竞技运动水平不断提高，国际大赛的竞争也是日益激烈，对运动员提出了越来越高的要求。要培养顶级的优秀运动员，科学的多级选材与系统的多年训练是必经之路，而对运动员训练过程的科学控制则是根本保障。为此，需要对多年训练过程进行系统的规划与设计，科学制订多年训练计划，保证运动员的竞技能力得到持续的发展。

1. 运动员竞技能力发展长期性的要求

培养优秀运动员是一个长期而持续的过程。陈兵、田麦久等调查发现，我国不同类型项目奥运选手的培养期在 7.6～11.2 年。而构成运动员竞技能力的各个方面，无论是体能和技术，还是战术能力和心理能力，都需要经过长时间的专门训练才能得到明显的改善和提高。

运动员的体能水平，以人体各个系统的形态和机能为基础，表现为力量、速度、耐力、柔韧等各项运动素质，通过一个个细胞成分的改变和代谢能力的提高来实现发展，需要一个长期的过程。对这个训练过程需要系统地做出规划，在训练内容、方法、负荷安排等方面保持必要的连续性，才能保证体能水平的持续提高。

各个项目运动员发展技术能力的训练任务都是长期而艰巨的。在体操、蹦床、跳水、花样游泳、花样滑冰等项目的比赛中，运动员要完成各种类型的高难度技术动作。这就要求他们必须拥有高超的运动技巧，能够高质量地完成各种基本动作，并进一步发展和创造新的高难度技术动作。而只有通过千万次的重复练习，才能使技术动作达到自动化程度，在比赛中出色地完成动作，夺取优异的运动成绩。各种个人和集体球类项目，以及击剑和摔跤等格斗对抗性项目的运动员，要提高自己的技能，则需要在多年的训练过程中，熟练掌握各种基本技术动作，苦练扎实的基本功。只有这样，运动才能在比赛中瞬息万变的情况下，针对对手所采取的技、战术，灵活机动地做出反应，自动化地"编制"并创造性地发挥技能，出其不意地击败对手，夺取比赛的胜利。

随着竞技水平的提高，现代体育比赛的竞争日趋激烈，而艰苦的训练和激烈紧张的比赛更需要运动员具有良好的心理品质，良好的心理品质已经成为现代竞技体育比赛中优秀运动员取胜的关键要素。而优秀运动员所具备的高度发展的心理自控能力、自我激励能力和集中注意力的能力等，都需要在合理规划的多年训练过程中才能有效地得到发展。

土耳其举重"神童"苏莱曼马诺尔古曾经连续三次获得奥运会的冠军，可谓"少年成名"。但是，他获得奥运会冠军的时候，已经接受了 11 年的专门训练。

2. 运动员竞技能力发展阶段性的要求

在多年训练过程中，运动员机体的生长发育具有典型的时间性和序列性特征，构成运动员竞技能力的体能、技术、战术、心理、知识等要素都有特定的适宜发展年龄阶段。另外，各个要素之间的内部结构也具有明显的层次性，这也就决定了竞技能力的发展必然具有时间上的序列性。由此，竞技能

力状态转移所具有的阶段性特质，决定了运动训练过程的阶段性特征，也决定了运动员竞技能力状态转移的完整过程，必然是由若干个彼此相连的不同阶段组成的；各个阶段有着各自特定的核心训练任务、关键训练内容、训练负荷要求等，并在总体上实现协调发展，以保证训练过程的整体连续性。

以竞技体操为例，运动员要想在世界大赛中取得优异成绩，必须掌握高难度的成套技术动作，具备高水平的体能水平，并且具有稳定的心理素质。而在长达一、二十年的多年训练过程中，如何系统地安排各项能力要素的有序发展？如何促进运动员力量、速度、耐力等多项体能要素的提高？如何处理好基本技术学习与高难度技术创新的关系？如何控制训练负荷量与强度的发展趋势？这些组织训练的关键要点，都需要通过制订科学的多年训练计划来实现。

（二）全程性多年训练过程的年龄特征

运动员生理、心理机能发育的自然规律以及在训练负荷影响下生物适应状态发展变化的规律，决定了优秀运动员的多年训练过程具有明显的年龄特征。运动员开始参加训练的年龄、进入专项训练的年龄、保持最佳竞技水平的年龄以及竞技能力开始下降的年龄，都有特定的专项规律。在最适宜的年龄阶段，使运动员处于最佳竞技水平，创造出优异的运动成绩是运动训练的最终目标，也是决定整个运动训练过程年龄特征的主要依据。

多年来，由于项目特点以及运动训练理论与实践水平的不断提高，在部分运动项目中出现了优秀运动员年轻化和运动寿命延长化的趋向。其中，像竞技体操、蹦床、跳水等以表现复杂高难的技术以及高度美感为主要特点的表现难美性项目，突出表现了优秀运动员年轻化的趋向。而像射击、射箭等对运动员心理有更高要求的项目，以及田径、皮划艇等更加强调体能的项目，运动员一般在相对更高的年龄达到顶级水平。

（三）全程性多年训练计划的内容安排

在多年训练过程中，主要训练内容根据训练阶段的不同而表现出不同的特点。其中，基础训练阶段主要发展运动员的多种运动能力，训练内容首先是协调能力和基本技术；专项提高阶段和最佳竞技阶段，首先要发展决定专项竞技能力的首要因素，体能主导类项目主要是专项运动素质，技能主导类项目主要是专项技能；技战能主导类项目主要是专项技能与战术能力；技心能主导类项目则主要是专项技能与心理品质。在高水平保持阶段，教练员则需要把运动员心理稳定性的保持和提高放在训练的首位，延长运动员竞技寿命。与此同时，运动员竞技能力的要素在各个训练阶段中的作用和比重也是不同的。

以技能主导类表现难美性项群为例，运动员的基本动作训练贯穿于多年训练的始终，但是在基础训练阶段和专项提高阶段的训练中所占的比重有较大的差别。因此，在运动员从基础训练阶段转入专项提高阶段的时候，一定要保证基本功训练的渐进设计，力求实现两个阶段训练的紧密连接。由此帮助运动员打下扎实的基本功，使他们顺畅地转入下一个训练阶段，为后期的竞技发展提供重要的动力源泉。

（四）全程性多年训练计划的负荷安排

在不同的训练阶段，为了实现阶段性的训练目标，需要在训练计划中有针对性地安排适宜的训练负荷。其中，在基础训练阶段，考虑到青少年运动员竞技发展的长期性以及身体能力的局限性，要避免施加过大的训练负荷，需要根据项目特点进行循序渐进的安排。而在专项提高阶段和最佳竞技阶段，参加高水平赛事的竞技要求运动员接受更大负荷的训练，而此时运动员的身体已经具备了承受更高水平训练负荷的能力。因此，在这两个阶段的训练中，训练负荷应逐渐增加；也正是在这个过程中，运动员的机体受到更高水平的训练刺激，竞技能力逐渐达到更高水平。至于到了高水平保持阶段，训练负荷更需要结合运动员的实际状况来设计，训练的强度可以保持很高的水平，但是总体的负荷量就要适当地减少了。

在对运动员的多年训练进行规划时，对周训练次数的安排也体现着区间性的阶段特征。由基础训练阶段到专项提高阶段，周训练的课次是增加的；而由最佳竞技阶段转入高水平保持阶段，周训练的课次则逐渐减少。

在各个训练阶段中，比赛活动都是运动员竞技发展历程的重要组成部分。组织者需要结合各个阶段运动员的发展特点，合理设定比赛的水平和次数，使得训练和比赛成为有机的统一体。

三、区间性多年训练计划的制订与实施

在运动员的多年训练过程中，每一个特定的阶段都构成一个训练区间。对两年以上的一个特定时间段的训练过程的设计，就称作区间性多年训练计划。例如，针对四年一届的奥运会和全运会，各个运动队都会安排一个为期四年的训练规划，以便全面备战综合性运动会这种大型比赛，而这四年的训练安排也就构成了一个完整的区间性多年训练计划。

（一）基础训练阶段的区间性多年训练计划

儿童开始参加基础训练的年龄，与项目的竞技特点息息相关。为了使有才能的竞技选手从一开始就能得到系统的科学训练，教练员应该对少儿 3～5 年的基础训练进行统一的筹划，制订出区间性的多年训练计划。

1. 训练任务与基本内容

运动训练是一个长期的发展过程，运动员的专项竞技能力建立在一般运动能力的基础之上。在基础训练过程中，基本任务是发展运动员的多种运动能力。在这一阶段的训练中，首先要发展运动员的协调能力及基本运动技能，学习和掌握多种运动项目的基本技术。通过这些练习和参加初级的比赛，培养运动员的一般心理品质，并相应地发展基本运动素质。

在近代运动训练理论和实践中，日益重视协调能力的作用，把协调能力看作是发展运动员技能和战术能力的基础。而儿童时期正是发展协调能力最有效的时期。运动员在基础训练阶段，应将发展协调能力的训练放在首位。在发展协调能力训练内容的配置中，还要注意不同年龄的适宜训练内容。德国学者认为，儿童从 5～6 岁起，即可有效地发展节奏感，继而应安排发展灵活性、反应及空间定向能力的练习，9 岁起可着力提高其平衡与准确能力。

在发展各种运动素质训练内容的配置上，随年龄的增长，应该按照柔韧—有氧耐力及反应速度—最大速度及速度力量—最大力量、无氧耐力及力量耐力的顺序进行安排（表 4-12）。

表 4-12　少儿运动员身体训练的内容安排

年龄阶段（岁）	身体训练内容
5～8	以一般协调能力为主，同时注意有氧能力和柔韧性的训练
9～10	以灵敏性和速度素质为主，同时进行速度力量的训练
11～12	以爆发力和速度素质为主，可适当增加有氧耐力的训练

2. 负荷特征与竞赛安排

训练负荷是运动训练中最基本、最活跃的因素之一，贯穿运动训练的整个过程。运动员的形态、机能、素质的改善，技术的掌握与完善，战术配合的熟练等，都需要在有节奏的递增负荷刺激下才能实现。基于有机体的生物适应性，基础训练的负荷安排要充分考虑少儿运动员有机体的承受能力，施加比例适宜的训练负荷，促使运动员各种能力产生定向性变化。

在基础训练阶段，安排少年儿童运动员的训练负荷时，必须严格遵循循序渐进的原则，使有机体通过"增加负荷—适应—再增加—再适应"的过程逐步产生新的生物适应现象，进而有效地提高运动员的竞技能力。但是，由于少儿运动员还处于身体发育的过程中，身体承受负荷的能力还比较差，过度的负荷会对他们的内脏器官以及支撑运动器官造成严重的损害，以至葬送他们的运动前程。根据我国的具体条件和儿童训练的组织方式，对于一般基础训练阶段的儿童，以一周2～4次训练，每次1～1.5小时为宜；对于进入专项基础训练阶段的少儿，则以一周训练4～6次，每次1～2小时为宜。

体操运动技术是以等级的技术概念来划分运动员技术水平的，优秀体操运动员技术水平的提高是一个长期而艰苦的训练过程，并且具有显著的阶段性特征，反映着运动员从初期训练阶段走向高级阶段的长期发展过程。根据从实践中总结出来的我国优秀体操运动员成长规律，我国教练员对基础训练阶段的负荷进行了有针对性的规划，比较详尽地设定了青少年运动员年度训练的周数、每周训练的次数以及时长等，为有效地控制运动员的发展创造了良好的条件。

少儿运动员的竞赛，应该与基础训练阶段的训练负荷特征保持一致，予以科学的安排。在此，特别要注意竞赛水平和竞赛负荷的循序渐进，注意结合少儿运动员的身体发育与能力发展特点，避免给运动员造成过大的参赛负荷。

（二）专项提高阶段的区间性多年训练计划

1. 基本特征与训练任务

运动员在成功地接受了3～5年的基础训练之后，体操、跳水、花样滑冰等"少年"项目运动员通常从10～12岁起，"成人"项目运动员从14～16岁起，便进入了专项提高阶段，致力于专项竞技能力的发展与提高。这一阶段通常延续4～6年。一般情况下，经过系统的4～6年的专项训练，可以使运动员的体能得到较充分的发展，熟练地掌握专项运动技术，并培养出适应激烈比赛所必需的心理品质，开始进入最佳竞技阶段。

在前期训练的基础上，专项提高阶段中，运动员首先要努力发展决定专项竞技能力的主导因素。对于田径、游泳、举重、自行车等体能主导类项目，首先发展专项运动素质，同时要不断完善专项运动技术；对于体操、跳水等技能主导类项目，首先要发展运动员的技术水平，进一步打好全面的技术基础，同时要继续增强运动素质；而对于射击、射箭等技心能主导类项目，以及击剑、拳击、排球、篮球等技战能主导类项目，除了技术之外，心理能力和战术能力也是训练中必须重点发展的竞技能力要素。

例如，在专项提高阶段中，举重运动员一直都要坚持一般身体训练。但是，一般身体训练的比例逐年下降，专项身体训练的比例逐年上升，二者之间的比例大致维持在3：7。土耳其举重神童苏莱曼马诺尔古在12～14岁完成了为期三年的专项提高阶段的训练，其训练任务的核心就是"提高专项技术水平和专项力量水平"。在技术训练中，还特别注重体会专项的运动感觉和精确用力的技巧，通过反复练习逐渐形成牢固的动力定型。

2. 负荷特征与竞赛安排

进入专项提高阶段的训练，运动员已经具备了基本的身体能力，可以承受较大的专项训练负荷。优秀运动员的训练经历告诉我们，确定适宜的多年负荷节奏具有战略性意义，对运动员的长期发展至关重要。对此，要紧密结合专项特征和运动员的个性特点，有些运动员的训练负荷逐年提高，有些则应波浪式的发展。而对于比赛的安排，同样需要根据运动员能力的发展节奏，与训练负荷的安排相统一，保证运动员阶段训练的全面发展。

我国优秀的自行车运动员江永华研究发现，在专项提高阶段的过程之中，高水平女子自行车短距离项目运动员的负荷呈现出逐渐增加的趋势，为下一阶段的训练打下了重要的基础。从整个四年的发展过程来看，年度负荷呈现波浪式的变化趋势，体现了现代运动训练负荷安排的特点，也保证了运动员竞技能力的持续发展。

（三）最佳竞技阶段的区间性多年训练计划

1. 基本特征与训练任务

最佳竞技阶段是运动员最重要的训练阶段，要参加各种重大的比赛，竞技生涯的优异成绩基本上都是在这个阶段取得的。网球明星博格（瑞典）、皮划艇运动员费舍尔（德国）、羽毛球运动员张宁（中国）等许多著名运动员的运动生涯，都表明优秀运动员的最佳竞技阶段一般可延续4~8年，有的甚至更长。

最佳竞技阶段的训练通常是以准备和参加重大比赛来规划和实施的。所以，运动员训练的核心更加集中于专项竞技能力的主导要素，同时加强竞技能力的全面发展；在此基础上，还要注意完善运动员对于项目发展规律的认识，提高参赛能力，从而更好地完成各种比赛任务。由于多数重大比赛的举办均以四年为一个周期，区间性多年性训练计划也常以四年为单位，进而又分成若干个年度训练计划。

2. 负荷特征与竞赛安排

运动员进入最佳竞技阶段之后，由于多年承受高度负荷和高水平激烈竞赛的影响，也常常有伤病的积累，在这一阶段训练中，要特别注意细致地安排训练负荷。负荷通常呈波浪形，有张有弛，保持明显的节奏，从而保证运动员理想的竞技状态。为此，需要结合专项训练的关键环节，对训练负荷进行全面的监控和评价。以艺术体操为例，在竞赛期需要全面调控训练负荷，针对专项训练的核心要素进行系统分析与评价（表4-13）。

表4-13 艺术体操训练负荷评价指标

	负荷量	负荷强度
评价指标	单个动作数量 联合动作数量 成套动作数量 训练总时间 纯工作时间	高难度动作数量比例 优质高难度动作完成比例 优质成套动作完成比例 常套和超长套动作训练效果 心率、恢复期等

需要指出的是，并不是所有的运动员都能经历个人的最佳竞技阶段。过小或过度的负荷，训练内容的选择及其程序安排得不当，都会影响运动员竞技能力的顺利发展，使运动员的竞技

潜力得不到充分的挖掘和发挥，从而也就不可能在最佳竞技年龄区间表现出个人最高的竞技水平。因此，最佳竞技阶段的训练负荷安排至关重要，而负荷强度则更是直接影响训练效果的关键要素。在国家举重队备战 2008 年北京奥运会的最后一个年度周期中，重点运动员的训练以强度为主旋律，体现出"高强度、快节奏、小步子"的特点，负荷强度和负荷量搭配合理，为在奥运会上取得优异成绩创造了良好的条件。

（四）高水平保持阶段的区间性多

运动员度过自己的最佳竞技年龄区间之后，体能开始下降，心理产生疲劳感，对参加竞技比赛、创造优异成绩的激情下降，甚至产生冷漠感，加之训练伤病的积累，以及某些社会因素的影响，使运动员会产生退出竞技舞台的愿望。而实际上，这个时期运动员的竞技水平仍然保持了相当高的水平，仍然能够继续在比赛中取得好的成绩，继续为国家或本地区争得荣誉，激发和帮助年轻运动员尽快地成长。

另外，随着现代科技的发展与广泛应用，许多似乎已经度过了竞技高峰的运动员，在适宜的条件下仍然有可能达到新的更高的竞技水平。如 2004 年雅典奥运会田径比赛参赛运动员中年龄最大的已经 44 岁，有 8 个项目的冠军被 30 岁以上的运动员获得，占项目总数的 19.04%，获得 50 公里竞走金牌的运动员已经 36 岁。我国射击老将王义夫连续参加了六届奥运会，44 岁的时候还夺得了雅典奥运会的冠军。威尔士足球运动员吉格斯，37 岁仍然参加世界顶级的英超联赛，在曼彻斯特联队占有主力地位。

因此，在现代竞技体育领域中，各国体育界人士日益重视竞技保持阶段的组织和训练。在这一阶段，首先要努力保持和提高运动员的心理稳定性，激励他们继续参加训练、比赛和力求创造优异成绩的进取动机，并应根据专项竞技的需要，安排相应的素质训练和技术训练，延缓运动员竞技能力的消退，并力求获得局部的提高。同时还应该加强训练理论的学习，充分利用自己丰富的实践经验和所学的理论知识，有效地参加运动训练和竞赛，延长自己的竞技寿命。

四、多年训练过程中三个链接区间的训练安排

（一）链接一区的训练安排

1. 链接训练的主要任务

基础训练阶段是运动员参加运动训练所要经历的第一个多年训练区间。在为期 3～5 年的训练过程中，全面打好竞技能力基础是这个阶段训练最重要的任务，这个阶段的训练成效对运动员的后期发展具有重要的决定意义。我国优秀女子铅球运动员李梅素 19 岁时专项成绩只有 15 米，在同龄运动员中处于下游，但是这种情况的出现主要是由于教练员充分重视基础训练、不急于求成所致。在奠定坚实竞技基础的前提下，李梅素的后期成绩快速提高，在 28 岁时取得 20.95 米的个人最好成绩，成为我国运动员保持"竞技寿命"的典范之一。

专项提高阶段主要致力于提高运动员的专项竞技能力，一般持续 4～6 年的时间。通过这个阶段的训练，运动员在各方面开始趋于成熟，已经具备了取得一定优异成绩的竞技基础。

基础训练阶段与专项提高阶段在训练目标和任务方面的差别主要在于是注重一般训练还是强调专项训练。基础训练阶段的训练主要着眼于为运动员打下系统的竞技能力基础，训练的关键在于全面发展；专项提高阶段的训练则开始表现出明显的专项性，主要提高运动员的专项竞

技能力。所以，在链接一区的训练中，最重要的任务就在于实现从基础训练阶段的"以全面训练为主"向专项提高阶段的"以专项训练为主"的有机转换。

奥运会女子 100 米自由泳冠军杨文意 1978～1984 年在上海市体育俱乐部体校接受了为期 6 年的基础训练，1984 年 10 月进入上海市游泳队。从多年训练的周课次安排，我们可以看出，在基础训练的后期，教练员的训练安排中逐渐增加训练课次和训练量；而在杨文意进入优秀运动队的时候，教练员也很重视两个阶段训练的连接，并没有马上增加负荷的课次，第一年每周安排 9 次课，第二年才增加到 10～12 次，保证了运动员能够逐渐适应专业运动队的专项提高训练，为后期竞技能力的持续发展打下了良好的基础。

2. 链接训练的内容安排

在链接一区的训练中，为了实现从"以全面训练为主"向"以专项训练为主"的训练主题转换，要特别注意各项训练内容的整体效益问题。

协调能力是发展运动员技战能的基础，在现代运动竞技中起着非常重要的作用。儿童时期正是发展协调能力最有效的时期，在基础训练阶段中首要的训练任务就是提高运动员的协调能力及基本运动技能。到了专项提高阶段，开始加大对运动员专项发展的刺激，所以运动员首先要发展决定专项竞技能力的主导竞技因素，如体能主导类项群的专项运动素质和技战能主导类项群的专项技战术。由于这个阶段运动员竞技能力系统还不完备，适应能力也还不是很强，在链接一区的训练内容安排中，就要特别注意一般训练内容和专项训练内容的关系，合理配置二者在训练中所占的比例，在训练中逐渐加大专项训练的比重，重视体能训练内容的循序渐进，引导运动员尽快适应以专项训练为主的后续训练。

其中，体能是运动员竞技能力系统的重要基础性要素，体能训练必须贯穿于运动训练的始终。在基础训练阶段和专项提高阶段，运动员的生长发育具有不同的阶段性特征，体能训练在两个区间的训练中所承担的角色也有所差别。这样，身体机能和运动素质的差异决定了两个阶段的运动员所能承受的体能训练方式有所差异，所采取的体能训练内容也有相应的差别，这也要求在链接一区的训练过程中，要重视体能训练内容的循序渐进。如难美性项群运动员的基本动作训练要贯穿多年训练的始终，但是在基础训练阶段和专项提高阶段的训练中所占的比重有较大的差别。因此，在运动员从基础训练阶段转入专项提高阶段的时候，一定要保证基本功训练的渐进设计，力求实现两个阶段训练的紧密连接。中国著名体操运动员奥运会男子跳马冠军楼云从浙江少体校进入国家集训队的第一年，教练员并不急于让他学习高难度动作，而是特别强调了基本功练习，单杠回环一天要练 500 个。这种训练设计帮助楼云打下了扎实的基本功，使他顺畅地转入下一个训练阶段，为后期的竞技发展提供了重要的动力源泉。

3. 链接训练的负荷控制

在少儿由基础训练阶段向专项提高阶段转换时，训练负荷是一个很重要的问题，必须给予充分的重视。而在负荷的各个因素中，负荷强度和负荷量是最为核心的要素；对于训练负荷差别相对较大的基础训练阶段和专项提高阶段来讲，负荷强度和负荷量自然也就成为负荷差异的主要因素。由于运动员生长发育的特性，基础训练阶段的训练强度相对较小。为了能够使运动员适应专项提高阶段的高强度训练，在链接一区的区间转换训练中就要特别注意逐渐提高训练的负荷强度；在遵循循序渐进原则的基础上，使运动员尽快适应高强度的专项训练，避免在专项提高阶段的训练中无法适应。

另外，基础训练阶段的负荷节奏基本上是变化较小的；而当运动员进入专项提高阶段的训练时，运动员负荷节奏的变化幅度有所加大，而且还体现出不同程度的个人特点，有的逐年提高，有的则波浪式发展。因此，在链接一区的训练中，要注意适当增大训练负荷的变化。一方面通过这种变化增加运动员承受的训练刺激，提高训练效益；另一方面也提高运动员适应负荷变化的能力，为更好地适应专项提高阶段的训练奠定基础。

（二）链接二区的训练安排

1. 链接训练的主要任务

专项提高阶段与最佳竞技阶段紧密联系，两个阶段的训练任务都是紧紧围绕专项而展开的，在训练内容方面有不少共同之处。但是，专项提高阶段的训练任务主要是促进专项竞技能力的不断提高，着眼于各个竞技能力要素的发展以及各个要素之间系统关系的趋于完善；而最佳竞技阶段的训练目标主要在于创造优异的运动成绩，训练活动既要促进运动员竞技能力的发展，更要重视对运动员竞技状态的调控，保证运动员在重大比赛中能够表现出最佳的竞技水平。

因此，链接二区的训练所面临的最主要任务，就是要尽快实现训练从"提高专项竞技能力"到"充分展现竞技能力创造优异运动成绩"的转换，引导运动员尽快适应训练负荷始终在高位持续的训练。

2. 链接训练的内容安排

专项提高阶段与最佳竞技阶段在训练内容上具有相同的序列性，但是在具体内容安排上存在着不同程度的差异。在专项提高阶段，运动员训练的负荷增大，比赛的次数和激烈程度增加，要承受一定的心理压力。而在最佳竞技阶段，运动员要连续承受极限强度的训练，对心理耐受能力提出了很高的要求。尤其是要参加各种重大的比赛，日益激烈的竞争使得运动员参赛的心理压力也随之增大，心理能力对比赛的影响也就更大，很多时候还会成为决定性的因素。在雅典奥运会上，韩国女子射箭运动员朴成贤最后一箭的满环夺冠、男子步枪 3x40 决赛中美国选手艾蒙斯因最后的错打而失去金牌就是典型的例证。这样，在最佳竞技阶段也就对运动员的心理能力提出了非常高的要求，这也使得心理训练成为链接二区训练需要重点关注的问题。

所以，在安排从专项提高阶段向最佳竞技阶段进行转换的链接训练时，我们要充分重视两个阶段在心能、技能训练等方面的差异，在链接二区的训练中有意识地加强运动员的心理训练，提高运动员耐受大负荷的能力。另外，要逐渐多给运动员一些参加较高水平比赛的机会，让运动员在比赛中得到锻炼，提高承受竞赛压力的能力的机会。

3. 链接训练的负荷控制

在专项提高阶段，运动员的竞技能力处于快速的发展期，训练负荷大多是逐步提高的。而最佳竞技阶段是运动员全程发展的核心环节，也是运动员竞技发展的最高级区间。在这一阶段，运动员所面临的竞技目标以及已经具有的高层次竞技能力在客观上要求训练的大强度，这是专项提高阶段的训练强度所不能比拟的。以举重运动员的多年训练为例，在专项提高阶段的训练负荷主要以中量、中强度为主，而在最佳竞技阶段的训练负荷则以大量、大强度为主。

与此同时，持续安排的高负荷训练对运动员的机体提出了很高的要求，而此阶段的运动员在多年训练经历后往往会有疲劳积累和伤病情况的出现，这些问题对训练的影响是显著的。像奥运会举重冠军占旭刚，在刚进入中国国家队的时候，由于心急而对训练节奏掌握得不好，再加上多年的训练劳损，导致了腰部骶骨的骨裂，险些葬送竞技前程。因此，在对最佳竞技阶段进行训练规划时，要特别注意负荷节奏的变化，要根据实际情况采取张弛有度的方式，一般情况采用波浪式或者跳跃式的安排会更为合适。为此，在链接二区的训练中，我们要有意识地适度加大运动员的训练强度，适当改变运动员的负荷节奏，保证运动员逐渐适应最佳竞技阶段的负荷安排规律，通过二区的链接训练引导运动员顺畅地转入最佳竞技阶段。

（三）链接三区的训练安排

1. 链接训练的主要任务

在最佳竞技阶段为期 4～8 年的时间里，运动员在竞技能力不断完善的基础上，参加各种重大的竞技比赛并争取竞技优胜。而到了高水平保持阶段，随着运动员年龄的增长，机体能力与心理动能都开始下降，创造优异成绩的难度增大，如何保持运动员的竞技高峰是这个阶段所面临的核心问题。因此，链接三区的训练任务主要就在于实现"创造最佳成绩"向"保持竞技高峰"的转换。

实践证明，高水平保持阶段的运动员仍然具有较高水平的竞技能力。尤其是近年来各种高科技手段在运动训练中的广泛应用，提高了训练的效率，降低了训练损耗，在延长运动员竞技寿命问题上取得了一定的进展。现在，很多运动员在这个阶段仍然活跃在高水平竞技赛场上并创造出了优异的运动成绩。所以，在组织链接三区的训练时，就要考虑如何利用训练的顺畅链接为后期的竞技保持创造良好的条件。

由于竞技高峰已过，运动员承受训练负荷的能力减弱，机体恢复的能力减弱，所以高水平保持阶段的训练负荷必然要比前期有比较明显的变化，同时还要更加重视训练监控与训练后恢复，保证运动员的训练不要因为出现过度疲劳和伤病而出现异常间断。所以说，在链接三区的训练中，需要重点解决的转换问题就是训练负荷的调整与机体恢复问题。在训练过程中，运动员的个体差异比较明显，在训练安排上更要注意结合运动员的实际情况，尤其是运动员的伤病情况，更加细致地安排训练负荷与训练内容。

2. 链接训练的内容安排

最佳竞技阶段与高水平保持阶段同属于运动员的高水平训练阶段，在训练内容方面有很多相近的地方，无论是体能训练、技能训练还是战术训练都体现了两个阶段的紧密联系。但是，这两个阶段的运动员创造优异成绩的基础有所不同。在最佳竞技阶段，运动员的竞技能力处于巅峰，取得成绩主要是依靠专项的主导竞技能力；而在高水平保持阶段，运动员的竞技能力系统发生了改变，心理能力对运动员的竞技发挥具有更加重要的意义。与此相对应，在训练任务设置与内容安排上也全面体现了这个特点。最佳竞技阶段训练的首要内容是各个项目的主导竞技能力，如体能主导类项目的专项运动素质、技战能主导类项目的专项技战术等，而高水平保持阶段训练的首要内容则是心理的稳定性，由此相应的训练方法和手段也会发生一定改变。所以，在链接三区的训练内容安排上，要非常重视心理训练的安排，一方面要提高运动员的心理承受能力和心理稳定性，力争创造好成绩；另一方面还要着力减轻运动员在训练中的心理负担，激发他们继续投身竞技训练和参赛的热情。

3. 链接训练的负荷控制

由于机体能力的变化，运动员在高水平保持阶段的总体训练负荷，通常低于最佳竞技阶段的负荷。链接三区的训练更多的要注意结合运动员的实际情况，一方面适当减少负荷量，努力保持较高的负荷强度；另一方面要注意变换负荷节奏，基本上采用波浪式的安排，必要的时候还可以采用跳跃式的方式，促使运动员在总体负荷水平整体下降的前提下，适应训练负荷的变化，力求取得新的突破。

第五章 现代排球运动基本技术的训练实践研究

第一节 准备姿势与移动技术训练

准备姿势与移动是为了完成好排球传、垫、扣、发、拦等各项技术的前提和基础。从目前国内外有关排球书籍及教材的论述来看，国外大都把准备姿势与移动同其他技术杂糅到一起分析，我国大部分排球教材及书中将准备姿势与移动单列分析，以突出其作用和特点，因此本书也单列分析。

一、准备姿势

准备姿势大多分为三种，半蹲准备姿势、稍蹲和低蹲准备姿势，常用的是半蹲准备姿势。

（一）半蹲准备姿势

半蹲准备姿势是两脚左右开立，略比肩宽，一脚在前、一脚在后，两脚尖向前微内收。膝关节保持一定的弯曲。上体前倾，重心在两脚之间略靠前。两臂自然弯曲，全身肌肉适当放松，双手置于腹前，两眼注视来球，两腿始终保持微动状态（如图5-1）。

这一动作的作用是使身体处于适当紧张状态下，便于向各个方向起动、移动以及做各种垫球、传球技术动作。技术要点是屈膝提踵，含胸收腹，两手置于腹前。

（二）稍蹲准备姿势

稍蹲准备姿势的身体重心比半蹲准备姿势稍高，动作方法基本相同，主要用于扣球和传球。拦网时两脚左右开立，平行站立（如图5-2）。

（三）低蹲准备姿势

低蹲准备姿势身体重心比半蹲准备姿势低，重心靠前，肩超过膝，膝超过脚尖，手置于胸腹之间，主要用于后排防守及保护扣球（如图5-3）。

图 5-1　　　　　　　图 5-2　　　　　　　图 5-3

二、移动

移动的目的主要是接近球，保持好人与球的关系，并做好击球动作。移动包括起动、移动和制动三个环节。起动要求快，移动方法应合理，制动是为了使身体稳定或高跳作好下一步击球动作。移动的步伐主要有并步、滑步、交叉步、跨步和跑步。

（一）并步与滑步

首先做好半蹲或稍蹲准备姿势，当来球离身体较近 1 米左右时，可采用并步移动，如向右并步，右脚先迈出一步，左脚迅速并上，落在右脚左侧，然后做击球的动作。如连续做则为滑步。主要用于垫球、传球、拦网。

（二）交叉步

当来球在体侧约 2 米时可采用交叉步移动的方式，向右移动时，上体稍向右转，左脚从右脚前面向右交叉迈出一步，右脚再迅速向右跨步落于左脚的右边，同时身体转向来球方向，保持好击球前的准备姿势。主要用于接发球、防守、拦网等（如图 5-4）。

图 5-4

（三）跨步

当来球较低在身前时，也常常采用向前跨步垫球，即向前跨出一大步，屈膝，上体前倾以低姿垫球，跨步可以向前，也可以向侧前或向侧方跨出。

（四）跑步

跑步一般用来垫或传离身体较远的球，跑步时要求边跑边做好击球的准备，身体重心降低、平稳、保持低姿移动能力。移动技术的要点是：移动快，重心平稳，面向来球。

三、准备姿势和移动的训练方法

1. 准备姿势的徒手练习方法

将队员分成两排面对面站立，一排做动作，另一排纠正对方错误动作，两排队员互教互学。看教练员信号做动作。教练员手臂向前平举，队员做半蹲准备姿势；教练员手臂上举时，队员做稍蹲的准备姿势；教练员手臂向侧下方举时，队员做低蹲准备姿势。如此反复，教练员随时纠正动作，也可以让一排的队员做，另一排的队员纠正其动作。

2. 移动的徒手练习方法

全体队员由半蹲准备姿势开始，根据教练员手势做各种步法的左右快速移动。要求防止身体重心起伏跳动，移动后保持好准备姿势。

两人一组相对站立，一人随意做各种移动步法，另一人跟随着做同方向的移动。

3. 结合球的练习方法

两人一组，相距 2～3 米，做好准备姿势，一人向前、后、左、右抛球，另一人移动后把球接住再抛回，连续进行一定次数后两人交换。

两人一组，相距 4～5 米，一人向前、后、左、右抛球，另一人移动对准球后用头将球顶回。规定完成若干次后互换。

两人一组，相距 6～7 米，各持一球，两人同时把球滚向对方体侧 3 米左右处，移动接住后再滚给对方，如此往复进行。

第二节　垫球与传球技术训练

一、垫球

垫球是排球基本技术之一，是用手臂从球的下部，利用来球的反弹力向上击球的技术动作。

早在 20 世纪 50 年代已出现了垫球动作，当时叫下手传球，但没有引起足够的重视和被普遍采用。20 世纪 60 年代初期，发飘球技术出现，勾手大力等大力发球力量也逐步增大，为此，出现了前臂垫球技术，使接发球和接扣球技术得以稳定和提高。

垫球技术主要用于接发球，接扣球、接拦回球、有时也用来垫击二传组成进攻。垫球技术是组织进攻的基础，垫球技术好，可以少失误，多得分，为组成各种进攻打下良好基础。垫球看起来简单，但要做到垫稳，垫准，控制好落点，垫到位就不是容易的事了，因此，要求运动员反复练习，提高球感和肌肉本体感觉。

垫球技术按动作方法可以分为：正面双手垫球、体侧垫球、跨步垫球、背垫球、前扑垫球、滚翻垫球、鱼跃垫球、单手垫球以及挡球等。按运用分类可分为接发球、接扣、接拦回球、接其他球等。

（一）正面双手垫球

正面双手垫球技术是垫球中基本和常用的技术。

1. 准备姿势

以半蹲或稍蹲准备姿势，两脚开立、稍宽于肩，两脚一前一后，两膝自然弯屈，在排球场左半场一般左脚在前，右半场一般右脚在前，中间依习惯而定，肘关节自然关节弯屈，两手置于腰腹之间。据国外研究报道，两手准备姿势所处的位置于脸前时，组成垫球动作需 0.472 秒，两手位于腰腹的前面时，需 0.392 秒，两手自然伸直下垂到膝关节处时，需 0.395 秒，由此可见，两手位于腰腹之间是较合理的准备姿势。此外、两手相对、拇指朝上也极为重要，因为拇指朝上，两手相对，既可以向下组成垫球手臂型及垫球动作，也可以向上组成传球动作和挡球动作（如图 5-5）。

图 5-5

2. 垫球的动作

当来球距自己身前较近时，两手重叠，两掌根靠拢，合掌互握，两拇指平行，两肩放松，两手臂伸直旋外，组成叠掌型手型，向前下方插入球下，以压腕，抬臂及跟腰，蹬地伸膝动作将球垫出，击球点约在腹前一臂处为宜，击球部位是前臂腕关节上 10 公分处前臂形成的平面（如图 5-6、图 5-7）。

图 5-6

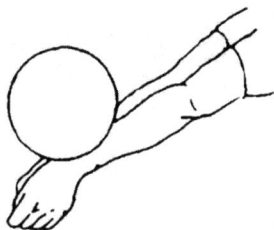

图 5-7

3. 垫球用力

垫球的用力同来球的速度大小有关，当来球速度慢时，垫球动作用力幅度大，当来球速度快时，垫球动作幅度小，或不用力。

垫轻球时，由于来球速度慢，应以两臂上抬和伸膝的协同用力动作将球垫出。

垫中等力量来球时，由于来球有一定速度，两臂迎击上抬的幅度小，速度应缓慢。髋、膝、踝关节应保持弯屈的状态，随着球的速度和反弹，伴随抬臂、缓慢的伸膝、蹬地、使球按照一定的合理速度垫给二传。

垫重球时，由于来球速度快，两臂触球时间几乎为 0，此时应摆好手臂角度，两膝关节弯屈，重心降低，不给球任何力量，使球垫在手臂反弹出去。球出手后，膝关节仍旧保持弯屈状态，尽可能利用肌肉的弹性和本体感觉控制球的反弹角度和方向（如图 5-8）。

4. 手臂角度与本体感觉

垫球时手臂与地面的夹角对控制球的方向、弧度、落点也有一定关系，一般来说，来球弧度高，垫出的球弧度低，手臂与地面的角度可大些。来球弧度低或垫出球的弧度大、手臂与地面的角度可小些。

垫球时另一重要因素是肌肉本体感觉，由于垫球是用手臂垫出的，球接触手臂时间很短，因此通过判断肌肉本体感觉及垫球的技术动作综合要素，才能控制好球的落点、弧度、速度符合技术需要，因此需要长时间练习才行。

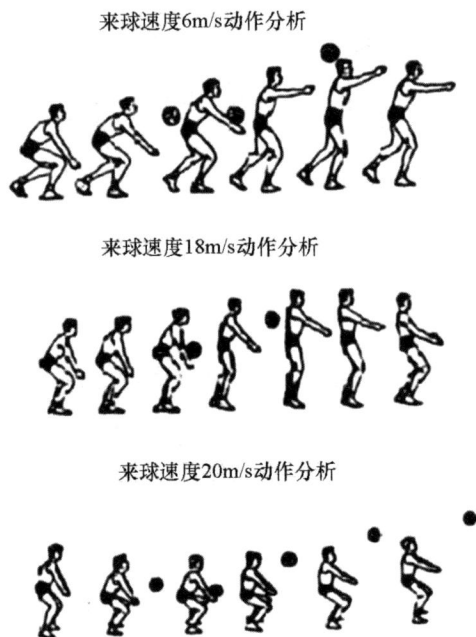

来球速度6m/s动作分析

来球速度18m/s动作分析

来球速度20m/s动作分析

图 5-8

（二）体侧垫球

在身体两侧用双手垫球的技术动作为体侧垫球。现代排球以左侧为例，当球向左侧飞来，左脚跨出一步，重心左移，两臂夹紧组成垫球手臂型向左伸出，右臂向下倾斜，用向右转腰和提左肩的动作配合两臂自左后下方向前截住球飞行路线，垫击球的后下部。但注意不要随球摆臂以免球从侧面飞出，在能正对来球情况下尽可能通过移动正对来球。

（三）背垫

背对击球方向，从体前向背后垫球叫背垫，垫球时先迅速移动到球的落点下方，背对击球方向，两臂靠拢伸直，击球点高于肩，以抬头挺胸，展腹后仰动作，直臂向后上方抬送。

（四）接发球

接发球是组织进攻的基础，接发球技术好可以最大限度发挥本方进攻能力并减少失分。接发球主要采用正面双手垫球技术，接好发球应做到以下三个方面。

1. 判断与取位

在确认了本方二传位置后，首先应判断对方发球的性质、落点，当球过网后，向球的落地处移动，做好准备姿势，准备接发球，移动方法一般采用侧移动，侧前移动或由后向前移动，尽量减少由前向后移动接球，这样球不易到位。

2. 接发球用力动作和控制球

接发球时应根据来球的速度、弧度、旋转、飘晃和垫给二传的距离、位置，采用相应合理的动作。

（1）接飘球

发飘球是比赛中常用的发球技术，特点是不旋转，过网后有飘晃。接一般飘球时由于来球速度较慢，飘晃不大，而且弧度较高、应将手臂斜插入球下，将球垫起。接速度快、弧度低平的平冲飘球时，应使手臂靠近肋骨部位，对正来球，以两臂和身体协调用力将球垫起。如遇球过网下沉，则向前跨步以低姿垫球动作垫起球（如图 5-9）。

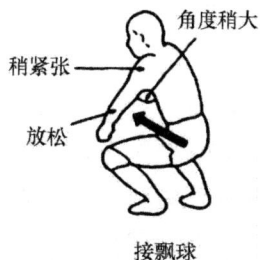

图 5-9

（2）接大力发球

现代排球比赛中，发球的速度越来越快，攻击性也越来越大，如跳发球等发球方式均具备了速度快、旋转性强的特点，接这类发球，在判断好球的落点，取好位的基础上，对正来球（如图 5-10），肩放松，前臂肌肉稍紧张，手臂与肋骨间角度小，摆好接球臂角度，不要加力，将球垫起。相反如果来球速度慢，则前臂放松，肩略紧张，臂向前伸，协调用力将球垫起。

图 5-10

接侧旋球等不同方向旋转球时要注意尽可能使垫出的球不要旋转，便于二传传球。

3. 接球后的动作

球垫出后，身体和手臂随球的方向做伴送动作（如果采用让垫则不必做伴送动作），然后跟进保护或做扣球的准备等。

（五）接扣球技术

接扣球也包括预判取位、接球动作和接球后动作三个环节，由于球速快，因此预判和取位极为重要，要根据扣球人的特点和本方拦网情况选好接球位置，当对方扣球点高，球离网较近时，可靠前取位。若对方扣球点低或离网较远时可靠后取位，并尽可能取在本方拦网线路以外的区域内。垫球时，以低蹲或半蹲准备姿势，前臂紧靠近肋骨，肩和前臂肌肉保持适度紧张，摆好角度，适当缓冲来球速度，尽可能将球垫在本方场区上空。如若对不正来球，也可采用低姿垫球、侧垫、倒地垫球以及单手垫球等技术将球垫起。垫球后，迅速起来跟进保护或扣球接下一个动作。

(六) 挡球技术

当来球较高，力量较大，不便于传球或垫球时，可用双手或单手在胸、肩部以上截击来球称挡球。挡球主要用于防守中接高于肩上的球。运用挡球，可以扩大控制范围。善于挡球的队员，防守时可前压，提高防守前区的效果。

1. 双手挡球

多用于挡击胸部以上的力量大、速度快的来球。双手挡球的手型有：抱拳式和并掌式。抱拳式挡球的手法是：两肘弯曲，一手半握拳，另一手外抱，两掌外侧朝前（图5-11）；并掌式挡球手法是，两肘弯曲，两虎口交叉，两掌外侧朝前，合掌成勺形。不管使用哪种手法，挡球时一定要屈肘，使肘朝前，腕后仰，以掌外侧和掌根组成的平面挡击球的后下部。击球瞬间，手腕要紧张，用力适度，击球点在额前或两侧肩上（图5-12）。

①   ②

图 5-11   图 5-12

2. 单手挡球

多用于来球较高，力量较轻，在头部以上或侧上方的球。单手挡球的手型有两种：一是掌根平面击球，击球时手张开，手指自然弯曲，用掌根平面去击球（图5-13）；二是用掌心平面击球，即开始时，虚握拳，击球时，用掌心平面击球（图5-14）。不管采用哪种手型击球，挡球时，手腕放松，击球瞬间手腕后仰，并保持紧张，使击球平面朝前上方，对准球的后下部击球。如球飞到身后较高位置，队员还可以跳起挡球。

图 5-13   图 5-14

(七) 垫球技术的基础训练

1. 垫球基本功训练

(1) 前、后、左、右不定方向的移动垫球。一人任选方向抛或传，一人判断移动垫回。

（2）体侧垫球。一人向垫球人的两侧抛平球，一人练习体侧垫球。先规定方向，再不定方向抛、垫。

（3）打垫。一人原地轻扣，一人垫，距离由6～7米逐渐到4～5米。扣球人再逐渐增加扣球的力量。提高对各种距离、各种力量来球的控制能力。

（4）在海绵垫上学习徒手的滚翻、前扑、鱼跃等倒地技术动作，可以先2人一组一帮一做，动作掌握之后再在地板上做各种倒地动作。

（5）利用固定球做各种倒地动作。在学会徒手动作的基础上，利用固定球，如网兜装一个球吊在离地面30厘米左右，队员站在相应的位置上做原地前扑、跨步后倒（或滚动）以及鱼跃击球动作。然后练习在移动中做各种倒地击打固定球的动作。这是重点练习倒地基本动作的方法。

（6）三人一组，教练抛球队员倒地防守，教练抛各种距离、球速不等的球，从定向抛球再逐步到不定向的抛球，提高防守队员的判断能力和起动速度。

（7）各种倒地防守的结合训练。例如一人连防三个球，规定前扑一次，向左侧滚动防守一次，向右侧鱼跃一次。或者根据各种抛球的具体情况选用恰当的倒地动作连续防守2～3个球。

2. 接发球—传技术训练

（1）一发一接。要求运动员把球垫给网前的教练员。教练员随时指出接发球时存在的问题，同时把球接住扔给发球队员。此练习可以12人分站在球场两边同时进行。可由教练员评定球垫到位的情况，比赛谁垫到位的球多。

（2）三发三接的接发球比赛。两边同时开始三发三接，教练员随时记录并报出两边接发球到位的数字，看哪边先到位15个球为胜。然后发者和接者对换。

（3）一发五接。规定发球人发10～15个球，然后轮转换一个发球人，谁轮到3号位谁去发球。也可以两边同时进行。接发球人每失误一次一传，课后补5个到位球，两人之间接失误的每人补3个到位一传，目的是提高分工接球配合能力和增强接发球人的责任心。

3. 接扣球防守训练

（1）不倒地的防守训练

①前冲防守

教练将球扣在防守队员前面1～2米处，队员要根据扣出的球适时冲上去低姿势垫球。然后迅速退回原处。可以一人连续做，也可以2～3人轮流做。主要做到防守时能及时移动，重心不往后倾。

②防扣后连续防第二个吊球

方法同上，教练及时抛出吊球，使防守队员防扣后立刻能前冲防吊。

③固定路线扣球的防守

大家轮流在4号位扣球（也可以在2号、3号位扣），要求扣向6号区（或要求扣向1号、5号区）。规定6号位一个防守队员防起3～5个好球（在本场内能调整的球）后换另一人防。扣球是为了配合练防守，应根据防守的水平来决定扣远网球或近网球（难度不同的球）。

④4号位后撤防守

每防一次都要回到网前，队员要在教练员抛球时开始撤位，力争在球扣到手里之前站稳防守位置并把球垫回给教练，然后立即回到网前，如此反复做。同样方法也可以练习内撤接吊球，或扣、吊结合进行防守练习。可以 2~3 人轮流做。

⑤单人防全场

队员在 6 号位防守，教练员扣、吊结合，要求移动垫好后速回原位。也可不要求回原位，全场移动防守。教练员扣、吊球要连续，既让队员有充分时间完成前一防守动作，又要使队员不停顿，始终处于连续的防守动作中。

⑥接扣球后再救一个入网球。要求尽量快上步接救入网球，并垫高给教练。

（2）倒地的防守训练

①单人前后左右连续倒地防守

距离可近可远。可规定倒地动作或根据球的情况自选倒地动作，但要求起得快，回得快。

②三人两侧移动倒地防守

教练员将球向一左一右进行抛或扣，要求三名队员用同样倒地动作防守，三人速度要跑匀。

③单人防高台扣球

教练员在 4 号位（也可以在 2 号、3 号位）扣向 5 号位（或 6 号、1 号位）的防守队员前面、侧面或轻扣进攻线前，队员采用规定或自选的倒地动作防守。每防后退回原位再做下一个动作，或三人一组轮流做。

（3）倒地和不倒地的综合防守训练

①一人连防三个球。垫一个扣球，倒地防一个吊球，再追向后场背回一个球。可单人或两三人轮流做。为提高积极性，可以算分，起一个球得一分，争取连得三分。

②单人钻网两边防。倒地（不限姿势，或滚动或鱼跃）防起球后，立即起身钻过网将教练抛出的球背垫起。来回做若干次一组。主要练习队员低姿势来回移动防守。

③三人一组，其中一人连防教练员扣或抛的球，其余二人保护防守队员，在场内将防起的球接住，抛还给教练员。要求一个人完成 3~5 个球后换一个人防守，中间不停留。三人完成 9~15 个球后再换组。

二、传球

传球是排球基本技术之一，在比赛中主要用于二传组织各种进攻战术，同时也用于调整传球和传其他一些较高和速度较慢的来球。

由于规则规定传球时，球不能在手中停留，要在很短时间内用手指手腕传出球，所以传球动作细腻，需要较强的手指手腕力量，以及柔韧性、协调性。传球动作大致可分为正面传球、背传球、侧传球和跳传球四种。

（一）正面传球

正面传球是最基本的传球方法，是其他各种传的基础。

1. 准备姿势

多采用稍蹲准备姿势（在特殊情况下，来球速度快、弧度低时采用半蹲准备姿势），两脚左右开立，一前一后，约同肩宽，两膝稍弯屈，上体自然挺起，两手自然抬起，准备传球。

2. 传球手型

传球手型是传好球的基础，正确的传球手型有助于传好球，控制好球的方向和速度。据本书作者研究，我国优秀女排二传手中主要有两种传球手型，一种为通常教科书中描述的两手组成半球状，两拇指相对成"一字形"的传球手型（如图 5-15）。一种是两手组成半球状，两拇指斜向前方的"斜前形"传球手型（如图 5-16）。

图 5-15

图 5-16

这两种手型的技术共同点是在触球时，两臂弯曲，两肘适当分开，两手指自然张开，两手组成半球状，使手指与球吻合，手腕稍后仰。不同点是"一字形"以拇指的中部触球的底部，"斜前形"以拇指内侧触球的底前部。两种手型均以食指全部、中指二、三指节和无名指、小指的末端关节触球。两种手型在我国甲级女排二传手中各占 50％左右。从人体解剖学和运动生物力学分析来看，"一字形"的传球动作主要是以拇指的内收，屈并向对掌运动进行的动作协同其他手指，手腕屈的运动作用于球体将球传出。"斜前形"是以拇指的屈和对掌运动协同其他手指，手腕屈的用力传球。两种手型用力动作均符合人体解剖学原理和排球运动实践的需要。

3. 传球击球点

当来球距身体 1 米左右时，则开始向上伸臂和伸膝迎击来球。击球点约在额前上方一球左右为宜。如以击球时手头中心同的位置之间的距离测量看，我国女排优秀二传手击球点保持在头前 26～28 厘米，头上 22～26 厘米左右，球体到额头间的实际距离为 15 厘米左右。

4. 传球的用力动作

传球的用力主要是以手指、手腕的弹力及伸臂伴送和伸膝蹬地全身协调用力传出，当传球的距离较远时，蹬地、伸膝的用力大一些，反之则小一些。从传球时手作用球的时间看，我国女排优秀二传手为 0.075 秒左右，日本人研究表明男排选手在 0.061～0.075 秒之间，女排选手在 0.09～0.102 秒之间。从传球的手部动作看，在触球一瞬间，手指、手腕有一极短的被动缓冲，在 0.025～0.03 秒左右，以缓冲球速，在此基础上手指、手腕向前上方用力，使球较柔和地传出，符合进攻的需要。关于传球的准确性和性能，主要依靠手指、手腕的肌肉力量以及本体感觉即通常所说的"球感"进行精细的微调。这是在长期训练中的形成的技巧。

（二）背传

向后上方传球称为背传，背传时上体比正传稍后仰，身体重心在两腿之间，双手抬起置于脸前，两腿自然弯屈，击球点在额的上方，同正传相比靠近头上部（如图 5-17），背传手型同正传相同，用力时蹬地、伸膝，挺腰展腹向上伸肘，同时以手指手腕的弹力将球传出。同正传相比，背传手腕用力幅度小，拇指向后上方用力较大，食指和中指向上辅助控制球的方向。

图 5-17

（三）侧传

向身体两侧方向传球称侧传，此项技术主要用于二传。背对球网，传球手型同正面传球，击球点在脸前或稍偏向传出方向一侧（如图 5-18），传球时双臂向传出方向一侧伸展，异侧臂的动作幅度应大一些，同时伴随上体向传球方向侧屈的动作，使球向侧方飞行。

图 5-18

（四）传球技术基础训练

1. 传球基本功练习法

（1）各种双人对传。包括各种距离和各种弧度的传球；对传中加各种高度的自传；对传中加跳起自传一次（自传后跳起传出，或跳起自传后原地传出）；自传后转身背传给对方；对传之后加各种动作。

（2）三人一行传球，中间人用背传。此练习也可在网前进行。

（3）向前自传后再做调整传球。半场六人轮流交换，从后场自抛自传，然后移动上前再做一次向网前调整传球（图 5-19）。

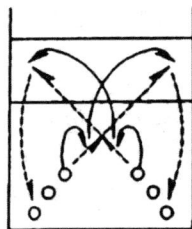

图 5-19

（4）四角跑动传球。先由后排任一队员把球传给对角的前排队员，然后按传球的路线跑到网前位置。在网前的队员接球后，垂直向后传，传给后排队员后，立刻绕过后排队员跑向对角。后排队员接球后再传给对角的另一个前排队员，然后跑向对角（图5-20）。如此循环不断传球。

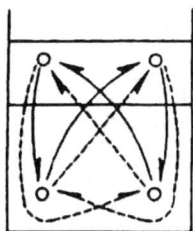

图 5-20

2. 二传技术练习法

（1）两人顺网传各种球。在网前进行近、远距离和高、低弧的对传；跳起对传；自传后加跳传；跳起自传后再传出；自传后转身背传等。

（2）网前三角传球。四人一组，传后换到传出的位置。或三人定位传，适时交换（图5-21）。

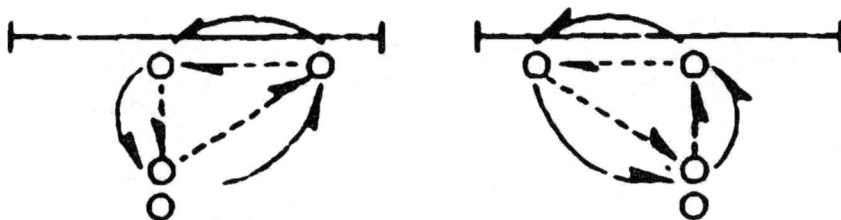

图 5-21

（3）连续调整传。教练员从 4 号位用两个球轮流向 1 号、2 号、3 号、4 四个位置上抛球，队员连续移动到这四个位置上进行调整传球（顺网、斜网、背传），然后回 1 号位的队尾（图5-22）。

（4）教练员在对场抛球，在 4 号位站一队员接球并抛还给教练员（图5-23）。如能在 4 号位加扣练习则更好。后排接发球从各个位置垫给二传，用同样的方法也可以专门练习传给 2 号位或 3 号位。

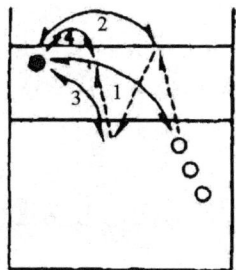

图 5-22

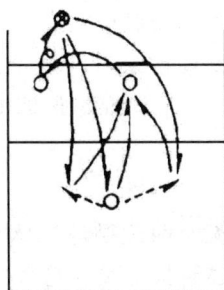

图 5-23

（5）定位定点传各种角度的来球。教练员在本场抛各种不同速度位置的球，后排队员插上再撤回进行二传。教练员等二传队员刚插到网前时抛一个不到位的球，二传队员及时撤回进攻线附近向 4 号（或 2 号）位正（背）传（图 5-24）。也可从其他位置插上再撤回二传。

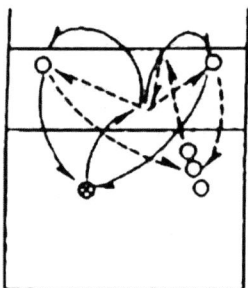

图 5-24

（6）各种一传到位的战术二传。可以由两个二传队员轮流二传，由另外两个队员供球并假作战术配合扣球（不扣球，只上步起跳并评议二传的质量）。各种配合举例如图 5-25。当然也可以结合实扣（二传人或扣手扣）。

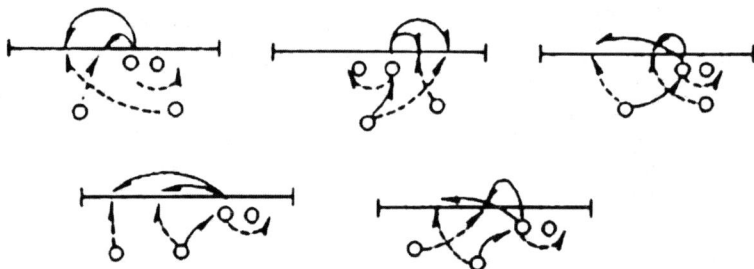

图 5-25

（7）拦网后转身二传。二传人在 2 号位徒手起跳，拦网后立刻转身将教练员抛来的球传给 4 号位或 3 号位。

3. 调整传球训练

包括"一攻""防反"情况下的调整传球和各种距离、角度的调整传球。

（1）不同方向来球的移动调传

教练员从不同方向抛各种球，队员轮流移动调整传。可先从 5 号位抛起，较易传，然后转到从 6 号位、1 号位抛球，逐渐加大难度（图 5-26）。同样也可以从 5 号、6 号位起动传球和往不同的位置调整。

（2）两边抛调

教练员在 6 号位轮流向两边抛球，队员分别从 1 号、5 号位移动进行调整传球（图 5-27），然后跑到网前接一个球还给教练员并轮转到队尾。

（3）专位传球练习

按各队主、副攻手和二传手后排防守的习惯位置站位。例如：主攻在 5 号位向 2 号位调转，二传自 1 号位插上传给 3 号位，3 号位的教练员（或队员）传给对方 6 号位的副攻，再调传给 2

号位的教练员（或队员），然后再传过网给 5 号位。如此用两个球不停地循环进行（图 5-28）。每个位置上的人数可多可少。

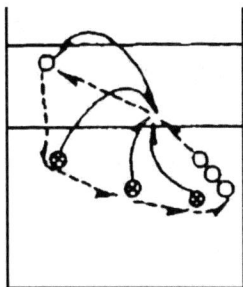
图 5-26

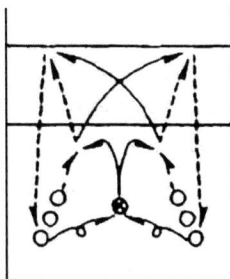
图 5-27

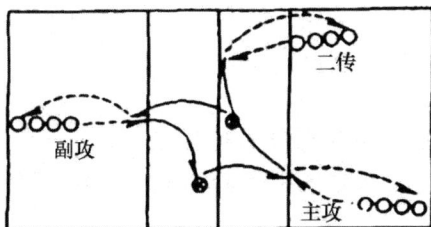
图 5-28

（4）拦网后的调整传球

当 2 号位跳起拦网时，教练员将球抛给 5 号位队员，拦网者落地后转身将球调传给 4 号位。然后跑到 4 号位去接下一个人调来的球，抛还给教练员，再到 5 号位防守。如此 4 至 6 人循环学习（图 5-29）。

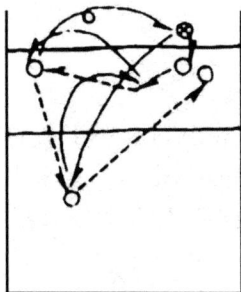
图 5-29

第三节 发球、扣球与拦网技术训练

一、发球

发球是排球技术中动作结构较复杂的一项技术，是唯一一项在两只手分别触球配合下完成动作的技术。发球是比赛的开始，只有掌握了发球技术，才能获得比赛的乐趣。当然，发球的动作方法种类很多，应选择一种适合自己的方法，反复练习，熟练掌握。

（一）基本动作

发球是发球队员在发球区内自己抛球后，用一只手将球直接击入对方场区内的一种击球方法。发球是排球技术中唯一独立完成、不受他人制约的技术。

发球的动作方法种类很多，每一种类都有它的技术特点，但无论哪种发球方法，其动作结构都包括准备姿势、抛球、挥臂击球及击球后动作四个环节。

1. 准备姿势

根据发球方法的不同，发球准备姿势分为身体侧对网站立和身体面对网站立两种准备姿势。面对网站立准备姿势的动作方法是：队员面对球网，两脚前后自然开立，左脚在前，重心落在后脚上。侧对网站立准备姿势的动作方法是：队员左肩对网站立，两脚自然开立与肩同宽，重心落在两脚之间。同一种发球方法其站位要固定。

2. 抛球

抛球指以单手或双手将球平稳抛起在身体右前方。根据发出球的性能，抛球的高度、球与身体的距离有所不同，但同一种发球方法其抛球的高度、球与身体的距离要固定（图 5-30）。

图 5-30

3. 挥臂击球

抛球的同时，右臂摆动向后挥臂。击球时，以正确的击球动作击中球的相应部位，用力方向和所发出球的飞行方向要一致。击球点和击球手法根据发球动作结构的不同而有所差异。同一种发球方法，其击球手型与击球部位要固定（图 5-31）。

图 5-31

4. 击球后动作

击球后，身体随出球方向迅速移动，进场比赛。

（二）基本发球技术

1. 正面下手发球

正面下手发球是指发球队员正面对网，手臂由后下方向前摆动，在腹前一臂距离将球击入对方场区的一种发球技术动作（图 5-32）。这种发球动作简单、容易掌握，但球速慢、力量小，攻击性不强，适用于初学者。其技术要点是：

图 5-32

（1）面对球网，两脚前后开立，左脚在前；两膝微屈，上身稍前倾，重心偏于后脚。

（2）左手伸直托球于腹前，将球轻轻抛起在体前右侧，离手的高度约为 20 厘米。

（3）在抛球的同时右臂伸直以肩为轴向后摆动，借右腿踏地力量，身体重心随着右手向前摆动击球而移至前脚上。

（4）击球点在腹前方，以全手掌、掌根或虎口击球后下方（图 5-33）。

图 5-33

2. 侧面下手发球

侧面下手发球是指发球队员侧对网站立，转体带动手臂由体侧后下方向前挥动，在体前肩以下击球过网的一种发球技术动作（图 5-34）。这种发球可借助转体力量带动手臂摆动击球，比较省力，但攻击性不强，一般适用于初学的女生。其技术要点是：

（1）左肩对网、两脚左右开立，约与肩宽；两膝微屈，上体稍前倾，重心落在两脚间。

（2）左手将球平稳抛于胸前，距身体约一臂远，离手的高度约为 30 厘米。

（3）在抛球的同时，右臂摆至右侧右下方；接着利用右脚踏地向左转体的力量，带动右臂向前上方摆动。

（4）击球点在腹前方，用全手掌、掌根或虎口击球的右下方。

图 5-34

3. 正面上手发球

正面上手发球是指发球队员面对网站立，手臂由体前后摆至肩后，然后向前挥臂在身体前头上方击球过网的发球技术动作（图 5-35）。这种发球便于观察对方，发球的准确性较高，易于控制落点，并能充分利用距地、收腹、手臂加速挥动的动作，发出力量大、速度快的球。其技术要点是：

图 5-35

（1）面对球网，两脚自然开立；左脚在前，左手托球于身前。

（2）用抬臂和手掌的平托上送，将球平稳地垂直抛于右肩的前上方，离手的高度约为 1 米。

（3）在左手抛球的同时，右臂抬起，屈肘后引，肘与肩平，上体稍向右侧转动，利用踏地，使上体稍向左转动，带动手臂挥动。

（4）击球点在右肩前上方手臂伸直的最高点处。

（5）击球时，手掌手指自然张开，与球吻合，以全手掌击球的后中下部；手腕要迅速主动向前做推压动作，使击出去的球呈上旋飞行的状态（图 5-36）。

图 5-36

（四）发球技术训练

1. 按照一般接发球站位容易出现的空当，在场内摆上各种标志物或画出一定范围，要求发人指定区内若干次，并要求发出的球具有一定的威力。

2. 每人可发 3 至 5 组球，每组必须连续发准目标 3 至 5 个好球（还要有一定攻击性），否则不计完成组数。又如：规定每人连续发好有攻击性的球 5 个，即完成任务，失误一个，增补一组，无攻击性发球不计算在发球 5 个之列。

3. 规定每人发 10 个球，有攻击性、落点好的占 6 次，一般球占 2 至 3 次，失误占 1～2 次为完成一组，否则重新发 10 次。

4. 全队分为两组，分别站在场地的两边发球，每组分别轮流发球，要求每人都发好一一个球（如 6 个人，则须连续发好 6 个球），算得一分。任何一组只要有一人发球失误，该组则从头算起。教练员可分别为两组计数、计分，最后评比。

有一定水平的队，还可以提出质量要求，比如教练员认为无威力的发球不予计数，但可不从头算起。

5. 拦、发、防：先拦网再发球，发完球迅速进场防教练员扣或吊的球，可以根据专位需要防 1 号、6 号、5 号位。

6. 扣、发、扣：先在四号位扣一次球，再跑去发球，然后进场扣教练抛的后排球。

7. 发、防、发：先发球一次，迅速进场防吊球，再退到发球区跳发球，目前，跳发球在比赛中运用较多，此练习可以原地发也可以练跳发。

二、扣球

扣球是排球最重要的基本技术之一。也是排球基本技术中最难掌握的技术。扣球动作包括助跑、起跳、空中击球、落地等几个环节，由于扣球是在空中完成的技术动作，因此需要有良好的弹跳力、时空感觉及协调性做基础。扣球又是排球比赛中最积极、最有效的得分手段之一。现代排球比赛中应用较多的为正面扣球技术，在此基础上根据比赛实际需要，扣快球，后排扣球、小抡臂扣球等技术也得到普遍应用。

（一）正面扣球

正面扣球在所有扣球技术中是比较基础的技术，相对来说简单易学，初学者学习扣球技术时，最早接触到的就是这种技术。该扣球技术需要球员正面面对球网。这种情况下，球员可以对对方场地和场上球员位置进行较为全面的观察和了解，而扣球的路线也能够根据对方的网前情况做出适当的调整，增加了扣球的灵活性。正面扣球有很多优势，比如挥臂灵活、动作协调、落点准确、威力大等。运用该扣球技术可以进行有效的进攻。在排球的扣球技术中，正面扣球是运动员最为常用的一种技术动作。这是由于在实际比赛中，比赛情况复杂多样，运动员需要根据临场情况进行灵活多变的作战计划。而正面扣球不仅易于操作还能加大得分的概率，因此成为排球比赛中使用次数较多的主动进攻型扣球技术。扣球技术主要包括姿势准备、助跑起跳、腾空击球、落地结束等几个环节。下面针对这几个动作环节进行详细的动作要领阐述。

1. 准备姿势

使用该技术扣球的最佳位置是相距球网大约 3 米处，队员自然站立，保持膝盖微屈，保持两腿的灵活度，两只手臂自然垂下，目光跟随着球，准备起跳助跑。

2. 助跑起跳

在进行扣球助跑前，扣球手要与一传、二传形成良好的默契。作为组成进攻战术的基础，一传手是能否成功实现进攻得分的关键因素。一次进攻战如果在一传环节造成技术性失误，将会直接导致进攻战术的失败，甚至会造成自身团队的直接失分。除了对一传手传球动作方向、高度的判定外，扣球手更要与二传手进行流畅连贯的动作配合。这要求扣球手在助跑时完成对二传手传球速度、弧度、方向及落点的判断，并且整个判断环节要一直持续到完成起跳、击球、落地为止。

助跑是扣球手积攒动作力量的环节，通过瞬间爆发式的助跑使自身达到一定的水平速度，并借此增加起跳的高度，将水平速度力量转化为垂直力量，凭借肢体的柔韧协调与力量爆发，使扣球的速度与力量更加迅速威猛。要想达到这样威力十足的进攻效果，扣球者在进行助跑的同时，判断好与排球的距离，选择适合的起跳点，控制好身体的起跳时间。助跑是从球被传出后开始的，当身体接近球并到了可以扣球的位置后起跳。起跳按照方式不同主要分为两类，一类是并步法，另一类是跳步法。起跳前有一个凝聚起跳力量的过程，在此过程中，手臂由后向前摆动，给身体以起跳的助力，膝盖弯曲。当身体下蹲到最低处、手臂摆至身侧时，双腿快速蹬直、两臂向上摆、脚掌用力扒地、身体向上纵跃、两脚离地跳起。

在进行正面扣球的助跑环节时，扣球者要控制好自身的助跑速度，掌握合理的助跑节奏。在短距离的助跑中，运动员要将步长进行由短及长的调整，速度要完成从慢到快的过渡转换，规律性地进行动作能量的积攒。在进行助跑时，扣球运动员要保持身体肌肉的放松，不要过分紧张，忌讳在完成动作期间出现停顿或脱节的情况，需要肢体在整个助跑环节中相互协调配合，整体连贯流畅。要根据二传手的传球质量灵活选择自身上步的时机，如果二传手的传球高度过高，则上步时间要相对较晚；如果二传手的传球高度较低，则扣球手助跑上步的时间要稍微提前。

3. 起跳腾空

在结束助跑阶段后，扣球手要及时进行起跳上步动作，保持膝盖弯曲并向内侧紧扣，身体稍微向前倾斜，同时注重四肢的协调配合。当扣球运动员的双脚迅速并用力蹬向地面时，双臂要向身体后侧方向直伸，然后迅速向身体前方摆动，借助腰腹力量的伸展使身体腾空，在空中呈现出标准的身体垂直状态。

达到较高的起跳高度并不是扣球运动员进行起跳动作的最终目的。扣球技术中的起跳环节只是一个过渡性环节，更注重运动员身体从水平方向到垂直方向的转换，为排球运动员选择最佳的起跳点和适宜的击球位置提供了分析判断和调整状态的时间。

运动员在起跳腾空阶段为了能够获得更高的弹跳高度，在进行蹬地动作时，双腿要保持力量十足的爆发力，通过与地面形成的反作用将身体大力推向上方。排球运动员在此阶段要充分发挥身体各部分的协调性与柔韧性，根据助跑上步的质量进行及时且灵活的调整。如果进行助跑上步的时间过晚，则要加快起跳动作的速度；如果进行助跑上步动作的时间过早，则要将起跳的动作稍稍放慢。

4. 空中击球

两脚离地后，胸部挺起、收腹，上半身转向右侧或左侧，转体方向与扣球方向是一致的。

向上抬起右臂，身体形成弓形。转体与收腹的力量积聚到手臂上，肩膀、肘关节、腕关节联动发力，采用鞭甩动作挥臂，手臂的挥动轨迹为向上的弧形，手臂挥至最高时果断扣球。

在进行击球扣球动作时，排球运动员要充分集中注意力，让五指微微张开，使手部整体呈现勺子形状。待手与排球接触后，扣球手的手掌要全部包住运动中的排球，将力量集中于掌心作为扣球发力的中心点。在手掌与球相接触时，要保证触球手的手臂充分直伸，排球的后中部和后中上部是最佳的击球点，扣球者应当借助手臂迅速向下甩的力量来带动下弯曲手指，将排球向前推压，进而使排球向下方进行向上旋转的加速前进运动，争取使其成功过网落入对手场地形成有效得分。

排球运动员在进行正面扣球时要掌握准确的击球点，通过手掌和手腕的灵活运用来控制排球运动的角度、轨迹与下落点。在进行扣球时，除了保持手部直伸的状态，运动员的肩部也要上提，始终保持高点击球的状态。在进行挥臂扣球时，运动员要加速手臂的挥动速度，着重加大对排球的作用力。

5. 落地

完成扣球动作后，应使身体自然下落。落地的瞬间，前脚掌应该先接触地面，然后膝盖屈起，这可以起到缓冲冲击力的作用。

（二）单脚起跳扣球

单脚起跳扣球是指助跑后第二只脚不再踏地而直接向上摆动帮助起跳的一种扣球方法。由于单脚起跳下蹲较浅，又无明显的制动过程，因此缩短了起跳过程，比双脚起跳速度更快，而且还能在空中移动，网上控制面积更大，具有很大的突然性。有时在来不及用双脚起跳扣球时也采用单脚起跳的方法。其技术要点是（图 5-37）：

图 5-37

1. 准备姿势与助跑。稍蹲准备，采用一步、两步或多步的助跑，助跑路线与网的夹角宜小不宜大，甚至可以顺网助跑，以免前冲过中线。

2. 起跳。助跑后，左脚跨出一大步，上体后倾；在右腿向前上方摆动的同时，左腿迅速起跳，两臂配合向上摆动，帮助起跳。

3. 空中击球。起跳后的扣球动作与双脚起跳正面扣球动作相同。

（三）双脚冲跳扣球

冲跳扣球是指助跑后，向前上方起跳，而且在空中有一段位移，击球动作在空中移动过程中完成的技术动作。冲跳扣球在后排进攻和空间差中运用较多。其技术要点是（图 5-38）：

图 5-38

1. 助跑第二步稍小，避免身体后仰，减小制动力。
2. 双脚向后下方踏地，使身体产生一个向前上方的冲跳力。
3. 腾空后抬头、挺胸、展腹，形成背弓。
4. 击球时快速收腹、挥臂，并用手腕推压击球的后中部。
5. 落地后迅速控制身体平衡，避免前冲力过大而导致触网。

(四) 小抡臂扣球

小抡臂扣球是指扣球时肘关节围绕肩关节回旋做加速挥臂击球的一种击球方法（图 5-39）。这种扣球，从抡臂到击球，手臂始终是沿着圆弧运动的，抡臂动作连贯、协调，便于发挥手臂的挥动速度。其技术要点是：

图 5-39

1. 右臂屈肘摆至胸腹之间不再上摆。
2. 击球时，以肩关节为轴心，肘关节围绕肩关节由后下方向前上方做回旋摆动。
3. 当肘关节摆至肩关节侧后方时，整个击球动作与正面扣球相同。
4. 击球点保持在右肩前上方。
5. 击球瞬间，右肩尽量向前上方伸展，使手臂向上伸直，以保持在最高点击球。

(五) 勾手扣球

勾手扣球是指起跳后，左肩对网，通过转体动作发力，带动右臂向左上方挥动击球的一种扣球方法（图 5-40）。这种扣球适合于远网扣球或由后排调整过来的球，它可以扩大击球范围，并能弥补起跳过早或冲在球前面起跳的缺陷。其技术要点是：

1. 在助跑的最后一步，两脚平行于中线，左肩对网完成起跳动作或起跳后在空中使左肩转向球网。
2. 跳起后，上体稍后仰或稍向右转，右肩下沉。

图 5-40

3. 当右臂随着起跳动作摆至脸前时，应迅速引至体侧；手臂伸直，掌心向上，五指微张，手成勺形；同时挺胸、展腹。

4. 击球点在头顶或右肩上方。

5. 击球时利用向左转体及收腹动作带动伸直的手臂，由下经体侧向上划弧挥动，在头的前上方最高点，用手掌击球的后中部。

（六）吊球

吊球这种技术在比赛中是比较实用的。击球时采用手指拨球的方法，手指触球的时间短促、力量也小。该技术很适合进行突然进攻，让对方无暇反应、措手不及。用吊球技术扣球，队员应该找到对方防守空虚之处，然后借助隐蔽性强的吊球发起突然进攻。如果运用得好，将球猝不及防地吊入对方防守空虚的场地区域，就可以直接得分。吊球可以采用两种方式：一种是直线吊，另一种是斜线吊。

扣球的变化招式多种多样，吊球作为扣击技术动作中的一种，在实际比赛中通常用于近网进攻。所谓吊球，是一种巧妙利用对手站位防守的漏洞来得分的一种技巧型方式。运动员对于场上全局的敏锐洞察力是成功实践该技术动作的关键。在采取战术型吊球动作时，击球的运动员要伪装自己的作战意图，避免过早地暴露意图导致己方队伍处于被动，让对手有机可乘。运动员可以按照正规扣球的助跑、起跳的流程动作来掩人耳目。当手掌在空中接触到飞行的排球时，击球者要迅速调整动作姿势，快速完成吊球的动作技巧，利用手指轻轻触碰腾空运动的排球，控制好排球过网的方向和角度，使其成功越过球网，落入对手场地的无人防守区，使对手猝不及防、阵脚大乱。随着现代排球运动的不断发展，吊球技术也在不断地推陈出新、发展变革，形成了快抹吊球、高压吊球等创新型技术动作。在实际的排球比赛中，与其他排球技术动作的综合使用，使吊球达到了极佳的得分效果。吊球技术不仅得分容易，还能有效避免大量体能的消耗，因此成为当今运动员在排球比赛中最喜欢的得分方式。

1. 高压吊球

作为吊球技术的一种变化技法，高压吊球在实际比赛中具有很强的攻击力，是主要的攻击技术。高压吊球主要是利用运动员的身高优势和超强的手臂爆发力，将排球狠狠地快速拍向对方场地。因其巨大的冲击力，就算对手判断对了排球的落地点，也很难通过技术动作成功将球救起，经常因救球无力而造成失分。高压吊球需要击球运动员增加弹跳高度，从居高临下的角度观察敌方运动员的站位。当找准落球点后，击球者要快速大力挥动手臂，使排球在过网后以高速度、小弧度的状态运行，进而增强排球在对手场地的冲击力，加大对手的救球难度。

2. 并吊球

当二传手将排球传近球网并组织进攻时，存在着被对方防守队员盖帽或者拦网的风险。为了减少因主动进攻而造成自身失分的风险，在正式比赛中，运动员通常会采取并吊球这一得分型技术动作。扣球运动员首先运用单手吊球的动作样式迅速用力向网前推压，故意将排球处于网前拦网队员的手上，使进攻方和防守方对排球形成双向作用力，将球"争执"在球网上方。这时运动员要继续迅速用力将排球前推，强迫排球在敌方拦网队员和球网之间下落，或者强行将排球在敌方拦网队员的手中挤出界外，进而造成对手的失分。要想充分发挥并吊球的得分效果，必须在敌方防守运动员毫无准备的情况下进行。在对手无准备意识的情况下，由于排球的滞空时间相对较短，如果在排球未过网前出击，就会被判为犯规，但不主动防守，又会造成无谓的失分而陷入战术被动。于是只能被我方的进攻战术牵着鼻子走，我方就成功地将场上的逆境转化为顺境，使我方吊球运动员处于有利的主导地位。

3. 反吊球

作为一种临场型的战术反应动作，反吊球在实际比赛中是将被动局面化险为夷的重要动作技巧，这种技术动作在排球比赛中是十分常见的。在排球对抗中，当主动攻击一方的扣球运动员突然将进攻动作改为吊球动作时，防守一方的拦网队员也将防守性动作改为吊球方式进行主动还击，将排球从自己的场地反吊回对手的场地。在进行反吊球的技术动作时，运动员在起跳后的腾空阶段要将手臂迅速伸屈，当发现对手进行吊球动作后，运动员要迅速弯曲肘部关节，同时手腕要向后方翻转，接着再伸直手臂将腕关节弯曲，用手指改变排球的运行方向，使排球反向落入对手的场地。在进行反吊球动作时，拦网的防守队员要正确选择起跳的时机并做好拦网或者反吊球的两手准备，根据赛场的实际情况灵活运用战术动作，在避免己方失分的同时，寻找有利的得分时机。值得注意的是，只有在对手吊球高度不高时，防守运动员才能运用反吊球技术进行防守反击。

（七）扣球技术训练

1. 扣球基本功训练

（1）由远网到近网连续扣球。队员从 4 米左右的位置开始一步助跑起跳扣教练员从网前抛来的远网球，所抛的球由远网至近网，连扣三球为一组。

（2）2、4 号位直线助跑扣斜线，斜线助跑扣直线。

（3）连扣两个远网球。一个助跑扣，一个原地扣。前排连抛两个球；前排抛一个球，后排抛一个球；或者后排连抛两球。

（4）扣长距离远网球。在 4 号位（或 2 号位）扣从前排或后排抛或传来的球。

2. 提高扣球准确性的训练

（1）"比谁好球多"。规定每人在 4 号位（或 2 号、3 号位）扣 10 次球（可连续扣），扣完后比谁的好球次数多。

（2）指定区域扣球。把场地分为 A、B、C 三个区，将球扣到指定的区域内，或由队员扣球前自报要扣的区。此练习也可在 2 号、3 号位进行。

（3）扣固定目标。扣完球的队员速到对场后排任选一个位置站好，下一个扣球队员必须将球扣给他，他可以接住，再去扣。轮流进行。

（4）远网球打底线。要求将球扣到底线后（宽度为 1 米）的区域内，练习手对球的控制。

（5）远网球打点。"点"为一米见方的场区。

（6）扣失者去传球。任一规定位置轮流扣球，谁扣球失误，就换作二传。

（7）扣失者去防守。同上，谁扣球失误就到对方去防守。

（8）两组同等人数，要求每人连续扣一个好球算得一分，失误则从头算起。看哪组得分多。要求有一定的扣球力量，轻扣，吊球也算失误。

（9）三人一组，轮流连续扣抛球，规定扣好若干次，如中间有人扣出一般球则不计数，扣失误则从好球次数中扣除两个，直到完成规定的好球数字为止。可由教练员评定球的一般与好坏。

3. 提高扣球路线变化能力的训练

（1）听"指挥"变线扣球。当队员即将要击球前，由教练或二传队员发出"直线"或"斜线"的命令，扣球队员按令的路线扣球。

（2）"乱球"扣线。由教练作二传，有意传出集中、拉开、远网、近网等不定的"乱球"，规定队员扣出清楚的直线或斜线来。

（3）避开单人拦网，变线扣球。设一个拦网人对准球拦网，手在空中不要改变原来的位置，要求扣球人避开拦网，有路线地扣球。

（4）同上，但设双人拦网，增加扣球的难度。

4. 跑动扣球训练

（1）3 号位向 2 号、4 号位跑动扣集中球或拉开球。可由教练员抛球或由二传队员传球。

（2）3 号位徒手拦网后绕到 4 号、2 号位扣高球。

（3）3 号位后撤保护后再助跑移动扣短平球、快球或背后快球。

（4）2 号、4 号位外撤后扣集中高球、半高球和 4 号位短平球。

（5）2 号、4 号位网前内撤后外绕扣拉开球。也可以内撤后大跑动换位扣球。

（6）4 号位拦网后后撤扣短平球、快球或单脚起跳的背后半快球。

（7）2 号位拦网后，后撤扣快球或 3 号位半高球。

5. 连续扣球训练

连续扣球可以提高扣球练习的密度、强度和难度，发展耐力，训练运动员灵活的步法、空中平衡及控制各种困难球。

（1）三人在 4（2 号、3 号）号位连续扣抛球。根据运动员的训练水平和不同训练目的，教练员可分别提出力量、路线、落点及成功率等不同的要求，并控制连续抛球的密度和难度。

（2）一人在 4（2 号、3 号）号位连续扣"乱球"。教练员有意将球抛得高低、远近不同，或忽左忽右的"乱球"，要求队员脚步灵活，找好击球点，空中保持平衡，并控制球的路线和力量。可规定扣若干次或扣若干次好球。

（3）扣一个一般球后接着扣一个从后排传来的调整球。教练员专抛调整球，队员轮流扣完调整球后就去作二传。

（4）与二传合作，连续扣三个不同球。第一扣一般球，第二立即扣"探头"球，第三后退接一传后扣快球。同样也可以从 2 号位扣第一个球。

（5）教练员从对方不同位置抛各种球给本方一个一传队员，通过二传人连续传三个不同的战术球，由每个扣球者根据自己比赛中常用的扣球的方法，连扣三个战术球。可以从 4 号、3 号、2 号任何一个位置开始发动。

6. 扣"两次球"的训练

（1）中场和 2 号位网前各站两个队员（多为二传队员），网前队员把球抛给中场队员，由他再传回给网前队员原地起跳扣两次球。然后双方交换位置进行。

（2）教练员从对方抛球到前场，一队员移动后传给 4 号位（或 3 号位）的队员扣两次球。两人一组轮换进行。可以先定点、抛球，然后抛任意球，加强传、扣的难度。

7. 轻扣、吊球训练

（1）定点轻扣或吊球：在 4 号位按场上画的区域练习轻扣和吊球（图 5-41）。可以规定一个区，也可以任意吊二、三、四区（2 号位扣时，同样对称画区）。3 号位可按图画区练习轻扣和吊球（图 5-42）。

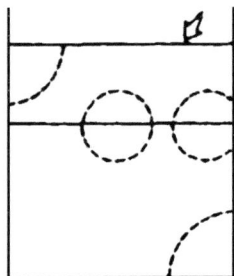 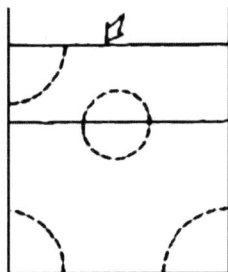

图 5-41　　　　　　　　　　　图 5-42

（2）同上，要求在规定的某一个区内轻扣或吊三个球。这种方法可用于一般练扣球之前，谁先完成三个球就可以任意扣球。这样可以使队员更加认真地练轻扣或吊球；也可以作为扣球前的一种准备活动；同时为争取先完成三个球而提高积极性。可以将一个筐或其他大小合适的物体放在场内设为目标，进行练习。

三、拦网

在排球比赛中，我们经常会看到运动员在网前起跳，并将双手高举去阻挡对方选手的扣球进攻。通过拦网技术的成功使用，不仅避免了球队因失分造成场上局面的被动，还可能通过拦网技术形成有效的反击，甚至进攻得分，使本方队伍占据比赛的主导权。拦网技术作为排球比赛中最常用的防守技术，是防守效果最佳的一种技术方式。作为防守一方的重要防线，拦网运动员的任务是十分艰巨的。如果成功将球拦下，就能够有效地保存后排防守运动员的体能，减轻防守压力；如果拦网失败，不仅会造成后排队员体能的消耗，还有可能因救球不及时或者救球动作不到位而导致失分。一个排球队整体防守水平的高低是能否取得比赛胜利的关键因素，特别是随着现代排球技术的不断完善发展，排球队伍的防守技术水平也有了明显提升，使排球比赛的竞争变得愈发激烈，双方队员在攻防之间迅速转换，大大提高了排球运动的竞技观赏性。

（一）单人拦网

1. 准备姿势

队员正面站在球网前，大约距离中线 20～30 厘米。观察对方球员的动向，两脚分开平行站立，两脚距离与肩膀相同，两腿膝盖稍微弯曲。

2. 移动

移动技术中比较常用的是并步移动、左右划步移动、交叉步移动、跑步移动、转身与网平行跨步等。移动到准确位置后，以对手起跳的时间为主要参考基点，然后选择恰当的时机侧身起跳，腾空转体后，面向球网。

3. 起跳

起跳主要分原地起跳和移动起跳两种。原地起跳时，要利用两脚的蹬地力和手臂摆动，给身体一个向上的力，手臂摆动与脚蹬地方向协调，沿弧线在身体的左右两侧向上摆动，蹬地力和摆臂力带动身体向上纵跃。移动起跳是借助和控制移动带来的惯力，身体正对球网起跳，或者背对球网起跳后，在空中转身面对球网。

4. 空中击球

身体腾空后，上手臂经由额前向上举起，肩膀上抬、伸直双臂，手指自然伸开形成勺状，然后抓住时机用力击球，手触球的瞬间，用力点应该在球的前部上方。

5. 落地

球被拦回时，队员可以面对球网方向落地，落地时应该屈膝，缓冲落地时地面给人体带来的冲击力；球没有被拦回时，队员落地后应当马上向着球的落点方向移动，面对来球，及早为救球做好准备。

（二）集体拦网

集体拦网是指两到三名队员在网前进行拦网，这是为了扩大拦网范围。集体拦网时，协同拦网的人数大多为两人。

针对 4 号位和 2 号位的扣球拦网，先取哪号位都可以，可以拦直线，也可以拦中斜线，也可以从 3 号位并过去拦中和小两个斜线。针对 3 号位的扣球拦网时，应先取 3 号位，还可以从 2 号或者 4 号位抽出一人并到 3 号位，一名队员拦主线，另一名队员则转体线。要注意控制拦网队员间的距离，尤其两名队员相邻的两手之间的距离不要出现空隙，使防守组成严密的屏障，不要让对方找到防守破绽而有机可乘。

拦网中最重要的是拦网判断，队员需要判断扣球的位置和时间，以便移动到合适的位置，在适当的时间起跳并进行集体拦网配合。集体拦网技术是建立在单人拦网技术基础上的，只有掌控了单人拦网技术并可以灵活应用时，才能与队友一起打出较好的集体拦网配合。

（三）拦网技术的训练方法与注意事项

在排球比赛中，运动员通常选择助跑起跳和原地起跳两种方式进行空中拦网。防守运动员使用拦网技术会消耗大量的体能，并且对动作要领的掌握程度和身体力量素质的爆发都是影响拦网质量的重要因素。因此，防守运动员要想在比赛中用拦网技术出色地完成防守任务，就要在平日的训练中持之以恒、坚韧不拔、刻苦练习，同时还要配以科学、合理的训练方法，让运动员在短时间内快速提高拦网技术水平，使球队在比赛中不会因防守较弱而陷入被动局面。球队可以将无懈可击的防守作为专心进攻的保障，使进攻更具威力，战略技术更加果断，进而形成有效的得分，使球队成为比赛的主导者，取得比赛的最终胜利。

下面为大家介绍一下关于拦网技术的训练方法。

1. 拦网技术训练的初级阶段

对于初学者来说，快速熟悉球感、掌握拦网技术的基本动作要领是入门阶段的重要训练任务。在最开始的练习中，运动员可以适当将球网高度降低，双臂向上伸举，徒手进行拦网动作的练习。还可以将两名运动员组成一组，将球网高度做适当的调整，两名运动员分别站在球网的两侧，其中一名运动员将排球高举于球网之上，另一名运动员进行原地拦网技术练习，运动员要在训练过程中注意手部接触排球时的姿势，要以标准的手型姿势为指导形成规范的技术动作。

在熟悉球感及掌握标准触球手型姿势后，运动员开始进行拦网起跳的相关训练。首先运动员要在网前进行原地起跳练习。此阶段可以徒手练习，不需触球，目的是训练运动员的弹跳能力和肌肉爆发力，培养运动员在起跳时对高度和力度良好的控制力。除了拦网起跳动作，拦网技巧中步法的移动也是十分关键的。由于敌方攻击力较强，防守方往往处于一种相对被动的状态，为了有效化解失分危机，防守方的运动员可以通过移动步法来扰乱对手的进攻节奏与进攻策略。让对手在攻击区域的问题上出现迟疑与选择的情况，使攻击动作出现停顿，大大降低了对手的攻击威力。我方队员可以抓住这绝佳的机会进行猛力反击，争取转换比赛局面，使我方队伍成为比赛的主导者并取得比赛的最终胜利。可见，移步拦网不论是在动作技术层面，还是心理战术层面都是拦网技术中十分关键的重要环节。因此在日常训练中，要重视这一环节的练习。对于初学者来说可以先在球网前进行徒手拦网移步的练习，熟悉基本的实用步法，为之后提高训练打下坚实的基础。

在掌握拦网技巧的一些基础性动作后，运动员可以进行相对简单的实战性拦网动作练习。教练员可以让每两名运动员组成一组，其中一名运动员站在球网前，将排球向高空抛出，另一名运动员完成移步腾空起跳等拦网动作。

该项训练的目的是培养运动员掌握最佳的起跳时间的能力，进一步感受每一步动作要领的内涵，特别是让运动员在拦网练习中自行体会压腕动作的力度、角度及动作细节，使运动员能更好地掌握拦网技术。运动员在对各项动作环节有了更深刻的体会后，就可以进行扣球拦网的训练了。同样还是将两名运动员分为一组，一名运动员通过助跑、起跳、挥臂完成威力十足的扣球动作，另一名运动员则需要进行完整的拦网技术动作并争取成功拦截对方扣发出的排球。

在拦网技术的初级训练阶段，教练员多安排运动员进行单人拦网的练习，目的是让新手尽快熟练掌握拦网技术的基本动作要领，在短时间内提高自身的技术水平，为下一步的拔高训练打好基础。在后期的初级拦网扣球训练中，教练会根据运动员自身拦网技术的优缺点进行专项练习，教练员会站在视野较好的高台上，针对运动员的技术短板进行指定路线的排球扣发拦网训练。运动员要根据教练员发球的路线、速度、力度，做出精准的位置判断，及时做好起跳准备，在不断训练中提高拦网技术的成功率。当运动员攻克了自身拦网技术的短板后，教练员就开始训练运动员的综合性拦网技术水平。这时在高台上的教练员开始向运动员扣发出不同飞行路线的排球，运动员要进行连续起跳拦网。该项训练着重培养运动员的反应速度、身体爆发力和维持体能的能力等。

初级阶段的最后一项训练内容就是训练运动员的场上应变能力以及培养运动员灵活掌握拦网技术的能力。教练员将队员以球网为界分成两部分，一部分球员站在场地的 4 号位进行弧线集中式的扣球，另一部分的运动员要站在本方场地的 2 号位进行循环式轮流拦网训练。当循环进行几回合之后，运动员要进行换位，一部分运动员要站在 2 号位进行扣球，另一部分运动员站在 4 号位进行拦网循环练习，直至熟练掌握。

2. 拦网技术的巩固阶段

当运动员熟练掌握了拦网技术的动作要领之后，教练就可以针对每个运动员的技术特点进行拔高巩固训练。此阶段的训练目的在于让运动员以扎实的拦网技术为基础，并通过科学规范的训练内容来巩固运动员在拦网技术水平上的优秀特质，使运动员在拦网技术动作上形成自己的特点，使球队的整体防守实力更加出众。在拦网技术的巩固阶段，教练员与运动员之间需要形成密切的沟通及配合，这样才能在最短的时间内使运动员的拦网技术水平得到明显突破，能否成为一名出色的防守型排球运动员，此阶段的训练是极为重要的。

巩固训练初期多以定位扣球拦网的训练模式为主。教练员要求两名运动员分别站在球网的两侧，一方队员在场上 2 号位、3 号位、4 号位分别进行扣球过网，另一边的运动员在相对应的固定位置进行单人拦网。这种训练模式十分考验选手的场上判断力和身体协调性，同时也锻炼了运动员的综合防御水平，并且训练强度明显要强于初级阶段的训练内容，使运动员距离上场实战的水平又向前迈进了一大步。

在实际的排球比赛中，由于比赛进攻性较强，为了形成有效的防守，一般都采用双人拦网或多人拦网的组成模式来提高防守成功率。因此在训练阶段，特别是拦网技术的巩固期阶段，教练员应该让运动员进行两人或多人的拦网技术练习，使防守队员间形成战术上的默契与技术上的互补，并在实战中发挥出高水平的防御技术。关于多人拦网技术的训练，教练员应本着循序渐进的原则展开训练，切忌急功近利，造成防守队员间的技术配合不熟练的情况，给实际比赛中的防守环节制造丢分隐患。在日常训练中，教练员可以让一名队员在场地 4 号位进行扣发球，球网另一侧的 3 号位的防守运动员要迅速跑向 2 号位的防守运动员，二人迅速形成双人拦网的防御模式，相互协调好彼此间的起跳、伸臂的时机与节奏，同时还要准确判断对方扣球的力度、速度与角度。根据站位与发球方向的不同，定向双人拦网练习设定了很多跑位的情况，如进攻运动员在 2 号位扣球，3 号位的防守运动员要及时移动到 4 号位防守运动员的区域，并迅速与其形成双人拦网的防守模式。通过反复的巩固性练习，让防守运动员之间形成了良好的默契，使防守水平得到了进一步的提升。

运动员在熟练掌握双人拦网的技术模式后，教练员可以为其安排三人拦网的训练模式，使运动员的拦网技术水平得到进一步的巩固与提高。如进攻运动员在 3 号位进行扣球，2 号位与 4 号位的防守运动员要迅速与 3 号位的运动员汇合，形成三人拦网模式，力争成功防御扣球手的猛烈进攻。通过三人模式的拦网训练，培养了运动员的团队协作意识，增强了战术性实践的概念，有利于排球运动员对自身综合竞技素质的开发。

3. 拦网技术在实战模拟中的提高

正所谓"台上一分钟，台下十年功"，在排球比赛中也是如此。运动员在场上每一次精彩的拦网得分都是自己平时刻苦训练、持之以恒的成果。为了让运动员的训练成果在实际比赛中得以良好展现，教练员往往在后期的训练阶段安排实战模拟训练，这对防守运动员提高拦网技术水平以及积累防守经验有着积极显著的效果。在进行模拟训练时，教练员会总结出在正式比赛中常见的防守难题进行反复模拟实践，直至拦网运动员将困难的防守状况逐一攻克，使防守运动员在比赛中遇到此类防守难题时能沉着冷静、轻松化解，进而鼓舞士气，增加团队的凝聚力和拿下比赛取得胜利的坚定信心。因此，在日常训练中可以针对各个位置的进攻进行防守分析与实际操作。如针对拦截对方一攻手的模拟练习，我方前排的防守运动员应将各种拦网战术逐一实践，将防守运动员配合最默契、最连贯、效果最好的拦网技术作为实战中拦截一攻手扣球的首要战术方法。为了避免实战中经常处于防守的被动阶段，在实战模拟练习中，要针对防守反击开展细致训练。不论是防守运动员还是进攻运动员，都要在防守反击环节形成默契的配合，每个人都要兼具防守与进攻的双重使命，进而使团队的整体实力水平不断提高。

在此阶段的训练中，为了使运动员适应正式比赛的竞技节奏与激烈程度，教练员会安排强度较大的训练项目。如在实战模拟训练中，让三名运动员在三个位置进行扣球进攻，防守运动员要在球网的另一侧进行集体拦网训练，这是考验队员间的技术磨合程度以及整体的防守实力。此外，教练员还会安排一些攻防练习，例如四对四、六对六的排球比赛，让运动员学会如何将训练所学运用到实际比赛中，增强运动员的判断力与实践力，使拦网运动员不断成长、不断出色，通过坚持不懈的训练，成为一名优秀的拦网运动员，在比赛中完成自己的使命，成为比赛取得胜利的重要保障。

4. 如何纠正错误的拦网技术动作

拦网是一种针对扣球进攻而衍生出来的动作技术。在排球运动中，由于扣球进攻动作具有很强的突发性和偶然性，会使拦网防守的动作技术难度加大。特别是对排球初学者来说，拦网技术相对复杂，对身体运动素质以及思维能力的要求也相对较高，因此在一开始的拦网技术训练中，经常会出现动作不到位或者技术概念理解错误的情况发生。下面就为大家总结一下排球新手在进行拦网技术训练时容易犯的错误以及改正错误的方案。

起跳过早是新手在进行拦网动作中经常出现的失误。由于对手起跳扣杀过于突然，拦网运动员的防守神经过于敏感，再加上心态过于紧张，就容易形成条件反射式的迅速起跳，造成起跳过早，导致拦网防守失败。要想有效避免这种情况的发生，拦网运动员要在平时的训练中增加自己的技能训练与心理素质的训练。通过大量的拦网起跳练习，总结经验、吸取教训，掌握正确的起跳时机。如果运动员对起跳时机的把握感较差，教练员可以通过信号辅助的方式来提高运动员的起跳判断力。除了技术性的纠正，运动员的心态辅导也是至关重要的。作为一名拦网运动员，需要集中精力、聚精会神，但不需要过度紧张、敏感武断。在日常的训练中，要加强对运动员心理素质的建设，增强运动员对自身技术能力的肯定，培养运动员沉着冷静的竞技素质，这些都是运动员在实际比赛中发挥真实技术水平的主观保障。

拦网运动员为了有效阻截对手的大力扣球，会拼尽全力起跳，双手扑球，但经常出现用力过猛或者身体在空中失去平衡等现象的发生，极易造成触网犯规的结果，影响运动员的竞技心态。双手触网的失误多是由于平日训练时对动作技术的练习较为疏忽，因此在进行拦网训练时，运动员一定要仔细拆分每个阶段的动作要领，使动作完成地更加精益求精。尤其要重视一些微小的动作环节，避免在实际比赛中由于紧张或者体力消耗导致动作变形，使动作细节上的失误扩大化。对于在拦网技术中形成错误动作习惯的运动员来说，要在日常训练中加大训练强度，通过科学合理的训练方式及时进行正确的矫正。运动员要从基础性动作开始练习，如徒手进行拦网动作，控制动作的幅度与角度。接着再进行拦固定球的练习，着重练习拦网手势、动作的规范化，反思自己的动作缺陷并及时规范改正。然后开始进行提肩压腕的拦球动作。这一环节的练习要不厌其烦地重复，让运动员在机械式的循环中将动作变为本能习惯性模式，这样在实际比赛中就基本上不会出现动作走形的情况发生。最后，运动员要将排球网降低，进行原地拦网练习。在练习中，要注意手臂的动作，掌握好手臂的力度、速度与角度，注意与球网之间的距离。

在排球比赛中，进行拦网防守的运动员通常会将注意力高度集中到手腕及手臂部分，忽视了起跳后对身体其他部位的动作调整，因此很容易造成身体触网、脚过中线等犯规情况的发生。这种情况的发生与运动员拦网动作要领掌握不到位，基础动作训练强度较少有关，同时也与运动员在比赛场上过分紧张、压力过大导致技术动作的变形有关。为了有效避免运动员在比赛中出现这样的失误，教练员要安排运动员进行纠正性训练，让运动员的拦网动作更加规范，提升运动员的比赛自信心，这样才能保证运动员在比赛中发挥出色的拦网技术，尽量减少本方球队的无谓失分，避免球队在比赛中陷入被动局面，为最终的胜利奠定坚实的基础。在日常的纠正训练中，运动员要在教练的提示信号下完成整个起跳技术动作，这种训练方法是为了让运动员准确掌握完成技术动作的节奏。当拦网运动员熟练掌握运动节奏后，教练员要对运动员的技术动作进行纠正性训练，培养运动员垂直起跳和腿部制动的能力，加强自身对身体各关节的控制力。该项训练最好在球网前进行，以便让拦网运动员能更好地掌握身体与球网的距离。通过反复练习，让运动员逐渐习惯拦网技术动作，以保证在比赛中的稳定发挥。除了注意腿部动作的纠正，运动员还要加强腰腹力量的训练，增强身体的柔韧程度。拦网起跳腾空后，含胸收腹是标准的腾空姿势，这样十分有利于运动员发挥手臂及腕部的作用力，高质量地完成拦网技术动作。

在激烈的排球比赛中，防守运动员所承受的压力是十分巨大的。一些拦网运动员害怕在比赛中出现犯规性失误，通常选择在拦网时让手部和球网保持较远的距离，但这种做法虽然能有效避免触网犯规的情况发生，却大大提高了排球在手与球网间漏下的失误率。因此拦网运动员用这种方式避免犯规的做法是十分不可取的，加强基本技术动作的练习，熟练掌握动作技巧才是高质量完成拦网动作的根本。在日常的拦网训练中，运动员要多与教练员进行动作技术上的探讨沟通，严格遵照教练员指定的训练方案进行动作要领的练习。建议运动员先进行徒手起跳训练，站在与球网较近的距离，在起跳腾空阶段，运动员的双手要尽量向上直伸，在腰腹力量的作用下带动整个身体向上运动。这时运动员要注意身体与球网间的距离，距离不要过远或过近，在保证不触及球网的前提下尽量控制身体逐渐缩短与球网的距离，锻炼身体的控制力。当拦网运动员掌握了起跳腾空后的动作感觉时，就可以进行对抗性较强的扣球拦网训练。运动员要调整好身体与球网、双臂与排球的距离，保证技术动作的完美发挥，避免发生无谓的意外性失误。

对于排球拦网运动员来说，正确判断出对手扣球进攻的线路是具有很高难度的。特别是在激烈紧张的比赛氛围中，要想保持清醒的头脑，通过洞悉对方所有队员的跑动与站位以及对扣球队员动作技术的分析，进而准确判断出扣球路线更是难上加难。因此，对扣球路线的不敏感是一些拦网运动员防守水平停滞不前、难有突破发展的主要原因。为了帮助防守运动员有效摆脱拦网技术上的瓶颈，教练员要加强运动员对排球路线的判断，培养拦网运动员的场上敏锐度，与运动员一同观看经典的拦网案例，让运动员在不断积累中提高对排球路线判断的概念。在日常训练中，教练员要加大对拦网扣发球的训练量，让扣球队员从各种角度进行扣球，使拦网运动员在实践中培养判断意识，总结扣球运动员在不同角度扣球时的动作与眼神，寻找判断路线的规律。此外，教练员还要训练拦网运动员的活跃性思维，做到在比赛中随机应变。防守运动员要细致观察进攻手扣球的力度、方向，随时准备变换拦击的路线。

在排球运动中，进攻实力与防守实力上的对等是出色排球队伍所共同具备的特点。可见，一支重进攻轻防守的球队是很难有长远发展的。进攻力与防守力的关系是十分微妙的，并且在比赛中潜移默化地相互影响。从某种意义上来说，强力迅猛的进攻依托于固若金汤的防守，而球队完美的防守也得益于进攻得分所带来的信心与士气的鼓舞。作为进攻得分的基础性保障，防守是取得比赛最终胜利的根本，只有在己方球队少失分的前提下，才能毫无顾忌地进攻，掌握比赛的主导权。其中，拦网技术是防守技术中的重中之重，是审核一个队伍防守水平的关键，因此防守运动员要重点进行拦网技术的训练。运动员要想快速提高自身的拦网水平，就要掌握一些练习的诀窍，避免走弯路影响技能提升的进程。对于练习拦网技术的初学者来说，进行单人拦网练习是提升拦网技术水平最有效的方式，对熟练掌握拦网技术的动作要领起到了积极作用。网前移动速度决定了拦网动作的完成质量，因此要在平时练习中多做移动拦网训练，注意网前的积极跑动，提高有效拦网的效率。成功拦网的前提是拦网运动员正确判断出对手扣球的线路。对防守运动员来说，提高拦网的判断能力是十分必要的。要想成为一名出色的排球拦网手，就要通过结合各种角度、路线的扣球进行拦网练习，在不断的积累中提升拦网水平。

在排球运动中，一个强大的球队并不是仅靠一两个进攻突出、防守出色的运动员来支撑的，超强的集体竞技水平才是球队"永葆青春"的关键。因此在平日训练时，防守运动员之间要进行集体拦网训练，加强团队间的配合、加固防线，让进攻方束手无策、陷入被动。对于排球运动员来说，训练的根本目的就是提高技术水平，争取在实际比赛中出色地发挥，取得较好的成绩。因此在日常训练中，要经常采取实战模拟训练，让运动员适应赛场的激烈氛围，使自身的防守水平得到明显提升。

第六章 现代排球运动进阶技术的训练实践研究

第一节 垫球技术的进阶训练

垫球是排球技术中动作结构最简单的一项技术，初学者首先应该学习此项技术。在排球比赛中也是使用次数最多的一项基本技术，只有掌握好垫球技术，才能在排球比赛中有效地增加击球次数。

一、跪垫

以半跪姿势击球的垫球方法称为跪垫（图 6-1）。跪垫适于在来球低、速度快、距离远时采用，在接发球、接扣球及接拦回球时运用较多。其技术要点是：

图 6-1

1. 以低蹲准备姿势向来球方向跨出一步，跨出腿膝关节外展，后腿脚内侧和膝关节内侧着地。
2. 上体尽量前倾，腰塌肩，屈肘，使两臂贴近地面插入球下。
3. 击球时，用翘腕动作以及双手虎口部位将球垫起。

二、让垫

击球前身体先退让的垫球方法称为让垫（图 6-2）。一般在来球弧度平、速度快、前冲追胸时使用。其技术要点是：

图 6-2

1. 迅速向一侧跨出一步，跨出腿稍屈，身体重心移至跨出腿上。
2. 让开身体的同时，用体侧垫球的方法截住来球，进行垫击。
3. 或者向侧后跨出一步，让开身体，使球飞向体侧，用体侧垫球的方法击来球。

三、滚翻垫球

以滚翻姿势击球翻滚的垫球方法称为滚翻垫球（图 6-3）。当来球距离身体远且低，用跨步垫球不能触及到来球时，可采用滚翻垫球。滚翻垫球能够快速地接近球，控制范围较大，保护身体不受伤，并可迅速起立转入下一动作。其技术要点是：

图 6-3

1. 向来球方向跨出一大步，上体前倾，使胸部贴近大腿，重心完全落在跨出腿上。
2. 双臂或单臂伸向来球，同时两腿向前用力踏地，使身体向来球方向伸展。
3. 击球时，用小臂、虎口或手腕部位击球的下部。
4. 击球后，在身体失去平衡的情况下，顺势转体，依次用大腿外侧、臀部外侧、背部、跨出腿异侧肩着地；同时低头、含胸、收腹、团身，通过跨出腿同侧肩部做后滚翻动作，并顺势迅速起立。

四、前扑垫球

击球时伴随前扑动作的垫球方法称为前扑垫球（图 6-4）。当运动员来不及向前跨步、移动去接近球时，可采用前扑垫球。前扑垫球主要运用于接前方低而远的球。其技术要点是：

图 6-4

1. 准备姿势低，上体前倾，重心偏前。
2. 下肢用力踏地，身体向前扑出
3. 同时单臂或双臂插入球下，击球时，用前臂、虎口或手背将球垫起。
4. 击球后，两手迅速撑地，两肘顺势弯曲缓冲。膝关节伸直以免触地，胸腹部着地。

五、侧卧垫球

向侧跨步垫球后再倒地的动作称为侧卧垫球（图 6-5）。一般在接侧向低、距离远的来球时，运用这种方法较多。其技术要点是：

图 6-5

1. 击球前先向侧面跨出一大步，成深弓箭步，同时重心下降移至跨出腿上。
2. 通过跨出的腿用力踏地，使上体向侧面伸展、腾出。
3. 击球时，击球手臂前伸，用双手或单手将球垫起。
4. 击球后，以体侧着地成侧卧向前滑动。

六、鱼跃垫球

以鱼跃姿势腾空跃起体前垫球的方法称为鱼跃垫球（图 6-6）。这种垫球方法跃得远、控制范围大，当来球低而远时运用较多。其技术要点是：

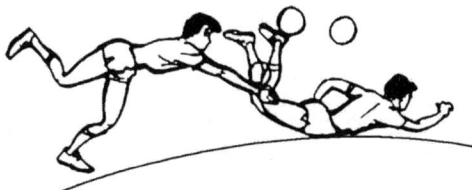

图 6-6

1. 采用半蹲准备姿势，上体前倾，重心前移，向前做一两步助跑或原地用力踏地，使身体向来球方向腾空跃出
2. 手臂向前伸展，插到球下。
3. 击球时，用单手或双手击球的后下部。
4. 击球后，双手在体前身体重心运动的方向线上着地支撑，两肘缓慢弯屈；同时抬头、挺胸、展腹，两腿自然弯曲，使身体成反弓形，以手、胸、腹、大腿的顺序依次着地。

七、铲球

当来球低而突然来不及使用双手垫球或其他形式的单手垫球时，可采用铲球。铲球用单手手背垫球，手掌贴地犹如一把铲子向前运动，使球击在手背反弹而起（图 6-7）。

图 6-7

八、脚垫球

用脚将球击起的垫球方法称为脚垫球（图 6-8）。脚垫球技术是一项应急技术，是排球技术中手击球动作的补充技术，是在来球用手无法触及而迫不得已的情况下才使用的。其技术要点是：

图 6-8

1. 一脚向来球方向跨出一步，重心前移。
2. 展腹展胸，身体后倾。另一腿以髋关节为轴，大腿带动小腿前抬。
3. 击球时，以适当的力量用脚背平面触及球，使球弹起一定的高度。
4. 击球后，后脚迅速跟上，保持身体平衡，还原准备姿势。

九、垫球练习方法

在初步掌握垫球的击球点、击球部位、手臂击球用力后，可进行移动垫球、变方向垫球等。练习时，应遵循以下顺序：徒手练习→垫固定球→自垫球→对墙垫球→垫近距离抛球→近距离对垫球→长距离对垫球。

（一）徒手练习

徒手练习是指不结合球的模仿练习，是初步形成技术动作的正确表象，也是形成规范动作的最佳途径。在进行徒手练习时，练习者可以在不受来球的干扰下，集中精力做好每一个动作。因此，该方法非常重要，但往往被初学者忽略。

方法一：垫球手型练习。练习者两臂夹紧并伸直，形成垫击平面；两手抱拳或叠掌。体会垫球手臂动作。

方法二：原地徒手垫球练习（图 6-9）。练习者跟随教师或在镜前做垫球的完整动作。体会垫球动作的用力顺序。

图 6-9

方法三：移动徒手垫球练习。练习者结合交叉步和并步移动后做徒手垫球动作练习。体会移动与垫球动作的连贯性。

（二）定位垫球练习

定位垫球练习是指练习者自己或在同伴的配合下，在相对固定的位置，进行相对固定球的练习。固定球的练习是动作定型的重要手段，有利初学者击准球，掌握正确的击球点。

方法一：两人一抛一垫（图 6-10、图 6-11）。初学时可采用坐在一定高度的椅子上，从坐姿到离椅击球。体会身体协调用力及抬臂击球的动作，明确击球部位。

图 6-10

图 6-11

方法二：连续自垫（图 6-12）。向自己头顶上方垫球，高度不低于 1 米，尽量原地垫球。体会抬臂、压腕动作。

方法三：对墙连续垫球（图 6-13）。自己一人在面对墙 2～3 米处连续对墙垫球。这是很有效的练习方法，根据用力的大小或方向的变换而判断取位，可提高找准击球点的能力。

图 6-12

图 6-13

方法四：两人长距离对垫（图 6-14）。两人面对着互相垫球，最初由 4 米开始，然后逐渐加大距离，直至约 6～7 米。体会身体的协调用力。

图 6-14

（三）移动垫球练习

移动垫球练习是对远离身体的来球，通过脚步移动垫击的练习。移动练习能提高身体与技术动作的协调配合。

方法一：移动自垫（图 6-15）。用一球向前移动自垫，提高控制球能力。

图 6-15

方法二：两侧跑动垫球（图 6-16）。抛球人向两侧抛球，练习者两侧移动垫球。要求：垫球人反应要快，垫球要准。

图 6-16

方法三：穿梭跑动垫球（图 6-17）。两队相距约 4 米，相向而立，练习者垫击球后跑动到对方队尾，依次进行。要求：垫准球，跑动快。

图 6-17

第二节　二传技术的进阶训练

传球技术在排球比赛中主要用于二传。二传是传球的高级技术。二传的任务在于对一传进行调整，以便组织各种各样的进攻战术，是从防守转入进攻的桥梁和纽带。

不管运用哪种二传技术，二传队员都应具备以下条件：第一，判断准确，移动迅速，选位恰当；第二，手型正确，动作协调，控球能力强；第三，视野开阔，善于配合，可调整节奏。

一、正面二传

正面二传是指二传队员站在网前，面对出球方向传球的技术动作（图 6-18）。根据进攻战术的需要，正面二传分传集中球和拉开球。集中球是指球的落点距二传队员较近、弧线较高的传球；拉开球是球落点在标志杆附近的传球。正面二传在排球比赛中应用较多，传出的球效果也好。其技术要点是：

图 6-18

1. 稍蹲准备姿势，观察场上情况。
2. 根据一传落点，迅速移动到位，身体面向传球方向。
3. 击球时，利用手臂、手指手腕动作来传球和控制球
4. 击球后，上肢要有伴送动作，保持传球的手型片刻。

二、调整二传

调整二传是指二传队员将一传不到位或离网较远的球传给扣球队员进攻的技术动作（图 6-19）。

调整二传一般都以传2、4号位为主，将不利于进攻的困难球调整为可攻球。其技术要点是：

图 6-19

1. 判断球后，快速移动至球下，身体尽可能正对出球方向；注意传球的角度，使出球路线与球网形成的夹角越小越好，便于进攻队员扣球；不宜垂直向球网传球。

2. 传球前，肘关节尽可能回收，做好用力传球的准备姿势。

3. 传球时，充分利用置地、展体、伸臂等全身协调力量，将球平稳传出。

4. 传球的弧线要高一些，速度慢一些，离球网不宜太近或太远。传出的球落点应在扣球队员的前方。

三、背向二传

背向二传是指二传队员身体背向传球目标传出二传球的技术动作（图 6-20）。背向二传可充分利用球网的全长，增加进攻点和进攻的机会。其技术要点是：

图 6-20

1. 根据一传落点，迅速跑到球下，以球网等作为参照物确定自己的位置。

2. 以肩膀的方向调整出球角度。

3. 传球时，充分利用距地、展腹、挺胸和向后上方提肩、伸臂、翻腕动作，将球平稳传出。

4. 传球后二传迅速转身，观察球传出的效果。

四、侧向二传

侧向二传是指二传队员面对或背对球网向身体两侧传球的技术动作（图 6-21）。这种传球适用于近网或平冲网的球，可以增加进攻的隐蔽性和突然性，也可用于二传吊球。但侧向二传难度较大，准确性差，不便于控制球。其技术要点是：

图 6-21

1. 采用稍蹲准备姿势，正对或背对网站立。

2. 击球点稍偏向传出方向一侧。

3. 传球时，双臂向传出方向一侧伸展，异侧臂的动作幅度大些。

4. 上体向传球方向做侧屈的动作，双手伴送球，使球向侧方飞行。

五、跳起二传

跳起二传是指二传队员跳起在空中传出二传球的技术动作。许多强队为了加快进攻节奏、缩短进攻时间，会在两次球及其转移进攻战术中，大量地运用跳起二传。跳起二传分为跳起双手二传、跳起单手二传和晃传。其技术要点是（图 6-22）：

1. 把握起跳时机，借助两臂向上摆动垂直起跳。

2. 身体上升至最高点时击球。

3. 主要靠迅速伸臂和加大手指、手腕的弹力将球传出。

4. 整个起跳、击球、落地动作保持身体平衡，避免触网。

跳起单手二传的技术要点是（图 6-23）：

图 6-22　　　　　　　　　图 6-23

1. 当来球接近网上沿时，二传队员侧身对网垂直起跳。

2. 在空中最高点时，近网手臂弯曲上举，手腕后仰，掌心向上，五指适当收拢，构成一个小的半球状手型。

3. 击球点在二传队员右前上方。

4. 用伸肘动作及手指、手腕力量将球向上传起。

二传队员跳起伴做扣球动作，而实际把球传给同伴进攻的技术动作称晃传。其技术要点是：

1. 以扣球的助跑起跳动作移动起跳

2. 起跳后，伴做扣球动作，然后迅速转变为传球动作。

3. 在空中做假动作后，保持身体平衡，并将球转移传给同伴进攻。

六、倒地二传

倒地二传是指二传队员传球后顺势倒地的技术动作。倒地二传一般在来球很低的情况下采用。倒地二传分为后倒二传和侧倒二传。其技术要点是：

1. 移动后以全蹲姿势钻入球下，上体顺势后仰，身体重心移至后脚上。

2. 利用身体的瞬时平衡，在胸至脸前部位快速伸臂翻腕，将球传出。

3. 击球后顺势倒地，团身收腿后滚。

4. 滚翻后迅速站立，保持身体平衡。

侧倒传球的技术要点是（图6-24）：

图 6-24

1. 向来球方向跨出一大步，人插入球下，身体重心落在跨出腿上。

2. 击球时，击球点保持在脸前。

3. 在身体即将失去平衡的瞬间，以快速的伸臂和突然转体动作，将球传出。

4. 击球后，身体顺势倒地，再快速收腿起立。

七、传快球

传快球是指二传队员传出高度低、节奏快的二传球的技术动作。传快球是二传队员依靠进攻队员的配合，在进攻战术运用中所采用的一种传球方法。二传队员应根据进攻者的助跑起跳情况和一传来球情况，调节控制传球的落点和速度。传快球技术方法较多，常用的有以下几种：

（一）传近体快球

传近体快球是指当进攻队员在二传队员体前起跳时，二传队员传出刚高于网上沿的球的技术动作（图6-25）。其技术要点是：

1. 在网前稍蹲准备姿势。

2. 传球时击球点稍高，肘关节微曲，手腕后仰。

3. 传球时主要靠手指和手腕的反弹用力将球击出。

4. 当扣球队员跳起至空中最高点时，传出的球也到达最高点。

图 6-25

（二）传背快球

传背快球是指当进攻队员在二传队员背后起跳时，二传队员以背传的技术方法传出刚高于网上沿的球的技术动作（图 6-26）。其技术要点是：

1. 传球前，二传队员侧身对网站立。

2. 击球点保持在额上方，以拇指控制出球方向。

3. 击球时，手腕后仰，用手指、手腕反弹力将球传向身后。

图 6-26

（三）传调整快球

传调整快球是指二传队员将一传不到位或离网较远的球，用传快球的方法传给进攻队员的技术动作。其技术要点是：

1. 传球前，迅速移动到球的落点上；上体稍向右转，使身体面向出球方向。

2. 击球点在右肩前上方。

3. 传球时，将球传向网上沿，使之到达进攻队员前上方合理的高度和位置。

（四）传后排快球

传后排快球是指二传队员以快球的形式将球传给后排队员进攻的技术动作。其技术要点是：

1. 准确判断后排队员助跑起跳的位置。

2. 击球时，身体侧向进攻队员。

3. 传出球的高度比近体快球稍高，离网距离要根据后排队员的冲跳能力而定，一般距网1～2米。

（五）传短平快

传短平快是指二传队员为便于进攻队员在二传队员身体前 2~3 米处扣球而向前传出的快速短弧线球的技术动作（图 6-27）。其技术要点是：

图 6-27

1. 网前站立，稍蹲准备姿势。
2. 击球点保持在脸前，以便伸肘平推，使球快速向前平飞。
3. 击球时，手指、手腕伴有突然用力的动作，以便控制球的落点。
4. 扣球手起跳至最高点时，传出的球也到达扣球手击球最高点。

（六）传平拉开球

传平拉开球是指二传队员在 2、3 号位之间向 4 号位标志杆处平传拉开快球的技术动作（图 6-28）。这种传球速度快，弧度平，距离长，击球点多，攻击区域广。其技术要点是：

图 6-28

1. 稍蹲准备姿势，站立网前。
2. 击球前缩小肘关节弯曲角度，以便击球时的用力。
3. 击球时，以距地、伸肘平推的动作加快球的向前平飞速度。
4. 击球瞬间，手腕前推的同时稍有下压的动作，以限制球的飞行弧度。

（七）传背平快球

传背平快球是指二传队员以背传的技术方法向 2 号位平传拉开快球的技术动作（图 6-29）。其技术要点是：

1. 以网为参照物，凭方向感控制传球方向，凭手感控制传球弧度、速度和距离。
2. 传球时，要迎击来球的下部，击球点后移，利用抬臂、翻腕、展腹和挺胸动作加快球传出的速度。
3. 传球时，传球速度和弧度要尽量固定，以便进攻队员选点进攻。

图 6-29

（八）传半快球

传半快球是指二传队员在快球掩护下，为组织第二点进攻而传出比快球稍高的战术球的技术动作（图 6-30）。传半快球通常在组织各种交叉进攻战术时运用。其技术要点是：

图 6-30

1. 在准确判断快球进攻队员的起跳时间时做好传半快球的准备。
2. 掌握合理的传球时机，在快球进攻队员起跳后将球传出。
3. 传出球的高度离球网上沿约 80 厘米。
4. 传球后，二传队员转身后撤，以避让快球进攻队员的冲跳、落地动作。

八、传球练习方法

在初步掌握传球的手型、击球点、击球部位、击球用力后，可进行移动传球和变方向传球等练习。

（一）徒手练习

方法一：传球手型练习。在固定正确手型的基础上，反复做传球时手指、手腕的模仿动作。

方法二：徒手模仿传球练习（图 6-31）。练习者在镜前徒手做传球的完整动作，体会传球动作的用力顺序。

图 6-31

方法三：移动徒手传球练习。练习者在交叉步移动后做徒手的传球动作练习，连续进行。

（二）定位传球练习

方法一：两人一抛一传（图 6-32）。一人坐地，接另一人抛来的球做传球练习。体会传球时出手的位置。

方法二：连续自传（图 6-33）。向自己头顶上方传球，高度不低于 80 厘米。体会手臂、手腕、手指的发力。

方法三：对墙连续传球（图 6-34）。练习者面对墙约 2～3 米处站立，连续对墙传反弹球。应根据球反弹力量的大小和方向来判断取位，提高准确击球的能力。

方法四：两人长距离对传（图 6-35）。两人面对面互相传球，最初可由 4 米开始，然后逐渐加大距离，直至约 7～8 米。体会身体的协调用力。

图 6-32   图 6-33   图 6-34   图 6-35

（三）移动传球练习

方法一：单人对墙前后移动传球（图 6-36）。从远到近，再从近到远；或传一个近的，传一个远的。该练习可提高传球时对球的控制能力及步法移动的熟练程度。

方法二：两人移动传球（图 6-37）。两人在进行对传中移动触摸中间放置的物体或中间画的一条线，以扩大移动传球时的视野。

方法三：四人三角跑动传球（图 6-38）。4 人一组，成三角站立，沿逆时针传球，传球后沿传球路线跑至另一个角，依次进行，以提高移动传球的能力。

 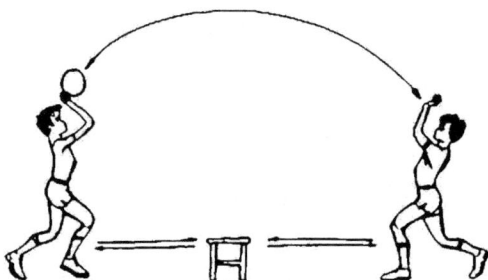 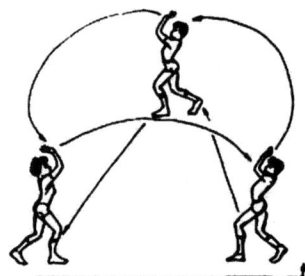

图 6-36   图 6-37   图 6-38

第三节　发球技术的进阶训练

一、正面上手发飘球

正面上手发飘球是指发球队员以正面上手发球的方法，发出向前不规则飘晃飞行的球的发球技术动作（图6-39）。这种发球使对方接发球队员难以判断球的飞行路线和落点；同时由于发球队员面对球网，便于观察瞄准，故准确性比较高，容易寻找对方的弱点。其技术要点是：

1. 面对球网，两脚自然开立，左脚在前，左手托球于身前。

2. 用抬臂和手掌的平托上送，将球平稳地垂直抛于右肩的前上方，离手的高度约为1米。

3. 击球前，击球手臂自后向前做直线挥动；击球时五指并拢，手腕稍后仰。

4. 击球时，手腕、手指略微紧张，手型固定，用掌根平面击球体中下部（图6-40）。作用力通过球体重心，使球飘晃飞行。

5. 击球后，手臂要有突停动作。

图 6-39

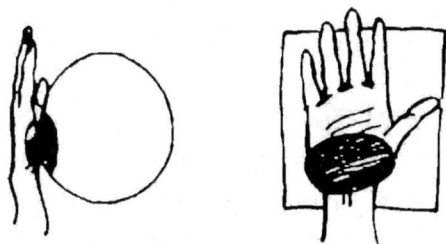

图 6-40

二、勾手发飘球

勾手发飘球是指发球队员侧对网站立，利用勾手的形式，使发出的球不旋转，而不规则地飘晃飞行的一种发球技术动作（图6-41）。这种发球能充分利用腰和腹部的力量，带动手臂挥击，相对较为省力，肩关节的负担也较小，因而适用于远距离发球和女队员。其技术要点是：

图 6-41

1. 身体侧对球网站立，左手持球于胸前。

2. 左手将球平稳抛在左肩的前上方，抛球离手的高度约为 80 厘米。

3. 在抛球的同时，两腿弯曲，上体向右稍倾斜。右臂向下、向右后方摆动，身体重心移向右脚。

4. 击球前重心移向左脚，利用踏地、转体带动手臂挥动；手臂挥动时以肩为轴，肘关节伸直。

5. 击球时，手腕紧张，手型固定，并突然加速，用掌根击球的后中下部，击球点在右肩的前上方。

6. 击球后手臂有突停或下拖动作。

三、勾手大力发球

勾手大力发球是指采用勾手发球的形式，利用转体、大幅度挥臂发出旋转迅速的球的技术动作（图 6-42）。勾手大力发球能充分运用全身的爆发力，发出的球力量大、速度快、弧度低、旋转强。其技术要点是：

1. 身体侧面对网，两脚自然开立，左手持球于胸前。

2. 左手将球抛在左肩前上方，离手的高度约为 80 厘米。

3. 抛球的同时，两腿弯曲，上体向右侧弯曲，右臂随着向右侧大幅度后摆，身体重心移向右脚。

4. 击球前，利用右脚踏地、转体动作发力，带动右臂做直臂弧形挥动；同时身体重心移至左脚。挥臂时手指、手腕稍放松。

5. 击球时，手指自然张开吻合球，以全手掌击球的中下部，主动做推压动作，使球强烈上旋。击球点在身体前上方，手臂伸直的最高点处（图 6-43）。

图 6-42

图 6-43

四、跳发球

跳发球是指发球队员在端线后助跑起跳，在空中将球直接击入对方场区的发球技术动作（图 6-44）。跳发球特点是速度快、力量大、旋转强，是目前最具攻击威力的发球。但跳发球技术难度很大，需要运动员具有相当好的弹跳力、腰腹力量、控球能力。跳发球可分为跳发飘球和跳发上旋球，一般以跳发上旋球为主。其技术要点是：

图 6-44

1. 面对球网，离端线 3～4 米站立，双手（或单手）持球于腹前。

2. 用单手或双手将球抛在前上方，离地面高约 4 米，落点在端线附近。

3. 球抛离手后迅速向前助跑起跳。一般多采用两步助跑双脚起跳方法，起跳时两臂要协调摆动，身体向前冲。

4. 腾空后，挺胸展腹，稍向右转成反弓形，右臂屈肘向后引臂，五指自然张开，手腕放松。

5. 击球时利用收腹和转体动作带动手臂向前上方挥动；用全手掌击球的后中部，并有向前的推压动作。

6. 击球后，两腿屈膝缓冲，双脚落地。

五、发侧旋球

发侧旋球是指发球队员以正面上手发球的方法，利用手腕击球时的变化发出侧旋球的发球技术动作（图 6-45）。侧旋球旋转性大、速度快，呈弧线飞行，使对方难以判断。但这种球需要发球队员有较强的手臂力量和控制球的能力。按照球的飞行路线可分为左侧旋和右侧旋。其技术要点是：

图 6-45

1. 面对球网，两脚自然开立，左脚在前，左手托球于体前。

2. 抛球时，用抬臂和手掌的平托上送，将球抛在比正面上手发球的抛球稍偏右的上方，离手的高度约为 80 厘米。

3. 在左手抛球的同时，右臂抬起，屈肘后引，肘与肩平，上体稍向右侧转动，利用蹬地，使上体稍向左转动，带动手臂向右前上方挥动。

4. 击球时，手掌手指自然张开并稍紧张，以全手掌击球的右部，从右向左带腕，做旋内的动作，使击出的球向左侧旋转飞行（图 6-46）。

图 6-46

5. 击球点在体前右侧上方。

六、发高吊球

发高吊球是指发球队员采用下手发球的方法，以手臂外侧击球的内侧下方，使球高弧度地落在对方场区的发球技术动作（图 6-47）。这种发球高度高，且旋转，可利用球体下落的速度和弧线造成接发球困难。高吊球高度高，易受光线和风力的影响，故适合在室外运用。其技术要点是：

图 6-47

1. 右肩对网站立，两脚自然开立，右脚在前，身体重心在右脚上，两膝稍屈，上体微前倾。
2. 左手将球抛在脸前，使球在体前一臂之远的地方下落。
3. 在抛球的同时，右臂向后摆动，然后借助踏地、展腹，以右臂猛烈向上挥动。
4. 击球时，在腹前以虎口外侧击球的内侧下部，使球在旋转中高高上升。

七、发球练习方法

发球技术种类多，技术动作难易程度差别较大，在一般情况下不宜学习多种发球技术，只精通一种即可。

（一）徒手练习

方法一：徒手抛球练习。原地站立，连续做徒手模仿抛球动作练习。
方法二：徒手挥臂练习。以正确的挥臂动作，对固定目标（如适宜高度的树叶、悬挂的固定球等）连续做徒手的挥臂击球练习。

方法三：徒手完整发球动作练习（图 6-48）。选择自己最常用的发球方法，结合步法和抛球动作做徒手发球练习。不要每种发球方法都练习。

图 6-48

（二）结合球的练习

方法一：抛球练习。对墙或对网做抛球练习，抛球的高度和落点应符合发球动作的要求。

方法二：对墙发球练习（图 6-49）。距墙或挡网 6～7 米，将抛球、挥臂击球、用力等环节串联起来，做发球练习。

方法三：两人对发练习（图 6-50）。两个人一组，相距约 9 米发球。要求控制好发出球的力量和落点。

图 6-49

图 6-50

（三）结合球网的练习

方法一：隔网发球练习。两人隔网站立，首先站在距网 4 米处，然后不断后移站立的位置，最后移至端线后，分别进行对发球。

方法二：发不同线路球练习（图 6-51）。站在端线后发球区内某一固定位置上，连续向对场发球。要求交替发直线球和斜线球。

方法三：发定点球练习（图 6-52）。在球场的某一位置放置一固定物，练习者站在对场端线后发球区内，对固定物发球。要求发球时以中等力量击球，目的是击中固定物。个人连续进行或多人交替进行。

方法四：发不同距离球练习（图 6-53）。站在端线后发球区内，向对场发球，要求球落在不同距离的间隔内。

图 6-51

图 6-52

图 6-53

方法五：发不同区域球练习（图 6-54）。站在端线后发球区内，向对场发球。要求球落在不同区域的间隔内。

图 6-54

第四节　扣球技术的进阶训练

扣球是排球技术中最复杂的一项技术，学习时必须先进行分解动作的练习。扣球的练习与二传的配合密不可分，练习时，技术好的二传手有助于扣球技术的提高。其中，扣球最能反映参与者的综合运动能力，在排球活动中只有掌握了扣球技术，才能获得成功感。需要注意的是，扣球是全身性的发力动作，所以练习者必须做好各部位的热身准备才开始练习，以避免不必要的损伤。

一、扣近网球

扣近网球是指击球点距网 50 厘米左右的扣球（图 6-55）。近网扣球一般使用正面扣球的动作方法。扣近网球的特点是击球点高、路线变化多、威力大，但易被拦网。其技术要点是：

图 6-55

1. 要向上垂直起跳，以免前冲过大，造成触网或过中线犯规。
2. 起跳后，主要利用收胸动作发力，以肩为轴，向前上方挥臂，以全手掌击球的后上部。
3. 击球后，前臂要顺势回收，以防止手触网。
4. 落地时腹部微收以控制身体平衡，避免因距网过近造成触网犯规。

二、扣远网球

扣远网球是指击球点距网 1.5 米以外的扣球（图 6-56）。这种扣球因距网较远，进攻角度大，球飞行线路较平，对方不易拦网。其技术要点是：

图 6-56

1. 尽量加大挥臂时的动作幅度。
2. 击球点要保持在右肩前上方最高点。
3. 击球时，用全手掌击球的后中部。
4. 击球瞬间手腕要有明显的推压动作，使球上旋飞出。

三、扣调整球

扣调整球是指扣由后场调整至网前的球（图 6-57）。扣调整球难度较大，要求扣球队员能适应来自后场不同方向、角度、弧度、速度和落点的球，以灵活的步法和空中动作及时调整好人、球、网的关系，运用不同手法控制扣球的力量、方向、路线和落点。其技术要点是：

图 6-57

1. 在助跑同时观察二传球情况。
2. 对小角度二传球，要后撤斜向助跑；对大角度二传来球，可采用外绕助跑。
3. 扣球击球瞬间手腕要有推压动作，使球上旋飞行。

四、扣快球

快球的特点是速度快、动作短促。该扣球技术可以单独使用，也可以用来配合正面扣球，以此来牵制对方的进攻。

二传手传球时，球员助跑和起跳的时间应该稍稍提前。打快球的助跑距离短，通常使用两步助跑的方式。上半身和引臂动作幅度不大，击球的手法是加速甩动击球，击球力量的发出主要依靠前臂和手腕的力量。当球传出时，球员的挥臂动作就应该开始了。球抛到适当的高度时，挥臂击球的动作也应当及时跟上。传球时，队员应该考虑到扣球队员的身高，以便让扣球队员发挥出最高的水平。

我国排球队应用较广的快球有三种，前两种是近体快球和背快球，另外一种是我国女排队发明的背飞。近体快球是指距离二传手较近时传出的球；背快球是指绕到二传手的后侧，从其背后传球；背飞是指在二传手背后利用单脚起跳传出的快球。

快球主要包括近体快球、半快球、短平快球、平拉开扣球、调整快球等技术样式。只有在排球比赛中将这几种快球技术熟练掌握并灵活运用，不断变换招式，让对手摸不清我们的作战套路，在看似无规律的技术动作变换中搅乱对手的作战计划，使本队一直掌握比赛的主导权并最终取得比赛的胜利。

（一）近体快球

作为排球运动快球的一种，近体快球需要与二传手进行连贯流畅的默契配合。该动作技术需要在靠近二传手的范围内进行快速扣球。队友掩护性强、速度节奏快、落地威力大是近体快球技术的主要特点。该项技术动作通过队友间默契的掩护配合，以及灵活多变的组织战术，大大提高了排球比赛中形成有效得分的概率，同时为占据比赛主动权、发球权和取得排球比赛的胜利提供了关键性保障。

在进行近体快球技术动作时，要求扣球者在距离二传手约半米的地方开始快速扣球。但在扣球前，扣球手要先进行一段距离的助跑，以便积攒一定的初始速度和初始力量。要调整好助跑路线与球网的角度，通常夹角在 45°左右为最佳角度。助跑阶段，扣球手要与一传手形成默契的配合，找准一传手的传球时机。当一传手将排球传到网前时，扣球手迅速进行助跑运动。当排球传到二传手的位置时，扣球手要找准时机迅速起跳，通常在距离二传手一手臂远的位置为最佳起跳点。起跳腾空后，扣球手要快速用力挥臂，用力量与速度强行改变刚传出球网排球的运动轨迹。通过出其不意攻其不备的快速进攻，使对手猝不及防，来不及进行有效的防守与拦网。因此扣球手在进行扣球动作时，要掌握"快、准、狠"的诀窍，在身体腾空阶段利用腰腹力量带动手臂与手腕的挥动，最终将排球的后上方作为扣球点，使出全力用整只手掌击球。通过对近体快球动作要领的详细阐述不难发现，要想使该动作技术在正式比赛上得以成功运用，并达到良好的进攻效果，副攻手的掩护具有关键性的作用。因此在日常训练中，要重视对掩护动作技巧的练习，使排球运动员在实战中能成功完成以近体快球动作为核心的作战计划，最终形成关键性的有效得分。

（二）半快球

半快球是一种较为特殊的扣球方式，半快球的扣球速度既要高于一般扣球方式的速度，又要低于快球扣球的速度。进行扣球的运动员在二传手的附近起跳，待排球达到高出球网两个半球的高度时，要迅速完成扣球动作。要想通过半快球扣技法取得分数，扣球手要尽可能利用自身出众的弹跳力来增加腾空高度，以便在球网上方看清对手伸手拦球的动向，进而及时调整自己扣球的路线、力道与技法。与其他扣球方式相同的是，半快球技术也需要经过一段距离的助跑来积攒初始的速度和能量，同时助跑路线也要与球网形成45°左右的夹角。在整个助跑环节要完成对全场人员跑动与站位的分析及判断，特别要找准起跳扣球的时机，扣球手要与二传手形成良好的默契，这种默契建立在双方运动员相互了解对方的动作习惯与节奏的基础上。因此，扣球手应在二传手将排球出手后迅速起跳，这样能保证击球的最佳距离和角度，便于扣球运动员在空中及时调整发力的动作。在半快球中，扣球者的技术动作基本与近体快球的动作要领相同，也是通过手腕和手臂的摆动将排球抛向高空并大力扣入对手的场地区域。

（三）短平快球

在排球比赛中，扣球手通过一系列的动作技巧来扣击二传手传过来的平快球就被称为"短平快球"。要想在比赛中成功运用这项扣球技术并取得有效得分，需要运动员熟练掌握每个环节的动作技术要领，并与队友形成一定默契的配合。在运用短平快球技术动作时，扣球运动员也要先通过助跑运动来进行速度与力量的初始积累。值得注意的是，助跑路线与球网的夹角同其他扣球方式有所不同，角度要小于45°为最佳。扣球手要找准二传手将排球传出手的时机，在排球出手的同时迅速完成起跳，使身体处于腾空状态。在腾空阶段，扣球者要将平飞过来的排球用力挥臂截击，借助腰腹力量带动手臂和手腕的快速挥动。在该动作技术中，排球的上方是最佳的击球点，扣球运动员要将全身力量集中到击球的整个手掌并大力扣出。不过该动作在比赛中是十分灵活的，运动员可以根据对手的拦网站位和拦网手臂的位置来寻找最佳的击球点与落球点，增大得分的成功率。从短平快球详细的动作要领中可以看出，该项技术动作在实际比赛中较为实用。它组织进攻的速度节奏快，使对手猝不及防。有足够的时间进行场上队员站位的分析与判断，增加了进攻点的选择，使对手摸不清我方的作战套路。要想更高质量地完成这一动作技术，二传手要加强掩护技巧的训练，通过动作技术的熟练逼真，达到牵制、迷惑竞争对手的效果，给扣球者提供充足的力量积累和调整动作的时间，争取一击得分。

（四）平拉开扣球

作为排球扣球方式的一种，平拉开扣球在比赛中也经常被运动员进行战术配合使用，并取得了良好的得分效果。要想在比赛中充分发挥该扣球方式的技术效果，就要在训练中熟练掌握每个动作环节的技术要领，自然流畅地完成整套动作。在平拉开扣球的技巧方式中，扣球运动员与二传运动员的默契配合依然是高质量完成整个战术动作的关键。扣球运动员需要站在己方场地的四号位标志杆附近，为的是扣击二传手传过来的超长距离的平快球。在进行扣球之前，扣球运动员要先进行助跑运动。在平拉开扣球技术动作中，助跑方式是十分独特的，要求扣球运动员采用外绕方式助跑。当二传手将排球出手后，扣球运动员要迅速在标志杆的附近起跳，采取和短平快扣球基本相同的扣击方式，同时根据击球点位置与力度的不同，使扣击出的排球运动效果复杂多样，给对手的拦网截球制造了一定难度。例如平拉开扣球制造出的直线球与小斜线球，就经常成为比赛中难以防守、令对手头疼的攻击线路。

（五）调整快球

调整快球是一种补救型的技巧动作，通常是对排球传接过程中所出现的失误进行调整。在实战比赛中，当一传手传递质量不高，离球网距离较远时，二传要迅速跟上调整排球的角度、位置，并以此形成一个突发性的进攻，这就是调整快球。其中，二传手的站位、传球的方向角度、最适宜扣球运动员的助跑角度、助跑路线、起跳腾空的时机都是决定调整快球质量的关键。扣球运动员要培养在排球运动中的观察意识，保证助跑的线路与球网的夹角度数要小，通过对排球腾空运动的观察，掌握排球飞行路线的规律以及对于落脚点的准确判断。同时，要将扣球者的起跳位置与二传手传出的排球路线形成交叉点。运动员在进行起跳时，左侧肩膀要斜对球网，右臂保持肌肉放松并顺着排球运动的趋势用力扣击。此时，运动员要运用自身腰腹力量带动身体的手臂手腕用力向上方挥动，以排球的后上方为最佳发力点，将全身力量集中于扣球的手掌上。当手掌接触到传来的排球时，扣球者的手腕要将排球向前推压，使其形成上旋运动的状态。

（六）远网快球

为了增强进攻的突然性，在对手猝不及防间取得有效进攻，在比赛中，运动员经常运用远网快球的战术动作。二传手在距离扣球手约 80 厘米的地方传出排球，扣球手将在空中快速运动的低弧度排球大力击出，我们将这一动作过程称为"远网快球"。远网快球需要具有爆发力的助跑，但为了方便扣球运动员向前起跳，助跑阶段的最后一步要缩小步幅，给身体一个向前腾空飞行的过程。同时，扣球运动员要控制好自身的起跳位置，通常离球网两米之外为最佳距离。运动员在进行腾空扣球时，借助收腰收腹的动作带动扣球的手臂和手腕向前方甩动，将排球的后上方作为击球的中心点，把全身力量集中到用于扣球的手掌上，迅速大力扣球，使排球向上方旋转运动直至过网。远网快球是一种攻击范围较广、进攻节奏多变的动作技术，在实际比赛中能取得良好的得分效果。

（七）单脚快球

单脚快球是一种助跑速度较快、动作幅度较大的扣球动作。由于扣球运动员起跳的速度和完成动作的节奏较快，因此不要提前起跳，避免在扣球时出现失误导致战术动作的失败。同时还要注意扣球运动员起跳时与二传手的距离，最好是离得稍远一些，助跑线路与球网的夹角度数不宜过大。扣球运动员尤其要调整好腾空落地的动作，避免因与二传手发生肢体碰撞或者触碰中线而形成犯规。

（八）后排快球

后排快球是排球运动快球的一种，它作为得分的技巧性动作经常被排球运动员运用到正式的比赛当中。通过合理的战术安排和场上队员的默契配合，使后排快球成为比赛得分的主要方式。所谓后排快球，就是扣球运动员在场地内的进攻线后方进行排球扣杀，一般这项动作技术都是由站在后排的运动员来完成。为了能高质量地完成这项技术动作，要求扣球运动员尽可能地在进攻线后方就开始进行前冲起跳，在距离球网约两米处开始扣杀，形成低快球。在扣球时，要以排球的后中部为击球中心，手臂、手腕要经过推压动作用力向前甩出，使排球形成向上旋转的状态直至过网。

五、扣球练习方法

扣球动作技术环节较多，初学者必须先进行分解动作的练习，其练习顺序应是：原地挥臂击球动作练习→助跑起跳练习→完整扣球动作徒手练习→结合球练习。

（一）徒手练习

方法一：徒手挥臂击球练习。选一空地，两脚前后开立，连续做挥臂击球徒手练习。

方法二：徒手助跑起跳扣球动作练习（图 6-58）。选一空地，先做两步助跑练习；然后结合起跳做助跑起跳练习；最后结合击球动作做完整助跑起跳扣球动作练习，连续进行。

方法三：助跑打树叶练习（图 6-59）。练习者选择适宜高度的树叶，通过一步或两步的助跑进行起跳，以扣球技术动作方法打树叶。

图 6-58　　　　　　　　　　　　　　图 6-59

（二）扣固定球练习

方法一：扣举固定球练习（图 6-60）。两人一组，一人手持球高举固定于头上，另一人挥臂扣固定球。体会击球动作。

方法二：一抛一扣练习（图 6-61）。两人一组，相距 3 米。一人准确抛球于另一人体前上方，另一人挥臂扣击球。

方法三：网上扣固定球练习（图 6-62）。一人站在网前高台上，高举固定球，练习者助跑起跳扣球。

图 6-60　　　　　　　　　图 6-61　　　　　　　　　图 6-62

（三）完整扣球动作练习

方法一：对墙扣球练习（图 6-63）。一人一球，距墙 4～5 米，连续对墙扣反弹球。体会选点扣球技术。

方法二：自抛自扣练习（图 6-64）。练习者在挡网或挡墙前约 6 米处，自抛球于前方，同时助跑起跳扣抛出的球。体会扣球的空中动作。

方法三：上网扣自抛球练习（图 6-65）。练习者站在限制线后，向网前上方抛球；同时助跑起跳，将抛出的球扣至对方场内。

图 6-63

图 6-64

图 6-65

第七章　现代排球运动战术的训练实践研究

第一节　现代排球运动的个人攻防战术训练

排球战术中的个人攻防战术主要是指排球运动员就个人掌握技术的程度，在战术意识的保证下，根据临场情况有目的地运用技术的过程。个人攻防战术包括发球、一传、二传、扣球、拦网以及后排防守等内容。

一、发球个人战术

（一）发球点的选择

发球是比赛的开始，同时也是进攻的开始。发球战术的运用直接关系到攻与防的全局。由于发球可以直接攻击对方的一传，并能直接得分，所以被列为排球主动得分的三大技术之一。又因发球在具有攻击性的同时，发球失误可以造成直接失分，因而被称之为双刃剑，无论是比赛中还是练习中均普遍受到重视。要想发好球达到战术目的，发球点的选择是非常重要的。1994 年以前因规则限制发球队员只能在排球场地的右下角 3 米限制线内发球。规则修改之后发球区扩大至端线后 9 米，至两条发球限制线后的广阔区域都可作为发球点选择。从规则上讲发球限制线是可以无限延长的，一般正规比赛的场区要求从场地端线后延长 9 米内无障碍区域可供发球队员选择在任何一点取位发球（图 7-1）。

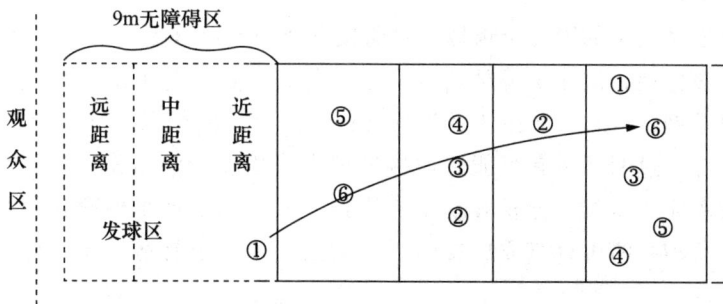

图 7-1

运动员在发球时应根据发球战术的需要，考虑运用哪种发球技术，攻击的区域选在对方场地的什么位置，应该采用哪种攻击方式，发球点的选择就显得尤为重要。如采用跳发，其特点是利用速度与力量攻击对方，那么发球点一般采用的是靠近端线的方式，当起跳后可冲进到场区内击球，这样不仅缩短了球在空中的飞行距离，同时可以突显出速度与力量。如果采用发飘球，其中包括跳飘，是为了追求发出球尾速的飘动变化，发球点的选择往往是在中、远距离。

对实战中的技术资料进行统计显示，选择中、远距离发飘球的效果，无论是得分还是破攻率都好于近距离，即接近端线的发球。自 1994 年之后规则上的变化，首先让我们感到的是发球（攻击性）的覆盖面发生了变化（图 7-2）。所谓发球的攻击性指的是各种有一定速度的平冲球，如上手、勾手飘球跳发大力球、跳飘球，以及发出球性能上产生的追胸球等。由于球的飞行速度、下行弧线以及力量的影响，球不可能刚过网就落地，因而形成站位的不同角度以及产生覆盖面的不同的变化。

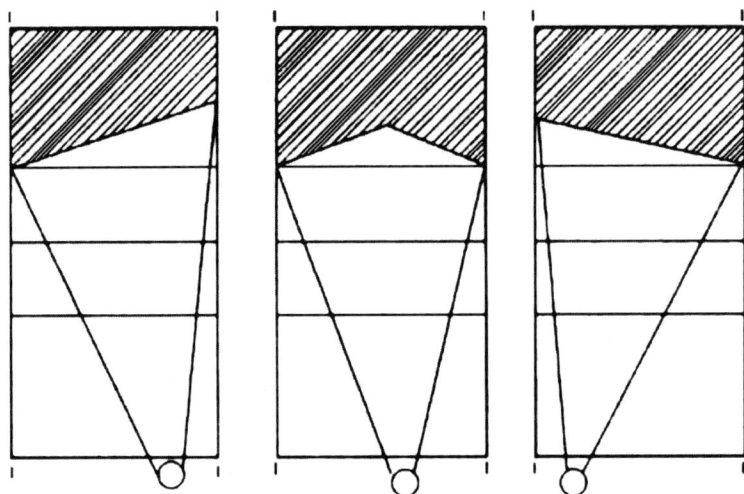

图 7-2

根据发球技术五要素的原则，发球时站位距离是固定的，在考虑攻击区域时最好在距离不变的情况下采用不同技术使发球性能发生变化。

（二）攻击区域选择

攻击的区域是发球战术的第二个选择。目前接发球的阵形由 2 人至 5 人的站位都得到普遍采用，变化的形式呈多样性，但无论哪种站位，在具备其优点同时也会出现接发球队员难以照顾的弱区。下面试举几例：（图 7-3）五人接发球站位，前区的两个三人接合部是受攻击区域之一，由于是接合部，当球飞过网后，有可能造成接发球人或抢或让的错觉，如果后边的队员或两边的队员不能及时移动完成接球，会很容易造成失误。五人接发球虽然每人负责一条线，但由于发球攻击后排时，特别是两边直线或后排两人中间的部位，极易造成接发球人移动时的重叠因而造成失误。

当三人站于前排准备进攻，后排采用三人接发球站位时（图 7-4），容易造成场地中心较空，发球时采用攻击性平冲发球并轻发吊心，很有可能造成接发球人措手不及，如果移动、判断慢一些，就有可能形成破攻或失误。有时三人接发球站位取中，当球发出后采用向后移动垫球的方法，虽然可以防止对方发球吊心，但在后退中接一传，无形中加大了完成接发球技术上的难度。

发球的攻击区域除了心区和结合部以及底线之外，两个场区的底角以及两条靠近边线的直线永远是受攻击的目标。在这些区域不仅需要运动员补位，同时需准确地判断球的飞行速度、方向、弧线，还要判断球是否出界或是压线，所以稍有犹豫就会造成失误。

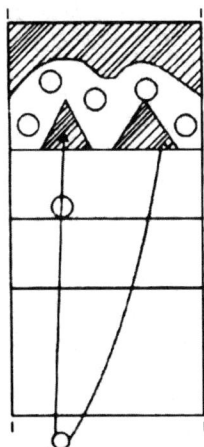
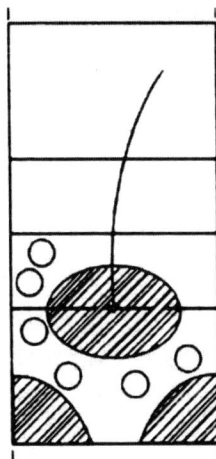

图 7-3　　　　　　　　　　　图 7-4

（三）发球技术选择

如图 7-5 所示，从发球技术上划分有正面、侧面、上手、下手发球，从动作上划分有上手、勾手发球。多种发球动作及技术形成不同的发球性能，又可分为旋转球与飘球两类。目前，优秀排球运动员主要运用正面上手发球、跳发大力以及发各种飘球。下手发球一般大都被初学者采用。勾手大力发球、高吊球以及侧旋球，由于失误率高，发球效果不够理想，已很少在比赛中采用。

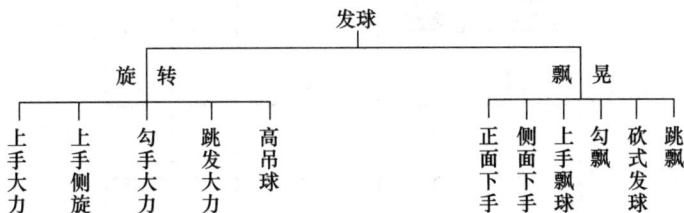

图 7-5

发球技术是排球比赛中唯一不需要同伴配合，不受对方干扰的可有充裕时间自我完成的技术。在比赛中运动员可依据战术的需要，结合自己掌握的技术，自行决定发球方式，选择发球地点、发球速度、发球弧度、发球力量和球的落点以及攻击区域和目标。对初学者的要求是不失误，而对于排球运动员，发球的准确性应同速度、弧度、力量相结合以达到更高的层次。

竞技排球要求运动员要掌握熟练的发球技术技巧，同时还应运用发球技术发出不同性能的球。进入 20 世纪 80 年代以后，发球技术没有大的发展变化，但在技巧运用上有所提高。我们在比赛中往往会看到运动员把个人的特点与发球技术相融合，采用相似的发球动作发出不同性能的球，找人、找区、找落点等，是速度与力量、飘动与冲击的完美结合。

发球技术在完成中虽然没有同伴配合和对方干扰，但因发球失误可以直接失分，所以造成的自我心理压力是非常大的，特别是在关键局、关键分时，心理因素在保障技术发挥方面显得尤为重要。

（四）攻击方式选择

攻击方式是把发球的技术运用同变化距离、性能、方法以及对方接发球人员、技术情况、站位情况、比赛变化情况相结合，所形成的战术变化。

1. 发球找人战术

找对方接发球技术比较差的队员作为发球攻击目标。

找对方刚换上场尚没有适应比赛气氛的队员作为发球的攻击目标。

找对方前排威胁大的副攻手作为攻击目标。

找对方体力差、移动速度慢的队员作为攻击目标。

找对方因发挥不好，情绪受到影响的队员作为攻击目标。

这种找人发球可以运用速度快的发球，将球发成追胸球，或是发在对方交叉移动的区域干扰对方，造成对方技术上的失误，从而造成个体或是整体士气低落，以达到攻击对方的目的。

2. 发球找区域战术

把球发到接发球队员的接合部，造成对方队员在接发球时判断错误。如五人接发球站位的两个前三角区，四人、三人接发球站位的两人之间的区域（图 7-6）。这样可能造成接发球人相互让或是相互抢的局面。

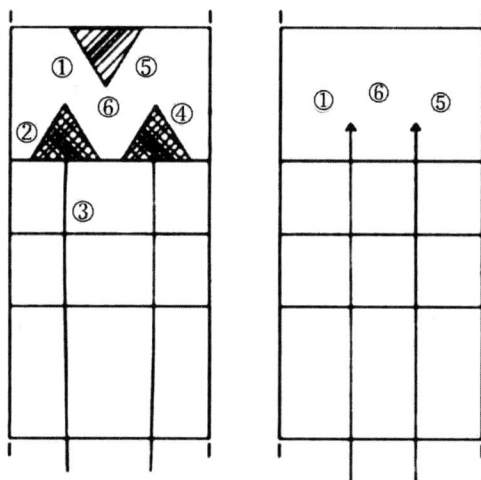

图 7-6

把球发在对方二传跑动区域或插上区域和插上移动路线上，造成二传移动受干扰（图 7-7）。这种发球一般采用发轻球的办法，使球一过网就马上下落，同时带有飘动。其目的是减缓插上队员的移动速度，破坏其战术组成。

把球发到对方难以照顾的弱区。如对方五人接发球密集站位时的后场区，四人接发球站位时的心区等（图 7-8），容易造成对方接发球时的失误，特别是移动取位上出问题。

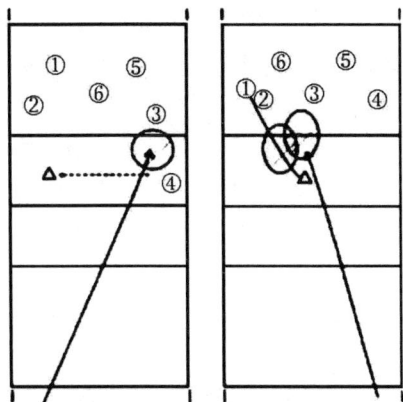

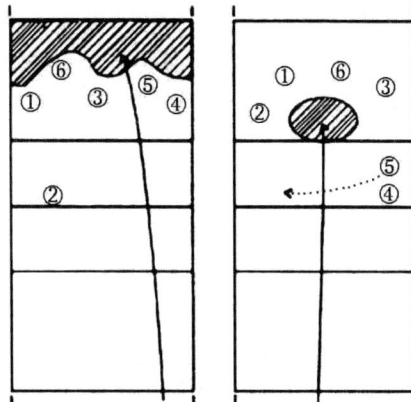

图 7-7   图 7-8

3. 运用发球性能变化形成战术

用跳发球攻击对方直线或角区（图 7-9）。球发在线上，使接发队员判断上出现难度。球发在角上，使对方后排队员补位接一传出现失误。特别是将球发在场区的左下角或直线，如果接发球队员对接上弧线球不适应，对二传组成战术会造成难度。

运用不同性能的发球。对方站位靠后，可发下沉球攻击对方前区，球过网下沉增加接发球的移动距离。如对方站位靠前，可采用追胸球或是发长线球，球过网后直冲对方胸部增加对方接发球的技术难度。对方适应重飘可多发轻飘或对方适应轻飘可多发重飘球来攻击对方，造成对手不适应发球的性能，导致失误或是一传不到位。

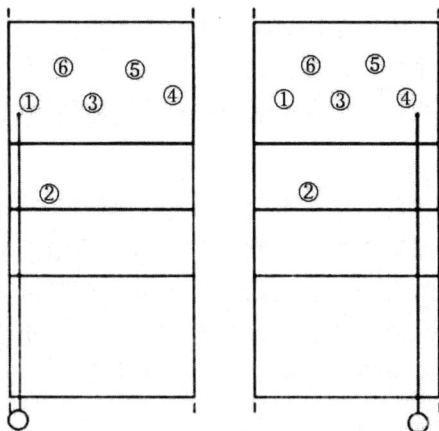

图 7-9

跳发大力和跳飘相结合，更符合现代排球追求速度与力量的理念，特别是大力跳发极有可能给接发球人造成心理上的威胁。

4. 根据场上变化运用发球战术

当本队强轮攻在前排，进攻、拦网技、战术发挥正常时，或是当对方以暂停或换人，想以此来破坏本队的发球节奏和长分势头时，要抓住对方弱轮次且本方进攻打的比较顺利的时机，控制好发球的节奏，以攻击性适当、不失误为原则，保证对场上局面的控制与战果的扩大。

当对方强轮攻在前排，进攻完成得顺畅时，若本方的弱轮次被对方抓住，发球的攻击性就要加强，虽然失误的可能性加大，但只有冲击对方才能有效地压制对方的发挥，或使自己实现弱轮攻顺利轮转的目的。这种冲发球战术在实战中很奏效。

关键局关键分的时刻往往会造成发球队员心理上的变化，此时也是考验发球队员技术和心理的关键时刻。如果不勇于冲发球，对方进攻得势就可能意味着本队前功尽弃，如果发球失误结果更坏。此时要求队员注重精力的集中，保持清醒的头脑，适当运用发球战术，保证技术的正常发挥。

5. 全队发球性能的组合

发球虽然没有集体战术，但在比赛中利用场上队员或场下替补队员的不同发球距离、技术特点形成组合，越来越受到教练员以及各排球运动队的重视。

冲发球战术不仅是弱队同强队抗衡的手段，同时也是各强队之间以此来抑制对方发挥特长的一种战略。首先，教练员在安排阵容时，发球好的队员能否安排在首轮发球已是考虑的重要因素。在比赛出现逆境的情况下或是需要扩大战果以及需要冲击对方的时候，把发球好的队员换上场来完成艰巨的任务也是教练员常用的战术之一。

再有就是场上 6 名队员，不可能每名队员都是跳发或都是上手飘球，把跳发同上飘、跳飘发球合理搭配，在比赛中更能体现出发球战术的效果。

本队的发球攻击性强、发球的方法多样，可以有效地提高本队的接发球技术水平。攻击性发球破功率高，得分多，但同时失误率也高。怎样让发球战术运用得当，攻击性强而失误又少，这一问题已经引起了国内外排球教练员的重视和研究。

二、一传个人战术

一传是进攻的保障环节，一传质量的好坏直接影响到战术组成的质量与效果。因而一传要根据战术的需要完成好弧度、速度、位置落点与节奏。在对方发球后能够很好地判断出发球的性能、位置、落点是非常重要的前提。有了准确的判断，才能完成好取位和垫球动作。

（一）一传战术必备条件

一传主要是面对发球组成一攻。技术上主要采用正面双手垫球、移动垫球、体侧垫球、低姿垫球，有时也可采用侧倒垫球，基本上是被动的。但为了给二传组攻创造条件又必须在被动中形成主动，这就是一传战术的目的。变被动为主动要求队员应具备一传的战术意识，应对来球的判断、移动、取位、手对球的感觉、技术的运用及用力大小准确合理，这是完成好一传战术的基本保证。只有在技术完成过程中具备了以上条件才能使一传战术得到实施。

（二）根据战术组合垫击一传

一个队有多种战术组合，如组织快攻战术时，要求一传弧度要稍低平，速度稍快，以提高进攻的节奏；当组织各种交叉进攻时，要求一传垫球弧度合适，上球要稳，为二传组成战术创造条件；当组成各种快球时间差时，一传垫球落点应靠近网，便于组成进攻；当组织背飞战术时，一传应当控制好节奏以保证进攻队员同二传的配合。

（三）根据二传特长供球

二传的每人条件不同，技术特点及特长也各有千秋，这是一传供球时应当考虑的因素。二传在前排采用跳传比较多时，一传垫球可以稍高一些，便于二传完成跳传同二次球以及网口吊球的战术实施。当比赛中来回球比较多，场上情况复杂时，一传垫球需考虑二传所在位置以及反击战术攻手的撤位情况，将球准确送入二传手中。如果是快速反击，可大胆将球压平垫入网口，以便快攻的战术组成。当二传从后排插上或是因参与防守撤位比较大，插上跑动距离比较远时，可适当将球控制到较高弧线以放缓节奏。

（四）两次球进攻供球

在比赛中除一传垫击给二传组成二次球，还可以把对方处理过网的球直接传或垫给攻手组成两次球或形成两次球转移，但这种情况在比赛中出现较少且完成起来要看时机，因为两次球进攻需要突然性。

（五）直接进攻

在比赛中发现对方场区有较大空当或对方队员没有防守准备时，可将球直接击向对方空当，但在完成中必须具备突然性。

三、二传个人战术

二传是全队战术组织的核心。二传个人战术运用的目的是给扣球手进攻创造有利的条件，晃开拦网或避开拦网，或利用自己的假动作造成拦网人的判断错误，使得进攻组成更有效，从而增加对手防御的难度。二传的个人战术基本由充分利用空间和时间、抓住战术组织时机、自身假动作的运用与主动参与进攻等几方面构成。

（一）完成二传个人战术应具备的能力

1. 观察对手的能力

二传的视野应当开阔，在了解本方队员的特点及所处位置的同时，还应具备和养成在战术组成前观察对方拦网、防守情况及对方队员站位情况的习惯，这种能力称之为眼功。比赛中只有当二传能够清楚地了解到对方的情况后，在组织进攻中才能更有效地选择进攻的突破口，战术组成才更具针对性。

2. 运用各种传球技术技巧的能力

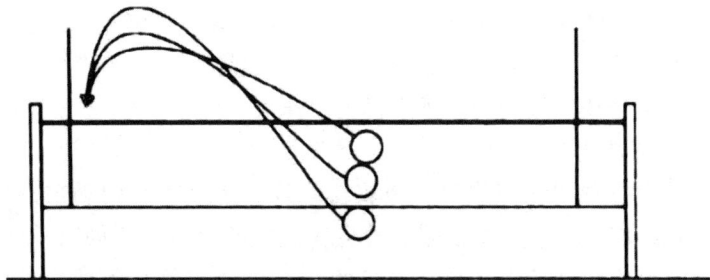

图 7-10

排球比赛中会出现各种不同的变化和局面，想要抓住战术组成的机遇和处理好各种不同的来球，不仅需要扎实的基本功，同时还应恰当地运用传球技术技巧，只有这样二传在场上才能体现出灵性，即随机应变的能力。如二传对体前不同击球点的传球组成战术的能力（图 7-10）。面对一传传到网前不同弧线、不同力量和不同飞行速度的球，二传不仅需要移动、取位转体，同时还需将球保持在合适的位置以便控制球。有时由于球过平过低，二传的击球点发生变化，只有靠调整体位和手腕的用力角度才能将球传出。又如，当一传的球飞向网前，二传移动上步后不得不采用面向球网的侧传技术将球传出，运用这种技术的难度相当大，稍有不慎就有可能造成持球或触网。所以，要想将球传好，不但需要扎实的二传技术，技巧的运用更为重要。

3. 处理网口球的能力

图 7-11

排球比赛中为了更好地组成快攻战术，争取到时间，一传往往主动送上网口。对网口球的处理，二传不仅要具备跳传组织进攻的能力，同时还应具备单手快速吊球及两次球进攻的能力。有时跳传组成的短平快球（图 7-11）及单手传球组成的快球，更具突然性，其实效果会更好。但前提条件是在训练中与扣球者要达到一定的默契，比赛中才能使用。特别是单手跳起传球往往是在一传高而冲网的被动情况下组成快攻，不仅需要二传技术娴熟手感好，准确地把握时机更为重要。

4. 各种假动作的运用能力

假动作是为了使拦网者不能很好地判断出传球的战术目的，由于判断出现错误造成拦网不能及时到位或形成配合，攻手更有机会完成进攻并减少阻力。二传往往在传球前运用身体的肢体语言，更有经验者甚至可用眼神吸引拦网者，当传球的瞬间突然改变出手方向，以此晃开拦网。假动作的逼真、使用时机的恰当以及传球时出球点的保持等，都需要二传有很好的基本功。

5. 调动全队能力

作为二传首先应当了解本队进攻手每个人的特点，临场技术发挥情况和所处的位置，做到胸中有数。并依据比赛中的情况灵活地运用传球技巧传出集中或拉开、近网或远网、高弧线或低弧线等变化球，以便发挥出每位攻手的进攻威力，形成场上战术组合的多样性和变化性，更应在关键球、关键时刻配合技术较好的攻手发挥突出作用。

6. 各种进攻战术组成能力

排球的进攻战术是由各种快攻与快攻、快攻与强攻、定点攻与跑动攻、集体配合进攻与个人战术进攻等多种变化组成。二传手要依据各种进攻战术的要求和不同攻手需求传出各种速度、弧线、高度的球，并要求控制好节奏和传出球的点，这种能力就是各种战术组织能力。一位好的二传手传球组成的进攻，在多数情况下形成攻手一对一面对拦网的进攻，相反进攻者在完成战术攻击时，多数是面对两人拦网或三人拦网的情况。

（二）二传掩护助攻战术

二传队员运用身体的晃动动作结合传球技巧形成二传假动作，目的是在传球中制造假象使对方的拦网判断失真，从而达到助攻的效果。实践中假动作做得逼真、隐蔽、快速、协调才能达到出其不意的效果。

1. 利用出球点做假传

如出球点放在前面让拦网人以为是向前传，突然上步翻腕向后背传，或是传球前做成要背传的动作，但突然压腕向前传球，使拦网人移动、判断出现时差。

2. 利用手臂做假传

把手臂提前抬起，让对方判断向前传的球突然向后传，或让对方感觉向后传的球突然向前传，使拦网者行动过早而无法返回补拦。

3. 利用迟出手做假传

当球在飞行中不给对方任何暗示，当球飞行到头上时突然出手完成传球动作，以此来造成对方拦网者判断上的失误。

4. 用眼神示意的假传

用眼神示意本方队员完成快攻，但在快攻队员起跳后突然将球传给强攻手，眼睛引领使拦网者产生错觉。

5. 利用身体晃动假传

传球前身体重心适当下降，当球接近击球点时突然登地上体上提完成传球动作，使对方形成错觉。

6. 运用跳传做假传

如果二传在前排时跳传，对方拦网一般不敢放松此进攻点，因而造成对方对拦网的吸引。如果二传是后排，比赛紧张时前排拦网队员也容易对二传跳传造成错误判断。因而跳传本身就是一种晃动传球，如果加上二传吊球效果会更好。在空中，完成假向前真背传的动作等效果会更加逼真。

7. 单手跳传快攻

当二传在前排时，面对平冲将要过网的球突然跳起，对手拦网者会以为要吊球或处理球必然跟随起跳拦网，这时单手传球组成快攻，很多情况下会造成空网，但前提是同攻手配合要有相当的默契。

8. 大角度转移传

如当一传或防守起球到达 3、4 号位之间，拦网者会认为二传的传球必然要组成强攻，这时二传突然改用背传将球传出，组成背后强攻。这种转移会使在移动中的拦网者再次移动补位出现困难。

9. 运用传球技巧做晃传

如当要组成短平战术时，突然运用手腕上翻动作传出 3 号位小半高球，完成短平掩护的夹塞战术。晃传一定要逼真，同攻手配合时机要合适。

10. 利用转体假动作传球

二传面向本方场区，当球飞行到二传头上时突然转体，完成前传或是背传的战术组织。由于二传不是侧对网站立，拦网者一般判断不出二传出手的意图。

11. 跳起空中晃传

跳起做扣球动作，突然改为传球把球传给同伴进攻。晃传动作上可分为两种：一是在空中做假动作后，面对球网将球用侧传方法转移给同伴进攻；另一种是在空中做扣球假动作后，在空中转身肩对网，将球正面跳传给同伴进攻。

（三）二传进攻个人战术

二传的个人进攻形式主要由扣两次球、主动运用战术吊球和处理球三个环节组成。因二传是进攻战术的组织者，对方拦防的重点是攻手，二传的进攻往往被忽略。比赛中二传的进攻具有很大的突然性，给拦防造成困难。从技术统计中可以看出，二传进攻所占比例很小，但成功率却很高。

1. 二传两次球进攻及转移

当二传站位于前排时，一传送球时控制好弧度与速度将球送上网口，二传在佯装传球的同时突然起跳转体完成扣球进攻，称之为二次球进攻。由于二传站位或移动换位大都取位于2、3号位之间，而这一点正是2、3号位拦网的空档，进攻具有很强的突然性，往往一举成功。如果二传是左手进攻者，因起跳后转体扣球可同时完成其效果会更好。另外，两次球进攻同时也可做成假扣真转移，形成掩护进攻的晃传。

2. 快抹吊心

当球飞向网口，二传在佯装传球，突然将手臂伸直（左臂）快速将球抹吊到对方心区。特别是在副攻扣快球已经起跳到位，把拦网者牢牢吸住的情况下，快抹吊心效果更加出其不意（图7-12）。

3. 单、双手吊角

当二传在前排时，进攻多个回合或进攻受阻，二传在组织进攻时可以突然将右臂伸直，手心向后，出其不意地将球吊入对方4号位拦网身后空位（如图7-13）。此时因拦网队员注意力都在攻手身上，对突然吊过来的球来不及撤位防守，而后排队员也来不及上提补位。这种主动吊球的条件是球要近网，二传手要判断清楚拦网人是否已站于网前，后排防守5号位队员是否已跟上防吊。因二传对于此位是背向的，所以在站位之前就需将对方的习惯和站位了解清楚。

4. 推底角

推底角的吊球虽然是主动吊球，但往往是在被动、情况下实施的。因为这种吊球的完成必须要具备以下条件才能成功：一是在对方防守或进行补位、换位，防守阵形比较乱的情况下，底角空出，才能采用；二是当防角队员防守站位靠前，而6号位队员尚无补位意识时，采用此吊球；三是推角的意图不能暴露过早，因为球的飞行距离长，防守队员稍有准备马上能够移动补位，吊角很有可能失去意义。当二传在前排时可将高于网口的球用单手吊底角。二传是后排位置时可用双手传球的办法完成吊底角（图7-14）。

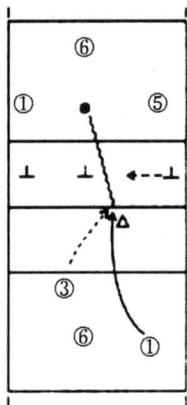
图 7-12

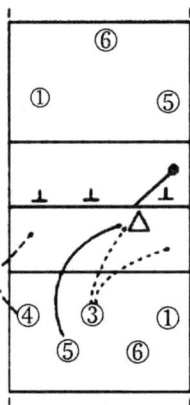
图 7-13

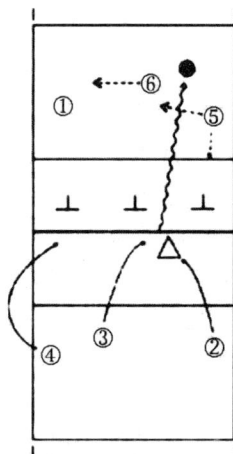
图 7-14

（四）二传组织进攻战术选择

二传是进攻的桥梁，在对进攻战术的组合方面也体现出其机敏程度和战术意识。二传将球分配合理，可以在比赛中占据主动，如不合理也可造成被动的情况。

1. 强攻与快攻的合理组合

根据一传的到位情况、高低、近远网情况合理组织战术。到位球多组成快攻，采用快变打法或以快为强攻做掩护；反击中对到位球可多组织快速反击，以快打乱，争取主动；不到位或不便快攻的情况下要组织好强攻。快变高强相结合是突破对手高拦网的有效办法。

2. 选择拦网突破口

根据对方拦网的部署，在战术组织中尽可能地避开拦网强的区域，抓住拦网较薄弱的区域、环节作为突破口，形成局部上的以多打少、以强打弱、以高打矮的战术。

3. 合理分配组成进攻

二传应有针对性地安排战术。在战术球的分配中既要突出重点又要合理组织。关键球可给发挥好的重点攻手，但在战术组成的过程中，传球给各个位置的比例要适当，做到既要有重点又不可过分集中。

4. 体现快变

进攻是主动的，二传可以在战术组织中以快变相结合，控制好场上的进攻节奏，尽可能不让对手摸到规律，以使占据主动地位；快无速度、变不灵活，进攻主动很有可能变为被动，造成比赛失利。

四、进攻个人战术

进攻个人战术主要包括扣球个人战术和吊球等进攻形式。首先是扣球，扣球在比赛中占有重要的位置，是得分的主要手段，扣球技战术用得好，不仅可以鼓舞全队的士气，振奋精神，同时还可以挫伤对方锐气，并给对方造成强大的心理上的压力。扣球战术是指扣球手根据比赛中对方拦网和防守的情况，个人选择有效的扣球方法和线路，巧妙地运用扣球技巧和力量，突破对方防守的行动。吊球同样是进攻的有效手段之一，是扣球的延续。吊球运用得好可以同扣球一样，达到异曲同工的效果。

（一）用扣球线路变化形成个人战术

1. 主攻在 4 号位进攻时采用直线扣球避开拦网

当拦网队员以拦中线为主时，靠近 2 号位拦网队员的右手往往会让出距标志杆一球的距离，这时扣球者可以采用直线进攻的扣球路线以避开拦网手。拦网者让出直线是因为进攻者以一般线扣球为主线或是小斜线进攻打得很有威力。直线虽然难防，但因扣出的球靠近边线，进攻者如果手法不好容易造成自身的扣球失误。要想打出直线攻，同时还需二传给攻手创造出将球传至标志杆附近（简称拉开球）的条件。打好直线进攻不容易，但对于防守会造成一定的威胁。只有具备了进攻其他线路的能力，才能为直线攻创造出有利条件和时机。2 号位队员进攻直线同样如此（图 7-15）。

2. 运用小斜线进攻避开拦网

从 3 米限制线以内至腰线的防守区域一般都称为小斜线，主要落点应当是 3 米限制线左右。

当4号位主攻直线进攻对防守压力很大时，往往拦网队员会主动取位拦直线和中线，这时斜线有可能不易通过，小斜线进攻将成为主要进攻线路。小斜线扣球可有两种形式，一是上步采用绕行上斜打斜，二是上步采用直线上直打斜，技术上需用转肩转腕的进攻扣球手法。小斜线进攻可以在对方拦网取直线和一般线为主拦区域时采用，也可在运用直线进攻相结合时采用，这时运用的是抢点攻击球点，一是可以将球让至直线位置再突然转体转腕扣出小斜线球，二是运用上步和身体前倾动作抢在拦网倒手之前将球扣入小斜线，前提条件是同二传的配合。小斜线进攻球不宜距网过远，球距网越开扣小斜线的难度会越大（图7-16）。

3. 3号位进攻线路变化战术

副攻在3号位定点进攻时主要采用扣两条腰线为主的战术，过去形容3号位进攻是两线加一吊，两条线一是结合上步的顺手线，攻击防守场区在4、5号位之间的腰区；二是转体线，进攻者运用转体转腕的动作扣球，攻击点是在1、2号位之间的腰区。一吊是吊心区。当然攻手在3号位进攻时同样也可以扣出大角线或直线。但一般情况下，如果是前排三点攻时，拦网人往往会采用盯人战术，即一对一拦网。单人拦网不可能将进攻者的线路全部封死，当拦网者以拦中线为主时，会使进攻者有两条线的机会。如果攻手有一条线进攻特别有力量时，拦网人往往会以拦这条主进攻线为重点，那么，另一条线很有可能成为攻击的目标。当前排是两点攻时，拦网人的重点往往是强攻。如果副攻有背后跑动进攻，4号位的拦网不可放弃背后拦网，再补位协拦往往会使进攻者面对一个半人的拦网压力，因而两条线路的进攻仍能顺利完成。但快球进攻要想清楚地打出两条线路，同二传很好的配合传球有很重要的关系（图7-17）。

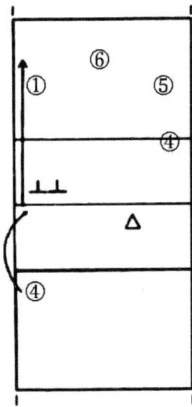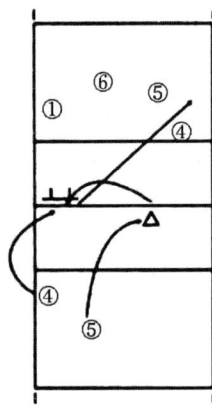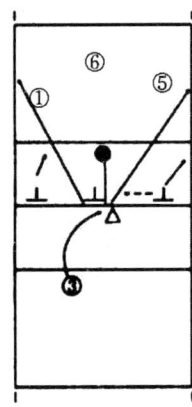

图7-15　　　　　　　　　图7-16　　　　　　　　　图7-17

4. 二号位进攻的直线与斜线

二号位进攻包括定点进攻的一般高球，以及各种跑动战术在二号位的选点进攻，如背溜、背飞、背错等。扣球时除了大斜线的进攻线路，一般也有直线和小斜线的选择。当二号位定点进攻时往往面对双人拦网，进攻中直线或小斜线，线路较长。而当跑动进攻在同伴的掩护下或是采用个人战术自我掩护时，面对的则是单人拦网或是一个半人的拦网，形成的线路比较陡，即扣球的线路比较短，能够给对方防守造成威胁。面对直线扣球，防守队员需考虑将球防起而且还要缩小同二传送球的夹角，从而增加了防守上的困难。面对二号位扣球的小斜线正是对方二传插上的位置或是二传插上的跑动位置。这时二传既要考虑防守又要考虑组攻，故增加了失分的几率（图 7-18）。

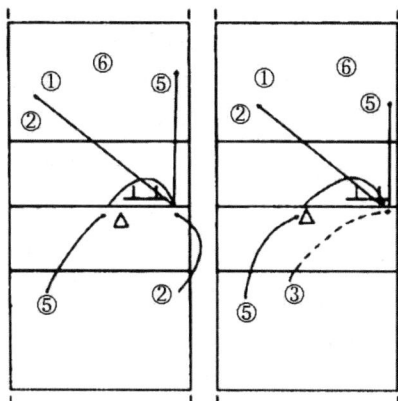

图 7-18

（二）运用助跑线路变化形成战术

扣球由助跑、踏跳、空中击球、落地四个部分组成。助跑的目的是选择最佳的人与球的位置。而拦网者可以从进攻者助跑的线路及起跳后身体与球保持的位置上判断出进攻者所采用的扣球线路。当扣球者在技术运用非常娴熟的情况下，可用跑动上步来迷惑拦网者，运用手上的变化打出不同的线路，使拦网者判断失误。

1. 斜线、直线、外绕助跑及变化

扣球的助跑路线应依据传球的落点来决定。一般的扣球往往是采用斜线、直线、外绕助跑。以 4 号位扣球为例，扣集中球时采用斜线助跑，扣一般球时采用直线助跑，扣拉开球时则采用外绕助跑。如斜线、外绕助跑进攻顺手应以大、小斜线为主，直线助跑后更容易扣出直线与一般线。如果进攻者在助跑起跳后运用上身体及手法上的变化，可以打出变化的线路，造成拦网者只从助跑路线上判断进攻者扣球线路而产生判断上的失误。例：上斜转体打直线角，上直转肩转腕打小斜线，虽是外绕但采取冲跳抢小斜线等，均可给拦网造成错觉（图 7-19）。

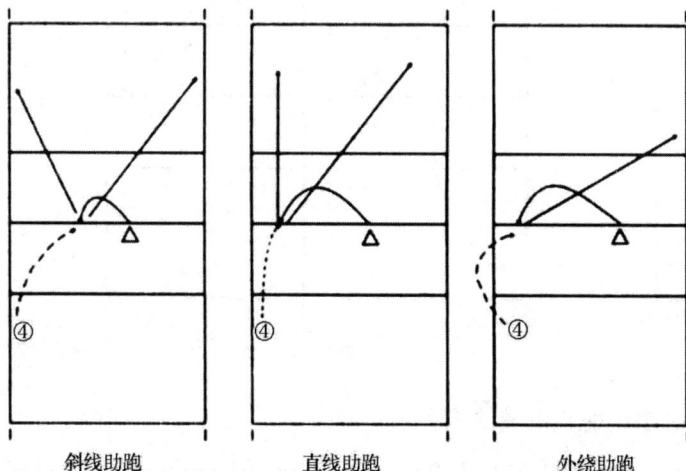

斜线助跑　　　　　　直线助跑　　　　　　外绕助跑

图 7-19

2. 运用单脚起跳扣球及变化

单脚起跳扣球是跑动进攻之一。由于单脚起跳下蹲较浅，无明显的制动过程，比双脚起跳速度更快，并容易在空中形成位移，加大了网上控制面积，增多了击球点的选择，具有很大的进攻突然性。目前单脚跑动进攻，由于身体协调及同二传配合上的原因，向右跑动多，向左跑动少。单脚跑动扣球可在 2 号位进攻时采用，也可以在 3 号位进攻时采用。举例说明如下：

例一，2 号位单脚背飞（图 7-20）。扣球者从本方场地 3 号位起动，采用助跑后单脚踏跳在空中形成转体，调整体位在空中截击扣球。由于踏跳快，空中有位移，因而增加了滞空力。当二传传出的球比较平时，拦网人往往是移动拦网，这样可依据拦网人的位置以及拦网手的封阻空间实行扣球，以增加扣球线路的选择及变化。

例二，假围绕进攻。假围绕可以用于自我掩护，也可用于有同伴配合的战术掩护组合（图 7-21）。2 号位的接应二传，采用向二传前面跑动，给拦网人造成要在 3 号位进攻的假象后，突然折返跑向 2 号位实施进攻扣球。折返之后的跑动，一般是采用单脚助跑进攻的方式。因为假围绕战术已经给拦网者造成错觉，加上单脚跑动进攻，扣球线路的选择会很宽。如果同二传配合得好，造成对方拦网人不能及时回位，被晃开，进攻很有可能是空门球。

例三，背快时差、错位（图 7-22）。在一传到位的情况下，当前排两点攻时，副攻手主动进攻把背快、背快球时差（简称背快差）、错位三个战术串在一起运用，形成背后的多点个人进攻战术。当在二传头后扣背快时可把 2 号位拦网人吸住，或同时将 2、3 号位拦网人同时吸引住。背快和背快差可交替使用，使拦网与进攻时间上出现误差，当拦网人紧紧盯住背快时，突然运用假跳后迈右脚上步，左脚制动起跳形成错位进攻摆脱拦网人，造成扣空网球进攻。背错时可用单脚也可用双脚错，但这套战术运用时难度较大，必须具备一定的实练基础。这也是运用跑动、助跑线路形成战术变化的、典型的个人进攻战术范例。

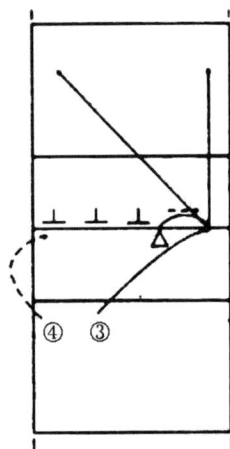

图 7-20

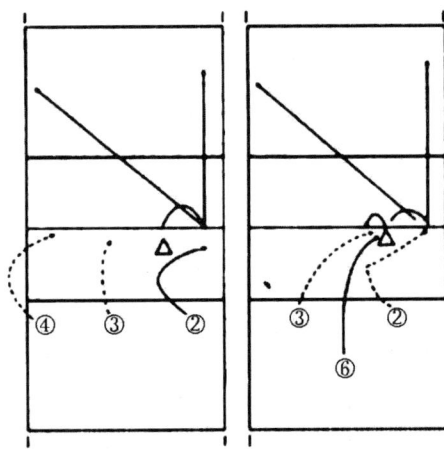

图 7-21

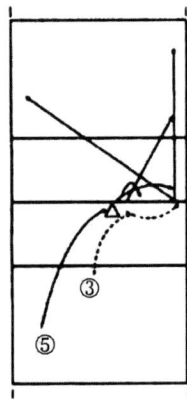

图 7-22

（三）运用扣球时手上变化形成战术

扣球时手上功夫的运用能反映出进攻者基本功掌握的情况，体现出进攻时的战术意识及对技巧的运用，展示出进攻者的风格与具备的实战经验。

1. 手法变化及时机

（1）重扣与轻打

扣球发力狠，扣出的球力量大、速度快，是实力的表现。如 80 年代美国女排的海曼，美国男排蒂蒙斯，古巴女排被誉为"黑色橡胶"的路易斯以及 90 年代意大利男排卢切塔，古巴女排"小路易斯"等。但是，绝大多数运动员在比赛中不能完全具备在进攻中面对拦网每球都能超手的能力，这时运用技巧就显得很重要了。重扣与轻打结合运用可以有效地突破拦网。当拦网尚未对进攻者构成威胁或是让出了进攻扣球路线时可以重扣，给对方防守加压以提高本方的进攻士气。当对方拦网已经完成对进攻者扣球线路的封堵而无法完成重扣发力时，可以运用扣球的动作同时改变手腕的用力及击球的位置，变重扣为轻打，如搓心、拍底线等。在对方的防守阵形全力准备防重扣时轻打可同样收到重扣的效果。另一种轻打是在对方拦网尚未触球压腕前，运用轻打借助拦网手将球弹回，保护后再组织进攻。但轻打要注意时机，在对方防守准备充分的情况下，收效会减弱。

（2）转腕与变线

运用转腕改变进攻时的扣球线路在比赛中经常可以看到。扣球发力最后都是通过手腕击球将力作用于球，摔腕甩动速度快、动作小。运用手腕动作结合控制球，可以打出多种变化。如面对直线打斜线，面对斜线打直线，远网扣球运用手腕推裹，使球下旋，球的运行轨迹发生变化，使得本应出界的球仍能落在界内。

（3）打线与打点

扣球要求打出线路，攻手基本都能做到，而打点即运用扣球线路使球落点准确，从这一点来讲，只有技术成熟的运动员才能做到。如小斜线要打在防守人下撤的后点上，防守人下撤稍慢就容易造成失误。腰线要打在两防守人之间，让防守人抢让。扣球既要有速度力量又要找点准确，对扣球者的手上功夫要求是相当高的。

（4）抢点进攻

超手进攻是在拦网者手上进攻。打好超手要求攻手要在球飞行落入拦网控制区前完成扣球，这就要求拦网者抢到最佳出球点。如果扣球上步取位不当或是击球点过高往往会造成失误，击球点过低很有可能被拦。因此，扣超手球时不仅要保持充分弹跳同时还应保持好击球点。另外一种抢点是运用传出球平行飞行中的多个出球点，完成避开拦网的进攻。进攻中需冲跳等多种身体向前的协调用力，同时还要保证好击球点。从某种意义上讲，抢出击球点或形成空头球，同超手进攻的效果是一样的（图 7-23）。

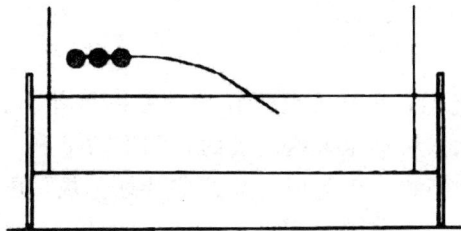

图 7-23

2. 利用对方拦网队员手的扣球

利用对方拦网队员手的进攻，简称打手出界扣球。在比赛中打手出界的个人战术已得到广泛运用。实战中扣球打手会出现两种结果，一是球触手之后飞向界外，即打手出界。另一种情况是球触手后虽然没有飞向界外，但因球的飞行路线改变致使防守人的判断取位出现误差，造成防守困难乃至失误，形成破坏性拦网。借拦网手进攻一般有以下几种形式：

（1）打拦网人外侧手出界

扣球时运用直接击打或是转腕动作将球扣在拦网人的靠边线一侧的半个手掌上，造成球弹出界外。打手出界在两边拉开进攻中运用得比较多，中间进攻扣球也可以使用。在运用中应注意两点，一是击球点不可太离开网；二是下手要果断，击打要准确，否则就有可能造成失误。击球时要注意时机，当拦网人手型摆好之前，或是在滞空时间已过，身体将要下落时击打效果会更好。打手战术在两边拉开进攻时运用，会出现三个结果：一是球触拦网人外侧手后飞向进攻方场外，这时拦网方想通过防守将球救回已经无望，造成直接得分；二是球触拦网人手后飞向防守方场外。如果后排防守人是边跟近时，判断准确有可能将球救回；三是击球不准确，将球击打在对方单手的全掌上也有可能被拦回，因而保护进攻的防守队员要特别注意加强保护被拦网拦回的球。

（2）打拦网人手指尖出界

这种打手出界，一般采用的是平冲击球。将球平击使球在飞行中触及拦网人的手指尖或部分手指后飞向界外。这种击打后球飞行的落点，往往是在对方拦网已经将进攻扣球线路全部罩死时或是对方封阻高度相对较高时运用。如中国女排对欧美强队的比赛中就经常采用。这种打手战术在运用中，因拦网者手指触球而不易将球拦回，并会出现三种情况，一是由于击球后球平冲飞行接触手指尖部位小，飞行弧线未改变，裁判在判罚中易出现漏判；二是如果打手指球接触部位过深时球飞行弧线虽已改变，但由于飞行速度的减缓防守方有可能将球追回；三是控球难度相对较大，假如击球不准很有可能造成扣球失误。

（3）全力扣球绷手出界

这种战术往往是在对方拦网手上扬，盖帽动作或是拦网手法运用得不好及拦网、进攻高度相差不多时使用。技术上要求掌握好扣球手法及用力，击球要狠，使球触手之后绷出界外。这种打手球触及拦网手后往往绷起的弧线稍高，可飞出进攻方的底线。如在中间进攻加上手上变化，球触拦网手后也可飞出边线。但应注意到，球也有可能被拦回，因而在防守时应形成前排的保护，但对弹到后场球的保护也是不可放松的，特别是全部队员站位都集中在 6 米以前进行保护时。

（4）利用快抹触手出界

比赛中有些球二传过于近网，出球点已经扎入对方拦网者手下，扣球击球已经无法施展，可运用吊球技术中的快抹技术，将球压入拦网人的外侧手的半侧，并运用转腕动作将球击拦网人手后出界。运用中注意，球距拦网手远时容易造成持球犯规，压球用力转腕时间过长、动作过大时容易造成持球失误。

（四）进攻战术与吊球

扣球与吊球从技术上分析完全是两个概念，但从进攻的角度看，又同属进攻系列，运用得好均可以直接得分，扣球可以掩护吊球，而吊球的运用又增加了进攻技巧运用的灵活性。

1. 主动吊球与被动吊球

吊球在实践运用中可分为两种类型。一类是在有攻击目标和攻击目的时，采用恰当的时机所运用的吊球，称为主动吊球。另一类是当战术组合未完成好，二传传的球使扣球无法完成时所采取的吊球，称为被动吊球。这种吊球带有一定处理球的性质，技术动作上可分为单手和双手吊球。攻手主动吊球一般采用扣球上步、起跳、在空中击球最后节段改用吊球，成功率相对比较高，并可达到调动对方防守，改变进攻节奏的目的。被动吊球虽然是在被动的情况下采用，但也应注意对方的防守情况，争取努力将球处理到对场的空档，以便达到与主动吊球同样的目的。

2. 吊球运用

（1）把握时机

吊球运用一般是在对方全力准备防重扣的情况下采用较理想。这时的防守阵形会压得靠后，当进攻队员以扣球动作为掩护改用吊球时，防守队员从预判至移动到将球防起所需时间可能会延长，因而吊球的成功可能性较大。

（2）把握节奏

吊球动机暴露过早，防守方会有所准备，吊出的球很难达到预期目的。吊球过迟同过早一样都会失去吊球进攻的突然性。

（3）把握弧线

除二传在网前的突然吊球外，攻手的吊球一般都要面对拦网，如果没有拦网，后防的人员增多，吊球很有可能失去其本身的进攻意义。在有拦网的情况下，如果吊球弧度过高会给防守人创造移动、判断的时间，使球容易被防起。吊球弧度过低，拦网人可能会运用滞空力拦网而形成反吊球。吊球的弧度应以拦网手摸不到为准。

（4）把握运用频率

进攻扣球一般会把防守人脚下打死，而吊球运用过多往往会把防守人脚下吊活。除高压吊球速度较快外，一般吊球的速度都会较慢。吊球过多致使防守人增加预判能力，继而将球防到位组成有效反击。

（5）把握主动

吊球运用往往同扣球相结合，意图是扣球把防守人压在自己防守本位，吊球可把防守人调动向前，因而吊球运用同扣球进攻一样，其目的都是为了争取主动。如果吊球人心中没有对方防守阵形的概念，而把球总是吊入对方防守人手中，让对方接吊球后能轻易组成快速反击，吊球就无主动可言。如果对方已经采用死跟防吊，吊球还坚持吊入拦网人身后，或对方采用心跟近防守，吊球人还是将球吊入对方心区，这样的吊球均已经失去其意义。只有在清楚对方防守阵形的情况下，才能运用吊球调动对方，起到其应有的作用。

3. 针对对方 2、4 号位拦网吊球运用

当本方在两边拉开进攻时，往往会面对双人拦网。以 4 号位进攻为例，进攻人除面对对方双人拦网外，还将面对的是对方防守队员的马蹄形站位和边跟近防守阵形，这时，将球吊入拦网人内侧，或是心区。如果防守防吊队员内收时，拦网人身后的角也是可攻击的目标（图 7-24）。当对方采用心跟近防守战术时，拦网人内侧和小角同样是吊球的理想位置。2 号位进攻时采用吊球也可以攻击角与心。特别是吊球偏向网前时防守小斜线的主攻上来接吊球后，进攻必受影响。

4. 针对中间双人拦网吊球运用

当本方副攻在 3 号位进攻面对拦网时，一般 3 号位拦网是固定的，如果两边拦网人不补拦，可采用吊拦网人身后的方式。如果边上拦网人能够完成协助拦网，原则上哪边拦人上来吊哪个角。由于快球、背快围绕在二传左右，二传站在 2、3 号位之间，一般对方 4 号位拦网人移动协助拦网的机会多，因而吊顺手 4 号位角球成功率也比较大（图 7-25）。当采用短平快进攻时，由于进攻位置靠近本方 4、3 号位之间，对方拦网一般是以 3 号位主拦，2 号位拦网人协拦，这时除吊心外，也可吊对方 2 号位角收效更大。

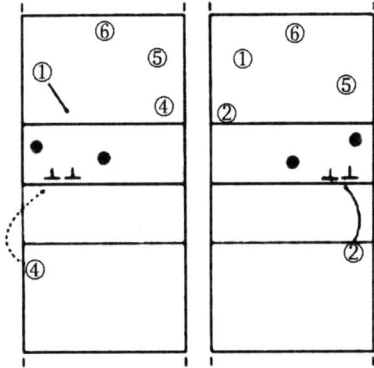

图 7-24

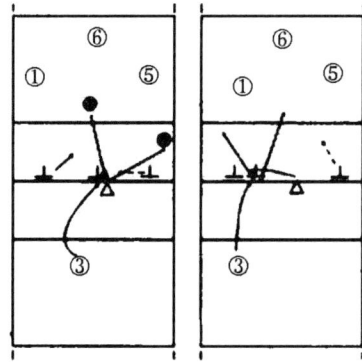

图 7-25

（五）高点强攻

高点强攻是指运用良好的弹跳，将球在拦网人手的上方通过而扣入对方界内的进攻。这种突破一般有两种情况，一是当拦网人充分跳起后，扣球人仍有很高的高度能够将球超出拦网人的手实施进攻。二是当对方拦网人起跳尚不充分时，进攻人超出拦网手的封阻高度随之将球扣入对方场区形成超手扣球。这种扣球需要扣球手具备相当出色的弹跳力，如古巴的路依斯摸高可达 3.36 米，又如现今俄罗斯女排的加莫娃身高 2.04 米，2004 年瑞士女排精英赛和奥运会上，在同中国女排的比赛中运用超手扣球频频得分，特别是扣入 1 号位防守区域的球，往往是一锤定音而获胜（图 7-26）。

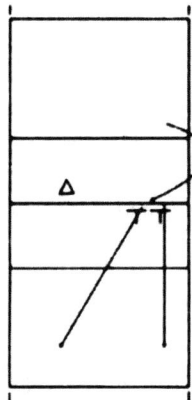

图 7-26

五、拦网个人战术

拦网是防守反击的第一道防线，是主动得分的三大技术之一。拦网不仅能够拦死对方的扣球，同时还可以拦回、拦起对方的进攻以减缓本方的防守压力。拦网运用得好不仅可以从士气上削弱对方进攻锐气，动摇扣手信心，同时还可以提高本方的自信。拦网成功的多少直接影响着比赛成绩。拦网的个人战术是通过拦网的技术运用，包括手型变化、时间选择、空间选择来实现的。时间指的是准确性，空间指的是高度，手型变化指的是技巧。这些均需判断、移动、取位以及配合来完成。个人拦网是集体拦网战术的基础。

（一）个人拦网战术

1. 运用假动作拦网

当对方运用三点或是二点进攻战术时，形成跑动进攻，将拦网人吸住，导致 3 人相互无法完成补位时，一般在场上会形成较多的单人拦网。进攻人在进攻区域可以打出几条线路的变化，单人拦网很难将几条线路同时封阻，要想使拦网达到更好的效果，运用拦网时的站位和变化形成准确判断，拦网将会收到良好的效果。

（1）站直拦斜

在 2、4 号位单人拦网面对进攻时，拦网人可先选择直线站位，把斜线让出，让进攻者感到拦网重点线是直线，当对方将要扣球时，突然移动一步封拦对方斜线，扣球者无法改变线路，拦网达到目的（图 7-27）。

（2）站斜拦直

同上面一样，拦网站位时可先选择站在进攻者扣球的斜线位置，让对方感到拦网重点线路是拦斜线，当扣球人决定采用直线进攻时，拦网人突然跳起封阻直线，从而达到拦网成功的目的（图 7-28）。

（3）实拦侧堵

当扣球人感觉自己的进攻有可能遭封阻后，会有意识地去改变进攻路线，往往这时的过网点会降低，如果拦网人具备很好滞空力，可用单手伸出去拦，其变化后的线路可达到拦网目的。

（4）假拦真补

当中间拦网队员已看出二传有意识地去组成 4 号位的强攻时，3 号位拦网人可先造成主要拦快攻的假象，当二传将球传出后，拦网人马上移动补位去拦拉开球，形成假拦真补个人拦网战术（图 7-29）。

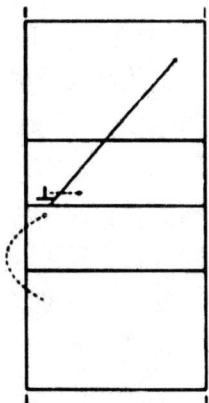
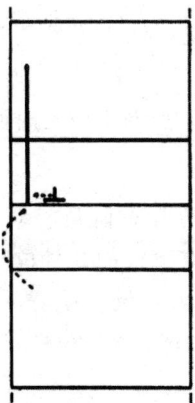
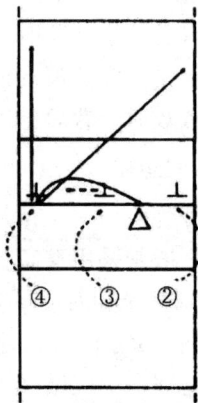

图 7-27　　　　　　　　图 7-28　　　　　　　　图 7-29

（5）假拦真撤

当判断出对方不准备采用扣球，而是在扣球动作的基础上将要采用吊球、轻扣时，拦网人在取位及动作达到目的后，可采用假拦真撤战术，重点去防吊。

2. 变化手型拦网

变化手型主要指拦网人起跳后，可根据进攻者的动作变化，拦网手型随机变化，达到拦网目的。如面对两侧进攻的外侧手内包拦网，达到防止对方扣球制造打手出界的目的。如拦 3 号位进攻的两侧包抄拦网。3 号位进攻面对拦网人一般多采用顺手线或转体线的进攻，拦网人在空中采用两只手从外向内的移动以先拦中线再向两侧移动的手型，形成包抄拦网。再如，当对方进攻点高于拦网手时，采用手腕上抑的动作，造成扣下的球触及拦网手后可弹起至本场后排，达到有效拦网的目的，起球后防起再攻。

3. 撤手

在发现进攻者要采用平冲扣球或打手出界时，可在空中及时将手撤回，导致进攻者的扣球出界。

4. 迟给手拦网

有经验的进攻者可根据拦网人的手的位置而进攻，拦网人可在起跳的同时采取迟出手的战术，让扣球人看不到手，造成错误的判断，以出其不意的拦网达到目的。

5. 实、虚跳结合拦网

实跳为全力以赴起跳拦网，虚跳为蹲跳。身材高大、素质较好的队员在拦击对方快速多变战术时，多采用蹲跳拦对方第一点快攻，再迅速起跳拦对方第二点进攻。

6. 前伸拦网与直臂拦网

前伸拦网是将手臂尽量过网前伸接近球，以增加拦网的效果。但在罩球时注意不要触对方非进攻的球，犯过网击球的错误。直臂拦网，主要是应对对方的远网进攻或后排进攻，以增加拦网高度和拦网面。

7. 脚起跳拦网

单脚起跳快，空中飞行距离长，可应对双脚起跳来不及的拦网。但在完成中应注意空中的稳定性，不可撞击本方的拦网队友造成触网犯规。

8. 拦二传进攻

当二传吊球具备一定威胁时，4 号位拦网人可站位靠里一些，首先盯一下二传是否有吊球，如有，可用拦网拦击。完成战术时要注意，当对方三点进攻时，二传跳起吊球是犯规，可以不盯。当对方是两点攻时，背后跑动较多，拦网人应及时回位，以免对方组成空门进攻。

（二）单人拦网运用

单人拦网可分为两种，一种是与对方扣球队员相对应位置的队员拦网，另一种是前排最有利拦网人拦网，一般是采用身高较高、移动快的 3 号位队员固定拦网。

1. 与对方扣球队员相对应位置的单人拦网及防守阵形，以对方 4 号位进攻为例，由本方 2 号位队员单人拦网，3 号位队员后撤防吊球，4 号位队员后撤参与防守，并与后排三人组成半弧形防守圈，每人防守一个区域（图 7-30）。

2. 由固定 3 号位队员拦网，如果对方进攻在 2、4 号位时，拦网人需左、右移动进行补位拦网。对方如在中间进攻时，拦网人可以站在中间拦网。当拦网人补位拦网时，不参加拦网的队员要主动参与防守。2号位或4号位队员撤到中场防守，其他队员可站成防守的弧形，形成对来球的圆形防守阵形（图7-31）。如果是对方3号位队员进攻时，也可由6号位队员上前防吊，2、4号位队员后撤防守。

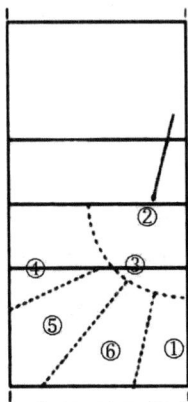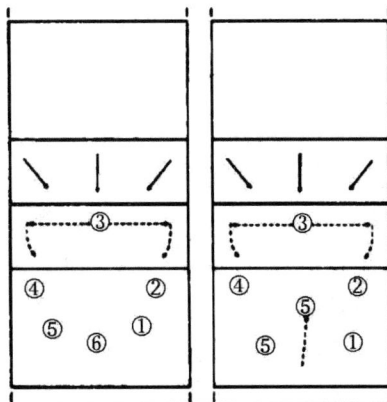

图 7-30   图 7-31

（三）把握拦网时机

虽然是单人拦网，如果能够正确运用拦网战术，并在拦网中找准拦网时机，同样会获得良好的拦网效果。

1. 果断判断扣球线路

如对方4号位进攻，球已经保持在攻手的体前只能完成斜线进攻时，拦网人可主动放弃拦直线，而全力以赴让出体位去拦斜线，而直线对方已打不出力量时可交给防守人去防守（图7-32）。当对方3号位强攻主线是顺手线时，拦网人需主动放弃拦转体线，而是全力拦击对方的顺手线。扣球人如果打出转体线，相对地力量上会轻于顺手线，这样给防守缓解了压力，减轻了难度。

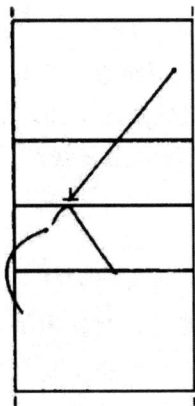

图 7-32

2. 灵活运用起跳时间

当扣球采用强攻相对比较远网时，起跳时间可以迟一些。当对方采用的是快攻时，一般是扣球人起跳在空中等球，或是进攻者下手比较快，这时拦网起跳不仅要坚决，节奏也应快一些，这样才能保证在空中，对方击球后能够马上完成拦网动作。如果判断出对方有自我掩护动作，如3号位进攻有快球并结合运用时差进攻，拦快球可以运用踮跳，落地后马上全力跳拦击时差进攻。

3. 大胆运用不同手型

当球相对比较近网时，拦网可采用盖帽手型，球一触手马上压腕增加球向下反弹的力量。当对方在3号位进攻，拦网可主动采用两面包抄的手型，主要是卡住对方的两条线。当对方采用后排攻时，过网面比较宽，拦网人在掌握拦网时机及位置的同时，两臂一定努力上伸，当球触手时盖帽将球弹回。当对方进攻点又高、力量又大时，可将手腕上仰，争取在拦不死的情况下将球挡起，为防守创造机会。拦网时手指要硬一些，最好用手掌控制球，尽可能不出现破坏性拦网的情况。

六、防守个人战术

防守是进攻的开始，也是组织进攻的基础。防守是由准备、判断、移动、取位技术等几个环节组成的。技术运用一般包括各种垫球、倒地救、扑球等以及不同部位的垫击、挡球技术，其中包括脚踢球。姿势可分为高姿防守和低姿防守。防守面对的主要是各种扣球或吊球，被拦回球及各种处理球。个人战术主要体现在防守者能够准确、快速选择防守位置，采用合理的防守技术，按战术要求同队友默契配合将球防起，做到多得分，少失分。

（一）合理选择防守位置

合理取位是完成防守的首要条件，而取位的准确又要以对方进攻的变化、战术特点以及打法变化为依据。

1. 依据对方扣球手特点取位

当对方的进攻是以扣球为主，吊球很少时，防守人取位应靠后，重点在判断对方扣球线路与力量上下功夫。当对方打吊结合时，取位应灵活，特别是负责跟进防吊的队员判断要准确，在防重扣的同时，随时准备移动防吊球。当对方进攻以斜线为主时，防守人应当重点防斜，有时直线可以放弃防守。如对方主攻具备极好的超手扣球能力。6号位防守人在1号位队员上去跟进时要特别注意补位。1号位队员如果能防大角直线和中直线，6号位队员应靠后站位，注意保护打手球出界的球及落入6号位防区的球。

2. 依据本方拦网情况取位

防守队员在对方战术跑动后形成的是双人拦网还是单人拦网，对方调整进攻形成的是双人拦网还是三人拦网，拦网主拦的线路是哪条，对露出的线对方的进攻威力如何，拦网人中间是否并不齐可能造成的中间漏球等，防守队员要根据这些情况取位，如拦直放斜，防小斜线的队员一定要将身体转过来，对正进攻者，移动取位要快；拦网是放直拦斜，直线防守人一定要靠近边线取好位以便防重扣球，拦网并不齐，漏出中间，防守队员一定要注意移位到拦网不会形成死区的位置，并特别注意补防中区。

3. 依据场上情况变化取位

防守队员防守位置选择还应根据比赛中发生的变化来取位。如对方二传球近网，拦网人被晃开，这时防守队员不但要卡位于球的落点，同时应注意取位向前，以便更好地接球；球离网较远或是拦网队员已经取好位置，防守取位应靠后一些，除能够便于防重扣外，还应做好保护扑救打手球的准备。目前世界大赛中，许多队都采用 6 号位的防守队员，一般都站在底线左右来防超手扣球和触拦网队员手平飞的球。

4. 依据对方扣球队员心理活动取位

随着比赛情况的变化，运动员的心理也有可能发生变化。如对方的扣球队员在重扣连续被拦回或被防起的情况下，有可能会用变化扣球线路或是吊球来完成再次进攻，这时防守队员的取位要依据其变化，做出判断并完成相应的移动进行防守。

（二）合理运用防守技术

防守中技术的运用，从 20 世纪 60 年代垫球技术出现以来一直都被采用。随着鼓励防守规则的改变，防守技术不断的发展与创新，并越来越呈现出多样化和合理化的趋势。

1. 低姿防守与高姿防守

低姿防守是以前被强调和采用的，特别是接重扣时仍很实用。进入 90 年代以后，由于球速加快及内收式防守战术的出现，原先取位靠后的低姿前迎防守，已由取位靠前的高姿防守取代，防守取位靠前，可以缩短左右移动距离，卡住扣球线路，当球重扣落在手上时，可用身体后倒做缓冲。保护触拦网手的球，"飞行弧度过高时可用上挡技术。高姿防守在世界级的比赛中，特别是男子排球已经普遍采用"。

2. 各种滚动扑救与铲球

防守中除移动垫球外，对许多来球都需运动员倒地救球，特别是在防吊、补位防守、保护防守、追救打手出界球时，鱼跃、滚动、扑救技术均被经常采用。合理地运用这些技术不仅可以大幅度地扩展防守的面积与空间，同时还能争取到防守起球的时间。现代排球队员的身高越来越高，男排队员身高达 2 米，女排队员身高 1.90 米左右，给防守带来一定难度。鱼跃、跑动救球一般在后场区或是面对救飞界外的球时使用。对于在场区的吊球，一般会采用前扑单手铲球，这样不仅可以发挥队员的身高优势，取得完好的防守起球效果，同时还因为动作小而不影响其他队友。特别在男子排球的防守中，铲球技术应用频率是很高的。

3. 脚踢球技术

脚踢球技术是自规则修改后，合法的击球部位扩大至全身各个部位而产生的。当初脚踢球仅是运动员在遇险球时的本能的应急反应，偶尔可见，但随着对规则的研究、利用及对不规则技术的总结，一些球队对脚踢球技术进行了专门的训练，使得脚踢球已从无意识向着有意识运用发展，特别是在拦网后的保护、防守中补位及追高远球用手来不及触球时使用。

（三）协防与补位

防守队员对防守个人战术的运用，首先表现出的是具备良好的战术意识，比赛中的协防与移位更能体现出防守队员的战术思想和集体配合的理念。

1. 补位防吊

当本方队员发球时，会出现两种情况，一是发球队员选择发球点靠近自己的防区，发球后可马上回到自己的防区参加防守。二是发球队员选择发球点时远离自己的防区，可能采用远距离发球，也可能是防1号位的队员选择在5号位底线外发球，发球动作结束后不能及时回到自己所负责的防守区域（图7-33），这时就需要相邻的防守队员替他补位防吊球。当对方没有快速地处理球过网或是一传直接垫过网时，发球队员再进入本位防守，补位队员退回自己防守位置，或是发球队员先进入场区最近的位置参与防守，第一回合球之后再进行换位。

2. 补位上球

当对方将球在无攻的情况下主动处理过网时，特别是球的落点在4米左右，这时中间副攻队员可以自己完成垫或传的上球，然后再进行跑动进攻。但自己上球容易影响快速的进攻跑动，因而后面的防守队员或是自由人可主动将防守位置前提并完成向二传的上球（一传）任务，以便让中间进攻队员有更充裕的时间调整自己进攻步法，实现同队友进攻战术的配合。在后排补位上球，完成一传时要注意中间进攻队员拦网后撤下的位置并应同其形成默契（图7-34）。

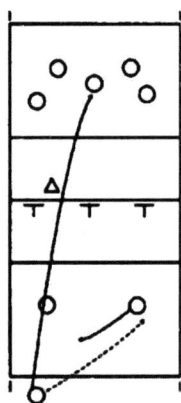
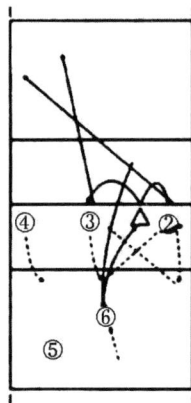

图 7-33   图 7-34

3. 协防及保护防守

在对方发球或是进攻扣球时，球没有飞向自己，这时要随时注意队友垫飞的球，以便完成协助和保护动作。如：6号位队友将一传垫飞，1、5号位未接一传的队员要根据球飞出界的情况，马上追击实行保护；当队员在防重扣中将球垫飞，靠近防守者的队员应马上追击，而次靠近接球队员的队友也应紧跟其后，以便协防，保护队友将球垫起，或是马上完成第三次击球，将球垫击过网（图7-35）。

4. 保护拦网打手球

当拦网队员跳起拦网后，对方进攻者很有可能在扣球时运用打手出界技术，而触手后的球一般是飞向拦网者同侧边线，或是平打触手飞出底线。这时后防直线的队员一定要注意打手后飞向边线外的球，以便完成保护救球。这时也有可能拦网队员在落地后追球自我保护，因而要注意不要与队友撞在一起。（图7-36）。

5. 拦网队员自我保护

当拦网已经封死了扣球时，进攻者往往会采用打手或吊球。球触手弹起，拦网队员要用眼睛去找球，才能完成判断、保护。当扣球队员采用吊拦网队员身后球时，拦网队员应在空中完成转体，并伸臂将球垫起，因为这种吊球弧度刚刚超过拦网队员的手，拦网队员在空中无法完成击球。球距拦网队员只有一臂距离，吊球比较苦，后排队员很难跟进。拦网队员如能在空中完成自我保护将是最理想的。

6. 协防重扣

当对方扣球力量大、速度快、习惯线路比较突出时，依据当前世界上流行的对付强攻的密集式防守站位，采取集中区域性防守。如：当对方采用了 3、4 号位后排进攻时，线路以斜线为主，前排拦网可能完全封死直线，这时后排将形成密集区域防守。特别是不在此区域的防守队员要马上移动补位，并同主防区队员协调配合，完成防守任务（图 7-37）。

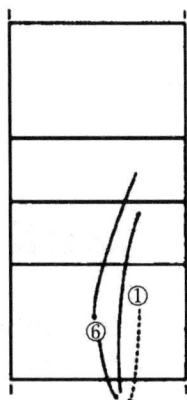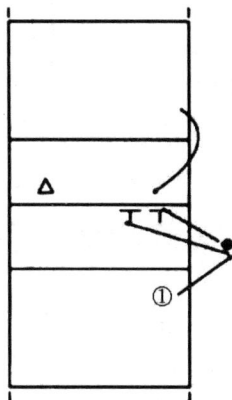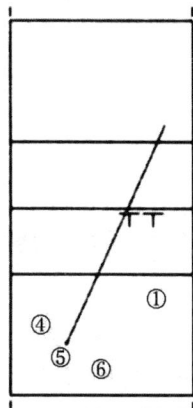

图 7-35　　　　　　图 7-36　　　　　　图 7-37

（四）合理运用防守队员

专位防守是各队普遍采用的防守战术形式。一般采用主攻防 4、5 号位一侧，副攻防 6 号位，二传和接应二传防 1、2 号位一侧。这种专位防守既便于防，同时还又便于二传的后排插上和后排进攻的组织。由于排球运动员的身高不断增高，为了进一步提高防手的质量，同时改进高大运动员不便防守的弱点，国际排联于 1997 年提出修改规则，场上比赛可以采用"自由人"替换防守弱的队员进行防守。这为多年来一直探讨的如何把最佳防守队员安排在最合理位置的理念提供了得以实施的机会。自由人的启用，个人防守战术的实施同整体防守战术的融合，给整体防守战术增色不少。

1. 自由人替换主攻防守

现代排球在防守布局中不仅着重考虑防守的能力，而且还考虑反击时后攻力量的发挥。当高大主攻在前排完成进攻和拦网任务后，后排往往用自由人替换，自由人防守主攻的位置，下可防重扣，上可防吊球，在保证防守的基础上副攻和接应二传还可以完成后排进攻（图 7-38）。

2. 自由人替换副攻防守

一般情况下各队为保证前排的拦网，往往会启用高大的副攻，当高大副攻到后排时可用自由人替换完成防守。自由人替换副攻后可直接防 6 号位区域，如果主攻能够进行后排攻时，也可同主攻换位防守。因为一般拦网形成死区后，大斜、小斜、腰线、直线防守压力会比较重，而 6 号位重点防守的是拦网缒手的球，压力较小。这样不仅可以充分发挥自由人移动快、防守面大的特点，还可以保证后排攻的战术组织（图7-39）。

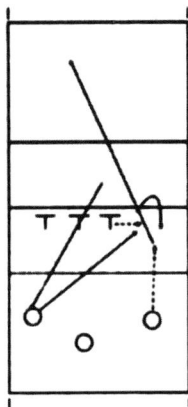 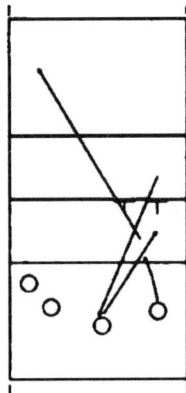

图 7-38   图 7-39

第二节　现代排球运动的集体进攻战术训练

随着世界排球运动的发展，进攻战术丰富多彩，单靠个人体能和技、战术能力，是难以战胜对手的。从实际比赛情况看，由前排队员的活点进攻发展到当前全方位的立体进攻，无不显示出集体战术的威力。

集体战术是指两名或两名以上队员之间有组织、有目的的集体协同配合。任何集体进攻战术的变化无不建立在进攻阵型和进攻打法的基础上。

一、进攻阵型

进攻阵型，就是进攻时所采取的基本队形。合理地选择进攻阵型是各种进攻战术变化的基础。进攻阵型主要有三种，即"中一二""边一二"和"插上"。

（一）"中一二"进攻阵型及其变化

由前排一名队员在3号位担任二传，其他两名队员在2号位和4号位进攻的阵型，称作"中一二"进攻阵型。"中一二"是最基本的阵型，其特点是二传队员在中间，一传容易到位，战术可简可繁，适合不同技术水平的队。技术水平较低的队可组织前排2号位、4号位扣一般高球，技术水平较高的队可组织各种战术进攻乃至立体进攻。其站位及变化如下。

1."大三角"站位

这是最基本的站位方法，其变化主要以2号位、4号位进攻为主，辅以后排进攻等（图7-40）。

2."小二三角"站位

4号位队员位置不变，2号位队员站在中场接发球，3号位二传队员站在2号位和4号位队员之间的网前（图7-41）。这种站位实际上也是一种隐蔽站位的方法，1号位队员可在2号位做佯攻，2号位队员从中路进攻，后排队员从后排进攻。这种阵型有利于各种交叉换位进攻。

若2号位队员左手扣球得力，则可以在场区右侧站成"小三角"（图7-42），即2号位队员位置不变，4 号位队员中场接发球，3 号位二传队员站在 2 号位队员与 4 号位队员之间的网前做二传，5 号位队员在 4 号位做佯攻，后排队员从后排进攻。

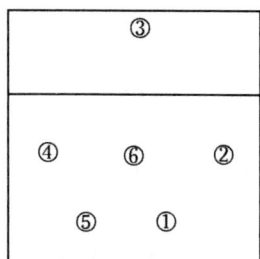
图 7-40

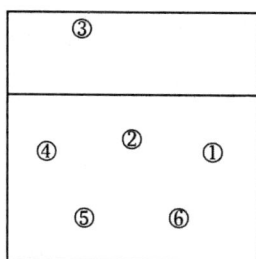
图 7-41

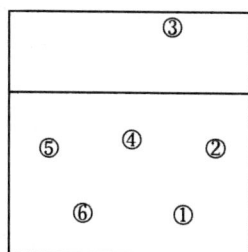
图 7-42

3. 换位成"中一二"

二传队员在 4 号位（或 2 号位）时，可以换位成"中一二"阵型（图 7-43）。

4. "假插上"成"中一二"

3 号位队员在 4 号位的右后方做假插上（图 7-44）。

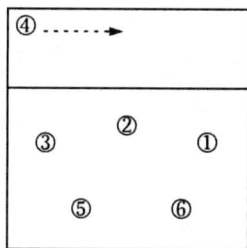
图 7-43

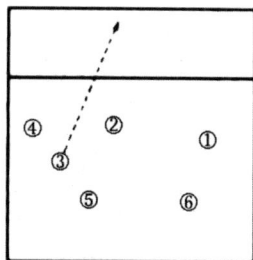
图 7-44

（二）"边一二"进攻阵型及其变化

由一名队员在前排 2 号位做二传，其他两名前排队员参与进攻的阵型，称作"边一二"进攻阵型。"边一二"也是基本的进攻阵型，其特点是二传队员在边上，对一传的要求稍高，但战术变化多于"中一二"进攻阵型，战术可简可繁，同样适合不同技术水平的队。其站位及变化如下。

1. "边一二"阵型

2 号位队员站在网前任二传，3 号位和 4 号位队员前排进攻，其他队员参与后排进攻（图 7-45）。

2. 反"边一二"阵型

前排一名队员在网前 4 号位站位做二传，其他队员参与进攻。如果 2 号位和 3 号位队员是左手扣球，采用这种阵型比较有利（图 7-46）。

3. 换位成"边一二"

通常采用反"边一二"换位成"边一二"阵型（图 7-47）。

4. "假插上"成"边一二"

3 号位队员在 4 号位队员的右后侧做假"插上",形成"边一二"阵型,1 号位队员做佯攻掩护,其他队员参与进攻(图 7-48)。

运用"中一二"和"边一二"进攻阵型时应注意以下几点。

其一,采用"中一二"进攻阵型时,二传队员的站位应稍靠近 2 号位,避免与 6 号位队员重叠,以免阻挡视线影响其接发球。

其二,采用"边一二"进攻阵型时,二传队员的站位不宜太靠近边线,以免在运用"拉开""围绕"等战术时,因传球距离远而影响战术质量。

其三,采用换位成反"边一二"阵型时,4 号位二传队员既要贴网站,又要贴边线站,以免造成与 3 号位队员位置错误或影响 3 号位和 4 号位队员的接发球。

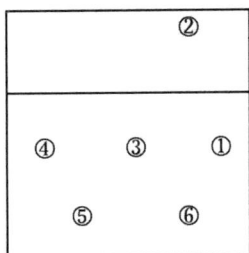 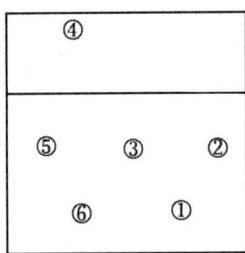 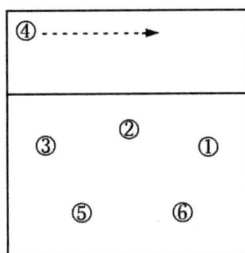 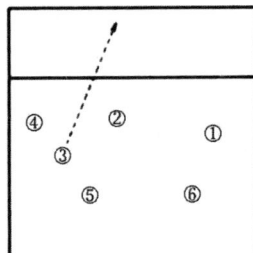

图 7-45　　　　　　图 7-46　　　　　　图 7-47　　　　　　图 7-48

(三)"插上"进攻阵型及其变化

后排任一队员插到前排做二传,前排三名队员进行扣球的进攻阵型,称作"插上"进攻阵型。由于后排的"插上",前排可保持三点进攻,所以这种进攻阵型为国内外各强队普遍采用。"插上"进攻阵型有三种基本站位,即 1 号位插上(图 7-49)、6 号位插上(图 7-50)和 5 号位插上(图 7-51)。

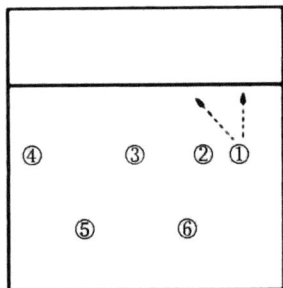 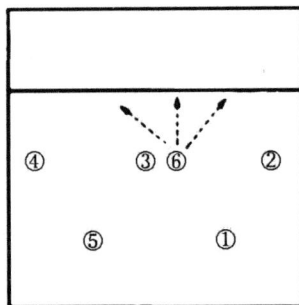 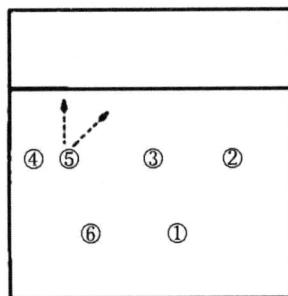

图 7-49　　　　　　　图 7-50　　　　　　　图 7-51

运用"插上"进攻阵型时应注意以下几点。

(1) 为了使"插上"队员能尽快插到网前,且不影响其他队员接发球,"插上"队员一般站在同列队员的侧后方,以便缩短"插上"跑动路线。其跑动路线一般如图 7-49、图 7-50、图 7-51 所示。

（2）"插上"要及时（对方发球击球后应立即"插上"），但又不应启动过早造成位置错误。

（3）采用"插上"进攻阵型时，前排三名队员都应具有较强的进攻能力并能打各种跑动进攻。

（4）"插上"的二传队员要有较熟练的传球技术和较高的战术素养。

（5）本队要有较好的接发球一传做保证。

（6）"插上"队员在"插上"过程中，应有接一传的思想准备，因为对方发球很可能破坏"插上"。

（7）反攻中应加强情况判断，有可能时，应迅速做行进间"插上"，以保证前排的多点进攻。

二、进攻打法

进攻打法是指二传队员与扣球队员之间所组成的各种配合。每一种进攻阵型中都可以灵活地运用多种进攻打法，以达到避开拦网、突破防线，争取主动的战术目的。进攻打法可分为强攻、快攻、两次攻及其转移、立体进攻等。

（一）强攻

在本方无掩护或较少掩护的情况下，主要凭借个人力量、高度和技巧强行突破对方的拦网和防守称强攻。强攻是现代排球比赛中制胜的关键，世界一流水平的队，无论在强攻扣球的力量与速度上，还是在高度与变化上，都占有明显优势。

1. 集中进攻

进攻队员在 4 号位或 2 号位扣二传队员传到较靠近 3 号位、较集中的、不拉开的高球进攻，或在 3 号位扣一般高球，称之为集中进攻。这种打法易掌握，也易被拦，适合初学者和水平较低的队运用。

2. 拉开进攻

二传队员将球传到标志杆附近进攻的打法叫拉开进攻。拉开进攻可以扩大攻击面以避开拦网，有利于变化线路及打手出界（图 7-52）。

3. 围绕进攻

进攻队员绕过二传队员扣其传出的高球为围绕进攻（图 7-53）。围绕跑动换位的目的是发挥自己的扣球特长，避开对方拦网的有效区域和扣球后自然换位。

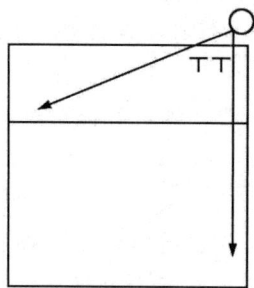

图 7-52

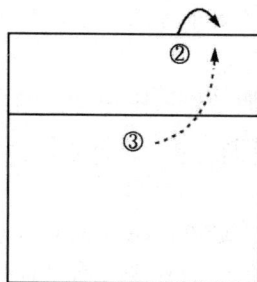

图 7-53

4. 调整进攻

当一传或防起的球不到位，球的落点离网较远时，由二传或其他队员把球调整传到网前有利于扣球的位置上进行强攻的打法，称为调整进攻。调整进攻在接扣球防守反击中运用较多，并占有比较重要的位置。调整进攻对运动员的体能要求较高，必须具备一定的弹跳高度和力量，才能有效地突破对方的拦网和防守。

5. 后排进攻

后排队员在进攻线后起跳扣球，称后排进攻。这种打法由于击球点离网较远，给对方拦网造成了较大困难，一定意义上使得过网面加宽。这种打法也能弥补较弱轮次，更多地发挥优秀进攻队员的作用，在比赛中运用的效果显而易见。后排进攻已从过去的被动式转变为主动式，并被各强队普遍采用。

（二）快攻

各种快球以及以快攻作为掩护，由同伴或本人所进行的进攻，均被称为快攻。

1. 快球进攻

二传队员将球或快或平传给扣球队员，扣球队员快速挥臂击球，称快球进攻。快球进攻是我国的传统打法，其特点是速度快、突然性强、掩护作用大，有利于争取时间、空间和组织多变的战术。

根据二传组织快球进攻时传出球的方向和距离，如图 7-54 所示，快球分为近体快（A）、短平快（B）、背快（C）、背短平快（D）、背溜（E）和平拉开（F），以及调整快、远网快、后排快、半快、单脚快等。

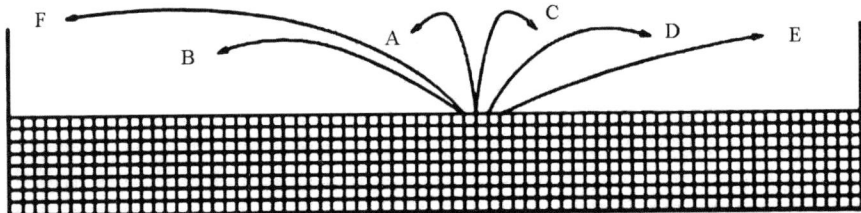

图 7-54

组织快球战术主要靠二传队员与扣球队员之间密切配合。二传队员要了解扣球队员的特点，还要根据当时扣球队员的上步情况，主动配合传球；扣球队员也应根据一传的特点及二传的特点，主动地加以配合，最重要的一点是要相信二传队员，否则就会犹豫不决，贻误战机。

2. 自我掩护进攻

用打各种快球的假动作来掩护自己的第二次实扣进攻，称自我掩护进攻。自我掩护进攻主要有"时间差""位置差"和"空间差"三种。

（1）"时间差"

进攻队员先以快球进攻佯跳吸引对方拦网跳起，然后实扣半高球，利用对方队员拦网起跳的误差达到突破拦网目的的打法，称"时间差"。这种进攻在运用时要求扣球队员与二传之间通过暗号密切配合。扣球队员的第一次佯攻助跑上步、急停制动动作都要做得逼真，同时也要与快球实扣交替使用才能收效。

（2）"位置差"

进攻队员先以快球进攻佯跳吸引对方拦网跳起，然后突然向侧方跨跳一步跳起扣杀，由于进攻队员扣球位置的差异，从而吸引了对方拦网位置的差异，以达到空当进攻的目的的打法，称"位置差"。扣球队员的佯攻要逼真，错位的移动要连贯，并与快攻实扣灵活交替运用，方能取得良好效果。"位置差"进攻打法有多种。

①短平快前错位：3号位短平快佯攻后向右跨步，用双脚或单脚起跳扣集中的半高球（图7-55）。

②近体快前错位：3号位近体快球佯攻后突然向左跨步起跳扣拉开的半高球（图7-56）。

③近体快后错位：3号位近体快球佯攻后突然向右侧跨步围绕到二传队员背后扣半高球（图7-57）。

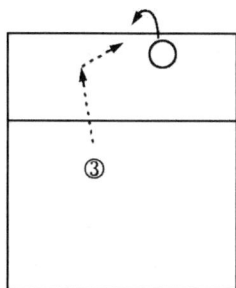 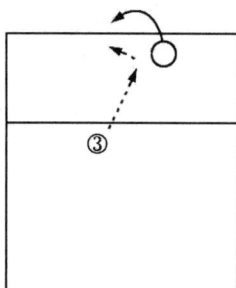 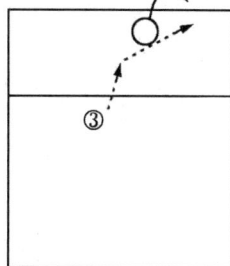

图7-55　　　　　　　　　　图7-56　　　　　　　　　　图7-57

（3）"空间差"

"空间差"也称空中位移进攻。助跑跳起后，利用身体在空中移动的幅度迷惑和避开对方的拦网，达到空当进攻的目的的打法，称"空间差"。这种打法进攻面宽、突然性大，很容易摆脱对方的拦网，但要求扣球队员有良好的弹跳、冲跳和空中平衡能力，并要与二传队员密切配合才能完成。"空间差"是中国运动员的创新动作。"空间差"进攻打法尚有很大的发展潜力，如能与"位置差"等打法结合起来运用，如错位后加"前飞"等，还可以进一步丰富"空间差"的战术打法，增强"空间差"的效果。

①前飞：队员在扣短平快的起跳点上起跳佯扣短平快，利用向前冲跳的惯性，使身体在空中水平位移到二传队员附近，扣近体半高球（图7-58）。

②背飞：队员在二传队员体侧、近体快起跳点上起跳佯扣近体快球，利用向前冲跳的惯性，空中位移到二传队员背后1～2米之间扣半高球（图7-59）。

③后飞：扣球队员在2号位佯扣背溜或短平快，起跳后向3号位"飞起"扣背快球（图7-60）。

④拉三：扣球队员在3号位佯扣近体快球，踏跳时向左侧冲跳，利用空中位移追扣二传队员向3号位传出的短平快球，以达到避开对方拦网的目的（图7-61）。

⑤拉四：扣球队员在短平快起跳点佯扣，踏跳时向左侧冲跳，利用空中位移，追扣二传队员传向3号位和4号位之间的拉开球（图7-62）。

⑥拉二：扣球队员在扣背快起跳点上突然向右侧冲跳，追扣二传背后的拉开球（图7-63）。

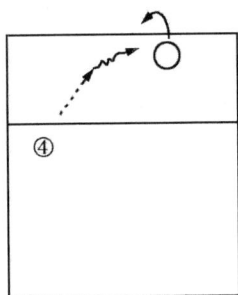

图 7-58

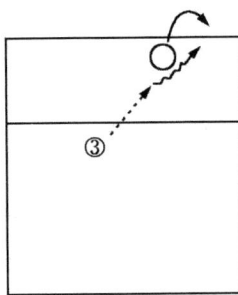

图 7-59

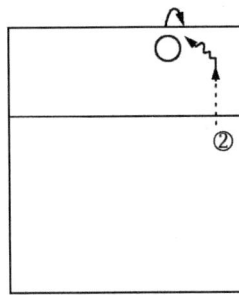

图 7-60

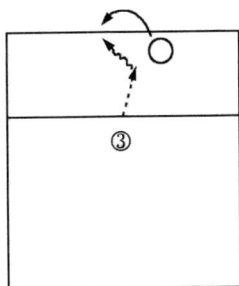

图 7-61

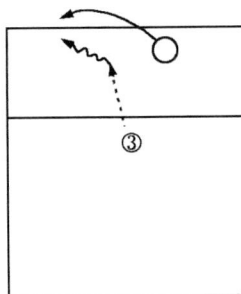

图 7-62

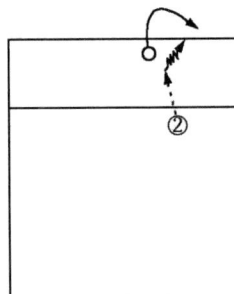

图 7-63

3. 快球掩护进攻

利用各种快球吸引对方拦网，然后给其他队员创造一打一或空网扣球的机会的打法，称快球掩护进攻。在快球掩护下，其他队员可进行各种形式的跑动进攻，则可起到出其不意、攻其不备、集中兵力、以多打少、避实就虚的作用。随着排球运动的发展，掩护的方法越来越多，已从单人掩护发展到多人掩护，从前排队员掩护发展到后排队员掩护。

快攻是现代排球比赛中必不可少的进攻武器，其质量的好坏直接影响着掩护效果。就这个意义说，快球掩护进攻中，快球是第一位的。快球掩护进攻虽然利用各种扣球吸引对方拦网，以掩护其他队员的跑动进攻，其实二者是相互掩护，其他队员的跑动同样能吸引对方的拦网，以利于快球进攻。

在快球掩护进攻中，有交叉进攻、梯次进攻、"夹塞"进攻、双快和三快进攻、双快一跑动进攻等多种打法。

（1）交叉进攻

交叉进攻是指两名队员跑动进攻，助跑路线相交叉，起到互相掩护的作用，造成局部区域以多打少的局面。交叉进攻使拦网者来不及判断两名跑动的队员中真正的扣球者，故突然性大、攻击性强，用于对付对方的人盯人拦网，收效甚好。运用交叉进攻时，要根据不同的交叉战术，确定相应的一传落点。二传球的高度不宜过高，以免对方补拦。交叉跑动的扣球队员在一传球即将到达二传队员手中时开始上步为宜。启动过早，易被对方识破或影响快球队员的跑动。在交叉进攻中，如将定位快球与错位快球结合运用，则变化更多，效果更佳。交叉进攻打法有多种。

①4号位队员内切做扣近体快或短平快掩护，3号位队员跑动到4号位附近扣半高球（图7-64）。

②4号位队员做扣近体快球掩护，2号位队员跑动到二传队员前面扣半高球（图7-65）。

③3号位队员做扣近体快球掩护，二传队员身后的2号位队员跑动到二传队员前面扣半高球（图7-66）。

④2号位队员做扣背快球掩护，3号位队员跑动扣二传背后的短平快或半高球（图7-67）。

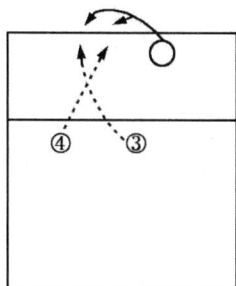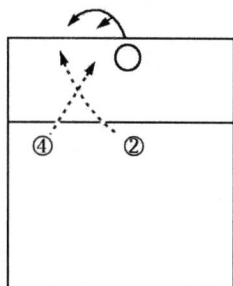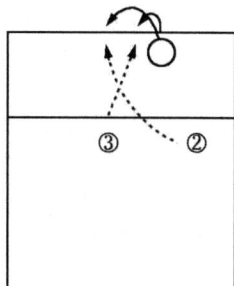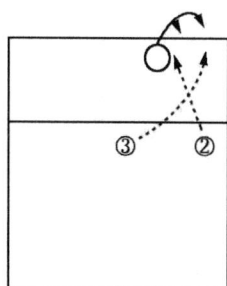

| 图 7-64 | 图 7-65 | 图 7-66 | 图 7-67 |

⑤2号位队员做扣前快球掩护，3号位队员跑动到二传背后扣半高球（图7-68）。

⑥3号位队员做扣背快球掩护，2号位队员跑动到二传前面扣半高球（图7-69）。

⑦3号位队员做扣快球掩护，2号位队员佯做交叉进攻，助跑途中突然向右侧变步，绕到二传背后扣半高球。这种打法称假交叉。在各种交叉进攻被对方识破时，都可采用这种进攻打法来摆脱对方的人盯人拦网（图7-70）。

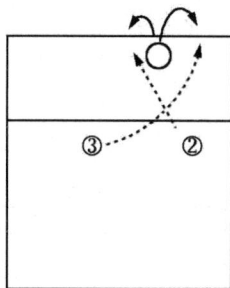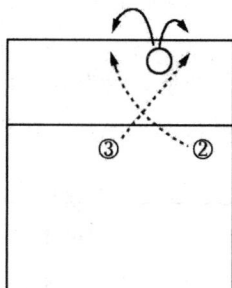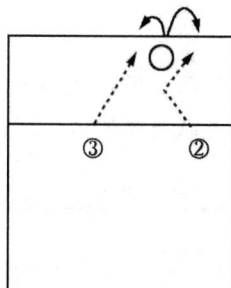

| 图 7-68 | 图 7-69 | 图 7-70 |

（2）梯次进攻

一名队员打快球掩护，另一名队员在其背后打离网稍远的半高球的打法称梯次进攻。这种战术打法主要是利用在同一进攻点上有两人在不同时间进行扣球，使对方拦网队员难以判断，从而造成在一点上以多打少的有利局面。梯次进攻有多种：4号位队员跑动至二传队员前面扣近体快球进行掩护，诱使对方拦网，而二传队员将球传给距网稍远一点的3号位队员扣半高球（图7-71）；3号位队员扣快球掩护，2号位或4号位队员在其身后扣半高球；4号位队员扣短平快掩护，3号位队员在其身后做梯次进攻；3号位队员扣短平快做掩护，4号位队员在其身后做梯次进攻。

在 4 号位队员做快球掩护的梯次进攻时，一传的落点和二传队员的位置要靠近球网的中间，以便缩短 4 号位队员快球掩护的助跑距离。运用 3 号位队员打快球掩护，2 号位队员梯次进攻时，二传队员的取位则应靠近 2 号位区。

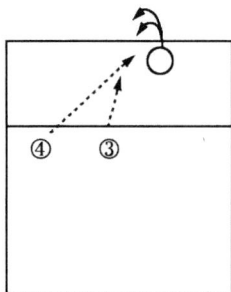

图 7-71

（3）"夹塞"进攻

一名队员做扣短平快，吸引对方拦网，二传队员将半高球传至二传队员与扣短平快队员之间，而另一名队员突然跑到两人之间进攻，使对方拦网措手不及。由于另一名队员宛如一个塞子，突然塞进二传队员和扣短平快队员之间，故得名。例如，3 号位队员先扣短平快球，4 号位队员突然跑动切入扣半高球（图 7-72）。

（4）双快和三快进攻

前排两名或三名队员在不同地点同时发动快攻，称双快和三快进攻。双快和三快进攻中，由于几名队员在不同地点同时发动进攻，因此能起到相互掩护的作用。双快和三快进攻主要有以下几种。

①3 号位队员做近体快球进攻，2 号位队员做背快球的双快进攻（图 7-73）。

②3 号位队员做近体快球进攻，4 号位队员做短平快进攻（图 7-74）。

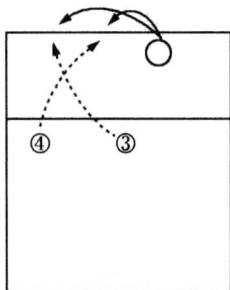

图 7-72

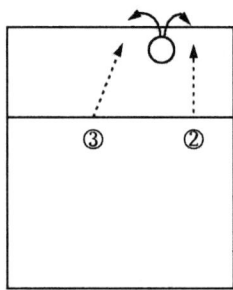

图 7-73

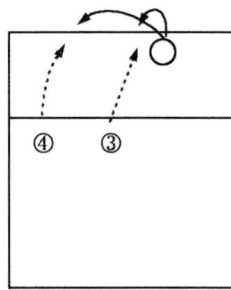

图 7-74

③3 号位和 4 号位队员可采用一长一短两个短平快进攻的"串平"打法，即二传队员采用跳起平传，两个扣短平快球的进攻队员同时起跳，靠近二传的进攻队员，可以实扣，也可以佯做挥臂而将球让过，让后面的扣球队员实扣（图 7-75）。

④前排三名队员同时进行快攻。如 2 号位队员扣背快，3 号位队员扣近体快，4 号位队员扣

短平快（图7-76）。

⑤2号位队员扣背溜，3号位队员扣短平快，4号位队员扣平拉开（图7-77）。

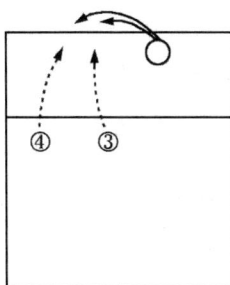 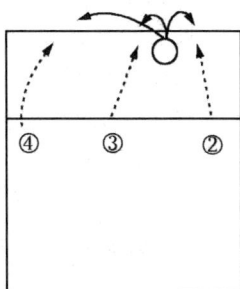 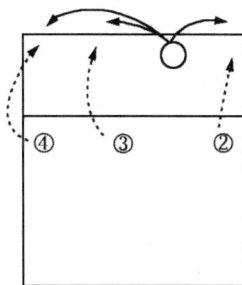

图7-75　　　　　　　　　　　图7-76　　　　　　　　　　　图7-77

（5）双快一跑动进攻

在双快的基础上，另一队员选择对方拦网的薄弱区域进行跑动进攻，这种打法称双快一跑动。双快一跑动有多种变化，示例如下。

①2号位或4号位队员进行快球进攻，3号位队员可根据对方的拦网情况，跑动到2号位或4号位做活点进攻（图7-78）。

②3号位和4号位队员进行近体快球和短平快进攻，2号位队员跑动到4号位打拉开进攻，以破坏对方的人盯人拦网。由于跑动距离长，因此扣球难度较大（图7-79）。

③3号位队员打近体快或短平快球，2号位队员打背快球，4号位队员大跑动到2号位扣拉开球（图7-80）。

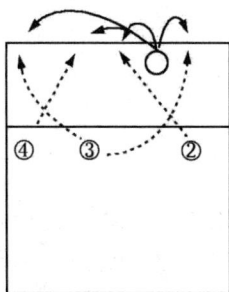 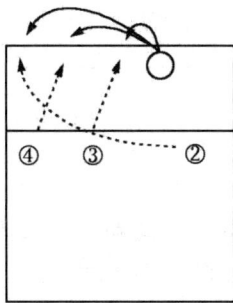 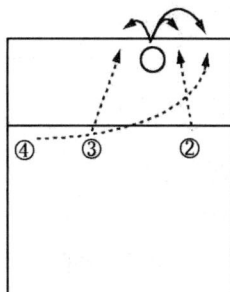

图7-78　　　　　　　　　　　图7-79　　　　　　　　　　　图7-80

（三）两次攻及其转移

当一传来球较高，落点在网前适当的位置，前排队员可以起跳直接扣球。这种进攻是三次触球机会中的第二次，故名两次攻，也称两次球或两次进攻。两次球如遇拦网，也可以空中改扣为传，传球转移给其他队员进攻，这就是两次攻及其转移。两次球可以加快进攻的速度、破坏对方的节奏，具有较大的突然性。因为两次球必将吸引对方拦网，所以两次球转移也能迷惑对方的拦网。这种扣球是在快攻基础上的拓展，进一步加快了进攻的速度，可破坏对方的节奏，打乱对方的布防。跳传转移又可以给同伴创造有利的进攻机会。

运用两次球进攻时，要求一传稳准地传到前排适当位置，进攻队员要有原地起跳扣调整球的能力。二传队员突然运用两次球进攻，由于出其不意，能取得最佳效果。为了便于两次球进攻，一传的出球路线应与球网成较小夹角，且传出球的弧度应稍高，速度应稍慢。运用跳传转移时，跳传队员必须具有进攻能力，才能吸引对方的拦网，应根据对方拦网的实际情况，做出扣或传的决定。跳传可以原地起跳，也可以助跑起跳，助跑距离以一两步为宜。跳传队员起跳要适时，过早起跳会使身体跳起下降时传球，从而影响传球的用力和准确度。当然，扣两次球的假动作应该逼真，否则会影响跳传转移的实际效果。

虽然两次攻可由任何一名进攻队员进行，但由于二传队员常常在网前 2 号位站位，因此两次攻大都由二传队员进行。两次攻中的跳传转移主要有以下几种变化。

1. 短传转移

2 号位队员跳传低球转移给相邻的队员进攻（图 7-81）。

2. 长传转移

2 号位队员跳起长传给 4 号位队员扣球（图 7-82）。

3. 围绕转移

2 号位队员跳起背传低球转移给围绕到身后的 3 号位队员扣球（图 7-83）。

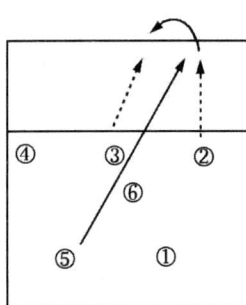 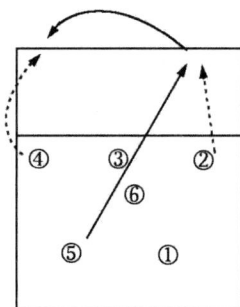 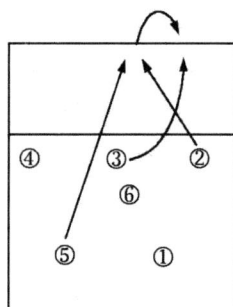

图 7-81   图 7-82   图 7-83

（四）立体进攻

立体进攻如图 7-84 所示，是集时间、空间和参与人数等各种因素于一体，进行各种打法多方位的编排组合进攻的统称。时间因素指进攻速度，包括二传的传球速度快慢的变化。空间因素指其不仅利用了球网的整个 9 米长度，利用了球网上空扣球高度的变化，而且由于后排队员进攻参与，使进攻区域向纵深拓展，进攻点可以在球网附近，更可以在进攻线附近，甚至在进攻线后。进攻在球网的三维空间体现了丰富的层次化，进攻人数由传统的前排两人或三人扩展到除一人担任二传外，其他五人都可参与。而集上述因素对各种进攻打法进行编排组合，使强攻、快攻、二次攻和"三差"进攻等融为一体，特别是由于前排与后排进攻的交融、快攻与强攻的交替、时间与空间上的变化，某一点的进攻与对方拦网形成以多打少，因此立体进攻已成为世界各强队常用的进攻打法之一。

立体进攻的精髓是前后排的融为一体和互为掩护。在整个立体进攻中，后排队员的进攻参与占有极其重要的位置，在一定程度上决定着立体进攻的主攻方向，起到了掩护前排快攻的作用。

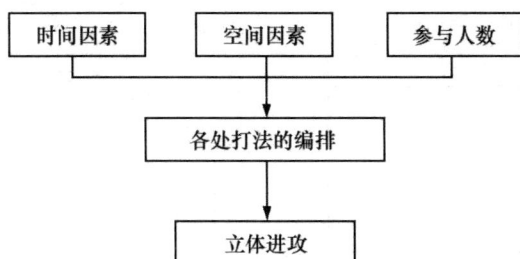

图 7-84

立体进攻已被高水平球队普遍使用，代表着当今排球发展的潮流。其特点是进攻点增多、攻击性强、进攻范围扩大、突然性大，有利于形成以多打少的优势。大力发展前后排互为掩护的立体进攻，是成为世界强队的必由之路。

优秀运动队往往采用"五一"配备，即一名二传队员。传统上，二传队员在"中一二""边一二"或"插上"时，站位一般在网前2号位和3号位之间。近年来，运用立体进攻时，二传队员的站位有距球网稍远的趋势，即站位更靠近进攻线。二传队员的这种站位，或可称为"心二传"。"心二传"由于既能快速传球给前排，又能快速传球给后排，因此有利于组织后排进攻及前后排相互掩护进攻，使前后排互为掩护的进攻战术有更多的变化，也更具迷惑性。

立体进攻有许多打法，示例如下。

1. 3号位队员打背快球，2号位队员打背溜，4号位队员打平拉开，1号位和5号位队员在两翼进行后排进攻（图7-85）。

2. 3号位队员打短平快，4号位队员打平拉开，2号位队员打背溜，5号位队员从中路、1号位队员从右翼进行后排进攻（图7-86）。

3. 6号位队员后排起跳扣快球，4号位梯次进攻，2号位队员扣背快球，1号位和5号位队员后排进攻（图7-87）。

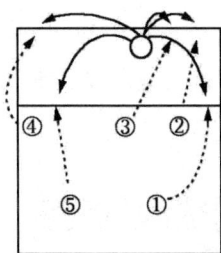
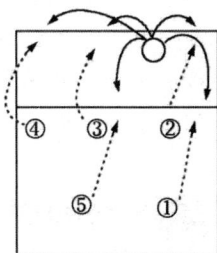
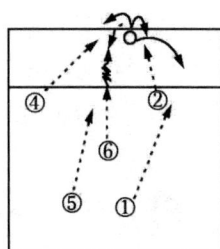

图 7-85   图 7-86   图 7-87

（4）采用"心二传"，二传队员在进攻线附近组织进攻，3号位队员迅速下撤扣平拉开，4号位队员突然切入扣半高球，2号位队员扣背短平快，1号位和5号位队员后排扣球（图7-88）。

（5）1号位和5号位队员扣后排快球，6号位队员交叉后排进攻，4号位队员扣平拉开，2号位队员扣背后半高球（图7-89）。

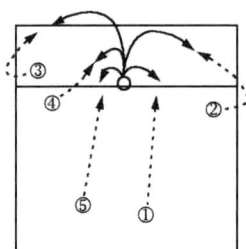
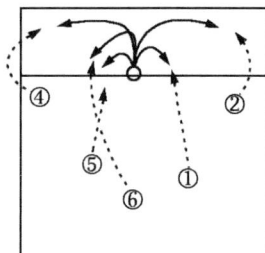

图 7-88   图 7-89

三、进攻打法的设计

进攻打法有许多，而且都可以进行组合，因此能组合成更多的打法。其实，快球掩护的进攻就是快球与其他打法进攻的组合，立体进攻也包括了众多进攻打法的组合和变化。

进攻打法的核心是要力争避开对方的拦网，把球扣过去。因此，各种打法都考虑了进攻的时间和空间。各种快球进攻力争一个"快"字，力争对方来不及跳起拦网，争取一个时间。"时间差"和梯次进攻也使对方拦网的时间判断有了误差，从而扣球得手。空间是指进攻点的位置。球网有 9 米长，充分利用球网的长度，因此就有了"拉开"或者"集中"进攻。扣球时，击球点离网越远，对方拦网的有效阻截面就越小，因此就有了中、远网进攻和后排进攻。进攻点的变化力争使对方拦网队员的移动发生障碍，因此就有了各种交叉、"加塞"和双快一跑动等；进攻点的变化努力使对方对拦网点误判，因此就有了"位置差"和"空间差"等。综合时间和空间因素，可以设计或创造出更多的进攻打法。立体进攻就是综合了时间和空间因素的一种设计，当然它同时也包括前、后排队员的进攻参与。

如前所述，立体进攻是集时间、空间和各种进攻打法等因素于一体的多方位的组合进攻的统称，因此它必然比其他较单一的进攻打法更为丰富，一定意义上也更先进。

比赛中，进攻打法的设计应更多考虑本方和对方的实际情况与比赛过程中的瞬间状况。以己之长攻彼之短为最佳，以己之短攻彼之长为最差。有时候，"以长攻长"和"以短攻短"也不失为好方案。其实进攻打法本无先进和落后之分，能克敌制胜的就是好打法，最简单的高举高打若能奏效，同样是有效的进攻打法。

第三节　现代排球运动的集体防守战术训练

一、接发球及其阵型

接发球是进攻的基础，也是由守转攻的转折点，如果没有可靠的一传做保证，就难以组成有效的进攻战术，甚至会造成直接失分。

发球攻击性的提高，给接发球及其进攻带来了一定的难度。因此，加强接发球能力的训练、提高接发球及其进攻水平就显得尤为重要。

（一）接发球的基本要求

1. 正确判断

接发球的质量很大程度取决于能否进行正确的判断。接发球时，注意力要高度集中，充分做好接发球的准备，根据对方的发球动作性能、力量及速度做出正确的判断，及时移动取位，对准来球路线，运用合理的垫球技术将球垫给二传队员。

"远飘、轻飘点分散，平快、大力一条线"是比赛中发球落点变化的一般规律，可以根据临场发球落点的不同，采取相应的行动。

2. 合理取位

组成接发球阵型时，应以前排靠近边线的队员为基准取位，同列队员之间不要重叠站位，同排队员之间保持适当的距离，以免相互影响。根据射出角的原理，快速有力的平直球发不到A、B两区。所以，取位时不要站在这两个区域内，2 号位和 4 号位队员的取位距边线一米左右即可（图 7-90）。

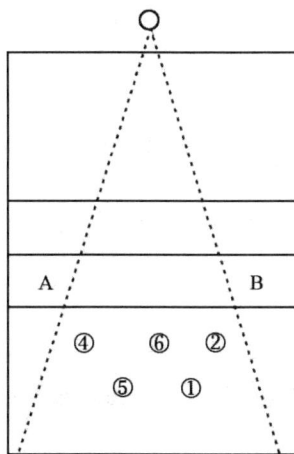

图 7-90

3. 明确分工与配合

接发球时，每一个接发球队员都应明确接发球防守的范围。划分范围不仅是平面的，还应根据来球的弧度高低进行立体空间划分。接发球队员之间应既有分工，又有配合，注重整体接发球的实效性，接发球能力好的队员范围可大些，后排队员接球范围可大些（图 7-91）。

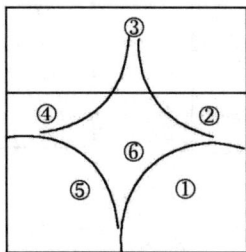

图 7-91

比赛中经常有球落在接发球队员之间的"结合部"，造成无人接球而导致失误的情况。为避免这种现象的发生，队员之间可以遵循以下几条原则：由一传较好的队员或已经主动呼喊"我的"队员去接；球落在快攻与强攻队员之间时，原则上由强攻队员接更有利，以免影响快攻的速度和节奏；球落在前后排之间，最好由后排队员去接，以利于组成快速进攻；讲究集体配合，树立一人接球五人保护的观念。

（二）接发球阵型

接发球是进攻的起点，接发球的目的首先是使球不在本方落地，然后为进攻创造有利条件。在选择接发球阵型时，不仅要有利于接球，还要考虑本方所采用的进攻战术及对方发球的特点。

接发球阵型按接发球人数来分，主要有五人接发球阵型、四人接发球阵型、三人接发球阵型及二人接发球阵型。

1. 五人接发球阵型及其变化

除1名二传队员站住网前或由后排插上队员基本不接发球外，其余5名队员都接发球，这就是五人接发球。五人接发球阵型是最基本的接发球阵型，水平较低和较弱的队大多采用这种阵型。

五人接发球的优点是每人接一传的范围相对较小，接发球时已站成了基本的进攻阵型，组成进攻比较方便。但缺点是：后排插上队员插上移动距离较长；3号位打快攻队员接发球时，不便及时上步快攻；有进攻特长的队员，有时不易换到能发挥特长的位置上去，要在接发球后才能换位，如善于扣4号位的主攻队员在2号位时就不易换到其擅长的位置。

五人接发球主要有以下几种站位。

（1）"W"形站位

初学者打比赛多采用"中、边一二"进攻阵型，大多站成"W"形，也称"一三二"站位。插上也能采用"W"形站位。这种站位5名队员分布均衡，前面3名队员接前场区的球，后排2名队员接后场区的球，职责分明（图7-92）。

这种站位的缺点是队员之间的"结合部"相应增多，也不利于接对方发到边角上的球（图7-93）。

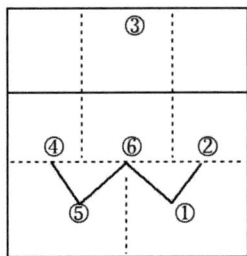

图 7-92

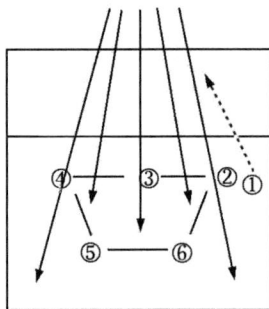

图 7-93

（2）"M"形站位

"M"形站位，也称"一二一二二"站位，其优点是队员分布更加均匀，分工明确，前面2

名队员接前区球，中间队员负责接中区的球，后面 2 名队员接后区球。这种站位对接落点分散、弧度高、速度慢的下沉飘球、高吊球及发到边线、角上的球时较为有利。缺点是不利于接对方发到场地两腰及后区的大力球、平飘球等（图 7-94）。

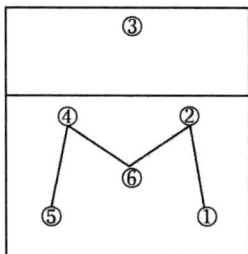

图 7-94

（3）"一"字形站位

"一"字形站位是对付跳发球、大力发球、平冲飘球的有效站位形式。这几种发球的落点大多集中在球场中后区，接发球时，5 名队员"二"字形排开，左右距离较近，每人守一条线，互不干扰（图 7-95）。

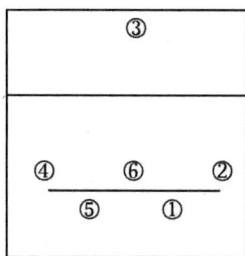

图 7-95

（4）"假插上"站位

二传队员在前排时，可以运用假插上的站位来迷惑对方。如 2 号位队员站在 3 号位队员身后佯做后排插上，当一传来球弧度较高且靠近网时，假插上队员可突然打两次球或吊球，起到攻其不备的效果。同时，6 号位还可以佯攻进行掩护（图 7-96）。

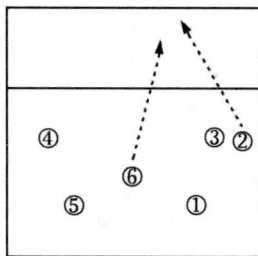

图 7-96

（5）隐蔽站位

接发球站位时，在规则允许的前提下，前排队员站在后排队员习惯站的接发球位置上，并把后排队员安排在似前排接发球的位置上，达到迷惑对方的目的。

示例1：3号位队员隐蔽站位。当1号位队员插上时，5号位队员佯做4号位队员，与2号位和4号位队员同时上前佯攻，吸引对方拦网队员，3号位队员则按预定的战术进行突袭（图7-97）。

示例2：3号位队员隐蔽站位，5号位队员插上。1号位队员佯攻，3号位队员就可以进行"夹塞"、梯次、拉开等战术进攻（图7-98）。

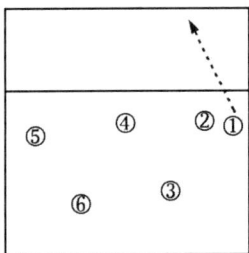 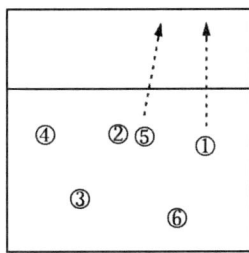

图 7-97 　　　　　　　　　　　　　　图 7-98

2. 四人接发球阵型及其变化

四人接发球一般在插上进攻中运用，插上队员可与同列前排队员都站在网前不接发球，以缩短插上时间。

四人接发球阵型优点是便于二传插上，不接发球的前排队员可以充分做好进攻的准备。但是接发球时每人负责一条线，对接发球队员的前后移动和判断能力要求较高。

由于接发球只有4名队员，因此大都采用"盆"形站位，主要形式如下。

（1）"浅盆"形站位

"浅盆"形站位，主要是接对方落点靠后或速度平快的发球（图7-99）。

（2）"一"字形站位

"一"字形站位，主要是接对方的跳发球、大力球及平冲球（图7-100）。

（3）"深盆"形站位

"深盆"形站位，接发球队员比较均匀地分散在场内，主要是接对方下沉球及长距离飘球（图7-101）。

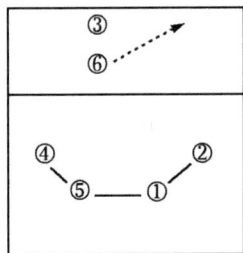 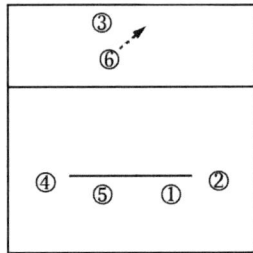 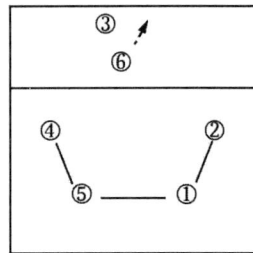

图 7-99 　　　　　　　　　图 7-100 　　　　　　　　　图 7-101

3. 三人接发球阵型及其变化

三人接发球一般是前排两名队员和一名插上队员不接发球，或前排三名队员都不接发球而由后排队员负担全场一传任务。其优点在于：快攻队员不接一传，有利于组织快变战术；前排队员交换位置更加方便，有利于组成快速多变的战术；可让一传差的队员避开接发球，减少一传的失误。但三人接发球阵型每人负责的区域相对较大，对判断、移动及控制球的能力要求较高。三人接发球的主要形式如下。

（1）"前一后二"站位

由1名前排队员和2名后排队员担负全场的接发球任务（图7-102）。

（2）"后三"站位

由后排3名队员担负全场的接发球任务（图7-103）。

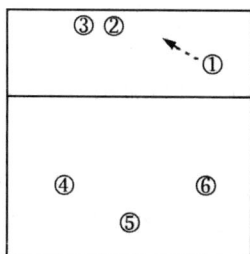

图 7-102

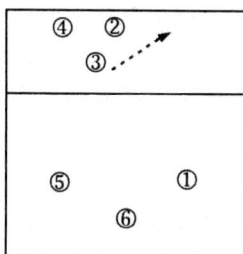

图 7-103

4. 二人接发球阵型及其变化

二人接发球是在三人接发球的基础上发展演变而来的。其优点是由一传水平最高的队员接发球，保证一传的到位率，能更好地发挥进攻威力。但对接发球队员的要求更高。这种站位方法多用于世界高水平的队。

（1）"后二"站位

2名后排队员负责全场接球，另1名后排队员不接发球，专门准备进行后排进攻（图7-104）。

（2）专人接发球站位

保持2名接发球好的队员接发球，图7-105中3号位和6号位两名队员就专司接发球。

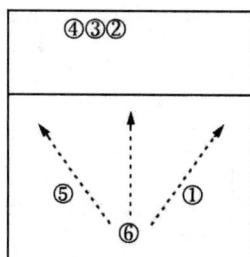

图 7-104

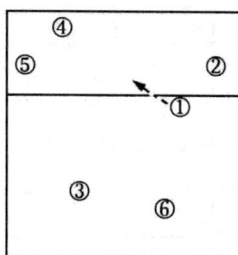

图 7-105

二、接扣球防守及其阵型

接扣球防守包括拦网和后排防守两个环节。其中拦网是第一道防线，后排防守是第二道防线。有效的拦网不仅可以遏制对方的进攻能力，减轻后排防守的压力，还能提高防起率为反攻创造机会。

（一）拦网

1. 拦网的基本要求

拦网分为单人和集体两种形式，集体拦网必须建立在单人拦网技战术的基础上才能更好地发挥威力。单人拦网在第三章已做介绍，这里重点论述集体拦网的基本要求。

（1）集体拦网时，要确定拦网的主拦队员，如拦对方两翼进攻，则分别以 2 号位和 4 号位队员为主拦，另一队员密切协同配合，防止各行其是。

（2）起跳时，相互之间要保持一定的间隔距离，并控制好身体重心，避免互相干扰或冲撞。

（3）拦网时，尽可能扩大拦阻面，但拦网队员手与手之间的距离不能太大，以免漏球。

2. 拦网战术的变化

（1）人盯区拦网

这是一种对付定位进攻及一般进攻配合较为有效的拦网战术。其特点是把球网分成左、中、右三个区，每一名队员负责一个区，以保证每一个区域至少有一名拦网队员拦网，并在可能的情况下，协助同伴组成集体拦网。人盯区拦网在运用时，对对方的常用战术应有所了解，且对方进攻战术比较固定时较为有效。负责拦快攻战术的两名队员，要根据对方战术的变化，确定谁主拦对方的第一球，以避免判断错误。

对方运用交叉和拉开进攻的方式时，本方由负责左侧区域的①号位队员主拦 3 号位快球，负责中区的③号位队员主拦对方 2 号位交叉进攻，右侧②号位队员负责主拦对方 4 号位的拉开进攻。③号位和②号位拦网队员相互兼顾，争取组成双人拦网（图 7-106）。

对方运用"夹塞"进攻和背后拉开进攻时，本方②号位队员负责拦对方 3 号位的短平快，③号位队员负责拦对方 4 号位的"夹塞"进攻，①号位队员负责拦对方 2 号位的背后拉开进攻（图 7-107）。

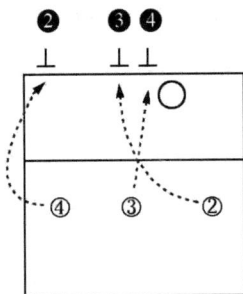
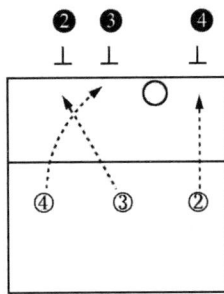

图 7-106　　　　　　　　　　图 7-107

（2）人盯人拦网

拦网队员各自负责拦对方与自己相对应位置的进攻队员，进行固定人员的拦网，这种形式称人盯人拦网。其优点是职责清楚，分工明确。但当对方进行交叉进攻时，需要及时交换盯人拦网，以免造成无人拦网的被动局面。

对方做中间近体快、两翼拉开进攻时，本方③号位队员负责拦中间快球，②号位和①号位队员分别负责拦两翼的拉开进攻，并在此基础上尽可能组成双人拦网（图7-108）。

对方采用交叉进攻及背后拉开进攻时，本方④号位队员拦对方2号位的拉开进攻。②号位队员在盯住对方4号位进攻队员时，一旦发现4号位队员内切进行快攻，应立即与本方③号位队员呼应，交换盯人对象，即③号位队员拦对方快球，②号位队员拦对方3号位队员的交叉进攻（图7-109）。

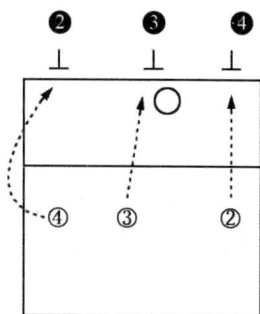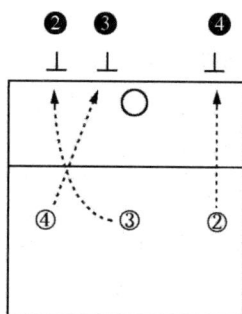

图 7-108　　　　　　　　　　图 7-109

（3）重叠拦网

重叠拦网是在人盯人拦网基础上的一种发展。采用人盯人拦网对一般的配合进攻有一定的效果。但对付"交叉""夹塞"等多变的快攻战术时，拦网就会出现漏洞。为了便于交换拦网位置，前排拦网队员在网前不是平行站位，而是前后重叠站位，运用重叠拦网加以弥补，避免无人拦网。重叠拦网时，站在网前的拦网队员拦对方的第一球，重叠在后面的队员拦对方的第二球。

（二）后排防守

后排防守是第二道防线，是减少失分的最后一道防线和争取反攻得分的基础。虽然拦网技术有了很大的提高，但仍有很多球突破拦网后进入本方场区，成功的防守不仅争取了得分机会，还能鼓舞士气。

后排防守的基本要求如下。

1. 后排防守要与前排拦网密切配合，相互弥补

一般来讲，拦网队员应封住对方的主要进攻线路，后排防守队员主要任务是防对方的次要路线、吊球和触拦网队员手的球。

前排拦网队员已封住对方的中路进攻，1号位队员取位防直线，5号位和6号位队员侧重防斜线（图7-110）。

前排拦网队员已封住对方的直线及中路进攻，5号位队员前移防吊球，1号位和6号位队员侧重防斜线（图7-111）。

前排单人拦网封住对方的中路进攻，6号位队员前移防吊球，1号位和5号位队员取位进行"双卡"防守（图7-112）。

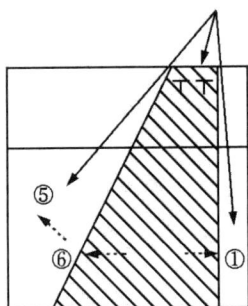
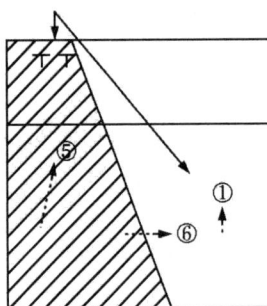
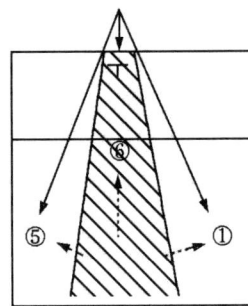

图 7-110 　　　　　 图 7-111 　　　　　 图 7-112

2. 防守队员之间要相互保护

由于每名防守队员的判断取位或垫击都可能出现错误，防起球的飞行方向也很不规律，所以场上其他队员都应采取补救措施，做好向各个方向移动的准备。

（三）接扣球防守阵型及其变化

防守阵型是拦网与后排防守的综合体，需要具体配合，否则就不可能有理想的防守效果。组织接扣球防守阵型时，应针对对方进攻的特点和变化进行部署，充分发挥本方队员的特长。

根据前排拦网队员的人数，接扣球防守阵地可分为单人拦网、双人拦网、三人拦网和无人拦网下的防守阵型。必须熟练掌握和运用各种防守阵型，才能适应比赛的需要。

1. 单人拦网时的防守阵型

当对方技术水平一般，进攻能力较弱或对方战术多变无法组织集体拦网时，可采用单人拦网下的防守战术。单人拦网的优点是增加了防守人数，便于组织进攻。在水平较高的比赛中，由于对方进攻战术的多变，只能被迫采用单人拦网时，其他队员应立即下撤参加防守。

（1）与对方扣球队员相对应位置拦网的防守阵型

以对方 4 号位进攻为例，由本方 2 号位队员单人拦网，3 号位队员后撤防吊球，4 号位队员后撤防小斜线或吊球，后排 3 名队员组成半弧形防守圈，每人防守一个区域（图 7-113）。

（2）固定 3 号位队员拦网的防守阵型

对方进攻队员从任何位置进攻，均由 3 号位队员拦网。如 3 号位队员拦网，2 号位和 4 号位队员后撤与后排 3 人共同组成防守阵型（图 7-114）；又如对方 3 号位队员进攻，本方 3 号位队员拦网时，6 号位队员迅速向前移动防吊，其他队员负责各自的防守区域（图 7-115）。

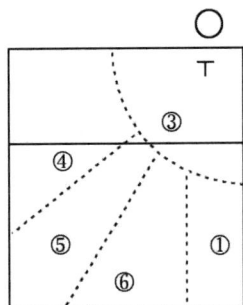
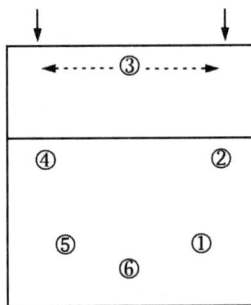
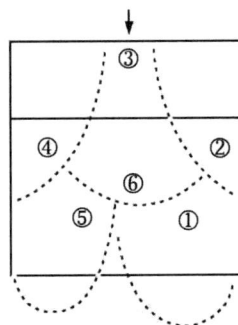

图 7-113 　　　　　 图 7-114 　　　　　 图 7-115

2. 双人拦网时的防守阵型及其变化

双人拦网时的防守阵型有两种："边跟进"防守阵型和"心跟进"防守阵型。两种防守形式各有利弊，在比赛中不应单一地采用某一种形式进行防守，应根据本队的具体情况及临场变化，灵活地运用这两种防守战术。

（1）"边跟进"防守阵型

双人拦网的"边跟进"防守阵型也称"马蹄形"或"1、5号位跟进"防守阵型。"边跟进"的优点是对防守对方大力扣杀有利。其弱点是球场中间空隙较大，容易形成"心空"，而且防对方直线进攻的能力减弱。

以对方4号位进攻为例：本方2号位和3号位队员拦网，1号位队员"边跟进"防吊球，兼顾防直线及打手出界的球；6号位队员防后场球，并注意弥补1号位和5号位的空隙；5号位队员重点防斜线球和中场空心地区。4号位队员后撤防小斜线及吊球（图7-116）。对方2号位进攻时，由本方4号位和3号位队员拦网，其他队员的防守做相应变化。

"边跟进"防守多在对方进攻能力比较强、战术变化多、吊球少时采用。其主要有"活跟""死跟""内撤""双卡"等阵型变化。

①活跟

对方在4号（2号）位扣球路线变化多，而且打吊结合的情况下，应采用活跟，由1号（5）号位队员灵活掌握，如1号队员跟进，6号位队员就要向跟进队员的防守区域一侧移动补位（图7-117）。

②死跟

在对方扣直线球少、吊球多或本方拦网能完全拦住直线时，如对方在4号（2号）位扣球，本方1号（5号）位队员就可以坚决跟进，以防吊球为主，兼顾防打手出界的球。6号位队员就要迅速向跟进队员的防守区域一侧移动补位（图7-118）。

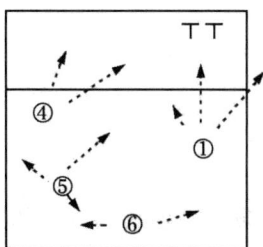 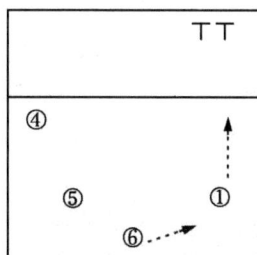 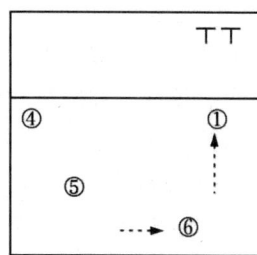

图7-116　　　　　　　　　　图7-117　　　　　　　　　　图7-118

③内撤

对方在4号位（2号位）扣球直线多，并经常吊"心"时，本方4号位（2号位）队员可内撤到中场空心区域，重点防吊球。5号位（1号位）队员主要补防小斜线附近的球（图7-119）。

④双卡

当对方在4号位（2号位）以吊球和轻打为主，打吊结合，而本方拦网较强时，就可以采用4号位（2号位）队员内撤，1号位（5号位）队员跟进的"双卡"防守阵型，2人协同防守前排的吊球。跟进要适时，过早易被对方识破，对后防不利（图7-120）。

（2）"心跟进"防守阵型

这种阵型也称"6号位跟进"防守。当对方经常运用打吊结合，而本方拦网能力较强时，可采用"心跟进"防守阵型。"心跟进"有利于防吊球和防拦起球，也便于接应和组织反攻。但后场及"两腰"空隙较大，容易形成空当。

以对方4号位进攻为例：本方2号位和3号位队员拦网，6号位队员"心跟进"防吊球及接应落入中场的球，其他队员负责各自的区域（图7-121）。此时，6号位队员主要防吊球、拦起球，接应后排防起的球。1号位、5号位队员负责后场区所有的球。4号位队员防小斜线及吊球（图7-122）。

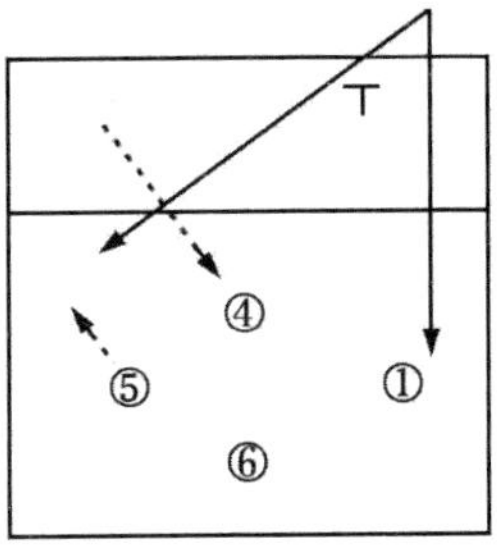

图7-119 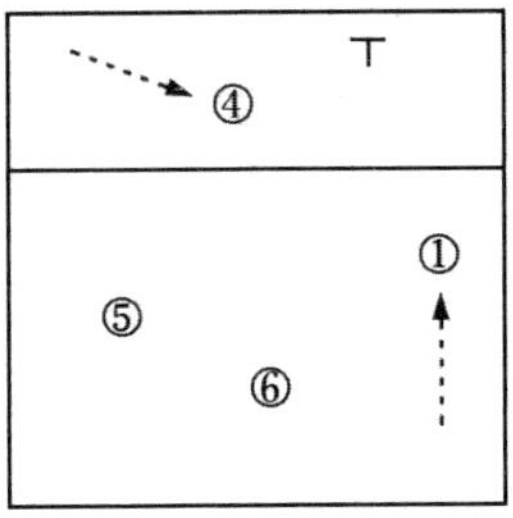　　　　　图7-120 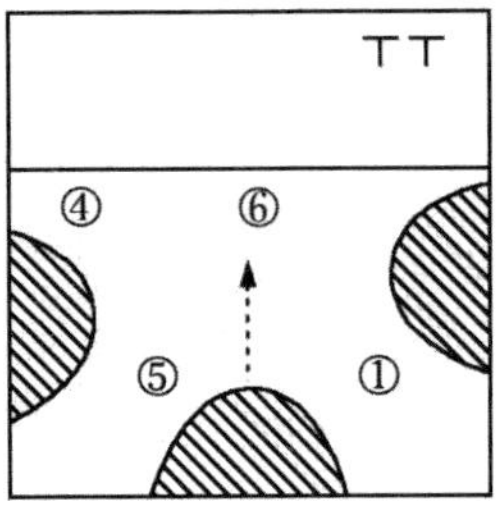　　　　　图7-121 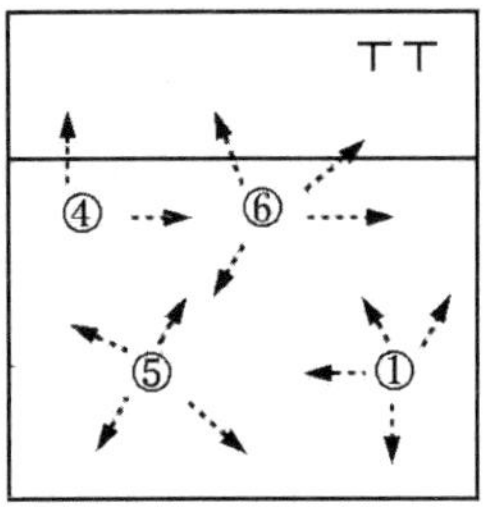　　　　　图7-122

3. 三人拦网时的防守阵型及其变化

三人拦网时的防守阵型，适宜在对方扣球队员攻击性强、线路变化多、吊球少时采用。三人拦网固然加强了第一道防线的力量，但后场空隙较大，同时也给拦网后组织反攻增加了难度。因此，在比赛中要灵活运用。要求拦网队员坚决果断，后撤迅速，积极参与反攻。三人拦网的基本防守阵型有6号位压底和6号位跟进两种。

（1）6号位压底

如对方3号位扣球，本方前排3名队员集体拦网，1号位和5号位队员扼守两腰，6号位队员压底负责后场球。此阵型对防守两侧腰部和拦网弹到后场的球较为有利，弱点是后场两角空隙较大（图7-123）。

（2）6号位跟进

如对方4号位扣球，则本方6号位队员迅速跟进到场心区域，防守中场及前场区的吊球，1号位和5号位队员防守直线、斜线重扣及两腰和后场的球。此阵型对防守吊心球有利，弱点是后场中路及两腰部空当较大（图7-124）。

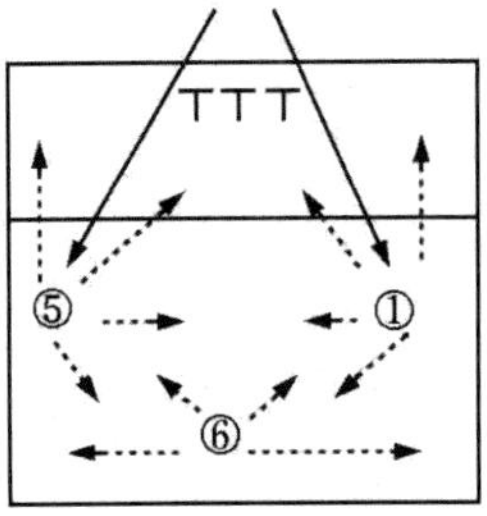

图7-123 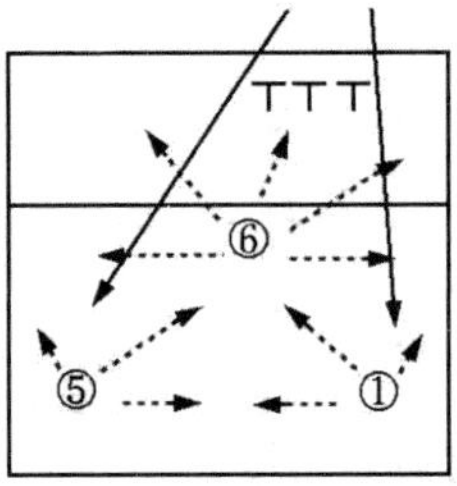　　　　　　图7-124

4. 无人拦网时的防守阵型及其变化

比赛中，由于对方战术多变，本方拦网受挫，有时会导致无人拦网的情况。在这种情况下，只能根据临场变化灵活取位，力争把球防起。在对方扣球能力很弱或进攻时球离网很远的情况下，可以主动不拦网，以"中一二二""边一二"或行进中"插上"进攻阵型布防。初学者在比赛中常以传球和垫球为进攻手段，可以不拦网，以加强防守力量。

三、接拦回球防守及其阵型

随着排球运动的发展，运动员的身高、拦网高度和技巧的提高，扣球被直接拦死或拦回的比例逐渐增大，故接拦回球的能力对比赛胜负的影响也越来越大。接拦回球是对本方队员进攻的保护，故俗称"保护"。

（一）接拦回球的基本要求

1. 进攻队员要从心理上做好防拦回球的准备，养成自我防拦回球的习惯。场上队员要形成"一人扣球，全体防拦回球"的整体防拦回球意识。

2. 以前场为重点防拦回球的区域。接拦回球时采用低重心、上体相对直立的防守姿势。充分利用各种垫球、挡球等技术动作，提高起球率。

3. 二传队员最了解本方的进攻点，应及时参与接拦回球。

4. 接拦回球时的起球弧度要高一点，以便组成有效的进攻。

5. 接拦回球时，应尽可能把球垫给二传队员，以便组成各种战术进攻。

（二）接拦回球阵型

根据本方进攻战术的需要及对方拦网队员的具体情况，可以灵活地采用不同接拦回球的阵型。

1. 五人接拦回球阵型

本方以强攻为主时，进攻点明确，除进攻队员外，其他 5 名队员都可以参加接拦回球。

（1）"三二"阵型

这种阵型的使用较为普遍，在对方拦网强、拦回球落点大多集中网前时采用。以 4 号位进攻为例，3 号位、5 号位、6 号位三名队员组成第一道防线。1 号位和 2 号位两名队员组成第二道防线（图 7-125）。

（2）"二二一"阵型

这种阵型在对方拦回球落点比较分散时采用。以 4 号位进攻为例，3 号位和 5 号位队员负责前场区，2 号位和 6 号位队员负责中场区，1 号位队员负责后场区（图 7-126）。

（3）"二三"阵型

这种阵型在对方拦网能力一般、拦回球落点比较分散时采用。以 4 号位进攻为例，3 号位和 5 号位队员负责前场区，1 号位、2 号位、6 号位队员负责中场区和后场区（图 7-127）。

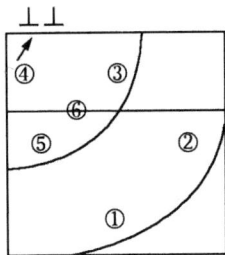
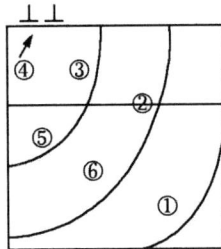
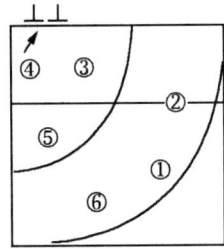

图 7-125   图 7-126   图 7-127

2. 四人接拦回球阵型

本方以插上及快球进攻为主时，进攻点经常变化。除进攻队员及二传外，只有 4 名队员能参加接拦回球。

"二一"阵型：以 2 号位进攻为例，1 号位队员插上，跳传给 2 号位进攻，3 号位和 5 号位队员负责前场区，4 号位和 6 号位队员负责中场区及后场区（图 7-128）。

3. 三人接拦回球阵型

本方以前排快攻配合为主时，进攻点变化较大，前排 3 名队员在掩护跑动，二传队员组织进攻后要立即参与接拦回球，形成三人接拦回球阵型。如前排 3 名队员掩护、跑动，最终的进攻点在 2 号位，则 1 号位队员传球后立即下撤，5 号位和 6 号位队员迅速向 2 号位移动接拦回球（图 7-129）。

4. 二人或一人接拦回球阵型

本方以"立体进攻"为主时，进攻点分散且变化大，场上 4 或 5 名队员在掩护、跑动进攻。因此，二传队员组织进攻后应立即参与接拦回球，形成二人或一人接拦回球阵型。

如：前排 3 名队员掩护、跑动，后排 6 号位队员进行后排进攻，1 号位队员传球后立即下撤，5 号位队员迅速向进攻点移动接拦回球（图 7-130）。

又如：前排 3 名队员掩护、跑动，后排 1 号位和 6 号位队员进行后排进攻，5 号位队员传球后立即下撤，迅速向进攻点移动接拦回球。其他没有扣球的队员都应尽可能地参与接拦回球，以加强接起拦回球的几率（图 7-131）。

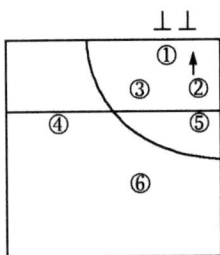
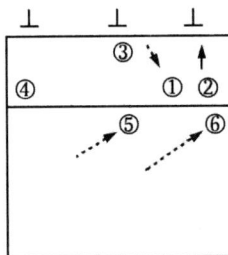
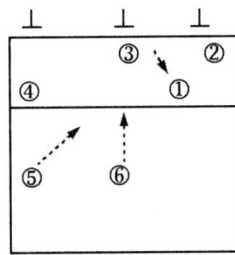
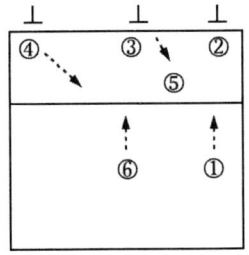

图 7-128   图 7-129   图 7-130   图 7-131

第八章 现代排球运动战术意识的训练实践研究

第一节 现代排球运动战术意识的内容构成

战术意识是每个运动员战术竞技能力的核心内容，是衡量运动员战术能力的标准，其在排球此类以战术变化为主要竞争力的运动项目中的重要性不言而喻，但目前国内的训练队在训练时却并未找到合适有效的方法对运动员的战术意识进行训练。出现这种状况的原因是战术意识属于大脑中抽象的思维活动，其概念较为模糊，部分教练员无法准确区分战术意识在运动员行为中的具体表现，训练方法也就无从谈起。

因此，若要对排球战术意识进行深入研究，首先应明确排球战术意识的内涵及其表现，只有教练员和运动员对战术意识的概念及表现了如指掌，才能在训练中客观地评价自己的训练方法和训练效果是否得当。

一、排球运动战术意识的内涵

对于排球战术意识的相关概念研究中，专家学者们从不同的研究角度对其内涵予以解释，其内涵主要有以下几方面：从生物学特征来看，战术意识是大脑皮层的应激和反射活动，经由神经传导系统输入和输出，是运动员身体对于临场环境中出现的各种状况的应答反应；从运动员训练比赛的行为决策来看，战术意识则是一种特殊的思维活动，并受到运动员自身的感知觉、判断力和预见能力的影响；从运动员表现出的竞技状态来看，战术意识是运动员合理运用自身技战术、充分发挥身体素质、团队配合和赛场规则的竞技体现，与运动员自身比赛经验的积累息息相关。

在通过对本校高水平排球运动员训练情况进行观察，结合自身日常训练的实际情况，认为排球运动员在比赛中的战术意识，是经过训练在头脑中逐渐形成的，是指导运动员比赛行为的思维活动，是运动员在训练与比赛的实际运动情境中解决赛场的问题中逐渐积累、构建和完善起来的特殊能力。

二、排球战术意识的表现

战术意识虽然是运动员大脑中抽象的思维活动，但其思维的结果会通过其赛场行为表现出来。运动员的战术意识在比赛及训练中主要表现在以下几个方面：第一，运动负在比赛中能够正确地判断与选择自己行动的时机、路线、方式和目标；第二，运动员能够在比赛中将自己的行动合理而有效的纳入全队的整体战术配合体系中；第三，运动员可以依据比赛中攻防对抗的实际需要，随机应变地选择攻防的最佳方式和最有效的攻防手段；第四，运动员对比赛规律及比赛规则能否正确把握，并支配自身的比赛行为。

排球战术意识主要体现在无球状态及有球状态（无球意识及有球意识）下运动员的思维活动，其基本要素可以概括为：准确的判断、配合的默契、灵活的应变、明确的目的和行动的迅速。在比赛中，由于规则限制，排球在运动员手中停留时间非常短，而赛场信息的变化却速度快，没有充足的时间留给运动员进行观察和判断，使得赛场内的不确定性因素增加，同一情景中不同的处理方式就会产生不同的处理结果，因此要求排球运动员在场上应冷静的分析临场的局势，结合以往积累的比赛经验，瞬间分辨相似情境之间的细微差别，及时地根据临场变化做出判断和处理，使每个技术行为都变成有目的的战术行动，采取更加有效的、针对性的个人或集体行动。

三、排球战术意识内容结构的构成要素

"过程"是指事物发展所经过的程序和阶段，既然战术意识是一种思维活动过程，那么在这个活动的"过程"中必然包括不同的"环节"，而不同环节之间相互联系，便构成其自身的内容体系。若要培养运动员的战术意识能力，提高其比赛竞技能力，就必须了解其内容结构。

（一）战术意识内容结构的构成要素

黄希庭在其著作《心理学导论》中认为意识就是"觉知状态"，即对自身、对外界环境以及自身与环境关系的感知。并认为意识具有流动性和能动性的特征，流动性是指每个人的意识状态会随着外界环境事件的变化而改变，它是一个动态的、连续不断的过程；能动性则是指意识能将过去（记忆中的经验）与现在（感知到的信息）联系在一起，控制并计划我们的行动，以达到预期的目标。认知心理学理论则将信息加工的过程概括为模式辨认的过程，即输入的信息与记忆中原有信息进行匹配的过程，若能与记忆信息相匹配，人就能够根据记忆中决策结果的完整与否进行判断；若记忆中缺乏相应信息，则会建立新的决策模式，成为经验，以便于今后的信息进行比对。

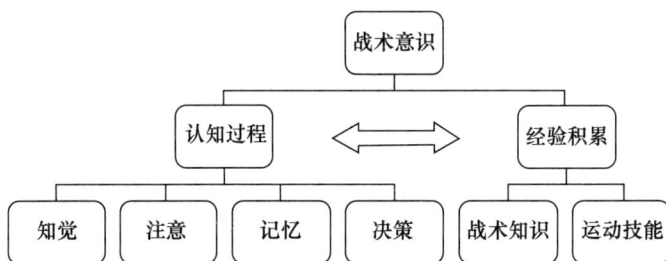

图 8-1

依照以上的分析，如图 8-1 所示，我们认为，首先意识是一个思维过程，而这个过程必然包括感知信息、比对信息和做出决策的等一系列程序，这一过程也正是意识的内容所在。结合人的心理活动特征，对此，我们将意识的结构内容包括有知觉（感知周遭环境信息）、注意（区分目标信息）、记忆（与以往经验对比，判断行为结果）和决策（最终确定信息类型，进行行动）在内的四个心理认知过程，这四个认知过程构成了战术意识的内在结构。其次，战术意识可经由后天的培养获得，其形成过程必然符合认知学习的一般规律。意识的强弱与经验积累的多少有着必然的联系，而经验是指从多次实践中得到的知识（认知性经验）或技能（动作性经验），

因此，运动员掌握的专项知识和运动技能便构成了战术意识的外在结构。

心理学理论则将信息加工的过程概括为模式辨认的过程，即输入的信息与记忆中原有信息进行匹配的过程，若能与记忆信息相匹配，人就能够根据记忆中决策结果的完整与否进行判断；若记忆中缺乏相应信息，则会建立新的决策模式，成为经验，以便今后的信息进行比对。

（二）专项战术意识的内容结构

不同年龄及不同运动水平层次的运动员所表现出的战术意识水平是不同的，运动心理学家在研究优秀运动员、一般运动员和普通人的认知和操作关系时发现，相比与一般运动员和普通人，优秀运动员对比赛的认知能力和决策能力要更加优秀，这表现在对比赛信息的获取速度更快，分析更加准确，决策更加快速、果断等方面。

1. 专项运动知觉

运动知觉是对外界物体运动和机体自身运动的反映，并通过视觉、听觉、动觉、平衡觉等多种感觉协同活动而实现。专项运动知觉则是运动员经过长期的专项运动实践所形成的一种精细的综合性知觉，可以对自身运动和环境线索做出敏锐和精确的识别和觉察，是专项运动对运动员心理要求的一个重要方面。

在大多数运动中，视觉即观察力的强弱是影响运动员运动知觉的主要因素，运动员往往需要依据临场观察到的形势，瞬间决定具体的应对措施和行动方案。在排球运动比赛中，运动知觉主要表现在对比赛场景的识别及预测的准确程度。例如，根据对方发球的速度及高度来判定落点；二传手根据攻手的上步位置及方向来决定传球的路线等。波尔顿等人在对冰球运动员进行研究后认为：不同水平的运动员在对知觉信息的利用水平上存在差异，而这种差异会对个体在同一情境或不同情境中的操作活动产生实质性的影响。

2. 专项运动注意

注意是心理活动对一定对象（外界环境或自身内部事物）的指向和集中，专项运动注意是在运动员基础注意能力的"范围"和"方向"这两个维度上发展起来的，根据不同运动专项的特点而形成专门化的认识过程。

奈德弗认为，在集体对抗性运动项目中，参与运动的不同位置、不同运动状态的每个人，都需要将其注意能力的方向和范围进行合理调配，以产生出最符合赛场环境信息的相应的运动表现；并且运动员身处的运动情境越复杂、情境信息变化越快，就越需要其运用外部注意方式的能力；而内部注意的能力则主要体现在运动员改进技术动作、制定比赛战术方案等对自身分析的要求提高的内部环境中。因此，运动员在对抗条件下注意的范围广度和方向上的差异将会极大地影响其战术意识的发展潜能。同时，注意是有选择性的，只有对需要观察的场景进行有意注意，大脑才会识别场景并作出反应；如果运动员处于无意注意状态下，大脑就不会对运动场景留下清晰的表象。

艾拉和斯达克思通过信号检测模式来研究排球运动员的知觉技能时发现：排球运动员检测幻灯片中是否有球的速度比一般人要更快速，他们认为这种现象的出现同运动员在探测球的位置时同时会忽略其他大部分无关的比赛信息。

在排球竞技比赛中，运动员主要依靠视觉和听觉获取信息，不同水平运动员在视觉和听觉的整体特征上存在一定的差异，这种差异决定着其后续临场信息加工的质量和技战术行为的效果。排球比赛运动场景、赛场信息的不确定性及复杂性要求排球运动员应具备非常高水平的注意品质，能及时觉察到赛场环境信息的变化。如比赛中拦网队员应注意二传传球时的细微动作，来判断其传球的方向，进而组织拦网；防守队员也可根据对方攻手动作的变化来判断吊球和扣球。

3. 专项运动记忆

记忆是人脑对过去经验的反映，是在头脑中积累和保存个体经验的心理过程。在体育心理学中，运动记忆也可称为动作记忆，是以运动员某一比赛场景下肢体所处的运动状态或进行某一技术动作时的动作形象为内容的记忆。

专项运动记忆则不仅仅包含有动作记忆的成分，也包括运动员对各专项运动情境和比赛过程的记忆成分，运动员的技能水平、掌握的专业知识经验以及刺激信息之间的相互作用（即运动情境的变化）对专项运动记忆有很大影响，主要表现在对信息的加工、提取和储存的差异上。运动记忆表现在运动员通过对运动情境的整体知觉，在对目标信息形成有意注意后，将自己之前在训练或比赛中遇到的相同或类似的运动情景及此情境下的决策行为从记忆中提取出来，与之进行对比与判断，判断产生的决策结果，又会反馈到记忆中，与之前的行动决策经验整合，最终总结最合理、最有效的战术行动方式。也就是说，运动员与对手之前的比赛过程和经历，会变成今后的比赛经验加以积累，并在同一对手的新比赛中的类似场景中得到"唤醒"，进而指导运动员的战术行动决策。

由于在运动记忆过程中，技能水平、知识经验与信息之间的相互作用对运动记忆有明显影响，所以，运动员与运动员之间的差异主要表现在对过往赛场情境与信息所储备的记忆提取过程中的成绩差异，以及在情境细节、记忆提取速度、储存方式等方面上表现出的不同。通过对优秀棋类运动员的信息储存特征进行试验研究后，发现他们与普通人相比并不具有更好的视觉记忆能力，而是通过对"组块"之间关系的加工来进行信息储存，因而在对有规律的棋盘棋子的记忆上比普通人表现优异，而在随意摆放的棋盘上与普通人并无二致。这种组块的方式和其包含的信息量则依赖于人的知识经验。

4. 专项行为决策

专项行为决策，是运动员运用包括视觉、听觉和动觉等多种感知觉器官的共同作用，通过对运动环境众多信息的整理和注意，结合以往经验进行的应答和行动。运动员在通过对场景信息的知觉、对赛场细节的注意以及场景的记忆再现这三个环节，在大脑中完成对运动情境信息的初步判断过程，根据判断的结果采取相应的行为决策。在行为决策中，运动员个体的差异表现在知觉预测的先行性和准确性上，即运动员的决策能力取决于对运动环境先行信息和不完整信息的加工过程中所表现出的差异。

王斌在对手球运动员决策行为的研究中发现，知觉预测水平高的手球运动员在战术行动上的隐蔽性会更强、防守的主动性和针对性也更高；知觉预测水平较低的运动员则做出行为决策的速度更慢更迟疑，并对此推测"认知决策"和"直觉决策"表现出的差异是区分运动员水平的参考因素。由于直觉决策是利用临场环境中的不完整信息、以往积累比赛经验所作出的直接判断和思维决策，因此，只有高水平运动员才会产生直觉决策，且加工信息的时间做出判断，信息加工的时间也更长，准确性不高。

排球运动受到其规则的影响，球不能在手中长时间停留，也不能使其落地。因此其特点之一就是需要运动员快速多变的运动环境中具有准确的行为决策能力，要求运动员具备较高的直觉预测能力，可以根据彼我双方的攻防特点和临场的变化，预见到各种可能发生的情况，并在情况出现时，迅速做出准确的战术行为决策。如果运动员在行为决策阶段出现迟疑、犹豫、不果断等现象，那么他对球的处理就不可能对对手产生威胁，甚至会出现失误，导致直接失分的情况。

5. 专项战术知识和专项技能

在前文对战术意识的研究中，可以看出战术意识是经由后天的培养获得的，是运动员经由一定阶段的学习过程所发展起来的，那么这个过程不仅是运动员专项知识的学习和积累过程，而且是其专项技能的掌握和提高过程，必然会符合认知学习理论的一般规律，即认知结构的组织和建构过程有其内在的层次性，且在不同的层次阶段所积累的知识和技能会表现出外在差异。

要掌握排球运动的专项战术知识，运动员应首先学习包括排球的起源及发展历程、排球项目的竞技规则及其制胜规律、排球项目的技战术运用原则和变化方法等在内的专项知识内容，并在此基础上进一步掌握排球运动的攻守原则、有球和无球状态下的掩护及技战术运用、攻防转换、比赛节奏等专项战术知识的内容，专项战术知识是排球战术意识的基石，缺少它们，运动员不仅难以做出合理的行为决策，也不能充分发挥战术的灵活性；而专项技能则是指发、垫、传、扣、拦、各种方向的移动和掩护动作等，运动员运动专项技术能力的强弱关系着战术实施的成功与否。排球运动员的战术意识是专项理论知识和比赛技能的有机结合，运动技能掌握不牢固的运动员不可能在场上有良好的战术表现，同时缺乏专项排球知识和经验的运动员也难以展现出色的战术意识，并且会限制其对运动技能的运用。我们可以经常看到一些运动员在训练时表现得虎虎生风，但在比赛中却难以展现出训练时的水平，甚至在场上会出现不知所措的现象，我们把这类选手成为"训练型"运动员。而与之对应的"比赛型"选手则在场上表现出冷静的头脑、出色的发挥，在对关键球的处理上绝不含糊。

三、排球运动员战术意识各内容的具体表现及层次

运动员的专项知觉、专项注意、专项记忆和专项行为决策辅以排球战术知识和运动技能共同组成了排球比赛中的战术意识的内容。其中知觉、注意、记忆及决策的内容属于思维活动的过程，战术知识和运动技能则属于行为活动的过程。而排球运动战术意识内容的层次结构，是指运动员战术意识的各项内容，存在着由低级向高级、由容易到困难、由简单到复杂的层次性递进的结构性质。也就是说，运动员在发展其自身各项技战术能力过程中，都会经历基础性层次、发展性层次和高级层次这样一个依次发展的过程，并且在不同的层次阶段会表现出相应的竞技水平。

（一）排球运动员专项知觉的内容及其层次

1. 排球专项知觉的内容

在排球比赛中，排球运动员在经由的感觉器官（视觉及听觉）对赛况观察到的表象信息内容进行一系列的整合后，运动员会得出对运动环境的在时间和空间上的判定结果，其知觉的信息内容包括球体的位置和距离、飞行方向和速度、双方运动员的位置、距离及跑动的路线、双方运动员技战术运用的时机和效果、场地空间等。对信息内容的判定结果便是排球运动员在其比赛过程中专项运动知觉的表现，其具体内容及对运动员比赛行为的影响如表8-1中所述：

表 8-1　排球专项运动知觉的具体内容及在排球比赛中对运动员比赛行为的影响

排球专项运动知觉的主要内容	在排球比赛中的主要作用
对球和运动员位置的判断	选择和调整个人的位置
对球和运动员的运动方向、速度的判断	选择和调整个人的选位
对运动员技术运用时机和效果的判断	判断比赛形式的走向
对实施和选择技术动作的判断	选择个人技战术

2. 专项运动知觉品质的层次性

体育运动心理学中认为："人们在知觉当前事物时，总会用以前的有关知识和经验去理解，将知觉的对象纳入已知的某一系统中。运动员储存的知识和经验越丰富，知觉当前事物的准确性就越高。"波尔顿认为在某些情况下，运动成绩将取决于对不完整信息或先行信息的加工过程，即运动员在运动场上不得不依靠不完整的信息做出估计和判断，甚至要先于事物出现之前，就需要运动员按照某些先行信息做出果断的预测。排球运动属于开放性对抗运动，运动员处于开放的环境当中，攻防转换过程中，自由人对球的落点的判断，二传对球的处理及拦网队员的拦防都得依靠专项知识和经验，在球下落之前甚至在未击球时作出判断。

因此，专项运动知觉的层次性主要表现在运动员通过运用自身储备的知识、经验对运动情境在时空关系上。由于对比赛中出现的信息量的多少及对赛场重要信息的辨别能力有所区别，因此，专项知识和情境经验储备量不同的排球运动员在知觉同一运动情境时，判断的结果也不尽相同。拥有丰富比赛经验的运动员，仅需要少量情境信息就能对比赛场景做出正确的解释和判断，同时对于出现的重要信息在甄别速度会更快，理解程度更高。而缺少比赛经历、专项知识储备量不足的运动员，不仅需要采集更多的赛场信息才能做出判断，而且一旦重要信息出现偏差，就容易导致判断失误，进而造成战术行动的失败。在信息不完全时，易引起战术行为的延迟性，不能果断决定最终的战术行动。但在经历一定场次或出现特殊场景的比赛后，运动员的战术知识和经验会得以积累，其对于赛场信息的需要量会逐渐降低，对重要信息的依赖性减弱，做出判断的速度更快和准确性也会逐渐提高。

3. 专项注意的内容及其层次

（1）排球专项注意的内容

在排球比赛中，运动员会根据自己的意识反应将观察到的信息进行自主选择，将更多的注意力放在自己认为比较重要的信息内容上，并可以按照重要信息接收的次序的不同、集中注意力度的大小和能够影响比赛中运动员行动的信息内容进行甄别。注意是在运动员知觉赛场信息的基础上进行的信息再加工过程，这个过程有助于运动员排除干扰，处理关键信息。同时，运动员对不同信息的注意选择，将产生不同的判断结果，并最终会影响其行为决策。排球运动员在比赛中专项注意的具体表现如表 8-2 所示：

表 8-2　排球专项运动注意的具体内容及在排球比赛中对运动员比赛行为的影响

排球专项运动注意的各项内容	对运动员比赛行为的主要影响
对球的位置、运动方向和运动速度的注意	运动员个体的跑动路线及选位
对对方运动员的位置、运动方向和运动速度的注意	运动员个体传球、扣球线路及拦网取位

排球专项运动注意的各项内容	对运动员比赛行为的主要影响
对本方运动员的位置、运动方向和运动速度的注意	运动员个体的传垫球路线、选位、跑动路线及补位
对运动员技术动作的注意	运动员个体的技战术选择
对特定环境下的特殊信息（手势、眼神、声音）的注意	运动员个体的应对措施选择

（2）专项运动注意品质的层次性

"注意的基本作用在于选择信息，使之处于心理活动或意识的中心，以便能被有效地记录、加工和处理"。在开放的运动环境中，运动员周遭的信息量是庞大的，不仅需要运动员有识别、选择重要信息的能力，而且需要运动员在同一时间内注意指向不同的对象，即注意分配。熟练的篮球运动员可以在运球的同时举起另一只手，指挥队友抛向接应位置；排球二传运动员也可以在跑动的同时用余光注意队友的跑位，组织传球。由于运动赛场信息的庞大性，所以运动员对目标选择的不同，就会产生出相异的判断效果，进而影响运动员所作出的比赛行为。

如二传运动员将注意放在副攻身上，则其组织进攻的战术主要是围绕副攻的前快和背快等快攻战术；若注意力放在主攻身上，则其战术选择就会转变为平拉开、夹塞、梯次或后排球等。同时，由于不同训练年限和层次的运动员，由于对技能和专项知识理解程度上有所区别，在注意品质发展过程中，会出现目标选择的个体差异。Parker（1981）曾做了一个要求被试者在30秒内接住一个来球后迅速将球指向一个指定目标（主任务），在判断一个视觉刺激（次任务）的实验，被试者根据技能水平的层次由高到低分成A、B、C三组。实验结果表明，三组的主任务之间没有显著差异，而A组的次任务成绩则明显好于其他两组。这一结果说明高水平被试者显然有较多的剩余容量或资源分配给次任务。

4. 排球运动员运动记忆的内容及其层次

（1）专项运动记忆的具体内容

在运动员的运动记忆储存库中，包含了日常训练时的技能训练情景以及参加比赛的运动场景，当然这些存储的场景对运动员本身会有一定特殊的影响，例如教练员的反复强调、比赛行为对临场形势的影响以及自身以往比赛的胜负结果等，这些记忆在运动员进行又一次的比赛时被唤醒，使运动员通过以往的经验对自身运动行为产生影响，使运动员更好地组织进攻和防守的战术行动。然而这些记忆的场景、运动员回忆的过程，都将是其比赛经验的积累，在不断的储存—记忆—选择的思维活动中，提高运动员的技术和战术能力，并丰富其比赛经验，提高战术意识。排球运动员记忆品质的具体内容如表8-3所示：

表8-3　排球专项运动记忆的具体内容及在排球比赛中对运动员比赛行为的影响

排球专项记忆在排球比赛中的表现内容	对运动员比赛行为的影响
对技术运用方法和效果的记忆	运动员个体技术运用方法选择
对个人战术运用方法和效果的记忆	运动员个体战术运用方法选择
对集体战术运用方法和效果的记忆	运动员集体战术运用方法选择
对特殊战术运用方法和效果的记忆	运动员特殊战术运用方法选择
对比赛对手技战术运用方法和效果的记忆	运动员技战术方法运用的针对性选择

（2）专项运动记忆品质的层次性

记忆是人脑对过去经验的保持和提取，总是指向过去，是在感知觉发生后出现的人脑对过去经历过的事物或环境的反映。竞技比赛是在特定的环境中进行的，运动员需要在比赛中不断地提取过去训练过程中情景，并与比赛情景做出对比，最终做出决定。当运动员在比赛中需要进行战术行动或个人行为时，就会从大脑中搜寻已经作为经验储存的、与目标情境相同或相似的运动情境，并根据以往行为决策的结果结合情景间的细微差别来采取相应的个人行动和战术行为。而行为所产生的最终效果也将会大脑记录下来，并储存在运动员的技能知识库中，以便评价和纠正运动员之后的比赛行为。例如，在排球比赛中，当教练员实施换人安排后，场上队员需要及时依据新阵容的战术要求及队员特点来组织实施战术，这一过程正是提取训练场景的过程。随着运动员训练和比赛的经历越来越多，运动员储存的运动场景和决策经验也不会逐渐积累，在记忆不断储存—提取—储存的过程中，运动员在赛场上表现的战术意识也会发展得越来越好。

专项运动记忆的层次性，主要表现在运动员在训练及比赛中对运动场景的储存、提取速度及在提取过程中对比赛场景细节回忆的准确性，另外，比赛经验积累的数量差异也是排球运动专项运动记忆层次性的主要表现。这些差异会影响运动员在比赛中知觉判断的准确性及速度的快慢，影响运动员注意的方向和细节，并最终影响战术行动的选择效果。

随着运动员年龄和训练年限的增长，运动员在比赛中逐渐由依靠直接技术进行比赛决策转换为依靠经验来指导战术行为。其层次性主要表现为补位时机选择的准确性和临场变换能力的提高，这些能力的提高主要是依靠运动员在比赛中逐渐积累的经验，即运动员对运动情境的储存量和提取速度的提升。

5. 排球运动员行为决策的内容及其层次

（1）专项行为决策的内容

运动员战术意识的形成过程及组成内容中，运动专项决策时其战术行动的外在表现，主要是通过战术意识形成过程中的专项运动知觉（对赛场信息的第一感知）、注意（即运动员对所得信息的选择性注意内容）、记忆（运动员记忆库中的战术理论和以往比赛中的经验）三个步骤对运动员自身运动行为进行决策。由于排球运动属于隔网运动，不允许长时间触球，加上场地的限制和人数上的因素，因此运动员的活动范围受到诸多限制。每次对球的处理和战术安排都是教练员和运动员思维决策能力的体现，不仅需要具有良好的合作意识，而且需要运动员在不同情况下做出合理有效的行动决策。运动员战术意识的发展，所体现的正是对排球运动场地资源的最大化利用，因此运动员的思维决策能力是战术意识发展水平的外在表现。基于此，我们在表 8-4 中对排场项目中对运动员思维决策的具体内容进行了整理：

表 8-4 排球专项运动决策的具体内容及在排球比赛中对运动员行为结果的影响

排球专项运动决策的具体内容	对运动员行为结果的影响
常规的处理	按照一般规律进行决定，难以出现创意
稳妥的处理	选择最保险的行为，减少失误
冒险的处理	选择威胁最大的行为。失误率高
特殊环境的处理	选择少见的运动行为，有创意

（2）专项运动决策的层次性

排球运动是开放性运动，由于运动员所在"位置"及其"对抗状态"不同，其战术活动的主导因素也是不同的。因此，场上队员随情况和位置的变化其战术思维决策活动的过程也在变化。对不同信息的知觉、注意，以及对不完整信息知觉、注意的准确性上，都会导致运动员在相同环境下做出不同的决策结果。在比赛中，若运动员选择常规的决策方式进行处理，则主要是按照日常训练的基本模式进行，进攻和防守的方式较为保守，难以出现创意；若运动员选择稳妥的处理，则是在保证不失误的情况下，选择最信赖的攻击点或处理方式，如在一传不到位时，二传向4号位传球的行为；而冒险的处理决策，虽然会带来出其不意的进攻效果，但是要承担高失误率的风险，例如在关键分时选择变换发球方式、增加球速、刻意追求落点等；特殊环境的处理则是运动员灵活运用规则和场地所作出的创造性的运动行为。

排球项目中运动员行为决策的层次性差异主要表现在：不同运动员在把握场上不完整信息中关键信息的准确性上；在行为决策时对运动情境信息需要量的差异上；不同运动员在提取信息、比对信息，并最终做出判断的精准性和速度差异上；行为决策过程中，对突然变化的运动环境能否灵活应对的能力区别上。随着运动员行为决策能力的提升，其利用知觉、注意、记忆等心理品质的能力也会显著提高，感知、对比、分析和利用赛场信息会愈发合理；能够在诸多信息中迅速把握关键信息，利用先行信息做出准确的预判；同时，处理问题，做出判断的速度也会渐渐加快，且临场应变能力逐渐增强。

由于球在不到位情况下，需要二传在跑动情况下做出传球动作，因此对赛场信息的观察、并做出正确的决策是在球不到位时被动进攻情况下得分的关键。随着年龄的增长，运动员由固定的传球路线逐渐转变为对临场信息的观察上，这种决策选择有助于维持二传传球的速度和隐蔽性，进攻性更强；而固定位置的传球则会提前暴露信息，有利于对方做出针对性的布防。

6. 排球专项战术知识的内容及其层次

（1）排球战术知识的内容

排球专项战术知识主要体现在运动员在比赛中对排球运动竞技规律的理解和认识上，对运动员应掌握的技战术的学习及应用的方法上。这些内容的掌握是运动员战术能力的突出表现。如表8-5所示，其主要内容包括：攻守原则、有球状态下技战术运用、无球状态下技战术的运用、攻守转换、比赛节奏、整体配合、信息传递。

表8-5　排球战术知识的具体内容及在排球比赛中对运动员战术方法的影响

排球战术知识的具体内容	对运动员战术运用效果的影响
攻守原则	运动员战术行为的一般规律
有球状态下基本技术运用	传、垫、扣、发、拦等基本技术动作效果
无球状态下技战术的运用	运动员进行选位、保护、防守、补位的效果
攻守转换	全队攻守的整体性效果
比赛节奏	对比赛整体的控制和把握
整体配合	影响全队整体攻防效果
信息传递	临场战术信息传递的效果

（2）排球战术知识掌握的层次性

排球运动员战术知识的掌握应贯穿其排球训练的整个训练周期，不同时期、不同阶段的运动员对战术知识的理解和应用程度有所差异，层次较高的运动员更善于利用规则，战术原则的运用更加灵活，对于自己在不同轮次所承担的角色更加清晰明了，善于利用攻防转换来控制比赛节奏；而层次较低的运动员在临场时则时常出现位置错误、盲目跑位等现象，不能合理地利用攻守原则与同伴进行配合。

7. 排球专项技能的内容及其层次

（1）排球运动技能的具体内容

在比赛中，战术的实施需要运动员掌握个体以及集体配合所需的运动技能，而运动技能则是由运动员日常的各类技术动作组成，运动员运用技术能力的强弱关系着战术实施的成功与否，也是排球运动技能在排球比赛中的表现。如表 8-6 所示，其主要内容包括有：移动的动作、起动的速度、空中动作、发球、垫球、拦网、传球、扣球、吊球及拦网。其中发球、垫球、传球、扣球、吊球及拦网均对比赛胜负有直接影响。

表 8-6　排球运动技能的具体内容及在排球比赛中对运动员战术方法的影响

排球运动技能的具体内容	对运动员战术方法运用的影响
各种方向的移动	对运动员选位、补位的影响
起动	在抢占空间和时间优势的影响
空中动作	在网上争取优势的影响
发球	对攻防战术方法运用效果的影响
垫球	对进攻战术方法运用效果的影响
传球	对进攻战术方法运用效果的影响
扣球	对攻防战术方法运用效果的影响
吊球	对战术方法运用效果的影响
拦网	对攻防战术方法运用效果的影响

（2）排球运动技能获得的层次性

运动技能是指运动员完成技术动作的运动能力。运动员的技术动作应是有针对、有目的的运用过程，一个完整技术能力系统一经形成，便无需将注意集中在技能过程是否完成，而是将更多的注意投入到外部环境中，减少意识对自身控制的分配，进而更好地运用或变化战术打法。这完成动作的过程中，运动员不必更多地集中注意与动作过程本身，而能够将更多的注意力放在比赛中可能出现的情境变化当中。

根据运动技能形成原理，运动技能的获得需要经历泛化、分化和自动化阶段，即动作的认知、联系和完善阶段。因此排球运动员技能获得的层次性主要体现在随着运动员运动技能掌握的愈发熟练，其完成动作的时间越来越短、越来越连贯，整体动作的速度逐渐提高，运动过程中注意力逐渐能从技术动作中脱离出来，感知的外界信息越来越多，抗干扰能力越来越突出，再者则是运动员灵活运动技能的应变能力也会逐渐提升，并最终体现在技术运用的效果越来越好。

第二节　现代排球运动战术意识的形成特点

通过对运动员战术意识的结构和内容的研究，能够看出战术意识是依靠运动员在后天培养起来的，因此根据运动员的先天资质和后天努力的不同以及理论学习和技能训练过程的区别，在其战术意识形成过程中必然会呈现出一定的差异性，而这种差异性则是其成长过程中表现出的认知学习过程和运动训练过程的一般规律。

一、排球运动员战术意识能力的形成过程

运动员在比赛中的战术意识最终要求战术行动体现出来，而战术行动就是一个战术行为的决策过程。结合对运动员战术意识的内容结构，比赛场景中的行为决策过程应具有以下四个步骤：

第一步，发现和感知环境信息，即对场上环境的知觉过程。运动员在进行决策之前必须对球的位置状态、自身位置状态及其他双方队员的位置状态进行准确感知，才能对信息进行甄别和选择，进而确定目标信息。这一过程是战术行动决策的前提。

第二步，寻找完成任务的必要信息，并作出判断。在确定任务目标之后，就需要运动员屏蔽无效信息，达到对行动目标的有意注意，以进一步确定战术方法。不同水平的运动员对于场上形式的观察、寻找、判断在准确性上会存在差异，这一点在知觉不完整信息的情况下尤为突出。高水平的运动员能够利用先行信息进行知觉预测，且准确性较高；而低层次的运动员则准确性则较差，他们需要更多的信息才能做出正确的判断。

第三步，调用运动记忆，确定信息的类型。在运动员注意到赛场环境的目标信息后，就会从技战术记忆库中提取已储存的训练或比赛情境与运动情境中的任务目标进行参照。这一步不仅是利用经验指导行为的过程，也是对预计达到的目标起着决定性作用的关键步骤。运动员能否利用原有的训练和比赛积累的经验对目标环境进行对比，运动员能否快速提取经验图式，利用以往直接或间接的决策结果信息，都会对自己的行动方案产生影响，并最终影响行为决策。

第四步，进行最终行为决策的过程。在此过程中运动员储存的经验是否丰富、掌握的运动技能是否多样、是否熟练会影响其决策的效果和结果。运动员决策行为的成功或失败均反馈到大脑中，不断实践和改进，并最终形成自身的经验，促进运动员战术意识的发展，提高运动员的战术能力（如图8-2）。

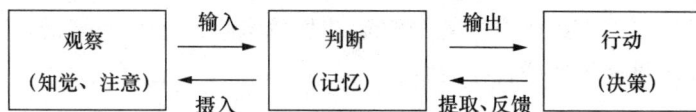

图 8-2

以上过程在排球运动员行为决策过程中是循序渐进、不可或缺的。但由于排球比赛环境的复杂性、赛场信息的不确定性和排球项目的规则限制，运动员往往没有足够的思考时间，需要运动员在极短暂的时间内做出战术行动。因此，以上四个步骤相互融合，共同影响着比赛中运动员的决策过程。

联系以上的内容结论，结合战术意识的形成过程，本文认为排球运动员比赛战术意识能力内容的构建，应由专项理论学习、专项技能训练和赛场实践运用这几个环节周而复始，逐渐形成：

首先，通过对排球基本知识的掌握，也可称为认知阶段。实践源于理论，运动员要有扎实的战术知识功底。而运动员透过对战术知识的掌握能够了解到运用战术时所应遵循的原则，所采取的方式和注意的要求；在了解其基本规律的基础上，透彻研究战术在理论方面的内涵，更能使运动员更好地应对比赛中突变的情况，采取最佳措施。

其次，学习理论的最终目的是要运用实践，排球运动员将其所学的战术理论知识通过日常训练中对排球技术的多番练习，将理论与实践相结合，在反复融合于训练，最终让运动员对赛场上的战术打法和应变能力更加熟练。这一阶段可称为实践阶段。

最后，即形成经验阶段。排球运动员将自己所学的知识和日常训练的技能运用于各类比赛中，不仅能够检测自己所具备的战术的运用效果，更是丰富了运动员获得的比赛知识和技战术能力。随着不断累积的经验，进一步提高自身对战术方法的操作能力，更加能够促进排球战术意识的培养。

排球运动员所有能力的形成，都是由低到高逐步发展的，没有牢固根基的金字塔是不能搭建到一定高度的，就如培养运动员的战术意识能力时，应从基础能力扎实掌握开始，再逐渐对自己在知识和技能的学习方面给予更高一层的要求，一旦不按规律顺序，战术意识能力没有稳定的基础能力的支撑，便如同急于求成的金字塔，始终不能提高自身高度，更无进一步发展的可能。以上三个环节循环往复，便逐渐构成运动员比赛中的战术意识能力，并稳定地在比赛中得以展现（如图 8-3）。

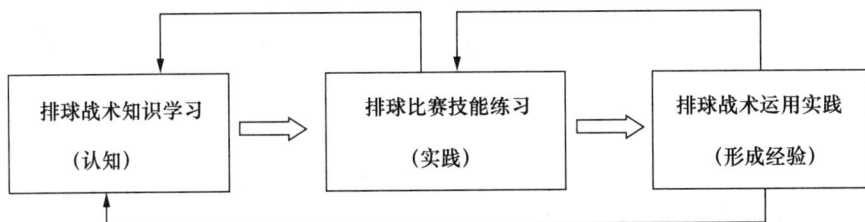

图 8-3

运动员对战术知识的学习将会随着战术意识水平的提高而渐渐减弱。战术意识水平低的运动员主要任务是对战术知识的学习，能力达到更高层次时比赛场景的实践将在战术意识的形成过程中变得尤为重要，所以教练员应注意观察运动员战术意识水平的高低，区分不同层次运动员训练的侧重点，以求更好地发展自身能力。

二、排球比赛战术意识能力结构形成过程的基本特点

（一）理论与实践相结合的特点

排球运动员在形成战术意识的过程是其不断参与到专项运动知识的学习、并不断进行运动技能训练实践和比赛过程，只有如此，运动员才能掌握排球运动技战术的运用方法和临场变化规律。在实践操作的过程中会不断积累成功经验，修正失败经验，才能在复杂多变的环境快速、

准确地提取所需的战术方法，并逐步提高战术运用的能力。

在前面对战术意识的研究中提到，运动员的实践操作是比赛战术意识形成的基本步骤之一，因此在战术意识的发展过程中，应针对不同层次、不同位置和不同阶段的运动员进行针对性的专门练习，要求运动员将理论和实践相结合、相检验，促使其不断升华自身的认知水平，并适时地运用小组对抗赛、队内模拟和对外交流等比赛形式给运动员创造实际的战术运用环境，不断体会各种战术的运用条件和变化形式，扩展其战术经历，积累经验。再者，排球运动员的实际操作过程也是发展排球比赛所需的专项知觉、注意、记忆和决策的必须手段。通过这些实际操作过程，运动员各项心理品质达到适合排球运动战术意识的要求，使战术意识结构的各个方面得到全面发展。

（二）循序渐进的层次性特点

教练员在培养运动员战术意识的过程中，应遵循战术知识和运动技能的形成规律，从基础层次循序渐进，逐步向高层次发展。在战术意识形成过程中不可忽略低一级的学习而直接跨越到更高层次发展，"大跃进"式的培养过程会对运动员产生巨大影响。不同层次学习内容的要求和获得过程中的训练方法，应结合运动员的实际情况、不同位置，因人而异、因材施教地予以训练。

排球运动中的专项内容和运动技能是依照特定的规律循序发展的。基础层次的学习是发展高层次的基础，只有打下了良好的"地基"才能更好地理解更高层次的战术知识的含义，才能更好地发展高层次的技能水平。急功近利、拔苗助长的培养方式则将对运动员战术意识培养和运动技能发展本身产生消极的影响。这一点在青少年排球队员的培养中较为常见，某些教练员为出成绩，不依从战术意识发展的层次性要求，使得运动员在未打好基础的情况下进行高层次战术知识和技能的教授和学习，最终导致运动员在成长过程中出现战术意识差，基本功薄弱的情况，我国男女排队员均出现这种情况，在男排中尤甚。因此，教练员在选择练习的内容和形式时，应考虑到运动员的基础，按部就班、循序渐进地引导运动员由基础向更高一级的技能和战术知识过渡，在运动员已掌握的原有知识、技能得以充分发挥的同时，学习和发展新的知识技能，并最终能够在比赛中灵活运用。

（三）逐级发展的阶段性特征

由于排球运动内在的规律性，因此在运动员战术意识形成的过程中，必然要经历若干个不同的发展阶段。在不同的发展阶段中，运动员又会表现出不同的意识水平。同时，可依据其在某一内容或某一层次的发展水平，来选择针对性的训练内容和方式方法。

通过观察运动员在比赛中所表现出来的行为特征，依据战术意识能力结构的构建过程，可以将排球比赛战术意识的形成阶段划分为以下三个阶段：

第一阶段，认识阶段。在这个阶段，运动员在头脑中建立战术意识内容的基本概念，初步掌握运动方法，建立运动表象。运动员在这一阶段表现为由不会到基本掌握并能正确完成练习，由没有概念到建立正确的战术知识和运动技能概念。运动员在认识阶段的战术行为特征主要表现在：能够准确描述战术行为的要求和表现形式，但行为表现不够准确；运动员的注意范围比较狭窄，且不能受到干扰；知觉的准确性较低，完成的技能在时间和空间上不够准确，单一环境下的练习效果较好，增加选择性速度会将慢，且易出现失误；能初步利用结果的反馈信息，但只能利用非常明显的信息。

第二阶段，实践阶段。在此阶段，运动员将已有的战术知识和技能进一步融合，在练习中不断体会战术知识的内涵和实践中的应用方法，在逐渐完善战术知识结构的同时，在大脑中建立起简单的经验图式，不断检验理论与练习之间的相互联系，逐渐丰富技战术内容，在实质上增强自身的战术意识水平。实践阶段中运动员的战术行为表现主要有：能够在简单对抗的条件下熟练地完成战术行为的要求；注意的范围有所扩大，识别错误战术行为的能力有所增强，但对重要战术信息不能准确辨别；在空间和时间上更加准确，但在复杂环境出现时，尚不能随机应变，灵活应对。

第三阶段，形成经验阶段，即比赛经验的积累和丰富阶段。在此阶段，运动员的自身经验得以增长，比赛战术意识得到成熟发展。长期的比赛使运动员对在各种比赛情境和环境下做出的决策行为不断反馈、更正和吸收，并在相同情境出现时做出正确的决策。缺少经验就意味着运动员难以在比赛中瞬间决定自己和队伍的战术决定，也很难再瞬间完成战术行动。由于赛场环境是在不断变化的，所以这种情况的出现并非其没有掌握战术运用的方法，而是难以判断和选择自己的战术行动。因此，在经验形成阶段，运动员的知觉预测能力得到最终的完善，能够在复杂多变的比赛环境中快速而准确地地做出判断，并选择合理有效的战术行动，运动员的战术意识能力在这一阶段得到完善。

在经验形成阶段，运动员在比赛中的战术行为表现在：战术行动的运用在空间和时间上的选择恰到好处；能够根据不同的比赛环境灵活运用自身已掌握的战术方法，且同一战术方法在不同环境下可以采取多种运用形式；注意的范围扩大，能够对环境中的重要信息和变化信息予以快速加工、精准预测；战术的运用更为隐蔽，能避免同一错误的再次出现。

（四）训赛环境相一致的特征

运动员进行训练的目的是比赛的更好完成，获得良好的比赛成绩，训练条件和比赛环境相一致有助于运动员将自己在训练中积累的经验运动员到实际比赛当中，更好地发挥自身掌握的技战术能力；同时，由于赛场环境是训练环境的体现，教练员可以在训练中通过运动员的技战术行为准确地评估其战术意识形成的阶段和层次，并进一步确定其战术能力的发展程度。

排球运动员战术意识形成过程中的实效性特征主要表现在两个方面，首先是运动员训练的方法和手段与比赛情境要求的一致性。训练是运动员对比赛的准备，比赛则是对其训练过程的检验，训练和比赛经验的积累是排球运动员发展战术意识的基础，因此训练过程和比赛环境相一致可以促进运动员战术意识的获得，同时，是否达到一致性也是评价教练员训练方法有效性的重要指标。运动员的训练过程越是符合比赛环境的实际需要，其解决赛中出现的复杂情境的能力就越突出，应变能力也越强，同时战术意识的形成和发展也就越明显。

其次，不同位置运动员对战术意识的差异性，也是排球运动战术意识实效性的具体体现。由于排球比赛中的阵容安排和队员之间的位置分工有所不同，因此队员在比赛中所体现的任务和职责有明显的差异性，这种差异性就要求不同阵容不同位置的运动员对发展其战术意识的要求有所区分。在训练中不仅要提出发展战术意识的一般性要求，还要提出不同位置不同阵容的具体要求。如主攻在前后排的任务就要求其不仅要训练前排的进攻和防守意识，也要加强后排的进攻与防守能力，但副攻相对来说，快攻及拦网意识就是其重点发展项目。

三、影响战术意识形成的有关因素

要培养战术意识，首先应了解影响战术意识形成的有关因素，以便积极地利用和发展有利因素，克服和防止不利因素，达到更迅速有效地培养战术意识的目的。

（一）专业理论知识

这是形成战术意识的理论基础。一个不熟悉排球规则、打法和各种战术配合的人，在场上无法进行迅速正确的判断和选择合理有效的动作。因此也很难形成战术意识。

（二）训练比赛等实践活动

这是形成战术意识的必要过程。意识产生于实践。有了专业理论知识，不通过训练、比赛等实践活动，仍然是纸上谈兵，不能实际形成战术意识。

（三）环境和条件

这是影响战术意识形成速度的重要因素。例如周围排球运动开展的广泛程度，技战术水平的高低，教练员的业务水平、训练安排、方法和手段等；本队队员的技战术水平，经常比赛的对手的水平以及经常看到强队比赛训练的实况、电影、录像等，都对战术意识形成的速度有很大影响。

（四）运动员的心理品质

1. 感知能力：运动员对场上情况能否迅速而全面的感知是体现战术意识的前提。因战术意识的体现，首先根据场上的实际情况。因此感知能力强弱，如注意范围的大小、识别事物的能力等，也成为影响战术意识的因素之一。

2. 思维能力：包括很广。如逻辑推理、分析综合、比较选择、概念形成、随机应变、抽象概括、想象等，这些都是在日常生活学习中培养出来的思维能力，是形成战术意识的基本心理品质基础之一。

3. 情绪、意志、记忆等也对战术意识的形成有一定的影响。

（五）生理素质

如神经类型、反应能力、视野范围等，对战术意识的培养、形成，都有一定的影响。

（六）技术水平

技术越全面，水平越高，越有利于战术意识的发挥。

第三节　现代排球运动战术意识的培养策略

战术训练的目的不仅是掌握各个战术系统和各种攻防战术的打法，更重要的是培养队员的战术意识。由于战术意识支配着运动员在场上的一切行动，显然有其特殊的重要性。体育通用教材《体育理论》一书中指出："培养战术意识是战术训练的中心环节"，说明了培养战术意识的意义。本节着重从理论上说明战术意识和有关培养战术意识的问题。

一、战术意识的培养

排球战术意识不是短期内能提高的，需要技术水平的提高和比赛经验的积累。培养与提高运动员的战术意识，一般可采取下列措施与方法：

1. 把培养战术意识的任务放到训练计划中去，针对不同的对象，有针对性、有计划地进行系统、严格及有意识的训练。

2. 技战术训练要目的明确、方法正确，在实际训练中贯穿战术意识的培养，把基本技战术和战术意识的培养更好地结合起来。

3. 出色的技术是培养和提高战术意识的基础。因此苦练基本功，对战术意识的提高有很大的帮助。

4. 在加强基本技术训练的前提下，要多打比赛、多看比赛，在实战中积累经验，吸取教训，不断总结，才能不断提高战术意识。

5. 加强专项理论知识的学习，提高运动员对排球运动的发展态势的认识，研究规则与裁判法，以达到合理地运用规则的目的。

6. 通过赛前观察和赛后总结等方式，了解或者掌握对方的技术特点和战术打法，有助于战术意识的培养与提高。

7. 抓好"无球"技术动作的训练，想做到"球到""人到"的战术意识境界，运动员的"无球技术动作"是否合理，对战术意识的实现起着很重要的作用。

8. 训练中要启发运动员去思考每一个技术动作的合理性，培养运动员独立处理各种临场情况的能力，在比赛中用脑打球。

9. 训练中不但要提倡吃苦耐劳精神，还要启发运动员开动脑筋，勤于思索，手脑并用，想练结合，培养运动员独立处理各种临场情况的能力。

10. 运动员战术意识的提高主要是通过训练和比赛获取的，训练中教练员的主导作用和比赛中的指导能力就更为重要了。

二、对排球运动员战术意识能力培养的策略设计

（一）遵循排球运动规律，层次性的发展

战术知识是排球运动员发展战术能力的基础，运动技能是其发展战术意识的前提和手段，二者共同构建了运动员战术意识的基础保证。青少年时期是排球运动员发展的关键时期，在其成长过程中比赛战术知识内容体系的构建和运动技能的练习效果（包括先天条件和后天努力因素），会影响运动员战术意识发展的速度和战术方法运用的效果，并决定其发展的高度。同时我们也应该注意到，运动员运动技能的发展和战术知识内容体系的构建是逐步形成的，定然要经历由低层次向高层次、由基础向全面、由个人到小组、由小组到全队逐级发展的过程，如表8-7所示。基础技战术知识和技能的理解和掌握是其进一步向全面掌握专项技战术知识、技能的先天条件，没有基础犹如没有地基的房子，难以建成高楼大厦。不积跬步无以至千里，若没有基础能力的铺垫，运动员在发展过程中就难以掌握高层次的专项技能，就难以在比赛中发挥稳定的技战术能力。在培养排球运动员的比赛战术意识时应以运动员本身所具备的战术知识掌握层

次和运动技能习得层次为基础,选择与之相匹配的战术层次为起点来培养,并逐步由低级向高级、由基础到全面过渡。

表 8-7　排球比赛战术知识的层次性划分结果

层次			内容	基本要求
个人战术			攻守原则	理解排球战术行为的一般规律和要求
			基本技术运用	掌握发、垫、传、扣、拦等基本技术的战术要求
			选位	掌握个人行动时的位置选择和操作要求
			盯人	掌握拦网过程中的人盯人基本原则
			网口球	了解处理网扣球的时机和发放的选择
集体战术	小组战术		保护	掌握保护球的时机和位置要求
			补位	掌握补位时队员间的配合要求
			二人配合	掌握两人进攻与防守配合的基本要求
			三人配合	掌握三人配合进攻与防守的基本要求
	全队战术		阵容配备	了解阵容各位置的职责与相互关系
			攻防转换	掌握攻防转换时的行动原则与配合要求
			比赛节奏	了解控制比赛节奏的作用和方法
			整体攻防配合	掌握全队攻守的位置、速度等因素的基本原理

在排球比赛战术知识学习和运动技能教授过程中,应首先从个人战术知识和技能的掌握渐渐过渡到集体战术中,并循序渐进地学习集体战术中二到三人的小组战术和全队战术的知识技能,例如,排球运动攻守原则是运动员进行二人或三人配合,如打防练习、协同拦网和互补等战术知识的基础,若不了解排球运动的攻守原则和攻防含义,运动员在练习和比赛中就不能熟练运用比赛规则,也就不能掌握相互配合的基本原理,这一点在运动技能的练习方面同样有所体现。

(二) 不可忽视发展过程中的阶段性特性

每一个排球运动员在战术知识和运动技能的不同内容层次的获得过程中,都必然要经过认识阶段、实践阶段和经验形成这样一个时间顺序的过程,因此排球战术意识能力结构构建过程的阶段性特征所反映的正是运动员战术意识构建过程的时间发展顺序特征,是运动员获得的战术知识、运动技能变为自己稳定的战术能力,并在比赛中灵活运用的内在规律性特点。排球运动员在其意识构建过程各阶段所表现出来的差异性特征,为教练员组织训练步骤、选择训练方法和手段提供了理论依据和指导。其训练的手段和方法如下:

首先是认知阶段:在这个阶段教练员应首先教授运动员各个战术方法的基本内容、运用的规律和实际的操作方法,是让运动员建立一定的战术技能表象;在此基础上,使其进一步了解该战术方法在实际比赛过程中的主要运动形式、主要目的、主要运用区域、主要参与人员和将会达到的效果;并区分各个战术方法之间的异同及相互影响。其训练手段为:教练员通过讲解示范,为运动员讲解基本的战术概念,再结合观看录像等视觉材料,使其了解该战术方法的运用形式、基本路线和主要变化形式。在实际练习中,教练员应指导运动员先从原地模仿到移动中的活动、由分解练习到完整练习、由无球练习逐渐过渡到有球练习，由一人对墙到两人配合练习，循序渐进地使运动员建立基本的战术方法概念，慢慢体会练习的效果。同时，教练员应适时地指出运动员的缺陷，逐渐规范其技战术运用形式。

其次是实践阶段：通过不同方式的练习方法，是运动员进一步掌握此类战术形式在比赛中的运用情境及运用时所必备的基本技术能力，并讲解在不同条件下发生变化时的运用要求；逐渐提高训练的频率和负荷，运动员在基本环境下和运动环境中均熟练掌握运用技战术的实战手段，并由训练条件向比赛环境逐渐过渡；组织小组间的攻防性训练，使运动员进一步体会战术运用的实战需求和变化形式，提高运动员战术运用的灵活性和多变性，并逐渐由小组联系过渡到全队练习，是运动员在不同的环境刺激下完成战术，促进运动员在比赛环境下对战术方法的熟练运用。

训练手段：实践阶段是发展运动员战术意识的关键环节，因此练习的方法手段是否行之有效，是运动员能否熟练将理论知识、基础战术方法运用到比赛中的重要一步。在训练过程中，教练员需要针对各年龄段的不同层次来选择教授的内容，在训练过程中的练习形式是在认知阶段的基础上加大活动范围和运动频率，逐渐加强运动员战术行为结果的要求，例如在攻手的训练中：由列队循环扣球到单人多球练习、由不设拦网障碍到设拦网障碍、由不固定线路到固定线路、由不固定落点到固定落点等；再如对二传手的练习：由固定位置传球到跑动中传球、由不固定落点到固定落点、由不限制高度到限制高度、由不对抗中传球到对抗中传球等。在训练中应建立运动员战术进攻的不同思维意识，第一思维到第二思维的转变速度。如在一传到位时的第一思维是进行二击球进攻，打得对方措手不及；而当判断出对方已经针对性拦防时，迅速转换到第二思维进行传球组织常规战术打法，这种训练方式需要运动员有扎实过硬的基本功和调整能力，而这些能力的获得均是在实践阶段的不断练习中逐渐掌握的。

最后是形成经验阶段：这一个步骤是将运动员在训练和比赛中熟练掌握的技战术运用形式，储存在他们记忆库中，并转换为稳定的经验图式的阶段。这种经验的积累只能依靠运动员不断处理比赛中出现的各种状况，并检验战术运用的实际方法和变化规律来实现。长期的比赛使运动员对在各种比赛情境和环境下做出的决策行为不断反馈、更正和吸收，并在相同情境出现时做出正确的决策。缺少经验就意味着运动员难以在比赛中瞬间决定自己和队伍的战术决定，也很难再瞬间完成战术行动。由于赛场环境是在不断变化的，所以这种情况的出现并非其没有掌握战术运用的方法，而是以在其中判断和选择自己的战术行动。因此，在这个阶段的训练中，教练员应以比赛训练法为主，队内可以进行对抗和比赛演练，模拟真实比赛场景，也可进行邀请赛等；同时教练员带领运动员参加各种形式的正式比赛，提供给运动员在不同难度、不同情境下的思维决策的机会，并在赛中提醒，或赛后对其技战术表现进行点评和指导，让运动员在整个比赛环境都能获得相应的指导回馈，不断积累临场技战术运用手段和处理方法，形成稳定的战术意识能力，提高自身竞技水平。

（三）注重排球战术意识构成内容的协调发展

运动员对排球专项战术知识、运动技能的熟练掌握和理解，运动员在专项知觉、记忆、注意和运动行为决策表现的日益强化是其比赛战术意识发展的条件。各项内容之间存在内在的规律性联系。战术意识处于不同层次的运动员在其构建过程中，专项运动知觉、专项运动记忆、专项运动知觉和专项行为决策会表现出不同程度的差别，这些差别之间相互作用，进而影响其对训练和比赛战术的运用和对比赛战术知识的理解。反过来，在发展运动员战术能力的过程中，不仅教练员要提醒运动员将战术意识能力的各项内容参与到训练中，同时运动员自身也应建立起训练即比赛的意识，在训练中养成积极运用战术思维的习惯，将战术意识贯穿到每个技战术练习当中，逐渐提高其自身的专项能力。由此可见，运动员的思维活动和行为活动两者是相互影响，相互促进的关系，因此只有注重运动员知识、技能、知觉、注意、记忆、决策等战术意识构成成分的全面、协调发展，才能整体提高运动员的比赛战术意识。

运动员在场上表现出的战术行为就是其进行思维决策、处理信息的过程，这个过程首先应是由感知觉器官感知赛场信息，其次是注意能力对感知到的信息进行甄别和选择，并与记忆中储存的经验图式进行对比，最后通过决策判断来决定自身的行动，这个步骤也正是运动员战术意识对运动情景问题解决的内在规律。因此，运动员在训练中每一个发展战术意识的练习中，都能够对其自身的运动知觉、运动注意、运动记忆和行为决策能力产生不同程度的影响，例如，环境的不同，知觉的信息量就不同，受到的干扰也就不一样，信息量少，运动员受到的干扰就少，信息量多，受到的干扰也就更强，运动员在进行下一步时判断的时间也就越长；同样的，如果感知到的信息中，重要信息越全面、越快速，运动员从记忆中提取经验的速度也就越快，而当重要信息缺失、出现时间较晚的话，运动员提取记忆经验的速度就越慢、越困难。因此教练员在对运动员进行训练时，采取的手段的不同以及对运动员要求的细致与否，与运动员能否针对性的提高战术意识内容有直接的联系。例如，在针对发展运动员的知觉和注意能力的过程中可以设置一些诸如拦网障碍板、手势等视觉信号，落点标志桶或区域软垫等视觉标志，或将战术信息编织成数字、语言等听觉信号，要求运动员在训练中根据信号之间的变化和视觉标志的不同，采取相应的运动形式和战术组织；再如，训练中采取拦网挡板的练习，也是提高其运动环境中整体知觉、注意范围和决策应变能力的有效手段；限制完成练习的次数、时间和强制运动员完成某种练习形式也是发展运动员行为决策能力的一种手段。

（四）依据青少年排球运动员身心发育的特点加强战术意识的培养

青少年时期是排球运动员成长的关键时期，也是其战术意识能力发展的重要阶段。但在其成长过程中，身心发展必然会展示出内在的规律性，这并不受到外界环境变化的影响，即青少年的认知水平在其各个年龄阶段会呈现不同的发展特点；同时青少年的发展还呈现出一定的不平衡性，即同一年龄段的不同青少年和不同年龄阶段的青少年在认知能力的发展速度和层次水平上表现出差异；不同年龄阶段的青少年排球运动员同样如此。因此，在发展青少年排球运动员的比赛战术意识能力的过程中，应首先根据其心理发展的规律性，对不同年龄阶段的青少年，采取不同的战术训练方法和手段，并对不同层次的青少年排球运动员在训练中提出不同的要求。其次应根据青少年排球运动员认知能力发展水平的不平衡性，为各年龄段的运动员设计相应的侧重点，进行有针对性的发展。

（五）依据排球运动不同位置属性发展战术意识

排球运动的内在规律性，导致运动员在不同位置上的分工，进而衍生出了各种各样丰富的技战术打法，因此排球运动员的位置属性决定了排球战术方法的多样性。不同位置的运动员在发展到某一阶段或某一层次，即其战术意识内容的发展更倾向于其位置职责。这是排球战术意识形成的另一个明显特征。如拦网运动员要有出色的观察能力，能根据对方攻手扣球整体动作中的细微变化来判断拦网的位置，也能根据二传组织时的传球动作来判断其传球的方向和位置分配的对象，这可以称之为拦网意识；再如二传运动员可以根据场上人员配置的不同选择最适宜的战术配合，也可根据一传到位的实际情况选择二击球进攻或进行常规的战术进攻，这就是二传的调整意识。排球场上运动员专位的不同，其战术意识能力的发展方向会随着层次、阶段的提升逐渐发生变化，因此教练员除了层次性、阶段性的发展运动员的战术意识外，也应该结合实际训练情况着重培养运动员的专位意识，使队员之间的能力形成互补，以增强运动队整体的战术效果和攻防能力。

三、有关培养战术意识的几个问题

在整个训练工作中如何培养运动员的战术意识，是教练员十分关心的，而又是相当复杂的问题。每个教练员也可能有不同的观点和方法。根据上述心理学的基本理论，结合实践中的经验体会，归纳成以下六个问题进行论述。

（一）要善于启发引导运动员总结自己的实践经验

既然意识来自实践，运动员自己头脑中的战术意识也必然是他自己在训练比赛的实践中产生和发展。教练员只能启发、引导他的思维活动，不能代替他形成战术意识。有些教练员对待不善于思考分析和总结经验的运动员，不是启发、引导他去开动脑筋、积累经验、认识规律，而是代替他去动脑筋，一味地指挥他去行动。养成教练不指导，运动员就不知怎么办的习惯。严重地影响了战术意识的形成。也有的教练员对意识差的队员横加指责，使得队员不知所措。其结果是教练员指责越多，队员的意识反而越差。

教练员应当善于提出问题，让队员自己想办法去解决去适应。鼓励那些善于开动脑筋、独立思考的队员。让队员通过自己实践总结出经验，增强战术意识。但也不能全靠运动员自己自发地形成意识。教练员的主导作用就在于及时地指导他去更全面更深刻地总结经验，纠正其错误经验，帮助他掌握总结经验的思想方法，提高他总结经验的自觉性。

（二）注意结合专业理论的学习

意识培养靠实践，但也不能仅仅靠在场上闷头练。要有各种专业理论知识去指导实践，才有助于在实践中更快、更深地悟出道理，得出经验，知道怎么做合理，怎么做不合理。正确意识形成的基础之一就是正确的理论。或通过多看强队的比赛，用理论学习的形式，组织队员进行典型战例的分析，提炼出带规律性的东西，也是培养战术意识的重要途径。不注重平时有计划地进行系统理论学习，不重视场上讲、练结合，即使是训练的时间增多，但对战术意识的培养并不一定有效。

（三）战术意识培养应贯穿在各种训练之中

各种战术训练，包括比赛等当然是培养战术意识的主要手段。其他各种训练，尤其是技术训练，也是培养战术意识的重要手段，因为技术和战术意识本来就应当是互相结合的。但在训练中常常忽略了他们的关系，在练技术时，忘记了同时注意培养战术意识。因此有不少运动员，从单个技术动作上来看挺不错，但上场打比赛却不灵活。要经过多次的比赛，战术意识才稍有些提高。

　　无疑，比赛是提高战术意识的重要方法。但比赛总是有限的，不能全靠比赛中培养战术意识，平时培养很重要。特别是技术训练中，技术训练的方法不同，提出的要求不同，对培养战术意识的效果也大不相同。通常所谓的"傻练"，就是指不根据情况，没有敌情观念，没有战术要求的单纯技术训练。练出来的不是实用技术，经不起实战的考验。有些教练员仅依靠比赛来培养战术意识，不是多、快、好、省的办法。

（四）多采用竞赛性、游戏性的训练方法

　　不论技术训练、战术训练或身体训练，凡采用竞赛、对抗、游戏的方法，就有对立面，有胜负，利用运动员争上游、争胜利的心理，促使他们自觉地开动脑筋，商量办法，寻找对策，找窍门，走捷径，开发他们的聪明才智，以提高队员随机应变的能力。特别是结合球的各种竞赛性游戏，这是除正式比赛外，迅速培养战术意识的好办法。对提高训练积极性也极为有利，应大量而恰当地采用。即使是那些不便采用竞赛、对抗、游戏性的训练项目，也要不断变换方法和要求。枯燥无味的老一套训练方法，令人厌倦、不兴奋，使大脑皮层处于抑制的状态，因而难于建立条件反射，对战术意识培养不利。同样，在过分疲劳的情况下，也不利于培养战术意识。

（五）利用一切机会，提高队员的分析能力

　　比如经常组织技战术研究讨论，可以结合训练比赛中出现的问题，也可以由教练员有意识地出正确或错误的题，让队员来分析讨论，比如派队员去侦察外队的情况，在赛前让队员主持召开准备会，分析双方情况，提出作战方案和设想各种可能出现的情况和对策，比赛后让队员自己进行总结，分析胜负原因，找出问题和解决办法；教学比赛让队员自己担任临场指挥；训练中发动队员带新队员训练，让某一方面有特点、专长的队员准备好给大家报告讲技术课，组织智力竞赛等等，锻炼队员的逻辑推理、分析综合、运筹帷幄和出谋划策等思维能力。这也是培养战术意识不可缺少的一种基础。

（六）提高文化科学知识

　　不仅是数、理、化等基础文化知识，还应提高多学科的知识，如哲学、逻辑学、唯物辩证法、体育理论、心理学、生理解剖、生物力学以及运用各种器材和电子仪器的基本知识。运动员开阔思路解放思想，具有丰富的文化科学知识，排球场上的战术意识就不难提高。

第九章 现代排球运动体能素质的训练实践研究

第一节 现代排球运动体能素质训练的基本理论

一、排球运动员体能素质训练改善

（一）体能与体能素质训练的概念

1. 体能的含义

体能是人体引发运动的心肺功能支撑的大小，取决于人体运动系统动力学应用的强度与范围。人的体能包括身体能力和心智能力，由身体形态、身体机能和智力意志三个部分共同组成。运动员的体能发展水平主要是由通过身体形态和身体机能的发展情况决定的。身体形态就是身体内外部的形状，身体机能就是身体各个器官系统的能力。

身体形态和身体机能在活动过程中表现出来的基本运动能力是运动素质，运动素质包括速度素质、力量素质、耐力素质和柔韧素质等身体素质，由于运动项目不同，所采用的测定指标也就不同，通过测定指标就可以判断运动员所具有的体能水平。

随着国际上高水平竞技运动的蓬勃发展与训练理论的深化，为了和日常生活中与运动过程名称相同的活动能力相区别，就将运动过程中表现出来的基本能力称为运动素质，主要包括力量素质、速度素质、耐力素质和柔韧素质等。竞技体育中的体能与一般体能不同，运动员是在专项训练和比赛负荷的情况下，动员有肌体中的各个器官系统，克服运动疲劳，按照要求持续完成专项训练和比赛任务的生物学机能能力，是运动员竞技能力的根源和重要组成部分。

体能是一种人体对环境适应的综合能力，竞技运动体能追求的是竞技运动比赛优异成绩而需要的能力，从不同的角度分析，体能具有不同的含义。体能从概念上看是运动员表现出来的运动能力，从根源上看，体能是将人体器官系统的形态和机能作为基础，运动过程中各个系统协调配合表现出来的综合能力，如循环、运动、消化等九大系统的综合能力。体能从表象上看，体能通过身体素质的形式表现出来（图9-1）。

构成体能的身体形态、身体素质、生理机能及心理智能四个方面都有相对独立的作用，同时又相互联系、制约、影响，任何一个因素都会影响到体能的整体水平。在这四个方面中，身体素质是体能的外在表现，因此，在运动训练中多以发展各种运动素质为体能的基本内容。

2. 体能训练的含义

体能训练又叫体力训练，是一种大负荷训练，目的是发展身体机能潜力和让机能潜力得到最大程度地发挥，是一种时间较长、强度较高的持续工作的能力。体能训练的最大特点是对人体各个器官和系统机能的超负荷适应训练，目的是产生体能和心理适应能力，最大限度地发挥机能潜力，最终达到提高整体运动能力和培养顽强拼搏精神的目的。

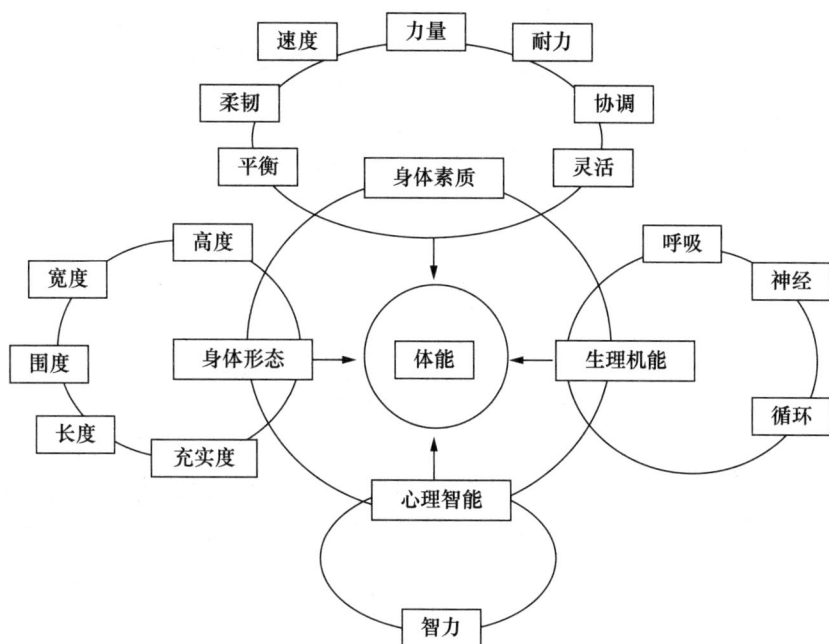

图 9-1

体能训练的内涵应是对人体系统的训练，发展走、跑、跳、投等能力，体能训练更重视系统性，整体性和综合性。体能训练针对运动项目的特点和人体系统的特点，运用运动解剖学、运动生物力学等学科的专业知识，将其作为人体运动理论基础，通过学科交叉，借鉴其他领域的优秀成果和先进经验，实现运动员的体能协调发展，遵循训练的规律，有针对性地训练人体运动系统骨、关节、肌肉及运动辅助系统，优化运动训练的大系统。

体能训练的系统具有动态性和可持续性，明确训练目的的基础上，根据训练目的、训练者的具体情况有针对性的、分阶段进行体能训练。体能训练由基础体能训练、专项体能训练和综合体能训练三个部分构成，它们互相作用、互相影响，这三个系统在时间上并没有先后阶段，主要根据训练者的运动水平、目标等方面确定，安排和规划具体的训练内容（图 9-2）。

在专项运动中能够最大限度地发挥体能是运动员进行体能训练的目的，所以体能训练不能脱离运动专项。它必须和运动项目相结合才能达到训练的目的。体能与运动专项相统一，主要根据运动项目的特点以及运动技术的特点进行，专项训练的同时进行体能训练，结合技术训练和体能训练，两者相互交替，同时进行。

（二）排球运动员体能素质训练的概念

在排球运动员竞技能力构成因素中，体能起着举足轻重的作用。纵观世界排坛的发展历史，一支排球队要获得优异的成绩，必须做到体能、技能及比赛经验（包括良好的心理训练水平）三者高度统一协调的发展。而这三者之中，体能是基础。没有高度发展的体能，就不可能掌握精湛、高级的技术；没有超群的技术，就没有在世界重大比赛中夺魁的可能。在夺取胜利的道路上，运动员的体能起着基础的作用。因此，体能训练是排球运动员训练中必不可少的内容之一。

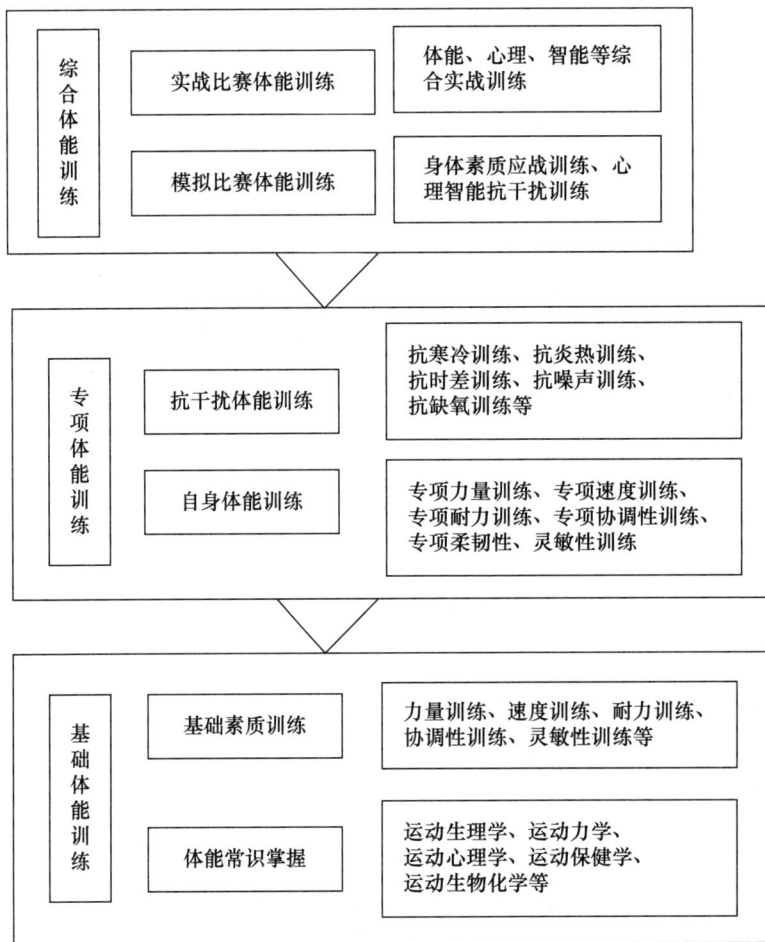

综合体能训练	实战比赛体能训练	体能、心理、智能等综合实战训练
	模拟比赛体能训练	身体素质应战训练、心理智能抗干扰训练

专项体能训练	抗干扰体能训练	抗寒冷训练、抗炎热训练、抗时差训练、抗噪声训练、抗缺氧训练等
	自身体能训练	专项力量训练、专项速度训练、专项耐力训练、专项协调性训练、专项柔韧性、灵敏性训练

基础体能训练	基础素质训练	力量训练、速度训练、耐力训练、协调性训练、灵敏性训练等
	体能常识掌握	运动生理学、运动力学、运动心理学、运动保健学、运动生物化学等

图 9-2

排球运动员的体能是指其身体的运动能力。排球运动员在比赛中所表现出的身体运动能力，是其身体形态特征、机体机能水平和专项身体素质的综合运用。

排球运动员的身体形态特征是指运动员身体的长（高）度、围度和身体成分等指标的构成特征，专项身体素质是运动员在比赛中完成运动动作所表现出的速度、力量、耐力、灵敏、柔韧和协调能力，身体的机能水平是指运动员的身体健康状态、有机体各器官系统的机能、运动员有机体承受大负荷训练比赛的生理抗疲劳能力和恢复能力。

二、排球运动员体能素质训练的价值

（一）促进身体健康

排球运动员首先要拥有强健的体魄，这是他们从事体育运动的最基本保证，也是其进行系统化训练的必要条件。参与体能训练可以有效提升排球运动员机体多种系统功能的水平，如呼吸系统、心血管系统、神经系统、运动系统等机能。另外，体能训练还可以最大化地使人克服生理惰性，促进新陈代谢。一系列的优点最终使人对外界环境的适应能力得到提升，增强身体抵抗力，从而有效地促进运动员的身体健康。

（二）提高运动能力

在排球运动训练和比赛中，任何一项运动技术动作的完成，都需要一定的身体活动能力作保证，并随着运动技术动作难度的增加，对体能的要求也随之提高。因此，运动员必须进行科学的体能训练，提高体能以满足运动训练的需要。实际上，体能训练是有机体各器官系统功能协调发展，获得完备的从事专项竞技运动能力的过程。另外，根据运动技能迁移原理，一种运动技能的学习会对另一种技能的学习产生影响，即运动员在掌握了一定运动技能后，其学习特定运动技能的能力就越强。在运动训练中，体能训练正是通过各种具体的身体训练动作予以实施的，而这些训练动作的学习和掌握，对运动员专项训练中的专项技术的深化发展有着积极的促进作用。

在当前的排球运动竞赛中，越来越呈现出高对抗性的发展趋势，比赛的可观赏性提高的同时，其激烈性、竞争性的特点也越来越明显。在这样的运动竞赛中战术行动具有高强度、多样性和多边性特征，很多技术和战术动作的完成对运动员有机体的功能和身体素质有着专门化的要求。在排球运动训练中，战术训练虽然也会对身体训练起到一定的作用，但这远远不能满足各专项对体能的要求，因此，只有通过对运动员进行体能训练提高身体的适应能力，才能满足专项战术的特殊要求。

（三）发展运动素质

随着现代体育运动的发展，排球运动训练更加科学化、专业化，运动员们在竞赛场上创造出许多优异成绩，并不断刷新人类纪录，而且向着人类生理极限发起挑战。运动员要想在赛场上创造优异成绩，就必须使五大身体素质得到最大限度的发展，充分挖掘人体运动能力的潜力，而体能训练正是实现这一目标的主要途径。体能训练在发展运动员的基本身体素质方面能够起到很好的促进作用，能够最大限度地提高排球运动员的专项运动素质，使一般运动素质得到协调一致的发展。

（四）有利于适应高强度的训练和比赛

现代排球运动竞争越发激烈，运动员们为了争夺最终的胜利无不在训练中精益求精，为此他们几乎都接受高强度的大运动量训练，而这需要充沛的体能予以支持。只有通过大负荷的运动训练，充分挖掘体能潜力，才能保证运动员的技战术水平在比赛中的运用和发挥。如今排球运动训练已经进入科学化的训练阶段，这一阶段具有高强度、高密度、高速度和大运动量的特点，而且现代科技在排球运动训练领域中也已经得到了广泛运用，科学系统的测评体系也日趋完善。以上这些都要求运动员必须具有强健的体魄、良好的身体机能，若没有很好的体能基础，运动员将很难在这种状况下完成训练任务。

（五）延长运动寿命

运动员进行体能训练，除了常规的增进身体素质、提高机能水平外，还能有效地防止运动损伤的发生。在运动训练过程中，运动员即使出现运动损伤，也能得到很好的缓解。另外，良好的体能发展可以更好地改善运动员的身体形态结构，大幅度提高身体机能水平，在此优势下更利于训练效果的稳固，如此获得的效果可以保持得更长久，以此达到延长运动寿命的目的。

运动实践研究表明，机体形态的积极性改变、出色的运动素质发展水平以及身体机能水平的提高是运动员取得优异运动成绩的基础。体能训练可以使身体形态在较短时间内获得较大的适应性改变，如果长期坚持训练，这种良好效果可以一直保持很长时间。在这种情况下，排球运动专项技战术能力也会随之得到提升和巩固，从而使运动员的运动寿命得到有效的延长。

（六）提高心理品质，增强心理稳定性

在排球运动竞赛中，几乎每一场赛事的竞争都是非常激烈甚至是惨烈的，而且需要运动员在高速度、高对抗的条件下完成，因此，决定比赛走势的除了过硬的技战术能力和体能素质外，心理素质也是不能被忽视的。科学的体能训练，能够有效地培养运动员吃苦耐劳、坚韧不拔的心理品质。据研究发现，当运动员在场上出现心理方面问题时，其大多数原因在于体能下滑，体能的下滑使得运动员的注意力开始分散，除了要考虑常规的技战术外，还要更多地考虑对自身体能的分配，如此就使稳定的心理被打乱。而良好的体能会给运动员带来旺盛的精力、充沛的体力和抵抗疲劳的能力，使他们在训练和比赛中具有较好的充实感和自信感，从而提高比赛训练的稳定性，反之，就会因担忧比赛所需的体力而使运动员稳定的比赛心理受到影响。

三、排球运动员体能素质训练的生理学依据

为使体能训练取得良好的效果，在选择方法和手段时必须考虑到排球运动比赛对身体素质和机体机能的要求，而这种要求必须符合运动生理学原理。

从能量代谢的角度看，人体工作时的能量来自 3 个供能系统：一是无氧非乳酸供能系统（ATP－CP系统），它可使肌肉活动在较高的水平上支持 5～10 秒，如短跑；二是无氧乳酸供能系统，是在无氧的情况下进行分解以释放能量，它主要在 ATP－CP 系统功能消退后参加工作，工作时间在 20～30 秒，有时持续 1～2 分钟，如 400 米跑项目；三是有氧供能系统，即在氧气充分供应的情况下提供能量，往往持续 2～3 分钟或更长时间，如长距离的运动项目，有氧供能是基础。

排球运动比赛属于间歇运动形式，即短时间爆发式的身体运动被短暂的间歇休息分隔开。短时间、爆发式的扣球、拦网主要是无氧非乳酸系统供能；而短促地动作重复或连续地多回合争夺，则是无氧乳酸系统供能居主导地位。从这个角度来看，排球运动主要取决于无氧供能系统的供能能力，但从排球运动比赛无时间限制，势均力敌的比赛时间可达两个小时以上这点看，提高有氧供应能力同样不容忽视。由此可见三套供能系统构成了排球运动员身体活动供能的结构体系，排球运动员的体能训练都应该围绕这三套供能系统以及结合排球专项运动的特点来展开。

根据心率对运动负荷强度划分的理论，排球运动比赛的负荷基本上属于中等强度的负荷。由于排球运动比赛的时间长，对抗激烈，且技术动作复杂多变，对运动员的中枢神经系统、心血管系统和呼吸系统都提了更高的要求。

四、排球运动体能素质训练的内容与要求

（一）排球运动体能素质训练的内容

体能训练要根据排球运动的特点，采用专门的手段来发展与排球运动有直接关系的专项身

体素质、身体机能和身体形态，体能训练的主要内容是运动素质训练。

排球运动员的体能训练分为一般体能训练和专项体能训练。一般体能训练是指根据专项体能的需要，在运动训练中以各种身体练习的形式、训练方法和手段来提高运动员全面的基础运动素质、增强各器官系统的一般机能和改善身体形态、掌握一般体能训练的理论与实践知识，为运动员专项体能最大限度的提高打好多方面的基础。

专项体能训练是指以专项运动动作或与专项运动动作在特点上相似的运动动作为练习形式，采用各种训练方法和手段，提高专项技战术所需要的专项运动素质、机体各器官系统的专项机能，形成专项身体形态，掌握专项体能训练的理论与实践知识，最大限度地提高运动员的专项运动成绩。从提高排球运动员专项运动素质的角度来看，其内容主要有：

1. 力量素质：包括腰腹力量、脚踝力量、手臂力量、手指、手腕力量等。
2. 速度素质：包括反应速度、移动速度、起跳速度、挥臂速度等。
3. 弹跳速度：包括原地弹跳、助跑弹跳、连续弹跳等。
4. 耐力素质：包括移动耐力、弹跳耐力、速度耐力等。
5. 灵敏耐力：包括腿、手、腰、腹的协调配合能力及场上的灵活应变能力等。
6. 柔韧耐力：包括肩、髋、膝、踝、腕等关节活动的范围等。

（二）排球运动体能训练的要求

1. 体能训练必须全面安排

排球运动需要全面的身体素质，且各身体素质间又彼此联系，相互依存，相互促进，因此在体能训练中要全面安排。如发球、扣球时需要上肢和腰背肌的爆发力；原地或助跑起跳需要下肢爆发力和灵活性；有球或无球时的移动需要腿部力量和耐力等。排球运动比赛及防转移快，来球的路线、速度、方向不定，需要运动员有高度的灵活性和反应能力，且各身体素质间要彼此有联系。因此，教练在训练中要全面安排好各项素质的训练。

2. 系统科学地安排体能训练比重

一般来说，青少年运动员体能训练的比重要大些，成年运动员可相对小些。训练的不同阶段，体能训练的比重也应有所不同，如冬训时体能训练就应小一些，训练的不同阶段对体能训练的侧重点也不同，如青少年多进行全面训练，赛前阶段坚持力量训练等。

3. 处理好与技战术训练的关系

体能训练与技战术训练，既不能互相对立，也不是可以互相替代的。体能训练是整个运动训练中不可缺少的组成部分。体能训练的内容，手段和方法，应紧密结合排球运动技战术的要求，使体能训练有效地满足技战术对体能的要求。

4. 合理安排体能训练的时间和运动负荷

运动员在大脑皮层处于良性兴奋和精力充沛的状态下进行体能训练效果最好，也不容易受伤。同时，运动负荷安排要合理，既要有一定的强度和密度，又要科学地掌握间歇和休息。

5. 加强体能训练的针对性

教练员在进行体能训练时要善于发现和掌握运动员的个体差异，并采取有针对性的训练手段与方法。不加区别地采用同一训练手段和方法，难以取得好的训练效果。因此，在体能训练中要注意因人而异，区别对待。

6. 体能训练的方法和手段要多样化

单调的训练方法使训练枯燥乏味，影响运动员的训练积极性，也不能适应排球运动对体能的要求。对于同一训练内容也要不断变换训练手段与方法，提出不同的要求，如采用竞赛、游戏、测验评比等方法，激发运动员的训练欲望，才能收到良好的训练效果。

五、排球运动体能素质训练的发展趋势

（一）重视科学选材和科学训练

科学选材主要是运用遗传学理论，结合排球运动的专项要求，探索对排球运动员形态、心理、智力测试和评价选材指标及方法，选拔在排球运动项目上有杰出才能和发展潜力的专门人才。科学训练主要是通过对排球运动训练的状态和规律的探索，根据排球运动的特点和训练任务，研究如何采用专门的训练方法和手段，有效地发展专项所需的各种特殊的体能、技能、智能和心理能力，为直接促进排球运动员竞技能力的全面提高和发展创造条件，同时也包括对影响训练的因素，如运动负荷、训练效果的评定以及训练与竞赛的关系进行研究。

（二）运动生理学和现代医学为排球运动的体能训练提供了科学依据

在当今竞技运动为夺取金牌而拼搏的热潮中，运动生理学也必须为运动实践服务。为此广大运动生理学工作者走出实验室，到运动场做现场的研究。如监测运动员的生理机能，合理安排运动负荷，探讨加速运动员体能恢复的手段，在不同时间间隔内测量乳酸的含量，为加大排球运动强度提供依据，研究心肺功能，为运动训练提供参考等。

肌肉收缩强度与运动员负荷的研究成果显示，只要在运动员身体能承受的范围内，运动负荷越大训练效果越好，但问题是多大的运动负荷是最适合的。训练初期运动能力的提高主要是心肺功能的改善，而高水平运动员能力的提高则主要与骨骼肌的运动能力有关，骨骼肌对大运动负荷训练的承受能力高于心脏的承受能力。目前正在进行或即将进行研究的内容有：运用分子生物学手段研究运动与基因表达，运动与细胞和能力代谢，运动与自由基和脂质过氧化反应等。应用扫描电镜在平面分析的基础上，根据立体学原理和技术，从结构的二维图像上推导出三维结构参数的立体定量分析。应用透射电镜通过 X 线衍射技术对多种细胞器进行较深入的研究，运用核磁共振成像技术评定运动损伤、肌肉体积等形态学指标变化，运用核磁共振谱分析测定机体内的代谢过程，运用同位素研究手段观察机体代谢的动态变化等。可以预测，随着新学科的渗透和新的高新技术手段的运用，运动生理学服务于排球运动体能训练的领域将会更加宽广。

（三）运动生物化学的发展对排球运动员体能训练的影响

机体在运动时体内发生的一系列生理变化，如肌肉收缩、神经冲动传导、激素分泌、耗氧量增加等都是以物质代谢和能量代谢为基础的。运动生物化学着重从代谢的分子水平上进行研究，探索运动时代谢反应与生理机能的关系。生物化学的研究成果可以为排球这种特殊的运动提供科学的锻炼依据，从而更好地指导人们进行排球锻炼和运动训练，提高排球运动的科学性和有效性。

排球运动是一项间歇式运动，即短时间爆发式的身体运动被短暂的间歇休息（暂停、换人、局间休息、死球等）分隔开来的运动；也是由多次、短促、完整的用力的有球技术（传、垫、

发、扣、拦）和较长时间强度稍低的无球技术、准备姿势、移动所组成的间歇式运动；又是以有氧供能为基础，有氧与无氧相结合的运动。

第二节　现代排球运动专项体能素质的训练方法

一、力量素质训练方法

（一）力量素质的重要性

力量就是指人体或人体某部位肌肉紧张或收缩时所表现的能力，它反映出人体对阻力的克服程度。从运动生理学的角度来讲，就是反映运动员肌肉收缩的程度。

力量是人体活动的基本因素，运动员的力量素质是发展身体各项技能的基础。排球运动所需的爆发力、速度、弹跳耐力等无不以力量为基础。力量素质还与其他素质有密切关系。力量是耐力增长的一个因素，且因适宜的力量可以控制人体抵抗地心的引力，更快地操纵身体各部位，故也有助于灵敏、协调地发展。因此，有效地进行力量训练对提高排球运动水平具有极为重要的意义。研究表明，排球运动员的水平越高，其力量训练水平也越高，即高水平的运动员经过训练，摒弃了排球运动不太需要的肌群的力量，而发展了那些排球运动所必需肌群的力量。

（二）力量训练原则

1. 大负荷原则

大负荷就是以最大负荷或接近最大负荷进行训练。当肌肉、肌群对抗最大或接近最大阻力练习时，能最有效地发展肌肉的力量，使肌肉最大程度的收缩，从而刺激肌肉产生相应的重量适应，导致肌力增加。较小的负荷只能使肌肉保持原有的力量水平。

2. 渐增负荷原则

在力量训练中，由于力量水平的不断提高，原来的大负荷已不再是大负荷，因此要不断提高负荷，使训练中经常处于大负荷工作。

3. 力量练习安排的顺序原则

力量训练中，因为小肌群体容易出现疲劳，为了保证大肌群的大负荷，必须在小肌群出现疲劳前，使大肌群受到训练。例如，以负重蹲起训练腿部力量，达到相当重量或次数时，想要重点训练的股四头肌并没有达到疲劳程度，而腰背较小的肌肉已不能坚持训练。所以，训练时应注意采用适当方式避免在疲劳之后立即进行负重蹲起的训练，使股四头肌产生一定程度的疲劳之后，立即进行负重蹲起的训练，使股四头肌达到所需要的疲劳程度，或与其他肌肉同步疲劳，从而得到最大限度的锻炼。同时，还必须考虑在相继的练习中不要使用同一肌群工作，以保证肌肉工作后有足够的恢复时间。

4. 符合专项特点的原则

由于力量发展有其运动体能的特殊性，因此力量练习与专项运动技术动作的要求和形式应尽可能接近。力量须对实际用到的肌群进行训练，并尽可能模拟实际运动中的运动动作。发展肌肉力量的过程如图9-3所示。

刺激→反应→适应→增加强度→反应→增加力量

（第一次强度）　　　　（第二次强度）

图 9-3

从力量发展的过程看，不断地增加强度能不断地提高肌肉力量，但必须注意要在一定的负荷限度内循序渐进，才能避免伤病，获得良好的效果。

（三）发展专项力量的方法

1. 发展专项力量的练习方法

（1）手指、手腕力量练习

①手指用力屈伸练习。

②手指用力做握网球练习。

③单手或双手传足球或篮球。

④身体离墙 1 米左右，用手指做推撑墙的动作。

⑤向下抖手腕做拍球练习。

⑥提抓铅球或沙袋练习。

⑦手持哑铃做腕绕环练习。

⑧用小哑铃或杠铃做腕屈伸练习。

⑨手指或手掌撑地做俯卧撑练习。

（2）手臂力量练习

①单人各种抛球练习：用前臂和手腕动作将实心球抛起用另一手接住，两手交替进行。双手背后将球抛起过头并接住。双手上抛，转体 360°接住。双手上抛，双手胸前向上传球，迅速起立接球。双手持球，弯腰从胯下向后上方抛球，转身接球。

②双手或单手持球上举，立姿或跪姿、坐姿，直臂或屈臂做向前、向后抛掷实心球练习。

③双人推小车比赛，正反向运动，要求身体平直，手臂伸直。

④脚尖固定，两手交换支撑绕圆圈移动。

⑤手倒立推起（在同伴帮助下）练习。

⑥俯撑，手足同时离地做向侧跳跃移动。

⑦双手持哑铃做前平举、侧平举和臂绕环练习。

⑧双手持哑铃肩后屈肘上举。

⑨徒手挥臂或做掷球练习。

⑩肩上单手或头上双手掷实心球练习。

⑪自己或在同伴帮助下做侧手翻练习。

（3）腰腹肌、背肌力量练习

①单人徒手练习

A. 仰卧起坐、俯卧体后屈、侧卧抱头侧上屈、仰卧举腿、肋木举腿等。可徒手或负重练习，或者做仰卧元宝收腹。

B. 双手置于头上，上体做前后屈、左右屈或大绕环练习。

C. 仰卧两头起：仰卧，两手臂和两腿伸直，同时向一起靠拢，手指尖触碰脚背为一次。

②双人徒手练习

A. 俯卧，两手置背后，做体后屈，另一人固定其脚部。

B. 一人仰卧双手握住另一人踝部，做快速收腹起，另一人推其脚背。

C. 一人凳上仰卧，抬起两脚放在另一人腰旁，另一人握住其踝部，仰卧者伸直两膝用力坐起来用手拍自己的脚背面，然后双手在头后触地。

D. 一人左右侧卧起，另一人固定其脚。

E. 一人在凳上做仰卧绕"8"字回环，另一人固定其脚。

③实心球练习

A. 双手持球或双脚夹球，在垫上做仰卧收腹或俯卧折体起。

B. 站立或分腿坐地，双手持球做体转和上体大绕环练习。

C. 两手持球，臂上举，做以腰为轴上体后屈的腹背运动。

D. 双脚夹球跳起，将球向前、向上或向后抛出。

E. 一人仰卧于垫上，在其脚部稍远处站一同伴。同伴把实心球传给仰卧者，仰卧者接球坐起，同时将球用双手回传给同伴。

F. 坐在垫上，双手持球，从头上向背后掷实心球。

④杠铃和壶铃练习

A. 做抓举杠铃的练习。

B. 斜板仰卧持壶铃或杠铃片做收腹练习。

C. 肩负杠铃或手持壶铃做上体屈伸练习。

D. 肩负杠铃做体前屈、体转、体侧屈练习（小负荷）。

E. 双手举一重物（杠铃片、哑铃等），做腰绕环。

（4）下肢力量练习

①"矮子"步行走，要求双手摸脚后跟，行走距离视能力的提高而逐渐增加。

②单双脚跳绳及双摇跳绳练习。

③连续蛙跳、跨步跳、多级跳、单足跳练习。

④连续跳跃一定高度的橡皮筋或栏架。

⑤跑台阶或双脚连续跳台阶。

⑥双足纵跳在空中转体。

⑦站立，两脚交替上踢，膝触胸。

⑧两人相向后排防守准备姿势，连续侧滑步移动并做双手胸前传球练习。

⑨双脚夹球，跳起小腿后屈向上抛球后用手接球。

⑩在海滩、沙地或木屑跑道上及软垫上做各种跳跃练习。

⑪肩负队员后排防守准备姿势起、全蹲起或左右脚交替做高凳上下练习。

⑫杠铃负重后排防守准备姿势快速提踵。

⑬脚挂壶铃，做小腿屈伸练习。

⑭肩负杠铃坐在凳上，站起，连续做若干次。

（四）力量训练应注意的问题

1. 根据力量增长快消退也快和增长慢消退也慢的规律，力量训练应循序渐进，训练负荷逐渐增加。当队员对某一负荷适应后，应增加负荷刺激，使运动员始终处于不适应状态，不断打破旧的循环，建立新的循环。大负荷训练能使肌肉最大程度的收缩，从而刺激肌肉产生相应的肌力，使肌力不断地有所提高。实践证明，每周安排一两次力量训练可保持已获得的力量，只有坚持全年训练，才能使力量得以逐步增长。

2. 力量训练一定要全面。上下肢、前后肌群要平衡发展，离心收缩与向心收缩要成比例，主动肌、协同肌与对抗肌的放松练习也要纳入力量训练计划中。在一节力量训练课中，其安排应循序从大肌群训练至小肌群的训练，在常年或多年的训练过程中应坚持小肌群训练的不间断性。

3. 力量训练应实行集中与分散刺激相结合。每次力量训练集中于某一部位效果较好，因为集中刺激容易给机体留下较深的痕迹。但集中刺激过于频繁，容易使局部肌肉产生疲劳甚至受到伤害。所以，不能每次训练都集中在某一部位，只有将集中刺激和分散刺激结合起来，才能使身体各部位的力量协调发展，相互促进。

4. 训练手段和方法力求多样。任何长时间单一的练习方法都会使队员感到枯燥甚至厌倦，单一练习手段对队员机体的训练不可能是全面的。为了提高队员练习的兴趣，全面增强队员的身体机能，应根据力量训练的任务，结合队员的身心特点，力求训练手段和方法新颖、多样化。

5. 力量训练要因人而异。根据不同年龄、形态、场上位置、个体特征等因材施教，循序渐进。在少年期，应主要以克服自身阻力的形式，逐步提高承受负荷的能力，多采用动力练习，以发展一般力量训练为主。在青少年性发育初期阶段，应尽量避免对脊柱有负荷的练习，用提高动作速度和改善肌肉协调功能来提高速度力量。在16～18岁阶段可逐步承受最大力量的负荷训练。力量训练应在精力充沛时进行，身体疲劳时进行力量训练容易受伤，负荷大或达到极限强度时，一定要加强保护，避免伤害事故的发生。

6. 在力量训练中要突出速度因素。不要片面追求负荷量和难度，关键是在动作正确的情况下选择适宜的负荷强度，重点突出速度。

二、速度素质训练方法

（一）速度素质的理论分析

速度是指在单位时间内完成某个动作或位移某段距离的能力。排球运动中的反应、起动、移动、传球、垫球、发球、扣球和拦网等技术都需要快速完成动作。因此，速度素质对排球运动员来说具有特殊的重要性。

首先，速度与神经系统的调节作用有关，这与大脑皮质神经过程的灵活性即兴奋和抑制转换的速度有关。人体要活动，肌肉就要收缩，而肌肉的收缩是受神经支配的，这时神经过程由抑制转为兴奋。神经过程灵敏性好，反应速度就快；反之，神经过程灵敏性差，反应速度就慢。其次，速度还与肌肉活动的协调性有关。肌肉各肌群之间的协调性的改善，可以提高速度。因为肌群的协调使肌群之间的阻力减小，对外部而言，则使人体各部的速度大大提高。速度还取决于力量、灵敏和速度耐力等身体素质的发展水平，特别是取决于爆发力水平。因此，有效地提高这些相关素质的水平，能提高速度素质。关节灵活性，对抗肌的拉长能力的提高也有助于速度素质的提高，肌肉的放松能力，即完成动作时不过分紧张的能力，也有助于速度能力的发挥，在排球运动场上速度的特点是：定向与变向相结合的速度；是以球或人的动作为信号的；短距离的移动多。

排球运动中的速度分为反应运度、移动速度和动作速度。

1. 反应速度：指对外界刺激的反应快慢，它是运动员赶在对手之前以最大速度对教练员和学生给的信号、比赛情况的变化等估计情况并做出和实现最有利的决定的基本前提。例如，看到扣过来的球到开始接球时的神经传导时间和肌肉收缩的必需时间。

2. 移动速度：指在单位时间内身体移动的距离。

3. 动作速度：指完成一个动作或成套动作的速度。例如，扣球时的挥臂速度、起跳速度或翻滚垫球时的翻滚速度等。

（二）发展专项速度的方法

根据排球运动场上的速度特点，提高排球运动员的速度，主要是提高肌肉收缩的速度。一般常用的方法是：

1. 反应速度的练习

（1）看手势或其他信号向各个方向起跑。预备姿势可以是站立姿势，也可以是坐姿、跑姿或卧姿。

（2）全队队员分两队面对站立，相距 1 米左右，看教练手势或其他信号做追逐跑练习。

（3）冲刺钻球。教练员抛垂直球，队员定点起动，力争在球落地前从球下钻过，也可以是教练员将球突然放手，让球下落并反弹起来，队员在第二次球落地前从球下钻过。

（4）冲刺接球、教练员单手将球高举，队员在 3 米处准备，当教练员突然抽手让球掉下时，队员冲跑在球落地之前将球接住。

（5）一名队员任意抛球，另一队员迅速移动接球后抛回，或一名队员抛球，两个队员轮流接球，也可由一名队员抛球，其他队员绕过若干障碍物将抛出的球接住。

（6）转身接球练习，队员面对墙站立，教练员向队员后方掷出各种变换球的同时发出信号，让队员转身将球接住后再抛给教练员。

（7）垫墙上反弹球，队员面对墙 2～3 米站立做好准备，教练员从队员身后突然将球扔到墙上，要求队员将反弹回的球垫起。教练员扔球的角度要根据运动员的反应能力面定，并掌握好练习的难度。

（8）追赶同伴练习。全队做圆圈跑动报数，做好追人的准备，教练员随机喊 1 或 2，被喊到的队员立即加速追赶前面邻近的队员，要求在外圈一圈之内追到。

（9）主动与被动拦网，两队员隔网相对站立，一人主动甩开对方跳起拦网，另一人力争不被对方甩掉，而与其同时拦网。

（10）运用视觉或听觉信号，做出各种快速起动和冲刺、移动、变向、急停和跳跃练习。

（11）从各种距离看手势起跑及冲刺比赛。

①绕过后面的队员做冲刺跑。

②绕过后面队员做一圈半冲刺跑。

③绕过前面的队员做冲刺跑。

④绕过前面的队员后，再踏起跑线后做转身冲刺跑。

⑤前面队员绕后面队员一圈后，后面队员接力起跑冲刺。

⑥后面队员绕过前面队员后，前面队员起跑冲刺。

（12）移动截球。教练员在网前，队员在中场准备，教练员向各位置抛出各种变化球，要求队员判断移动，在球未出半场或落地之前将球截获。

（13）队员背对墙面站立，自己对墙抛球并迅速转身将反弹球垫起。

（14）躲避球击。全队队员分成两队，一队站半场内，另一队站场外，场外队员用一球（或多球）掷向场内队员，场内队员移动躲避，被击中者出场或加入场外队，直至场内队员全被击中。

2. 移动速度练习

（1）原地快速跑计时练习。

（2）做原地小步跑或高抬腿跑时，根据教练员发出的信号，突然向前加速跑出的练习。

（3）结合排球场地练习各种移动步法。向前做小步跑或各种小碎步跑；向两侧做滑步或侧交叉跑；向后做后退跑或结合视、听觉信号作各种移动的互换练习。

（4）看手势快速起动，在进攻线和中线之间或端线和进攻线之间往返快速移动。

（5）36米移动。队员站在进攻线后看信号起动，前进时必须用双手触到中线，后退时双脚必须退过进攻线。前进、后退两个来回后接侧身滑步或交叉步移动（不许转身）两个来回，用单手触线，然后做钻网跑，单手触对方场区进攻线、折回时单手触出发线。

（6）根据教练员发出的视、听觉信号迅速起动、移动和制动，看哪个队员在规定的时间内移动距离长。

（7）"米"字形快速往返移动。

（8）跑中变方向：

①队员站在距离教练员10米的地方，看手势轮流起动跑向教练员。在离教练2～3米时，教练员突然给两侧手势，队员不减速朝指定一侧跑去。

②同上，从6米处自动后退跑向教练。距2～3米时，教练员发口令同时做方向手势，队员听口令转身朝指示方向一侧跑去。

③两队员相距2米，看手势迅速起动冲向教练员，冲出3～5米后，教练员突然向两侧给手势，如指向右时，则左边队员向中追右边队员，要求在10米内追上。

④第一排5、6个队员成纵队直线跑，看手势向两侧跑，看谁先冲出边线。

⑤同上，从后退开始，听口令转身，同时看手势向两侧跑。

⑥全队相距2米，成两行跑，看手势向两侧互追。

⑦同上，成两行后退跑，听口令转身，同时看手势向两侧互追。

（9）在网前3米快速移动接起跳拦网练习。

（10）排球平场对角线冲刺跑。

（11）移动拦网后，后退垫球，再助跑做起跳扣球的组合练习。

（12）前后、左右连续移动做垫球、传球练习。

（13）扣球、拦网、调整传球、防守、扣球的组合练习。

3. 挥臂速度练习

（1）徒手连续快速挥臂练习。

（2）扣吊球。要求动作放松，并有后振动作，抽打时肩部向上伸展。

（3）快速挥臂以扣球动作鞭打标志物，如树叶，树叶应在扣球手臂上方最高处，鞭打时肩部向上伸展。

（4）手持篮、排、足球或羽毛球、乒乓球掷远。

（5）两人一组，相距 10 米左右，相互单手肩上掷排球，要求以挥臂扣球动作掷球，并且使球出手后与地面近似平行飞行。

（6）以扣球手法，在助跑起跳后挥甩网球、垒球或羽毛球。

（7）做轻杠铃的提、屈、挺等快速练习。

（8）两人一组，相距 5～6 米，单手掷实心球。

（9）结合球做挥臂练习。一人抛球，另一人扣球，在肩的前上方要有一根橡皮条或绳代替排球网，每组扣 30 次，两人交换。

4. 起跳速度练习

（1）连续跨跳、单足跳或蛙跳。

（2）连续做徒手助跑起跳扣球练习。

（3）连续跳跃 3～5 个栏架或一定高度的橡皮筋，要求脚落地后立即跳起，连续性和节奏感要强。

（4）连续起跳拦快球 10～20 次。

（5）在 30 厘米台阶上跳下 10 次，计时。

（6）连续跳 3～5 个不同高度的栏架或橡皮筋，要求连接的速度要快。

（7）教练员按规定的节拍左右移动横杆，队员穿沙衣或手持重物跳过横杆。

（8）连续起跳扣半快球 10～20 次。

（三）速度训练应注意的问题

1. 速度的提高不如力量训练的增长明显，所以速度训练要保持经常性，并对提高动作速度不断地提出具体要求。

2. 速度训练应安排在队员中枢神经系统处于良性兴奋状态时进行，否则动作的协调性将受到破坏，快速完成练习的能力也会丧失。在每次课的前半部，在适应性练习后进行速度练习效果较好。训练中应结合排球运动的特点练速度，应多采用视觉信号，让队员做出相应的反应动作。

3. 专项速度练习要和专项技术训练紧密结合。专项速度练习可以帮助队员建立专项条件反射，从而能更快地提高专项技术的反应速度。实践证明，反应速度结合排球场地和球来进行，比单纯练习提高的速度快。所以应结合专门技术练速度，与所采用的技战术特点相适应。

4. 应以多种手段提高速度素质。要利用与速度素质相关的其他素质促进速度素质的提高，特别是通过力量素质的训练来提高速度素质。

5. 在进行速度训练时要注意运动员的年龄和性别差异。初中学龄段是发展速度素质的敏感期。这个年龄段的队员中枢神经系统的兴奋占优势，骨骼增长迅速，柔韧素质相应较好，这些都为提高频率、增大动作幅度提供了条件，基于此，我们应抓住这一时期，特别重视速度训练，积极地发展队员的速度素质。

6. 速度训练可遵循超负荷原则，安排在负重力量训练后。利用肌肉剩余兴奋的惯性动员更多的肌纤维参与运动。既可发展力量，又可发展速度，使神经始终处于灵活控制中，防止动作僵硬和不协调。例如，在进行杠铃训练后立即转入徒手的、与所运用的技术动作相似或相同的练习。利用肌肉剩余兴奋的惯性，运动员比平时徒手练习时，运用更多的肌纤维参与运动，从而提高运动能力。

7. 速度训练要防止产生不良影响的积累，如做完速度较慢的练习后要安排速度较快的练习，形成训练的良性转移。

三、弹跳力素质训练方法

（一）弹跳素质的理论分析

弹跳力是指人体蹬地所完成的与地面之间产生一定距离的能力。它反映人对地施以一定的力量后所克服地球对人体引力的程度。

弹跳过程就是人体给地面一个力，使地面产生一个大小相等、方向相反的作用力，即支撑反作用力，这个力使人体获得加速度直至离开地面腾空而起。地面对人体的支撑反作用力是上体和手臂向上做加速度运动所引起的惯性力，通过脚这个支点作用于地面而产生的地面对人体的支撑反作用力。

弹跳力的好坏，关键在于肌肉收缩力和肌肉收缩速度，即弹跳力等于力量与速度的积（N＝F×V）。可以看出，当速度不变时，增加肌肉的力量可以提高弹跳力；当力量不变时，提高肌肉的收缩速度，同样可以增加弹跳力。

在实际动作过程中，并非蹲得越低越好，因为腿部力量的发挥与关节角度有关，只有适宜的角度才能最大地发力。特别是在当前，排球运动技战术的发展对运动员弹跳力的要求不仅是跳得高，还要求跳得快，因此不仅深蹲能高跳，浅蹲也要求跳得高。这对提高弹跳的力量、速度有了新的要求，即特别要重视提高肌肉收缩速度的训练。从实验知道，运动员经过系统训练后，肌肉收缩的力量不会有成倍的差别，而收缩的速度是可能有很大差别的，所以应该把提高肌肉收缩的速度作为研究和训练提高弹跳力的重点。

（二）发展弹跳力的练习方法

1. 左右脚交替向前做跨跳练习。

2. 两腿深蹲连续向前做蛙跳练习。

3. 连续垂直跳起在空中做快速收腹练习。

4. 原地向前、向后、向左、向右做直膝连续跳跃练习。

5. 后排防守准备姿势、全蹲纵跳起。

6. 原地连续做直膝向上跳练习。

7. 垂直跳起在空中做转体180°、转体360°练习。

8. 单脚，前跳，落地后立即双脚跳回。

9. 高台跳下后立即做冲刺跑练习。

10. 后排防守准备姿势从高台跳下后，立即再跳过低障碍物。

11. 利用高台或跳箱做连续跳上跳下（单、双脚）。

12. 双脚连续做左右跳过长凳前进。

13. 连续双脚跳越 3～5 个栏架。

14. 单、双脚向上跳跃抱膝或分腿跳，之后双脚落地。

15. 做立定或助跑 1～2 步的跳高或跳远练习。

16. 以跨跳步行进或双脚向斜前方跳跃，也可单脚左右交叉跨跳步前进。

17. 做双脚连续向上方跳，跳起后收腿或展腹，或前后分腿胯下击掌。

18. 双线跨跳，两条线相距 50 厘米。

（1）双脚跨出、跨进、向前或向后连续跳。

（2）双脚两边跨越前进跳。

（3）单脚两边跨越前进跳。

（4）左脚跨过右线、右脚跨过左线跳。

19. 从 40～100 厘米的高台上跳下，再迅速跳上另一高台。或先双脚跳上一高台，跳下后又立即跳上另一高台。

20. 连续做扣球或移动拦网练习。

21. 从高台上跳下后，立即再跳起做拦网或扣、吊球。

22. 做后排助跑起跳挥臂向对方场区掷垒球练习。

23. 做结合排球的各种起跳练习。

（1）做摆臂起跳的模仿练习。

（2）做摆臂与起跳的节奏练习。

（3）做助跑与踏跳的结合练习。

（4）做助跑与起跳空中平衡与滞空能力的练习。

（5）做变向助跑起跳与跑动助跑起跳扣球练习。

（6）做连续助跑起跳与跑动助跑起跳扣球练习。

（7）做跳起空中连续拦扣球的练习。

（8）网前连续移动追拦吊球。

（9）45°角快速助跑至网前起跳，在最高处接抛球。

（10）低网原地起跳扣自抛球。

24. 原地或助跑起跳摸篮球板（或一定高度的物体）。

（1）跳起单手连摸。

（2）跳起两手交换摸。

（3）跳起两手同摸一个位置后换摸另一个位置。

25. 两人跳接球练习。要求在空中跳接后立刻在空中传出。

26. 连续两边来回移动起跳。

（1）摸篮板的两个角。

（2）摸两个吊球。

（3）双手拦同伴在网上举着的两个球。

27. 肩负杠铃提踵。地面上放一块约 5 厘米厚的木板，队员前脚掌站在木板上，脚跟站在地面上，肩负杠铃，抬头，挺胸，腰肌收紧，做提踵练习，如选用大质量时，要在杠铃架上练习。

28. 肩负杠铃跳跃。用下肢最大力量的 50％为负荷量，队员膝关节角度为 130°～140°，跳跃高度为 15 厘米，按规定的次数和组数练习。

29. 肩负杠铃后排防守准备姿势起。下蹲时身体要保持挺直，膝关节的角度不要小于 120°，杠铃质量一般应控制在最大负荷的 75％左右，整个动作由下蹲至直立，速度不要快，要慢慢地完成动作。

30. 仰卧双足蹬起杠铃。

31. 各种质量的抓举和挺举。

32. 连续快速拉起一定质量的杠铃，要充分伸展髋、膝、踝等关节。

33. 后排防守准备姿势跳起上抛 3～5 千克的实心球，要使用髋、膝、踝的力量上抛而不是只靠手臂的力量。

34. 助跑单脚或双脚起跳摸高，连续摸高练习。

(三) 弹跳力训练应注意的问题

1. 弹跳力水平较多地依赖于力量素质，而力量素质易消退。弹跳力的训练需要多年规划和全年规划，常抓不懈。在全年计划中要安排好每一阶段的训练重点，一般情况下冬训期间弹跳力训练比重应大些，而且多采用力量素质练习的训练方法，比赛期间可减少弹跳训练，但结合排球技术的弹跳比重应增大。即便在过渡期也要保持一定的力量训练，以维持或提高队员的弹跳力水平。

2. 发展弹跳力应从发展肌肉力量开始。达到一定水平后，应注重同时发展肌肉力量和收缩速度。弹跳力水平主要是通过爆发力表现出来，采用大负荷强度训练是提高爆发力的有效方法，但要根据具体情况因人、因时而异。初学者的弹跳力训练宜采用数量上的刺激，对有一定训练水平的队员宜采用强度刺激。在队员精力不集中或疲劳时，不能勉强进行。要充分做好准备活动，防止受伤。

3. 发展与弹跳力相关的主要肌群的速度性力量训练。即大腿前群肌肉和小腿后群肌肉组成的伸膝肌群、屈足肌群和腰背伸肌肌群的爆发力训练。同时还要注意踝关节、脚掌等小肌肉群及韧带的爆发力训练。要使身体各部分的爆发力真正为跳得高、跑得快、滞空时间长服务。在弹跳力训练中加强对协调性的训练也是必不可少的内容。

4. 要注意安排一定数量的超等长训练。发展弹跳力的方法较多，其中超等长训练是使弹跳力提高较快的一种方法。如多级蛙跳、跳越栏架、跳台阶和跳深等。但运用超等长练习方法时要慎重，要在队员有一定的力量基础时才可使用，并与其他方法结合使用，以免因过度训练造成伤害。

5. 发展弹跳力与专项技术相结合。在弹跳力训练中所选用的练习，应与排球动作结构和用力性质相一致，这样所发展的力量不需转换，可直接运用于专项技术。因排球运动中各种击球活动的时机、方法变化较大，要适应这些变化，就必须加强专项弹跳技术的训练。

四、耐力素质训练方法

（一）耐力素质的作用

耐力是各种身体素质的基本因素之一，也是一般竞技能力的基础。排球运动员所需的耐力是在适当间歇的情况下长时间保持规定强度的能力。在运动中有两种形式的耐力：一种是肌肉耐力；一种是心血管耐力。

1. 发展肌肉耐力：按发展肌肉力量的方法，采取逐渐达到极限负荷的原则，不断地使肌体的负担量超过原有的水平，就可以提高肌肉的耐久力。力量与肌肉耐力息息相关，增强力量是增长肌肉耐力的有效方法。例如：轻质量的多次重复练习，穿沙衣蛙跳 200 米等都能发展肌肉耐力。

2. 发展心血管耐力：心血管耐力是指肌肉活动中循环系统长时间供应氧及排出代谢产物的能力，对提高排球运动水平起着很重要的作用。发展心血管耐力经常采用的方法有：800 米、1 500米、3 000 米跑、越野跑、踢足球、打篮球和爬山等，简便易行，锻炼效果好。

3. 耐力增长可使大脑皮质的机能长时间保持兴奋与抑制的节律性转换，使肌肉与肌肉之间、肌肉与内脏器官之间的协调性加强。

（二）耐力素质训练方法

1. 发展肌肉和心血管耐力，常采用循环训练法、重复训练法和间歇训练法，其中间歇训练法效果最好。间歇训练法就是在进行重复工作时，各次重复之间有一个短暂的休息间隔，这种方法的主要目的是提高吸氧量。提高运动量，增强耐力的方法有：

（1）增加重复次数。

（2）增加每次重复的时间。

（3）提高每次重复的强度。

（4）缩短间隔时间。

2. 采用专门练习发展排球运动员的专项耐力。例如：低姿移动 3 分钟为一组，连续若干组；单人防全场连续防起 50 个好球；单人在 4 号位连续扣球 50 次；或分队比赛进行 8～10 组。在选择耐力素质训练时，还应注意几个问题：

（1）在全年训练计划中，耐力应作为一个基础素质来安排。通常在冬季多安排一般耐力的训练。在夏季和赛前可减少一般耐力的训练，增加专项耐力的训练。

（2）耐力消退较快，须经常保持耐力训练，每周至少保持一次有一定强度的耐力训练。

（3）耐力训练要结合实战的需要，在各种技战术和身体训练中要注意耐力的提高。各种技战术和身体训练只要安排得当都可以提高耐力。

（三）发展专项耐力的练习方法

1. 弹跳耐力练习

（1）连续小负荷多次数的力量训练。

（2）规定次数、时间、节奏的跳绳，如 5 分钟跳绳练习。双脚双摇跳 30 秒，左脚弹跳 1 分钟，右脚弹跳 1 分钟，完成两个循环正好 5 分钟（可根据训练水平调整负荷）。

（3）连续跳上跳下台阶或高台。

（4）连续原地跳起，单手或双手摸篮板或篮圈。

（5）连续收腹跳 8～10 个栏架。

（6）30 米冲刺跑 10 次，每次间歇 15～20 秒。

（7）用本人弹跳 80％的高度连续跳 20～30 次为一组，跳若干组，组间休息 2～3 分钟。

（8）个人连续扣抛球 10～20 次为一组，扣若干组，组间休息 3 分钟。

（9）两人轮流连续扣抛球 30～50 次为一组，组间休息 2～3 分钟。

（10）3～5 人一组，连续滚翻救球，每人 30～50 次。

（11）扣防结合练习，队员扣一个球退到进攻线防守一个球，连续进行 10～15 次为一组。

（12）连续移动拦网，队员在 3 号位原地跳起拦两次，落地后移动至 4 号位拦一次，再回到 3 号位拦一次，移动到 2 号位拦两次，再回到 3 号位拦两次。做 2～3 个循环为一组。

2. 移动耐力练习

（1）看教练员的手势连续向右前、前、左前方进退移动，2～3 分钟为一组。

（2）36 米移动。队员站在进攻线后看信号起动，前进时必须用双手摸到中线，后退时双脚必须退过进攻线，前进、后退两个来回后接侧身滑步或交叉步移动（不许转身）两个来回，用单手摸线，然后做钻网跑。单手摸对方场区进攻线，折回时单手摸出发线。

（3）连续地跑动滚翻或鱼跃救球。

（4）队员连续移动接教练员抛出的不同方向、不同弧度的球。

（5）单人全场防守，要求防起 15 个好球为一组。

（6）队员连续移动接教练员掷出的不同方向、不同距离的地滚球。

（7）个人连续地跑动传球或垫球 10～15 次。

（8）30 秒移动，距离 3 米左右，连续做 5～8 组，中间间歇 15 秒。

3. 综合耐力练习

（1）身体训练以后再进行排球运动比赛或比赛以后再进行身体训练。

（2）技术训练以后再进行篮球或足球比赛。

（3）象征性排球比赛模仿练习。队员从 1 号位防起一个扣球之后，前移防起一个吊球，再移动到 6 号位调整传球一次，移动到 5 号位防一个扣球，再移动到 4 号位扣一个球，移动到 3 号位做一次拦网动作，后撤上步扣球，再移到 2 号位。一次单脚起跳扣球为一组，连续做若干组。

（4）连续打 5～7 局或 9～11 局的教学比赛，可训练比赛耐力。

（5）按场上轮转顺序，在 6 个位置上做 6 个不同的规定动作，连续进行若干组。例如：1 号位跳发球→6 号位左右补位移动救球→5 号位滚翻防守救球→4 号位扣球→3 号位拦网→2 号位后撤鱼跃救球。

（四）耐力训练应注意的问题

1. 耐力素质属于基础素质，应在全年训练计划中作好统筹安排。通常在冬训或一年训练之初多安排一般耐力的训练，作为全面训练的基础，在夏训和赛前可减少一般耐力的训练，增加专项耐力的训练，在比赛期间要酌情安排专项耐力训练，但不宜过多。

2. 耐力训练应注意年龄特点。队员在身体发育成熟前，应着重发展其有氧耐力，而不宜做大量无氧耐力的训练。对这一阶段的少年儿童，可根据情况，适当穿插一些无氧耐力训练，但其强度不能超过大强度，重复的次数、组数要少，组间休息要充分，并以掌握较为熟练的技术动作练习为主，以免破坏技术动作结构，影响协调能力的发展。随着身体发育的不断成熟，应逐步加大无氧耐力的比例，为专项竞技能力的提高奠定基础。

3. 紧密联系排球专项运动的实际，各种技战术和身体训练只要安排得当都可以提高耐力，特别是在技战术训练中，在时间、密度、强度的安排上应有意识地结合排球耐力训练的要求。在形式上接近实战，在训练量上要超过实战。采用极限训练法、间歇训练法和循环训练法都能有效地促进耐力的提高。

4. 耐力训练对队员的意志品质要求较高。坚强的意志能充分发挥队员的内部动因，提高抗疲劳能力和耐力训练水平。因此，在耐力训练中，要注重队员意志品质的培养。

5. 耐力训练要持之以恒。耐力素质消退较快，要经常进行耐力训练。每周至少应坚持一次有一定强度的耐力训练，才能使耐力素质得到保持。

五、灵敏素质训练方法

（一）灵敏性的理论分析

灵敏性是指迅速改变身体或身体某部分运动速度、运动方向、运动位置和随机应变的能力，是由力量、判断能力、反应能力、移动速度、爆发力和协调性等素质结合而成。在排球运动比赛中为了完成各种攻防战术配合，每个队员必须先判断对方的意图和来球的方向，及时、巧妙地做出各种相应的动作，这就需要高度的灵敏性。

（二）发展灵敏性素质的练习方法

1. 控制性的练习

（1）两臂同时分别向前、后绕环。按教练员口令，两臂分别做不同顺序、不同起始节拍的动作。左手前平举，右手在体侧不动—左手上举，右手前平举—左手侧平举，右手上举—左手下放体侧，右手侧平举—左手不动，右手还原。

（2）两足开立和并拢连续跳跃，双手从体侧平举至头上击掌，最后还原。

（3）分足跳时，双手头上击掌，并足跳时双手侧平举。

（4）连续交换单足跳跃。前踢腿时，双手触足尖，后踢腿时，双臂上振。反复进行。一条腿前踢落地后换另一条腿后踢。

2. 垫上练习

（1）连续做前（后）滚翻练习。

（2）做左右侧滚翻练习。

（3）做直体前扑—手掌胸前击掌—推起穿腿—蹬足练习。

（4）做前滚翻—左（右）横滚动—快起—原地鱼跃—跪跳起练习。

3. 双人及多人垫上练习

（1）双人前滚翻练习。

（2）双人鱼跃横滚翻前进。

（3）三人两边交叉鱼跃横滚翻。

（4）三人两边鱼跃前滚翻练习。

4. 橡皮筋垫上练习

（1）高度1米左右（也可根据队员弹跳高度确定），双脚跳起收腹将橡皮筋踩下，再接前滚翻，或接跪跳起，或接鱼跃。

（2）做一定高度的侧手翻过练习。

（3）双脚跳过橡皮筋接跪跳起后再跳过橡皮筋。

（4）两条橡皮筋，跳过一条后接俯卧撑，跪跳起后再跳过另一条。

（5）做一定高度的兔跳从下面过，臀部不得碰橡皮筋。

（6）一高一低两条橡皮筋，中间距离尽可能小些，做鱼跃前滚翻，从中间过，要求上下不得碰橡皮筋。

5. 弹跳板练习

（1）原地或助跑高跳，做收腹展腹练习。

（2）做前、后或左、右分腿跳。

（3）做前屈体摸脚面。

（4）两次转体、落地后接前滚翻或接鱼跃。

6. 结合场地和球的练习

（1）根据不同信号，队员分别做快速起动、制动、变速、变向及跳跃、滚动等动作。

（2）队员做拦网落地后，接鱼跃或滚翻垫球，再上步扣球。

（3）队员做前扑—向后撤步移动—向前单足蹬地鱼跃—向侧后滚翻的组合练习。

（4）持球躺在地板上，自己向上抛球后立即起立将球接住。

（5）将球用力向地面击打，待其反弹后从球下钻过，反弹一次钻一次，力争钻的次数多一些。可以两人比赛。

（6）每人一球，连续运球从教练员拍球中钻过。

（7）三人一组，中间队员分别接两边队员的平抛球做向后倒地传球。

（8）两人一组，一人侧传另一人抛来的低平球后接滚翻，若干次后交换。

（9）两人一组，一人跳传另一人抛来的球后接着做立卧撑，若干次后交换。

（10）教练员灵活运用扣、吊或抛球的方法支配球的速度和落点，队员判断翻动取位将球回传（垫）给教练员。

（11）教练员灵活运用扣、吊球手法，将球击到边（端）线附近，队员移动垫球，接界内球，不要接界外球。

（12）网前拦网一次，转身退到进攻线救一个球，然后回到网前传一个球。

（三）灵敏素质训练应注意的问题

1. 排球运动中的灵敏性是由判断能力、反应速度、移动速度、爆发力和协调性几种素质与排球技术结合而成。灵敏性训练要求队员注意力集中，动作准确快速，因此应把灵敏素质训练放在课的前半部分进行。

2. 灵敏性训练要注重对腰、腹、背的训练，它们是连接上下肢的纽带，各种全身活动都离不开它们的配合，它们对于身体的灵敏性起着重要的作用。

3. 灵敏素质训练应以视觉信号为主。在排球运动中，运动员的灵敏性反应多来自对已观察到的情况的判断，根据观察与判断及时地做出动作。所以要积极发展运动员的观察能力，提高他们神经系统的反应能力。

4. 根据年龄特点，安排好灵敏性训练。13～14 岁以前，通过训练来发展灵敏素质可以取得较好的效果。15～16 岁是快速生长期，灵敏性增长较慢，到 18 岁以后灵敏性又以稳定的速度增长，训练中要根据运动员生理特点和实际情况，抓住灵敏性发展的规律和时机，科学地安排训练，才能得到良好的效果。

5. 灵敏性训练的内容和动作设计应考虑到排球技术动作的需要，如滚翻、前扑、鱼跃、起立、起跳、空中动作、击球、转体等，应紧密结合技术的实际，使灵敏素质的提高能更有效地应用到实际比赛中。

6. 灵敏素质是由多种素质结合而成的，不是单独训练可以完全获得的，在训练灵敏性时应注意与其他素质训练结合进行，以取得更好的效果。

六、柔韧素质训练方法

（一）柔韧素质的理论分析

柔韧性是指运动员完成大幅度动作时关节最大活动范围，它是由关节的骨结构，关节周围组织体积的大小，各关节的韧带、肌腱、肌肉与皮肤的伸展性三个因素来衡量的，在排球比赛中，要求运动员的身体各部肌肉韧带和关节必须具备良好的柔韧性，例如：指、腕关节柔韧性好，能提高传球的准确性；肩关节能拉开，背弓挺出，有利于挥臂鞭打；腰髋关节柔韧性好，有利于控制击球点的范围，总之，良好的柔韧性有利于运动员技术动作的准确，增大完成动作幅度，提高完成动作的质量，防止运动损伤。

（二）发展柔韧性素质的练习方法

只要经常进行伸展性的练习，有目的地拉长肌肉和韧带，就可以有效地提高柔韧性。急速地拉长和慢张力地拉长肌肉韧带都能有效地提高柔韧性。但是，慢张力的拉长肌肉韧带可以有意识地放松对抗肌，并使之缓慢拉长，也可以避免损伤和疼痛；急速拉长肌肉韧带可以较快地提高柔韧性，但会伴以剧烈的疼痛，且易拉伤。因此，慢张力的拉长法可以多进行，训练手段也可以多种多样。对排球运动员要重视进行增大踝、膝、髋、腰、肩、腕等关节活动范围的训练。

1. 发展手指、手腕的柔韧性

（1）两手相对，指尖向上互触，反复弹压练习。

（2）压腕练习。

（3）手持短器械做腕绕环练习。

（4）队员一手侧扶肋木，两腿前后分开，脚跟着地并固定，做前、后转腕练习。

2. 发展肩关节柔韧性

（1）两臂前后绕环和上下摆振练习。

（2）手扶墙（或肋木）压肩、压腰练习。

（3）在单杠和肋木上做单拉、双拉肩练习。

（4）两人相对，手扶对方肩部，同时做体前屈压肩练习。

（5）背对肋木坐下，两手从头上握住肋木，两脚不动，腰尽量向前挺起，持续数秒钟。

（6）两人背向站立，双手互握，左右侧拉。

3. 发展腿部的柔韧性

（1）两腿交换做前、后、左、右摆振练习。

（2）做各种踢腿动作：向前踢、向后踢、向侧踢等，可以徒手做，也可以扶墙、扶树干或扶肋木做。

4. 发展腰、髋的柔韧性

（1）上体弹振前后屈（后屈时加弹性阻力和保护）。

（2）双手握单杠或吊环做腰回旋动作。

（3）做队员背对背直臂互握平举或屈肘互勾的大幅度转体动作。

（4）正压腿，侧压腿（在地上或肋木上）。

（5）纵劈腿，横劈腿。

（6）屈腿坐下，两脚掌心相对，双手将膝关节向下弹压。

（7）背向双手头上握肋木，双脚固定，做腰、髋前挺练习。

5. 发展踝关节柔韧性

（1）跪坐压踝。

（2）负中等质量，踝关节作屈伸动作，如提踵。

（3）把脚放在高约 10 厘米的木板上，足跟着地，做负重全蹲练习。

（4）踮起脚尖，做踝关节的绕环练习。

6. 其他练习

（1）一队员仰卧屈膝，另一队员帮助侧压。

（2）一队员俯卧屈膝，另一队员帮助侧压。

（3）俯卧背后击掌和仰卧挺腰起练习。

（4）在各种凹凸形地面或器械上连续跳跃和跑动练习。

（三）柔韧性素质训练应注意的问题

1. 柔韧性素质不仅与性别、年龄有关，而且与中枢神经系统的兴奋性有关。经过一定时间的准备活动以后，队员情绪高昂，体温升高，肌肉内部的黏滞性降低，膝关节软骨增厚，所表现出来的柔韧性也较好。因此，柔韧素质的训练应安排在课的前半部分，尤其在队员精力充沛、情绪高涨时训练效果最好。

2. 柔韧性训练要适应专项的要求。排球运动所表现的柔韧性，不仅仅是指某个动作反映在身体某一关节或某一部位上，它往往牵扯到两个或两个以上的关节或身体部位。因此在训练时要对包括主要柔韧性活动区在内的各相关关节、部位进行训练。同时，还要根据队员关节结构和体态的差异，结合专项技术适当加大其活动范围。但不能过度训练和提出过高的要求，避免因与技术要求不相符或过度训练引起伤害事故。

3. 应注意提高队员的协调能力。柔韧素质在某种程度上取决于运动机体的协调能力。队员在做动作时，各部位动作是否协调一致，使各部位动作按技术要求达到舒展程度，以及在完成动作中的主动肌收缩、对抗肌充分放松等，都与协调能力有关。此外，在柔韧性训练中对协调能力的培养，可以提高肌肉的舒展性，降低肌肉黏滞性，改善肌肉张力，把肌肉练得柔而不软，韧而不松。

4. 柔韧性训练要经常练习，使肌肉和韧带的伸展性不断得到发展。少年儿童的关节面角度大、软骨厚，韧带较松弛，肌肉的伸展性较好，且女生优于男生，在青少年时期抓柔韧素质的训练效果好，经过训练提高快，但停止训练后消退也快。所以柔韧性训练要坚持不懈，持之以恒。

5. 气温对柔韧性有一定的影响。天气暖和，全身发热时柔韧性较好；天气寒冷，身体发冷时柔韧性差。为取得好的训练效果，进行柔韧性素质训练时，要注意外界温度的高低。当气温较低时，准备活动要充分，以身体轻微出汗为宜。

第三节　现代排球运动专项体能素质的效果评价

一、身体素质测量与评价

身体素质是指人体在运动中所表现的速度、力量、耐力、灵敏和柔韧等方面的能力。身体素质的测量与评价目的是了解训练员身体的发展状况，预测训练员的运动能力，为改进和提高教学训练效果提供科学依据。其重点是对力量素质、速度素质、耐力素质和训练员必须具备的专项体能进行测量与评价。

（一）力量素质

力量素质是指人体肌肉工作时克服内外阻力的能力。它包括最大力量、相对力量、速度力量和力量耐力。它是以人体所承受的最大负荷量来衡量的。人体承受的负荷量越大，说明力量素质越好，反之则差。对训练员来说，较为实用的是最大力量。

1. 测量方法

力量测量可采用专门测量器材，如用背力计测量背力和腹肌力量，用弹簧秤测量过头引力和向下推压力。实践中常用替代的方法进行测量，如用引体向上或臂屈伸测量上肢力量，用抱头仰卧起坐测量腹肌力量，用立定跳远测量腿部力量等。

2. 评价标准（表 9-1）

表 9-1　力量素质的评价标准

项目	等级			
	优秀	良好	及格	不及格
引体向上（次）	≥19	18—15	14—10	≤9
臂屈伸（次）	≥20	19—16	15—11	≤10
抱头仰卧起坐（次/分）	≥50	49—40	39—30	≤29
立定跳远（m）	≥2.5	2.49—2.30	2.29—2.20	≤2.19

（二）速度素质

速度素质是指人体快速运动的能力。它包括反应速度、动作速度和位移速度。影响速度的因素是多方面的，如肌肉的收缩速度、力量以及年龄、性别、体重、柔韧性和协调性等。对训练员来说，较为重要的是反应速度和位移速度。

1. 反应速度

反应速度是指人体对各种信号（声、光、接触等）刺激的快速应答能力。

（1）测量方法

反应速度的测量可用专门仪器，也可采用一些简单方法测量训练员对某一突然信号刺激的反应时间。如用一直尺悬在受试者的拇指和食指之间，直尺零端置于下方且与虎口，上缘平齐，要求受试者的手不得上下移动。受试者目视直尺醒目区，发现直尺下落或听到下落的信号即捏住直尺。记录手指上缘触尺处的时间刻度（s），共测 20 次，去掉最好和最差成绩各 5 次，取其中间 10 次的平均数为最后成绩。

（2）评价标准（表 9-2）

时间短者，说明视觉反应或听觉反应速度快，反之较慢。一般时间在 0.13—0.22s 或距离在 8.28—23.7cm 范围内。

表 9-2　反应速度的评价标准

时间（s）	距离（cm）	时间（s）	距离（cm）	时间（s）	距离（cm）	时间（s）	距离（cm）
0.05	1.23	0.11	5.92	0.17	14.2	0.23	25.9
0.06	1.76	0.12	7.06	0.18	15.9	0.24	28.4
0.07	2.41	0.13	8.28	0.19	17.7	0.25	30.7
0.08	3.14	0.14	9.16	0.20	19.6	0.26	33.2
0.09	3.97	0.15	11.1	0.21	21.7	0.27	35.8
0.10	4.90	0.16	12.6	0.22	23.7	0.28	38.5

2. 位移速度

位移速度是指人体快速移动的能力。在体能运动中常常以人体快速通过固定距离所用的时间来表示。

（1）测量方法

基础训练阶段通常以测量 30m 或 100m 跑为宜。受试者用蹲踞式起跑，快速跑完 30m 或 100m，记录受试者完成测试的时间。测 3 次，取最佳成绩为测量成绩。

（2）评价标准（表 9-3）

表 9-3　位移速度的评价标准

等级	距离	
	30m	100m
优秀	≤4.2	≤13.4
良好	4.3—4.8	13.5—14.2
及格	4.9—5.0	14.3—14.6
不及格	≥5.1	≥14.7

（三）耐力素质

耐力素质是指人体长时间内进行肌肉活动的能力。它包括一般耐力、速度耐力、力量耐力和静力性耐力。对训练员来说，重点是一般耐力。通常通过 1500m 跑和 12 分钟跑对耐力进行测量与评价。

1. 1500m 跑

（1）测量方法

受试者以站立式起跑，快速跑完 1500m，记录受试者完成测验的时间，只测一次。

（2）评价标准（表 9-4）

表 9-4　1500m 跑的评价标准

等级	
优秀	≤5′10″
良好	5′11″—5′30″
及格	5′31″—5′40″
不及格	≥5′41″

2. 12 分钟跑

（1）测量方法

受试者以站立式起跑，绕跑道跑 12 分钟，要求尽力跑更长的距离。每一名计时员负责给一名受试者报圈和计算其所跑的距离，当时间到时，发出"停跑"信号，记下受试者所处地点，然后丈量及记录所跑的距离（m）。只测一次。测量成绩＝每圈距离×圈数＋不足 1 圈的距离。

（2）评价标准（表 9-5）

表 9-5　12 分钟跑的评价标准

等级	年龄			
	29 岁以下	30—39 岁	40—49 岁	50 岁以上
优秀	≥2800	≥2600	≥2500	≥2400
良好	2000—2799	1800—2599	1700—2499	1600—2399
及格	1600—1999	1500—1799	1400—1699	1300—1599
不及格	≤1599	≤1499	≤1399	≤1299

（四）专项体能

对空间定向能力、缺氧耐力和抗荷能力等专项体能的测定，教练员应与医务人员配合，用专门器材，按航空医学的检测方法进行测量和评价。

二、身体机能测量与评价

身体机能是指人体及其各系统、器官所表现的生命活动。身体机能的测量与评价的目的是阐明其变化规律，掌握其特点及影响因素，为改进和提高教学与训练效果提供科学依据。对训练员来说，重点是对心血管机能、呼吸机能和平衡能力进行测量与评价。

（一）心血管机能

心脏和血管的机能反映一个人的发育水平、体质状况和运动训练水平。心血管系统的机能，与人体所处的状态有着密切的关系。安静时，一般人同经常锻炼者的心脏机能无显著差异，只有在进行负荷强度较大的运动时，才能表现出明显的差异。测量心血管机能，通常采用定量负荷的方法。如30s20次蹲起试验、台阶试验以及1500m跑试验等。

1. 30s20次蹲起试验

（1）测量方法

受试者静坐片刻，然后连续测三个10秒钟脉搏数。等基本一致后，让受试者站立，两脚分开与肩同宽，30秒钟完成20次蹲起动作（每1.5s一次）。停止运动后，静坐椅上，休息1分钟后，记录30s的脉搏数P，代入下面公式即可算出评价分数。20次下蹲评价分数＝（72×100）÷（2×P），参照表9-6，可直接查出评价分数。

表 9-6　30s20 次蹲起试验

脉搏数	分数	脉搏数	分数	脉搏数	分数	脉搏数	分数
24	150	33	109	42	86	51	71
25	144	34	106	43	84	52	69
26	138	35	103	44	82	53	68
27	133	36	100	45	80	54	67
28	129	37	97	46	78	55	65
29	124	38	95	47	77	56	64
30	120	39	92	48	75	57	63
31	116	40	90	49	73	58	62
32	113	41	88	50	72	59	61

（2）评价标准

得分在101分以上为好，80—100分为中等，79分以下为差。

2. 台阶试验

（1）测量方法

受试者按节拍器以每分钟上、下50cm高的台阶30次的负荷，持续运动5分钟。如因疲劳不能完成5分钟运动时，可中途停止，但要记录持续运动的时间。运动停止后立刻坐下，休息1分钟后，测量30s的脉搏数P，将所得数据代入下列公式，即可算出台阶试验指数。台阶试验指数＝（运动持续时间×100）÷（5.5×P）。

（2）评价标准

指数在80以上为好，51—79为中等，50以下为差。

3. 1500m跑试验

（1）测量方法

受试者快速跑完1500m全程，并记录成绩。到达终点后取坐姿测量第一分钟的脉搏和收缩压。把所得数值和1500m跑时给分（表9-7）代入下列公式，即可算出1500m负荷指数。1500m

负荷指数＝负荷后第一分钟脉搏数÷负荷后第一分钟收缩压×跑时给分。

表 9-7　1500m 跑试验

成绩	分数	成绩	分数	成绩	分数	成绩	分数
3′50″	40	4′40″	65	5′30″	90	6′40″	115
4′	45	4′50″	70	5′40″	95	7′	120
4′10″	50	5′	75	5′50″	100	7′30″	125
4′20″	55	5′10″	80	6′	105	8′	130
4′30″	60	5′20″	85	6′20″	110	≥9′	135

（2）评价标准

指数在 70 以下为好，71—100 为中等，101 以上为差。

（二）呼吸机能

人体需氧量取决于生理机能状态，运动负荷强度增大时需氧量相应增大。人体的摄氧能力有一定限度，其最大摄氧量可用肺活量来衡量。肺活量是指在不限时间的情况下，一次最大吸气后再尽最大力量所呼出的气体量。它是反映呼吸机能的重要指标。可通过五次肺活量试验、闭气试验来测量与评价呼吸机能。

1. 五次肺活量试验

（1）测量方法

受试者每间隔 15s 测一次肺活量（吹气时间不计），连续测 5 次，记录各次结果。

（2）评价标准

各次数值基本相同或逐次增加者，为机能良好；逐渐下降，特别是最后两次明显下降者，为机能不足。

2. 闭气试验

（1）测量方法

受试者静坐后，分别测出深吸气和深呼气后的闭气时间（可用手捏住鼻孔，不得漏气），记录每次结果。这项试验受意志的影响很大，在试验前应做好思想工作，说明意义，严格要求，以保证试验的准确性。

（2）评价标准

闭气持续时间越长越好。一般情况下，吸气后的闭气时间持续 40s 左右，呼气后的闭气时间持续 30s 左右。经常进行体能锻炼，闭气持续时间可达 1 分钟以上。

（三）平衡能力

人体感知空间的体位变化和维持平衡，有赖于前庭分析器、视觉分析器、本体感受器、触觉分析器和运动分析器的综合作用。在体能运动中，常用的平衡测量分静态测量和动态测量。

1. 单脚站立测验

单脚站立测验属于静态测量，可测验人体在静止条件下，保持身体稳定姿势的能力。

（1）测验方法

受试者以有力腿的足底支撑，另一腿置于支撑腿的前部内侧，两手叉腰。听到开始信号后，提踵，以前脚掌支撑，足跟不能着地，不可移动，尽量长时间保持平衡。记录从提踵至失去平衡的时间。测验三次，取最佳成绩为测验成绩。

（2）评价标准

时间在 51s 以上为优秀，37—50s 为良好，15—36s 为及格，0—14s 为不及格。

2. 侧跨跳测验

侧跨跳测验属于动态测量，可测验人体在运动条件下，维持身体的某种动作或姿势平衡的能力。

（1）测验方法

受试者以单脚站立于 Y 点，身体侧对 A 点，向左或右侧跳至 A 点，以前脚掌站立，维持平衡 5s。在前两秒钟内，身体前倾用手拨开 C 点或 B 点的小木块（图 9-4），而支撑脚的脚跟和另一脚均不能触地。

每名受试者左右各测两次。单脚侧跳踩准 A 点得 5 分，脚落地取得平衡并在两秒钟内推开小木块得 5 分。

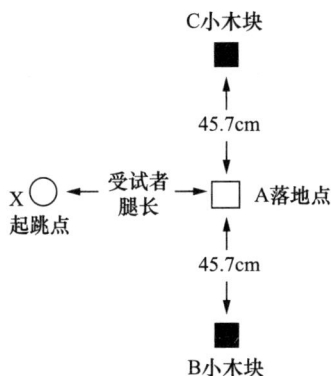

图 9-4

在 A 点每保持平衡 1 秒钟得 1 分（最多得 5 分）。每次满分为 15 分，4 次测验满分为 60 分。

（2）评价标准

得分在 58 分以上为优秀，53—57 分为良好，42—52 分为及格，0—41 分为不及格。

三、脉搏

脉搏是指在心动周期中，随着心室的收缩和舒张，动脉管壁相应产生的周期性起伏波动。以下三种脉搏频率的变化可以反映训练员的身体机能状况和运动负荷是否适宜。

（一）基础脉搏

清晨起床前测量的脉搏频率叫基础脉搏，其正常值在 60—80 次/分。经常锻炼的人脉搏频率趋低。

测量基础脉搏时，先连续测量三个 10 秒钟的脉搏数，当三次测量值相同或其中两次相同并与另一次相差不超过一次时，即可认为是相对安静状态，否则需要继续测量，直到符合相对安静状态的要求。在此基础上，正式测量 30 秒钟脉搏数，再换算成一分钟脉搏数。

经定期测量，若基础脉搏不变或逐渐下降，说明机体反应良好，运动负荷适宜；若基础脉搏增加，且经常保持在较高的水平，则说明机体反应不良，若不是睡眠不好或生病等原因，则可能是运动负荷过大所致。

（二）运动后即刻脉搏

运动后即刻脉搏是运动后立即测量的脉搏频率。测量每次运动后 10 秒钟脉搏数，换算成一分钟脉搏。

经定期测量，如果运动成绩提高了，而脉搏频率变化不大，这说明运动负荷适宜，训练员的机能状况良好；若运动成绩下降，脉搏频率反而增快，则说明运动负荷过大，训练员的机能状况不良；若运动成绩下降，脉搏频率减慢，说明运动负荷偏小。

（三）运动后恢复期脉搏

运动前测量三次一分钟脉搏，并记录相对稳定值。运动后 5—10 分钟内测量三次一分钟脉搏，取其近似值与运动前脉搏比较。

一般情况下小运动负荷训练之后 5—10 分钟内脉搏即可恢复到运动前脉搏；中等运动负荷训练之后 5—10 分钟脉搏较运动前快 2—5 次/10s；大运动负荷之后 5—10 分钟则比运动前快 6—9 次/10s。如果脉搏比正常范围快，则说明运动负荷偏大；如果脉搏比规定范围慢，则说明运动负荷偏小。

四、血压

血压是指血液在血管内流动时，对血管壁产生的侧压力。在一个心动周期中，心室收缩时，动脉血压的最高值称为收缩压，心室舒张时，动脉血压的最低值称为舒张压。收缩压和舒张压之差称为脉压。通过测量血压的变化，可以相应地反映训练员的身体机能状况和运动负荷是否适宜。

（一）早晨血压

正常人安静时的血压较为稳定，其收缩压是 90—140mmHg（12—18.67kPa），舒张压是 70—90mmHg（9.33—12kPa），平均脉压 40mmHg（5.33kPa）。经常参加锻炼的人，安静时血压比正常人低。

早晨血压变化范围约为正常值的 10%，如果早晨测得的血压较正常高 20%，或保持在 90—140mmHg（12—18.67kPa）以上，可能是机体状况不良或运动负荷过大所致。

（二）运动期血压

运动期间血压的变化与负荷强度有关。小强度训练后，收缩压要上升约 20—30mmHg（2.67—4kPa），舒张压要下降 5—10mmHg（0.67—1.33kPa）；中等强度训练后，收缩压可上升 30—40mmHg（4—5.33kPa），舒张压下降 10—20mmHg（1.33—2.67kPa）；大强度训练后，收缩压上升 40—60mmHg（5.33—8kPa），舒张压下降 20—40mmHg（2.67—5.33kPa）。如果收缩压上升或上升不明显，舒张压也上升，则说明机体状况不良或运动负荷过大，应及时调整训练计划。

（三）运动后血压

运动后经过休息，血压都能恢复到正常值。小负荷强度运动后，多在 3—5 分钟恢复；中等强度运动后，多在 20—30 分钟恢复；大强度运动后，多在 24 小时恢复。

在规定的时间内，如果没有恢复到正常值，则说明机体状况不良或运动负荷过大，应及时调整训练计划。

五、疲劳

人在持续工作一定时间后，工作能力就开始逐渐下降，这种由于肌肉工作本身而引起运动能力暂时下降的现象，称为运动性疲劳。运动性疲劳是一种暂时的生理现象，经过一段时间的休息，疲劳会得到消除，工作能力又会恢复。

（一）疲劳发生的部位

运动生理学把疲劳发生的部位笼统地把疲劳划分为中枢疲劳和外周疲劳。中枢疲劳是指自脑至脊髓所产生的疲劳。外周疲劳是指运动神经以下部位所产生的疲劳。

（二）疲劳的标志

人体的疲劳有一定的外部表象。观察这些表象，并结合其他一些生理指标综合研究，可以判断其疲劳程度，确定运动负荷是否适宜，以便及时调整训练计划。

第十章　现代排球运动心理素质的训练实践研究

现代排球运动，非常重视心理素质的训练。因为无论是身体训练、技术训练和战术训练，还是比赛都离不开心理因素的作用。排球比赛的胜负除了取决于技术、战术、身体等训练水平外，更重要的还依赖于运动员临场适应比赛的能力，还是要考虑运动员的思维、情绪和意志等诸心理因素。这些因素对技术水平正常发挥的影响越来越大。排球比赛是一项争夺十分激烈的对抗运动，运动员在比赛中的心理状态的变化，常常是情绪的变化，如比分暂时领先的兴奋，比分落后时的急躁，裁判误判时的怨恨，观众起哄时的激怒，同伴关键时刻失误时的埋怨，场地或气候变化时的不安以及教练员紧张情绪对自己的影响等。上述心理的变化，常常对比赛胜负起着决定性的作用。

第一节　现代排球运动心理素质训练的基本理论

一、竞技心理训练的基本理论

（一）竞技心理训练概述

现代竞技运动表明，运动员心理品质的发展，对于获得良好的比赛结果，越来越重要。没有心理品质的良好发展，即使是身体、技术、战术达到了应有水平，也往往不能在比赛中取得满意的成绩。因此，心理训练作为一种新的手段进入运动训练的领域，它和身体训练、技术训练、战术训练一起，构成运动训练的完整体系。国内外运动实践已经证明，心理训练对获得高运动水平和竞赛的优胜，具有极为明显的效果。

1. 竞技心理训练

心理训练是指有意识、有目的地采用一定的方法、手段，对训练者的心理过程和个性心理特征施加影响的过程，也是采用特殊的方法和手段，使运动员学会调节和控制自己的心理状态并进行调节和控制自己的运动行为的过程。竞技心理训练是随着现代体育科学技术和心理学理论的发展，适应体育运动竞赛的需要，逐渐发展起来的。传统的心理训练有广义和狭义之分。广义的心理训练是指有意识、有目的地对运动员的心理施加影响的过程。这种心理训练要长时间、不间断地进行才能收到效果，所以也称为"长期心理训练"。在竞技运动训练中，它是一项经常性的工作。狭义的心理训练是指采用一定的方法和手段使运动员形成良好心理状态的过程。这种心理训练常在比赛前、比赛中和比赛后花较短的时间来进行，能较快地产生明显效果。所以也称之为"短期心理训练"，是一种一时性的工作。许多教练员都较重视短期心理训练，寄希望于"立竿见影"的效果。长期心理训练和短期心理训练两者相互依赖，互为条件。如果没有长期心理训练，短期心理训练便没有可靠的基础，也不可能取得良好的效果。相反，如果不对运动员进行短期心理训练，长期心理训练也就没有针对性。

2. 竞技心理训练的原则

做什么事都要有原则，心理训练也不例外。竞技心理训练的原则是建立在人们多年来心理训练实践经验的基础上的。它在某种程度上反映了竞技心理训练过程的规律性，这些原则是有效地进行心理训练所必须遵循的基本要求。在竞技心理训练时遵循这些原则，可以保证心理训练的顺利实施，有助于提高心理训练的质量，避免"走弯路"，并最终获得预期的良好效果。竞技心理训练应遵循如下几个原则：

（1）自觉积极性原则

竞技心理训练能使运动员的心理品质得到发展，并学会控制和调节自己的心理状态，因此训练的效果，取决于运动员的自觉性和积极性。如果运动员不相信语言暗示对身体活动所起的影响作用，那么，他就不可能去实践它。应付式的执行，当然不会收到应有的效果。在激发运动员对心理训练的自觉积极性时，首先要让运动员掌握有关心理学的理论知识，了解心理活动规律，树立心理训练对完成身体、技术、战术的训练和完成比赛任务能起到重要作用的信念，从而自觉地、积极地进行心理训练；其次是教练员的鼓动和激励，也有利于运动员提高心理训练的自觉积极性。为此教练员应做好这几方面的启发和引导工作：宣传心理品质的发展对于完成训练任务和获取竞赛胜利的重要意义；指出运动员在完成训练和比赛任务时，需要培养、改进哪些心智能力和个性心理特征，并指出发展所要达到的程度；在引导运动员了解心理训练的目的、任务和意义的基础上，要求他们自觉地进行自我分析、自我检查、自我控制和自我调节，使心理品质的发展适合竞赛活动的需要。

此外，培养运动员具有为祖国、为集体争取荣誉的社会动机和稳定的兴趣，也有助于运动员形成心理训练的自觉性和积极性。同时，教练员和运动员一起系统分析专项运动的心理图案、运动的心理特点以及校正心理特点的情况，并以讨论的方式，拟订心理训练计划、手段和方法，提出预期效果，都将激发运动员进行心理训练的自觉性和积极性。

（2）全面训练原则

为使运动员具有在紧张、激烈的条件下进行训练和比赛的能力，应该进行全面性心理训练。所谓全面性心理训练，有两方面的含义和工作：一是竞技心理训练必须与身体训练、技术训练、战术训练及思想政治教育有机地结合起来，如果把心理训练当作是孤立的训练任务，其效果就差。二是从心理训练的内容上，应该包括运动员的各种心理要素的发展，即心理过程、心理状态、个性特征等，都应给予积极的影响。此外，在实施过程中，还要考虑教育与训练条件及其他社会因素对运动员心理和心理训练本身的影响。

（3）循序渐进性和重复性原则

运动员心理品质的完善和发展，是经过长期的训练、教育和培养才得以实现的。对运动员提出的心理训练任务、内容、方法、要求都要从易到难，从浅到深地循序渐进，逐步提高。如操之过急，拔苗助长，就不易取得良好的训练效果。比如进行意志训练，难度要求只能逐步增加，日积月累，从而使运动员的意志品质得到发展。假如一开始难度要求很大，或安排运动员无法完成的活动，便可能使运动员出现某种畏难情绪，对意志培养造成某种障碍。

通过心理训练发展运动员心理品质，也是在运动员的反复实践中获得的。由于通过心理训练所发展的某些心理品质，一旦停止实践，就可能消失。所以，应该遵循重复性原则，反复实践，使运动员的心理品质在反复的培养和教育中，不断得到发展。

（4）区别对待原则

运动员进行竞技心理训练，有其共同的规律性，因而可以采用一般性训练方法。但同时也要看到运动员个性特点、心智能力、心理状态都有差异，因此应该考虑个人特点，心理训练才能收到应有的效果。比如，有的运动员易受暗示，有的则不易接受，那么用同样方法进行催眠训练，易受暗示的运动员将能收到较好的效果，而对于另一运动员则要采用一些特殊的方式，或者更多的次数才能有点收效。所以，进行心理训练时，不能是"大锅粥""一刀切"，应该区别对待，才易取得明显效果。

3. 竞技心理训练的意义和作用

（1）竞技心理训练的意义

竞技心理训练已成为现代竞技运动的重要组成部分，与身体、技术、战术训练相结合，共同构成了现代竞技运动的完整训练体系。从人的身心统一的观点看，不论是身体训练、技术训练、战术训练，还是比赛，人的心理活动的参与和调节是必不可少的。运动实践和科学研究已经证明，运动员的心理因素影响和制约着体能、技术和战术的发挥程度，同时也影响着训练的进程和成效。心理训练的目的就是帮助运动员提高和完善从事专项运动所必须具备的各种心理素质和个性心理品质，掌握调节心理状态的技能和方法，消除各种心理障碍，从而在训练和比赛中最大限度地挖掘和发挥运动员的潜能。

心理训练作为一种新的训练影响因素已逐渐为人们所接受，并广泛运用于各种竞技运动项目中。越来越多的教练员和运动员开始认识到心理训练的重要性和不可替代性。随着现代竞技运动水平的不断提高，比赛难度更大，竞争更趋激烈，运动员心理方面承受的负荷更大，涉及心理方面的问题也逐渐增多。因此，迫切需要从心理机制和原理上来解释这些现象，用心理训练的方法来解决这些特殊的问题。

（2）竞技心理训练的作用

心理训练的作用主要在于促进运动员心理过程的不断完善，形成专项运动所需要的良好个性心理特征，获得较多的心理能量储备，使其心理状态适应训练和比赛的要求，提高专项运动水平和战术效果，获得最佳竞技状态，为创造优异成绩奠定良好的心理基础。

竞技心理训练的作用具体体现在以下几个方面。

①促进运动员心理过程的完善

既有助于发展和完善运动员的感知能力，提高心智水平，正确认识训练和比赛、个人和集体间的关系；也有助于提高运动员情绪调控能力，处理好放松和紧张、成功与失败的关系；更有助于运动员增强克服困难的意志品质，使其无论在顺利或不顺利的条件下，在主观的或客观的困难情况下，都要坚持拼搏，自强不息地努力，战胜自己、战胜对手，获得最终胜利。

②促进个性心理特征的形成和发展

我们都知道，人的个性心理特征决定着人的各种行为特点。在运动竞技比赛中，运动员的非智力性因素往往被人们所忽视。因此，通过心理训练有助于培养运动员的良好动机和兴趣，形成和发展适合专项运动需要的性格和气质，提高竞技专项的非智力因素。

③促进适宜的心理状态的形成

心理状态是最容易变化的心理结构，是心理素质和心理能力的综合体现，对运动过程有很大的影响。心理训练有助于培养运动员心理过程的稳定性，提高对内脏器官活动和思维过程的调节能力，发展在极端紧张活动时控制和调节自己心理状态的能力，形成参加训练和比赛的适宜的心理状态。

④有利于技能的巩固与完善

通过心理训练和运动训练的有机结合，有利于运动技能与技巧的获得、巩固和完善。如通过表象训练和念动训练等，能使正确的动作过程在头脑里反复重现，起到积极强化的作用，从多方面充分挖掘运动员的内在潜力，从而促进训练效果的提高。

⑤有助于消除疲劳，加速恢复过程

运动员在紧张的训练和比赛后容易精神疲劳。如采用放松训练、催眠训练和积极性休息等恢复手段，能使运动员的精神疲劳较快消除。实践证明，大运动量训练后，进行 5 分钟心理自我调整即可取得显著的效果。

⑥克服心理障碍

通过心理训练，发展和完善了运动员的心理过程，培养了良好的行为特点，心、智能力提高，认知会更加明确而深刻，一些在运动竞赛中的心理障碍势必会得到排除。运动员在克服了各种心理障碍下投入训练和比赛，保持良好的心理状态和积极的态度必定事半功倍。

（二）竞技心理训练理论的再认识

1. 竞技运动心理训练的再认识

在我们对竞技心理训练有了一个概括的了解后，反观我们运动竞技场上运动训练，运动员无论是在平时的训练中，还是在激烈的比赛时，他们不仅仅表现出自己应有的身体技能，还表现出应有的自我肌体心理动员，控制自我的应激水平，集中全部注意力去关注与自己训练或竞赛有关联的活动，并为设置预先确定的目标而奋进。若再深入了解，还发现运动员具有将自己的技术按赛场实际情境和动作清晰表象来完成，表现出自己应有的技术能力。

运动员表现出的这些技能正是近年来我国运动心理学界开始接受的运动心理训练新观念——运动心理技能训练。这从提法的表面上看，只是增加了"技能"二字，却使我们重新认识了心理技能训练的真正含义。既然是运动员的身体技能通过年复一年、日复一日进行千万次的训练，以最大限度地熟练某项运动技术、贮备身体能量，在大赛来临之际，适度调控迎战对手，为竞赛获得胜利奠定必要的基础，那么心理训练随着竞技水平的日益提高，仅仅理解为是对运动员心理施加影响的过程，已远远落后于当今竞技运动的发展。从运动训练和竞赛中，不难看出运动员，认知水平、自我肌体的心理动员、控制自我的应激水平、集中自己的注意力、为设置预定目标而自强不息的奋进等，都表现出一定的技能水平，因此竞技心理训练就是一项围绕上述方面的技能训练。它们也像其他技能一样，必须年复一年、日复一日，通过千万次的训练，熟练自我调控心理技能，最大限度地贮备心理能量，以适应高强度的训练和比赛。现实情况正是由于我们重视了身体技能训练，而忽略了心理技能的训练，才导致我们的运动员在训练或比赛时，其成绩时好时坏。追根溯源，问题在于我们的教练员和运动员都能充分认识到身体技能训练的必要性和重要性，也知道其训练的基本理论和手段、方法。而心理技能训练方面，也被越来越多的教练员和运动员所认同，但实际进行心理技能训练的时间是非常少的，这有认知问题，也有训练方法和手段尚未掌握或缺乏的问题。因此，正确认识心理技能训练，了解并掌握心理技能训练的基本原理和方法是很重要的，也是非常有必要的。

2. 心理技能的概述

在心理技能训练中，一个非常重要的概念，我们必须加以了解和掌握，即心理能量。

传统的心理学把心理能量称为是心理和躯体的驱动、激活或唤醒。运动心理学则把心理能量称为是心理起作用的能力、活力和强度，是以动机为基础的。针对运动训练场上的竞技运动来说，就是运动员通过千万次心理训练形成有效控制的心理技能的总和，是以运动员动机为基础，通过心理激活所起作用的能力。这种心理能量可以是积极的，促进运动员发挥自我能力；也可以是消极的，阻碍运动员各项技能的表现；是与成功时的兴奋、高兴，失利时的焦虑、生气等不同情绪反应相联系的。

由于体育的特殊性，竞技运动比赛的激烈性，必然要求运动员在赛前限制自己的身体活动。正如保存自己身体能量一样，运动员同样能够通过限制自己的心理活动——负性思维、消极表象等来保存自己的心理能量。众所周知，赛前运动员的身体能量是通过训练和加强营养等手段，并以肌糖元、血糖、脂肪等形式贮存在人体内。同样，运动员通过适当的心理训练和现实的建设性，正向思维积累心理能量。心理能量会影响身体能量，就像疲劳的肌体能够削弱运动员场上竞争的斗志一样。因此，理解并调控好运动员的心理能量，力求达到身体能量与心理能量的统一，即一种适宜的心理生理状态，可以保证大运动量、大强度的训练和比赛。

实践证明，经验丰富的高水平运动员能够很熟练地觉察自己的赛前、赛中身体能量的储备，甚至能识别自己在运动中能量的使用情况。典型的是中长跑运动员，他们能确定并调整好自己的跑速，在何时何段距离内完成加速直至能量用尽与对手竞争。心理能量既然是以运动员动机为基础的，人们就可以通过挖掘自己的动机，使心理能量具有指向性即控制负性思维，回避无关干扰，将注意焦点集中在与运动结果相联系的环节和过程上，让现实与需要处于平衡状态，心理能量就能发挥它的最大效益。反之，则阻碍运动员技术表现，起到消极的作用。其实评价运动员赛前是否具有良好的心理状态，就是分析运动员心理能量的最佳状态，即以运动员自己认为的需要（如：冠军、亚军等名利）与自我感知能力（当时身体技术能力能否达到）之间能否产生一种平衡，这种平衡在运动心理学上称为最佳心理能量状态。当运动员对比赛名次得失有过高期望（动机）时，而自我的感知能力、身体技术能力与之不相平衡，运动员就会心理偏离，产生焦虑、烦躁、信心不足等心理障碍。

美国运动心理学家雷纳·马丁就心理能量和最佳心理状态作如下图解分析（图 10-1），帮助我们理解心理能量及评价运动员最佳心理状态。

高　　　　　　　心理能量连续体　　　　　　　低

图 10-1

人在不同时间内的心理能量会有高低的变化。即当运动员心理能量由低向高变化时，他们处于心理动员期，如临近比赛。当心理能量太高时，他们又处在心理偏离状态，如赛中对名次得失的过高期望。因此，要使运动员心理能量处于最佳心理状态，就要使运动员的参赛动机和自我感知能力趋于平衡，这种平衡状态就是最佳心理能量状态，也称流畅状态。

（图 10-2）所示运动员面临比赛的情境时，就会产生对比赛重要性的一些认识。该认识与他们认为自己能够做的事情进行比较。如果感到他们需要达到的某种目的比他们认为自己有能力做的事情要高的话，他们就会以焦虑状态体验到应激的产生，即（图 10-2）的左上角区。运动员感到比赛结果（名次、成绩）越重要，他们体验到这种应激程度就会越高。另一方面，当运动员处在感到他们的能力大大超过了他们需要达到的某一目的时，他们可能会以厌倦状态体验到应激产生，即（图 10-2）的右下角区域。在这两种应激区之间是最佳能量区，称为流畅区或状态，是最适合运动员表现身体技能的时机。

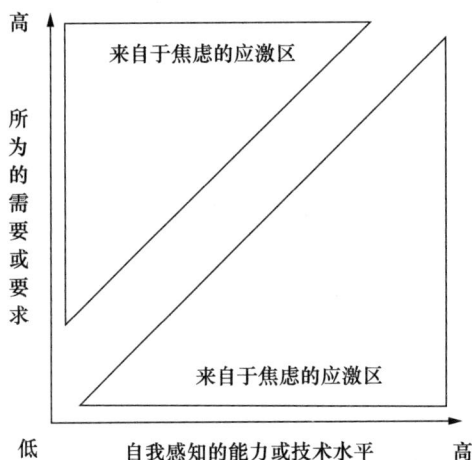

图 10-2

3. 心理能量与身体能量的关系

运动实践经验和有关文献资料表明，处于最佳心理状态的运动员，最能在比赛中发挥竞技水平。运动员体验过多的心理能量的应激形式会损害技术动作，只有运动员心理能量处于最佳区域的流畅状态，才会出现身心一致的平衡状态。也就是说当比赛时机来临，运动员身心处于平衡状态，比赛的竞技水平将达到理论最大化。人们可将身体操作水平、心理能量和比赛时间结合起来绘制一个三维坐标（图 10-3）。

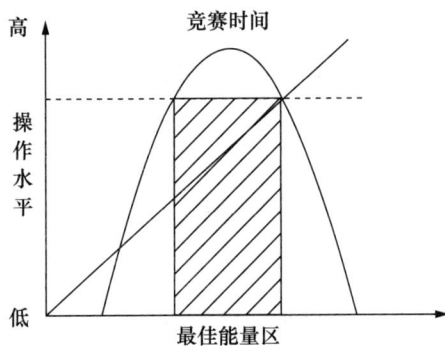

图 10-3

（图 10-3）表明，当运动员心理能量由低向高增加时，操作水平逐渐提高，当心理能量达到某一点或一定区域时，操作水平最高，如当心理能量再进一步增加，操作水平将下降。与操作水平较高区域对应的是心理最佳能量区域（图的阴影部分）。随着比赛日期临近，直至比赛时刻，操作水平和心理能量同步提高，理论上分析发挥竞技水平最大值为 3 线交汇点。超过比赛时刻，心理能量将下降。因此，如何保证运动员在最佳心理能量区进行比赛，是竞技水平发挥最大化的基础和必要条件。就心理学而言，要使运动员心理能量处于最佳流畅区，可以通过系统心理训练和心理调控来实现。

4. 心理能量与各种心理技能的关系

心理能量的调控，在于其他心理技能的提高和发展。因为，心理能量与各种心理技能间是密切联系、相互依存、相互制约的。文献研究表明，心理能量的有效控制与心理的应激、表象技能、注意技能及目标控制等心理技能有关。雷纳·马丁做出如下的研究表述（图 10-4），该图表明的是一种技能的提高有助于另一种技能的发展。

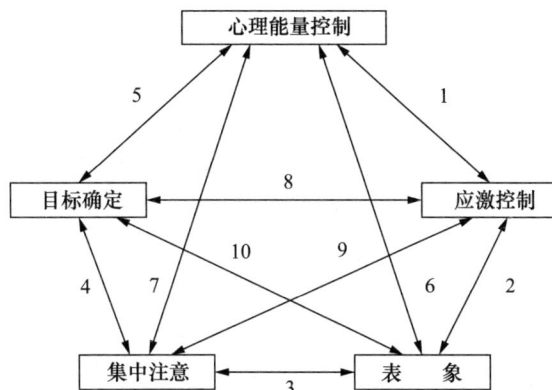

图 10-4

（1）说明心理能量通过有效控制可避免应激，高应激产生高心理激活。

（2）运动员为了获得好的表象效果就必须放松，表象对于学习放松是有用的。

（3）通过表象，运动员可进行提高注意力的练习，为了使表象的效果更佳，运动员须将注意力集中在所要进行的表象内容上。

（4）专注于某一特定目标是为提高成绩而采取措施的先决条件，而确定一个重要的目标有助于提高运动员的注意技能。

（5）有挑战性和现实的目标可为人的行动提供能量支持。以合适而有效的目标指导行动时，可以更有效地利用人的心理能量。

（6）过少或过多的心理能量会削弱或损害个体进行表象的能力。通过对以前最佳表现的表象，运动员可以找到自己最理想的心理能量水平。

（7）随着心理唤醒水平的上升，注意力集中程度也会上升到某一点，心理唤醒水平的进一步的上升将会扰乱最佳注意力集中。随着运动员对运动情境中那些对运动操作起积极作用的注意能力的提高，运动员控制最佳心理唤醒水平的能力也得以提高。

（8）当应激得以有效地控制时，运动员就能将其注意更好地集中于目标上。当运动员行为由明确的操作目标所引导时，追求获胜的压力即可消除。

（9）当应激得到控制时，注意的集中和灵活性可以大大提高。注意技能有助于运动员从产生应激的消极思维中解脱出来。

（10）目标想象是使运动员始终不渝地追求这一目标的极好方法。

二、排球队员的专项心理素质

（一）专门化知觉

专门化知觉是排球队员在长时间的训练和竞赛过程形成的一种精细化的本体动作知觉，是一种极度灵敏和分化精微的识别与感知，突出表现为球感和时空感。球感主要表现为对球的熟练控制和随意支配，球场上的发、垫、传、扣都需要良好的球感。它是排球队员必备的心理素质之一。时空感主要体现在队员对场上时间、空间的知觉，在瞬息万变的赛场上，只有对队友、对手、球网、球等的位置、距离、移动、飞行速度、落点有着敏锐的时空判断力，才能把握住稍纵即逝的先机，获得攻、防的主动权。

（二）思维能力

思维能力是战术意识的核心，相对于排球这样的团体竞赛项目，战术行动是其灵魂，其又都是在意识支配下完成，即战术意识；主要体现在，能观察到场上局势变化，见机行事，合理应用技术和战术，完成和队友的配合，克敌制胜。排球战术有个人行动和集体配合，思维也分为个人思维和集体思维。

个人思维能力，体现在队员面对赛场上各种复杂的、稍纵即逝的问题情境，迅速做出思维决策和行动，显示出预见、敏锐、灵活的思维品质，是获得攻、守先机的保障。

集体思维能力，体现在全体成员在既定目标要求下，对同一赛场情境产生一致概括反应的过程，是局部和整体战术配合之基础。作为一项重要的心理素质，主要表现在队友间的协同、互补和默契配合上。

（三）意志品质

排球队员的意志品质集中体现在与强劲对手的焦灼比赛中，为完成赛前目标而做出战胜阻碍的付出以及在此过程中显示出的果断、顽强、坚韧、自信和自控能力。赛场局势瞬息万变，各种困难、障碍层出不穷，只有意志坚强者才能在困难、挫折面前不屈服、不气馁，敢打敢拼，最终赢得比赛的胜利，而意志薄弱者就会畏首畏尾、信心不足，甚至忙中出错，情绪失控，导致失败。

（四）情绪调控

情绪稳定是排球队员心理素质的核心内容，左右着赛场上队员真实能力的体现，在紧张激烈的比赛过程中，队员的身心高度投入、心弦紧绷，情感体验是极其丰富的，尤其在比赛进入白热化阶段，队员只有具备良好的自我情绪调控能力，避免产生过度兴奋或消极的情绪，使自身的情感不受紧张环境的影响，才能保障技战术水平的正常甚至超水平发挥，最后赢得比赛。

（五）团队凝聚力

排球是团队运动，团队凝聚力是充分发挥团队力量的保障。在训练、比赛过程中运用适当的策略和方法来增强教练员、运动员、乃至于领队、服务人员间的相互理解、相互支持、彼此信任，增强其主人翁意识和团队自豪感，团结一心，拧成一股绳，从而较好地完成既定的目标任务，最终获得理想的比赛成绩。

三、心理训练在排球运动训练中的地位

运动训练包含的内容很多。经体育科学研究和运动训练实践证明，现代运动训练和竞赛要求运动员在消耗巨大身体能量的同时，也要付出巨大的心理能量。因为运动训练和竞赛在对人的机体施加生理负荷的同时，也施加了心理负荷。运动员没有良好的心理准备状态，就不能顺利地完成运动训练任务，更难以夺取优异的比赛成绩。

心理训练已成为提高训练水平和在比赛中取得优异成绩的突破口。心理能力是充分发挥身体能力的技术和战术能力的保证，尤其在当前国际体坛上，运动员身体能力和技术能力的差距日益缩小的情况下，发挥心理能力的重要性更加突出了两强交锋心理能力强者胜这在国内外比赛中早已屡见不鲜。目前，美国、俄罗斯等体育强国已把心理训练作为一个固定的组成部分，贯彻始终，常年不断。在亚特兰大奥运会上，多数国家的代表队配备了运动心理学家，可见心理训练在运动训练中的重要性。

四、心理训练在排球运动训练中的作用

（一）心理训练的特点

心理素质的好坏在非比赛时，是无形的、抽象的，而在比赛时，又能明显地表现出来。所以进行心理训练的难度大、要求高、需要有计划、有意识、科学系统地进行训练。良好心理素质的培养也并不是一朝一夕能做到的，它需要长时间持续不断地进行训练。心理训练还要因人而异，区别对待，对不同性格、不同心理程度的运动员分别进行针对性的训练。同时心理训练也必须同技术训练、战术训练、身体训练相结合，它们互为一体、互相影响、互相促进。

（二）心理训练的作用

心理素质不但对竞赛成绩有直接影响，还会对体力和技战术水平的发挥起作用，从而影响到竞赛成绩。系统的心理训练为自我认识、自我提高提供重要条件，心理训练对运动员的事业心与责任感都提出了更高的要求。对事业的探求与进取，对专项技术的掌握与熟练，都提出了更高的标准。心理训练是掌握和提高专项技术与战术的强有力的动力。心理训练对教练员来说，既是必须掌握与运用的规律与方法，同时又是必要的工作艺术。通过心理训练使运动员各种心理过程和个性心理特征能更快地得到完善和发展，形成参加运动训练与比赛的最佳心理状态，从而帮助运动员顺利完成训练任务和取得优异比赛成绩。

1. 促进运动员心理过程的完善

人的心理过程包括认识过程、情感过程和意志过程三个方面。极度紧张的训练和比赛对人的心理过程又提出了更高的要求。在运动训练和比赛中，要求运动员具有精确的运动感知觉和清晰的运动表象能力，具有高度发展的思维敏捷性和灵活性，以及快速的运动反应能力，能迅速分析对手的行动意图和有效地解决战术任务；具有将注意力长时间集中于或将其迅速转移及分配到特定对象上的能力。还要求运动员具有坚强的意志品质，能克服训练和比赛中可能遇到的一切困难，并能控制运动中千变万化的情感体验，更好地进行训练和比赛。在排球教学训练、比赛的实践中，心理活动水平太低时，很难对生理和技术动作进行有效的调节、控制。尽管有良好的身体素质和较高的技术、战术水平，也得不到充分的发挥；心理激活水平过度时，心理

紧张、肌肉收缩失调、动作变形造成过多的失误。为此，必须进行心理训练，提高心理活动适宜强度，使其达到能进行良好的自我控制、调节的水平以适应排球教学、训练和比赛的需要。

2. 促进运动员个性心理特征的形成发展

人的个性心理特征包括性格、气质、能力、兴趣、动机等方面。在运动训练极度紧张的条件下，决定运动员行为特点的最重要的个性心理特征是运动员的动机、对训练和比赛的兴趣程度、个人的性格特征和气质等。心理训练可对运动员良好性格的形成和发展产生影响、改善人的兴趣品质、发展或改变气质的某些特征、促进运动训练所需的特殊能力的形成。

3. 促进参加训练和比赛的适宜心理状态的形成

运动员的心理状态是最容易变化的心理结构，它是运动训练所必需的最重要的心理机能的综合表现。其特点是有一定的积极性和强度，心理状态的特点和水平对运动活动的进行和结果有很大的影响，比赛中取得的成绩和运动水平的提高，在很大程度上取决于运动员的心理状态的自我控制。运动员在教学训练活动和比赛中，不仅要付出巨大的体力消耗，同时也消耗了大量的心理能量。研究表明：在相同时间同等强度的活动中，心理能量的消耗为体力能量消耗的 4—5 倍。因此，教练员应该十分重视心理训练，提高、控制运动员适宜的心理活动水、保持身心力量的平衡、减少失误、使身体素质、技术及战术水平得到充分的发挥，获得优异的比赛成绩。心理训练有助于培养运动员心理过程的稳定性、发展在极端紧张的活动时控制自己心理状态的能力、形成参加训练和比赛的适宜心理状态。

五、排球运动员心理训练的内容及方法

（一）身体素质训练中的心理训练

运动员身体素质水平的高低与心理特征密切相关。首先应该以正确的、积极的态度对待因训练而引起的生理、心理性疲劳。正确认识、深刻理解吃苦与达到良好训练效果的密切关系，力求自觉、主动地加大运动量训练。在任何情况下都应该具备实现既定目标的心理定向，并且应该学会控制意识和注意力，检查动作质量。充分利用语言的定向、调节、评价作用，以增加身体素质训练中心理状态的适应性。力量训练时，勇敢、自信与注意力集中对于发展最大力量十分重要，尤其是极限训练时摆脱危险等不良刺激，注意保持适宜的兴奋状态是十分必要的。通过生物反馈训练，提高自我调节能力；训练、比赛前通过语言暗示—想象、自我想象的用力过程提高心率、血压，尤其专项速度训练时，应该采取移动目标的方法，以提高信赖状态的适应能力。

（二）技术训练中的心理训练

在排球运动员的技术训练中，控制动作的准确性、运动强度、可靠性等取决于意识行动反应、肌肉运动感觉及知感、表象思维、注意的能力。尤其是个体感觉，在掌握、完善每个高难技术动作中起着不断调节、控制、校正的决定作用。上述心理因素先后参加与了解每个排球动作的调节，而在技术训练的过程中相应的得到发展与提高。

（三）战术训练中的心理训练

战术训练的作用，取决于战术心理活动表象的建立、战术方案的有效实施能力。同时与排球运动员的感知能力、智力能力、应变能力、意识活动范围等密切相关。排球运动员复杂的、连锁的本体感受性的战术意识反射性活动的训练和应用，与战术思维活动密切相关，而运动员

的战术思维又必须具备直观形象性、现实客观性、行动的速度性。在战术训练时，排球教练员应注意指导运动员充分利用语言在执行战术任务中的定向作用、调节作用和评价作用。

（四）心理训练的方法

以上心理训练的内容可以看出，身体素质、技术及战术训练中的心理控制、调节是十分重要的。那么如何进行心理训练呢？心理训练的方法有几种：第一，放松训练法。它的特点是以一定的"套语"进行自我暗示，它能使肌肉放松，从而进一步实现对植物性机能的控制。放松之后，运动员借助默念包括一定的"套语"又能对以后的行为起作用；第二，控制训练法。它是运用想象力，通过内心的图像，帮助把一种成功的机制编入大脑和神经系统，然后去实现，直到成为习惯为止。进行控制训练就是学会形成集中注意力、想象、体会以及做起来"就像那样"等习惯。进行这种训练至少需要三周的时间，每天 15—20 分钟；第三，模拟训练法。它主要用于短期的心理训练，是为运动员参加竞赛做好准备。要做好这一训练，必须对比赛的对手、环境、条件等方面作详细的了解与分析。根据分析研究的结果来安排训练，使运动员习惯于比赛的特殊情况，同时模拟式训练的内容尽可能与面临的比赛过程中可能发生的情况和变化相似；第四，想象练习法。指运动员运用技术和身体练习所产生的感觉，结合教练员的讲解与示范等在头脑中形成的动作表象与概念，来强化运动技术、战术的学习，并改进和巩固。

六、训练和比赛中心理训练的原则及注意事项

（一）心理训练的原则

运动员的心理训练是一个教育过程，要进行这一工作应该遵循自觉性原则、全面性原则、循序渐进原则、重复性原则和个别对待原则。

（二）注意事项

第一，在进行心理训练时，在理论上讲清道理，说明科学根据，让运动员树立信心；第二，心理训练的各个步骤的要求是相当严格的，开始前最好由有经验的人指导，待基本掌握要领后再自己进行训练；第三，不要操之过急，要持之以恒。心理训练过程是建立新的条件反射和形成新习惯的过程，特别是通过想象的意念或体验去支持神经的过程；第四，要把心理训练纳入作息制度及训练计划中去；第五，在运动训练中应用放松训练和单纯的保健不同，除了放松之外，还需要振奋阶段。应注意的是：人进入抑制状态时，自我暗示才能发挥作用，同时为了进入振奋状态，也即要在镇定状态的基础上转入振奋状态，这样才能充分调动自己的潜力。

通过对心理训练的几个方面的分析，我们知道了心理训练在排球训练与比赛中的作用是十分重要的，也是十分必要的。现代社会对排球运动员的规格提出了更高更新的要求，教练员必须转变教学训练观念，改革训练体系，加强运动员的心理训练，才能适应排球的发展，适应性社会对排球人才的需要。

第二节　现代排球运动一般心理素质的训练方法

现代排球竞赛对运动员心理素质的要求越来越高。两队相遇勇者胜，两强相遇智者胜。这个"智"表现在运动员在紧张激烈、错综复杂的比赛中能保持清醒的头脑、情绪稳定，自我控

制能力强，所以说运动员自控能力的提高与心理素质稳定性的加强是运动员成熟的标志。把握运动员心理活动的规律，在心理上首先战胜对手，是取得优异成绩的重要因素之一。

据统计，取胜的条件中心理因素在一般水平运动员的比赛以及高水平运动员的比赛中，占比略有不同。在巴塞罗那奥运会上，中国女排负于荷兰女排一战，失败的一个重要原因就是心理素质不稳定。赛前中国女排忽视了对有关荷兰女排的情况的了解，没有做好应有的防范措施及心理准备，所以在无法实现战胜荷兰女排的预定目标，反而面临着失败的危险的时候，场上队员由赛前盲目轻敌情绪转化为焦虑和紧张的状况，影响了技术和战术的正常发挥，最终丢掉了这场至关重要的比赛。因此，加强排球运动员的心理素质训练是非常必要的。下面浅谈一下排球运动员的一般心理素质训练方法。

一、目标设置训练

（一）目标设置概述

1. 目标的概念

目标设置的概念早期见于管理心理学，后来被移植到竞技运动心理领域。竞技运动是一项目的性很强的事业，也是一项系统复杂的自然与社会相融的综合性工程，这就决定了它需要利用目标管理科学的理论来指导竞技运动的各个方面的工作。因此，竞技运动的目标设置就成为竞技运动心理学研究的重要课题。

目标与目的是有很大区别的。目的是使某一事物最佳化或不断地得到发挥，它是一种连续而封闭的量度。目标是目的连续体中的一点，是一个已经获得或者尚未获得的具体行为。一名运动员参加运动的目的是充分发展自己的运动能力；目标则在某一时间达到某一成绩或取得某一名次。奥林匹克的信条"更快、更高、更强"是目的；而 100 米跑 9 秒 8，跳高达 2.35 米，举重达 200 公斤则是目标。

目标是有形的、直接的，因为它涉及的是近在眼前的情景、状态或品质。目的则是模糊的，因为它更注重将来，所以不可能考虑到具体的情景因素。认识到目标与目的的不同，并正确地运用目标设置技术至关重要。

目标有两个重要的特点：第一，目标有方向性，运动员设置的目标都是指向于某一事物的；第二，目标还有强度性。目标在运动员的生活中可以是最重要的，也可以只是一般的重要要素。目标的概念已经渗透到竞技体育的各个方面，没有计划和目标的现代竞技运动在任何地方都是不存在的，但对目标的认识和理解往往有很大的差异性，尤其对目标设置的意义和作用以及目标设置的种类、方法、程序没有较为一致的认同。

2. 目标设置的种类

与其他的事物分类一样，按照不同的标准进行分类可以分为不同的种类：

（1）按竞技比赛结局分为：成绩目标、结果目标。

（2）按目标的难易程度分为：挑战性目标、现实性目标。

（3）按时间跨度分为：长期目标、中期目标、短期目标。

（4）按目标准确性分为：具体目标、一般目标。

（5）按目标的社会性分为：个人目标、集体目标。

（二）目标设置训练的作用

1. 有利于形成导向成功的信念系统

运动员能学会科学合理地设置各种目标，特别是善于将长期目标和短期目标及瞬时目标有机地结合起来，形成一个远大的人生目标系统，就可以在一个又一个目标的引导下自觉地、主动地建构起努力通向成功的信心和观念。以此认知现实和实践，就会有源源不断的力量源泉，去正视和面对竞技运动训练和比赛中遇到的各种问题和困难，千方百计去解决问题，以获得成功。

2. 有利于形成群体的优势心理氛围

同一个参加某项竞技运动的群体都很注意设置现实的又富有挑战性的目标，通过实现这一目标来达到个人参加竞技运动的目的，实现自我的价值，促进自我观念的积极化和稳定化，对其他人也将起到带动和促进作用，最后会形成良性互动的群体优势心理的氛围，从而使训练和竞赛出现整体协同效益。

3. 有利于专项技能的成熟

运动训练是在竞赛目标导向下的运动主体（运动员）对运动负荷的连续自组织过程，而运动技能是一个在目标导向下的神经系统脑网络从状态空间到结构的一种自组织的有序状态，也就是说是在目标导向下的定态形成过程。这个定态不动点是一个强有力的吸引子，它使几何收敛的过程向着定态进行；就空间而言，只有长时间吸引子的作用才代表可能的行为，并以其稳定性，而使其在有扰动的环境中达到动力系统的最终状态，而系统的耗散正是其空间折叠和收缩并进而产生无穷分形层次的基础，是运动技能不断改进与构造可能性的基础。所以，系统的稳定性、主观上的定态与主体目标导引下的泛脑网络模式极限环的形成，是最后形成动作技能的本质所在。因此，训练技能目标的合理设置有利于运动员技能的成熟。

（三）目标设置训练程序

1. 提高对不同目标设置的认识

（1）长期目标与短期目标

运动员都会有自己的长期目标，但有相当一部分人不善于将他们的长期目标化整为零，变为中期和短期目标。恰恰是善于将长期目标转化为短期目标的过程，才是长期维持高昂动机和自信心的关键。一般来讲，长期目标属于一般性的、目的性的目标，而中短期目标属于具体的、挑战性的目标；长期目标可以多元化，短期目标则更注重单一体。

（2）具体目标与一般目标

目标的设置是一项技巧。明确、具体、可进行量化分析的目标，是精确的目标，它对于激发运动员的动机最有效；模糊的、无法进行量化分析的目标激发动机的作用较少。对于简单的、具体的训练方面的任务宜从具体目标的设置开始。

（3）现实目标与不现实的目标

现实的目标是通过艰苦努力可以达到的目标；不现实的目标指不论通过多少努力也难以或根本实现不了的目标。因此，在设置目标的时候要注意处理好二者之间的关系，不要好高骛远，而要富于展望。

（4）个人目标与集体目标

由于所从事的竞技运动项目不同，个体项目和集体项目的目标设置应该区别对待。个人目标的集合便可以组合成集体目标，但并不是机械式的叠加。个人目标的设置是清楚的、具体的、可以调控的；集体目标则是模糊的、一般的和非个人可调控的。

2. 掌握目标的步骤

（1）任务确定

教练员在认清不同目标设置的本质特征之后，在设置目标之前还要具体地分析一下竞技需要的任务。这种分析首先应植根于训练的基本原理、项目的特征，并考虑每一名运动员成功地完成任务所必须采取的具体技术要求。集体项目需对全队中每一个位置及其每一个技能都以准确的方式描述清楚。对运动员在一个赛季或一届大型运动会需要完成的任务，采取民主的方式形成认识共同体。

（2）细化指标

目标是一个多层次的有序系统，在一个周期或一个大赛的周期，竞赛的目标包括三个，即运动成绩、竞技能力指标和训练负荷指标。运动成绩又包括运动员在比赛中所表现出来的竞技水平和比赛名次两个方面的内容。

运动员训练的竞技水平指标，可以分解为反映运动员各种能力特征而又彼此联系的一组具体指标，使教练员能有目的、有秩序地组织运动训练过程。

训练负荷指标是目标中最有价值的现实目标，负荷指标的实现正是运动员实现其竞技能力提高，进而实现运动成绩指标的基本保证。

（3）目标分级

运动员在一个赛季或一个大周期所需实现的目标不可能是单一的，应该是多个目标。因此，在目标的设置中间，需要对这些目标进行分级，按照符合运动员竞赛需要的秩序排列，从而制定出一个梯形的目标系统。

（4）目标协调

对于集群性项目，一个目标的实现必须通过每一名运动员的共同努力才有可能，而集群性项中每一个运动员的弱项不尽相同，需要改进和提高的也不同。所以，集群性项目中的一个重要的个人目标，就是要制定某个具体技能的完成时间与同伴技能完成相互配合的时间。

二、放松技能训练

（一）放松技能概述

放松训练是以一定的暗示语集中注意，调节呼吸，使肌肉得到充分放松，从而调节中枢神经系统兴奋性的方法。常用的放松方法有表象放松法、渐进性放松法、自生训练法和调息放松法。各种放松方法的共同点是：注意力高度集中于身体的某一部位，在内在的或外来的暗示语诱导下，使神经系统和运动系统达到放松的目的。

（二）放松技能训练的作用

1. 舒缓神经系统的亢奋状态

运动训练是为了超量恢复，而达到这一目的前提是训练的刺激引起机体的疲劳。而肌肉的疲劳会造成代谢产物的堆积，刺激神经末梢，不断地传入神经冲动使肌肉对应的大脑皮层相应地疲劳。通过语言的诱导和意念的引领使局部大脑皮层兴奋，诱发中枢易化，使本来处于亢奋的大脑皮层逐渐出现抑制放松。

2. 加快肌肉系统疲劳的消除

由于中枢的易化作用使中枢下行的神经冲动频率和神经冲动总量减少，运动后紧张的肌肉组织细胞内外的离子交换速度减慢，电变化活动减弱，肌肉紧张逐渐缓解。缓解后的肌肉组织中代谢产物的活动空间将扩大，血液回流的速度将加快，因此恢复的速度加快。

3. 加大内脏系统功能的协同重建

中枢系统的抑制和运动系统的恢复，使内脏系统的功能从训练的代偿阶段尽快地恢复，并经过一系列的适应、协调，对原有的组织结构进行定向性重建，以适应下一步类似的训练需要。

4. 奠定其他心理训练的基础

心理训练的前提是在机体充分放松状态下才能起到较好的效果，放松训练通过一系列的方法程序做好了这样的准备。在不同的情境中可以起到不同的作用，特别对于在赛前高度应激状态中可以降低运动员的紧张程度，有利于较好地进入竞技状态中去。

（三）放松技能训练的程序

1. 根据放松技能的原理，结合自己的训练实际，制定或选择自己比较适合的暗示语言，并要求能默念或背诵。

2. 逐渐培养意念集中或息定某一部位的技能，逐渐提高集中的速度。

3. 在练习中能够清晰感知肌肉不同程度的紧张状态，从极度紧张到极度放松。

4. 练习中进行深沉而缓慢的腹式呼吸。

（四）放松技能训练方法介绍

1. 表象放松训练

通过人的意念想象逐渐达到放松的目的。其练习方法是：采用舒适的卧姿，调节呼吸，缓慢而深沉，放松肌肉。想象愉悦安静的情景，如微波荡漾的湖面风景秀丽，冬天温暖如春的房间，沐浴在海边的沙滩上，宁静翠绿的群山等。在自己创设的情境中尽情地感受着，使自己真切地融入到风景中去，达到放松的目的。这种放松技能的方法可以在学习的基础上让运动员在训练之后进行，效果会更好。

2. 渐进放松法

渐进放松法是美国学者雅各布森在 20 世纪初精心设计出来的一种放松训练方法。这种方法要求主动地先收紧某一肌群，体会这种紧张，然后让它充分放松，并把这种紧张"排除"。

这种方法的主要特点是通过肌肉的紧张与放松的对比，使身心逐渐放松。与其他放松训练方法相比，渐进性放松训练略显繁琐。大家可以通过对这一方法的实际尝试来了解其内容和要领。

在进行渐进性放松训练时，要选择一个安静的环境，采用坐位或卧位均可，闭上双眼；要参照放松的具体步骤依次地"紧张——放松"；每次肌肉收缩 5～10 秒，然后放松 30～40 秒，根据具体情况也可调整这个时间；特别要注意体会肌肉紧张是什么感受，肌肉放松又是什么感受。

3. 自生训练法

自生训练是奥地利医生舒尔兹在 20 世纪 30 年代率先提出的一种放松训练方法。在他 1958 年出版的《放松训练与高水平运动成绩》一书中介绍了利用自生训练提高运动成绩的经验。从此以后，世界上许多国家都将这一放松训练方法应用于体育运动中，尤其是将其应用于近年来高水平的竞技运动比赛中去。

自生训练是通过特定的自我暗示语来减轻或消除身心紧张从而松弛身心的一种放松训练方法。这六种练习的特定暗示语如下：

背景练习："我非常安静"。

第1种练习（沉重感）："我的右（左）手或脚感到很沉重"。

第2种练习（温暖感）："我的右（左）手或脚感到很温暖"

第3种练习（心脏调整）："我的心跳平衡、有力"。

第4种练习（呼吸调整）："我的呼吸顺畅"。

第5种练习（内脏调整）："我的腹部很温暖"。

第6种练习（额头凉感）："我的前额凉爽"。

进行自生训练，可采用卧姿、坐姿或半躺式姿势，以全放松舒适为原则。在自我训练过程中，一边默念特定暗示语，一边要进行积极想象，并注意体会相应的四肢温暖和沉重感。学习自生训练的六种练习，可以一个一个学习掌握，也可以把它们放在一起来学习。最终大多数运动员可以做到只要重复默念1～2次这些暗示语，就能使自己进入舒适、愉快和宁静的"自然发生状态"。从上面介绍可以看出，自生训练的最大优点是暗示语容易记，便于运动员自己随时随地进行练习。

4. 调息放松法

中国传统的调息放松法是根据中医和经络理论创立的一系列的养生方法，采取的主要方法是深吸气慢呼气配合意守丹田、印堂穴位等或者处在一种特定的情境一段时间，使身心调养和浑身放松的方法。在运动员掌握了这种方法之后，可以尝试沿经络进行放松的方法，但需掌握一定的中医学理论。这一方法简单易学，对运动员非常适用，可以在运动队推广。

调息的基本手段主要有三种：通过肌体活动，影响神经机能，促进体内真气运行的调息练习，叫做势子导引；通过大脑皮层思维和意象活动，促进体内真气运行的调息练习，叫做意念导引；还有通过呼吸调节，引起呼吸中枢机能变化，促进体内真气运动的调息练习，叫做调息导引。调息放松即通过有关的身体活动、意念活动和呼吸活动来影响人的身体和心理。功法包括行、立、坐、卧、睡等基本形式。一般来说，用行、立、坐的形式进行练习，可组成动静结合的练习形式。在各种流派的功法中，对调息练习有不同的要求，但基本方法和原理是一样的，即练身、练意、练气和练精。在此介绍两种守点人静的基本调息放松法。

（1）意守丹田法

丹田一般指气海或关元的部位，中医认为意守丹田穴可以排除杂念，培养真气。在练习意守时，全身要放松，坐姿或站姿均可。然后，将意念集中在丹田部位，使大脑进入安静状态，将双手掌心朝内放在穴位处，始终保持注意力的集中。在刚开始练习时，意念不集中，常常会分散注意力。此时，不可要求过高，只要心静，将意念引回便可，久而久之，自然就会人静。意守丹田是最简单的调息练习，如果坚持下去就会收到良好的效果。

（2）静坐功

此功类似意守丹田的功法，但意守的内容不同。首先要端坐好，躯干不仰不俯，不偏不倚，肌肉松而不软，正而不僵；颈部要放松，大脑要安静。在正式练习时，不要过多地注意身体姿势和动作的要求，只要人静即可。然后，在头脑中想象一个自己感到最能使自己放松的情景或事情，深入体验其中的舒适情境。如果意念一旦离开，应马上转回来，每天坚持 15～30 分钟；也可以在大运动量后立即练习来缓解疲劳，恢复状态。

（3）三线放松功

通过有步骤、有节奏地依次注意身体各部位，结合默念"松"字的方法，逐步松弛四肢肌肉，以调整身心反应。由于放松功主要是把身体分成两侧、前面和后面 3 条线自上而下地依次进行放松，因此也称三线放松功。身体放松的三条线如下：

第一条线：头顶→头部两侧→颈部两侧→两肩部→两上臂→两肘关节→两前臂→两腕关节→两手十指。

第二条线：头顶→面部→颈前部→胸部→腹部→两大腿前侧→两膝关节→两小腿前侧→两脚背→十个脚趾。

第三条线：头顶→后脑部→颈后部→背部→腰部→两大腿后面→两膝窝→两小腿后面→两脚底。

做三线放松功时，先注意一个部位，然后默念"松"；再注意下一个部位，再默念"松"，依次进行。从第一条线开始，待放松完第一条线后，然后放松第二条线，再放松第三条线。要求自然呼吸，一般是吸气时注意部位，呼气时默念"松"。每次练习时间是 10～20 分钟。

三、表象技能训练

（一）表象技能训练概述

表象训练也称想象训练、念动训练、表象演练等，是指运动员主动地有目的地在头脑中反复想象已经形成的技术动作或运动背景，从而提高运动技能和情绪控制能力的方法。它是一种在心灵深处的屏幕上观察自己，唤起并指导所呈现的形象的方法。从外表上看，表象训练并未进行明显的身体动作活动，在头脑中却在详细描绘动作过程或细节。可以说，表象是一种重要的心理能量。

值得一提的是，表象训练具有很强的形象性、直观性，因此它非常适合于第二信号系统功能不够完善的青少年运动员。

（二）表象技能训练的作用

1. 帮助运动员掌握或完善复杂的运动技能

运动员在每一次技术动作的训练中都会相应地产生中枢的脑电变化，经过脑细胞间无数次的暂时性联系，逐渐成为稳定的联系便形成了技术的动力定型。动作越复杂，定型的难度就越大。心理神经肌肉理论认为：清晰地想象运动动作或一些行为应当产生与实际体验相同的神经肌肉反应。因此，表象训练同样可以产生技术训练的效应，成为当今竞技运动技术训练有效的补充，丰富了技术训练的手段。

2. 有利于提高竞技成功的信心

赛前适时地诱导运动员对训练和比赛中个人最佳的、感受最深的技术动作进行反复地演练，调动所有相关的运动感觉，使运动员经历赛前完美的技术感觉的整合，从而使运动员在内心深处唤醒出清晰的成功感觉，增强运动员竞技比赛获得胜利的信心。

3. 利于形成最佳竞技状态

信心的树立使运动员有了参赛的底气。通过长期表象训练掌握的技能，在赛前训练阶段和参赛阶段再次进行强化，同时表象训练还可以降低运动员的焦虑程度，将会有效地促成运动员最佳竞技状态的形成。前苏联的专家认为，运用表象训练可以提高动作精确度的34%，这正是由于精确的表象将在动作之前成为独特的"示范指导"。

（三）表象技能训练程序

1. 身体放松

与其他心理技能训练一样，表象训练前也必须要进行身体放松。只有身体放松了，才能使中枢神经系统和运动肌肉系统保持畅通。要做到放松身体，最好选择一个安静的环境，调整自己的姿势使之处于较为舒适的位置。在现代竞技训练中，由于比赛次数的增加，训练的流动性较大，如果条件限制也可以因地制宜，在很难找到较为理想的环境前提下，可以挖掘自身的潜力。关键一条就是，首先自己的心应该"安静"。

2. 唤醒感觉

运动员进行一次表象训练实际上是进行一次"内化"的实际训练，所以在表象训练的背景里同样需要其他实际的人、物的存在，否则表象训练就失去了它"训练"空间，因此有必要进行感知觉的唤醒。

（1）唤醒视觉

在意象空间里真切地"看到"与你训练或比赛中存在的场地、器材、队友、教练等。

（2）唤醒听觉

在意象空间里真切地"听到"与你训练或比赛中紧密联系的各种声音，包括观众的喊声、队友的移动声、自己的训练中间制造的声音等。

（3）唤醒触觉

在意象空间里真切地"感觉"到与你训练或比赛直接接触或器械的重量、温度、表面粗糙程度、弹性以及同场竞技的对手的感觉。

（4）唤醒运动觉

运动员在表象训练的意象空间里，不仅要感觉到运动客体的存在，而且更要感受到自身在运动过程中姿势动作和肌肉状态的变化。

3. 利用表象技能进行训练

（1）表象清晰性训练

要把运动形式的感觉印象创造得尽可能真实，产生与原有内容十分接近的表象。先可以将某一静物（如场地、器械）细致描述，此种表象主要为视觉成分；继而转向动觉表象训练，在注意力很集中时，把记忆中实际运动形式的每一个细节尽可能复现出来。

（2）表象控制能力训练

表象训练过程中，根据需要控制表象动作的某一瞬间、某一环节或身体某一部位的感觉。它是有意识的控制过程，是把表象聚焦于动作的某一部分。表象控制能力既是表象发展水平的标志，又对强化某一动作要领、纠正某一错误动作有益。如表象缓慢地做动作，以加深体会关键动作的肌肉感觉。

（3）提高表象自我觉察能力

如果科研条件允许，在表象训练之初，可以用仪器进行定量测试，将其数值作为运动员的起始水平。然后在进行表象清晰性训练和控制性练习中，要求运动员细致复习，补充细节，使之更细腻地被自己所觉察。还可以采取连续记录方法提高表象自我知觉能力，并与客观评价方法相比较、相对照。

（4）结合专项训练内容的表象训练

此种表象训练技能的掌握对于运动员的参赛成功有十分现实的意义，它对解决训练和比赛中的实际问题是很有帮助的。在所有的心理训练中，与专项结合的表象训练可以说是认同率最高的心理训练技能，在此建议广大的教练员和运动员应该深入领会此技能的训练方法。在介绍本方法前，需特别强调的是，在心理学专家的帮助下，教会运动员自己逐渐学习掌握专项训练参赛的"表象脚本"的制定，这是提高运动员表象心理训练的好方法，也是行之有效的方法。"表象脚本"的制定即是专项训练程序的心理化过程。

在练习之前同样要经过放松，然后进行"活化"动员，便可以开始表象练习。正确的安排方法是将表象训练与实际训练交叉进行。首先，在专门组织的表象训练中，要让运动员逼真地想象真实训练（或比赛）情况，务求身临其境；其次，在正式训练（或比赛）之初或之中进行表象训练，要找到最好的动作感觉或解决技术难点。

对于与专项结合的表象训练尤其在技能主导类的项群中，面对日趋激烈的竞争局面和高水平的竞赛需要，需要教练员将表象训练作为技能训练的有效补充，保持经常化、正规化。

四、注意技能训练

（一）注意技能概述

注意是心理活动对一定事物的指向和集中，也是抵抗外界干扰不分心的能力，是心理过程正常进行的必要条件。注意本身并不是一个独立的心理过程，而是感觉、知觉、记忆、想象、思维、情绪等心理过程都具有的一种意识特征（或品质）。运动心理学者奈德费根据运动员注意的范围和指向，把注意的集中分为四种类型：

1. 广阔的内部集中的注意：其特点是注意范围大，但是注意指向内部（思想、情感、记忆等）。如果这种注意是稳定的，不受外界的影响，或者不能对外界客体进行监督，对大多数运动员来说是不好的。

2. 广阔的外部集中的注意：其特点是注意范围大，并且指向外界客体。需要根据外界情况很快地做出决定的运动员应当具有这类注意品质。

3. 狭窄的外部集中的注意：其特点是注意的客体不多，而且指向内部。在运动中，需要评定自己的力量、疲劳程度，以及根据比赛的情况调整自己动作速度的项目应当发展这类注意品质。

4. 狭窄的内部集中的注意：其特点是注意的客体不多，并指向外界客体。要求对不多的客体进行快速反应的项目应当具有这类注意品质。

另外，不同的项目、不同活动进程对注意有不同要求：射击、射箭瞄准时要求窄度集中；球场上组织战术时要求广度集中；心理活动指向于自己的情感、思维和感知觉时是内部集中；

在场地、器械上完成动作则需外部集中。在同一个项目中，由于活动要求不同，仍可能有注意力焦点由小放大或由大缩小的变化。根据需要恰当调节注意指向与范围，合理地分配或转移，就是注意技能训练的目的。

运动员在紧张的训练或激烈的大赛时，往往是经受过重的心理压力，心神忧虑、焦虑，就不可能集中注意。如果想学习从忧虑中转移注意力，就要有意识地练习把思想转到另一条思路。如集中于当前的任务，应采取的技术、策略或自己的呼吸、动作等。从认识转换开始，使自己摆脱紧张，树立积极而乐观的态度，运用改善控制兴奋性的技能，才能有效地集中注意。可见，注意技能训练往往是综合性的训练过程。

（二）注意技能训练的作用

正由于注意技能的训练是综合性的，所以其功能和作用也是多方面的。

1. 注意是运动技能学习的前提

由于注意的指向性，所以不管是哪个运动项目的运动员在学习训练时，如果没有注意的集中是不会学好技术动作的，另外如果不能够集中注意，运动员非常容易受伤。

2. 注意的合理分配是集体项目取胜的关键环节

竞技比赛的戏剧性和残酷性是相辅相成的，对一位运动员的戏剧性结果同时就意味着对另一位运动员的残酷性。相同水平的运动员比赛结果的差异性，很大程度上来自于运动员对比赛过程中变化因素的有效过滤程度。注意力高度集中的运动员对外界的刺激因素可能做到视而不见，而注意力分散的运动员可能受到环境变化因素的辐射较大，以至于影响自身既定的参赛方案。

（三）注意技能训练程序

1. 一般性注意集中训练

（1）利用视觉集中注意力

①静坐观看某物，如树、云等，力求全神贯注。

②放一排靶，看所有的靶再把注意缩小到只看一个靶，再集中到靶心，把视线只同靶心中央联成一体，让其他某物在背景中变得模糊，把自己同靶联成一体。1～2分钟后闭上眼睛，在头脑中重现刚才所看到的目标，越逼真越好。当感到有点分心或出现杂念时，再慢慢睁开眼睛，继续注意目标，练习时间为10分钟。

③注意手表秒针的转动，先看1分钟，假如1分钟内注意没有离开过秒针，再延长观察时间到2～3分钟，等到确定了注意力离开秒针的最长时间后，再按此时间重复3～4次，每次间隔时间10～15秒。如果能持续注视5分钟而不转移注意，就是较好成绩。每天进行几次这样的练习，经过一段时间，注意集中的能力便会提高。自己选择的目标物还可以换为灯光、五星、圆圈、树梢等。

（2）利用听觉集中注意力

①听到或想象一种声音如鸟鸣声、流水声、钟表声，始终守着这个声音。如果感到声音不响了，再在意识中马上回忆起这一声音。反复练习5～10分钟。

②分辨最小声响练习方法。将收音机或录音机打开后，听音乐（或讲话），在把音量调小，直到刚刚能听到为止，再努力辨别讲话的内容和音乐旋律。听不清楚时可放大，听清楚后在调小，练习5～10分钟。

（3）利用呼吸集中注意力

①练习控制呼吸，让呼吸慢、深和放松。

②卧姿呼吸练习。寻找一个幽雅环境，躺下后脸朝上、头朝北，使全身与地球磁场方向吻合。双脚自然并拢，两手平放两侧，深深地、慢慢地、平稳地用鼻子吸气，呼气时感到有"能量"流遍全身，身体有明显的"充电"似的感觉，注意就集中了。

2. 结合专项的注意技能训练

（1）轻微口令法

对于计时性项目，先采取比较高的声音进行发令，逐渐减少声音直到采取极其微弱的声音发出口令，让运动员执行出发信号，迫使运动员高度集中注意力。这种方法持续的时间不宜过长。

（2）意念集中法

①即利用意念（语言）集中注意力的训练方法。

对运动员的训练兴趣，建立积极的而不是消极的心理定向，运动员可能学会注意到环境中适宜的刺激和积极的内部思维，也可能学会注意干扰性刺激和消极思维。帮助运动员发展有意义的和积极的心理定向，是教练员在训练中要解决的一项重要课题。当运动员知道了正确的注意对象和干扰注意的潜在因素后，他们就能对形势进行预测并因此而提高反应的速度。

②对关键动作要领的意念可起组织注意的作用。

③默想动作程序，想象一次完善的动作过程。

④重复说你想要集中注意的焦点。

⑤在训练或比赛中，应指导运动员将注意力集中在动作过程肌肉感知觉上。只想当前的动作细节，不想过去和未来的事情和结果。

⑥利用各种干扰条件来锻炼自己注意某种刺激和排除某些干扰的心理定向和期望。

五、暗示训练

（一）暗示训练概述

暗示训练是利用语言等刺激物对运动员的心理施加影响，并进而控制竞技行为的过程。我国的气功和印度的瑜伽功运用了很多自我暗示的方法。德国学者舒尔茨通过对比的方法进行研究发现：自我暗示对病人有显著的作用。1932 年他出版了《自我暗示训练》一书，揭开了对自我暗示进行科学研究的序幕。

（二）暗示训练的作用

暗示训练的作用，巴甫洛夫理论的解释是它通过语词即第二信号系统的作用来调节中枢神经系统兴奋水平，从而调节人体内部过程。因此，暗示训练可以提高技术动作的稳定性和成功率。

运动员通过长期的训练和比赛都会发现自己的不足之处，并会针对性地进行改进、完善和提高。研究表明，运动员如果能在教练或心理专家的指导下，结合自己的实际情况制定出不同阶段的心理暗示语言，在训练中时常在脑海中或口中默念，将会通过第二信号系统强化技术，改进训练的效果，在大赛中坚持自己的心理暗示语可以克服困难，增强信心，获得成功。我国的射击运动员在心理学专家刘淑慧的指导下，从第23届奥运会到第27届奥运会，对射击运动员进行系统的心理咨询和攻关，针对每一个即将参加大赛的优秀运动员都会制定相应的暗示语。取得成功的运动员是这样回忆的：

队员一：在回忆1999～2000年的六场国际比赛后，认定"不论比赛开始对动作的感觉是好是坏，我只要坚持'命中'的动作，内感就会越来越好，精力也会越来越投入"；"一靶快、二靶稳是我的动作风格，坚持这个风格就把握了比赛"。

队员二：在回忆和自述19年步枪射击经历的基础上，用自己丰富的比赛体验概括出"我所有的高成绩都出在比赛里，我是比赛型运动员"，"我不是用名次，而是用发挥水平来认识我自身的价值"。

队员三：自我概括"比赛中我是强大的"，"我能从70米高空往下跳（蹦极），我还有什么可怕的"，"我追求超越自我"，"比赛中出现各种困难很正常，我能用积极的策略来对付它"。

队员四："我在射击瞄准时，心里反复默念准星、缺口，准星、缺口，可以提高射击的稳定性和准确度。"

队员五："为了消除赛前的惊慌，使大脑安静下来，我的暗示口诀是'镇静，镇静，镇静就是胜利，相信自己的力量，我一定会取得胜利'。"

对于体能类项目的心理暗示训练同样可以取得成效，其奏效的关键在于制定出针对性较强的暗示语。兰德斯曾谈到对一名运动员的自我暗示训练。有一名游泳运动员参加一次1000米长距离的重要比赛，游到700米时感到体力不支，只能放慢了游速，最后，比赛成绩因此下降。这次比赛失败的经历对他产生很大的影响，以后比赛中一游到700米时，立刻在心中默念："我浑身充满了力量，我完全能够保持游速。"兰德斯让他每天做几次这种练习，一直做到这个运动员真正相信这个自我暗示语为止，从而矫正了这种心理障碍，最后在比赛中获得成功。

（三）暗示训练程序

暗示训练分为六个步骤：

1. 使运动员理解认识及其表现方式—语言对情感和行为的决定作用。

2. 确定关键比赛中经常出现的消极想法，如"倒霉，怎么又到这个鬼地方比赛，上次就是在这里砸锅的!"

3. 确定如何认识这种消极想法。

4. 确定取代这些消极想法的积极提示语，如"比赛地方虽然没变，但是我这次准备的比上次充分，只要将动作做好就行了"。

5. 对已经制定好的积极的心理暗示语，在赛前训练和比赛过程中不断地重复默念或大声朗读，每天坚持3～5遍。

6. 通过不断重复和定时检查（训练日记、比赛总结和平时生活），举一反三，养成对待困难的积极态度和良好的习惯。

在制定暗示语时注意多考虑训练比赛的过程性问题，少考虑结果性问题；暗示语应多用一些积极的、向上的语汇，而尽量避免使用消极的语汇；针对性要强。

六、模拟训练

（一）模拟训练概述

模拟训练就是采用各种方法使运动员在接近实战条件下进行训练的心理训练方法。

模拟训练分为实战情景模拟和言语图像模拟两大类。

实战情景模拟就是在训练中，特别是在比赛前训练时，尽可能创设或选择与比赛条件相同或相似的情境，如场地、器材、气候、灯光、声响、观众、裁判、比赛对手等；在这种模拟训练过程中可以人为地去安排模拟训练。

语言图像模拟则是利用言语描述或图像示意比赛实际情况等手段，如观看有关比赛的录像和讲述比赛中可能发生的各种事件等，使运动员可以在比赛前了解或想象到这些内容，逐步让他们习惯于比赛的情境。

对于模拟训练的机理，目前还不十分清楚。20 世纪 60 年代，美国学者沙赫特提出的情绪三因素，对于解释模拟训练的成效有一定的帮助。情绪三因素理论认为，情绪的产生是外界刺激、机体生理变化和认知过程三者之间相互作用的结果。实战中外界刺激变化对运动员情绪的影响是显而易见的，例如观众的助威声、天气好坏以及对手的表现等都会引起一些人的情绪波动。面对这些外界刺激，最积极的方法就是适应，使运动员能够习以为常，这样可以避免运动员在实战中面临各种外界环境条件时紧张情绪反应的出现。模拟训练实际上是一种适应性训练。

模拟训练中的模拟不是"原理的还原或重现"，而是"原物的简化"，是原物某些特征的简化描述。我们应在全面获取模拟对象信息的基础上，根据比赛的性质和任务来确定模拟训练的主要内容。在模拟训练时，要在生理、心理和环境等方面最大限度和尽可能地做到与实战相似或相近，尽可能让运动员在生理负荷和心理负荷接近实战的水平，使模拟训练逼真有效，同时对实战中可能出现的问题要有充分的准备和应对措施。目前模拟训练在使用时遇到的主要问题是心理负荷不够理想。

（二）模拟训练的作用

1. 提高运动员参赛的准备程度

从实战出发是竞技运动的特征所决定的。练为战的思想在当代赛制改革的时代更加突出，正是由于这一原因，各类大赛中运动成绩和运动极限一次一次地被改写。要提高运动成绩，训练是基础，但仅仅有常规的训练是远远不够的，如何将训练的积累充分地在竞技场上发挥出来，是竞技体育界共同关注和探索的课题。实战情景模拟提供了可行性的方法和途径，通过实战情景的模拟，使运动员对即将参加的比赛有了一个全面的、系统的了解和体验，对有可能出现的问题有了一定的准备。更重要的是运动员经过实战模拟在一定程度上消除了心理的障碍，提高比赛的准备程度。

2. 提高比赛的抗干扰能力

多次进行模拟训练可以提高心理的适应性，将注意力有效地集中到比赛的过程中去，对与比赛非相关的因素就会淡化或进行有效筛选，提高比赛过程中的抗干扰能力。

3. 有效地提高训练强度

由于模拟训练在很多情况下既是针对性训练又是参赛的重要手段，对每一个想要参赛的运动员都是一次较好的练习机会，导致运动员的应激程度提高，使训练的强度得到较大的提高。

（三）模拟训练程序

1. 一般模拟训练

（1）外部条件的一般模拟训练

比赛中易出现的各种困难情况，时间空间限制等各种特定的要求的模拟。

①各种固定情境，如罚球、点球和变化情境；比分交错变化时，领先和落后的模拟。

②对比赛中所需的运动强度、运动节奏的模拟。

（2）内部条件的一般模拟训练

平时训练就应注意刺激强度和动机的调动，尽量在心理上适应比赛中所需要的紧张程度。具体地说，就是利用语言暗示、想象等手段，在心理上模拟比赛中的紧张程度和动机水平，并在思想上予以足够的重视，以形成相应的心理动机状态。

2. 赛前专门的模拟训练

（1）对手特点的模拟

模拟国内外比赛对手的技术、战术特点以及他们的比赛风格、气质表现，是许多对抗性运动项目训练的常用方法。可以让队友扮演对手的各种活动，以便深入细致地了解对手的特征，练习各种有效的对策。

（2）不同起点比赛的模拟

不同起点的比赛包括领先、落后和关键球相持三种情况。例如羽毛球比赛在模拟训练中可以从表面上 10：3 开始，强手从 3 开始，弱手从 10 开始，以训练在落后情况下转败为胜的顽强意志。乒乓球比赛在模拟中可从 12：5 开始，以锻炼在关键时刻沉着冷静、处理情况的果断品质。

（3）裁判错判误判的模拟

裁判的错判误判是比赛场上最难应付的问题之一。这种模拟可以帮助运动员将注意集中在可以控制的事情上，即下一步的技术、战术上，而忽略那些自己难以控制的事情，如裁判行为。

（4）对观众影响的模拟

观众的鲜明态度和立场往往通过震耳欲聋的呼喊声和激烈的表情动作表现出来，给运动员以极大的压力和干扰，在这种情况下，即便是最有经验的运动员也有可能分心或过于激动、紧张。如果在模拟比赛中组织一些观众，有意识地给运动员制造一些困难，如鼓倒掌、吹口哨、为对方加油等，有助于减少运动员实际比赛时的应激反应。

七、应激控制训练

（一）应激控制概述

应激的定义是当你所感知的环境要与你所认为的自我能力间不平衡时，则出现应激。应激包含三个要素：你周围的环境、你的感知、你对前二者的反应。应激是一种身心动员，它与人的生命活动相伴随。但它有时使运动员精力充沛，有时使人失去控制。对运动员来说，过度的应激往往使技术动作变形、运动效能下降。

一般地说，在应激水平较低、唤醒水平也低时，运动效能水平较低；应激水平提高，唤醒水平随之提高时，运动效能也提高，直至最佳水平；应激水平再提高、唤醒过度，开始对身心活动产生消极影响，运动效能下降。可见，过低和过度应激都会给比赛带来不良的影响。但对运动员来讲，紧张激烈的比赛、难度很大的训练，都有可能引起应激过度，消耗运动员的心理能量，导致消极与失败的结局。从这个意义上说，应激控制训练主要是对过度应激的控制性训练。应激控制训练有环境应激控制训练、身体应激控制训练、认知应激控制训练和积极思维控制训练四类。

（二）应激控制训练的作用

从应激的定义和应激的负面影响可以看出，应激控制对比赛的正常发挥起着相当重要的作用，具体表现有以下几方面：有效地控制机体紧张程度；保持一定的激活水平；适应环境的能力提高；树立成功的信心；学会积极的思维；提高其他心理技能的协同作用。

（三）应激控制训练程序

1. 环境应激控制训练

（1）减少环境的不确定性

赛前让运动员明确训练条件与要求，可能出现的问题和处理方法；明确比赛时间、地点、场次以及应该达到的标准、注意事项等。教练员的态度要前后一致，语气平和肯定，恰当地表达对运动员的期望，让运动员心里有数。

（2）降低环境的重要性

不要明确规定运动员的参赛名次及成绩指标，应该正确地解释训练与比赛的关系，此次比赛与今后比赛的关系，不以名次来评价运动员的自身价值。

（3）使训练条件逐渐复杂化，提高对环境的适应能力

在一个训练周期或一个赛季里，随着基本技术训练向专项训练和综合训练的深入以及赛前训练的临近，应该逐渐增加训练的难度，尤其适应环境的训练难度，使其接近或远远超过实际比赛中有可能出现的复杂环境条件。通过这些训练，使运动员再遇到类似的问题有熟习和习惯化的反应，让他们有足够的心理准备去应付。中国射击队在备战27届奥运会时就进行了各种各样的对环境适应能力的训练。如在射击训练中，在正规训练的基础上可再外加负荷进行射击；在强烈的侧风下射击；组织机关人员到现场观摩比赛并故意制造干扰，或高声谈话或品头论足或现场找毛病来提高运动员的适应能力。

2. 身体应激控制训练

（1）学会识别应激的症候。运动员在赛前应激时伴有不同的反应，出现不同的症候群。主要有以下的证候：疲劳、心跳加快、口干舌燥、失眠或身体肌肉颤抖、咬牙、颈部紧张、出汗、腹部痉挛、腹部疼痛、胃部不适、呕吐、尿频、腹泻等，使运动员从理性上了解自己应激的特殊反应，及早发现，不要紧张。

（2）运用放松技能的方法，选择自己习惯的放松方法进行肌肉的放松，进而放松心理。

（3）在要求层次不同的训练或比赛中间，逐渐培养运动员从稍紧张到放松，从紧张到放松，从高度紧张到放松，使放松技能逐渐成熟。

3. 认知应激控制训练

认知应激控制训练可分为改变消极思维的训练和积极性思维控制训练两个方面。

消极思维是产生破坏性应激的内部原因。取胜或失败的运动员在强烈应激情境下均可能产

生消极思维。以积极的认知方法可以改变消极思维，这些方法包括以下几种。

（1）中断思维

中断思维是一个简单的调节技巧。当头脑中充满消极的令人焦虑的想法可对活动带来消极影响时，可采用中断思维的方法。步骤如下：

第一步：大声对自己说："停止！停止！停止！"，如果还没有奏效，可以继续用另外的方法进行，总之要让消极的思维停止。

第二步：根据自己的比赛期望值，立即在脑中想象积极的、使你平静的表象。

第三步：转移焦点，可以用语言的提示将你的注意转移到你正在从事的动作过程或动作细节上。

（2）合理思维

以合理的思维取代不合理的思维，使之从焦虑、恐惧、压抑和自我表现贬低中解脱出来，达到对过度应激的有效控制。其步骤如下：

第一步：识别产生不合理思维的内容。不合理思维的总特征是对自己、他人和环境的要求绝对化、过分概括化。

第二步：对不合理的思维进行自我辩论。用理智的信念说服自己，并从过去或周围的事物中寻找合理的支持，以加强辩驳的力度。将对客观存在的困难归因从不可控的方面转移到可控的自己身上，同时寻找自己的优势所在，并将这些优势与对手可能存在的优势对比，来稳定情绪，获取信心。

第三步：明确现在应该干的事情。把注意力集中到当前应该做的第一件事情上，使其有个良好的开端。把目标分割成部分，逐次实现。

第四步：实施鼓动性语言。设计一些召唤语言，最好用一些肯定的语句"我能把握住自己"，重复积极的语句"我一定会成功的"，"坚持就是胜利"等。

（3）自我谈话

通过有层次的说理过程，对自己进行耐心说服，使自己重新获得积极的自我形象。如有的运动员对自己比赛缺乏信心，就认为赛前训练成绩不佳，这样可以通过自我谈话的方式进行解决。谈话可以做如下的选择：尽管赛前训练不尽如人意，但我最近的收获是较大的，我可以在比赛中获得成功；我这次参赛的目标是现实的；我的优点和长处是明显的，我要继续发扬自己的长处和优势，具体的做法是1、2、3……自我谈话实际上是从消极的心理现实出发，把问题和解决问题的方法联系起来，实现认识结构的转换。

改变消极思维的训练方法除思维中断和自我谈话外，还有召唤性词语、自我定向断言等。其中，自我定向断言能用新的自我意象代替旧的自我意象，因此能有效地促进消极思维的改变。

为改变运动员的消极思维，可以从以下四个方面设法力求改变：需要心甘情愿地接受改变；必须清楚需要改变的态度和习惯；建立一个与过去自我意象冲突的新的自我意象；设法用新的自我意象代替过去的自我意象。

4. 积极性思维控制训练

积极性思维控制训练是指运动员面对训练、竞赛和生活现实能驾驭思想、更加积极地想问题，并减少对运动效能进行消极评估次数的技巧。

由于思维与行为效果紧密联系，如果对某事所想、所谈、所写越多（这些事情必须是真实的想法），这一事物发生的可能性就越大：确信成功，往往成功；担忧失败，失败就更易发生。因此，当积极性思维指向活动时，表现在确定目标、制定计划、建立技能练习心理定势、调节控制运动训练过程、强化提高技术水平；当积极性思维指向自我时，表现在使自我形成良好的态度和习惯，或以新的自我意象取代旧的自我意象，提高精神控制力。

积极性思维更易于使运动员的意识——控制因素、无意识——技术表演、自我意象——自我态度和习惯三者达到协调一致，促进比赛发挥。

所谓积极思维控制绝非仅是应激控制的认知策略，而是影响运动员训练和比赛，乃至影响运动员心理发展的重要心理技能。

积极性思维控制包括培养积极思维和改变消极思维，又分别表现在对活动与自我两方面。积极性思维控制训练的主要有以下几种方法。

（1）树立目标

这一点和目标设置的原理是一致的，但更侧重于比赛的目标树立过程及目标的认知作用。在一场比赛中，树立经过努力可能实现的目标就能激励运动员为之努力，使行动有了动力方向，并避免因缺乏目标而产生的消极杂念和行为动摇。比赛目标的具体内容包括：决定做什么、为什么要树立目标、达到目标的计划、实现目标的价值、实现目标后树立新的目标等。

（2）编制动作程序

在每次训练或比赛前，将动作程序在头脑中认真想清楚，所做的动作就成为模拟思想的系列图像。它包括开始点、态度点、指导点、控制点、焦距点。例如在射击中，开始点是指装子弹点，射手就想象正面事物；态度点是指射手寻找射击10环的感觉；指导点是想正确的平正准星、自然击发、保持，结果命中10环；控制点是注意动作中最关键的部分——持枪的稳定和力量的保持；焦距点是在击发前意象正对靶的准星上。

对运动员制定程序的要求包括期望阶段——训练和比赛前的思维活动；行为阶段——训练和比赛时的思维活动；巩固阶段——训练和比赛后的思维活动，即把积极的思维贯穿于准备、行动和回顾的全过程中。但是，随着运动员技术的成熟，在行为阶段思维的活动会越来越少，过多的思维反而起到阻碍作用。

（3）制定比赛心理方案

为比赛进行准备是多方面的，但是通过积极的思维进行心理准备才能带动其他准备，并避免惊慌失措。比赛心理方案包括：

做什么——程序或策略。

为什么——希望产生什么感觉或结果。

怎么办——比赛出问题的备用策略。

执行结果——哪些方面做得不错，哪些方面需要改进。针对运动员不同情况制定的比赛心理方案，能不断地提醒运动员在比赛中应注意的问题。在比赛前默念比赛策略，使他们把精力集中于他们所能控制的事情上，努力发挥自己的水平。

（4）对自己持肯定的态度

一名优秀的运动员从参加竞技比赛开始就应该对自己持肯定的态度，尽管在前进的路上有很多难以预料的困难，在成功与失败的交织中不断地打造自己，形成自己风格。不断地对自己所从事的运动项目充满兴趣和热情，用向上的语言评价自己和训练、比赛过程。比如说，"我为自己成为一名排球运动员而感到骄傲，无论与谁比赛，我都会尽力打出自己的风格，尽力发挥我的水平，赢得比赛"，"今天我已经做到百分之百的努力，发挥出了水平"，"这场比赛我很有信心，只要将平时训练的技术和战术发挥出来就行了"等。

八、心理战术训练

（一）心理战术概述

战术源于军事，竞赛是和平环境无硝烟的战争，运动竞赛与军事实践有着密切的亲缘关系及许多共同特征，军事战术与竞技战术可在许多方面相互借鉴与移植，作为中国古代战争谋略经典之作的《孙子兵法》可给予现代竞技战术理论许多重要的启迪。竞技战术可定义为比赛的原则、方法与策略；运动员战术定义为运动员为成功比赛而制订和运用战术的能力；心理战术则是以人的心理为目标，通过各种手段对人的心理施加影响和刺激，使其产生紧张、恐惧、疑惑、疏忽大意、不知所措、犹豫不决等心理反应，进而达到诱使对方上当并产生错觉，从而破坏对方谋略，从心理上遏制对方以及巩固自己的心理防线等目的。

心理战术按照不同的分类方法可分为：战略性心理战术和战术性心理战术；对内心理战术和对外心理战术；独立性心理战术和附和性心理战术等。

心理战术是建立在谋略基础之上的，所以谋略思维是心理战术取得良好效应的基本要素和重要条件，也是教练员为获得胜利而采取的心理搏斗艺术。就心理战术而言，谋略思维可以分为以下几种。

1. 常规式

这种谋略是以实施者的实践经验为基础的，遵循竞技运动比赛的普遍制胜规律和战术原则。例如，以我之强，攻敌之弱；集中优势，以多打少；先发制人，争取主动等。

2. 顺应式

这种谋略是以实施者在研究比赛对手特点的基础上，利用其合乎主体意愿的发展因素而制定的。其特点是在明察对方意图之后，顺水推舟，将计就计，因势利导，投其所好，把其行动引向自己所需的方向。

3. 迂回式

这是实施者采用的一种迂回曲线的方法，利用对对手起制约作用的外部条件，间接地作用于对手的谋略。迂回式是一种比较复杂的心理战术，最能表现出心理战术实施者的全局眼力和把握关键的能力。

4. 逆反式

这种谋略是抓住对方谨慎多疑，但分析判断情况思维定式较强的心理特点，一反常态，使对方虚实难辨，因判断失误而做出错误的抉择。

竞技运动心理战术隶属于竞技战术，而竞技战术依《孙子兵法》的制胜思想又包括以下基本原则：知彼知己原则；先胜后战原则；以我为主原则；正合奇胜原则；攻心至上原则。这些原则都有其深刻的哲学、心理学基础，对我们深刻理解和把握竞技心理战术具有十分重要的启示。

（二）掌握心理战术训练的作用

1. 有利于把握深层次的竞技制胜规律

心理战术包括两大竞技运动制胜要素，通过训练可以提高运动员战术知识、战术意识、战术技能、战术运用的水平，从而在心理上丰富了获胜的手段，达到"先胜而后求战"的较高境界。

2. 有利于培养运动员知彼知己的能力

运动员平时大负荷的训练的目的就是要在比赛中获胜以实现自身的价值，但在比赛中往往不是一帆风顺的，总有坎坷。这其中的原因除了实际的能力问题之外，很重要的就是不会分析自己的真正实力和表现实力的方法，对对手的能力又不放在眼里。通过战术心理的训练可以在一定程度上减少这方面的失误率。

3. 增强竞技制胜的信心

正是由于心理战术的有效训练使运动员在赛前提高了对战术的认识程度，系统地分析了自己的实力以及存在的不足，并进行针对性地训练，降低失误率，从而增强了制胜的信心。

（三）心理战术训练程序

心理战术在每一个运动员参加每一场比赛时都在运用，只不过有时候是不自觉地和本能地在使用着，对集体性项目战术的运用比个体性项目要系统得多，教练员研究和琢磨的也多；对个体性项目情况则大相径庭，有的教练员和运动员认识到战术的重要性，有的教练员和运动员则干脆认为个体性项目关键要靠实力，不重视战术的研究、训练及使战术的谋略渗透到每一场比赛中去。事实上，在竞技运动水平突飞猛进的今天，任何不重视心理战术训练的教练员和运动员都要比别人经受更多的磨炼。心理战术的训练程序包括智识性心理战术训练和操作性心理战术训练。

1. 智识性心理战术训练

主要包括对涉及心理战术的基本原理、心理战术制定与效应产生的过程以及心理战术运用的原则等问题首先从理论上进行学习和理解，提高心理战术的知识水平和意识。

（1）示形是心理战术的先导

示形用佯是心理战术的核心，其原理是利用对方对己方的观察来提供假象，隐蔽真实，利用对手由常规思维定式所造成的思维"盲点"，一反常规心理，与对方斗智，使对方难以料定我方的本意，造成误判，导致行动上的失误。在竞技比赛中经常采用的示形用佯的方法有：

①示强法：给对手施加心理压力，使对手望而生畏，产生心理威慑作用；

②示弱法：给对方造成实力不强的假象，使对手麻痹大意，放松战斗意志；

③示真法：有意暴露自己的比赛意图和情报，使对方形成"以真示假"的错觉；

④示假法：对于生性多疑的对手，假则假之，很容易使其反以为真。

（2）暗示是心理战术的手段

暗示是用特定的信息、间接的行为方式对人的心理活动产生影响的过程。心理战术的实施实质是通过暗示影响受示者的心理活动，调节受示者的思维，随心理战术实施者意图而转变。

（3）错觉是心理战术的目的

心理战术实施者主要通过示形和暗示，导致受示者出现错觉，造成思维混乱，导致决策失误。

（4）心理战术制定与效应产生的基本过程

心理战术制定过程是指实施心理战术前，通过对对手的分析研究，形成战术思路的过程。

分为五个步骤：

①研究对手心理状态：一是研究赛前和赛中对手的心理状态；二是研究对手教练员、运动员的心理素质和性格特征，是谨慎，还是冒失？是冷静，还是急躁？

②预测战术意图：通过深入研究和分析尽可能地揣摩对手对付我方的计划和对我方的看法，从而预测出对手的心理战术意图。

③分析双方态势：在分析对方的基础上进一步分析比赛双方所处的态势及各种有利和不利的条件与因素。

④制定谋略方案：心理战术是深思熟虑的行动，是巧妙运用智慧的艺术，制定心理战术的谋略方案是整个心理战术的核心。因此，要善于针对不同的情况制定相应的谋略手段。

⑤隐蔽真实意图：心理战术除对对手实施公开的心理攻势外，其中大部分是靠实施欺骗战术迷惑麻痹对手。而欺骗就必须隐瞒事实真相，这就要求采取保密、加强伪装和缩小秘密范围等措施来保证，否则就无法取得相应的效果。

心理战术效应产生的过程包括以下几个步骤：

①释放信息，吸引注意：发送欺骗信息引起对方的注意，满足对方的情报需要，这是实施心理战术的首要条件。

②产生联想，造成错觉：心理战术的实施者，必须力图使自己的诈骗信息引起对方产生多极联想，才能对其心理状态发生深刻的影响，从而产生错觉，获取最佳的心理战术效果。

③注意效果，及时应变：心理战术实施者在实施过程中，要根据对方的变化及时调整方案，以使心理战术效应成为一个连续不断的过程。

（5）心理战术的运用

运用心理战术的原则是根据心理战术的根本目的、对手的心理状态及其变化规律提出的，既是实施战术必须遵循的基本准则，也是取得良好效应的重要保证。

①可行性原则：是指心理战术实施者自己设计的行动要能够保证实现原定的动机。在实施心理战术时，不仅要着眼于主观愿望，还要考虑客观可能，使主观和客观有机统一起来，这是取得良好心理战术效应的重要前提。

②合理性原则：是指心理战术实施者要使自己的战术方案尽量符合客观条件和作用对象的心理发展规律。这就要求心理战术的确定是建立在主观动机明确、对对方了解和客观条件许可的基础上。

③适度性原则：是指心理战术实施者在实施心理战术的过程中，在心理上应该掌握一定的分寸和恰到好处的界线。

④针对性原则：是指实施心理战术必须针对双方的心理特点加以实施方能奏效。通常情况下比赛中对手经常出现的心理弱点有如下几点：对手有勇无谋，一味死拼，容易上当；对手胆小谨慎，临战怯场；对手情绪不稳定，急躁易怒，经不起刺激，一触即发；对方过于自尊，经不起讥讽；对手个性倔强，一挺到底；对手思维定式强，墨守成规等。

2. 操作性心理战术训练

智识性心理战术训练从理性的角度为教练员和运动员提供了知识和思维的基础，但是要真正地学习和掌握本专项在竞技比赛中制胜的心理战术，还要在实际训练和比赛中进行反复地磨炼才可能建立起比赛全过程的心理信念，并使其真正在比赛中体现出来。操作性心理战术训练在实际中经常采用的方法有如下几种。

（1）程序训练法

此方法对于集体项目特别适用，但不同项群的训练程序不同。技术动作为单一动作结构的体能主导类项群如田径等采取不同方案的选优和重复熟练，并注意在不同的情况下进行贯彻落实；多元固定组合结构的技能主导类表现性项群如体操等，以提高单个动作或成套动作的成功率，特别是第一套动作的成功率；多元变异组合结构的技能主导类表现对抗性项群如排球、柔道等，从防守角度进行强化，可参照"无防守→消极防守积极防守→模拟比赛→实战"的程序进行。

（2）难度增减训练法

降低难度的战术训练有助于运动员，特别是初学者较快地建立战术意识，掌握战术行为。集体项目或全队或几人配合，在开始训练时常常采取降低难度的方法以求更快地组织战术行动。对于高水平的运动员或者一支成熟的集体运动队，则常常采用增加难度的方法进行战术训练。例如篮球项目以少打多，女队员由男队员陪练等，可以有效地提高运动员的心理战术成熟程度。

（3）分解完整法

为了使运动员完整地掌握局部战术和全局战术，以形成稳定的心理优势，可以分别将比赛过程各个部分的战术进行分解练习，然后将局部战术组合起来构成完整的战术行为。例如，具有高度动员能力、高度自我表现控制能力以及丰富比赛经验的优秀运动员，常采用匀速跑或"快速启动—匀速跑—全力冲刺"的战术，这种方案最有利于充分发挥自己已具有的竞技实力，创造新的纪录。这一战术就需要在平时进行分解和组合训练。

（4）模拟训练法

在训练中模拟比赛时的各种条件，特别是模拟主要竞技对手，以便有针对性地提高实战能力。中国羽毛球队在备战第27届奥运会时就进行了各种模拟实战的训练；乒乓球队长盛不衰，很重要的原因是在队内创造一个"乒乓小世界"，培养各种打法，进行模拟对抗。通常模拟对抗可以提高运动员战术优势心理，增强实战的表现能力。

（5）比赛性训练

"比赛促练，以赛带练"的观点已经成为当今竞技运动水平提高的重要方法和手段，也是一切从实战出发的具体体现。因此，通过实战来提高运动员心理战术能力已是大赛前训练的必须具备的重要环节，也是提高运动员心理适应能力的主要方法之一，但各个项目的方法千差万别，需要教练员认真研究。

第三节　现代排球运动竞赛心理素质的训练方法

一、赛前心理准备

（一）赛前常有的几种心理状态

由于运动员对比赛认识、态度、经验和准备情况的不同，可出现各种不同的赛前状态。教练员只有准确了解个体运动员的赛前状态，才能进行针对性的训练和指导。

1. 赛前过分激动状态

主要表现为运动员过度或过早兴奋，情绪强烈紧张，呼吸短促、心跳加快、心神不定，经常有恐惧、焦虑、易激动、心情不安等消极情绪的困扰。处于赛前过分激动状态的运动员，常常不能有效地控制自身的行为，知觉和表象不连贯，注意力不能集中，记忆明显下降，经常出现对比赛中重要因素的遗忘，技术动作不一致等情况。

2. 赛前淡漠状态

主要表现为运动员在比赛前情绪低落、缺乏信心或对比赛感到索然乏味、意志消沉、萎靡不振，体力明显下降，知觉和注意力减弱，严重的甚至逃避比赛。其主要原因是与运动员对比赛的不利因素考虑过多，缺乏顽强的意志品质，身体、心理、技术状况不佳有关。

3. 赛前盲目自信状态

主要表现为运动员对即将来临的比赛中的困难和复杂情况估计不足，或过高估计自身的力量，相信能在比赛中较易取得好成绩。因此，心理能量不能积极动员，注意力下降，知觉、思维相对滞后，思想飘浮不定，不能认真进行比赛的准备。

4. 最佳竞技状态

最佳竞技状态是运动员在比赛中充分发挥出自己最大潜力时所处的身心状态，这时运动员从技术、心理等各方面都感到非常的流畅，该状态的主要心理特征为：精神与身体非常协调的感觉；思想高度集中，无抑制感；技术动作自然、轻松，无费力感；无焦虑感和表现欲。

最佳竞技状态往往难以有意识地加以重现，也许，这也是它显得极其宝贵并有些神秘的原因之一。尽管这样，还是可以通过提高自己的心理调控能力来增加比赛时达到最佳竞技状态的可能性。

(二) 形成最佳竞技状态

运动员参加比赛的最终目的是使竞技能力充分地得到发挥，并在比赛中取得优异成绩，真正从内心深处享受到运动的乐趣。也只有树立这样的观念，才能真正获得或体验到最佳竞技状态。如想在比赛中出现最佳竞技状态，通常应做好以下几方面的工作。

1. 进行长期、系统的心理技能训练，使运动员的心理技能得到提高，并能将心理技能与运动技术结合起来，以适应比赛的需要。

2. 进行认真、细致地赛前方案的设计和撰写，特别是对于比赛中可能出现的各种问题要逐一制定相应的心理对策。这项工作是运动员与教练员或心理学专家一起完成。并加强赛前心理暗示的训练。

3. 进行赛前的模拟训练，既要进行现场的模拟训练，也要进行心理表象的模拟练习。在模拟训练中检验比赛方案的顺畅情况，如有不合适的方面，及时加以修正和完善，以迎接比赛。

4. 越临近比赛，越要注意在训练中进行整体技术动作的练习，强化整体概念，防止出现动作细节疑惑的现象。

5. 制定切实可行、稍低于训练水平的比赛操作目标，并成为确实可行的内在目标，树立正确、积极的心理定式。

6. 完成各种赛前技术、战术、设备、保健等方面的准备工作，熟悉比赛环境，与各种必须或可能遇到的"陌生"因素相熟悉和适应，提高和增强自身比赛的适应能力。

7. 要根据自身专项的特点，做专门的一些准备工作。

（三）激发运动员的比赛动机

比赛动机是激发运动员进行比赛的内部动力，它包括强度和指向两个方面：强度指的是运动员为达到某一目标所付出的努力；指向是指目标方向的选择。因此，运动员的比赛动机是否端正关系着运动员参加比赛的动力，他们将要付出的努力和能否取得应该取得的成绩等重要问题。教练员必须要理解动机及其重要意义，并应着重解决运动员比赛动机的激发问题。

1. 激发运动员的内部动机

动机来源于两方面，一是来自于人的内部，另一个是来自于人的外部。乐于比赛而参赛的运动员的动机就是由内部原因激发的。他们所追求的运动目标一旦得以实现，这种实现本身就是一种奖励和强化，使之在心理上得到极大的满足。而为了追求名次和物质，为了获得奖励和赞扬而参赛的运动员，他们的动机是由外部原因引发的。这些外部原因可以成为强化物来强化运动员的比赛行为，满足运动员的心理需要。而教练员应采用多种方法和手段来激发运动员的内部动机，想方设法使比赛成为运动员的需要，使其充满刺激和乐趣，使他们长时间地以高昂、稳定的情绪投入到比赛中。

2. 培养责任感，发展内部控制点

内控型的运动员往往把自己比赛的成败归因于自身的能力和努力，成功了会认为自己有更大的潜力，失败了会认为自己的努力还不够，他们会为比赛承担更多的责任，会为挖掘自己的潜力和弥补比赛中的过失做出加倍的努力，会以更大的热情投入到下一场比赛中。

3. 正确目标的设置

为运动员提出新的目标和要求，也是激发运动员比赛动机的重要方法和手段，他们会为更高的目标而进行更大的努力。但是，目标设置应客观，运动员通过努力是可以实现的，否则，就会有负面影响。

（四）树立正确的比赛心理定向

比赛心理定向是指比赛开始前和比赛过程中，心理的准备状态和注意的指向性。运动员将心理定向在何种对象或事物上，对比赛中的表现有着明显的影响，因而，这也就关系到比赛的最终结果。用心理控制点的理论来说明比赛的心理定向时，应明确将比赛心理定向指向于我们所能控制的事物时，更易于把握比赛。正确的比赛心理定向应是：以我为主，把握现在，从零开始，多想技术动作。

（五）赛前教练员的言谈举止

赛前教练员的言谈举止对运动员会产生极大的影响。教练员在评价对手和分析情况时可能对运动员的信心产生极大影响；议论场地、裁判、观众、编排、奖励等情况时可能对运动员的注意方向产生极大影响；提出比赛目标时可能对运动员的努力程度和紧张程度产生极大影响。同时，教练员的语音语调、身体姿势、面部表情方面的形式及其变化，也都可能对运动员产生始料不及的重大影响，甚至可以影响到比赛的结果。这方面国内外有许多成功的经验，也有不少失败的教训。但并不是每个教练员每时每刻都能意识到自己言谈举止的重要意义，教练员也有冲动的时候，在成败一锤定音的关键时刻更容易冲动。因此，教练员应当加强比赛前的自我意识性和心理调控能力。

(六) 消除运动员的"目标恐惧"

"目标恐惧"是由于意识指向一定的目标而诱发的恐惧心理。比赛中尽管是很简单的动作，尽管是平时重复训练过千百次的熟练动作，当赋予某种特定的目标时，恐惧心理有时就会产生。射击运动员从试射转为记分射后，心理负荷即刻增加，再就是当比赛进行到后期，感到胜利在望时，或可能破纪录时，也有可能出现恐惧心理，以致影响运动技术水平的发挥。要消除这种恐惧心理应注意以下几点。

1. 运动员应将注意力集中到当前的活动中，而不要去想比赛的结果，淡化目标。

2. 比赛中运动员不应过多思维，特别不能过多想与技术动作无关的事物，应使一切自动化地完成，甚至赛后运动员回忆不起比赛的过程，只知是在做一次又一次的技术动作。

3. 运动员应当在平时准备一些积极的自我暗示语，如比赛中出现恐惧心理，可用暗示语来进行自我调节。

4. 平时还应做一些思维阻断练习，转移注意力练习，当突然出现恐惧心理时，能尽快地进行消除。

(七) 调节赛前失眠

赛前能吃能睡无疑对运动员以良好的体力和精力去参加比赛是十分有益的，所以赛前为了保证运动员有良好的睡眠，应注意以下几点。

1. 尽可能创造适宜的睡眠环境。房间的光线相对较暗，保持安静，温度适宜，保持新鲜空气流通。

2. 遵守作息制度，同寝室人员应相互协调，生活要有规律。每天按同样的时间入睡，这有一个相互感染的作用，还可以形成和出现固定的睡眠条件反射。

3. 晚上最好不要喝咖啡、浓茶和可乐类含咖啡因的饮料，睡前喝一杯热牛奶会有助睡眠。

4. 晚上应尽量少看惊险有趣的小说和电视，若参加舞会、卡拉 OK 等文娱活动，应早一点结束。如果不是十分需要，中午不要长时间午睡。

5. 如果出现了睡眠障碍，可做一些自我暗示放松。最好不要用药，因为小剂量的药物不会有明显的作用，而大剂量的药物会对第二天的比赛产生不良影响。

(八) 赛前心理动员的要求

多数运动队在比赛前都要进行赛前动员，基本上是由领导讲话或教师讲课的形式，讲明比赛意义、要求，提出成绩要求等，这实际上就是心理动员。它要求运动员通过心理活动（感知、表象、思维等）来接受，并引起运动员新的心理活动。

但由于运动员在比赛前心理活动本来就比较活跃，担心比赛结果、注重比赛带来的社会效应，极易体验过去失败的心理感受，被心理阴影所笼罩，所以对赛前心理动员的要求很高，如不注意，也可能引起消极思维活动的增长和心理动员的负效应。为得到赛前动员的良好效果，必须注意以下几点：

1. 经过心理咨询与调查，明确此次比赛运动员主要存在的心理问题，动员必须有针对性。

2. 用心理学的原理去说服运动员，使其在认知上有所改变，通过接受心理学的知识促使其形成正确的比赛态度和心理定向。

3. 必须结合优秀运动员成功的事例来作为动员中引用的心理学理论知识的佐证；增加生动性、可信性、易理解性，并能够起到"同层次共鸣"的作用，使运动员直觉地感到"他行我也行"，激起积极的比赛动机并增强信心。

4. 除了讲清态度、动机、心理定向等方面的问题外，要重点提示可使用的心理调节方法和心理控制策略，使运动员不但知道"为什么"，也能知道"怎么做"。

5. 目标应是运动员能够认可的，留有余地的，不要定死名次指标。以使运动员既想跃跃欲试，又感觉心里踏实。

（九）赛前可使用的心理战术

心理战术是指在运动竞赛过程中，利用各种变化方式扰乱对手的心理策略和方法。它是建立在良好的身体素质和熟练的技术动作基础上。合理地运用心理战术，充分发挥身体素质和运动技术水平，是取得比赛成功的重要因素之一。常用的心理战术手段有以下几种。

1. 宣传手段

利用电视、报刊、新闻发布会等宣传渠道阐述自己对胜负的看法。根据具体情况，通常采用两种宣传：一是夸张宣传，通过宣传干扰对手，动摇对手的斗志，打乱对手的准备；二是保守宣传，将自己强的方面宣传为种种原因而变弱成致命点，说明自己的不行，以此麻痹和迷惑对方，削弱对方的战斗力。

2. 表露手段

利用赛前的练习时机，充分地表露自己。其方式主要有真实表露、夸张表露和保守表露。

3. 封闭手段

在赛前拒不在赛场露面或根本就不去赛区，直到比赛正式开始时突然露面。

（十）赛前常用的心理调节方法

1. 赛前谈话应以同情、体谅的态度进行友好的交谈

通过交谈帮助运动员明确比赛的任务和意义，激发比赛动机，鼓舞增加情绪和增强比赛信心。由此使运动员能减轻心理压力，集中精力投入比赛。注意要与比赛有较长时间间隔。

2. 复述比赛程序

在制定好比赛程序的基础上，认真执行赛前程序，并对赛中程序在头脑中进行"复述"。前者是指行为程序，即赛前什么时候做什么，准备活动的内容、时间安排等；后者指思维程序，即赛前什么时间默念动作或在头脑中演练正确的技术动作等。程序的有序展开，能使运动员有条不紊地做各种赛前准备。

3. 闭目养神

闭目静坐，回忆过去成功的经验或引向自身内部的感觉。

4. 信息回避

条件许可的情况下，尽量回避外界干扰性信息，阻断干扰源，利于平衡情绪。

5. 心理自我调节方法的运用

运动员在以往的训练和比赛中已经学会多种调节方法，每个人可能又有不同的习惯。可根据个人认同的有效方法予以调节。如积极有效的自我暗示、活动身体、转移注意力、肌肉放松法表象重现、表情调节、音乐调节、呼吸调节、颜色调节、排尿调节等。

二、赛中心理控制

(一) 比赛中的心理调节方法

临场上的情况错综复杂、千变万化，运动员也会随着场上的变化产生一系列生理和心理上的反应，从而对运动员的技术发挥产生各种影响。如果运动员在比赛中突然产生了过度紧张，可采用如下调节方法。

1. 呼吸调节法

运动员在过度紧张时，往往感到胸闷气短，呼吸急促。所以进行有意识的深呼吸可以缓解精神的紧张，尤以腹式呼吸法效果最好。坐式、立式都可进行。

2. 静坐闭目法

比赛场上人多声杂，意外刺激也不断出现，当运动员由外界影响产生紧张时，可在比赛间歇闭目坐在凳子上，把注意力集中于自身内部的感觉，想象自己呼吸畅通、心跳缓慢而有节奏等，这样就可以阻断外界信息，有效地防止干扰，使心情逐渐趋于平静。

3. 颈、肩肌肉放松法

人在紧张时往往会感到颈肌发僵，双肩耸起（端肩膀）。这时有意识地放松颈部、肩部的肌肉，轻松地活动一下头和肩将有助于心理紧张的消除。

4. 自我暗示法

在赛场上出现心理不稳定时，可采用积极的自我暗示，"镇静、放松""现在情况正常""我感觉很好"！以及暗示自己某部位的肌肉放松等都可以稳定情绪，缓解紧张。

5. 思维阻断法

当运动员的情绪紧张是由于消极思维引起并被运动员觉察时，可以采取某种习惯的方式来阻断消极的意识，并以积极思维替代它。例如，运动员由于比赛开始时的一次失误，而不断出现"我犯了一次错误，今天我是打不好了"的消极思维时，运动员觉察出来后，就应在自己心里大喊一声"停"，并要以"一次失误并没有什么可怕的，这很正常，现在别去想它，我一定能在后面的比赛中打得更好"这种积极、合理的思维来代替消极的思维活动。

6. 自我宣泄法

根据人体身心相互作用的观点，在心理过度紧张时，可通过身体活动，如轻轻活动手脚、跺跺脚、喊一声，以及搓手、擦手等，将紧张宣泄出来，达到心理稳定的目的。

运动员产生过度放松、麻痹大意、情绪低沉时，采用的心理调节方法主要是谈话法（咨询法）和自我暗示法。谈话法就是教练员利用暂停或休息的时机，指出运动员在赛场上表现出来的问题，并以简短的语言和动作，把运动员的比赛动机激发起来，把情绪调动起来，使他们以积极的态度投入到比赛中去。自我暗示法就是运动员通过自身积极的语言，端正自己对比赛的态度，提高自己大脑皮层的兴奋性，激励、动员蕴藏的心理能量，情绪高昂地参加比赛。

赛场调节运动员心理状态的方法还有很多，无论采用哪一种方法，都要经过运动员的认可以及在赛前长期、系统的练习才能取得收效。心理调节方法的选择要依据运动员的习惯和个性，不可统一规定。

（二）比赛中的心理控制

1. 比赛的紧要关头，赛前布置、准备好的战术全无踪影如何处理

人在处于极高的应激状态时，注意的范围将缩得很小，甚至小到遗漏了某些熟悉但重要的信息。唤醒水平越高，注意范围就越小，在这种状态下，如果要完成的是信息加工量较大的任务，高唤醒水平可能导致遗忘一些有关的重要信息，使决策失误，这就是在比赛的紧要关头，运动员好像把赛前布置、准备好的技、战术忘得一干二净的原因。因此，如果要完成信息加工量很大的任务，则应设法将唤醒水平控制在较低水平。当然，如果要完成的是信息加工量较小的任务，高唤醒水平可能有助于运动员集中注意在少数重要信息上，充分动员机体能量。而人在处于极低的唤醒水平时，有关和无关信息都可能纳入也都有可能不纳入到意识之中，而且，注意无法高度集中于与任务有关的信息，也会导致遗漏一些有关的重要信息，使决策失误。人在处于中等唤醒水平时常常效果最佳，此时，注意范围既不过大到使有关和无关信息都纳入意识之中，也不过小到遗漏某些重要信息，而是适中，即集中注意于所需要的最必要的信息并做出正确决策。

2. 比赛中脑子很乱或一片空白怎样处理

在激烈的比赛中，由于种种原因运动员可能会产生思维混乱或一片空白的现象。这时，如果不采取合理对策，运动员就会稀里糊涂地进行比赛，茫然不知所措，失去章法。脑子很乱或一片空白往往是运动员的认知失控造成的，如运动员对比赛结果考虑过多，对自己比赛中的失误追悔莫及，对自己能否战胜对手产生怀疑，对比赛中可能出现的突发事件思想准备不足等。运动员在比赛中始终要保持思维有序的状态，也就是说对自己认知要保持良好的控制，对什么是应该想的、什么是不应该想的要有清醒的鉴别，对什么时候应该想什么要有充分的思想准备。一旦发生脑子很乱或一片空白时，首先要冷静，不能急，不能紧张，然后要利用一切可以利用的机会使思维"暂停"下来。不要去想比赛的结果，那是将来的事情；不要想刚才你的表现如何，那是过去的事情；不要想对手，那是别人的事情。现在，运动员应当想自己当前应该怎么办，想一想技术要领、赛前准备的方案和应急措施，使自己的思路逐渐清晰起来，"感觉"尽快恢复，思维向着积极的方向发展。

3. 比赛时运动员应该心理上自励

自我暗示对人的心理活动和行为影响很大。绝大多数的运动项目都是运动员自己在进行比赛，即使有些项目教练员可以在比赛中临场指导，但比赛还是要运动员自己去比，他们的心理活动对技战术的完成起着决定性的作用。自励就是运动员独自面对错综复杂的比赛形势时，自己对自己的鼓励。错综复杂的比赛形势要求运动员的自励要适合比赛的发展，要有多种自励的语言和方法。因此，比赛前，运动员要做好发生各种情况的思想准备及对策。比赛中，无论发生什么情况，运动员都要以积极的自我暗示来鼓励自己。

4. 比赛中如何思维有利于技术水平的发挥

紧张、激烈的比赛中，运动员会产生各种各样的想法，这是很正常的。这些想法有些对比赛有利，能促使运动员全身心地投入比赛，有些对比赛不利，会导致运动员的情绪波动和注意力的分散。因此，运动员要学会掌握自己的思维，把思维的焦点放在对比赛有利的想法上。若想使运动员的思维做到有序，就要让运动员去想自己能够控制的事物。什么是运动员可以控制的呢？它们是运动员自己以及当前要完成的技术动作和战术配合。运动员本身的想法、情绪和注意力是可以控制的。运动员应阻断消极的思维，不断地给予自己以积极的鼓励，对不良的情绪要加以制止并调整至稳定的状态，对过去发生的和将来的结果等都不要去注意，要把注意力集中在现在进行的比赛中。眼前要完成的技术动作是运动员能够控制的。综上所述，比赛中运动员想自己当前的技术最有利。

5. 教练员临场指挥应注意的问题

教练员的临场指挥是教练员的教练技巧和经验的集中反映，它取决于教练员的观察、分析和决策能力，也取决于教练员的阅历、胆略和勇气。教练员的临场指挥决定着一个队比赛的指导思想，比赛的战略、战术的变化，上下场的人选，运动员的情绪控制等重要因素。教练员决策的正确与否，决定着一个队比赛的成败。教练员在临场指挥时应注意哪些问题呢？

（1）冷静

比赛时，比赛的形势千变万化、错综复杂，比赛中什么事情都可能发生。作为教练员，若想成功地指挥好一场比赛，首先就是要控制好自己的情绪，保持头脑冷静。前女排主教练袁伟民在指挥比赛时的镇定自若、充满自信和胸有成竹的"大将"风度，不仅保证了袁伟民教练的正确决策，而且也给女排队员们树立了良好的形象，给了她们无声的心理支持。

（2）善于观察、分析和思考

教练员决策的依据是他们对敌我双方队员的表现和战略战术、打法的精确观察及正确的分析和思考。

（3）随机应变，根据不同的情况进行临场指挥

比赛时间、地点、场地、对手不同，特别是比赛中得失分的变化、队员技术发挥的起伏、对方战术打法的变化等都要求教练员的临场指挥要随机应变，教练员要足智多谋、机智灵活。例如：

比赛开始时运动员发挥得不错，打得挺顺利，可越打越紧张，水平急剧下降。这时，教练员应让运动员放下"输赢"的心理包袱，鼓励运动员"敢于拼搏，相信自己，不怕失败，更不能怕胜利"，要指导运动员把注意力集中于自己的技术发挥上，不要总盯着比分。

比赛开始时顺利，运动员可能会产生麻痹大意的倾向。这时教练员应当让运动员知道比赛尚未结束，输赢还未定局，决不能有放松的心理，谁笑到最后才是真正的笑。

比赛开局运动员表现不佳，比赛进行得不顺利怎么办？这时，教练员要鼓励运动员所做的努力，同时告诉运动员顺利和不顺利都是比赛的组成部分，是正常的，不要对此产生什么心理负担。在指出比赛开局不顺的原因之后，告诉运动员应如何去做；或是坚持原定的方案，或是做出适当的战术调整。

比赛中也可能出现运动员越比越心急的情况。在这种情况下，教练员要使运动员明白"急"是没有用的，比赛要比个明白。战胜对手的途径是把自己的技战术水平充分地发挥出来。要使运动员对自己的和对手的实力有一个明确的认识，对比赛的艰苦性要有一个正确的估计。

比赛中还可能出现不曾预料的困难，对运动员的心理产生不同程度的影响。困难出现后，首先是要稳定运动员的情绪，二是要将运动员的注意力继续保持在比赛上，要使他们忘掉已经发生的一切，把精力集中在正在进行的技术动作上。

（4）当机立断

比赛的胜负往往产生在瞬息之间，教练员临场指挥时决不能犹豫不决。教练员在比赛中的决策必须是权威式的、命令式的，容不得讨论和商量。

总之，教练员在临场指挥时首先是要保持自己头脑的冷静和清醒，并要促使运动员的情绪稳定下来，在短暂的时间里，用简明的语言迅速转化运动员的认知，将消极思维阻断，以合理的积极思维取而代之，根据运动员的表现和对手的情况果断地做出新的技战术决策，使运动员放下包袱，轻装上阵，充分发挥出技战术水平。

6. 比赛中应根据任务调节自己的心理

人的注意能力可分解为两个方面：范围（狭窄到广阔）和方向（内部到外部）。范围是指在刺激阈中人所能够注意到的刺激数量，方向指人的注意是指向内部刺激还是外部刺激。

（1）外部注意

①广阔的外部注意

对于把握复杂运动情境来说是最合适的。用于集体项目，具有这种能力的运动员预测能力很强。

②狭窄的外部注意

做出反应的短暂时刻要求这种注意，这时注意指向外部且范围很窄，以便击球或对抗对手。

（2）内部注意

①广阔的内部注意

具备这种能力的运动员或教练员善于分析，因此学习速度快，善于把各种信息纳入自己的知识储备之中，并借此来制定训练和比赛计划，回忆过去和预测未来。

②狭窄的内部注意

对于敏感地把握各种身体感觉是最必要的，如射击、射箭、跳水、体操等项目中体验自身的运动感觉，在头脑中演练某一技能等就要利用这种注意。

每个人、每个集体运动项目都需要将注意范围和注意方向加以特殊组合，以产生最佳运动表现。一般来说，情境越复杂、变化越快，运动员就越需要利用外部注意方式。橄榄球、足球、冰球运动中需要广阔的外部注意，而棒球击球手则需要狭窄的外部注意。当分析或计划的要求提高了的时候，为改进技术动作，制定比赛战术计划时，内部注意就变得至关重要了。

7. 比赛中怀疑自己的技术动作应如何处理

很多教练员都曾经遇到过在比赛中特别是在重要的比赛中，运动员不敢大胆地运用平时训练的技术，他们或是要求降低动作的难度，或是心里发怵，慌手慌脚、缩手缩脚地完成动作。产生这种情况的主要原因是运动员在心理上缺乏自信心，怀疑自己的能力，而且考虑结果过多，怕失误、怕砸锅等消极思维充满了大脑，结果造成了心理过度紧张和动作上的慌乱。

对在比赛中不敢运用平时训练的技术的运动员除了要加强平时的训练和比赛，提高他们的适应能力之外，还要加强一些心理训练，如自信心训练、注意技能训练等。针对该问题我们可以采用以下的对策。

（1）进行肯定、积极的自我暗示

首先要在运动员的头脑中消除怀疑自己、怕失误的念头，以"我对自己有信心""我在训练中完成地很好""我一定能做好"等积极肯定的暗示语来鼓励自我树立信心，坚定一定能做好的信念。

（2）默念技术动作要领并伴以技术动作的表象

在赛前、赛中有时间的话，就要充分地利用这些宝贵的时间反复地默念技术动作的要领，熟悉动作方法。在默念技术要领的同时，伴之以动作表象，在头脑重复出现动作完成的形象，找到并明确动作完成的各种感觉，特别是肌肉活动感觉。

（3）将注意力指向于当前将要完成的技术动作之上

比赛中，运动员可控的因素就是他本人自己和当前将要完成的技术动作。过去发生的、将要发生的事件以及他人动作的完成都是运动员不能控制的。因此，运动员注意不可控的因素是毫无意义的，而且对运动员的心理和动作的完成将会产生不良的影响。运动员把注意力集中在当前和自己，能够排除其他因素的干扰，产生主动的内控感和实行积极的自我控制，集中注意力完成运动技术，这对稳定运动员的情绪，提高自信心和高质量完成运动技术会产生积极的促进作用。

以上对策并不是与运动员一谈就可在比赛中有效地运用了。如同其他心理技能训练方法一样，这些对策只有反复地进行练习，贯彻训练和比赛的始终，并且不断地修正和补充，才能在比赛中取得应有的成效。

8. 在比赛的关键时刻教练员应注意自己的情绪

这一点很重要，因为判断的正确性和思维的灵活性是教练员进行明智的临场指挥的前提，冷静的情绪状态为判断正确性和思维灵活性提供了必要条件，而过激的情绪状态则可能使判断失误、思维僵化；其次，比赛的关键时刻，也是运动员最容易极度紧张的时刻，自然也最需要帮助。他们会"不择手段地"从任何可能的地方寻找帮助，你也许会发现，运动员此时总是在向你投来探寻和求助的目光，因为，你是这种帮助的最重要、最方便的来源。这时，你全身都是信息，你的情绪会通过言语表情、身段表情特别是面部表情，向运动员传递着你的思想。鼓励的言语，哪怕只说一个字，也会使运动员信心倍增；无可奈何的摇头，哪怕只是一晃而过，也会使运动员觉得大势已去。

9. 比赛中如何在心理上干扰对方

比赛是运动员技战术和身体素质的较量，也是运动员心理上的争斗。双方每时每刻都在斗智斗勇，干扰和反干扰。比赛中心理上的较量比技战术和身体的较量更重要，甚至更具有决定性的意义。因此，在心理上干扰对方应该是教练员、运动员准备比赛及在比赛实施的一项重要内容。干扰对方的主要目的是想方设法使对方的情绪产生波动，不能在正常的情绪下进行比赛。在心理上干扰对方主要还是要靠运动员自己的实力，要用凶狠的打法、娴熟的技术和默契的配合、突然的变化、抓住对方的短处穷追猛打等来造成对手频频失误和心理上发虚。还可运用威慑的方法，如用严厉的目光紧盯着对方，发出洪亮的吼叫声，具有一定威胁性的动作和语言等，使对方产生恐惧情绪。还可用一些滑稽或挑逗性的表情、语言、小动作等让对手发火。还可运用一些放慢比赛节奏的行为，如擦汗、换球、换球拍、沉思、慢慢地拣球等来促使对方起急。总之，无论采用什么方法，一是目的要明确；二是要分析对手，采用的方法有针对性；三是注意要符合规则和道德。

三、赛后心理调整

（一）赛后心理调整的意义

比赛是一个阶段训练工作的结束，是这一阶段工作效果的集中体现，同时也是下一阶段工作的开始。赛后调整是必需的，这不仅仅是体力的休息与恢复，更重要的是要对刚刚结束的比赛进行认真全面的总结。而心理方面的调整，则应始终融入到赛后总结之中。为什么一定要进行赛后心理调整呢？赛后心理调整的重要性是什么？下面分几个方面来谈谈。

1. 一名运动员的成长是一个多年培养和发展的过程，而一次比赛仅是这一过程时间长轴上的一个站，等待运动员的是下一阶段的训练和下一次比赛。即使运动生涯结束了，运动员还要在社会上工作和生活。教练员不仅具有传授专项技术的任务，还有把运动员培养成为具有良好个性和正确思维及行为方式的社会成员的责任。所以，应遵循系统性原则，长期不间断地对运动员的心理过程如个性特征施加影响。一次比赛总会有一个结果，这个结果通常具有一定的社会意义和对运动员的个人意义。另外，比赛过程对运动员的心理刺激和影响较平时强烈，运动员在比赛期间会体验到比平时多得多的各种感受。所以，赛后往往是心理活动激烈进行的时期，也是个性特征容易出现变化的时期。

2. 一个运动员的自我价值感（自我知觉、自我认识、自我评价）对其成长和获得成功具有十分重要的作用。而比赛结果—胜或负、成功或挫折、新闻舆论、教练员的态度与评价、队友和亲友的态度、物质奖励和荣誉等，均会使运动员的自我价值感发生骤然变化，这是教练员应十分注意的。应使运动员认识到：我就是我，我还是我，一场比赛的结果可以很大程度上改变某些外界情况，但你自己不应因此在自我价值感上也大起大落。

3. 赛后心理调整的重要性还体现在要使运动员能够对比赛结果进行客观和有效的归因。下面是一种将比赛结果的归因分为四个基本点上进行的例子（表 10-1）。

表 10-1　比赛结果的归因

获胜且发挥好	获胜但发挥差
将获胜归因于能力水平。 强调不懈努力的重要性。 如何进一步提高。 指出发挥好具体的体现方面。	将获胜归因于对手弱。 提出还有待于进一步努力。 应注意哪些方面。 淡化获胜。
失利但发挥好	失利且发挥
将失利归因于对手太强。 强调已尽了最大努力和比赛本身的乐趣。 淡化失利。 对进一步提高做出设想	将失利归因于努力不够。 对努力不够而不是失利表示不满。 找出影响发挥的原因。 提出努力的目标。

4. 比赛有时会对运动集体内部的人际关系（教练员与队员，队员与队员，主教练与助理教练）产生一定的影响。还会对运动员的自信心、动机、情绪和兴趣产生影响，对此必须针对性地进行调节。

5. 比赛对运动员的神经能量消耗很大，赛后运动员均存在着或多或少的精神疲劳，如果不能及时消除，势必会影响下一阶段的训练和比赛。所以应采取各种方法和手段使运动员在精神上得到放松，可选择的方法有放松训练、气功训练、文娱活动与郊游等。

（二）赛后的心理调整

比赛是在运动员承受较大身心负荷情况下进行的，赛后的调整旨在使其迅速恢复到正常状态，以利于今后的训练和比赛。而调整方法绝不可能是自然恢复和停训恢复能解决的，应用教育学、医学生物学、心理学等综合方法和手段恢复训练，才能较理想地解除身心疲劳。在调整时应注意下列问题。

1. 通过认知调整解决比赛带来的消极心理反应

迅速消除比赛成绩的干扰，正确看待胜负，以防止优胜者的兴奋陶醉和失败者的沮丧气馁对后继训练的消极影响。

消除不正常的攻击心理。比赛时运动员的拼搏和进攻性冲动不会即刻消失，在失败者身上更加突出，必须注意疏导。

自信心的进一步强化。对成功者要在肯定成绩的同时，指出不足，以防止虚假自信心的发展；对失败者要着重指出比赛中的良好表现一面，并明确今后努力方向，防止自信心不足，自我贬抑。

2. 通过心理调节方法消除赛后紧张情绪

运用语言诱导放松来进行。可以是自我暗示诱导放松，也可以是他人暗示（如利用录音带）诱导放松。

（1）生物反馈放松训练。如利用肌电反馈，当肌电信号明显减弱，训练者根据灯光渐灭、声音渐小或图像动作的逐渐平稳就知道自己渐渐放松，更努力去体会放松的感觉。

（2）音乐放松。选择优美柔情的音乐，使运动员专注于音乐的欣赏，给中枢神经以良性刺激，对功能恢复有积极的促进作用。

（3）神经—肌肉的自我心理调整。通过肌肉的逐次放松，诱导神经系统降低兴奋性。特别是自我暗示睡眠练习，更有利于心理恢复。

（4）活动调整法。比赛后组织郊游、音乐欣赏、文娱活动、听相声小品等活动，消除因激烈比赛在大脑皮层中的强痕迹作用。

（5）宣泄法。参加大赛后的运动员，心理感受深刻，比赛后可能会引起万端思绪，要给运动员提供合理宣泄情绪的机会。可用谈话、书写、会议发言等形式，甚至可组织卡拉 OK 演唱会，通过歌声来宣泄心理的不平衡，达到心理调整的目的。

（三）比赛失败应如何处理

成功与失败是竞技体育中的永恒主题。胜败乃兵家常事。但聪明的人会在失败时迅速扭转，从败多胜少尽快走向败少胜多。为此应该做到以下几点。

1. 对失败持正确态度

运动员在平时训练时吃大苦、流大汗、出大力，就是为了比赛的成功，失败的结局与运动员的愿望相悖，失败的苦果品尝起来又苦又涩。但既然失败是成功之母，失败是攀登成功之路的台阶，我们就要从失败中崛起，重整旗鼓，奋发图强，力争做到：失败而不失态。跳出挫折情境，赢得起也输得起；承认输而不服输；怀揣着卷土重来之心，立东山再起之志，并不怕被压垮。把困难当成"磨刀石"。接受自我而不是否定自我、贬抑自我。

2. 对失败要有正确认识

从归因理论出发，找到失败的内部、外部原因和可控的因素，找到今后努力的方向和增强克服困难的信心。

3. 要有改变失败局面的措施

失败后的希望只能从卧薪尝胆的训练和不断追求的行动中产生。

4. 为自己确定恰当的抱负标准和奋斗目标

使心情尽快平稳下来，打消不冷静、不服气、急于打翻身仗、想立即参赛、为自己确定过高指标的想法，也不能失去奋斗的锐气，给自己确立过低的指标。

除要求运动员以正确态度对待失败之外，同时还需要教练、领导、观众、队友、亲人的理解，给予鼓励、信任和支持，这也是给了运动员新的希望和力量。

（四）运动员受到挫折应该如何处理

挫折就是失败或是一种阻碍，一般会引起消极、不愉快的心理感受，有时甚至导致许多不良的行为反应，出现心理障碍。挫折在人的一生中是不可避免的，任何人都会或多或少、或轻或重地体验到挫折。竞技体育中运动员所表现出来的挫折显得尤为突出，并有其鲜明的特点。因为，竞技体育本身就是一种高应激、高竞争的职业，它本身就蕴含着各种类型的挫折，并随时都有可能发生。其中以比赛失利最为常见。通常，挫折对不同年龄、不同经历和不同性格的人所产生的效应也是不同的，个体对挫折的承受能力也是有差异的。如何帮助运动员摆脱挫折的影响，清除挫折的消极作用，使他们振奋起来，投入到新的训练之中，应注意以下几个方面。

1. 应向运动员阐明：人的一生是坎坷的，不可能一帆风顺，在实现设定的目标中遇到这样或那样的障碍是难免的；人的需要和愿望常常受到环境的限制，难以尽如人意，也不可能都得到满足；一个唯物主义者应认识到这是社会事物运动的规律。

2. 应帮助运动员认识到：挫折本身又具有两重性，就是事物的本身有弊也就有利的一面；就是挫折可以给我们以教益，使我们更加成熟，更加聪明起来，从中吸取教训，变得清醒、理智、坚强，也是认识新飞跃的起点。

3. 帮助运动员冷静、客观地分析失败、导致挫折的各种因素。如客观因素有哪些，主观因素有哪些？尤其注意寻找主观因素。因为，物质变化的根本因素是内因，而外因只是条件。如平时训练安排，赛前状态的调整；比赛方案的制定，技术水平的发挥；赛前心理准备等。在分析原因时，还应提出一些不稳定因素，如机会、运气、偶然事件等的影响。使他们认识到哪些因素是可以控制的，什么因素是只能部分可控的，又有何种因素是不可控的。

4. 应特别注意运动员的自我意识和自我评价方面的变化。应使他们意识到即使在比赛中失败了，作为一个人的价值并不会在一瞬间改变，别人对你的看法和评价也不会在一夜之间就有大的改变。信心、准确的自我意识、意志努力不仅是运动员应具备的重要素质，也是一个社会的普通人所必须具备的重要素质，只有这样他才能成为优秀的人才。

5. 应注意运动员受到挫折后可能出现的一些行为反应，如发泄、冷漠、幻想、忧虑、逃避等。应注意多与他们交往和沟通，多关心他们，以防止心理防御反应进一步发展，并通过了解和关心，使之逐步消除心理防御反应。

6. 在平时的生活和训练中应注意提高运动员的认知水平和承受挫折的能力以及自我评价的能力，学会自我调整自身的心理状态的方法和手段。

第十一章　现代排球运动训练中游戏的实践运用

第一节　排球运动训练中游戏的重要性

一、排球游戏的基本概念

排球游戏是以排球的技术、战术、体能等练习为基本素材，以游戏为形式，以增强体质、培养身体活动能力、掌握提高排球技能为主要目的的特殊体育教学训练活动。与排球教学训练中的技战术和身体练习相比，排球游戏适情有趣、寓教于乐，寓学于乐，它把排球运动的基本技术、战术及体能教学训练内容，按一定目的、要求分解搭配成有娱乐成分、竞争因素和学、练目标的多样活动单位，在渐进的特定规则引导下，吸引习练者主动地进行由易到难的创造性学、练活动，突出了这种特殊教学训练形式的优越性。

二、排球游戏的基本特点

排球作为体育游戏，既是游戏的组成部分，又属于体育活动，有其本身所固有的选择性、趣味性、变通性和竞争性的特点。

（一）自由选择性

排球游戏没有直接的外在功利性。人们在排球游戏中，注意的是活动过程的乐趣，而不是活动的最终目的或结果。因而，排球游戏活动的目标往往可根据游戏者自己的愿望提出和设定，玩什么、怎么玩均可商议，并且也可商议排球游戏的方法及进程，如三对三、四对四比赛，可以根据现场的人数而定，可以根据自己时间充裕情况商定比赛的局分、局数。充分发挥游戏者的自主性，做自己的主人，完善个体，实现自我。

（二）趣味性

趣味性是体育游戏共同的显著特征。由于排球游戏是一种参加者可以自由选择的活动，没有任何外来的压力，所以参加者轻松、自由、平等地参与活动，使其活跃起来的心理功能得到发挥，获得自由表现的机会，把注意力集中于排球活动过程的乐趣上，使参与者拥有轻松愉快的心境。游戏规则的变通性使得排球游戏更具灵活性，从而赋予排球游戏引人入胜、精彩纷呈的色彩，满足人们的情绪、情感上的需求，产生愉快的情绪体验，使人情趣倍增。

（三）变通性

排球游戏的活动方法、活动进程、主要规则可以根据参加者的实际情况有所不同、有所变化，场地大小、球网高低可根据游戏者的实际情况选定。排球游戏中的技术动作，教练员可以提出严格的动作规范，也可淡化、放宽技术动作规范要求，根据参加者的具体情况和不同要求作相应变化。不分性别、年龄，几个人凑在一起即可开打，可以三五个人围成一圈打防，也可分成双方相等或不相等的人数进行比赛，这与竞技体育严格的技术规范形成了鲜明对比。

（四）竞争性

与其他体育活动一样，排球游戏也具有竞争性，而排球游戏的竞争与一般竞技体育的竞争有所差异。竞技体育的竞争是一种强者的竞争，要求先天身体条件好，体能突出，专项技战术水平高的人才可能在竞争中取胜。排球游戏由于其活动方式有较大的变通性，虽然游戏结果一般也是以获胜而告终，但排球游戏获胜的因素是多种多样的，竞争的内容是可以变通的，因此，出现的结果也可能是多种多样的。如传球次数比赛、发球准确度比赛等，排球游戏的这种竞争性，可以使弱者有成功获胜的可能，对强者提出新的挑战，只要全力以赴，参加者都有取胜的希望，在排球游戏中可以更好地挖掘人的潜力。

三、排球游戏的主要功能

（一）调动学习兴趣，提高教学训练质量

在排球训练中，队员的训练兴趣是影响训练效果的重要因素，要提高排球训练质量，就必重视队员的主体作用，激发队员的学习热情。为了使队员正确、熟练地掌握和运用排球技、战术而进行的多次反复练习的过程，会由于机械地重复变得枯燥无味，使队员的学习兴趣降低，并影响其学习的积极性和主动性，从而影响教学训练质量。若把枯燥乏味的技术动作用游戏的方式表现出来，用生动活泼的形式、丰富多彩的内容将体育技能与娱乐融为一体，则能有效地改善队员的训练态度，提高队员参与运动的自主意识和兴趣，从而使队员在活泼的气氛中掌握体育知识和运动技能，有效发展队员的排球专项素质，提高教练的训练质量。

（二）提高竞争意识，增强自信心

许多排球游戏是以胜负告终的，带有竞争性。接受挑战是青少年的心理特点，他们的很多积极情绪是在竞争与挑战中得到发展和完善的。教练可根据队员的不同特点，有针对性地选择排球游戏内容，可以比体力、比技巧、比智力等，让队员在不同的竞争中发现自己的优点，激起挑战欲望，提高战胜困难心，在成功的喜悦中体会到排球运动的乐趣。

（三）促进相互了解，加强合作与配合

教练员运用排球集体游戏的方式，使参与游戏的队员沟通的渠道增多，学习互动的次数明显增加，交往范围扩大，队员之间产生亲近感，有利于促进相互之间的了解，建立良好的人际关系，形成团结的集体作风，增强集体凝聚力。

（四）启发思维活动，促进智力发展

体育游戏过程对大脑皮质的综合分析能力提出了较高要求，在排球教学中融入游戏，对队员想象力、记忆力、观察力和判断力的综合运用都是不小的挑战，对促进队员智力的发展具有积极作用。

第二节　移动和传球类游戏的实践运用

一、移动类游戏

(一) 你追我赶

游戏目的：提高队员在移动中变换方向的灵活性。

游戏方法与图示：如图 11-1 所示，将队员分成人数相等的两队，在排球场端线外站好。当听到信号后，两队排头立即沿直线做小步跑前进，同时逆时针做连续转体 90 度的小步跑五圈，触摸中线后疾跑回本队击拍第二人手掌，全队依次进行。在规定时间内速度快的队获胜。

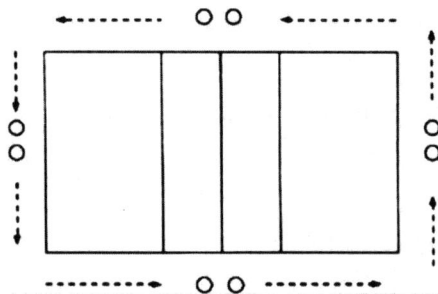

图 11-1

游戏场地器材：排球场地一块，起跑线两条。

游戏规则：

(1) 要连续转体一周，中途不可停留。

(2) 触摸中线时，手要摸到中线。

(3) 队员在跑回时，必须先击下一人手掌后，接力人才能进行跑动练习。

注意事项：队员在跑动转体过程中应保持身体重心的稳定性和动作的协调性，同时在转换练习方法时要根据队员的实际状况来选择练习形式。

游戏教学建议：

(1) 队员在跑动中可采用转体 180 度的方法前进。

(2) 在规则与方法熟悉后，可采用高抬腿跑的方法前进。

(二) 集体搬家

游戏目的：培养队员之间的团结协作精神，提高其反应能力及灵敏性。

游戏方法与图示：如图 11-2 所示，全体队员先围成圆圈，每 3 个队员分一个球。当听到"野兽出没"口令时，3 个队员迅速并排站列在一起，并且排头队员持球站立于所画的小圆圈里。当听到"猎人出动"口令时，两个无球队员手挽手架起一座桥，另一名队员抱球蹲在小圈内。当听到"兔子搬家"口令时，蹲在小圈内的队员必须跑向另一个小圆圈，以此类推，按口令做动作。

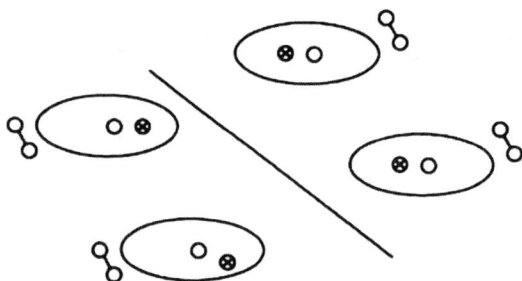

图 11-2

游戏场地器材：排球场地一块，排球若干个。

游戏规则：

（1）蹲下的队员必须持球在圈内，搬家时必须持球。

（2）漏球或抢不到小圆圈者做练习。

注意事项：练习人数的多少要根据运动场地的大小来决定分组数量，在分组练习中要考虑各组之间的人数分配和互动组合效果的体现。

游戏教学建议：

（1）根据练习人数的多少来调整圆圈的大小。

（2）如果人数太多，可分若干组来同时做此游戏。

（三）投地雷

游戏目的：发展队员上肢力量和培养团队协作精神。

游戏方法与图示：如图 11-3 所示，将队员分成人数相等的两队，站在投掷线后，呈纵队站立，两队间隔 3 米。在每队正前方距投掷线 15 米处各画一个半径为 1 米的圆圈，圈内放 1 个篮球，另外每队分发 7 个排球。游戏开始后，各队员站在投掷线后，依次用排球击圈内的篮球，篮球被击出圈外得 1 分。球被击出圈后，要立即捡回放入圈内。得分多的队获胜。

游戏场地器材：排球场地一块，排球 14 个，篮球 2 个。

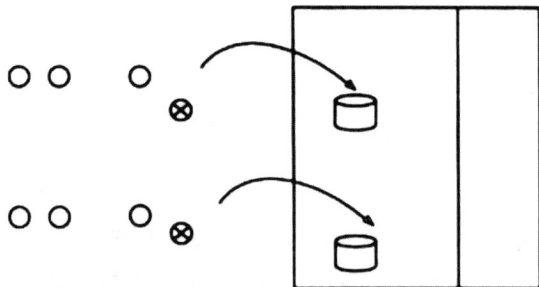

图 11-3

游戏规则：

（1）击球必须出圈，压线者不算。

（2）不得超越投掷线击球，否则击球无效。若排球投出之后球仍未出圈可进入圈内拿排球。

注意事项：在缩小练习场地面积时，要与游戏所增加的难度相适应，此举要以增加游戏趣味性为目的。

游戏教学建议：

（1）为了增加游戏难度，可将圆圈直径适当缩小。

（2）还可以把圆圈画在离投掷线更远的地方，以此来增加游戏的趣味性。

（四）盲人埋地雷

游戏目的：提高队员在离开视觉器官后的感应能力和运动意识。

游戏方法与图示：如图 11-4 所示，队员站成三角形，三条边上的队员各成一队，在三角形内的一角画一条起点线，在线前不同位置画两个半径为 1 米的圆圈为"埋雷点"，3 个队各派 1 人，以单双数的方式决定先后顺序。参加者站在起点线后蒙上眼睛，用手托着两个排球判断好方向与距离后，先后走向两个圈，将"地雷"放入圈内。放到圈内一个则为某队计 1 分，未放入不计分。最后累计得分多的队获胜。

游戏场地器材：排球场地一块，排球 2 个。

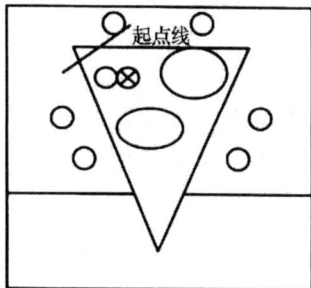

图 11-4

游戏规则：

（1）要将"地雷"埋入圈内，压圆圈线不算。

（2）不允许其他人提示与引导。

注意事项：增加游戏的难度要根据队员的实际情况而定。规定比赛时间是决定练习的量化标准，在练习时要明确具体要求，并做出适宜的决定。

游戏教学建议：

（1）"埋雷点"的圆圈半径可以缩小，以此增加比赛的难度。

（2）规定比赛时间，埋雷必须在限制的时间内完成，否则结果无效。

（五）叫号赛跑

游戏目的：提高队员的反应能力和移动技术。

游戏方法与图示：如图 11-5 所示，把队员分为两队，人数相等且相隔 2 米，相对而坐，从左到右依次报数。要求每位队员记住自己报的数字，在两排横队的左边放一个排球代表奇数，在两排横队的右边放两个排球代表偶数，用简单的计算，如 5－2 或 6＋1 等，两队序号中与结果相同的那位队员跑动触球。如果结果为偶数时两队队员同时开始跑动触摸两个球，奇数则触摸一个球，哪位队员先摸到球计 1 分，后摸到球记为零分，最后以得分多少来决定胜负。

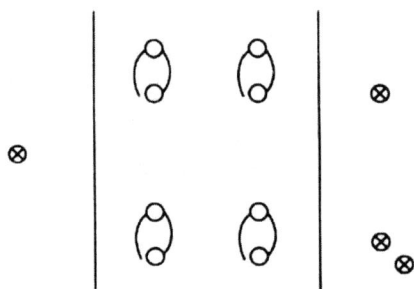

图 11-5

游戏场地器材：排球场地一块，排球 3 个。

游戏规则：

（1）当教练员说完题目后，再说"开始"时两队中的队员方可站起来跑向球。

（2）在跑动的过程中，不能相互影响，不准抓对方的衣服。

注意事项：在调整游戏规则时，要明确比赛的时间规定。比赛时间长短要根据队员的实际情况来确定。

游戏教学建议：

（1）可以调整游戏规则，当结果为奇数时，摸两个球；结果为偶数时，摸一个球。

（2）规定比赛时间，在限制时间内得分多者获胜。

（六）抢球追人

游戏目的：提高队员的反应能力。

游戏方法与图示：如图 11-6 所示，队员站成圆的队形，面朝圆心，双手将排球平托于背后，选一名队员做抢球人，在圆圈外沿逆时针方向慢跑，在慢跑中趁托球者不备，从其手中抢球后逃跑，被抢者立即追赶，如在到自己位置之前将抢球人抓住，则抢球人继续慢跑抢球，若抓不到则替换抢球人进行慢跑抢球，以此类推。

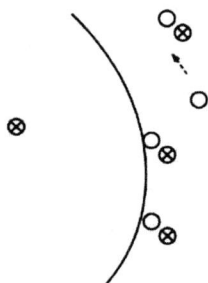

图 11-6

游戏场地器材：排球场地一块，排球若干个。

游戏规则：

（1）队员必须沿逆时针方向追逃。

（2）抢球人若跑出圈外一米范围之外，则算被抓住。

注意事项：在加大游戏难度时，缩小圆圈半径要根据队员的实际能力而定。在练习中，原地或移动时也要考虑到这一因素。

游戏教学建议：

（1）练习时可缩小圆圈半径。

（2）让托球者移动托球，以加大游戏的难度。

（七）拯救

游戏目的：培养队员团结合作的意识，加强队员之间的配合。

游戏方法与图示：如图 11-7 所示，将队员分为人数相等的两组，一组围成一个以 4 米为半径的圆，另一组站于圆圈中，围成圈的队员可以通过传球、垫球或直接击球等方式用排球撞击圈内队员，若圈内队员被击中则站到圈外，若圈内队员接住来球则可以把已出圈的队员救回圈内。

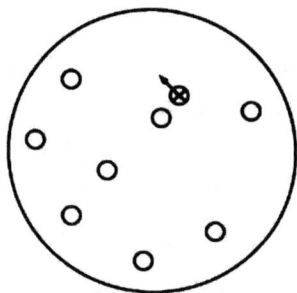

图 11-7

游戏场地器材：在排球场地上画 4 米为半径的圆圈一个，软式排球 1 个。

游戏规则：

（1）圈内队员不能走出圈外。

（2）圈外队员击球时不能跑动或移动击球。

注意事项：比赛的胜负是在规定时间内，以圈内人数多少而定。所以在比赛中队员以保证圈内人数多少为目标，这是比赛的核心所在。

游戏教学建议：

（1）可适当缩小圆圈的半径，以增加游戏的难度。

（2）规定比赛时间，两组轮流做，哪组在规定时间内圈内人数多则获胜。

（八）落地为定

游戏目的：培养队员的反应能力。

游戏方法与图示：如图 11-8 所示，队员站成一个圆圈，教练员站于中间，当教练员喊出一个数字后，同时向上抛排球，球落地之前，队员自由结合在一起，结合在一起的人数与教练员喊的数字相同，不够或多余的均为失利，失利者要被给予适当的惩罚。

游戏场地器材：排球场地一块，排球 1 个。

游戏规则：教练员抛球的高度要有一定的限制，要恰到好处。

注意事项：教练员抛球的高度与所报队员的数字要相互对应，增加游戏的难度要把握适度原则。

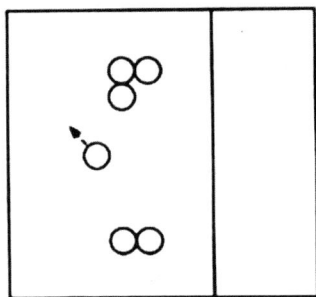

图 11-8

游戏教学建议：教练员报的数字可根据队员人数的多少来确定，以此来增加游戏的难度。

（九）圆周等距跑

游戏目的：提高队员的速度和一般耐力以及协调性与灵活性。

游戏方法与图示：如图 11-9 所示，队员手拉手围成一个圆圈，依次报数并记住自己的数字，在大圆心上画一个直径为 50 厘米的小圆圈，内放两个排球。教练员任意叫两号，被叫到者的二人立即起动去抢小圆中的排球，抢到后按顺时针方向自圆外绕大圆跑一周，以先从自己原来的位置跑到小圆内并把排球放稳为准。先回到自己位置者获胜，然后教练员继续叫号。

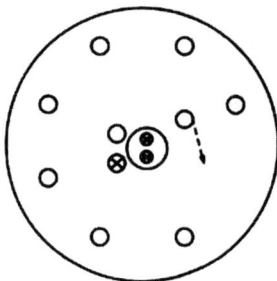

图 11-9

游戏场地器材：排球场地一块，排球 2 个。

游戏规则：

（1）抢跑者取消游戏资格。

（2）叫号后立即起动，抢到球后必须从自己位置上开始绕圈跑动。

（3）跑进大圈后，必须把排球放在小圆内，稳定后方可跑回自己的位置。

注意事项：在练习中必须叫号后才能启动，跑动与放球人员要稳定，并按游戏规则执行，跑动线路可按要求自行选择。

游戏教学建议：可沿逆时针方向跑动。

（十）看谁快

游戏目的：提高队员快中取胜、重心转换的能力。

游戏方法与图示：如图 11-10 所示，将队员分成人数相等的两队，分别在排球场端线外站好。当听到信号后，排头从端线单足跳到进攻区，立即做面向网的立卧撑一次，然后返身做面向端线的第二次立卧撑，即为两向立卧撑，然后跑回本队击拍第二人手掌，第二人再做同样的动作，全队依次进行。速度快、先完成游戏的队获胜。

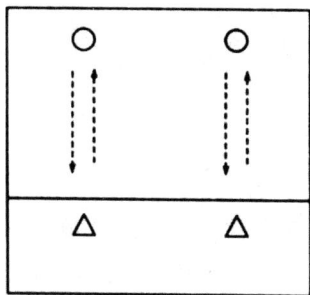

图 11-10

游戏场地器材：排球场地半块。

游戏规则：

（1）做立卧撑动作时，俯卧时腿要伸直，否则重做。

（2）单足跳的动作及次数要达到规定的要求。

注意事项：练习中所做运动技术动作的规格要准确，立卧撑和拦网动作的先后试做顺序可根据队员情况自身选择。

游戏教学建议：

（1）在做第一个立卧撑之前可以做一个拦网动作或在做第二个立卧撑后再做一个防守动作。

（2）在做立卧撑之前或之后均可加做其他规定动作，如原地旋转跳等。

二、传球类游戏

（一）额前抱"宝"

游戏目的：使队员掌握正确的上手传球手形和增强球感。

游戏方法与图示：如图 11-11 所示，一人一球，将球自抛 2 米～3 米高，待球落地反弹后，抛球人钻在球下用正确传球手形在额前将球持住。在规定的时间内完成规定的接球次数，手形正确、接球稳者获胜。

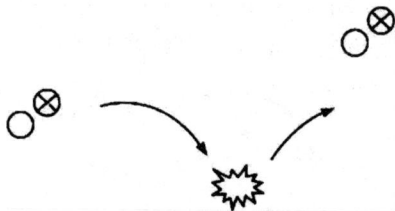

图 11-11

游戏场地器材：排球场地一块，排球若干个。

游戏规则：

（1）只许在第一次反弹时钻入接球，否则不计数。

（2）接球时要放在额前，否则不计数。

注意事项：游戏中要集中注意力，注意钻入接球姿势要准确。

游戏教学建议：

（1）队员注意结合正确的准备姿势和移动步法。

（2）熟练者可在钻球时增加往返次数。

（二）自传打板碰筐

游戏目的：提高队员上手传球的能力。

游戏方法与图示：如图 11-12 所示，将队员分成人数相等的若干组，均列队于篮球场罚球线后。第一人持球做自传 1 次～3 次，然后把球传向篮筐，球碰篮板得 1 分，碰篮筐得 2 分，入篮筐得 3 分，没碰到任何地方则由下一人继续做，全组依次进行。积分多的组名次列前。

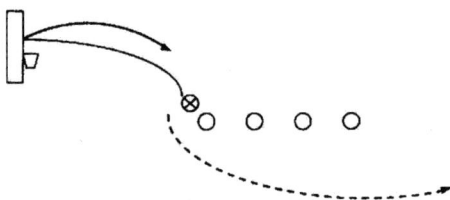

图 11-12

游戏场地器材：篮球场地一块，排球若干个。

游戏规则：

（1）必须用双手做上手传球。

（2）传球不得踏及罚球线。

注意事项：练习中要延长或缩短传球距离时，必须根据队员的实际水平而定。

游戏教学建议：

（1）队员得分后可连续做，直至不得分时再换人。

（2）根据队员的实际水平，可延长或缩短传球的距离。

（三）步步高

游戏目的：提高队员的控球能力和增强队员的手感。

游戏方法与图示：如图 11-13 所示，队员每人 1 球，做一次高的自传球和一次低的自传球，高低传球要有明显差别。以交替时间次数累计，次数多者获胜。

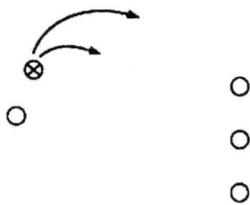

图 11-13

游戏场地器材：排球场地一块，排球若干个。

游戏规则：

(1) 运用正确的手形保持好击球点做自传。

(2) 高传球须超过头 1 米的距离。

注意事项：完成动作的要求是以时间为界的，所以在练习中可根据队员的实际水平适当增加练习的难度。

游戏教学建议：

(1) 在规定时间里计数。

(2) 可在移动中练习，以增加练习难度。

（四）兔子搬家

游戏目的：培养队员的团队协作精神和反应灵敏性。

游戏方法与图示：如图 11-14 所示，全体队员先围成一个圆圈，每 3 名队员一个球，当听到指挥者喊"草原大火"时，3 名队员并列站在一块，排头队员需持球站在场上的小圆内；当听到裁判员喊"猎人打猎"了，未持球的两名队员手挽手，持球的队员必须跑向另一个圈并蹲在圈里，依次听口令做动作。

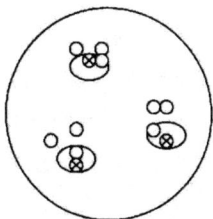

图 11-14

游戏场地器材：排球场地一块，排球若干个。

游戏规则：

(1) 蹲下的队员必须持球在圈里，搬家时也必须持球。

(2) 漏球或搬不到家（圆圈）的队员做纵跳 10 次。

注意事项：需采用多组形式完成游戏练习时，要考虑队员人数的多少和实际水平。

游戏教学建议：

(1) 根据队员人数随时调整圈的大小。

(2) 人数较多时采用分组完成游戏。

（五）跑位传球

游戏目的：提高队员迅速移动后卡位传球的能力。

游戏方法与图示：如图 11-15 所示，选两名抛球人分别站在指定的甲、乙区域内。听到信号后，排头移动到甲区，接甲抛出的球做双手上传球，回传给甲后移动到乙区，再接由乙抛出的球，然后再回传球给乙，直至全队依次做完，速度快的队获胜。

游戏场地器材：排球场地半块，排球若干个。

游戏规则：

(1) 必须移动到规定区域里传球。

（2）传球时两人必须保持一定的距离。

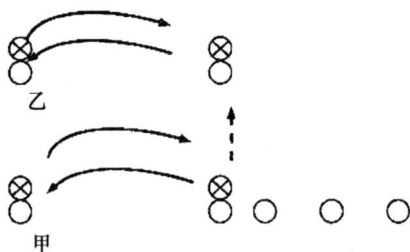

图 11-15

注意事项：游戏的难度，可以根据队员的自身运动能力及实际水平来进行选择。

游戏教学建议：

（1）可增加一名递球人站在每队排头 4 米～5 米处。

（2）在做双手上传球时可做 2 次～3 次。

（六）空中接力

游戏目的：提高队员传球的控制能力及传球的准确性。

游戏方法与图示：如图 11-16 所示，将队员分成人数相等的若干队，每队在篮板下 1 米左右处站好。听信号后，排头将球传向篮板，当球反弹回来时，下一人接传，以此类推。队员每传一次就要报出传球的次数。在规定的时间内，传球次数多的队名次列前。

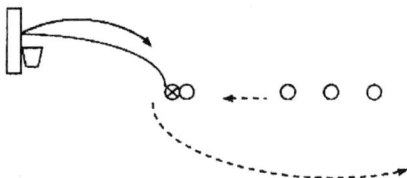

图 11-16

游戏场地器材：篮球场地一块，排球若干个。

游戏规则：

（1）如球落地则捡回再接着传，继续计数。

（2）传球动作要保证质量。

注意事项：传球的次数是累计计算的，要注意游戏动作中的停顿间歇时间。

游戏教学建议：

（1）在接到反弹球时，可做 2 次～3 次的自传球。

（2）如果队员水平较高，可采用传球前先自传球，加转体后再传向篮板。

（七）越网传球

游戏目的：提高队员传球的准确性和控制能力。

游戏方法与图示：如图 11-17 所示，每人持一球面对球网站好，球网可以卷起。当听到信号后，队员在球网的一侧向另一侧传球，随即迅速钻过球网接传 1 次～3 次，之后再将球从另一侧传回，以此类推。在规定的时间内，谁传球移动成功次数多谁获得最后的胜利。

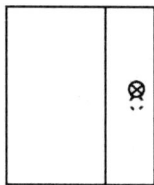

图 11-17

游戏场地器材：排球场地一块，排球若干个。

游戏规则：

（1）如球落地可以捡回再接着传。

（2）不能离球网太近，应保持一定距离。

注意事项：增加游戏难度时，必须注意以队员的自身运动能力及实际水平为依据。

游戏教学建议：

（1）水平高者可连续左右移动传球。

（2）如有球网，要求入网者不能触及球网。

（八）鲤鱼跳跃

游戏目的：提高队员传球的控制能力和准确性。

游戏方法与图示：如图 11-18 所示，将队员分成人数相等的两组，在排球场端线外列纵队站立。听到信号后，排头做自传球向前移动的练习，待到网前自传高球过网，人从网下钻过并连续接传球前进，直至对区端线，然后下一人再做同样的动作，直至全队依次做完。速度快、先做完游戏的队获胜。

图 11-18

游戏场地器材：排球场地一块，排球若干。

游戏规则：

（1）自传球，传高球过网及接自传球前进时，球均不得落地，否则从落点重做。

（2）传球练习中不能出现错误动作，否则重做。

（3）必须前行至对区端线处，第二人才能开始练习。

注意事项：游戏过程中应注意加强排球基本功的提高，以达到游戏的实际效果。

游戏教学建议：

（1）在练习自传球的基础上方可进行此游戏。

（2）注意传球的眼功、手法和脚步的移动。

（九）传球绕杆赛

游戏目的：提高传球控制能力和环视能力。

游戏方法与图示：如图 11-19 所示，将队员分成人数相等的若干队，成纵队分别于出发线后站好。听到信号后，排头迅速自传球前进，并绕过途中的标杆，当绕过最后一个标杆后迅速跑回本队，将球交给下一人，下一人做同样的动作，直至全队依次做完为止。先完成游戏的队获胜。

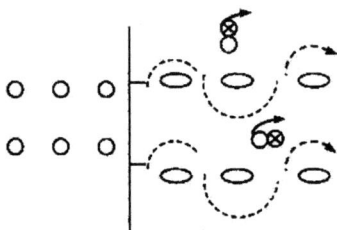

图 11-19

游戏场地器材：较大面积的平整场地，标杆和排球若干。

游戏规则：

（1）未绕标杆者为犯规，应重做；全队犯规三次取消比赛成绩。

（2）如球落地，应在球落地处捡球后继续进行比赛。

注意事项：游戏应尽量减少犯规，同时要增强队员的自信心。

游戏教学建议：

（1）障碍用标杆而不用实心球，避免摔伤人；一般设 3 个～5 个障碍为宜。

（2）练习中如果信心不足，也可原地连续自传等待时机再向前练习。

（十）矩形传球

游戏目的：提高传球技术和传球控制能力。

游戏方法与图示：如图 11-20 所示，5 人一组成四角站立，其中有一角站两人。传球从站两人处开始，将球传向对角线的方向，同时传球人也随球跑向球传向的位置，对角线处的人将来球传向右手侧边上的人，右手侧边上的人则做对角线方向的传球，以此类推。在规定的时间内，传球次数多的队名次列前。

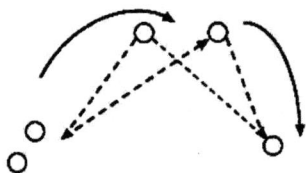

图 11-20

游戏场地器材：排球场地一块，排球若干个。

游戏规则：

（1）若球落地，则捡回继续计数，尽量让传球连贯。

（2）若出现传球技术动作错误，应不计算在累计数内。

注意事项：如果游戏中需要增加难度时，要首先完成基本游戏动作，然后再进行改变身体姿势的游戏方式。

游戏教学建议：

（1）在传出球时可做 2 次～3 次自传球练习。

（2）在传球前可做转体或原地旋转的动作练习，以此增加练习难度。

第三节 垫球与发球类游戏的实践运用

一、垫球类游戏

（一）持球接力

游戏目的：熟悉垫球部位，发展灵敏性和协调性。

游戏方法与图示：如图 11-21 所示，将队员分成人数相等的两队，使其分别在排球场端线位置站好。听到信号后，排头队员用垫击球的部位将球托起，并且持球跑动前进，穿过球网到对区端线处绕回，将球交给下一个人，该人接过球依旧持球跑动前进，全队依次进行。先完成游戏的队获胜。

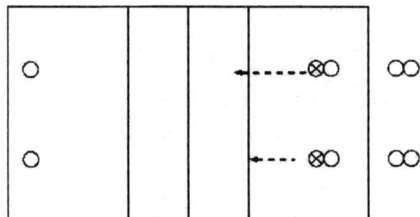

图 11-21

游戏场地器材：排球场地一块，排球若干个。

游戏规则：

（1）球落地后应立即捡回，并在掉球处重新开始。

（2）不允许以双臂夹球的方式前进。

注意事项：游戏中选择击球方式时要考虑队员垫球技术掌握的程度。

游戏教学建议：

（1）在持球过程中可采用自垫球方式移动前进。

（2）在前进过程中把握队员的水平，可灵活选择击球的方式。

（二）来来往往

游戏目的：巩固垫球手形，熟悉球性。

游戏方法与图示：如图 11-22 所示，每二人一组。一人往地下抛球，待球反弹起后，另一人则钻到球下用垫球动作将球持在垫击部位处。在规定时间内，两人接反弹球成功次数多者名次列前。

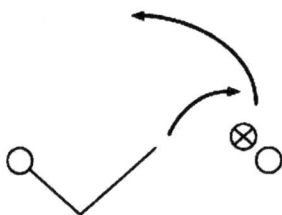

图 11-22

游戏场地器材：排球场地半块，排球若干个。

游戏规则：

(1) 抛反弹球必须高过人。

(2) 接球人必须用正确的垫球部位将球持住才算成功，否则不计次数。

注意事项：游戏中垫球动作要规范，难度要适中。

游戏教学建议：

(1) 在抛球时力量要适中。

(2) 在垫击反弹球时可自垫 2 次～3 次。

（三）自垫高地球

游戏目的：巩固队员垫球手形、击球点和用力顺序。

游戏方法与图示：如图 11-23 所示，每人持一球做自垫球练习，按一垫低球约 50 厘米高、二垫中球约 1 米高、三垫高球约 2.5 米高的要求进行，待球落地反弹起后再按低、中、高不同的要求垫出不同高度的球，算完成一个组合的练习。在规定时间内计算完成，次数多者获胜。

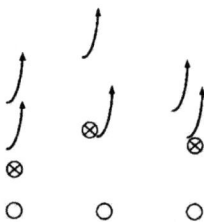

图 11-23

游戏场地器材：排球场地半块，排球若干个。

游戏规则：

(1) 必须按规定的要求垫出不同高度，否则该次练习不计入最终成绩。

(2) 不能插入其他方式的击球，否则该次练习不计入最终成绩。

注意事项：教练员在选择增加游戏难度的方法时要充分考虑队员的实际水平。

游戏教学建议：

(1) 在比赛前使每组队员分别进行对垫 5 分钟～10 分钟以使队员熟悉球性。

（2）把握队员的水平，可灵活采用不同高度的有机组合进行练习。

（四）看谁垫得准

游戏目的：提高队员垫击球的准确性和控制球的能力。

游戏方法与图示：如图 11-24 所示，将队员分成人数相等的若干队，每队距筐 10 米，列队站好。游戏开始，排头做自垫球移动前进，距筐约 3 米处时将球垫向筐内，然后徒手跑回，与同队第二人击掌，第二人做同样的动作，全队依次进行。速度快、球多的队名次列前。

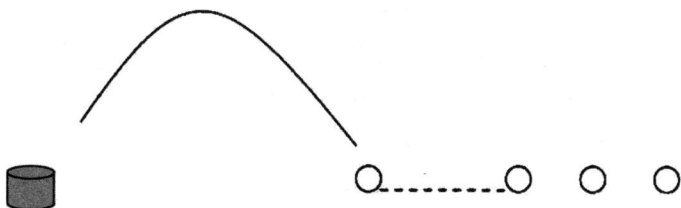

图 11-24

游戏场地器材：排球场地半块，大筐若干个，排球若干个。

游戏规则：

（1）必须用垫击方式垫球入筐。

（2）中途球落地应在落地点捡起球继续向前。

（3）可用藤条圈或呼啦圈代替大筐。

注意事项：游戏中队员自垫球移动前进时注意动作要协调，尽量不要让球落地。

游戏教学建议：可以在距筐 5 米处将球垫向筐内或在垫向筐之前自垫 2 次～3 次。

（五）活动圈垫球赛

游戏目的：提高队员垫球能力和判断力。

游戏方法与图示：如图 11-25 所示，把队员分成人数相等的若干队，每队站成直径或半径 5 米～6 米的圆圈。听信号后，开始进行相互垫击球。在规定时间内垫球成功次数多者获胜，或以垫击最高次数获胜。

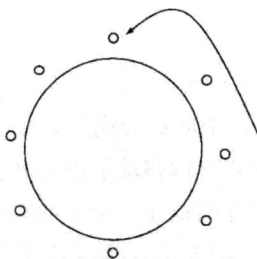

图 11-25

游戏场地器材：平整的场地上画数个半径为 5 米～6 米的圆，排球若干。

游戏规则：

（1）一人连续垫多次，只按一次计数。

（2）采用非垫球方式不计正常次数。

注意事项：垫球时要尽量保持队形。

游戏教学建议：

（1）在垫球过程中也可从本组任选一人站于圆心进行接球，以减小其难度。

（2）此游戏熟练后，可采用隔人插花的方式加大难度练习。

（六）你来我往

游戏目的：提高队员垫球技术和控制球能力。

游戏方法与图示：如图 11-26 所示，把队员分成人数相等的若干队，并相距一定的距离迎面站好。游戏开始，排头做自垫球移动前进，移动至对面第一人后将球交给对方，该人做同样动作，全队依次进行。先完成游戏的队获胜。

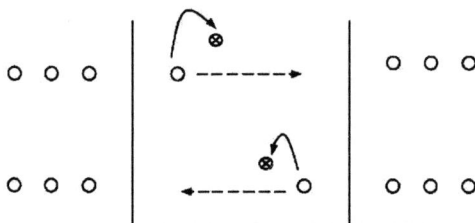

图 11-26

游戏场地器材：排球场地一块，排球若干个。

游戏规则：

（1）必须连续垫击球移动前进，若球落地，应在球落地点捡回球后重新开始。

（2）练习中不允许持球跑。

注意事项：自垫球移动前进时要注意保持好节奏。

游戏教学建议：

（1）在移动过程中教练员可根据队员的实际水平指定移动的前进速度。

（2）也可按一定的高度前行，例如，一次垫高球，一次垫低球，高低球要有明显差异。

（七）绕杆接力赛

游戏目的：提高队员垫球技术和控制球能力。

游戏方法与图示：如图 11-27 所示，把队员分成人数相等的若干队，每队前隔 3 米布置一个标杆，共放 6 个标杆。听信号后，排头做自垫球移动前进，并且要绕过每个标杆，待通过最后一个标杆后抱球跑回本队，把球交下一人做同样的动作，全队依次进行。先按规定完成游戏的队获胜。

游戏场地器材：排球场地一块，标杆 6 个，排球若干个。

游戏规则：

（1）自垫球时，必须按规定路线绕过标杆。

（2）若球落地，应捡回球，在落球点继续以自垫球的形式前进。

注意事项：绕杆练习中，要考虑到队员练习的安全，可因地制宜地采用其他低障碍物来代替。

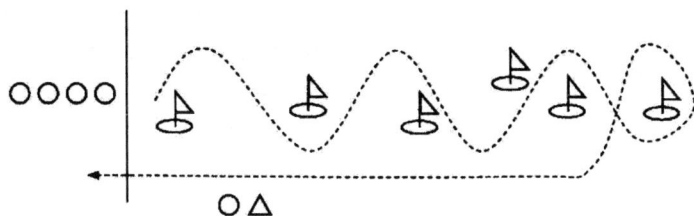

图 11-27

游戏教学建议：

（1）可在绕过标杆处分别做 2～3 次垫球，然后再前进。

（2）如果条件不允许，可把标杆改为实心球或其他障碍物。

（八）看谁笑到最后

游戏目的：提高队员垫球技术和空间意识。

游戏方法与图示：如图 11-28 所示，每 3 人一组，每人持球站在本区进攻限制线后。游戏开始后，做自垫球移动，待到网前时将球垫过球网，人从网下迅速钻过并立即接垫球，如没能连续垫球者则被淘汰，完成者再从对方进攻区往回钻过网垫球。直至仅剩一人时，该人则为胜者。

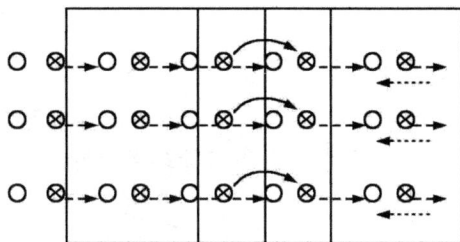

图 11-28

游戏场地器材：排球场地一块，排球若干个。

游戏规则：

（1）自垫球应始终球不落地。

（2）钻网时不得触网，否则也应被淘汰。

（3）自垫球过程中，不允许使用传球进行。

注意事项：过网时要迅速，要注意安全。

游戏教学建议：

（1）可使两人一组对垫过球网到对区来回做，不能连续做的组则淘汰。

（2）如果过网时机不成熟，队员可采用网前连续垫球的方式寻求时机。

（九）穿梭前进垫球

游戏目的：提高队员移动垫球能力和控球能力。

游戏方法与图示：如图 11-29 所示，把队员分成人数相等的偶数队，且各队两两相对站立。由一队排头抛球给对方，然后穿梭到该队队尾，相对应的排头垫球后就跑过来，以此类推，球不断地被互垫，人不断地穿梭跑动。计在固定时间内垫击球的次数，次数多者名次列前。

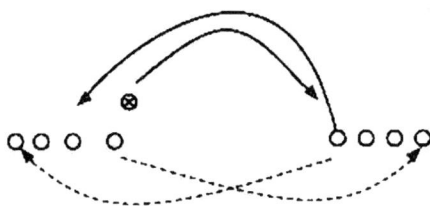

图 11-29

游戏场地器材：排球场地一块，排球若干个。

游戏规则：

（1）球落地后捡回来再继续垫，继续计数。

（2）注意保持好互垫距离。

注意事项：双方垫球要注意球的弧度和落点的把握。

游戏教学建议：

（1）在开始游戏前，可以让队员先采用对垫予以熟悉，以使队员熟悉球性。

（2）跑动行进过程中需规定好各自的穿梭路线，以免两队人员相撞。

（十）对墙垫准比赛

游戏目的：提高队员垫球技术和垫球的准确性。

游戏方法与图示：如图 11-30 所示，两人一组，其中一人将球向墙上目标连续垫击，另一人计数。计规定时间内击中墙上目标的次数。击中目标多者获胜。

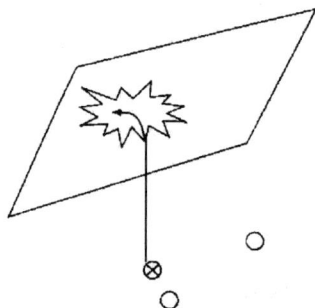

图 11-30

游戏场地器材：靠墙的平整空地，墙上做若干标志，排球若干个。

游戏规则：

（1）击中目标，动作规范，击球部位正确方可算为一次。

（2）不可用传球的方式练习击球。

注意事项：控制好击球是游戏练习的关键，队员要把握好垫击的时机，做好充分的准备。

游戏教学建议：

（1）可以在击中目标之前做 2 次～3 次垫球，再去垫击墙上目标。

（2）如球反冲力量过大，可连续自垫球以等待时机再垫向墙上目标。

二、发球类游戏

(一) 发球上台阶

游戏目的：提高队员发球的能力。

游戏方法与图示：如图 11-31 所示，在一平整的场地上画一标志线，作为发球线，距该线 10 米～12 米处画为 1 区，12 米～14 米处画为 2 区，14 米～16 米处画为 3 区，16 米～18 米处画为 4 区。每人做发球练习，要求第一球落在 1 区，第二球落在 2 区，第三球落在 3 区，第四球落在 4 区，依次完成则为上完台阶。

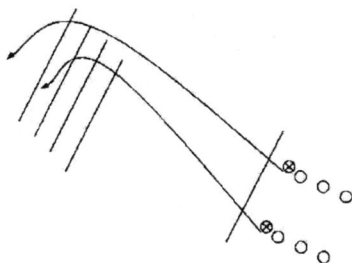

图 11-31

游戏场地器材：平整的场地一块，排球若干个。

游戏规则：

(1) 发球方法不限，以球的落点为准。

(2) 发球不能踏线，球压线可随意选择区域。

注意事项：游戏胜负以发球落点准确性为标志，提高发球的准确与稳定是练习的关键。

游戏教学建议：

(1) 在学习发球时，可以不用球网，而在地面上画上方格线，以诱导上网发球。

(2) 用水平高度来调节发球的距离和难度。

(二) 发球比远

游戏目的：提高队员发球的力量和击球的准确性。

游戏方法与图示：如图 11-32 所示，每人发 3 个球，记录最远的距离，谁发球远名次列前。

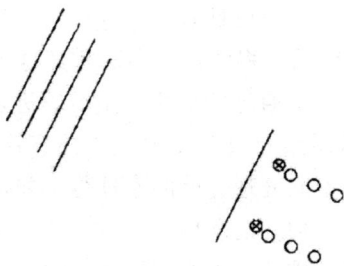

图 11-32

游戏场地器材：在地面上画上数条线，间隔 1 米；排球若干个。

游戏规则：

(1) 必须使用正确的发球方法。

(2) 发球方式不限。

注意事项：队员发球次数与发球个数的多少可根据练习的人数而定。

游戏教学建议：

(1) 两人同发可采用交替进行的方式。

(2) 可用球网，也可不用球网进行练习。

(三) 打靶

游戏目的：提高队员发球的力量和准确性。

游戏方法与图示：如图 11-33 所示，将队员分成人数相等的若干队。游戏开始后，排头向靶台发球，击中可得 1 分，全队依次做同样发球。得分多的队名次列前。

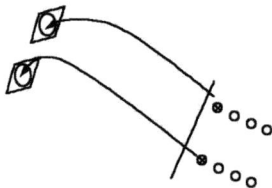

图 11-33

游戏场地器材：画一发球线，距该线 10 米～12 米处放一靶台；排球若干个。

游戏规则：

(1) 发球方式不限。

(2) 发球按顺序进行。

注意事项：此游戏的关键所在是以发球准确性为目标。

游戏教学建议：

(1) 发球线与靶台距离可视队员能力进行调整。

(2) 可规定不同的发球方式进行练习。

(四) 心灵手巧

游戏目的：培养队员发球针对性和目的性，提高和改进发球技术水平。

游戏方法与图示：如图 11-34 所示，将队员分为两队，每 3 人一组，将排球场划分为二传需跑到位能顺利传起组织进攻的 3 分区、通过队员能调整组织进攻的 2 分区、不能攻但能处理的 1 分区。队员接一传到不同区域得不同的分数。发球队员能直接得分者，发球队员得 3 分，能破坏对方进攻得 2 分，发球过网但对方能处理过网的发球得 1 分，发球失误的不得分，然后与接发球队对换，每人发一球，每队得分相加多的获胜。

游戏场地器材：排球场地一块，排球若干个。

游戏规则：

(1) 发球队员应在对方准备就绪情况下发球。

（2）接发球队员只需一次传球，有些传球如界外、能救起的人网球等，根据实际情况由裁判员判定。

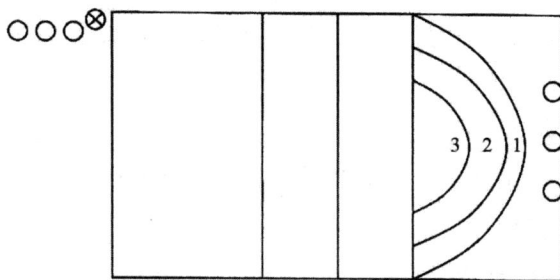

图 11-34

注意事项：练习动作的规范是游戏的基本要求，队员要根据自身水平做好针对性的动作练习。

游戏教学建议：

（1）通过了解个人防守失误原因，做针对性的练习。

（2）培养有针对性地发球与接发球动作的规范。

（五）传、发球接力赛

游戏目的：提高队员传球技术，巩固发球技能。

游戏方法与图示：如图 11-35 所示，把队员平均分成两组，排成纵队站在起点规定处，用上手传球的方式自传到终点，中间过球网时队员必须让球从网上通过，人从网下钻过然后接着传球到终点，最后由端线后发球，球落到对方场区得 1 分，如发球失误得 0.5 分，发球落地后下一名队员才能开始，最后按得分多少判输赢。

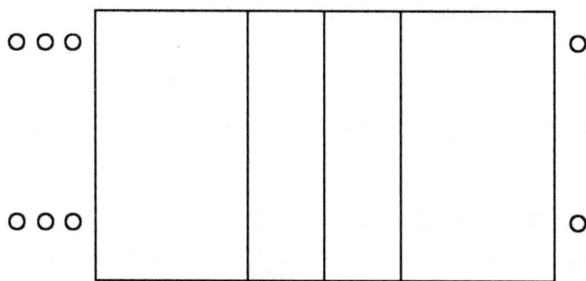

图 11-35

游戏场地器材：排球场地一块，排球若干个。

游戏规则：

（1）传球过程中如有掉球，从掉球处重新开始，但掉球两次扣 0.5 分。

（2）传球过程中不能持球，出现持球犯规动作则出局。

（3）传球从网下过扣 0.5 分。

（4）发球方式不限。

注意事项：练习中可采用传垫球结合的方式进行比赛，以此来增加练习的趣味性。

游戏教学建议：

（1）可把传球改为垫球，或改成传垫结合的比赛。

（2）发球时可在场区内画对应的分值区，以增加练习的趣味性。

（六）发球得分赛

游戏目的：提高队员发球技术和控制球的能力。

游戏方法与图示：如图 11-36 所示，在排球场地上画出不同的得分区域，根据发球落点计算得分。在规定的次数内计算得分多少，得分高者名次列前。

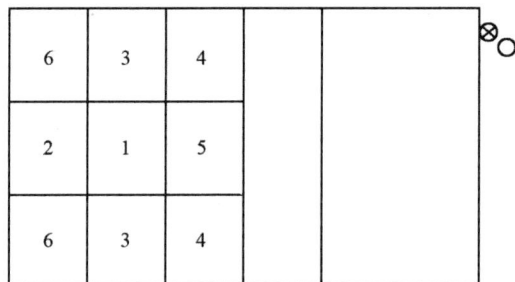

图 11-36

游戏场地器材：排球场地一块，排球若干个。

游戏规则：

（1）以球落点为准，评判得分。

（2）球落地压线，可就高不就低。

注意事项：提高发球的准确性是游戏的关键，发球方式可由队员自行选择。

游戏教学建议：

（1）比赛前可以让队员进行发球热身活动，以熟悉球性。

（2）每人连续 3 次发球，也可以两队同时交替发球。

（七）百步穿杨

游戏目的：提高队员发球技术和准确性。

游戏方法与图示：如图 11-37 所示，将队员分成人数相等的若干队，在排球场上每人发两次球，要求发直线和斜线各一次，完成 1 次得 1 分，成功发出直线和斜线时得两分。全队依次发球，累积分数，得分高的队名次列前。

游戏场地器材：排球场地一块，排球若干个。

游戏规则：

（1）发球前确定线路，必须按线路发球才能得分。

（2）发球手法可以不受限制。

注意事项：此练习的目的是提高队员控制发球准确性的能力，但发球类别选用可事先做出统一规定。

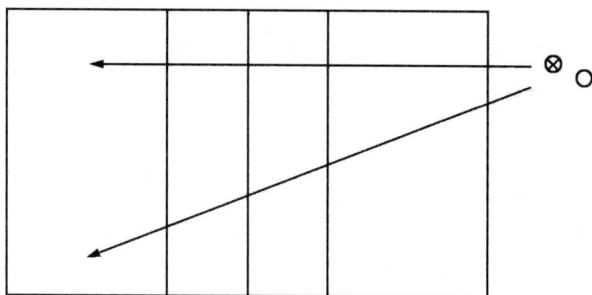

图 11-37

游戏教学建议：

（1）可以规定发球的类别，如发上手旋转球、下手旋转球等。

（2）也可对直线和斜线发球都成功者予以奖励 1 分。

（八）排垒球

游戏目的：提高队员发球和培养其灵敏性与配合的能力。

游戏方法与图示：如图 11-38 所示，将队员分成人数相等的甲乙两队，挑边确定攻守。甲队先为进攻队，队员依次到本垒用发球将排球击出，然后依次跑垒，乙队则将人员布满防守场地。待甲队发球后，如乙队队员直接在空中把球接住，发球队员出局；如球落地待进攻队员跑到一垒前又用球触杀时，该队员也应出局；如未触杀时，进攻队员则为安全上垒。进攻队员经二、三垒跑回本垒时，则得 1 分。甲乙各一次攻守为一局，得分者为该局胜，比赛可一局定胜负，也可以三局两胜。当甲队三人出局时，则甲乙两队交换攻守。

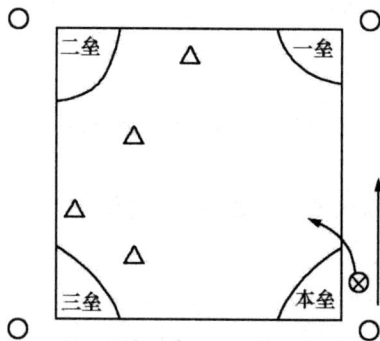

图 11-38

游戏场地器材：在场地上画一正方形，边长为 10 米，并分别确定四角为本垒、一垒、二垒和三垒；每个角再画一个直径为 2 米的圆；排球一个。

游戏规则：

（1）发球后方可跑动。

（2）参照垒球规则执行。

注意事项：练习时要严格遵守游戏规则，练习的顺序与方法要正确。

游戏教学建议：

（1）可在球落地一次后再把球接起并组织进攻，打入发球方也可算获胜。

（2）发球不可无限度地追求速度。

（九）流星锤

游戏目的：发展队员手臂力量和灵敏协调能力，提高判断能力。

游戏方法与图示：如图 11-39 所示，两人一组，分别站在球悬挂投掷中心线的两侧，两人相对站立。由一人把球向前抛出，使球摆动，接着两人轮流击球，并设法把球击得越远越好，如该组失误 3 次，便由场下另一组替换该组进行练习，游戏重新开始。

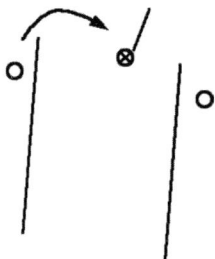

图 11-39

游戏场地器材：排球网套若干。

游戏规则：

（1）除手和前臂外，身体任何部位不得接触球。

（2）不准抓住球或掷球。

（3）没有击到球或击球时接触绳则为失误。

（4）越过地面中心线击球则为失误。

（5）击球时使球左右摆动则为失误。

注意事项：两人练习时，要注意相互配合，难易要适度。

游戏教学建议：

练习的时间和分组数量要根据队员人数的多少来确定。人少球多时，每组的练习可适当延长时间。

（十）流星赶月

游戏目的：增强队员的手臂力量和提高发球者的准确度。

游戏方法与图示：如图 11-40 所示，4 人一组，分别站在排球场半场内，由 2 人把球发出，使球到达指定位置，接着 4 人轮流击球，并设法把球击得越准越好，如该组失误 5 次，便由场下另一组替换该组进行练习，游戏重新开始。

游戏场地器材：排球场地一块，排球 10 个。

游戏规则：

（1）不准掷球。

（2）没有击到球或接球时落地为失误。

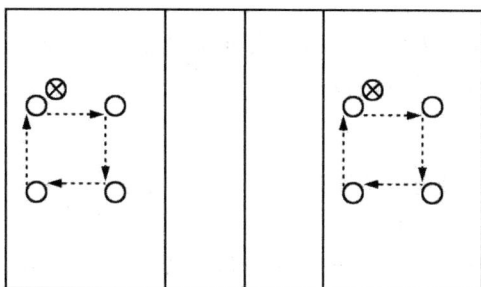

图 11-40

注意事项：保证游戏的连续性是游戏的关键所在，在多人练习时要注意相互间的配合。

游戏教学建议：

（1）人数少时，每组的练习可适当减少一个球。

（2）4人练习时，要注意相互配合，保障发球的连续性。

第四节　扣球与拦网类游戏的实践运用

一、扣球类游戏

（一）扣投靶心

游戏目的：练习扣球助跑起跳和挥臂的动作，提高队员的扣球兴趣。

游戏方法与图示：如图 11-41 所示，将队员分成人数相等的两队，听到信号后，排头从四号位助跑起跳扣球或投球，把球扣或投到对区画的圆圈内则得 1 分，全队依次进行。得分多的队获胜。

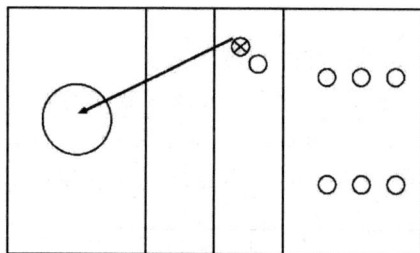

图 11-41

游戏场地器材：画一个直径为 2 米的圆，乒乓球、垒球若干个。

游戏规则：

（1）按扣球或投球动作扣球或投球。

（2）不允许触网。

注意事项：选择投球方式时，可根据教学环境和队员的实际情况而定。

游戏教学建议：

（1）适用于初学者，若扣球手包不住球者也可采用此游戏方法练习。

（2）可投垒球，也可投羽毛球或小皮球。

（二）打树叶

游戏目的：练习扣球助跑起跳和挥臂的动作，选择正确的起跳点。

游戏方法与图示：如图 11-42 所示，在树下选择不同高度的树叶作为标志，或是从树上拴上一根绳子作为标志物，队员根据不同高度的标志做助跑起跳挥臂扣球动作。教练员可规定练习次数或规定练习时间，以完成正确技术为准，否则视为违规。

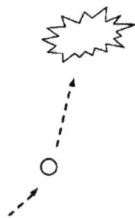

图 11-42

游戏场地器材：不同高度的树叶。

游戏规则：

（1）在规定的时间内完成规定的次数。

（2）扣球动作要规范，否则重做。

注意事项：在球落点上放置障碍物时，要注意考虑到队员的安全，以防伤害事故的发生。

游戏教学建议：

（1）可用吊球进行练习。

（2）在落地处可放一障碍物，防止队员前冲触物。

（三）重点打击

游戏目的：提高队员的扣球技术和增强扣球的兴趣。

游戏方法与图示：如图 11-43 所示，将队员分成人数相等的若干队，分别从 4、3、2 号位做扣抛球的练习，并且把球抛向端线处。在端线处分别放置 3 个实心球，如击中实心球即为打击成功，得 1 分。每人依次均做均做 3 次扣球，待全队做完看累计分数。得分高的队名次列前。

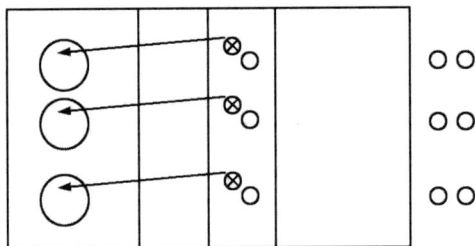

图 11-43

游戏场地器材：排球场地一块，3 个实心球，排球若干个。

游戏规则：

（1）持球抛扣球起跳和挥臂时，动作要正确。

（2）用非扣球的方法打击目标，则不能计入成绩。

注意事项：在提高练习难度时，要注意考虑到队员的实际水平。

游戏教学建议：

（1）在比赛前可做一次热身练习，以提高游戏中扣球的准确性。

（2）网的高度可以适当调节。

（四）吊球

游戏目的：提高队员扣球技术，并加强扣吊球能力。

游戏方法与图示：如图 11-44 所示，将队员分成人数相等的若干队，每队均在 4 号位做扣吊球练习。由老师或队员抛垂直球，扣球者待球抛出后做上步起跳扣球，把球扣在对方场地中心，全队依次轮流做。在规定时间内，扣球多的队名次列前。

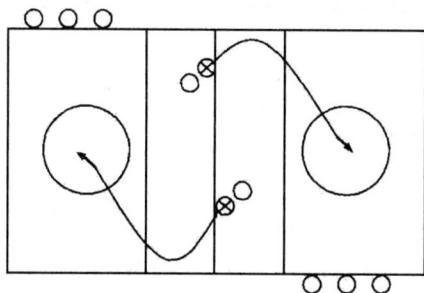

图 11-44

游戏场地器材：排球场地一块，排球若干个。

游戏规则：

（1）必须用正确的上步起跳技术扣吊球。

（2）不能持球。

注意事项：保持助跑起跳动作的正确是游戏的基本要求，游戏中注意吊球与轻打的转换。

游戏教学建议：

（1）初学者可多采用此游戏。

（2）在多次练习的基础上，可采用"轻打"进行练习。

（五）计分扣球

游戏目的：练习 4 号位、2 号位扣球能力和防守能力。

游戏方法与图示：如图 11-45 所示，将队员分成人数相等的两队——A 队和 B 队。把两个场区均分为三部分。各区分别站一名防守队员，A 队一个人在二传位传球，其余队员轮流扣球，每人扣一次为一轮，B 队有三名队员防守，一轮过后两队交换攻防。得分多的队获胜。

游戏场地器材：排球场地一块，排球 1 个。

游戏规则：

（1）攻方扣中几分区得几分；对方防守成功，在几分区得几分。

（2）扣球失误，对方得 1 分。

（3）两组分别扣完一轮，以获得分数决定胜负。

（4）若分数相等，记扣成功个数，三局两胜制。

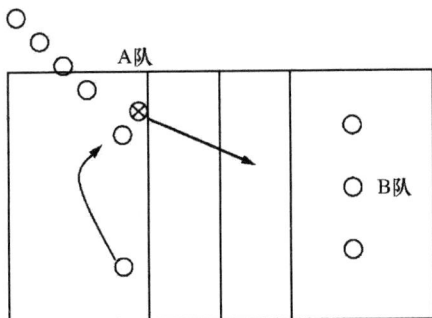

图 11-45

注意事项：保持好扣球的准确性是练习的关键所在，防守与进攻的安排要以此为依据。

游戏教学建议：

（1）可以分别进行四号位和二号位扣球。

（2）也可采用正常的 6 人防守。

（六）纵深突破

游戏目的：提高队员的扣球技术和力量。

游戏方法与图示：如图 11-46 所示，将队员分成人数相等的若干队，队中每个人轮流在限制线后自抛球做后排扣球。扣入对方场地得 1 分，全队依次进行。累积得分高的队名次列前。

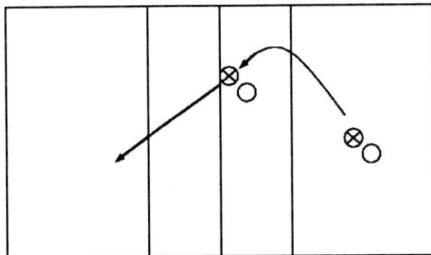

图 11-46

游戏场地器材：排球场地一块，排球若干个。

游戏规则：

（1）在后排扣球并将球扣在对方场地上算得分，否则不得分。

（2）扣球时要一定的力量，否则要扣分。

注意事项：游戏中要适当增强双方的对抗性，以提高队员的兴趣。

游戏教学建议：

（1）可在对方增加一名防守队员，若对方防起，扣球者则不得分，以增加扣球的难度。

（2）防守队员也可以组织反击，以增加练习的对抗性。

（七）击中目标

游戏目的：提高队员扣球的准确性。

游戏方法与图示：如图 11-47 所示，将队员分成人数相等的若干队，队中每人持一球。在 4 号位做自抛扣球，所扣的球入筐，则得 1 分。在规定时间内累计得分多的队获胜。

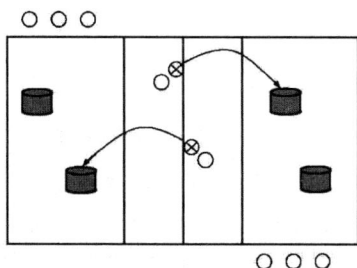

图 11-47

游戏场地器材：排球场地一块，4 个大球筐，排球若干个。

游戏规则：

（1）必须扣球入筐才得分。

（2）判断是否入筐以第一落点为准。

注意事项：加强第一落点的准确性，提高扣球动作的规范性是本游戏的基本要求。

游戏教学建议：

（1）在比赛前可进行两人一组的抛扣球练习。

（2）可规定不同方式对应不同得分，如碰筐得 0.5 分。

（八）扣球记分

游戏目的：提高队员扣球的准确性和控制扣球落点的能力。

游戏方法与图示：如图 11-48 所示，将队员分成人数相等的若干队，在 4 号位准备扣球。由教练员或二传手抛球，全队依次把球扣过球网。以球落点的区域计算得分，在规定时间内累计得分多的队获胜。

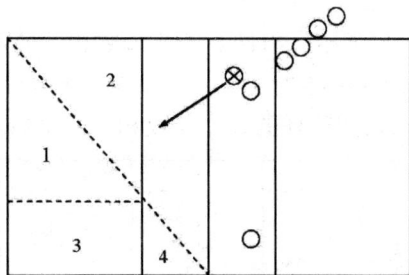

图 11-48

游戏场地器材：将排球场分割成相等的几块并标上分数，排球若干个。

游戏规则：

（1）扣球与吊球得分均有效。

（2）扣球时触网、过中线以及球出界则无效。

注意事项：练习中扣吊结合要合理分配，二传传球的方式要灵活选择。

游戏教学建议：

（1）可以在扣球前做一个自传动作把球传起，再进行扣球。

（2）也可以扣二传的传球。

（九）快球加速

游戏目的：提高队员判断起跳的时机和扣球的质量的能力。

游戏方法与图示：如图 11-49 所示，将队员分成人数相等的两组。在 3 号位由教练或二传手传球，队员依次做一次 3 号位扣快球，上网扣球动作要连贯，扣吊球均落在界内则得 2 分，否则不得分。两组均按照同样的动作完成扣球，最后得分多的一组获胜。

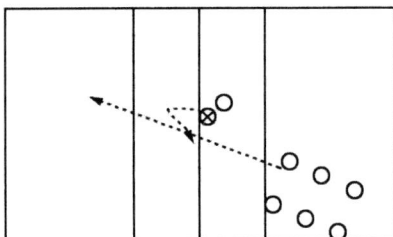

图 11-49

游戏场地器材：排球场地一块，排球若干个。

游戏规则：

（1）3 号位扣球要过网，否则不得分。

（2）扣吊动作要规范，否则需扣分。

注意事项：扣快球之前要做好扣球前的热身练习，以保证扣快球的实际效果。

游戏教学建议：若队员不熟练，可以先原地扣 3 号位球。

（十）接连不断

游戏目的：培养队员的综合能力，加强扣球练习。

游戏方法与图示：如图 11-50 所示，将队员分成人数相等的两组。在 3 号位由教练或二传手抛球，队员依次在 6 号位做一次垫球给 3 号位，然后在 3 号位上网扣球，上网扣球的动作要连贯，扣球需要落在界内。两组均按照同样的动作完成扣球，最后看哪一组扣过的球多。

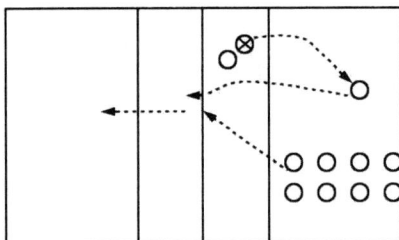

图 11-50

二、拦网类游戏

(一) 猴子捞月

游戏目的：提高队员拦网判断、反应、起动、移动和掌握起跳时间的能力。

游戏方法与图示：如图 11-51 所示，将队员分成若干个 2 人组。在 2 号位网前准备拦 4 号位的球，教练员抛球或二传传球，拦网队员看出球的方向进行移动拦网，2 人循环做。以封堵过网点为准，判断是否成功，在规定时间内成功次数高者名次列前。

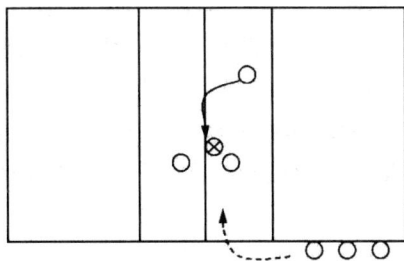

图 11-51

游戏场地器材：排球场地一块，排球若干个。

游戏规则：拦网时不准触网。

注意事项：行进中可将拦网动作组合连贯进行练习。

游戏教学建议：在移动过程中再增加一个拦网动作。

(二) 横向拦击

游戏目的：提高队员在移动中运用并步、交叉步拦网的能力。

游戏方法与图示如图 11-52 所示，将队员分成人数相等的两队，分别列队于排球场端线上。游戏开始后，排头迅速从端线跑至 4 号位网前，并做一次拦网动作，然后顺网向 3 号位和 2 号位移动起跳拦网，最后返回本队击拍下一人的手掌，第二人再做同样的动作，全队依次进行。速度快、先完成游戏的队获胜。

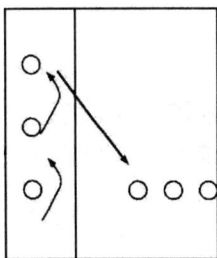

图 11-52

游戏场地器材：排球场地一块。

游戏规则：

(1) 拦网时手要高于球网，同时还要靠近球网。

(2) 拦网时不准触网。

注意事项：网前对抗要注意队员的安全。

游戏教学建议：

(1) 可在 3 号位拦网时增加一个扣球，让队员在 3 号位拦一个扣球，拦死球者进行下一个拦网动作，以增加游戏难度。

(2) 拦网对抗时注意落地的稳定性，避免出现受伤事故。

（三）亦步亦趋

游戏目的：提高队员拦网时判断、反应、起动、移动和掌握起跳时间的能力。

游戏方法与图示：如图 11-53 所示，将队员分成人数相等的两队，分别列队于限制线后。每队出一人，如甲队一人先做主动拦网动作，乙队一人则跟随模仿在同地点做同样的拦网动作，共做 5 次。主动做拦网的人做出拦网动作后 3 秒钟，被动拦网人必须做出模仿动作，如果超过 3 秒钟，则算失败，5 次 3 胜。待第二人时则交换主动与被动的角色，以此类推。胜利次数多的队伍获胜。

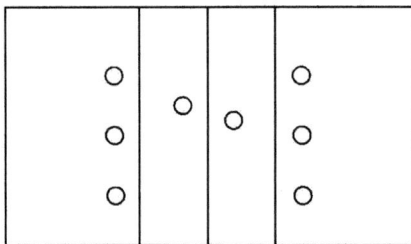

图 11-53

游戏场地器材：排球场地一块。

游戏规则：

(1) 拦网时手腕要高出网口。

(2) 主动拦网者可以做假动作。

注意事项：做被动跟随模仿练习的队员动作要逼真，主动与被动练习间隔不能超过规定时间的要求。

游戏教学建议：

(1) 可在甲队、乙队进行一个简单的模拟赛后再进行比赛，以增加游戏的趣味性。

(2) 也可采用双人拦网的方式进行练习。

（四）网上对抗

游戏目的：提高队员拦网配合的能力。

游戏方法与图示：如图 11-54 所示，将队员分成若干个 2 人组，每组一人站在 3 号位，另一人站在 2 号位准备拦对方在 4 号位的扣球。由教练员抛球或二传手传球，拦网人看出球的方向后进行移动拦网。3 号位的人向 2 号位移动组成双人拦网，拦网成功则得 1 分，每拦一次换下一组做。在规定时间内，积分多的组名次列前。

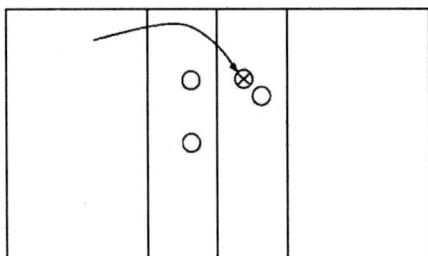

图 11-54

游戏场地器材：排球场地一块，排球若干个。

游戏规则：

(1) 拦网时不准触网。

(2) 未拦住球或失误均不得分。

注意事项：游戏中要注意相互配合、默契合作。

游戏教学建议：

(1) 在进行此游戏前，可先进行一个双人拦网的配合动作，以便游戏的正常进行。

(2) 双人拦网时，应注意相互之间的配合。

（五）等距固定拦击

游戏目的：提高拦网技术和拦网能力。

游戏方法与图示：如图 11-55 所示，在网上布置好三个固定球，将队员分成人数相等的两队，且列队于限制线后站立。当排头从 4 号位做拦网触固定球动作后，顺网移动再摸 3 号位和 2 号位的固定球，随后本队第二人同样做拦网摸球，全队依次进行。速度快，先完成游戏的队获胜。

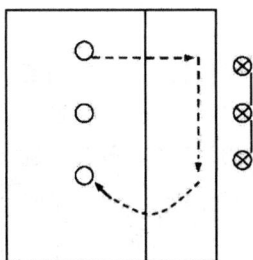

图 11-55

游戏场地器材：排球场地一块，固定球 3 个。

游戏规则：

(1) 拦网时需触摸到球，否则重做。

(2) 拦网时不能触网。

注意事项：拦网动作要准确。

游戏教学建议：

(1) 在拦固定球之间可加拦网动作。

(2) 也可采用双人拦网的方式进行练习。

（六）高点拦击

游戏目的：提高拦网技术和拦网技术的应用能力。

游戏方法与图示：如图 11-56 所示，将队员分成人数相等的两队，各自在本场 2 号位边线处纵队排好。排头在 2 号位拦高台扣球，待拦死后换下一人继续拦网，全队依次进行。速度快的队获胜。

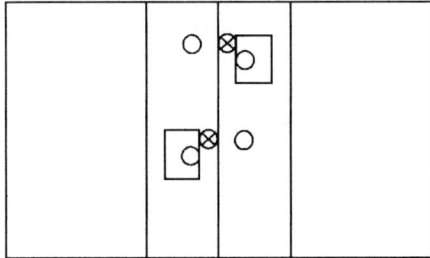

图 11-56

游戏场地器材：排球场地一块，排球若干个，高台若干。

游戏规则：

（1）按拦网规则执行。

（2）拦死时再换下一位队员。

注意事项：在提高前排拦网与后排防守配合时，以防守成功为目的。

游戏教学建议：

（1）可在 1 号位、6 号位、5 号位各加一位队员防守，要求把扣进来的球防起即可。

（2）此练习也适用于双人拦网。

（七）拦摸有序

游戏目的：提高队员的拦网能力和增强身体的控制能力。

游戏方法与图示：如图 11-57 所示，队员在网前站立，听到信号后，在 15 秒钟内做原地起跳拦网。以触摸到球算一次，看谁触球次数多，多者获胜。

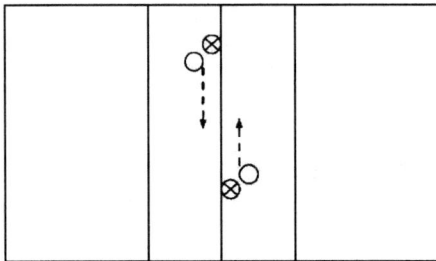

图 11-57

游戏场地器材：排球场地一块，排球若干个。

游戏规则：

（1）起跳拦网时必须双手触球。

（2）不得触网。

注意事项：运用双边对抗的方式进行游戏时，要充分考虑到队员拦网的实际水平。

游戏教学建议：

（1）可以在球网的另一侧加上一个高台扣球，以便队员掌握正确的拦网手形。

（2）也可以采用球网两侧双人对抗的方式进行。

（八）进退有序

游戏目的：提高队员的拦网能力和培养拦网后下撤防守的意识。

游戏方法与图示：如图 11-58 所示，将队员分成人数相等的两队，于 4 号位边线外列队，听到信号后，排头拦对方 4 号位高台扣球一次，迅速后撤，接教练员在本场中点抛出的球并将球传给二传手，下一人做同样的动作，全队依次进行。速度快的队获胜。

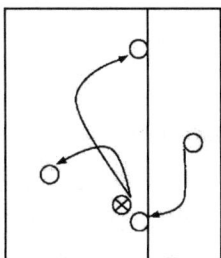

图 11-58

游戏场地器材：排球场地一块、排球若干个。

游戏规则：

（1）拦网必须摸到球，否则重做。

（2）防守时必须起球。

注意事项：此练习是以防守起球为目标，要注重练习的质量与效果。

游戏教学建议：

（1）在比赛前可进行步伐移动练习，以便在场上的步伐移动灵活。

（2）不能只求速度，要提高练习质量。

（九）高低对应

游戏目的：提高队员重心上下转换的能力。

游戏方法与图示：如图 11-59 所示，将队员分成人数相等的两队，分别在排球场的换人区排成横队站好。当听到信号后，排头先在网前做一次徒手拦网，然后再用手触摸 3 号位限制线，整个动作重复做两遍后返回本队击拍第二人手掌，第二人再做同样的动作，全队依次进行。速度快的队获胜。

游戏场地器材：排球场地一块。

游戏规则：

（1）拦网时不许触网。

（2）触摸线时一定要摸到，否则该动作重做。

注意事项：游戏中要注意按规定的路线进行。

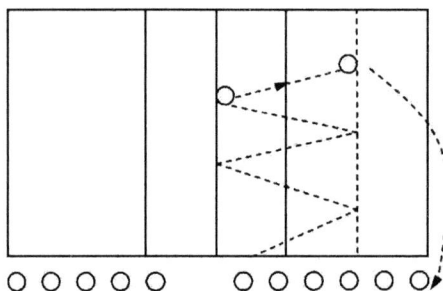

图 11-59

游戏教学建议：

（1）两队分别再加一人击球，由双方拦网队员进行拦网，以增加拦网效果。

（2）网上可加固定球，以增加练习的趣味性。

（十）左右兼顾

游戏目的：提高队员移动中拦网的判断力和拦球的能力。

游戏方法与图示如图 11-60 所示，将队员分成人数相等的两队，分别在本方限制线后列队，队员先拦击对方 2 号位的高台扣球，然后滑步至本方 2 号位拦击对方 4 号位的高台扣球，每人拦击两次扣球后归队，第二人再开始拦网，全队依次进行。每拦网成功 1 次得 1 分，得分多的队获胜。

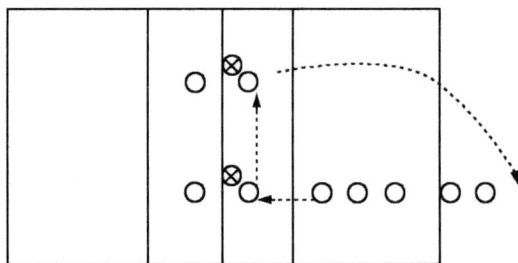

图 11-60

游戏场地器材：排球场地一块，排球若干个。

游戏规则：

（1）拦网时不许触网。

（2）拦网动作要规范，不能过网拦球。

注意事项：游戏中要反应迅速、动作准确。

游戏教学建议：

（1）高台扣球者的扣球难度要根据拦网队员的实际水平来适度调节。

（2）如果队员水平较高，可在 3 号位增加高台扣球以增加扣球难度。

第五节　综合对抗类游戏的实践运用

一、钻越发球

游戏目的：提高队员的灵敏协调能力和发球准确性。

游戏方法与图示：如图 11-61 所示，两人一组隔网站立，一人抛高球，待球落地反弹，人从球下钻过一次，待球第二次反弹钻第二次，待球第三次反弹钻第三次，之后将球捡起，并到端线发球给对区同伴，另一人接住同伴发的球做同样的动作。在规定时间内，每人完成 10 次发球，速度快者获胜。

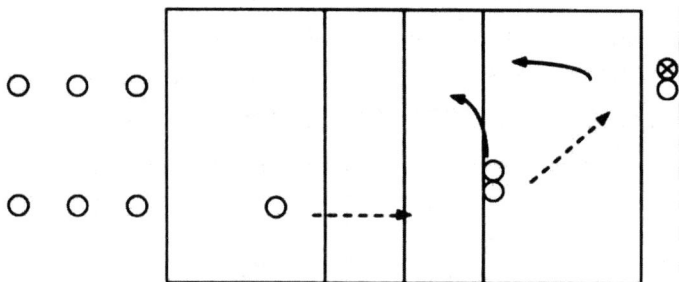

图 11-61

游戏场地器材：排球场地一块，排球若干个。

游戏规则：

（1）钻反弹球三次，如钻不过则重做。

（2）如发球失误应重发，但全部要计入时间。

注意事项：钻球次数要根据反弹球的高度和队员的水平进行合理选择。

游戏教学建议：

（1）可在反弹第三次时把球垫起或传起后再抱球到端线发球。

（2）同一反弹球可连续钻两次，以节省练习时间。

二、一发一接

游戏目的：巩固和提高队员发球技术，提高队员的保护意识和移动卡位能力。

游戏方法与图示：如图 11-62 所示，将队员分成人数相等的两队，均在端线列队。游戏开始后，排头发直线球，并迅速进场到场心接教练员由对区 3 号位抛过来的球，然后将球交给本队下一人继续做同样的动作，全队依次进行。速度快的队获胜。

游戏场地器材：排球场地一块，排球若干个。

游戏规则：发球失误和接球失误均需重做。

注意事项：抛球的难度要以队员自身能力及运动水平高低来选择。

游戏教学建议：应根据队员水平抛球，不可难度过大。

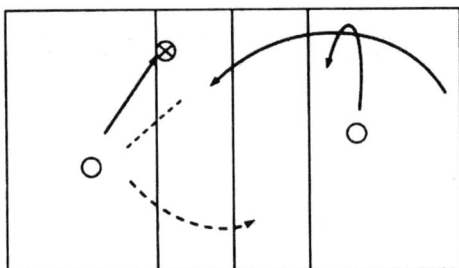

图 11-62

三、一发一防

游戏目的：提高队员的发球能力和增强其防守意识。

游戏方法与图示：如图 11-63 所示，将队员分成人数相等的两队，并在底线列队。游戏开始后，排头发球后到 6 号位防守，接教练员在 4 号位扣过来的球，全队依次做同样的动作，按每人防起一球累积全队的防起数。速度快、先完成游戏的队获胜。

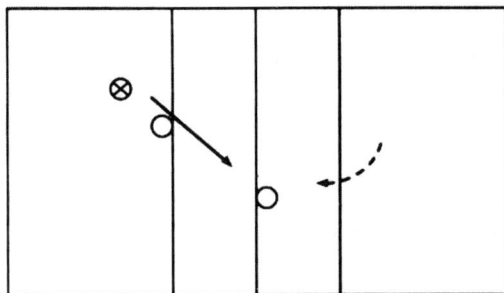

图 11-63

游戏场地器材：排球场地一块，排球若干个。

游戏规则：

(1) 发球失误者重发。

(2) 防守失误不重做，但不计入起球数。

注意事项：垫前热身是保障完成此游戏练习的必备措施。

游戏教学建议：在比赛场可进行 5 分钟～10 分钟的热身赛，以便熟悉球性。

四、接发球对抗

游戏目的：提高队员的接发球能力。

游戏方法与图示：如图 11-64 所示，将队员分成人数相等的两队。甲队发球，乙队接发球，每轮进行一次交换。看一传的到位率，到位率高者为优胜队，起球可按到位、一般、破攻、触手失误、直接落地等标准给予评分。

游戏场地器材：排球场地一块，排球若干个。

游戏规则：

(1) 发球人必须按规则进行发球。

（2）如发球失误则不计数，应重发。

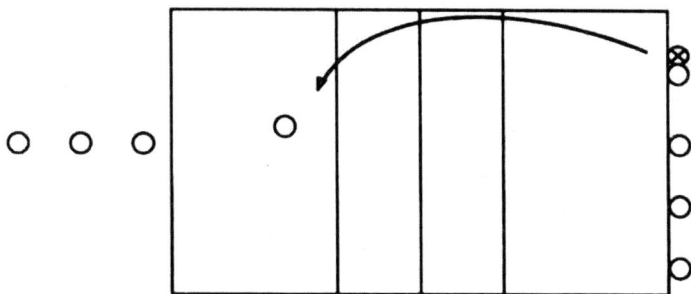

图 11-64

注意事项：接发球队的人数多少可根据接发球水平而进行选择。

游戏教学建议：

（1）接发球队可做四人或六人接发球站位。

（2）接发球队若水平高可做二人接发球站位。

五、一调一防

游戏目的：培养队员在调整传球后迅速进行防守的意识和能力。

游戏方法与图示：如图 11-65 所示，将队员分成人数相等的两组，在端线列队。听信号后，排头从 1 号位插上接教练员在对区 4 号位的一般扣球后立即前移，再将教练员抛过来的球向 4 号位调传，然后返回本队，由下一人做同样的一防一传动作，全队依次进行，速度快的队获胜。

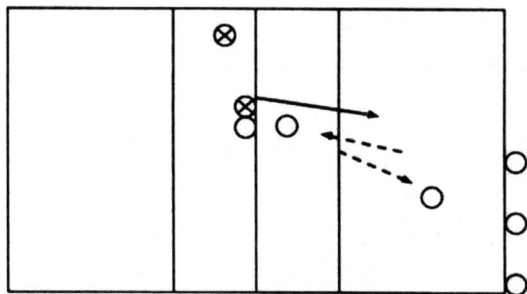

图 11-65

游戏场地器材：排球场地一块，排球若干个。

游戏规则：

（1）防守扣球要起球。

（2）传球要先传一般球。

（3）如果失误，则该动作要重做。

注意事项：提高或降低难度要符合队员的防守水平，不能攻防脱节而达不到练习的效果。

游戏教学建议：

（1）在整个过程中可采用大跨步或跑步方式移动。

（2）扣球的力量和防守难度要依防守者的水平而定。

六、四龙戏珠

游戏目的：巩固发、传、垫、扣、拦的技术和能力，提高对排球的学习兴趣。

游戏方法与图示：如图 11-66 所示，球队由 4 人～5 人组成，比赛时 2 人上场，无固定位置。

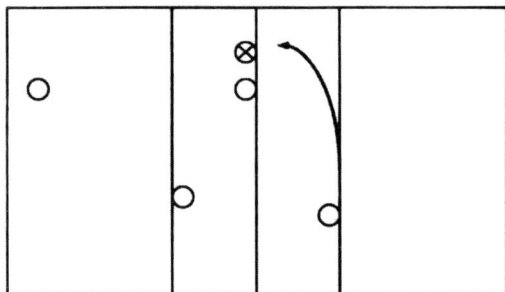

图 11-66

游戏场地器材：排球场地一块，软式排球若干个。

游戏规则：

（1）持球判罚尺度放宽。允许在击球时用"捞球""捧球""携带球"的动作，只要不是把球持住后再抛出都可以。

（2）发球采用传发球方式，即在限制线后任何地点，用自抛球传过球网的方式以代替发球，球发出后比赛即为开始。

（3）采用每球得分制，可以任意换人。

（4）每局 25 分，一方分数达到 13 分时交换场地。

（5）一局定胜负。

注意事项：提高游戏的趣味性要根据队员的技术水平而定。

游戏教学建议：

（1）二对二比赛规则为初学者而定，球网高度可以降低。

（2）参赛人数可以增加，以增加玩球的兴趣。

（3）技术要求不宜过高，以提高游戏的兴趣为主。

七、四对四比赛

游戏目的：巩固队员的排球基本技术，培养其场上的意识和提高对排球学习的兴趣。

游戏方法与图示：如图 11-67 所示，球队由 8 人～10 人组成，比赛时 4 人上场，无固定位置，无位置错误犯规，只有发球次序的规定。

游戏场地器材：排球场地一块，软式排球若干个。

游戏规则：

（1）比赛时可以任意换人。

（2）持球判罚尺度可适度放宽，允许用"捞球""捧球"动作去击球，不允许"携带球"和

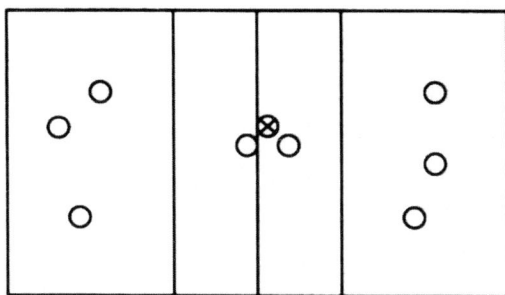

图 11-67

接住抛球。

（3）发球方式有两种：一种按排球正式比赛的发球方式，另一种可用"传发球"的方式发球，比赛中允许混合运用。

（4）采用每球得分制，比赛采用三局二胜制，也可以一局定胜负。

（5）每局 25 分，一方分数达到 13 分时交换场地。

注意事项：在适度提升练习兴趣的同时，提高练习质量要根据队员的排球运动水平的高低而确定。这样的比赛才能对抗性强，引人入胜。

游戏教学建议：

（1）可增加击球次数，以提高练习的兴趣。

（2）可增加上场的人数，以提高队员的意识。

八、同进同出

游戏目的：提高队员相互的配合能力和排球的基本技术，培养队员的团队合作精神。

游戏方法与图示：如图 11-68 所示，把队员分成人数相等的两队，一队南北站，一队东西站，即成"十"字形站开，以十字的焦点为圆点，以 3 米为半径画一个圆。每队以圆心为分组线，各分为两组退至圈外相对站立。游戏开始后，4 组中的排头队员开始自垫球进入圈中与本队另一组的排头队员相遇，击掌后再传球回到原位与本组的下一位队员击掌，下一位队员在击掌后再自垫球进入圈中与另一组第二位队员相遇，击掌后再传球返回原位，依次进行，直到本队最后一名队员返回为止，先做完游戏的队获胜。

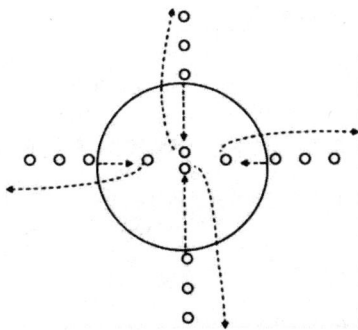

图 11-68

游戏场地器材：平坦的空地，排球若干个。

游戏规则：

（1）传垫球过程必须在 5 次以上。

（2）两组队员必须在圈中相遇击掌后才能返回。

注意事项：提高练习难度要根据队员运动技术掌握程度而确定。

游戏教学建议：

（1）初学者也可以采用单手垫球的方式进行。

（2）有一定排球基础者可采用传垫球交替进行的方式练习。

九、争分夺秒

游戏目的：提高队员的反应能力和排球基本技术。

游戏方法与图示：如图 11-69 所示，队员围成一个圆，圆心放一排球，开始指定一人为 1 号，按顺时针一次报数，然后开始沿顺时针方向慢跑，由一人按算数的方式喊一数，如 $2 \times 3 = 6$，则与结果 6 相同号码的队员快速进入圈内，若反应过慢将跑圈一周。进入圈的队员在半分钟内传垫球，并记下半分钟内此队员的传垫球数，随后，再由此队喊一个数，被喊到的队员再进入圈内做传垫球，并记下他半分钟内的传垫球数。依次下去，最后传垫球数多的队员名次列前。

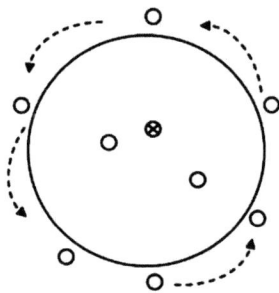

图 11-69

游戏场地器材：平坦的空地，排球若干个。

游戏规则：

（1）喊出的数一定要在队员们的报数范围内。

（2）传垫球动作要规范。

（3）若传垫球有失误，则要重新开始计数。

注意事项：采用分组练习时要考虑场地大小和各组人员的合理搭配，这样才能保证练习的质量。

游戏教学建议：

（1）初学者可分若干组分散进行游戏。

（2）人多时可以分成更多小组进行游戏。

十、棋逢对手

游戏目的：练习力量和速度，培养队员集体主义精神和提高发球、拦网的技术。

游戏方法与图示：如图 11-70 所示，将队员分成人数相等的两队，分别站在场地两侧持球做好准备（双方的球应相等），当口令下达后，队员立即将本方的排球发过球网到对方场地，此时双方都将有 3 名队员站在网前进行拦网。单位时间内落在本方场地内的球较少的队获胜。

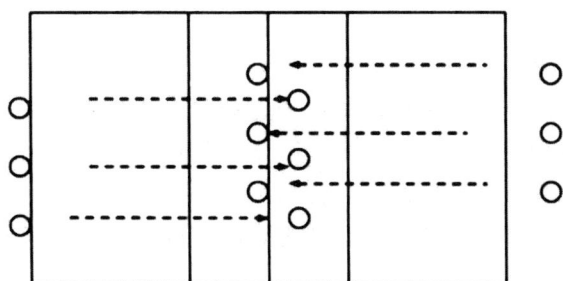

图 11-70

游戏场地器材：排球场地一块，排球若干个。

游戏规则：必须将球发过网，不得将球就地滚过去，否则违例判罚球一个。

注意事项：发球过网是练习的基本要求，在规定时间内要尽量多发球。

游戏教学建议：如果出现双方场上的球数量相等时，可进行加时赛。

第十二章 现代排球运动竞赛规则对技战术的影响研究

排球竞赛规则随着运动发明而产生，从最初简单的原始的几条规定历经多次修改完善，最终形成今天完备的具体规定。在排球运动发展的历史上，竞赛规则一直积极适应运动的发展去做出改变。同时，竞赛规则也经常具有指导性和前瞻性地主动做出改变来引导运动的良性发展。本章以排球运动诞生以来的竞赛规则演变及其与技战术的共生关系为研究对象，从空间发展和时间演变两个维度对运动发展和竞赛规则演变进行梳理分析，找出竞赛规则的演变规律，分析排球竞赛规则的演变与其技战术发展的共生关系。

第一节 现代排球竞赛与规则的基本解析

一、排球运动竞赛规则相关概念界定

（一）规则

规则是规定出来供大家共同遵守的制定或章程，是某一群体里面共同遵守的条例以及章程，可以是明文规定的也可以是约定俗成的。

（二）运动竞赛规则

《体育词典》中将运动竞赛规则定义为：为了进行运动竞赛而制定的统一的规范和准则。主要内容包括，裁判员的名称与职责，比赛的组织与方法，评定成绩以及名次的方法以及有关场地设备和器材的规格等各项目都根据项目自身的特点制定比赛规则。

（三）排球运动竞赛规则

排球运动竞赛规则是排球场上的比赛规则，是为保证排球运动竞赛而制定的统一规范与准则，规定了裁判员的名称与职责，比赛的组织与方法，评定成绩以及名次的方法，以及有关排球场地设备和器材的规格等，是每位参赛者所遵守的法则。

（四）排球竞赛规则的产生以及发展原则

1. 排球竞赛规则的产生

规则的制定不是对运动的制约，相反其更能保证运动的顺利进行。排球运动最早起源于游戏，逐渐是在游戏的基础上发展为正式的运动项目。为保证排球运动的顺利进行，于 1897 年 7 月制定了最早的 10 条排球竞赛规则，如今已经从简单的 10 条竞赛规则发展到现在的 28 大条完整、细致、精确的竞赛规则。1947 年，国际排联在法国排联的倡议下成立，这个排球组织是以 14 个欧洲国家为主组成，法国鲍尔·黎伯成为联合会的第 1 任主席，并制定了第一部国际 6 人

制排球竞赛规则。此时，6人制排球正式成型。

国际排联的诞生，成为排球运动发展史上的重要转折点，预示着排球运动即将进入一个全新的阶段。排球竞赛规则不断地改进，但都是在最初的基础上，历经一百多年的实践与完善。随着时代的进步与排球运动的发展，规则也做出了相应的调整，及时修订原有不合理、落后的条款，增添新的合理、符合当代精神的规则，来切实保障排球运动的健康、有序发展。

2. 排球规则演变和修订遵循的原则

（1）公平、公正原则

竞赛规则的修改始终沿着维护比赛公平、公正的方向进行。这也是所有运动竞赛规则修改的基础。规则应该保证比赛在公平公正的环境里进行。排球比赛的技战术是相对比较复杂的，在赛场上，比赛节奏紧张，很难控制或者说是很难看清所发生的每一个细节，并且在某些情况下规则中某些条款在实际运用时没有固定的模式可循。因此这就要求裁判员在执行规则时，必须对比赛有较好控制力，高度的精神集中，做到对比赛双方公平公正，裁判员要在正确的时间，正确的落点能够做出正确的判决，这也就无形中给裁判员增加了压力。鹰眼系统的引入使得比赛更加朝着公平公正的方向进行，在一定程度上也减轻了裁判员的压力。

（2）利于排球技战术更好发展原则

体育竞赛项目规则的演变、修改与本项目技战术的发展是相辅相成、相互促进的。当竞赛规则制约排球技战术发展时，国际排联就会根据现状修订规则，使其能够适应排球技战术发展的需求。

（3）积极的适应市场需求原则

排球运动之所以能够经久不衰，发展到今天成为非常受欢迎的运动项目，主要取决于不断地对其规则进行更正、修改，给排球运动持续注入新的活力、新的生机。竞技排球的普及，肯定了商业化的存在，同时在一定程度上，商业化的介入推动了排球运动发展，在适应商业化的同时排球竞赛规则也做出相应的调整。如今的排球不仅仅是以娱乐为主要目的，更多的是竞技性占主导。在竞技的大潮流下更多考虑的就是观众，球迷。因而每次排球竞赛规则的修改都以"人"为出发点试图使比赛更具观赏性、双方对抗更加激烈，比赛节奏更加紧凑。

（4）达到攻防平衡原则

"攻防平衡"始终是排球竞赛规则修改的一个重要依据。在双方的对抗中没有永久的进攻，也没有永久的防守，双方始终不断处于攻防的转换中。在一场比赛中没有精彩的进攻，比赛就失去了其精髓，失去了其最精彩的部分，但是假如只有强有力的进攻，对方起球率极低，没有双方的对抗，比赛就是一场没有意义没有价值的赛事。所以说在规则的修订中始终保持攻守平衡。

二、排球竞赛规则的价值释义

排球各项竞赛活动的广泛开展主要依托于排球竞赛规则的有力实施。所以在某种程度上来说，竞赛规则价值的实现是通过排球竞赛为载体，并通过竞赛得以实现。因此说排球竞赛规则价值是竞赛价值的间接体现。

（一）规范人类行为

规则即界限，无论是排球运动还是任何运动项目的开展都是基于规则，受到规则的限制，任何技术的创新也都是在规则的基础上进行的。运动员、观众都可以通过这种潜移默化的作用来强化生活中的规则意识，以此增加了社会的稳定性，从而促进了社会的和谐发展。

（二）促进社会经济的发展

促进经济的发展体现在两个方面一直接促进、间接促进。

直接促进：排球运动得以广泛地盛行，首先取决于排球本身的项目魅力，也离不开广大观众的支持，而规则的修改主要是为了满足观众的观赏性，通过控制比赛时间、减少暂停次数等方式来促进电视广播提高观赏性，提高收视率从而直接地促进了社会经济的发展。

间接促进：排球运动也是通过各类电视媒体转播增加了人们对运动的兴趣，从而促进了人类体质的增强，为社会创造了隐形的财富。无论是医疗还是劳动都为社会创造了利润，从而间接地促进了社会的发展。

（三）具有良好的教育意义

排球丰富的内涵带给人们的是一种对事、对人的态度。在目标面前，所有人都有平等的机会和竞争的权力，达到目标不是一蹴而就的，要坚持努力和进取，面对挑战与未知的挫折，要学会积极、乐观、自信、永不放弃、全力以赴。学会与人相处的模式要尊重、信任、团结。

1. 促进人类竞争合作意识的形成

运动竞赛作为社会的缩影，期间存在着在规则合理范围内的竞争与合作。排球竞赛中运动员最终追求的是成绩，排球运动中要求全队运动员要有强烈的合作意识，比赛的顺利进行离不开队友之间的配合、信任。这就强化了生活中的各种意识。

2. 促进人类顽强拼搏意识的形成

排球比赛是最能体现人类顽强拼搏意识的运动项目，排球比赛区别于篮球，足球比赛，时间具有不定性，最长的比赛持续 3 小时 23 分 17 秒，最短的比赛只进行了 25 分 57 秒。在长时间高度紧张的状态下运动员不会放弃任何一分，尤其是在关键球、关键得分时运动员都会拼尽全力去处理好每个球。这在增加了比赛的观赏性的同时也使观众为之震撼，从而带来良好的教育作用。

3. 增强民族凝聚力、民族自豪感

我们的"女排精神"已成为"顽强拼搏、永不言弃、坚持不懈、自强不息"的代名词。同时也很好地诠释了"为国争光、无私奉献、团结友好、坚强拼搏"的中华体育精神。当运动员能够登上国际领奖台，庄严地升起国旗、奏国歌时，人们内心的自豪感会油然而生。

三、排球运动竞赛规则的演进路径

（一）排球竞赛规则修改的价值

1. 排球规则的修改与人体生理的相互关系

长久以来我们只关注到排球竞赛规则的修改表面的一些作用，比如为了迎合观众观赏需求和媒体需求，为了维持排球竞赛中的攻守平衡等等，但是我们深入地考虑一下，排球规则的修改是否也是受运动员们身体素质不断变强的现象影响，据调查，当今世界男子排球许多运动员的发球时速已经可以达到 130 公里以上每小时，可见，正是人体的身体素质达到了一定的标准，才有能力支持他们达到这样的技术水平。这中时速的发球，一般运动员的反应速度已经很难判断出球的落点或线路，所以得分率很高，导致排球竞赛中出现这种发球时也只是有来无往的球，毫无回合可打，从而大大降低了排球竞赛的竞赛程度，排球竞赛可能会因此变得没有悬念，没有惊心动魄，不再吸引观众的热爱。

所以，我们除了对规则进行一定的修改，也要加强相关的科学训练方法和训练安排，而这样的科学训练方法和训练安排是提高排球运动能力的关键。在排球规则做出相关修改的同时，如何适应相关的规则修改，训练适当相关的比赛规则的身体素质，是对排球运动更好发展推动。就像如今的发球：发球队员在击球时或发球起跳时，不得踏入场区（包括端线）和发球区以外的地面，而不是像之前，只要在击球后，就可以踩踏端线，也可以踏入发球区以外的地面。这样的修改就提高了发球的难度，也促使个人技术的提高，从而使排球规则按照人体生理发展的特征来修改。

2. 排球竞赛规则修改促进攻防平衡，提高竞赛精彩程度

一直以来，排球竞赛规则的不断修改一直致力于保持赛场上攻守平衡的状态，直至如今，攻守平衡的状态也越来越完善。而在当初还未设立自由人的年代，攻守平衡的状态是存在一定的问题的。

以男子排球为例，为何男子排球不及女子排球受欢迎？归根结底还是因为男子排球竞赛中回合球的数量太少，持续不了一段很长时间的观赏时间，因为男子力量比较强大，高度较高，所以在进攻方面很强势，对对方的防守也造成很大的威胁，防守成功的几率很低，基本上是"一球定音"的状态。

而最近修改的规则，例如跳发球起跳后，脚不得进入场地或越过或踩踏底线，而不是像往常，在起跳后可以进入场地以内，这就大大限制了跳发球的攻击性，提高了接发球的成功率，间接增加了竞赛中的回合球的数量，提高了比赛的精彩程度。另外还有限制后排进攻以及设立双自由人的规则，包括拦网触碰球后还可以击球三次这些规则变化和设立，都是提高竞赛中防反成功率，削弱进攻，导致攻守平衡的表现。所以，排球竞赛规则在每个周期的修订是发展和完善排球这一运动的重要举措，也是保证排球比赛中攻守平衡的有利依据。其规则的修改使排球比赛的进行更加激烈和精彩，同时还会吸引更多人关注、喜爱和参与到排球运动中。

3. 排球竞赛规则与技战术相互促进对方发展创新

随着排球运动的不断发展，新的技战术打法不断出现，排球竞赛规则做出了一系列相应的修改，以适应和促进排球运动的发展。竞赛规则的变化对比赛产生了影响，使比赛出现新的特征和规律，为了适应规则修改后比赛出现的新规律，人们会及时研究、发展、设计新的攻守技战术，来适应规则变化带来的新规律发展，从而大大提高排球运动水平，推动攻守技战术向一个新的高度发展。

规则是技战术向新高峰攀登的力量，根据各阶段时期排球规则的修改变化主要特点，可以分析总结得出随着竞赛规则的不同时期的演变，排球技战术发展也发生相应的变化。如进攻技战术从 20 世纪 50 年代的"点"（一点攻、两点攻等进攻点）、20 世纪 60 年代的"线"（直、斜、高弧和低弧线等球的飞行路线）、20 世纪 70 年代的"面"（集中与拉开，高点与低点，交叉错位，时间差与位置差等整个球网垂直平面），发展成为 20 世纪 80、90 年代走向纵深的立体进攻，直至现今的全攻全守的复合型。与此对应的是过去的心跟进、边跟进、扩大型、压缩型等防守阵形，发展到针对型、变换型乃至动态型、无形的复合运动的防守阵形。进攻技战术是向前发展、拦网也在不断发展变化，进攻战术经历了单人—双人—三人—后排—立体进攻的过程，拦网阵形根据进攻技战术的发展也相应发生变化。拦网阵形也经历了单人—双人—三人—人盯人—辨认—委托—堆积式重叠的发展过程。可以说排球新型技战术的发展是建立在旧的技战术基础上的，并随着规则的修改和增订而发生变化，是一个不断继承、提高、创新、由简单到复杂、由低级向高级的循序渐进式发展过程。

比如对拦网技术的规定更为具体化、规范化，丰富了前排拦网技术、集体拦网形式，有效地提升了个人和集体拦网技术；看似这些规则只是减轻了拦网的压力，但是却间接促进了运动员们进攻技术的提高，促进了快速多变并且立体化战术的形成。而新型技战术的出现，又促使排球竞赛规则的不断完善。各项规则的变化朝着科学、严谨、以人为本的方向发展，有效促进排球技战术水平的提升，同时技战术的提高又促进了排球规则的完善，两者相辅相成、相互制约，促进了排球运动的长期健康发展。排球规则的不断修改，表面上看是限制了某些技术的发挥，但是也间接推动了一些新的技战术的形成，教练员为了提高本队的竞赛成绩，在规则中持续寻找可以突破的地方，研究新的技战术，不断完善队员们的技战术水平，从而可以发挥出更高的实力来打破规则的限制，也就是说，排球规则限制了一方面，但是也促进了另一方面的发展。

4. 排球竞赛规则修改迎合观众及媒体需求，提高排球推广度

排球从一开始以娱乐和游戏为主的状态，发展到进军奥运会，成为奥运会的主要项目之一，这其中离不开大众的关注和对排球竞赛所倾注的热情，但是，和篮球、足球项目相比，排球的推广还是不及这两项目的推广程度。

所以，为了促使排球项目更长远地发展下去，规则的修改一定程度上需要迎合大众的观赏需求，只有在被大众关注的状态下，才有可能吸引更多的媒体投资赞助，刺激体育市场消费等等。从而得到支持本项目发展的资金，让排球这个项目更好的发展，更大面积的推广，才会吸引更多的人来参与，比如将从前的发球权制发展为现在的每球得分制，就是为了比赛时间能够被有效控制，以至于可以更合适地出售转播权给各个媒体以及电视台；同时，排球规则的不断修改，是非常重视攻守双方的平衡状态的，这是也是为了让竞赛时，攻守双方的比赛回合增加，增加比赛视觉观赏程度，从而使得比赛看起来更加精彩，能够获得更多的现代媒体的传播，使排球得到更好的推广。

（二）排球竞赛规则修改与演变的依据

排球发展到今天已成为较有影响力的运动项目之一。排球运动能够得到如此的发展离不开规则的推动。规则的进步是文明的象征，是时代的旗帜。正是由于规则的存在才构成了完整的排球体系。同样规则也适用于达尔文的"物竞天择，适者生存"理论，一直在推陈出新、革故鼎新不断地发展。

规则与运动项目之间相辅相成、相互促进，同时两者相互制约。排球开始仅仅是作为娱乐、健身的作用产生。但随着竞技成分的介入，排球很多的性质随之发生变化，竞技色彩更加浓厚。在此情况下成绩成为双方运动员努力发展的动力因素，而此时规则的不断修改是在限制双方运动员的同时，也在营造公平公正环境，为运动员创造最佳成绩，发挥个人最佳竞技状态提供了重要保障。

随着时代进步以及社会的发展，排球运动中所存在的矛盾也在逐步加大，但是排球规则修改的最终目的是促进双方的攻守平衡，规则的变化一直沿着"不平衡—相对平衡—不平衡"的主线进行，通过分析历年来的排球竞赛规则可以得出：平衡总是相对的、短暂的，不平衡却是一直存在，排球规则修改总是朝着维持竞赛规则相对平衡的方向努力，朝着利于排球运动发展的方向进行，以此来保障排球项目的经久不衰，持续发展。如今排球已发展成为与篮、足并重的世界三大球类运动。

为了使排球运动蓬勃发展，国际排联一直在履行应尽职责，努力促使排球运动健康地发展。在排球运动初期，为了尽快完善竞赛规则，排球竞赛规则修改的频率达一年一次，经过不断的修改，排球竞赛规则趋于完善，之后保持每四年进行一次修改的频率。如此修改是为了促进排球运动的发展，以及排球技战术的进步，限制比赛不良现象，创造健康文明的比赛环境，提升比赛魅力。排球竞赛规则修改要考虑到多种因素的影响，首先应该考虑到的就是人—运动员、裁判员、观众，环境—干净、公平、健康。通过对文献的整理与分析发现，规则的修改始终以以下几个方面为依据。

1. 公平

公平是双方运动员共同追求的基本准则，也是排球竞赛规则修改的基础，公平保障双方运动员在平等的竞赛环境下进行，在平等的机会、平等的准则下进行竞赛。

2. 健康

健康是指运动员的身体健康和比赛环境健康干净。竞赛不是以运动员的健康为代价，在保证比赛顺利进行的情况下，要确保参赛运动员的身体健康。排除一切对运动员具有损伤的情况，从外界的场地器材，到运动员的心理健康。比赛是双方运动员在对等的情况下进行的，要排除一切不利的、有损竞技环境的、有利于自己获利的情况，保持比赛环境的健康性、公正性。

3. 紧凑

排球比赛的进行是一场充满悬念，精彩的比赛，比赛中观众最不希望看到的就是比赛被突然叫停，尤其是在关键球，关键分，最精彩的阶段，会扰乱观众的情绪，所以规则在这多次修改的过程中始终以保持比赛的连贯性，尽量减少比赛中断现象的出现，从而使比赛更加紧凑、精彩。

4. 人

规则的修改始终要以人为基准，"以人为本"同样适用于规则的修改。我们规则的修改始终要以人为基准：运动员、裁判员、观众，规则要确保运动员在整场比赛中要尽可能的发挥出自己的真实水平，使比赛更加精彩、保证裁判员顺利而准确地执裁，确保比赛的顺利进行、观众作为自由裁判，要确保观众对比赛充满期待。

（三）排球竞赛规则修改与演变进程

1. 器材设备的规定与修改进程

（1）比赛场地面积

比赛场地方面，其规则的演变主要体现在以下几点：

首先，排球比赛场地面积在1936年以前一直是以英制单位进行测量划分比赛的，并且一直处于修改变化之中，这种情况一直延续到1936年第6届奥运会成立了排球技术委员会统一使用公制单位，制定了新的比赛场地面积 9×18 米，从此场地面积确定下来一直到现在排球场地面积也都未再发生改变。早期由于未限制人数，其竞赛场地有大有小，但自从 1923 年之后，场地面积便固定下来，即使测量单位 1936 年改为公制单位也基本无变化。

其次，无障碍区的变化：早期规则对无障碍的宽度要求较小，但随着队员技术不断提高，竞赛水平不断提升对无障碍区的要求越来越高，表中我们也可以看出无障碍区是呈逐渐宽大的趋势的，周围无障碍区的具体规定从 1989 年开始固定下来并再未发生过修改。从 1958 年开始排球场地关于无障碍区高的规定就一直保持稳定，相对于周边无障碍区对竞赛场地高的规定则相对稳定。同时，要注意国际排球比赛无障碍区的规定是高不少于 12.5 米，边线宽不少于 5 米，端线外不少于 8 米，2017 年国际排联新规则规定端线外无障碍区缩短为不少于 6.5 米。

（2）球网高度

球网高度方面，其规则的演变主要体现在以下几点：

在世界三大球运动中"球网"是使排球区别于其他两项大球运动的标志，也成为排球运动的特色，球网的高度直接决定发球、拦网、进攻的难度系数，为了促进排球运动的发展，球网的高度不断增加。成年男网高度从 1896 年到 1917 年这段时间球网高度一直呈现不断增高的趋势，1918 年男网高度改为 2.43 米后，至今网高没有发生过变化。适当通过增加球网高度，增加进攻队员进攻难度，对防守队员来说在一定程度上减轻了压力。成年女子网高从 1900 年定为 2.10 米后一直到 1924 年的这段时间一直维持不变，而后规则于 1924 年增高为 2.30 米，但 1936 年又降为 2.24 米，从此成年女网高度被固定下来。成年女网高度的变化先是增高而后降低然后稳定下来，成年女网的高度是经过反复调整后确定下来的，1936 年重新调整为 2.24 米后至今未再变化。

球网的高度增加同时反应以下几个问题：一是球网高度对双方队员的约束力不够，没有足够的挑战性，必然使得球网高度增加。二是在没有较强威胁性的同一球网高度下出现了适应性，队员的技术得到较大程度的提高，相反，队员水平的提高对外界因素的要求提高，同样促进球网高度的升高。另外，球网的升高对发球的弧度、力量、高度、落点的要求提高，对进攻队员的进攻准确性的要求提高，球网高度的逐步增高利于防守队员开展有效防守，增大了进攻队员的扣球难度，间接地提高到了技战术。

（3）标志杆

标志杆方面，其规则的演变主要体现在以下：

早期比赛场地没有标志杆，直到 1968 年才出现标志杆，当时两个标志杆间距为 9.40 米，经过实际运用后分别于 1976 年和 1979 年标志杆两次内移 20 厘米后两端之间宽度固定下来，至今两个标志杆之间的宽度仍为 9 米。标志杆的设立就是为了限制进攻，通过两端标志杆的两次内移，我们可以看出排球竞赛规则修改的一些思路，那就是通过限制缩小进攻的范围来弥补防守力量薄弱的情况，以维持攻守双方力量的相对平衡，从而使得排球比赛得以良性发展。

（4）比赛用球

比赛用球方面，其规则的演变主要体现在以下几点：

①排球球体的大小变化一直处于 63.5～68.5 cm 范围之间，早期对球体圆周的上限和下限虽然有规定但上下浮动太大，排球比赛逐渐规范化后，对球体圆周的要求也渐趋严格。从 1950 年规则开始缩小球体的大小范围，1956 年球体圆周被固定下来 65～67 cm 且直到最新版规则都

未在发生变化。

②早期排球重量较大，材质也比较粗糙。随着技术水平的提高和运动的蓬勃发展，球体的重量渐渐下降，材质也越来越好从早期的皮套、亚麻再到熟皮革最后变为柔软皮革和合成皮革，1956 年规则把球体重量和材质确定下来。

③球体气压早期规则是没有明确规定的，随着运动逐渐正规和科学化，于 1956 年将球内气压固定为 $0.40 \sim 0.45$ kg/cm^2，而后又于 1996 年修改为 $0.30 \sim 0.325$ kg/cm^2，球内气压变小，球速减慢进而增加来回球，提高了比赛的观赏性。

④球的颜色从一开始的不要求到后来的白色球体，再到后来的一色浅或彩色，对颜色的虽有规定但不再做刚性规定。

⑤球制早期无规定，1956 年实行三球制，2015 年修改为五球制，通过比赛备用球的增多去减少延误时间保证比赛流畅性，对比赛时间的控制越来越受重视。

⑥1996 年规则对于球的各种具体规定一直处于很稳定的趋势，除了球制外规则其他部分均没有修改变动。

2. 比赛参加者的相关规则演变

比赛参加者的相关规则演变体现在以下几个方面：

（1）运动发展早期对参赛人数没有特殊的规定，只要参赛双方队伍协商好就可以了，从现在民众打排球不固定站位和人数可以看得到早期排球运动的影子，其目的不是取胜而是娱乐身心，同时各个地区根据自身实际情况有不同的规定。亚洲地区每队参赛人数于 1912 年改为 12 人，1927 年改为 9 人。1918 年美国首先实行六人制排球，六人排球逐渐推广。中华人民共和国成立后，开始推行六人排球。

（2）从运动诞生到排球技术委员会成立，关于队伍人数一直没有硬性的规定，1936 年排球技术委员会成立后开始规定队伍人数不能超过 12 人，2009 年队伍人数最多允许 14 人。全队人数呈增加趋势，大排球队理念开始出现。

3. 自由防守队员的引入与具体规定

早期排球竞赛规则没有自由防守队员这一位置，1996 年女排大奖赛才被引入试行，取得良好效果后，1998 年竞赛规则正式规定引入自由防守队员参与比赛，2009 年新规则实行每队两名自由防守队员，至今一直执行两名自由防守队员的规则。自由防守队员从无到 1 名然后增至到两名队员，贯穿的是竞赛规则中鼓励防守的指导思想，通过增强防守方力量来维持攻守双方的平衡，自由人规则实行后防守力量增强，比赛中球的回合数增加，各种精彩救球出现，比赛观赏性大大提高，受到了观众的喜爱和欢迎。

4. 竞赛具体方法的修改演变

（1）得分及输赢判定的演变

得分及输赢判定的相关规则演变主要体现在以下几个方面：

①运动诞生之初，执行发球得分的规定。1917 年出版竞赛规则明文规定赛制为发球得分制，至 1988 年延续了一百多年的历史。1989 年竞赛规则才有所改变：前四局实行发球得分制，第五局执行每球得分制，而后 1999 年新竞赛规则执行后五局完全执行每球得分制。每球得分制从 1999 年实行至今未再发生变化。

②早期排球比赛每局分数由参赛双方协商定夺，1900 年明确规定胜 21 分为胜一局，1917

年改为 15 分一局且必须胜对方 2 分，直到 1989 年改为每局 17 分上限，但是仍然实行 15 分一局，1999 年赛制大变动，修改为 25 分一局并且胜 2 分，第五局 15 分且胜 2 分，至今未有变动。

③胜一场比赛规定的演变，早期为参赛双方协商定夺，1900 年后改为三局两胜制，1917 年出版的规则书籍改为五局三胜制后至今仍然执行，再未修改。

④现行竞赛规则仍然为五局三胜制。国际排联近几年曾考虑试行盘局制，但未真正实行，2017 年 U23 世锦赛执行七局四胜制（试行）这可能是未来比赛的修改方向。

（2）赛中的位置轮转

竞赛规则于 1912 年加入执行得分发球轮转的规定，至今仍然一直执行此项规定，这里面唯一的区别在于实行发球得分制后，发球方的位置错误后队伍即失一分，而之前只有接发球的队位置发生错误时其才失分，发球一方队伍发生位置错误只丢失球权。

5. 比赛行为的具体规定及修改历史

（1）击球动作犯规的定义

击球动作方面的规则演变主要体现在以下几个方面：

①竞赛规则中关于击球部位的规定一直处于不停的变化之中，1922 年规则明确规定必须髋关节以上部位击球，1927 年改为膝关节以上，1934 年规则又变为腰以上击球，但是不久后 1941 年又改为膝关节以上触球，1954 年改为髋关节以上部位；1979 年改为腰部以上后规则稳定了一段时间直到 1993 年又改为膝关节以上，1997 年规定允许全身击球后，关于击球部位的规定至今未发生变化。1954 年以前击球部位时而减少时而变大，1954 年以后允许击球的部位呈现逐渐变多，直至允许全身击球。允许击球的身体部位虽有反复变动但整体来说是逐渐放宽的趋势直至全身都允许。

②从运动诞生之初至 1984 年这段时间接发球都是不允许连击的，1984 年开始允许接发球时一个动作的连续击球。这侧面体现了进攻技术的不断增强，需要通过竞赛规则修改对防守有所倾斜加强防守来平衡攻守双方力量。

③关于拦网击球的规定：从拦网技术出现伊始，拦网击球一直被计入三次击球数以内，直到 1977 年修改竞赛规则后拦网触球才开始不算击球数，1977 年执行此条规定后至今再未做出修改。关于拦网击球算不算一次击球数的变化反映了国际排联希望通过鼓励拦网来对进攻造成威胁，从而间接增强防守方力量。

（2）球网附近球与队员

球网附近球与队员相关规则的演变主要体现在以下几个方面：

①1927 年关于越过球网球的规定是球必须从球网两端之间过网，1968 年出现标志杆之后，飞行中的球必须从标志杆之间过网且不得触到天花板，限制了球过网的区域也就是限制了进攻的合法区域，自从 1968 年标志杆规则实行之后关于越过球网球的规则一直没有变化。

②早期发球擦网是无效的，但是除发球之外的擦网球是被允许的，直到 2000 年竞赛规则关于擦网球的规定一直没有修改，2000 年新竞赛规则出版后，发球擦网变为好球列在好球，增加了比赛的观赏性，关于擦网球的规定被确定下来。

③入网球在比赛中一直是被许可的，但是 1927 年版规则限定入网球不算击球数，如果球入网则三次击球数不算，重新开始计算击球数。1956 年规则改为入网球是合法的，但是队伍只能在剩余的次数内击过球网，这反映了规则修改的方向：允许意外球的出现但是只要球过网必须

在三次内进入对方场区，防止队员利用规则漏洞故意制造入网球，不管什么情况只有三次击球的机会。

④允许队员手过网但必须是击球后，击球前不允许过网，从可查证的规则书籍来看，一直未做修改。

⑤触网犯规的规定只有 2013 年做出过短暂修改，其他时间都是一致的。2013 年以前规则队员只要发生触网情况就犯规，2013 年国际排联做出了改动，只要不影响对方即可轻微触网不算犯规，但是经过比赛实践后发现，对于是否故意触网和轻微的判罚尺度难以掌控，所以排联于 2015 年再次修改规则为触网即为犯规。

（3）拦网技术的具体规定

拦网技术的相关规定主要体现在以下几个方面：

①1917 年竞赛规则是不允许拦网的，直到 1938 年才对拦网做出规定允许前排有跳起拦网试图，再到 1965 年允许前排队员伸手过网拦网，拦网规则经历了从无到有再逐渐减少限制的大致历程，可以总结出竞赛规则对通过拦网进行防守是一直是鼓励支持的。

②拦网技术出现以前队员是被禁止拦网的，拦网技术 1938 年出现后规则没有明确禁止处于被默许的情况。直到 1984 年规则明确规定：禁止拦发球。关于拦发球的规定被正式固定下来，一直到现在拦发球都是被禁止的，可以看出拦网技术的出现主要是针对扣球技术的。

6. 对比赛时间的控制变化

（1）暂停与技术暂停时间与次数演变

①早期排球比赛对暂停没有具体规则执行，1934 年规则开始对暂停有了明确规定：每次暂停时间为 1 分钟，每局每队有两次请求暂停机会。1958 年竞赛规则修改为每次暂停时间半分钟，每局每队两次暂停，1997 年规则修改为前四局比赛暂停时间半分钟，每队每局一次暂停，2001 年修改为前四局比赛暂停时间半分钟，每队每局二次暂停；暂停的规则经过了时间减少的变化，1997 年由于技术暂停出现对暂停的次数减少了，而后于 2001 年暂停时间和次数固定下来。

②1997 年规则开始对技术暂停有了明确的规则，前四局每局两次技术暂停，第五局若为决胜局则没有技术暂停。从暂停的时间和次数以及技术暂停的出现可以看出规则在对运动发展做出两个方面的调整，首先是对比赛间歇中断的减少，通过减少暂停时间可以体现；第二个通过引入商业广告设置技术暂停来走上商业化运作。

（2）比赛中特殊情况的具体处理

关于赛中出现的特殊情况在运动发展早期并没有刻意的安排，随着各种情况的出现开始对这些特殊情况做出具体规定：①赛中如果队员受伤且无替换球员则该队员可以休息 3 分钟，若无法继续比赛则该队输掉该场比赛。②如果比赛因为意外情况中断如天气原因等无法继续比赛，早期规则的处理是比赛中止、得分保留，改期比赛；1956 年规则修改，对比赛总时间做出规定，无论何种原因比赛时长超过四个小时则该场比赛成绩取消。

（3）局间休息、换人次数

局间休息、换人次数方面的竞赛规则演变主要体现在以下几个方面：

①1917 年出版竞赛规则书籍开始，规则中一直有关于局间休息的具体规定，但休息时间一直在改变。1954 年以前局间休息 3 分钟，1954 年改为前四局间休息 1 分钟，第五局休息 5 分钟；1956 年改为前四局每局之间休息 2 分钟，第五局决胜局前休息 5 分钟；1989 年又改为原始的局

间休息 3 分钟；2001 年规则再次修改为局间休息 3 分钟，但是二三局之间休息 10 分钟，这一规则沿用至今未作修改。可以看出来局间休息一直在变化，但整体是增加的趋势，随着技战术水平提高和比赛强度的变大要想保证每局比赛的质量需要给运动员足够的休息时间。

②1947 年以前没有关于换人次数的明确规则，1947～1964 年的这一时间段每局允许 4 次换人；1965 年到现在每局 6 次换人。

③1917 年出版第一部规则时就规定换人时间为 1 分钟而后一直延续此项规则，1956 年修改为半分钟，1961 年取消了换人时间的规则，但明确不得延误比赛。换人时间从缩短到取消反映了排球对竞赛时的时间进一步控制，尽量避免中途间歇停止和延误情况。

7. 触网的判罚演变

随着排球比赛中网上争夺越来越激烈，运动员在比赛中触网的频率也越来越高，尤其在运动员拦网时触网的几率比较大。拦网作为防守反击的第一道进攻线也是第一道防守线，现代排球比赛中在每球得分制下运动员网上争夺无意识的触网，将会直接造成本队的失分。在排球比赛中触网判罚的标准，历史演变过程如下：

1937 年规定扣球时的触网不犯规，1992 年竞赛规则规定只有运动员在进攻区域完成进攻性击球时触网才算触网犯规；1994 年排球竞赛规则规定运动员在比赛中任何时候触网均为犯规，但除非运动员试图进攻击球；1998 年排球竞赛规则修改为只有运动员在比赛中试图完成进攻性击球或已完成进攻性击球时触及球网或标志杆时记为犯规；2008 年排球竞赛规则进一步修订为在满足以下四种情况之一即为犯规：（1）运动员击球时触及球网上沿白帆布或球网上沿以上的标志杆犯规。（2）运动员借助球网完成进攻性击球即为犯规。（3）超过对方且有利于本队的触网行为。（4）运动员触及球网且干扰甚至阻碍对方合理进攻击球的行为即为犯规 2013 年竞赛规则修改为触网同时影响比赛为犯规，轻微触网不算犯规。2015 年重新改为规定影响正常比赛的触网即为犯规。

（四）排球竞赛规则修改演变的阶段性划分

对排球竞赛规则修改演变进行阶段划分是为了更直接地展现竞赛规则各个时期的一些具体特点和发展规律，从而更好地对竞赛规则进行深层次的研究。

现在国内学界比较认可的划分是将排球运动分为娱乐排球、竞技排球、现代排球三个大致的阶段，参考排球运动发展的此种划分，对排球竞赛规则演变进行详细的研究可以发现竞赛规则在发展过程当中也呈现出一系列明显的特点：早期竞赛规则娱乐性较强，规则内容相对简单，以在美国本土发展为主；运动在美洲和亚洲传播发展后逐渐往竞技化方向发展，且呈现出明显的地域差异性，竞赛规则灵活多样；经过在全球一定范围内的广泛传播后开始出现统一的竞赛规则协调组织，竞赛规则开始走向统一规范化；进入 20 世纪 90 年代以后为了应对排球运动发展出现的诸多问题，如比赛时间过长、观众较少、赞助商不愿投入资金等情况，排联开始对竞赛规则进行大幅改革完善同时引入新的商业机制，才重新使得运动获得生命力；1999 年新规则对内容进行了革命性改革，例如修改发球得分制，设立新的球员位置等，之后，竞赛规则进入一个相对稳定成熟的时期，期间规则修改变动较少，没有引发运动根本性变化的规则修改变动；2017 年 U23 世界锦标赛上试行了一系列新的规则和赛制，如取消技术暂停、七局四胜每局 15 分等，另外还有电子裁判系统的引入等，预示着竞赛规则即将或已经进入新一轮的创新变革期。

本部分根据各个时期竞赛规则的一些主要修改内容的对比分析，在明确各个阶段竞赛规则修改的指导思想后将竞赛规则演变分为六个阶段。本部分所划分的排球竞赛规则六个阶段相应的指导思想、具体情况和背景介绍如下：

第一阶段：竞赛规则原始诞生期，以运动在美国本土诞生到传入其他国家之前这段时间为原始诞生期，时间段划分为1895~1900年。排球运动的诞生就是为了能够减少直接对抗和身体损伤，适应各个年龄段的活动。这一时期排球运动的一些基本特性被确立如击球，空中来往，隔网对抗等。美国本土诞生时期竞赛规则只有简单十条，且以娱乐休闲活动中开展为主。所以将"娱乐性、简易性"定为这一阶段竞赛规则修改的指导思想。

第二阶段：竞赛规则灵活多样期，以运动开始传入其他国家到排球技术委员会成立这段时间为这一阶段的起止，时间段划分为1900~1936年。随着运动的不断传播推广，早期娱乐化和简易性的竞赛规则已不能适应传入国家的需求，传入国家根据自身情况对原始规则进行了积极改造，如亚洲国家实行的十六人制、十二人制以及现在依然存在的九人制排球，欧美国家实行的六人制排球等。这一时期开始出现竞赛规则内容的详细规定如：关于场地、球网等硬件方面的规定和分局制，竞赛规则修改使得运动开始逐渐变得具有竞技性。直到1936年排球技术委员会成立规则才开始有了统一的倾向，因此"竞技化"为这一阶段竞赛规则修改的指导思想。

第三阶段：竞赛规则统一规范期，以国际排联成立到第一本正式排球竞赛规则书籍出版为统一规范期，时间段划分为1947~1979年。这一阶段竞赛规则主要修改内容为以划定进攻线、允许拦网手过网、增设标志杆及逐步内移等，通过一些具体的规则来限制进攻、平衡攻守，现代排球竞赛规则初步定型。因此"统一规范、限制进攻"为这一阶段的指导思想。（1937~1945年为第二次世界大战时期，故在这里省略）

第四阶段：竞赛规则改革完善期，以国际排联出版正式竞赛规则书籍后到排联1999年通过新赛制的这段时间为改革完善期，这一时期的排球竞赛规则发生了许多重大的修改，时间段划分为1980~1999年。这一时期以提高比赛观赏性为主线，不仅增强进攻如拓宽发球区、不允许拦发球，还鼓励防守如降低排球球体气压、第一次接球不算连击等。因此"限制进攻、鼓励防守"为这一阶段的指导思想。

第五阶段：竞赛规则稳定成熟期，以实行每球得分制到现在的这段时间为稳定成熟期，时间段划分为2000~2018年。进入新世纪以后竞赛规则大体未发生修改变化，竞赛的各项具体规则进入了一个稳定成熟的时期，这期间只对自由人和参赛人数做了调整，触网的规定经短时间修改后又改为原来规定，其他内容基本无修改。更多地考虑运动员比赛状态、观众观赏体验及裁判员的职能等。因此，这一阶段的指导思想为"注重人文关怀、增强防守"。

第六阶段：竞赛规则创新期，这一时期的竞赛规则变化主要体现在两个方面：一是2017年最新版规则旧版无变化。2017年U23世界排球锦标赛上试行新的规则，如比赛分局制和取消技术暂停等，可以隐约显露竞赛规则以后的发展走向，体现在通过对赛制的改革使得比赛更具观赏性，降低竞赛难度去继续扩大排球人口。二是鹰眼挑战系统以及电子记分系统等科技手段的引入与不断完善可能会对竞赛规则产生根本性的变革，影响比赛进行的人为因素会越来越少，比赛流畅性进一步提升，观赏性增加。综上，未来一段时期的指导思想为"创新变革、提高观赏性"。

1. 竞赛规则原始诞生期

1896 年公布的规则只有简单十条，对竞赛规则只是进行了一些简单宽泛的规定，但是其中一些规定如隔网对抗、发球时一只手击球，若球落在球网为失误等具体规则沿用了很长一段时间。1900 年版规则开始出现固定 21 分一局制，比赛开始实行固定分局制，且规定边线和端线属于球场的一部分，这两项规则一直实行至今。排球竞赛规则的一些基本特性：隔网、空中击球、发球时只能用一只手击球、比赛实行分局制、端线和边线属于界内等规则一直沿用至今。1895～1900 年这段时间确立了排球竞赛规则以后每次修改都不变的一些基本特性，如比赛分局制、发球的执行等开始作为运动的基本特性固定下来，后来虽然规则有量和尺度的变化但是这些基本特性一直保留，所以把这段时间划分为竞赛规则的原始诞生期。

2. 竞赛规则灵活多样期

1901～1936 年这段时间内竞赛规则进一步得到了发展，确立了一些沿用至今的具体规则如男子球网和女子球网高度、中线、参赛队员人数、场地面积、三次击球过网、到达每局分数上限后胜对方两分才能胜一局等沿用至今的规则。该时间段内一些关于排球竞赛规则硬件部分如场地、网高、中线等，还有人员和技术限定的部分如六人参赛、三次击球过网等开始确立并且至今未修改变动。

另外，在这一时期内，各大洲和国家根据自身情况制定了形式各异的竞赛规则，故把这一阶段定为竞赛规则灵活多样期，该阶段竞赛规则逐步补充使得运动开始显现竞技化特征，故而"竞技化"为这一阶段竞赛规则的指导思想。该阶段竞赛规则呈现出洲际和国家间的显著差异，直到 1936 年排球技术委员会成立，会议通过以美国规则为蓝本的统一的规则，比赛开始使用公制单位，竞赛规则才开始逐步走向统一。

3. 竞赛规则统一规范期

1947～1979 年这段时间内竞赛规则发生了很多变动，包括一些比较大的修改如进攻线的划定、标志杆的出现、拦网时允许手过网、拦网不算一次击球等，还包括一些小幅的修改如换人时间的缩短和取消、标志杆的两次内移。这一时期竞赛规则修改的指导思想主要为"统一规范，限制进攻"，竞赛规则得到了很大程度的成长发展，规则修改的主要趋势开始出现。定为竞赛规则成长发展期，但是由于二战的爆发，比赛没有如期举行，运动也一直处于发展停滞阶段。此阶段发生的修改变动罗列如下：1938 年开始允许前排进行阻挡（拦网雏形）；1941 年允许膝盖以上身体部位触球；1947 年国际排联成立制定了以法国规则为基础的通用排球规则；国际排联这一时期都是以会议的形式确立往后几年的规则，直到 1979 年开始出版国际通行的规则书籍。

4. 竞赛规则改革完善期

进入 20 世纪 80 年代以后，排球竞赛规则进行了很多大幅度的修改如：第一次接球允许一个动作内的连击、发球区的拓宽、自由防守队员的设立、球内气压的降低等等。所以把这一时期竞赛规则修改的指导思想定为"限制进攻，鼓励防守"。1984 年墨西哥人阿科斯塔成为新的排联主席，开始了排球运动竞赛规则的一系列改革，同时在国际奥委会的要求和帮助下结合了电视转播，引入了商业化机制，使得排球运动成功走出困境，进入了全新的发展时期，运动在步履维艰的情况下重新焕发出新的生命力。故而，这段时期竞赛规则改革力度是运动自诞生以来最大的一段时期，一些新竞赛规则被大胆试行，不断试错，排联还尝试增加了新的队员位置，经过实际运用后发现效果很好后就正式实行了。与此同时，一些小的不合理的规则内容也在完善，如不允许拦发球、无意触网不算违例等。竞赛规则经过这段时期的改革和完善后形成了现今排球竞赛规则的整体框架内容。所以本部分将 1980～1999 年竞赛规则一直不断变革创新，对不合理竞赛规则部分不断完善的这一时间段划分为竞赛规则改革完善期。

5. 竞赛规则成熟稳定期

进入 21 世纪后，排球竞赛规则未发生过特别大的修改变化，只在 2000 年规定擦网球为好球，2009 年增加了一名自由人，对触网的规定修改后又恢复，参赛人数增加至 14 人等小幅度修改，这一时期竞赛规则内容呈现出成熟稳定的明显特征，竞赛规则具体内容对技术的限定基本稳定下来修改变动较少，开始更多考虑比赛中"人"的问题如每队运动员人数、观众的体验等，该阶段指导思想为"注重人文关怀，增强防守"。

6. 竞赛规则创新期

2017 年国际排联出版了 2017～2020 年版排球竞赛规则，通过与 2013～2016 版对比分析发现：竞赛规则基本无变化。但是 2017 年 U23 世界排球锦标赛实行的却是不同于以往的竞赛规则。这次大赛排联试行了每局 15 分和七局四胜制，发球落地不得踩线，取消技术暂停等新规则。在 U23 世锦赛中试行新规则无疑显示了国际排联下一步对竞赛规则进行修改的大致方向和理念。新规则实施后，比赛出现了比赛节奏和进程加快、比赛间断减少、暂停时间减少等情况，比赛观赏性提高等改变。新的赛制虽然短期内可能不会实行，但是赛中出现的一些改变应该引起国内排球界的重视。现根据新赛制呈现出来的一些修改（包括减少中断时间、加快比赛节奏等）的思路进行猜想，未来排球竞赛规则可能会从下面几个方面进行修改：（1）比照足球篮球商业化发展与其他开展比较普及的项目进行规则修改。（2）把握排球运动规则根本规律进行规则修改的可能性。（3）每局换人次数由现行 6 人次转换为整场比赛换人次数，进一步减少比赛间断时间。（4）更多科技手段的应用，电子裁判系统的引入，减少了人为因素干扰影响，有利于保证比赛更加公平公正，促进比赛流畅性提升。

（五）排球竞赛规则演变的趋势预测

纵观整个排坛历史，排球运动的发展总是以竞赛规则为导向，一直不断地推陈出新对规则进行改进、完善与补充，以求与社会发展相契合，不断提升排球运动的观赏性、趣味性、竞技性。通过对近些年来排球规则的修改的研究不难发现其中的规律，我们不能对规律做出改变，但是我们能够积极地了解、掌握规律并能够因势利导，利用规律、预测排球竞赛规则的发展趋势。

1. 规则修改与时间紧密结合

排球比赛的时间是整个排球比赛进程中最难控制的要素，排球比赛时间的长短直接影响到电视转播，比赛时间的不定性也将影响到赛事转播日程的安排，排球规则的修改会尽量减少比赛进程中不必要的中断，维持比赛的连续性，使得比赛时间更加紧凑，比赛过程更加流畅，所以排球竞赛规则的修改依然以控制比赛时间为主线。

2. 规则的修改与人相结合

排球比赛最终目的是服务于人——观众、运动员、裁判员，竞赛规则最终的修改都是为了满足观众，给观众带来精彩的排球赛事，满足观众的视觉需求。规则貌似对运动员起着限制的作用，但是在某种程度上说，规则为运动员提供了公平、公正的平台，为运动员的技术发挥提供了更为广阔的空间,裁判员在整场排球比赛中起着举足轻重的作用,规则的修改也不断尝试减轻裁判员的压力。

3. 规则的修改与"攻守"相结合

正因为竞技成分的注入,排球运动才发展到现在,促进"攻防平衡"一直是规则修改的主线,规则的修改将继续不断完善排球竞赛制度。在以"进攻"占主导情况下,相应的增加进攻难度,对球网、场地方面进行适当调整,将会对进攻起着限制作用,同时增加比赛的观赏性。

4. 规则的修改将允许双自由人的正式实施

双自由人的引用将会构成一套"完整"的防守体系,在"强攻弱守"的竞技平台下继续鼓励防守是维持比赛平衡,确保比赛精彩度的一重要因素,双自由人的正式实施将会进一步加强防守,确保防守系统的完善。

5. 规则将鹰眼系统科学广泛推行

鹰眼回放系统已经逐步渗透到排球领域,但是在对排球飞行路线的回放中也会存在摄像机在不同角度的捕捉排球飞行线路也会存在一定的误差的情况,同时比赛的流畅性受到影响,影响比赛节奏,提高鹰眼系统的准确性将会使比赛更加公平、公正。

四、排球竞赛规则执行的原则

裁判员是执行规则的人,要正确地运用规则,要求裁判员必须完整地理解规则,并在比赛的全过程中果断地、正确地运用规则。裁判员首先要知道规则形成的原则基础,特别是当一个没有在规则中清楚表明的情况发生时,裁判员应能正确地做出判决,如同规则第 23.2.3 条中规定的,"他有权决定涉及比赛的一切问题,包括规则中没有规定的问题"。裁判员只有在充分认识了规则形成的原则的基础上,才能运用规则处理这类问题。

为了正确地运用和执行规则,我们应对规则的作用、规则形成的影响因素和执行规则的基本原则有一个完整的认识。

(一) 规则的作用

一般来说,规则作为一个整体。它有下列作用:

1. 规定项目的性质

规则规定了比赛的条件、设备、器材、场地、球网和球的规格,规定了参赛的人数、正式上场队员和他们的场上位置、轮转次序,还规定了比赛的方法。

2. 规定合法和犯规技术

排球规则中,大量地给出了清楚技术定义以及正确技术、不合法技术和错误技术的显著区别。

3. 使比赛在公正的条件下进行

规则中一切有关场地、设备器材、技术以及行为方面的规定,对双方运动队的成员都是平等的。这就是"公平"。对裁判员来说,这是一个非常重要的问题。因此,理解和执行规则的准确性是公正和合理的基本因素。

4. 教育的作用

在规则"不良行为"中,对运动员的体育道德行为作了明确的规定。裁判员必须重视他们在这一方面的职责，这是排球运动的核心。排球运动的目的不仅仅是比赛，它还有体育道德和公平竞争的教育作用。

（二）执行规则的基本原则

执行规则的基本原则是以上述规则的作用和影响因素两个方面为基础的。根据上述两个方面的要求，其主要原则为：

1. 公正性和稳定性

使比赛在良好和公正的条件下进行。执行规则最基本的原则是尽可能地创造适当的条件和机会，使运动员在比赛中发挥他们的最高竞技水平。竞技水平反映着排球运动的水平。运动员多年训练的目的是参加比赛，所以，比赛是评价训练效果的一个重要环节。作为裁判员，必须认识到这一事实，即他的每个自我判断都将对运动员产生一个明显的心理上的影响。任何心理上的影响又都会导致一种积极或消极的结果。因此，对裁判员的根本要求之一是给运动员适当的机会来表现他们的最高竞技水平。从这一观点来看，对裁判员工作的主要评价点是他的公正性和稳定性。判断公正性的基础是准确，判断稳定性的基础是公正。

2. 积极鼓励观赏性

在排球运动的发展及水平的提高中，比赛的精彩性是一个非常重要的因素。因此，裁判员要充分认识到自己应具备唤起大众积极性的能力。要注意使比赛达到高潮，减少和缩短比赛的中断次数。因此，裁判员还负有促进排球运动发展的责任。

3. 加强裁判员之间的协作

裁判员之间的协作是完成裁判工作及正确指导比赛的基础。裁判组中的每一个成员都有他的特殊权力和职责，在场地上还有他的固定位置以利于执行工作。但是，这也可能导致因视野受限而影响他的判断。因此，加强裁判员之间的协作是保证正确判断和准确执行规则权力及职责的唯一途径。

（三）裁判员之间的配合

1. 第一裁判员与第二裁判员之间的配合

第一、第二裁判员到达比赛场地后，应共同检查场地、器材和设备是否符合要求，必要时要主动与场地负责人联系。赛前共同主持抽签和入场仪式，准备活动时间由第二裁判员掌握。每局比赛开始前，第一裁判员应给第二裁判员充分的时间核对双方场上队员的位置。

在比赛中，第一裁判员重点判断发球方、进攻方和球网上沿及本侧的犯规，第二裁判员则重点判断接发球方、拦网方和球网下沿及本侧的犯规。暂停和换人工作主要由第二裁判员掌握。第一裁判员应给予时间使其完成换人程序。如换人出现延误，第二裁判员应及时向第一裁判员做出提示，由第一裁判员进行判罚。当某队已暂停两次和换人达 5 人次时，第二裁判员应用手势通知第一裁判员。

第二裁判员发现球触及同侧的标志杆或从标志杆外过网时，应及时鸣哨并做出手势。如发现同侧的球触手出界、四次击球、背向第一裁判员的连击时，应及时做出只能让第一裁判员看见的手势。手势应在胸前。如第一裁判员未看见，第二裁判员应将手势立即收回，不得坚持自己的判断。第二裁判员要对第一裁判员难以看到的界内球及时鸣哨并做出手势。第一裁判员鸣哨发球后或在鸣哨发球的同时，第二裁判员不应再鸣哨允许某队请求暂停或换人。当记录员发现发球次序错误而鸣哨中止比赛时，第二裁判员应及时查明情况，并报告第一裁判员，由第一裁判员进行处理。第一裁判员对某队进行判罚时，应说明原因，由第二裁判员将判罚原因通知记录员。当发现场上队员受伤不能继续比赛时，裁判员应及时鸣哨，由第二裁判员掌握换人的规则。

2. 第一裁判员与记录员之间的配合

比赛前，第一裁判员要将抽签的结果通知记录员。每局比赛开始前和换人时，第一裁判员应给记录员充分的时间登记、核对场上队员的位置和登记换人号码，记录员登记和核对完毕后，应向第一裁判员举双手示意。

在比赛中，如发现比分、队员位置、发球次序得分与换发球错误时，第一裁判员应给记录员充分的时间，以便查明情况。例如，第一裁判员给予某队不良行为的处罚和延误判罚时，第一裁判员应用手势清楚地表明情况，记录员进行准确的记录。在决胜局某队得8分交换场地时，记录员应及时通知裁判员双方交换场区，第一裁判员给予必要的时间，以供记录员使用。当某队已请求两次暂停和5人次换人后，记录员应用手势通知第一裁判员。

3. 第一裁判员与司线员之间的配合

对界内外球的判断，一般情况下，第一裁判员应尊重司线员的判断，当球落在界线附近时，应先观察司线员的旗示，然后再做出最终判定。司线员要对界、线附近的球作出判断。如未看清楚时，不要急于做出旗示，必要时可向第一裁判员说明情况。对球触手出界的判断，特别是后场区球触手出界的判断，第一裁判员要依靠和尊重司线员的判断，司线员要及时做出准确的判断，并向第一裁判员做出示意。当球触及标志杆或从标志杆外及延长线上过网时，在第一裁判员的近端应与右边的司线员配合。远端则与左边的司线员配合。当发球队员踏及端线，或在发球区外起跳发球时，司线员应主动做出判断旗示，第一裁判员也应注视司线员的判断。

4. 第二裁判员与记录员之间的配合

在每局比赛开始前，第二裁判员核对场上位置后，应看看记录员是否核对完毕。记录员核对完毕后，应举双手向第二裁判员示意。在暂停时，第二裁判员应向记录员了解双方暂停的次数。如是第二次暂停，记录员应通知第二裁判员。在换人时，第二裁判员应注视记录员，如合法替换，记录员应举单手向第二裁判员示意同意其换人。第二裁判员在换人区控制换人过程时，应给予记录员登记队员号码的时间。特别是在多人次换人时，要依次进行。记录员登记完毕后要举双手向第二裁判员示意。当记录员发现发球次序错误时，应在发球队员击球时，立即鸣哨中止比赛。第二裁判员要协助记录员查明情况，并进行纠正。当某队成员受到判罚或延误处罚时，第二裁判员要协助记录员进行准确的登记。

5. 第二裁判员与司线员之间的配合

对第二裁判一侧球触标志杆，或从标志杆外及延长线上过网的判断，第二裁判员应与右边司线员共同负责。对在第二裁判员一侧的界内外球的判断，第二裁判员要与司线员配合，共同判断。

6. 司线员之间的配合

两名司线员共同负责一条边线和端线，当球落在两条线的角附近时，应由两名司线员协同判断。为此，应遵循以下原则：谁看到界外球谁先出旗，另一名司线员配合出旗。如两名司线员都未看出是界外球，说明是界内球，两人应彼此目视，然后同时做出界内球的旗示；按主线和辅线职责处理。如球的落点侧重在边线，则由负责边线的司线员主要判断，另一名司线员配合判断。

第二节　现代排球竞赛规则与技战术的共生关系

"共生"原是用来形容"生命自然界两种生物共同构成某种联盟并且盟友之间互利互惠现象"的概念。随着社会的发展、科学研究的深入开展，人们对共生的认识也逐步深化，"共生关系"应运而出。"共生关系"是指事物间较深的层面上有着共同的生长机制，这种生长机制虽然在表面上形式各有不同，但却执着地反映着它们的联系，确定地影响着它们的生存和发展。在实践中，"共生关系"具体表现为两事物间的相互联系、相互促进、相互作用、互动发展。其理念已被广泛引入和应用在社会的诸多领域中，并在实践中闪烁着它的光辉。

作为世界"三大球"之一的排球运动经历了其百年的洗礼和发展，由最初的一项娱乐活动发展到今天拥有世界锦标赛、世界杯赛、奥运会排球赛等国际重大体育赛事，成为一项深受各国人民喜爱的体育活动和攻防争夺激烈的竞技项目。它能以强劲的生命力和活力发展到今天，更多地要归功于其竞赛规则的演变和技战术的发展。

综观排球运动竞赛规则和技战术的发展演变历程，相互联系、相互促进、相互作用、互动发展的现象在它们两者的发展历程中随处可见，它们之间的"共生关系"在其发展过程中也逐渐地呈现了出来。

一、排球竞赛规则演变与技战术发展中共生关系的体现

（一）利益共生关系

排球竞赛规则修改是发展完善排球这一运动项目的重要措施，其直接目的是为了保证排球比赛的攻守平衡。规则修改促使了排球比赛具备更强的精彩性和观赏性，吸引更多的人关注、喜欢和参与排球运动，促进了排球运动在世界范围内的发展普及，体现了国际排联"在世界所有地区发展排球运动"的宗旨。

排球竞赛规则的修改，促成相应时间内排球比赛技战术的发展创新。新的技战术的出现，在无形中为排球竞技比赛提供更加精彩刺激的比赛场景和画面，从而赢得观众的青睐和支持，为排球运动的广泛普及助推加力。二者无形中达成了一个共同的目的和利益——为推进排球运动的普及而共同发展。

（二）效益共生关系

在以市场经济为主要形式的世界经济体系中，没有市场就没有竞技体育的社会生存环境下，可以说"推向社会、占领市场、走职业化道路"是排球运动迅猛发展的主要原因。面对传媒、商家赞助、经济效益与社会效益的涌入，排球运动竞赛规则不得不去适应市场化的需求，通过修改完善规则来适应市场，提升比赛的精彩度和观赏性，拓展排球运动市场。

排球规则的修改在保证排球比赛赢得最大商业运作效益的同时，也促进了排球比赛中战术的组合应用更加的多样化，为比赛中战术组合的顺利实施提供了更多的计划和筹备时间，确保了技战术实施的最大效益。获胜球队在为所在俱乐部带来商业和社会效益的同时，也反过来推

动了排球运动发展整体商业效益、社会效益的取得。

（三）竞争共生关系

全世界的运动项目种类繁杂、数量颇多，除奥林匹克项目外，还有许多地区性、民族性的运动项目。如何在这些运动项目中脱颖而出，保持强劲的影响力、吸引力和生命力，是影响排球运动发展的关键问题。国际排联在丰富排球运动活动形式的同时，也在不遗余力地推动排球竞赛规则的改革，利用竞赛规则的控制约束作用来增强排球比赛的连续性、精彩度、观赏性和社会发展适应性，以此来提升排球运动在世界范围内的竞争力。

排球运动中进攻技战术始终处于强势位置的特殊性，决定了规则鼓励防守、保证攻守平衡的演变原则。而竞技队伍为在比赛中取得胜利，必然会不断地发展创新出新的规则许可范围内的技战术方法来打破攻防平衡，提升排球运动的技战术水平，排球比赛的精彩度和观赏性也随之增强。排球运动各竞技队队伍在提升各自竞争实力的同时，也增强了排球运动同其他运动项目抗衡时的竞争力。

二、"共生关系"演绎排球竞赛规则演变、技战术发展的规律

排球竞赛规则演变与技战术发展所体现出的共生关系，追根溯源都是建立在发展完善排球运动，并在世界范围内广泛普及排球运动的同一目的之上。它们虽然在表现形式上各有不同，但其在较深层面上却有着共同的生长机制、共同的目的，执着地反映着它们的联系，影响着它们的演变和发展，体现着它们演变和发展的特点和规律。

（一）规则的演变以鼓励防守为主线，以保证攻守平衡为目的

由于排球运动自身的性质决定，进攻与防守的技战术发展，前者始终处于强势位置，导致了本应是通过比赛双方的巧妙进攻配合与精湛防守表现出来的精彩比赛攻守失衡、单调乏味，影响了比赛的可观度。在二者"共生关系"的作用下，围绕这一方面，规则的修改是必然的结果，且"以鼓励防守为主线，以保证攻守平衡为目的"。

认真研究规则在各方面做出的修改，不难发现其"以鼓励防守为主线，以保证攻守平衡为目的"的特点。①击球身体部位的限制逐渐由放宽到取消：1941年胸部以上身体各部位都可以击球，1992年允许膝关节以上任何部位触球，1994年身体任何部位都可以触球；②对拦网的限制逐步放宽：1938年的允许双人拦网，1965年允许过网拦网；③逐渐限制进攻的网上宽度：1968年设立标志杆对进攻的网上宽度实施限制，1976年标志杆内移，减少了拦网的移动距离限制了进攻的范围；④在击球次数方面：1976年允许拦网后可再击球3次，1984年放宽了对第一次击球时的连击判罚；⑤比赛用球内气压方面：1994年减小了球内气压以适当降低球速，以利于防守技战术发展；⑥在上场比赛队员的设置方面：1999年规则增加了"自由防守人的设立"，大大增强了防守力量，防守位置出现专门化；2005年又试行了双自由人规则。这些规则的修订无不说明，在规则发展的各个方面，规则的修改都是围绕防守和保证攻守平衡而进行的，可以说鼓励防守是规则演变的主线，而保证攻守平衡是规则演变的目的，使比赛争夺来回球的次数增加，防反的技战术变化更加绚丽多彩，使排球运动的魅力日益突出。

（二）规则的演变与技战术发展互为推动的循序渐进式发展

随着排球运动的不断发展，在"共生关系"的作用下，规则的演变与技战术发展形成了

"新规则制定—技战术创新—新规则制定"互为推动、循序渐进的发展模式。在这一发展模式的带动下，攻守技战术不断向着新的高度发展，排球运动水平得以大大提高。

技战术发展是推动规则演变的原动力，规则是技战术向新高峰攀登的力量。在共同的生长机制下，规则由最初服务于娱乐需求的简单规定发展成为今天体系完整、结构严谨、判罚具体，用以控制、规范比赛的法质性文本；技战术也由最初的单一攻防形式发展到了今天的全攻全守复合型攻防体系。

三、树立"共生"观念对把握排球竞赛规则演变和技战术发展规律的作用

排球运动自身内在的发展规律决定了排球竞赛规则演变与技战术发展的"共生关系"。排球竞赛规则的增订和修改，其目的是保证排球运动的总体发展水平处于均衡状态，以保证排球运动的良性发展。而排球技战术则是因受到各竞技队伍为打破规则所创造的均衡状态，取得竞技比赛的胜利而进行的活动的影响得到发展。归根结底，两者的相互作用却终因彼此的"共生关系"——相互联系、相互促进、相互作用、互动发展，共同推动着排球运动的良性发展。

因此把握排球竞赛规则演变与技战术发展的"共生关系"，及时了解规则修改的精神和条款、技战术应用的形式和特点，对研究规则修改与技战术发展变化的特点和它们内在的联系，揭示规则演变与技战术发展的规律，准确预判规则演变与技战术发展应用趋向、制定排球战略战术指导思想、创新技术和战术打法有着重要意义。

第三节　现代排球竞赛规则对进攻技术的影响

事物从兴起到消失与它们的发展规律密不可分，这是难以忽视的现象。同样，排球的发展与这个运动项目的特点以及当地文化等因素息息相关，排球也正在朝着更好的方向逐步发展。本部分以中国排球比赛规则的演变为基础，对排球竞赛规则的修订与排球进攻技术发展两者之间的关系进行深入讨论，无论是在理论还是实践上，对促进中国排球的发展都具有重要意义。无论是对哪种运动的体育比赛规则做出修改，比赛规则的目的和精神都是不变的，而且也是修改比赛规则的参考重要依据。

通过分析相关数据可以判断，进攻技巧的发展受排球比赛规则修订的影响，并且只要修改规则内容，就会极大地促进排球技巧和战术进步。同样，技术战术的发展也会促进排球规则的不断完善。竞赛规则的修改与进攻技术的进步两者相互影响，共同促进排球运动发展。

一、排球竞赛规则对发球技术的影响

乒乓球、羽毛球、网球等隔网小球类运动项目的发球技术由球员控制，不受对手控制的。排球是大型球项目，具有与对手无法控制的小型球项目相同的特征。

排球发球规则主要体现在以下四方面：

首先，排球的发球区域并没有特别限制。1936年定义了端线后，就将发球区定位右侧3m处的固定区域，这样的界定维持了六十年左右。1994年，将发球区的宽度从端线后面3m增加到了9m，对于排球运动员来说，发球区域的增加代表着他们发球的攻击性更大。也正是因为这一变化，排球的发球战术相比以往也有了改变，可以通过找人或者找点等技巧发球。这提高了

发球的进攻性，破坏了对手的传球，并让排球发球技术得到进一步发展。1995年版的《比赛规则》也进行了修订，规定在端线后所有9m宽的端线都是服务区域。端线从一开始就是一个很小的固定区域，在经历一系列变化后变得越来越宽，这反映出比赛规则的转变是在同方向的基础上的延伸，在排球运动中制定的比赛规则对球员的限制更少。

其次，排球发球的时间限制始于1936年，早期没有对发球时间进行规定。在制定的最初，规定发球时间限制在5秒钟，1973年规定在不碰球的情况下进行第一球投掷，球员必须在3秒钟之内将排球击出。在1992年又对发球的限制时间做出了调整，球员在试图发球后，必须在听到哨声后3秒钟内再次送出球。1998年将球员听到哨声后的时间调整为8秒。完成这次修改调整以后，这项规定近20年没有改变。当前发球时的限制时间比之前有所增加。加强时间控制，可以增加比赛的节奏和连续性。球员在限制时间内将球击出，将有助于减少不必要的时间，使比赛更紧凑，从而帮助教练对球员进行战术安排，也有助于提升球员的表现。

再次，关于发球次数和发球试图的规则在一直变化当中。从1900年至1998年之间，发球时可以允许有一次发球试图，这样对发球方来讲有两方面好处：一是发球方可以利用发球试图，向对方做虚假动作，以干扰对方的防守节奏；二是如果发球队员将球抛起时发现抛起的高度可能导致发球失误时，可以接住球再重新发球。但这一做法对接球方来说并不受欢迎，而且也导致比赛时间拖延。自1897年有明文规则开始，排球发球执行两次发球允许发球失误一次还可以第二次发球，1956年版竞赛规则修改为允许发球两次但必须第一次未触球即只有一次触球机会。1958年，规定了在发球时，队员可以助跑和起跳，同时还规定在发球的时候须抛起清楚离手后再击球为合法。总的来说，该时期对发球技术放宽要求，但是发球的进攻性增强、威胁力更强、对力量要求更高，逐步出现了跳发、大力发球、飘球等发球技术。

1960年，继续对比赛进一步规范，促进排球技术发展，规范网前一对掩护发球进行规定，规定了在掩护发球时发球方队员不能挥臂、跳跃或密集站立，造成"屏障"掩护队员发球。1961年对时间不断地进行调整，将发球违例时间从原来的5秒延长到现在的10秒。时间的不断修改逐渐趋于人性化，在激烈的比赛中发球时间的延长有利于运动员进行心理调整，提高发球质量，也利于运动的发展，促使运动员更好的发挥运动技能水平。1973年竞赛规则修改为发球机会只有一次，若发球失败则直接失机。1979年，规定对发球队员第一次将球抛起但未触球，允许有第二次发球（最后一次机会），正裁判应鸣哨并再给予5秒的机会，如球仍未发出，则判为延误比赛。2001年，关于发球的规定再次发生修改，改为每球得分，发球失误直接失去球权且失分。发球试图在减少说明运动员的水平在提高，这反映了比赛对运动员技术水平的要求在提高。

最后，排球发球擦网的规定也经过了一系列变化。1927年，在比赛规则中规定发球擦网判定为无效发球，可以重新发球。1927年的比赛规则对此进行了修改，在这一版本规定，如果球员发球擦网，那么自己所在的那一方就失去发球权。为了发好球，发球员必须具有很准确的预测能力，必须在发球时集中精力并迅速移动。发球擦网规则的变化是巨大的，这大致反映在排球这项运动中，比赛中出现的偶然球的判罚规则一直在变化。

总之，发球至关重要，发球的质量会影响比赛结果的呈现。一旦球被发了出去，就代表进攻已经开始，有威力的发球能够破坏对手的传球。如果发球很好，甚至可能会直接得分。

二、排球竞赛规则对扣球技术的影响

（一）扣球有效区的特征分析

扣球主要分为两方面，一方面是前排队员的扣球；另一方面是后排队员的扣球。从扣球范围来看，后排球员的扣球受到进攻极限线（前场与后场之间的边界）的限制。在制定的比赛规则中，不允许后排队员在进攻限制线内将球击至球网之上的高度，否则视为后排进攻违规。因此，后排队员只能在后场区域和进攻限制线之后的区域中完成扣球，如果在前场区域内就是违规。前排队员可以在前场、后场区域及自己场上的无障碍区域内进行扣球。

（二）扣球技战术的演变特征分析

扣球是排球比赛进攻技术的重要环节，是得分最重要的途径，用强劲或灵活的进攻撕破对方严密的防守。掌握和运用好扣球技术，对比赛的胜利起着决定性作用。规则的演变过程中对扣球的相关规定有：（1）1937 年规定扣球时触网不算犯规；（2）1947 年，采纳美式六人制排球规则，出现正面屈体扣球技术和重扣技术，采用"中一二"战术；（3）1955 年，中国男排创造了梯次、交叉战术，1965 年，北京男排创造了 4 号位"平拉开快球"技术；（4）1976 年，日本男排在平拉开的基础上首创"短平快"扣球、时间差、位置差等技术。同年还出现了"冲飞扣球""背飞""前飞""夹塞""单脚扣快球"等技术。韩国创造了位置差扣球技术和双快—跑动战术打法；（5）目前，在排球比赛中，更加注重各种技术的结合运用以及技战术的完美配合。

随着排球比赛规则的发展，扣球技术和战术的发展也越来越多样化。作为一项公开运动，如何运用各种技巧很大程度上取决于对手的变化。根据对手的技能和战术，选择与之相适用的技能和战术。如今，排球扣球技巧和战术变得越来越灵活，各种各样的扣球技巧和战术不断出现，丰富着人们的眼界。1965 年至 1984 年，由于排球规则的修订和发展过程的进步，排球技术和战术的创新发展达到顶峰。人们非常热衷研究扣球技术，这是在排球发展历程中很重要的一个阶段，为排球的发展打下了坚实的基础。

第四节　现代排球竞赛规则对防守技术的影响

一、场地器材演变对防守技术的影响

（一）场地面积的演变对防守的影响

排球比赛的攻防情况与每位球员负责的区域面积大小有着密不可分的关系。在面积较大的场地内进行排球竞赛，使进攻球员可以在更大的空间范围内移动，因此发球与扣球都会更具优势。而面对进攻球员路线不明的扣球，防守球员必须做到反应灵敏、迈步准确，接球后迅速将球传给地理位置最佳的球员，以便结合现场形势，发起主动反攻。

1912 年，第 5 届夏季奥林匹克运动会在斯德哥尔摩举办。同年，排球的竞赛规则调整为每队上场的球员人数为 9 人，并扩大了排球的场区范围。伴随着进攻球员发球路线的长线变化，防守球员既要做到快速随球奔跑，又要准确判断来球的可能落点和过网弧度，这不仅影响维护防守阵型，而且还提高了防守球员初次接球与后续传球的难度。这种大面积、多球员的排球竞赛规则，在潜移默化中增强了进攻球员的优势，加剧了防守球员的劣势。因此，在第一次世界大战结束前夕，每组上场的球员人数又由 9 人减至 6 人，场区范围的面积也进一步调整为宽 9 米、长 18 米。变小后的场区范围很好地限制了进攻球员的扣球手法，使进攻球员与防守球员可以公平竞赛，这种排球规则也成为全球公认的合理规则，持续使用至今。

（二）排球网高的演变对防守的影响

随着社会生产力的稳步提高，排球运动员的膳食结构也更趋合理。高蛋白的均衡膳食，不仅为排球运动员带来了更好的身体机能，也使运动员的平均身高呈现出不断提升的态势。排球运动员的高大化发展势头，使先前排球网架的高度不再利于防守球员抵御进攻球员强而有力的扣球，导致防守球员更容易陷入被动的弱势局面。一旦防守球员接球失误，进攻球员的得分优势便会立刻显现出来。这种并不公平的竞赛规则，既限制了防守球员真实水平的发挥，也加剧了进攻与防守力量的失衡。

因此，排球网架的高度必须与时俱进，做出相应的科学调整。高度提升后的排球网架，不仅降低了进攻球员首球得分的概率，而且激发了防守球员拦网反攻的动力。来自前排防守球员的有效拦网，降低了后排防守球员的接球压力，增加了比赛的连续性和观赏性，使排球比赛更加激动人心，主动拦网扣球还可以成为反攻得分的重要手段。国际排联也支持防守球员的拦网触球行为，并给予拦网触球不占用三次击球次数的特权。由于拦网扣球能够转移进攻压力，当进攻球员的首次发球被拦阻之后，防守球员开始把握进攻主动权，使原来的进攻方被动转变为防守方，并使其承受着准确接球的巨大心理压力。

（三）排球标志杆演变情况对防守的影响

即使在缩减场地面积、调高网架的情况下，排球首次进攻球员的优势也极为明显。为了削弱首攻得分的显著优势，20 世纪 60 年代晚期，在标志带外沿球网的两侧设置醒目的标志杆，成为确定排球进攻界限的有力武器。为了缩减进攻球员打出界外球的次数，20 世纪 70 年代中期，修改后的排球竞赛规则再次限制了进攻技术，将两个标志杆之间的距离从 970 厘米缩减为 950 厘米，提升了进攻得分的难度。针对标志杆内移创造的攻防均衡局面，拦网反攻得分的优势愈加明显。面对进攻球员首发扣球线路缩短的现实，防守球员接球的准确率显著提升，这为竞赛双方防守反击、攻防并举创造了公平的外部环境。

（四）比赛用球演变情况对防守的影响

排球与篮球虽然有着相似外表，但却在许多方面存在着显著差别。作为隔网击球的排球运动，排球对球的重量与材质有着更高要求。与篮球的地面拍打、空中传球与高处投篮不同，排球的竞赛规则要求该球的制作材料必须有别于质地坚硬、重量较沉的篮球。具体来说，在软硬程度方面，为了保护排球运动员的双手，排球的制作材料通常较为柔软。在重量方面，太过沉重的排球会增加防守球员准确接球的难度，易造成比赛连续中断，影响观众的观看兴趣；而手感太轻的排球，在接球瞬间容易弹飞，也会降低接球与发球的准确度，导致比赛多次中断，降低了比赛的趣味性和观赏性。这就要求排球的重量要大小适度，既不能太重，也不能太轻。在气压方面，排球气压过大也容易产生飞球现象，而气压过小则会影响垫球高度，也会对防守技术产生影响。由此可知，在正规的排球比赛中，必须使用符合规范要求的排球。

二、排球竞赛规则演变对接发球技术的影响

在排球竞赛场上，防守球员准确接住来自进攻球员的首次发球，是决定防守反攻质量的关键因素。然而，包括每球得分、触网发球、自由防守、球内气压与发球区域等排球竞赛规则的变化，都对接发球技术产生了不同程度的影响。

（一）每球得分制对接发球的影响

20 世纪 90 年代晚期，为了提高准确接发球的价值，排球竞赛规则在得分制度方面做出了相应调整。当直接得分取代发球权以后，进攻球员使用的发球技术也更加多元。为了做到每球得分，进攻球员通常会选用攻击性极强的起跳发球技术。进攻球员发出的这类球多数会落在对方球场的后部区域，这在无形之中增加了后排防守球员准确接球的压力。为了能够从首次接发球中创造防守反攻的机会，后排防守球员必须做到思维敏捷、移动迅速，将被动防守转变为主动进攻，为前排防守球员找准合适的时机扣球得分创造条件。因此，排球竞赛实施每球得分制度后，双方球员的接发球技术水平已经成为影响比赛能否获胜的关键因素。

（二）发球允许触网对接发球的影响

步入 21 世纪以后，新的排球竞赛规则将原先禁止的发球触网行为，调整为允许进攻球员发球，只要没有跳出标志杆之间的外部区域，可以与球网发生接触。变更后的排球竞赛规则，增加了前排防守球员的接球压力。当进攻球员发的球即将擦网进入防守区域时，前排的防守球员必须准确判断来球弧度和落地点，这对前排防守球员准确接发球提出了较高的要求。为了利用好发球触网提供的得分机会，进攻球员不仅会采用攻击性极强的起跳发球技术，还会变换发球手法，确保发出的球速度更快，并且做到触网后快速低弧落地，从而增大防守球员的接球难度，使排球比赛更加激动人心。

（三）增设自由防守人对接发球的影响

为了扭转排球比赛中攻强守弱的失衡局面，自 20 世纪 90 年代晚期开始，自由防守人开始成为后排接发球的主力。当进攻球员向对方的后部防守区域发出势大力强的进攻时，最新增设的自由防守人，可以取代身材魁梧的前排防守球员，留守在球场的后部区域，借助灵活移动的脚步，提高后排防守接发球的准确率。使排球比赛不会因为防守失败而屡次中断，提升了比赛的观赏性。新增设的自由防守人不仅可以加强后排防守力量，还能够增加球队整体的防守进攻机会，比赛接发球的原始阵型也因为自由防守人的出现，变得更加多样。在每队派出的六位球员中，有三位球员主要负责组建相应的接发球方阵。

欧美国家的排球运动队，通常指定两位主攻球员和一位自由防守人负责接球后的首传任务；而亚洲各国的排球运动队，则会任命主攻球员、接应球员和自由防守人各一位，来应付来自进攻球队发来的首球，并承担后续的传球与发球反攻任务。总之，增设自由防守人后，防守方的接球准确率有所提升，进攻发球与防守垫球之间的不平衡局面得到切实扭转，双方球员的接发球实力也能够得到更好的发挥，前排球员承受的接球压力也在很大程度上得到了有效缓解。

（四）球气压的改变对接发球的影响

在排球运动的兴起初期，既重又硬的排球很容易造成运动员手部受伤。在改变排球重量和

材质的过程中，研究人员发现，排球内部的气压大小也会影响排球比赛的连续性和观赏性。20世纪40年代中期实行的排球标准气压，会加快排球的运转速度，增大双方球员的接传球难度，使比赛被迫多次中断，影响观众持续观看比赛的兴趣。直至20世纪80年代初期，排球的气压再次下调，球速相对降低。但是，这种排球在手感、速度和重量方面，还是存在着飞球越界的可能性。为了确定排球的最佳气压，国际排坛著名的体育教育家马启伟先生带领团队不断探索，最终推出了飞行速度适中的低压排球。当排球的内部气压降低后，球在空中的飞行速度相对减慢，球员接发球的难度降低，可以更好地从防守转变为进攻。在攻防力量均衡的基础上，双方球队的击球回合增多，排球比赛的观赏性增强，比赛也变得更加激动人心。

（五）发球区的扩大，加大了接发球的难度

20世纪90年代中期，新出台的排球竞赛规则将原先的发球区域扩大了三倍。负责发球的球员只要身处端线后方发球，就不算犯规。这项规则无形之中增强了进攻球员的发球威力，加大了防守球员准确接球的难度，破坏了发球方与接球方的力量均势。伴随着进攻球员发球区域的扩大，防守球员需要在更大的区域内快速移动，这无疑增加了防守球员准确接球的难度。在扩大后的发球区内，进攻球员既可以借助自身的发球优势起跳发球，也可以利用对方的接球弱势扣球触网。进攻球员发球位置的随机选择，提高了进攻球员发球得分的成功概率，要求防守球员必须结合球场形势，随时改变接发球阵型，以应对进攻球员的猛烈进攻。在判断来球方向并调整站位方面，防守球员稍有不慎就会面临丢球失分的不利局面，这无疑对球员增强自身接发球本领提出了极高要求。为了实现攻防并举，防守球队必须充分利用自由防守人的位置优势，并继续强化前排防守人员主攻得分的有效成果，赋予排球比赛更高的艺术性和更强的观赏性。

三、排球竞赛规则的修改对排球拦网技术的影响

拦网，是防守的开始，积极主动的拦网，不仅可以削弱对方的进攻，缓解本方防守队员的压力，而且可以直接得分，拦网为促进攻防平衡创造条件。拦网的最初只是队员在网前跳起，来限制对方的进攻、破坏对方的节奏。到后来，拦网成为主要的防守技术。1948年出现单人拦网，规定"手触球后不能连续二次触球"，双人拦网时未触球的队员可以触球，于是出现了双人拦网"心跟进"战术；到了1956年明确了"集体拦网"的概念，增加了"网上二人可以同时击球"的规定，要求必须在1米以内完成；1965年，中国男排又创造了"盖帽式"拦网技术，限制了对方进攻，加大了防守力度。1976年，又出现了助跑拦网技术。到目前，比赛中各种拦网技术结合运用，通常是多种战术配合使用。只有技术与战术的完美结合才能创造优异的比赛成绩。

（一）过网拦网对拦网的影响

在1964年东京奥运会代表大会上，国际排联对拦网规则进行了重大的修改，规则允许前排队员过网拦网，明确规定可以在对方扣球后手伸过网拦截球，但是必须在对方进攻性后才可以触球。在规则修改之前，规定拦网队员不允许过网拦网，明确拦网技术只作为一项防守技术。规则修改后，使排球技术产生了根本的改变，拦网从被动防守，转为主动进攻，这项规则的修改有利于欧美球队一些身材高大的队员，而对我国及亚洲国家一些身材比较矮小的队员没有优势。为了适应规则的修改，中国男排创造了"盖帽式"拦网，在排球联赛中，不但击败了对手

获得了第二名，且成为拦网最强的队伍。曾经中国和日本男排在比赛中，利用"盖帽式"拦网新技术，以 15 : 0 赢得一局的胜利。因此，规则对拦网技术的修改又一次促进了排球防守技术的创新、发展，使得排球运动网上争夺变得更为激烈。

(二) "拦网不作为一次击球""标志杆内移"对拦网的影响

1974 年～1976 年规则规定"拦网不作为一次击球"，也就是说在本队拦网触球后，还可以击球三次，为接扣球组织反击创造了有利的条件，鼓励运动员进行拦网。

1976 年规则修改将标志杆内移 20 厘米，这样一来，又一次限制了进攻技术的发挥，加大了进攻的难度。针对标志杆内移，我国男排创造了盖帽式拦网技术，使得攻防逐渐趋于平衡。标志杆内移，对方的扣球线路变短，拦网技术得到发展，可以通过直接拦网使其成死球，有效地为组织反攻技术创造了有利条件。使得一传的到位率大大增加，一传到位率提高。因此，标志杆的出现及长度的限制不仅提高了整体运动水平，也起到了攻防并举的作用。

标志杆内移以及拦网触手后仍可击球三次等有关拦网规则的修改，极大地促进了拦网技术和拦网后组织进攻战术的发展。70 年代后期，中国男排首创了"前飞""背飞""背快""短平快拉四"等空间差系列打法。为了突破拦网，中国女排发明的"单脚背飞"技术、"快抹"技术等，使拦网技术的打法得到丰富与提升。

综上所述，由于拦网的攻防两重性及在比赛中的作用的显著，因此，拦网训练成为日常训练的重要内容之一，对于我国及亚洲国家的排球队来说，要想在比赛中有效防守起欧美队员势大力沉的扣球，必须要加强拦网的训练，来减少后排防守的压力。在训练中针对高个子队员，训练的模式要以提高拦网和各种进攻能力为主，后排防守训练要减少，训练时间也相对缩短，来保证他们在拦网和进攻方面的训练。进攻战术与防守战术训练都从拦网开始，让整队的拦网技术成为一把兼具攻防的双刃剑。

四、排球竞赛规则的修改对后排防守的影响

(一) 后排防守的重要性

提高防守能力的关键在于提高前排拦网的能力，有这种认识的人，往往忽视后排的防守，尽管拦网在排球防守中起着重要作用，但它并不能代替后排的防守。随着排球运动员平均身高的增长，扣球高度的提高，扣球进攻性大大加强，使得原先的攻守不平衡变得尤为突出。而防守技术是所有技术中最薄弱的一个环节，尤其是后排防守。自由人是防守的核心，在比赛中发挥着很大的作用，在接发球和防守方面的作用不可替代。后排防守是防御对方进攻的第二道防线，它是反攻的基础，而反攻又是后排防守的继续，防反能否得分，关键在于后排防守。总之，后排防守水平的高低，能够体现一个队的精神面貌，顽强的抢救险球，常常能给观众留下深刻的印象，还能起到鼓舞本队的士气，扭转局势的作用。后排防守的技术主要包括判断、反应、移动、各种垫球技术。各种垫球技术的发挥必须以移动为前提，如果移动不到位，即使熟练掌握了垫球技术也无济于事，只能"望球兴叹"。而移动又是以快速反应为前提的，但人的反应能力是受生理条件制约的。

(二) 1999 年"自由人"规则实施—加强了后排防守，缓解了攻防不平衡的矛盾

随着排球技术的不断发展、创新以及自由人在比赛中作用的积极影响，"自由人"不只是作

为后排替补队员上场来弥补一些身材高大的运动员后排防守的不足。如今，各个球队已经有目的性地以自由人防守为核心来安排运动员的防守阵型。防守不再只是被动的防守，而有了更多的战术意图，自由人从出现到发展其防守位置和区域也进行了不断变化，现在每个球队都将自由人放在最重要的防守区域，采取以自由人替换副攻手防5号位，主攻手防6号位，接应二传防1号位的打法。这样一来，防守阵型的建立不仅有利于发挥自由人的防守作用，而且还能减轻主攻手的防守压力。以自由人为核心的防守阵型，将后排防守队员进行了合理有效的分配，在防守比较困难的区域安排了全队防守能力最强的自由人，在防守压力较小的区域安排上具有进攻能力最强的队员，从而保证了全队的防守能力，增强了后排的防守能力。比赛中要想组织快速、多变的进攻，离不开后排队员的防守，自由人的加入使得后排防守的整体实力大大加强。经过专门训练的自由比赛中自由人专门负责一传和后排防守，从而使得全队的防守情况得到改善，弥补了后排防守的不足。面对强有力的进攻，自由人以出色的防守能力，使对方的扣球被防起的几率大大增加，进攻在一定程度上被削弱，防守增强，从而达到了攻防平衡，比赛来回球增多，比赛观赏性提高。

参 考 文 献

［1］李静．对足球技术概念的新界定及其理论探索［J］．成都体育学院学报，2008.

［2］李杰凯．论篮球教学训练中技术概念界定及其分类的理论误区［J］．体育科学，2008.

［3］赵先卿，马翠娥．浅论赛后心理调节［J］．安徽体育科技，1997.

［4］薛岚．篮球运动理论中若干基本概念阐析［J］．体育科学，2000.

［5］虞重干．排球运动教程［M］．北京：人民体育出版社，2012.

［6］萧百新．排球［M］．北京：商务印书馆，1933.

［7］马启伟．六人排球基本练习法［M］．北京：中国青年出版社，1953.

［8］王文娟．试论现代排球技术发展特点及趋势［J］．当代体育科技，2016.

［9］王晓龙．现代排球技术发展特点及趋势［J］．当代体育科技，2014.

［10］梁嘉迪．现代排球技术发展特点及趋势分析［J］．当代体育科技，2014.

［11］吴晓强．论现代运动竞赛的情绪调控［J］．广西体育科技，1994.

［12］黄汉升．球类运动：排球［M］．高等教育出版社，2001.

［13］欧阳林．从排球规则的演变看排球运动的发展趋势［J］．中国体育科技，1995.

［14］全国体育院校委员会．排球运动教程［M］．北京：人民体育出版社，2008.

［15］黎禾．试论高水平排球运动员比赛失常形成的心理因素及自我调节的完善［J］．广西体育科技，1991.

［16］于清．运动心理学教程［M］．长春：长春出版社，2001.

［17］吴平．对我国排球职业化改革的思考［J］．体育科研，2002.

［18］张欣．世界排球运动发展趋势——兼析亚洲排球落后的原因［J］．天津体育学院学报，2002.

［19］张五平．排球规则修改思路探讨［J］．成都体育学院学报，1999.

［20］全国体育学院教材委员会．排球运动［M］．北京：人民体育出版社，1999.

［21］刘署亮．新规则透视——析"自由人"在排球比赛中的作用［J］．体育与科学，2002.

［22］刘建和，杨成波．隔网对抗类项群（乒、羽、网、排）技术和打法演进过程的初步考察［J］．成都体育学院学报，2005.

［23］赵启武，董海文．排球发球技术的影响因素及对策分析［J］．才智，2018.

［24］隋盛胜．发球在排球比赛中的重要性及影响因素分析［J］．辽宁体育科技，2018.

［25］邹春霖．提高排球接发球技术的身体功能训练方法的研究［J］．文体用品与科技，2019.

［26］王紫薇，孙丽．浅析上肢肌肉力量对排球发球成功率的影响及训练［J］．当代体育科技，2019.

［27］林国章．排球训练图解［M］．华联出版社，1978.

［28］张萍．排球［M］．北京：人民体育出版社，1997.

［29］吴文忠．球类运动教材［M］．北京：商务印书馆，1951（第 5 版）.

［30］黄汉升．球类运动——排球［M］．北京：高等教育出版社，2001 年

［31］陈彩香．排球竞赛中的心理战［J］．北京体育大学学报，2001.

［32］吴增强．学校心理学辅导研究［M］．上海：上海科学技术文献出版社，2001 年

［33］A. H 爱因格尔．500 个排球练习［M］．许长流，等，译．北京：人民体育出版社，1962.

［34］体育院、系教材编审委员会排球编写组．排球［M］．北京：人民体育出版社，1984（第 2 版）.

［35］排球运动教程编写组．排球运动教程［M］．北京：北京体育大学出版社，2016.

［36］刘阳．排球专项体能训练的优化方法分析［J］．田径，2022.

［37］何勇．四川省地区基层排球教练员执教能力分析及优化研究［D］．成都体育学院，2021.

［38］吴捷．开封市排球传统项目学校排球训练开展现状分析及对策研究［D］．河南大学，2020.

［39］李诤．排球训练的体能训练思考［J］．冰雪体育创新研究，2020.

［40］袁威．可持续发展视角下天津市女子排球后备人才培养情况及对策研究［D］．首都体育学院，2018.

［41］原田．北京市排球后备人才培养的研究［D］．首都体育学院，2015.

［42］张欣．我国排球后备人才可持续发展研究［D］．上海体育学院，2012.

［43］夏美萍．我国中学生排球运动员培养模式的个案分析［D］．北京体育大学，2010.

［44］王炯．排球训练科学化的研究［J］．少年体育训练，2009.

［45］邵丽君．河南省排球运动训练体制现状的调查研究［D］．北京体育大学，2009.

［46］张晓敏．关于排球周训练计划的制定［J］．长春师范学院学报，2007.

［47］单毛天．竞赛规则的演变对排球运动发展的影响研究［D］．天津体育学院，2018.

［48］孙娟．排球竞赛规则的演变对技战术带来的变化研究［D］．苏州大学，2018.

［49］范伟伟．排球竞赛规则的修改对防守的影响［D］．扬州大学，2015.

［50］吕宪明．排球竞赛规则演变与技战术发展的互动性研究［D］．曲阜师范大学，2015.

［51］刘兵．排球竞赛拦网规则的演变及其对中国排球运动发展的影响［J］．科技信息，2013.

［52］屈亲昌. 2009—2012 中国排球竞赛规则和国际排联竞赛规则的不同点［J］．搏击（体育论坛），2013.

［53］徐元．排球竞赛规则修改的演变对排球运动发展的影响［J］．当代体育科技，2013.

［54］齐东伟．排球竞赛规则演变与技战术发展的共生关系研究［J］．体育科技文献通报，2009.

［55］孙长良．排球竞赛规则演变与技战术发展的规律研究［D］．辽宁师范大学，2007.

［56］张建朋．排球运动员战术意识的内容结构及其培养策略研究［D］．陕西师范大学，2014.

［57］谢宇松．运动员排球战术意识的培养［J］．第一健身俱乐部，2010.

［58］李昕，常超，王欢．排球运动中战术意识培养的现状研究及发展趋势［J］．体育科技文献通报，2008.

［59］席占田．论排球赛场上战术意识的培养方法［J］．河南师范大学学报（自然科学版），2006.

［60］范海鹰，邓菊生，李宏．浅谈排球进攻与防守战术意识的培养与提高［J］．哈尔滨体育学院学报，2005.

［61］孙丽，张友清，杜波．技术动作连贯性训练培养排球战术意识［J］．哈尔滨体育学院学报，1999.